MARCO SASSU

PATENTE NAUTICA IN QUIZ

EDITRICE INCONTRI NAUTICI

Largo Angelicum, 6 - 00184 Roma

Internet: www.bolina.it
E-mail: staff@bolina.it

ISBN 88-85986-28-5

Tipografia Città Nuova della P.A.M.O.M. - Luglio 2006

PREFAZIONE

Nata nel 1988 per agevolare la auto valutazione della preparazione all'esame per il conseguimento della patente nautica, Patente Nautica in Quiz *è alla sua settima edizione con un continuo miglioramento e aggiornamento volto soprattutto a sfruttare adeguatamente le moderne tecniche di rinforzo dell'apprendimento.*

Questa nuova edizione riporta le dovute correzioni alla precedente e aggiornamenti in base alle normative del 2003. Il nuovo Patente Nautica in Quiz, *non è soltanto un testo dei quiz per la preparazione alla patente nautica; quest'ultimo è preceduto da una parte teorica, nella quale è possibile studiare tutto quanto è necessario per il superamento delle prove d'esame, secondo gli ultimi programmi ministeriali. Anche la parte relativa ai quiz è stata aggiornata e arricchita con 200 quiz inediti, che così da 1.200 sono diventati 1.400.*

L'inclusione di numerose illustrazioni e diverse tavole didattiche ha ulteriormente arricchito il testo, rendendolo uno strumento aggiornato, e, ci auguriamo, agevole e completo per la preparazione all'esame per la patente nautica e per quanti desiderino verificare le proprie conoscenze dell'andar per mare, sfruttando le nuove tecniche di auto apprendimento e di auto valutazione.

L'AUTORE

Giovanni Marco Sassu *è nato a Porto Torres (Sassari). È insegnante di ruolo presso l'Istituto tecnico nautico "Buccari" di Cagliari per le Esercitazioni Nautiche. Giornalista pubblicista, collabora alla rivista BOLINA dalla sua fondazione, per la quale cura articoli di navigazione, meteorologia, ancoraggi e terminologia nautica. Appassionato di mare e di vela (istruttore Fiv, ha partecipato a diversi campionati a livello nazionale) è esperto di attrezzatura nautica, tecnica marinaresca e sicurezza. Insegna in corsi di formazione professionale e di preparazione alla patente nautica.*

Dello stesso autore:

Esercitazioni Nautiche
Calderini

Il mondo dei nodi
Mursia

Si ringrazia l'Istituto Idrografico della Marina per la cortese autorizzazione alla stampa di disegni, fanali, segnali e regole di manovra, ripresi da loro carte e pubblicazioni.

INDICE

CAPITOLO 1 ELEMENTI DI TEORIA E MANOVRA DELLA NAVE

— Cenni sul galleggiamento e sulla stabilità dei corpi galleggianti

Il Principio di Archimede enuncia che *ogni corpo immerso in un liquido riceve una spinta dal basso verso l'alto pari al peso del volume del liquido spostato.* Questo significa che alla forza peso del corpo, che tende a farlo immergere, si oppone una spinta, esattamente contraria, che tende a contrastare la prima. È facilmente intuibile che quando le due forze sono esattamente uguali il corpo può assumere qualsiasi posizione all'interno del liquido (potremmo, per similitudine, paragonarlo a un sommergibile in immersione), se invece il peso del corpo è maggiore del peso del liquido spostato dallo stesso, affonda, rallentato nella sua discesa dalla spinta del liquido.

Per poter galleggiare, un corpo deve quindi essere in grado di spostare, se completamente immerso, un volume di liquido il cui peso sia nettamente superiore al proprio peso; in questo modo esso tenderà a restare in superficie facendo affondare una parte del suo volume capace di spostare una quantità di liquido che corrisponda, in peso, al peso di tutto il corpo.

Se aggiungessimo peso al corpo, questo si immergerebbe, il volume della sua parte immersa aumenterebbe e aumenterebbe anche la spinta, conseguentemente diminuirà il volume della parte emersa del corpo.

Le due forze, quella di gravità, che tende a far affondare il corpo (la forza peso), e quella esercitata dal liquido, che spinge dal basso verso l'alto (spinta di Archimede), agiscono in senso verticale e, quando il corpo si trova in una posizione di equilibrio stabile, le due forze stanno sulla stessa verticale. Quando, per una causa qualsiasi, il corpo galleggiante modifica la sua posizione di equilibrio stabile, le due forze non agiscono più sulla stessa verticale (*figura 1a*).

— Centri di spinta e centri di gravità. Il metacentro trasversale - Stabilità

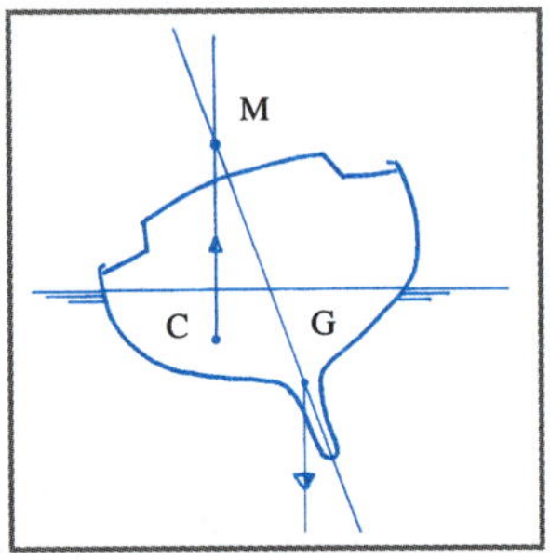

STABILITÀ DI PESO. Il baricentro si trova al di sotto del centro di carena o del centro di spinta.

Il punto di un corpo in cui si immagina applicata la forza peso è detto *baricentro* (G), mentre è chiamato *centro di spinta* (C) il baricentro del solido rappresentato dalla sua parte immersa.

I corpi galleggianti stanno in posizione di equilibrio stabile sulla superficie del mare fino a che forze esterne o una modificazione della disposizione interna dei pesi non alterino tale posizione.

Se per una ragione qualsiasi divenisse impossibile riprendere la condizione di equilibrio stabile, il galleggiante si capovolgerebbe.

La stabilità può essere dovuta alla particolare forma dello scafo e si parla quindi di *stabilità di forma*, oppure al peso dello scafo e in questo caso si parlerà di *stabilità di peso*. Per entrambe è determinante la posizione reciproca del baricentro (G) e del centro di spinta (C), detto anche centro di carena del galleggiante.

Abbiamo già detto che, in condizioni di equilibrio stabile, la forza peso applicata al centro di gravità (baricentro) e la spinta di Archimede, applicata al centro di spinta, giacciono sulla stessa verticale; il baricentro G ed il centro di spinta C stanno sulla stessa verticale (*figura 1a*).

Quando, per una causa qualsiasi, il corpo viene allontanato dalla sua posizione di equilibrio stabile, esso si inclina (supponiamo che tale inclinazione avvenga lateralmente, cioè che si abbia uno sbandamento), la sua parte immersa cambia forma e, pur mantenendo invariato il suo volume, il centro di spinta si sposta. Le due forze non agiscono più sulla stessa verticale, ma su due verticali tra esse parallele (*figura 1b*). Notate nella *figura 1b* che la spinta di Archimede si trova spostata dalla stessa parte verso cui si è inclinato il corpo e che la retta sulla quale essa agisce incontra l'asse verticale, corrispondente alla condizione di equilibrio stabile, in un punto M che chiameremo *metacentro trasversale*.

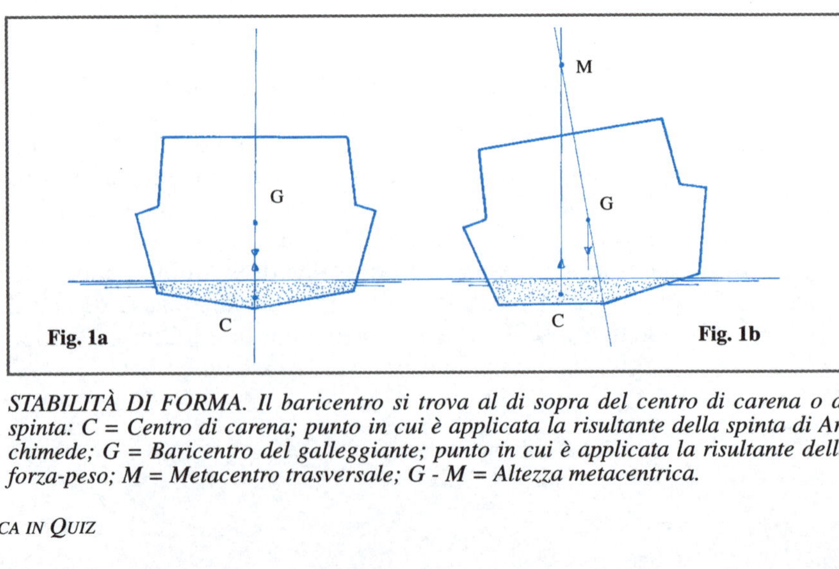

STABILITÀ DI FORMA. Il baricentro si trova al di sopra del centro di carena o di spinta: C = Centro di carena; punto in cui è applicata la risultante della spinta di Archimede; G = Baricentro del galleggiante; punto in cui è applicata la risultante della forza-peso; M = Metacentro trasversale; G - M = Altezza metacentrica.

La distanza tra le due verticali rappresenta il braccio di una coppia di forze uguali e contrarie, la spinta di Archimede diretta verso l'alto e la forza peso diretta verso il basso. Questa coppia di forze imprime una rotazione al corpo tendendo a farlo ritornare nella condizione di equilibrio iniziale o allontanandolo da questa. Si ottiene la prima condizione quando il prolungamento della spinta di Archimede cade al di sopra di G, si ha la seconda condizione quando, viceversa, il prolungamento della spinta di Archimede cade al di sotto del baricentro G.

Nell'ipotesi che il centro di gravità G e il metacentro trasversale M coincidessero si avrebbe la condizione di equilibrio indifferente, nel senso che il corpo una volta raggiunta quella condizione potrebbe, indifferentemente, raddrizzarsi o capovolgersi. La distanza G-M rappresenta *l'altezza metacentrica*, è ovvio che perché il corpo sia stabile il punto M deve trovarsi sempre al di sopra del centro di gravità del corpo e che questo debba trovarsi quanto più basso possibile.

Per questo motivo a bordo delle navi e di tutti i galleggianti i pesi vanno sistemati il più in basso possibile e quanto più vicini al baricentro del galleggiante. Ed è sempre per tal motivo che, negli scafi a vela, si è soliti appesantire adeguatamente le appendici (lame di deriva), che servono ad opporsi allo spostamento laterale causato dall'azione del vento (scarroccio) e che negli scafi molto larghi in relazione alla loro altezza (zattere, catamarani, etc.) si abbia un'ottima stabilità.

— Lo scafo

Lo scafo è il guscio della nave, la parte cava, formata da una struttura portante (lo scheletro o ossatura) e da un rivestimento esterno, impermeabile all'acqua (il fasciame nelle navi in legno e in acciaio). Lo scafo non corrisponde ad una figura geometrica ben definita, ma esso si presenta simmetrico rispetto alla sua lunghezza.

Essendo concepito per muoversi sulla superficie del mare, una superficie soggetta a movimenti spesso irregolari, esso deve possedere particolari caratteristiche che lo rendano adatto allo scopo.

Alcune di queste caratteristiche sono dette *essenziali* in quanto senza di esse lo scafo sarebbe praticamente inservibile; altre sono dette *nautiche* e sono riferite soprattutto al comportamento dello scafo in mare e alle sue caratteristiche costruttive.

Le qualità nautiche essenziali sono:

– La *galleggiabilità* è la qualità che permette allo scafo di opporsi alle forze che, agendo dall'alto verso il basso, tendono a farlo sommergere (ondate in coperta, peso d'acqua imbarcata da eventuali falle o vie d'acqua, etc.).

– L'*impermeabilità* è la caratteristica, tipica delle costruzioni galleggianti, che le rende stagne, impedendo all'acqua di penetrare al loro interno.

– La *navigabilità* è la capacità di uno scafo di percorrere brevi o lunghi tratti di mare in condizioni di sicurezza ed economia.

– La *solidità* è la qualità che offre allo scafo la necessaria robustezza per fronteggiare gli sforzi cui esso può essere sottoposto navigando a pieno carico e con mare formato.

Le caratteristiche nautiche sono:

– La *manovrabilità* è quella caratteristica che consente ad uno scafo di evoluire rapidamente in acque ristrette, sfruttando l'azione dei propri mezzi di propulsione e di governo.

– La *stabilità* è la qualità che consente allo scafo di riprendere la propria posizione di equilibrio iniziale quando, per una qualsiasi ragione, l'avesse persa.

– La *velocità* è l'attitudine di uno scafo a compiere spazi lunghi in tempi relativamente brevi.

– Il *comportamento al rollio*, per tale caratteristica quando in uno scafo si determina un movimento oscillatorio (rollio) questo presenta caratteristiche di regolarità e tende ad estinguersi prontamente.

— Elementi geometrici e strutturali, parti principali di uno scafo

Abbiamo visto che lo scafo non ha una precisa forma geometrica, ma esso è comunque un solido e come tale ha tre dimensioni principali, la lunghezza, la larghezza e l'altezza. Se conduciamo tre semirette passanti per il baricentro dello scafo, secondo la lunghezza, secondo la larghezza e secondo l'altezza avremo individuato tre assi, che chiamiamo rispettivamente *asse longitudinale*, *asse trasversale* e *asse verticale*.

Abbiamo anche affermato che lo scafo è un corpo galleggiante e pertanto avrà una parte immersa, quella che provvede con la sua forma e con la sua impermeabilità al sostentamento di tutto lo scafo. Questa parte è la parte principale e, pertanto, viene chiamata *opera viva* o *carena*. La restante parte, quella che si trova al di sopra della superficie liquida, si chiama *opera morta* o *murata*. La linea di separazione tra le due parti, rappresentata dalla traccia lasciata sullo scafo dalla superficie immobile del liquido in cui è immerso, si chiama *linea di galleggiamento*.

La parte anteriore, quella la cui estremità solca il mare nella normale marcia avanti, è detta *parte prodiera*, la sua parte centrale è detta *parte maestra*, mentre la parte posteriore è detta *parte poppiera*.

L'estremità anteriore è detta *prua* o *prora*, mentre l'estremità posteriore è detta *poppa*.

Se un osservatore si colloca all'estrema poppa e guarda verso prua, stando nell'asse longitudinale di simmetria, avrà alla sua destra la parte che chiameremo *dritta* e alla sua sinistra la *sinistra* dello scafo.

Le due parti situate subito dopo l'estrema prua e subito prima dell'estrema poppa e che raccordano la parte prodiera e la parte poppiera con la parte maestra, si chiamano *parti stellate*; più precisamente sono chiamate *masconi* o *mure* le parti in prossimità della prua, mentre sono dette *anche* o *giardinetti* quelle prossime alla estrema poppa. *Navigare con il mare al mascone* e *navigare con il mare al giardinetto* sono frasi tipicamente marinare e indicano il modo corretto di procedere quando si debba affrontare un mare particolarmente mosso.

L'intero scafo viene sezionato da apposite strutture verticali al fine di consentire la suddivisione dello spazio interno e permettere di ricavare differenti locali da destinare agli usi più diversi (locale macchine, cabine, cucina, bagni, ripostigli, etc.). Queste strutture divisorie possono essere disposte sia nel senso longitudinale che in quello trasversale e sono dette *paratie*. Alcune di queste possono essere stagne, altre possono avere funzioni struttu-

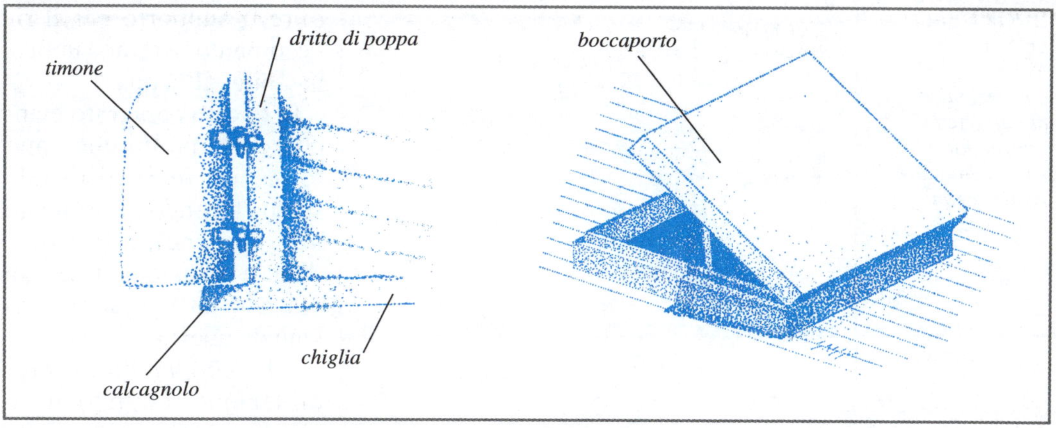

PARTI DELLO SCAFO.
Il timone e alcune sue componenti; l'apertura sulla coperta si chiama boccaporto.

rali (nel senso che servono per rinforzare lo scafo in particolari punti).

Lo spazio interno di uno scafo può essere suddiviso anche nel senso verticale da strutture orizzontali complete (se si estendono da dritta a sinistra e da prua a poppa) o parziali (se sono limitate nel senso longitudinale), chiamate *ponti*. Il ponte continuo che chiude superiormente lo scafo è chiamato *ponte di coperta* o più semplicemente *coperta*.

Spesso per ricavare più spazio a bordo, si procede alla realizzazione di particolari strutture al di sopra del ponte di coperta, costruendo le così dette *sovrastrutture*; queste a bordo delle navi e delle imbarcazioni più grandi, quando si estendono da dritta a sinistra, ma sono interrotte nel senso longitudinale, prendono il nome di *sovrastrutture principali*. Il loro nomi sono: *castello*, quella sistemata a prua, *cassero centrale*, quella costruita al centro dello scafo e *cassero poppiero* quella ricavata a poppa.

Sulle imbarcazioni di minori dimensioni, generalmente, l'unica costruzione che si eleva al di sopra del ponte di comando è la *tuga*; questa è una *sovrastruttura parziale*, cioè limitata sia nel senso della lunghezza che della larghezza e serve soprattutto per consentire di avere un'altezza adeguata all'interno dello scafo. Generalmente comunica con l'esterno attraverso un'apertura detta, impropriamente, *tambucio* o *tambugio*[1], che si affaccia direttamente ad una sorta di larga buca quadrangolare dalla quale si governa lo scafo, chiamata *pozzetto*.

Al di sopra dei ponti e della tuga e talvolta anche lateralmente a questa, con lo scopo di dare aria e luce ai locali sottostanti, sono praticate delle aperture rettangolari o quadrate chiamate *boccaporti*. Queste sono chiudibili mediante appositi coperchi incernierati e a tenuta stagna, formati da un robusto vetro o materiale plastico trasparente, incorniciato da telaio in legno, alluminio o acciaio inox, incernierato a un controtelaio fissato saldamente alla coperta o alla tuga.

— Ossatura principale dello scafo

Si è visto che uno scafo è composto da una robusta struttura che ha lo scopo di conferire la necessaria solidità all'imbarcazione e di costi-

1. Sulle navi il **tambucio** è quella specie di piccolo casotto, chiuso da una porta stagna e posto a riparo della scala che conduce sottocoperta; per similitudine è chiamata nello stesso modo l'apertura ricavata sulla parete laterale della tuga e che mette in comunicazione l'interno della stessa con il pozzetto.

PARTI DELLO SCAFO. Nelle costruzioni navali, viene sempre fatto riferimento alle realizzazioni in legno.

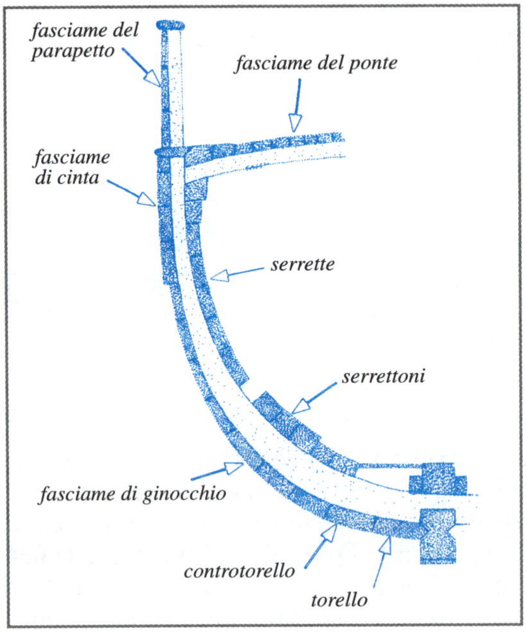

tuire il supporto per il rivestimento esterno, impermeabile all'acqua.

In questo paragrafo elencheremo quelle che sono le parti principali di uno scafo, facendo riferimento alla nomenclatura tipica delle costruzioni in legno, essendo tutte le altre derivate da questa.

– La *chiglia*, lunga trave di sezione rettangolare o quadrata, sistemata nella parte più bassa dello scafo, che costituisce l'elemento longitudinale principale e più robusto dello scafo.

– Le *costole*, dette anche *ordinate*, che sono incastrate trasversalmente sulla chiglia. Esse, nella parte centrale dello scafo assumono una forma simile a una U, mentre man mano che si procede verso prua e verso poppa, si rastremano assomigliando a una V. La parte più bassa delle costole, quella che si incastra sulla chiglia, prende il nome di *madiere*, le due parti curve che seguono il madiere prendono il nome di *ginocchio* o *staminale* e infine le due parti pressoché verticali, che si trovano al di sopra dei ginocchi, sono chiamate *scalmi*.

– Le costole vengono tenute salde sulla chiglia da un'altra trave longitudinale sistemata al di sopra dei madieri, chiamata *paramezzale*.

– A prua e a poppa la chiglia si incastra con altri due pezzi strutturali che sono chiamati genericamente *dritto di poppa* e *dritto di prua* o *tagliamare*. Il primo è pressoché verticale e, negli scafi con motore entrobordo, presenta un'apertura circolare, leggermente rigonfia, chiamata *botte*, entro la quale passa la parte finale dell'asse dell'elica. Il dritto di prua è più o meno inclinato in avanti ed è raccordato alla chiglia con un altro pezzo curvo, chiamato *ruota di prua*. Al dritto di poppa è collegata, superiormente, la *volta* nella quale è ricavata un'apertura, chiamata *losca*, attraverso la quale passa l'asse del timone. A poppavia del dritto di poppa si trova un'altra struttura verticale alla quale viene collegato il timone e che, proprio per questo motivo, è detta *dritto del timone*. Lo spazio compreso tra il dritto di poppa e il dritto del timone, entro il quale ruota l'elica, è detto *gabbia dell'elica*. Negli scafi che portano i timoni sospesi, ovviamente, manca il dritto del timone.

– Sulla faccia interna degli scalmi delle costole sono incastrate delle travi longitudinali denominate *dormienti*. Queste hanno lo scopo di offrire il sostegno a quelle travi trasversali, leggermente convesse, chiamate *bagli*, sulle quali viene fissato il fasciame del ponte. I bagli sono tenuti saldamente al dormiente mediante un'altra trave longitudinale che viene disposta sopra le teste dei bagli e che è detta *trincarino*. Al-

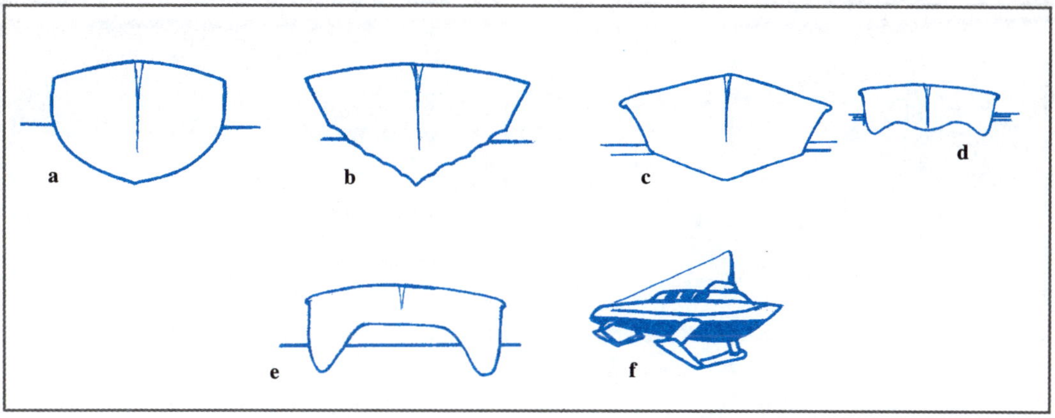

VARI TIPI DI CARENA.
***a.** tonda dislocante;*
***b.** tipo Hunt;*
***c.** a spigolo;*
***d.** ad ala di gabbiano;*
***e.** a catamarano;*
***f.** aliscafo.*

l'interno dello scafo, fissate longitudinalmente alle costole, vi sono delle altre travi che hanno il compito di irrobustire longitudinalmente lo scafo e che prendono il nome di *serrette*.

– Sul fondo dello scafo, tra il paramezzale e le più basse serrette, viene sistemato un tavolato orizzontale, amovibile, che costituisce il piano di calpestio interno allo scafo. Questo tavolato prende il nome di *pagliolato*, mentre lo spazio compreso tra questo e il fondo dello scafo si chiama *sentina*; in questa si raccolgono tutti i liquidi che, per una qualsiasi ragione, dovessero infiltrarsi nello scafo. Nella sentina si raccolgono anche residui di olio lubrificante e di carburante eventualmente colato dalle inevitabili perdite che si verificano sia durante le operazioni di rifornimento che nel normale funzionamento del motore. È buona norma, ai fini della sicurezza contro gli incendi, tenere la sentina sempre asciutta, ben ventilata, pulita e inodore.

— Misure che caratterizzano uno scafo

Le misure che caratterizzano uno scafo da diporto sono quelle relative alle sue misure lineari:

– **Lunghezza**. Nel diporto nautico si considerano, generalmente, la *lunghezza fuori tutto* e la *lunghezza al galleggiamento*. La prima è considerata la lunghezza massima misurabile tra l'estrema prua e l'estrema poppa, comprese eventuali appendici sporgenti. La lunghezza al galleggiamento, invece, è la lunghezza misurata tra le perpendicolari condotte a prua e a poppa in corrispondenza della linea di galleggiamento. Per la legge sulla nautica da diporto la lunghezza fuori tutto è definita come la distanza, misurata in linea retta, tra il punto più estremo anteriore della prora e il punto estremo posteriore della poppa, escluse tutte le appendici come delfiniere, il bompresso, le piattaforme poppiere e similari.

– **Larghezza**. Viene considerata quella massima, misurata in corrispondenza della sezione maestra.

– **Immersione**. È la distanza verticale compresa tra la linea di galleggiamento e il punto più basso della carena.

– **Bordo libero**. È la distanza verticale compresa tra la linea di galleggiamento e il ponte di coperta.

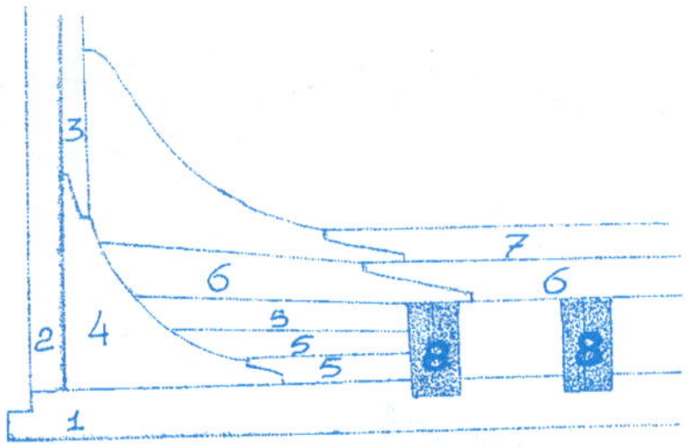

1. Chiglia
2. Dritto di poppa
3. Contro dritto
4. Bracciolo
5. Pezzi di riempimento
6. Paramezzale
7. Contro paramezzale

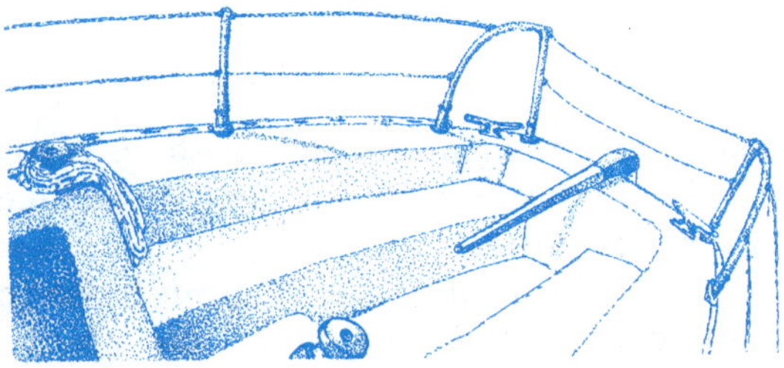

Pozzetto

Passacavo

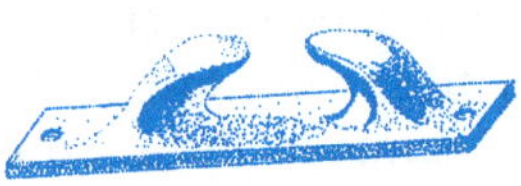

Bocche di rancio

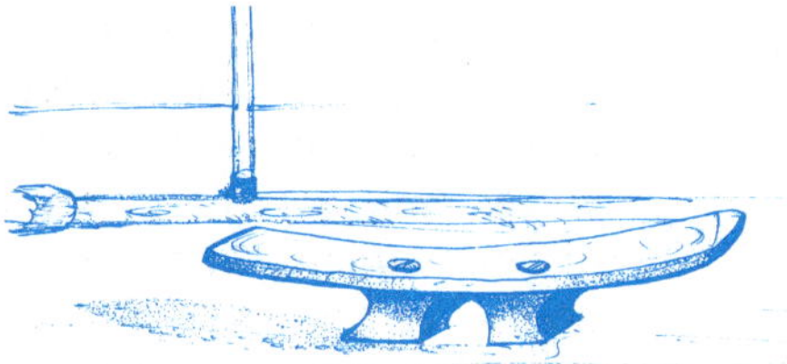

Galloccia

Alighiero
o Mezzo marinaio

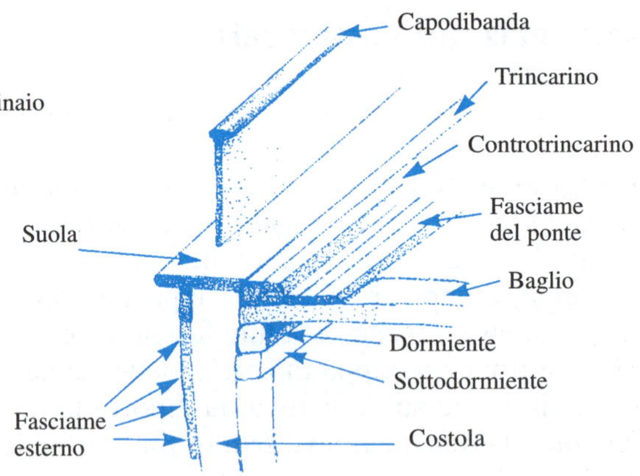

Verricello

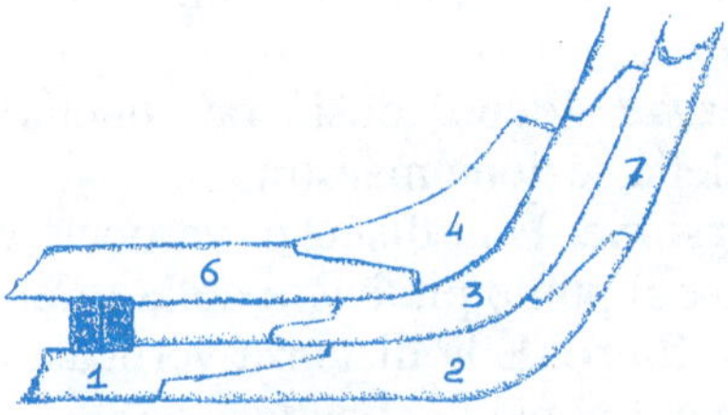

1. Chiglia
2. Pié di ruota
3. Brione
4. Bracciolo
5. Costole
6. Paramezzale
7. Ruota di prua

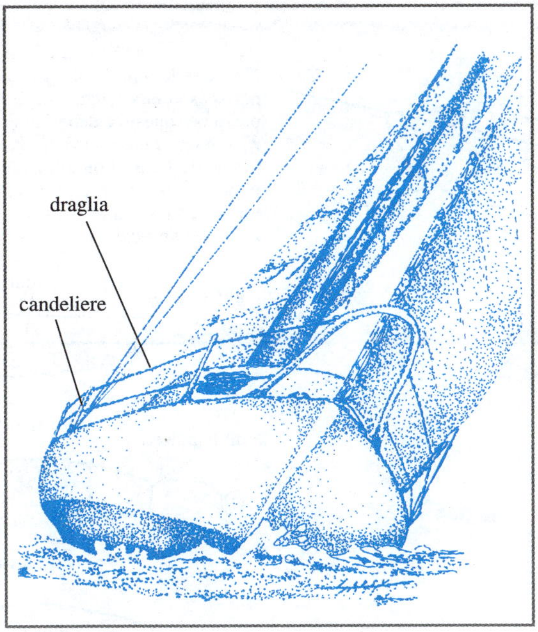

BORDO LIBERO. È la distanza verticale tra la linea di galleggiamento e la coperta.

Le altre misure sono quelle che riguardano il volume e il peso dello scafo:

– **Stazza**. Rappresenta il volume interno dello scafo, misurato in *tonnellate di stazza*, che equivalgono al volume di 2,832 mc. Questa unità di misura ha origini anglosassoni ed è corrispondente al volume di 100 piedi cubi.

– **Dislocamento**. È il peso dell'imbarcazione, corrispondente, secondo il *Principio di Archimede,* al peso del volume di liquido spostato dalla carena. Il dislocamento si determina moltiplicando il volume della carena per il peso specifico dell'acqua di mare, che, mediamente, corrisponde a 1,026 kg/mc.

— Vari tipi di carene

Esistono vari tipi di scafo e, secondo il profilo che assume la sezione maestra della carena, distinguiamo il tipo dislocante e quello planante. Nei primi, il rapporto tra la velocità espressa in nodi e la lunghezza al galleggiamento non supera il valore di 2, negli altri il rapporto raggiunge valori superiori e la carena si solleva dall'acqua, grazie alla sua particolare forma (o particolari appendici alari), riducendo la sua parte immersa e, conseguentemente, la resistenza all'avanzamento. In questi tipi di carena la quantità di spinta di Archimede che si perde per effetto della diminuita immersione viene sostituita da una nuova forza che viene detta *portanza*.

— Il timone

Il timone è l'organo di governo di uno scafo, cioè è quell'organo che gli consente di evoluire. Il timone è costituito essenzialmente da una *pala*, saldamente collegata a un *asse* al quale sono fissati gli *agugliotti*, che, assieme alle *femminelle*, sistemate nel dritto del timone, costituiscono i cardini, che permettono la sua rotazione attorno a un asse parallelo al dritto del timone.

Il timone viene azionato direttamente mediante una apposita asta sistemata alla estremità superiore dell'asse (*testa*) e chiamata *barra*; questa viene generalmente azionata a mano. È importante notare che la barra, essendo posta a pruavia dell'asse di rotazione del timone, muove la pala del timone dalla parte opposta, pertanto, portando la barra a sinistra, la pala del timone si inclina a dritta e lo scafo accosta da questa

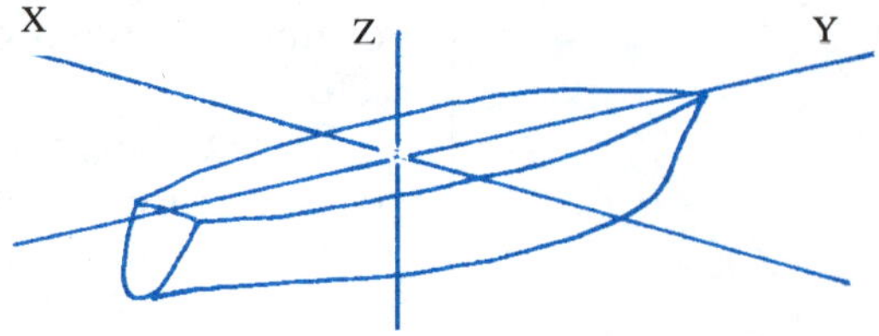

ASSI DELLO SCAFO

Y – Asse longitudinale: va dalla prua alla poppa, nel senso della lunghezza; il piano verticale che passa per questo è detto Piano di simmetria.

X – Asse trasversale: va da dritta a sinistra; il piano verticale condotto lungo quest'asse nel punto di massima larghezza, origina quella che viene detta Sezione maestra.

Z – Asse verticale.

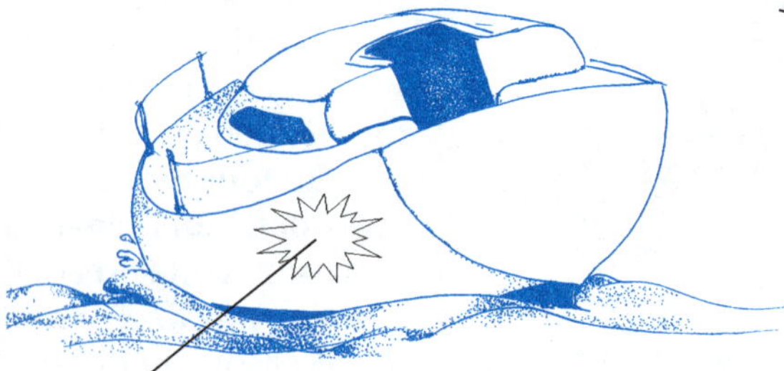

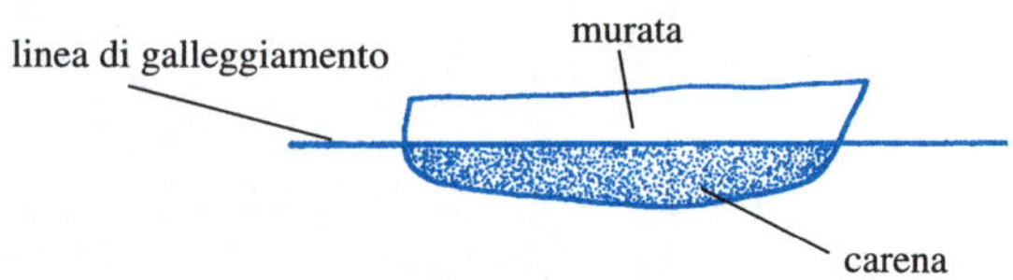

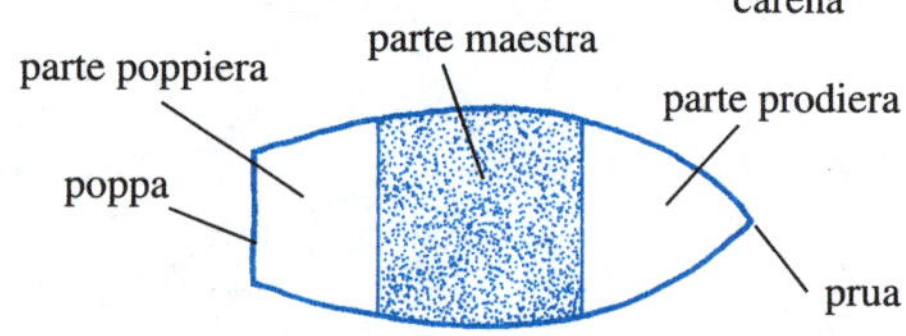

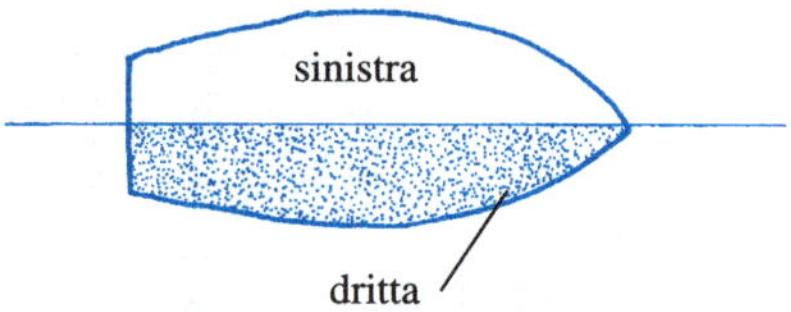

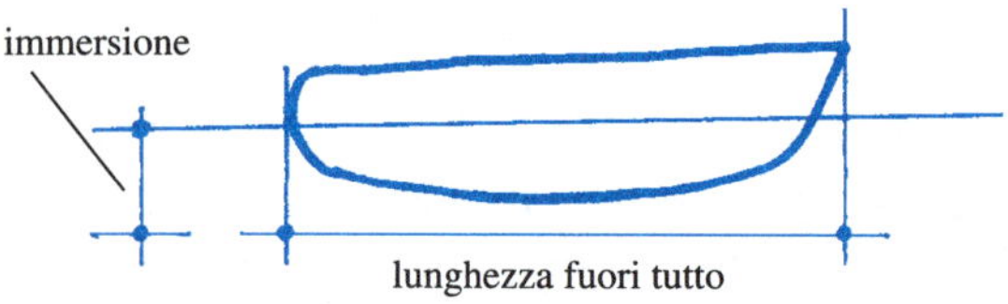

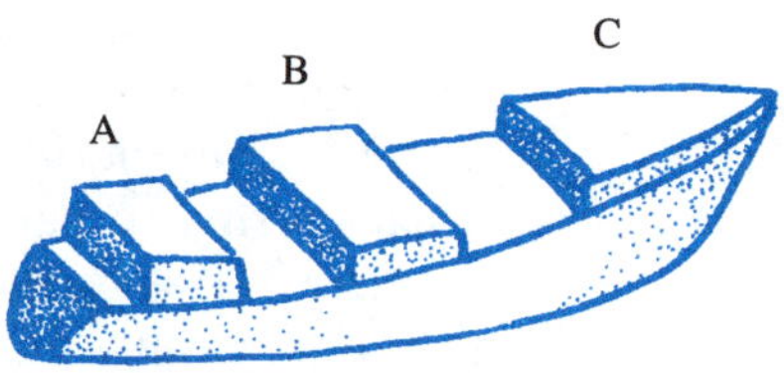

SOVRASTRUTTURE

A = Cassero poppiero
B = Cassero centrale
C = Castello di prua

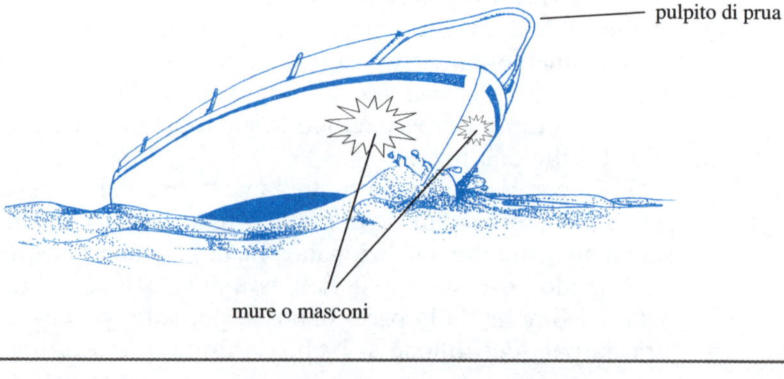

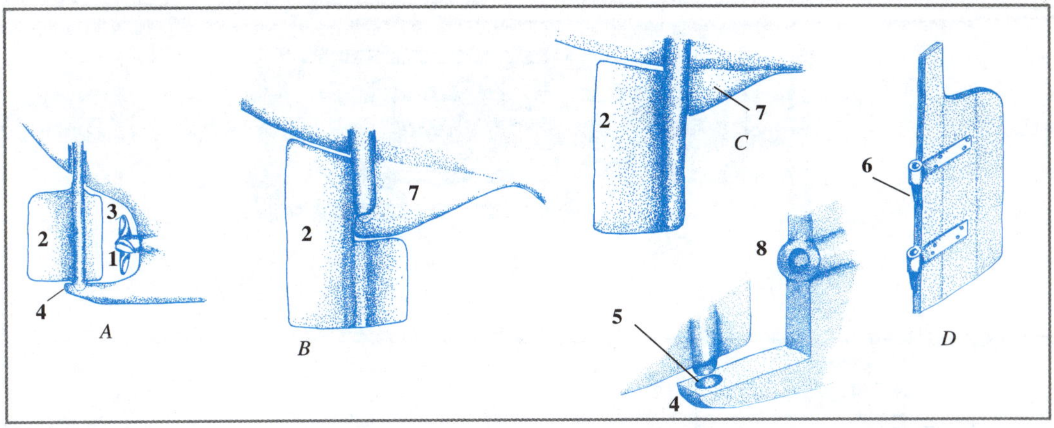

IL TIMONE E LE SUE PARTI.
"A" timone compensato;
"B" timone appeso e parzialmente compensato;
"C" timone appeso;
"D" timone comune.
***1.** gabbia dell'elica;*
***2.** pala; **3.** elica;*
***4.** calcagnolo;*
***5.** femminella cieca;*
***6.** agugliotto;*
***7.** skeg;*
***8.** botte dell'elica.*

parte. Viceversa, portando la barra a dritta, lo scafo accosterà a sinistra.

A bordo delle imbarcazioni più grandi il timone viene mosso mediante appositi dispositivi che lo collegano alla *ruota del timone*. Questo dispositivo, che può essere *meccanico* o *idraulico*, viene chiamato *agghiaccio*.

Il sistema meccanico può essere *flessibile* o *rigido*; nel primo caso il collegamento tra la ruota del timone e la barra è garantito da appositi cavi metallici o catene chiamati *frenelli*, adeguatamente guidati mediante rinvii.

Nel tipo rigido, invece, il collegamento tra la ruota del timone e la barra è ottenuto da appositi meccanismi a vite.

Nell'agghiaccio idraulico il collegamento tra la ruota del timone e la barra è garantito da una coppia di cilindri e da adeguate tubazioni metalliche. Nel circuito di questo sistema è contenuto dell'olio, che, compresso dallo stantuffo del cilindro, imprime ad altri stantuffi il movimento necessario a spostare la barra.

— Vari tipi di timone

Esistono vari tipi di timone oltre a quello classico incardinato con agugliotti e femminelle al dritto del timone e noto con il nome di *timone ordinario*.

Quando a pruavia dell'asse del timone si estende un'appendice, che costituisce una seconda pala, generalmente più stretta di quella situata a poppavia dello stesso asse, si parla di *timone compensato*. In questo caso il timone non si articola con i classici agugliotti e femminelle; l'asse del timone, dopo esser passato attraverso la *losca* (il foro praticato nella volta di poppa), poggia sul *calcagnolo* (la parte estrema poppiera della chiglia), nel quale è praticato un foro a bicchiere detto *femminella cieca*.

Talvolta il timone compensato, anziché poggiare sul calcagnolo, è collegato mediante una pinna di sostegno detto *dragante* o, come preferiscono gli anglofoni, *skeg*.

Un altro tipo di timone, usato soprattutto a bordo delle barche a motore, è il timone compensato del tipo *sospeso*.

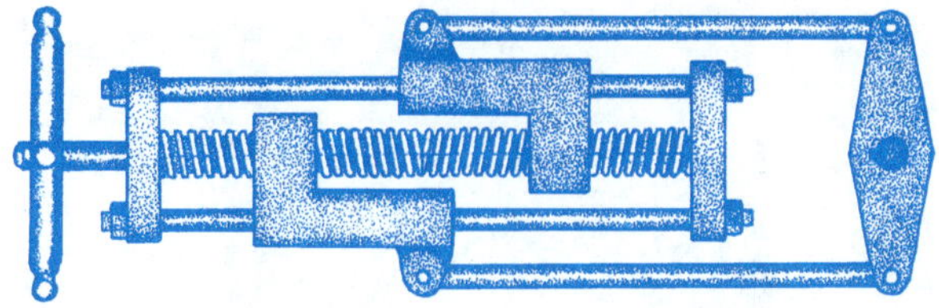

Agghiaccio rigido

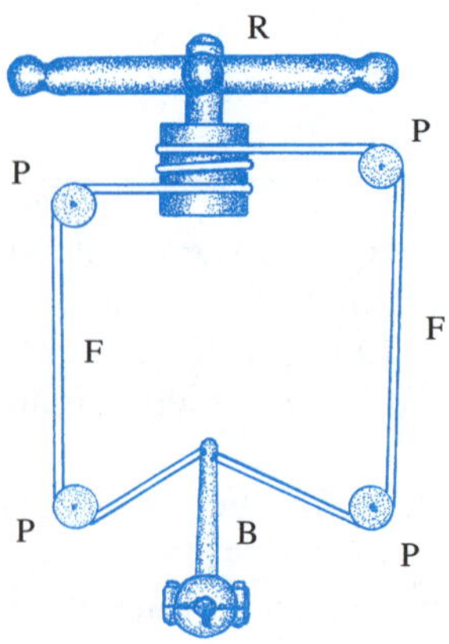

Agghiaccio flessibile
P – puleggia
B – barra
F – frenello
R – ruota a caviglie

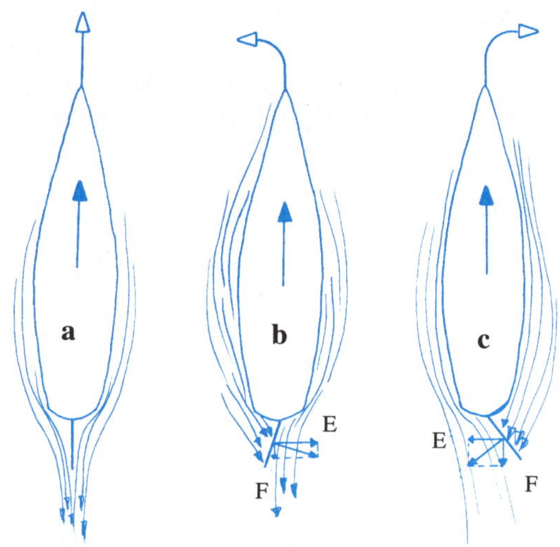

a. - Timone al *centro*, uguale pressione dei filetti fluidi sulle due facce del timone. Nessun effetto evolutivo.
b. - Timone a *sinistra*, pressione maggiore sulla faccia *sinistra*, rivolta a pruavia. Effetto evolutivo E fa accostare la prua a *sinistra*. F è l'effetto frenante.
c. - Timone a *dritta*, pressione maggiore sulla faccia dritta, rivolta a pruavia. Effetto evolutivo E fa accostare la prua a *dritta*. F è l'effetto frenante.

Da notare che nella figura **c** il timone è inclinato troppo. Ciò aumenta notevolmente la risultante frenante F e diminuisce quella evolutiva E. L'angolo di barra non dovrebbe superare i 40 gradi.

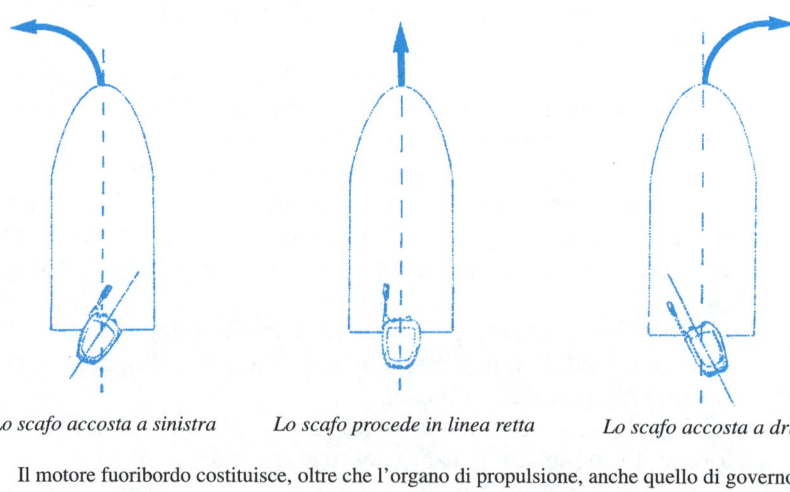

Lo scafo accosta a sinistra *Lo scafo procede in linea retta* *Lo scafo accosta a dritta*

Il motore fuoribordo costituisce, oltre che l'organo di propulsione, anche quello di governo.

PARTI DI UNO YACHT A MOTORE.
1. *gabbia dell'elica;*
2. *timone;*
3. *elica;*
4. *linea di galleggiamento;*
5. *carena o opera viva;*
6. *murata o opera morta;*
7. *prua;*
8. *tuga;*
9. *corrimano;*
10. *poppa;*
11. *bocca di rancio;*
12. *oblò;*
13. *fanale;*
14. *mascone o mura.*

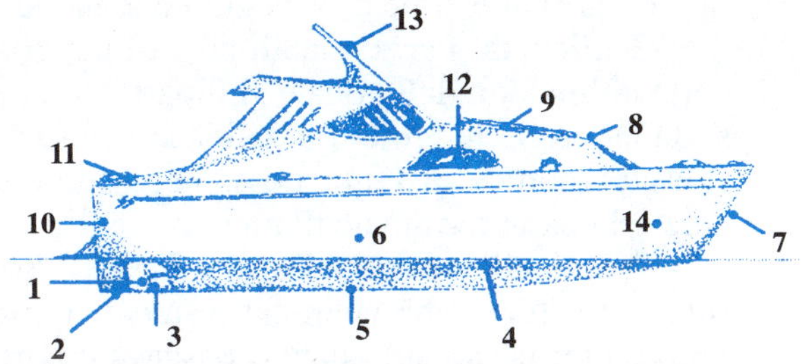

Principio di funzionamento del timone

Se la massa liquida che scorre lungo la carena da prua a poppa, per effetto del moto avanti dello scafo o per effetto dell'elica che aspira l'acqua da pruavia per cacciarla a poppavia, incontra il timone esercitando la stessa pressione sulle due facce (esempio di timone al centro), non produce nessun effetto. Viceversa, se il timone viene inclinato lateralmente di un certo angolo, la massa fluida colpirà una delle facce del timone, esercitando sulla faccia rivolta a pruavia una pressione maggiore di quella esercitata sulla faccia opposta.

La pressione esercitata sulla pala fa sì che lo scafo accosti dal lato verso cui si esercita la resistenza e che, a causa di questa, subisca un rallentamento del suo moto; occorre tener conto di questo effetto secondario del timone, evitando di inclinare il timone di angoli superiori ai 45° perché l'effetto frenante risulta elevato, mentre l'effetto evolutivo si riduce notevolmente.

Nella marcia indietro gli effetti evolutivi del timone sono esattamente opposti e diminuiti, perché i filetti fluidi della massa liquida, al contrario di quanto avviene nella marcia avanti, non scorrono guidati dalla carena in maniera ordinata.

— Accessori principali di uno scafo

Oltre al timone sono numerosi gli altri accessori che, pur non facendo parte della struttura dello scafo, fanno parte integrante di questo, permettendo il suo appropriato utilizzo.

Molti di questi accessori sono saldamente fissati alla coperta, altri sono collegati allo scafo con cavi o catene, come ad esempio l'**ancora**.

Qui di seguito elenchiamo i principali accessori, dando, per ciascuno di essi, una breve definizione e indicandone l'impiego:

– **Battagliola**. Costituisce il *parapetto*, formato da elementi verticali chiamati *candelieri* e collegati tra loro mediante cavi d'acciaio chiamati *draglie*.

– **Pulpito di prua.** Intelaiatura costituita da tubi d'acciaio o alluminio che si eleva al di sopra del ponte di coperta, alla estrema prua, prolungando la battagliola. Sul pulpito di prua vengono fissate le estremità libere delle draglie.

– **Bitte.** Sono quelle corte colonnette che vengono sistemate in coperta, in prossimità della prua e della poppa, impiegate per dar volta (assicurare) alle cime d'ormeggio o a quelle di rimorchio.

– **Galloccia**. Pezzo metallico o di materiale plastico, formato da una corta colonnetta dalla quale si diparte un pezzo falcato, attorno al quale si danno volta le cime. Le gallocce si sistemano variamente in coperta, sull'alberatura e ovunque possa necessitare un punto fisso al quale assicurare la parte terminale di un cavo.

– **Verricelli**. (chiamati anche *winch*). Sono macchine adoperate per ridurre lo sforzo che viene fatto su cavi e manovre. Il verricello è costituito da un perno sul quale è fissato un tamburo attorno al quale viene avvolto il cavo. Per mezzo di un'apposita manovella viene fatto ruotare il tamburo attorno al quale è stato avvolto il cavo, mettendolo così in tensione.

Quando al tamburo è assicurata un'apposita ruota a impronte, detta *barbotin*, il verricello viene adoperato come *salpancore*. La catena dell'ancora si alloggia nella ruota a impronte e la rotazione del tamburo, solidale al barbotin, permette di alare la catena e, quindi, di salpare l'ancora.

– **Mordiscotte**. Sono chiamati con questo termine tutti quei meccanismi costruiti e impiegati per trattenere una cima in tensione, strozzandola e trattenendola con le sue parti dentate o con i suoi dispositivi a cuneo.

– **Bozzello**. È una macchina semplice ed è utilizzato, da solo o in combinazione con altri bozzelli, per sollevare pesi o spostare corpi pesanti. È costituito da una ruota, detta *puleggia*, recante lungo la circonferenza una scanalatura, entro la quale si adatta il cavo al quale viene applicata la *resistenza*.

La puleggia è libera di ruotare attorno a un perno, che passa per il suo centro, ed è incassata in una *cassa*. Attorno alla cassa è applicato uno *stroppo*, per mezzo del quale può essere fissata saldamente, nel caso di bozzello fisso, o al quale si fissa il peso da sollevare, nel caso si tratti di bozzello mobile.

Nel primo caso non si ha un guadagno e la forza necessaria a equilibrare una certa resistenza è esattamente uguale a questa; nel secondo caso, invece, si ottiene un guadagno in quanto la forza necessaria a equilibrare una certa resistenza è esattamente la metà di quest'ultima. Quando due bozzelli, semplici o multipli, sono uniti tra loro per mezzo di un cavo, formano quello che viene chiamato *paranco*.

– **Grillo**. (detto anche *gambetto*). È simile a un *maniglione*, ma di dimensioni molto più piccole. È formato da un sottile tondino di acciaio o di ferro zincato, ripiegato a U, con le estremità (dette *gambe*, da cui probabilmente deriva il nome) forate e collegate da un perno a vite o da un perno bloccato da una coppiglia, che permette di chiuderlo. Viene impiegato tutte le volte che occorra collegare tra loro due cavi, due spezzoni di catena, la catena all'ancora, i *bozzelli* a *golfari* o tra loro, etc.

– **Arridatoio**. È quello strumento che serve per tesare le manovre fisse; è costituito da una doppia vite e un manicotto nel quale trovano alloggiamento le due viti.

– **Maniche a vento**. Termine attribuito alle prese d'aria, costituite da un tubo sormontato da una cuffia orientabile, che convogliano l'aria nei locali sottostanti. Per evitare che eventuali colpi di mare possano causare infiltrazioni d'acqua all'interno dello scafo, la manica a vento è dotata di una apposita trappola, che serve, appunto, a evitare tale inconveniente.

– **Corrimano** o **Tientibene**. È chiamata in questo modo quell'asta di legno sagomata o quel tubo di metallo, che, fissati lungo le pareti o sul cielo di una tuga, costituiscono una sorta di tientibene. Talvolta è pure costituito da un cavo tenuto in posizione da alcuni candelieri; questa soluzione è tipica delle scale e delle passerelle. In quest'ultimo caso sarebbe comunque più appropriato il secondo termine tientibene.

– **Parabordo**. Speciali palloni di plastica robusta contenenti aria a bassa pressione, che, sistemati fuoribordo, lungo i fianchi dell'imbarcazione, servono per proteggerla da sfregamenti e urti.

CAPITOLO 2 NAVIGAZIONE

— Geografia

La terra ruota in senso antiorario (per un osservatore posto al Polo Nord) attorno a un asse di rotazione i cui estremi sono il *Polo Nord* e il *Polo Sud*. Il circolo massimo perpendicolare all'asse di rotazione è detto *Equatore*; esso divide la terra in due emisferi, quello *settentrionale* o *boreale* e quello *meridionale* o *australe*. Tutti i circoli minori, paralleli all'Equatore, sono detti *paralleli*.

Tutti gli altri circoli massimi, che hanno per raggio quello terrestre, passanti per i poli e perpendicolari all'Equatore, sono detti circoli meridiani. Tra questi quello che passa per *Greenwich* è detto meridiano fondamentale. Questo meridiano e il suo opposto dividono la terra in due emisferi: l'*emisfero orientale* e l'*emisfero occidentale*.

— Coordinate

Le coordinate geografiche di un punto sulla superficie terrestre sono: la *Latitudine* e la *Longitudine*. La Latitudine è l'arco di meridiano compreso tra l'Equatore e il parallelo passante per il punto. Si misura in gradi, primi e secondi, partendo dall'Equatore verso i Poli. Si conta da 0° a 90° positivamente verso il polo Nord e da 0° a 90° negativamente verso il polo Sud. Si indica con la lettera φ (fi) dell'alfabeto greco.

La Longitudine è l'arco di Equatore compreso tra il meridiano passante per Greenwich e il meridiano passante per il punto. Si misura anch'essa in gradi, primi e secondi, partendo dal meridiano di Greenwich, verso il meridiano passante per il punto. Si conta da 0° a 180° positivamente verso Est e da 0° a 180° negativamente verso Ovest. Si indica con la lettera λ (lambda) dell'alfabeto greco.

Date le coordinate del punto di partenza φ e λ e le coordinate del punto di arrivo φ' e λ', definiamo la *differenza di latitudine* come l'arco di meridiano compreso tra i paralleli passanti per i due punti. Questa si indica con le lettere $\Delta\varphi$ dell'alfabeto greco. Si misura in gradi, primi e secondi. Si conta da 0° a 180° positivamente verso il polo Nord e negativamente verso il polo Sud. È risultata, in valore e segno, dall'operazione algebrica

$$\Delta\varphi = \varphi' - \varphi$$

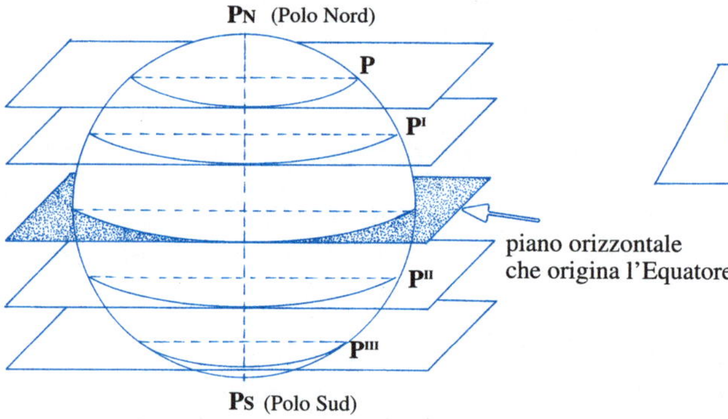

p, p^{I}, p^{II}, p^{III} paralleli

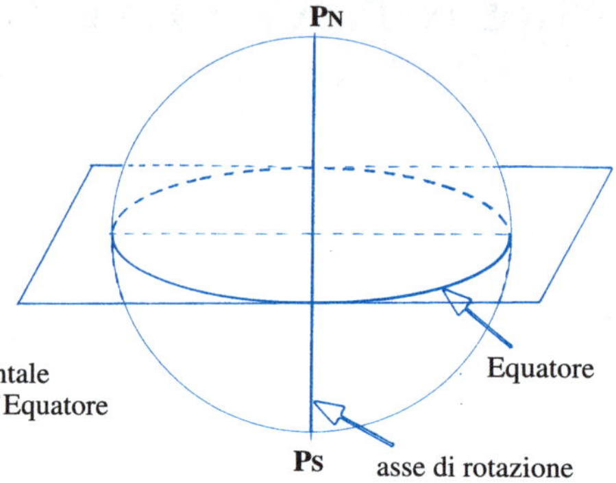

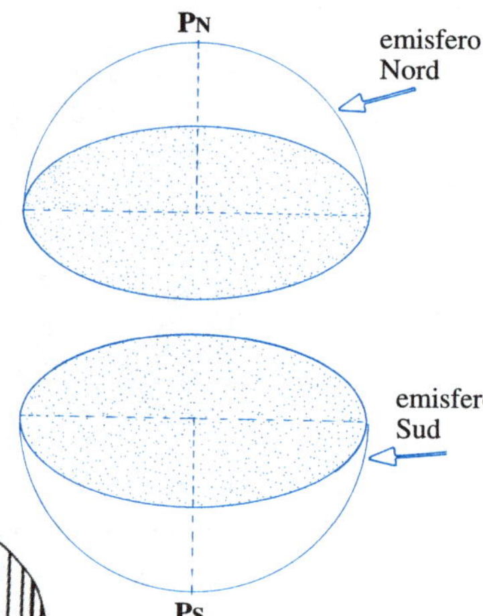

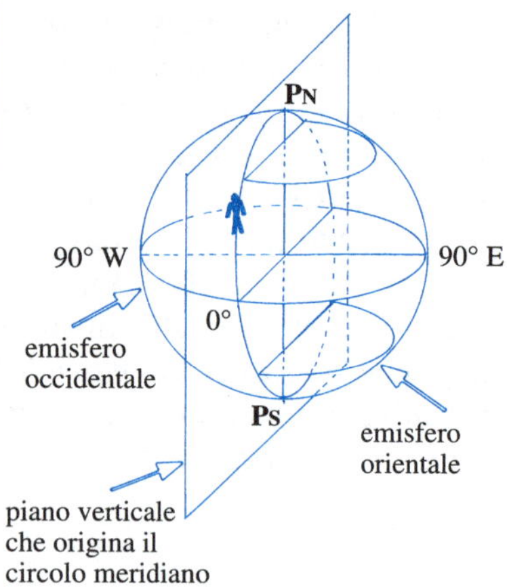

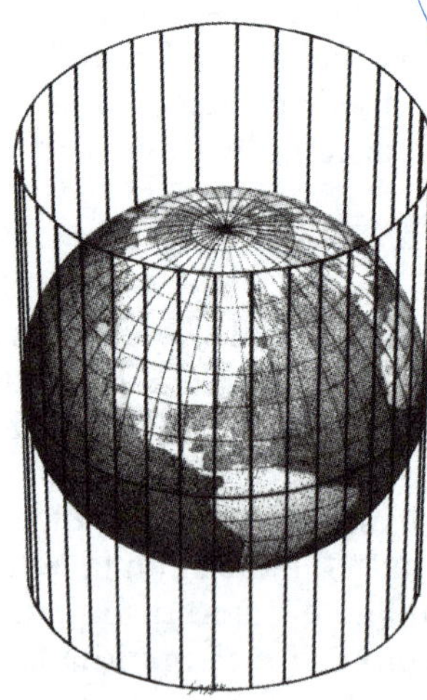

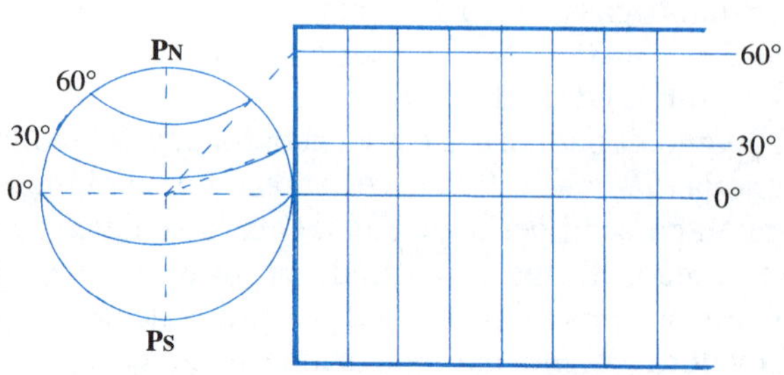

proiezione di Mercatore

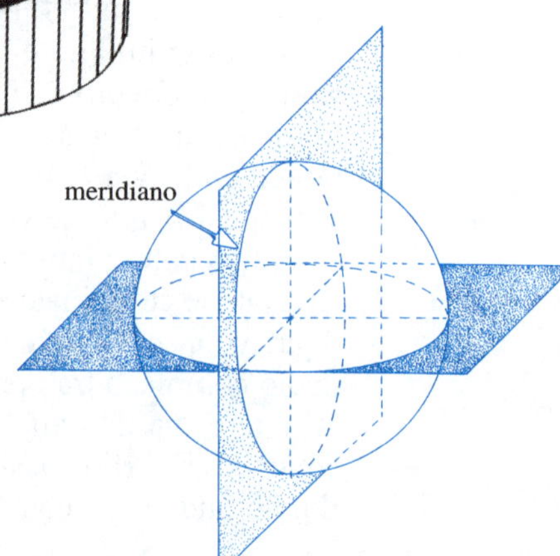

Viene detto invece, *differenza di longitudine* e indicato con le lettere $\Delta\lambda$ dell'alfabeto greco l'arco di Equatore compreso tra i meridiani passanti per i due punti. Si misura in gradi primi e secondi. Si conta da 0° a 180° positivamente verso Est e da 0° a 180° negativamente verso Ovest. Essa è data, in valore e segno, dall'operazione algebrica

$$\Delta\lambda = \lambda' - \lambda$$

Se il valore dell'operazione algebrica supera i 180°, si detrae il valore della $\Delta\lambda$ da 360° e si cambia di segno.

Esempio: λ = 135° E; λ' = 78° W. $\Delta\lambda$ = -78° – (+135°) = -78° -135° = -213° = 213° W. Il valore supera i 180° e, pertanto, per avere il valore corretto di $\Delta\lambda$ occorre sottrarre da 360° il valore di 213° e cambiare di segno, ottenendo: 360° – 213° = 147° E.

Le tabelle A e B potranno essere utili per ripassare o per verificare i vostri risultati.

Tabella A

Latitudine di arrivo φ'	*Latitudine di partenza φ*		*Differenza di latitudine $\Delta\varphi$*
Positiva (N)	Positiva (N)	Se $\varphi' > \varphi$	Positiva (N)
Positiva (N)	Positiva (N)	Se $\varphi' < \varphi$	Negativa (S)
Positiva (N)	Negativa (S)	è sempre	Positiva (N)
Negativa (S)	Positiva (N)	è sempre	Negativa (S)
Negativa (S)	Negativa (S)	Se $\varphi' > \varphi$	Negativa (S)
Negativa (S)	Negativa (S)	Se $\varphi' < \varphi$	Positiva (N)

Tabella B

Longitudine di arrivo λ'	*Longitudine di partenza λ*		*Differenza di longitudine $\Delta\lambda$*
Positiva (E)	Positiva (E)	Se $\lambda' > \lambda$	Positiva (E)
Positiva (E)	Positiva (E)	Se $\lambda' < \lambda$	Negativa (W)
Positiva (E)	Negativa (W)	è sempre	Positiva (E)
Negativa (W)	Positiva (E)	è sempre	Negativa (W)
Negativa (W)	Negativa (W)	Se $\lambda' > \lambda$	Negativa (W)
Negativa (W)	Negativa (W)	Se $\lambda' < \lambda$	Positiva (E)

N.B. – Quando il valore di $\Delta\lambda$ supera i 180° occorre sottrarre da 360° il valore di $\Delta\lambda$ e cambiare il segno di quest'ultima.

— Distanza e velocità

In mare le distanze non sono espresse in chilometri, bensì in *miglia*. Il miglio rappresenta la lunghezza di un primo di ellissi meridiana alla latitudine media di 45° e misura esattamente 1.852 metri. Misurando le distanze in miglia le velocità saranno espresse in miglia/ora. Tale unità di misura prende il nome di *nodo*.

Il nome *nodo* deriva dall'antico strumento con il quale si misurava la velocità delle navi. Questo era costituito da un galleggiante zavorrato, assicurato a una sagola marcata, a distanze proporzionali alla frazione di tempo utilizzata per la misura, con dei nodi. Filato in mare da poppa il galleggiante, veniva contato il numero di nodi che scorrevano tra le dita nell'unità di tempo.

Questo numero rappresentava la velocità. Ad esempio, se si impiegava come unità di misura 30 secondi, essendo questi la 120^{a} parte dell'ora, si

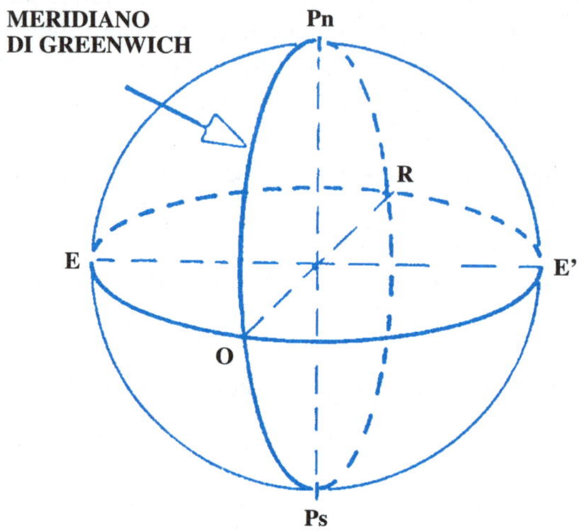

Pn Ps – asse polare

EOE'R – Equatore

Pn O Ps – meridiano di Greenwich

Pn R Ps – antimeridiano

Pn O PsR – circolo meridiano

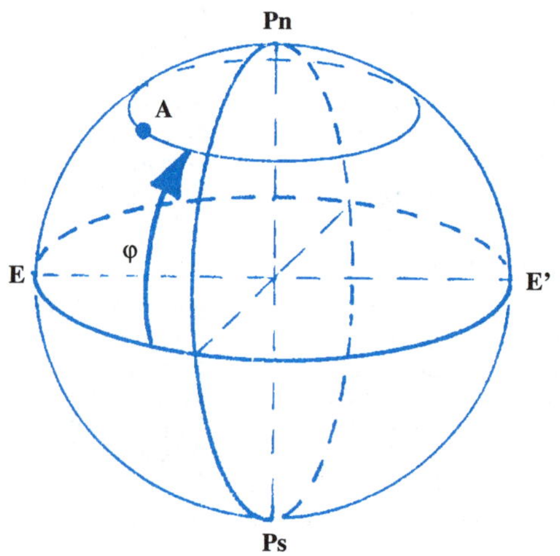

La latitudine di un punto è l'arco di meridiano compreso tra l'Equatore e il parallelo passante per il punto considerato.
Si conta dall'Equatore verso il polo Nord, da 0° a 90° positivamente e dall'Equatore verso il polo Sud, da 0° a 90° negativamente.
- La latitudine dell'Equatore è 0°.
- La latitudine del polo Nord è +90°: si indica con la lettera dell'alfabeto greco φ (fi).

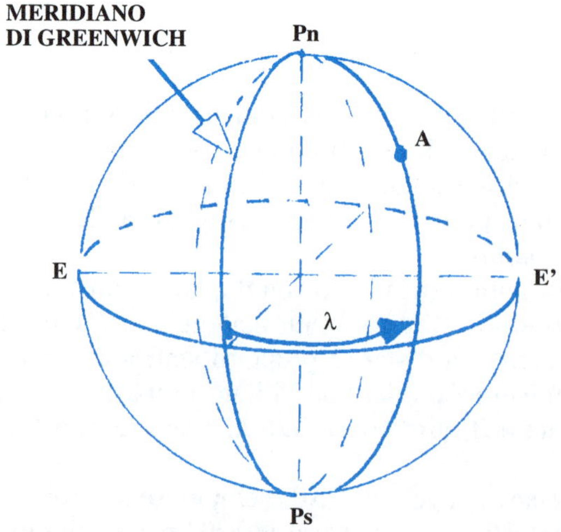

La longitudine di un punto è l'arco di Equatore compreso tra il meridiano di Greenwich e il meridiano passante per il punto considerato.
Si conta sull'Equatore dal meridiano di Greenwich verso Est, da 0° a 180° positivamente e dal meridiano di Greenwich verso Ovest, da 0° a 180° negativamente.
- Tutti i punti del meridiano di Greenwich hanno longitudine 0°.
- La longitudine dell'antimeridiano è 180°: si indica con la lettera dell'alfabeto greco λ (lambda).

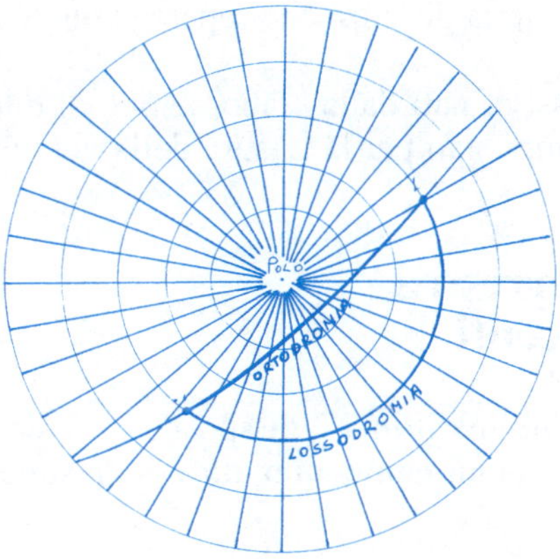

confronto tra ortodromia e lossodromia

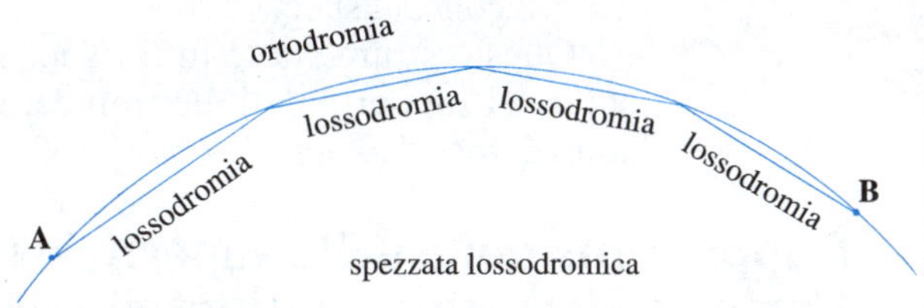

spezzata lossodromica

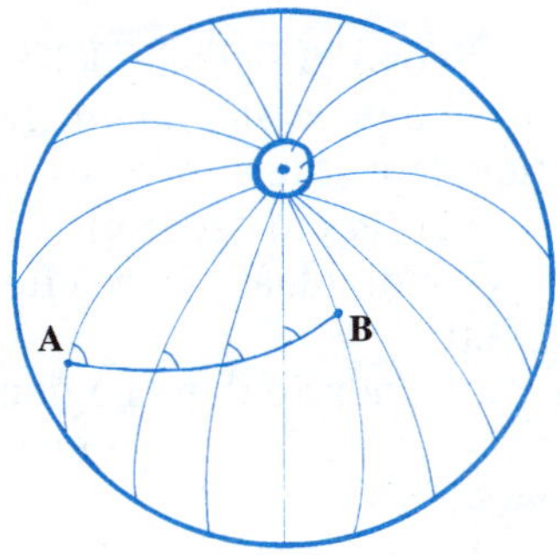

la lossodromia taglia i meridiani sempre con lo stesso angolo

elica pesce

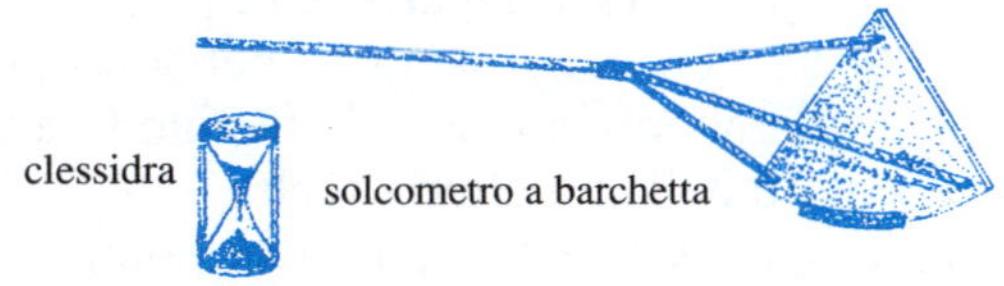

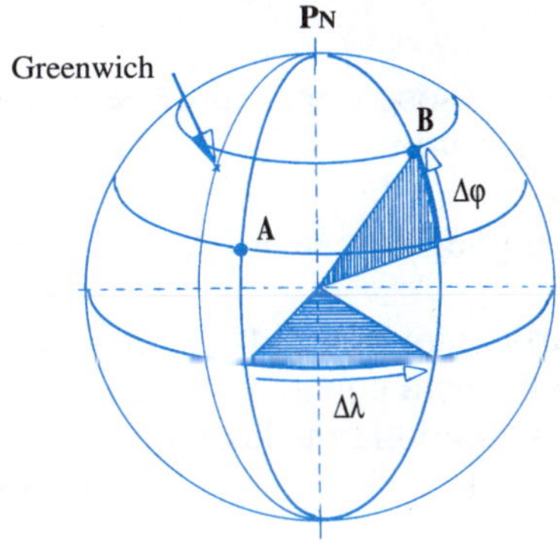

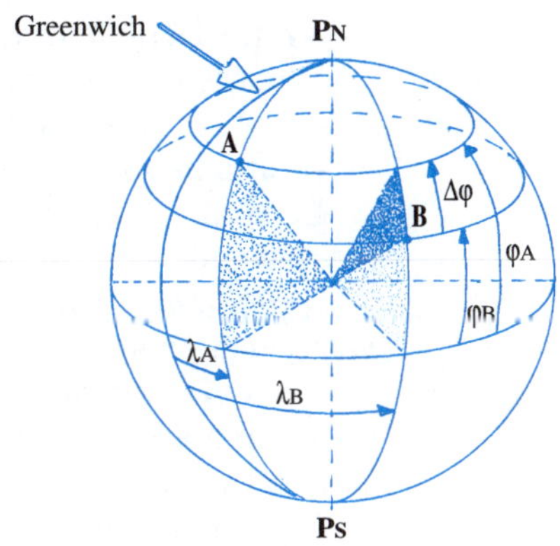

Differenza di latitudine e differenza di longitudine

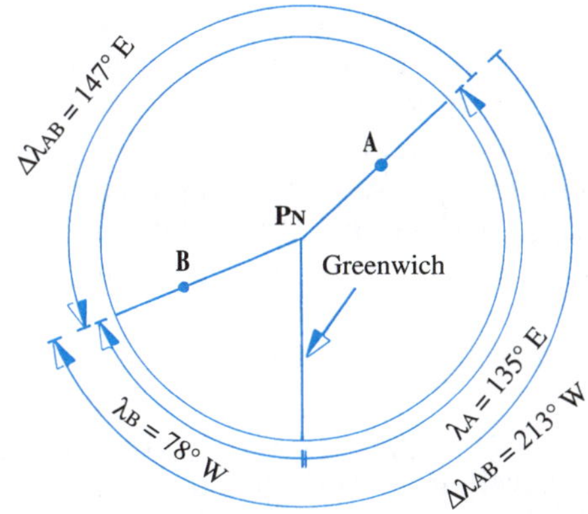

Esempio: λ = 135° E; λ'= 78° W. $\Delta\lambda$= -78° – (+135°) = -78° -135° = -213° = 213° W. Il valore supera i 180° e, pertanto, per avere il valore corretto di $\Delta\lambda$ occorre sottrarre da 360° il valore 213° e cambiare di segno, ottenendo: 360° – 213° = 147° E. Nell'esempio della figura il valore dell'operazione algebrica supera i 180°, si detrae il valore della $\Delta\lambda$ da 360° e si cambia di segno.

divideva la lunghezza del miglio in 120 parti, ottenendo: 1.852 : 120 = 15.4 metri, che era approssimativamente la distanza che separava un nodo della sagola dal successivo.

Questo strumento e tutti i successivi, nati dalla elaborazione di questo o dal supporto dell'elettronica, impiegati per la misura della velocità sono detti *solcometri*.

— Rappresentazione della superficie terrestre. Carta di Mercatore e latitudini crescenti

Scopo principale della navigazione marittima è di spostare, in sicurezza e in economia, un galleggiante da un punto a un altro della superficie terrestre, attraverso il mare.

Per far ciò occorre:

– individuare la traiettoria più conveniente e sicura che collega i due punti;

– condurre il galleggiante lungo la traiettoria prescelta;

– determinare con una certa frequenza la posizione assunta dal galleggiante.

Per rendere agevole tale compito si utilizzano delle rappresentazioni piane della superficie di parte del globo terrestre: le *carte nautiche*.

Le carte nautiche debbono possedere particolari caratteristiche che rendono più agevole la pianificazione della navigazione e l'inseguimento della traiettoria scelta.

Queste caratteristiche sono:

– isogonicità;

– rettifica delle traiettorie.

Le carte impiegate nella navigazione sono principalmente di due tipi:

– carta in *rappresentazione di Mercatore*;

– carta in *proiezione gnomonica*.

La prima è quella largamente impiegata e soddisfa le necessità del navigante di:

– *rettificare le lossodromie* (particolare tipo di traiettoria nella quale viene mantenuto costante l'angolo formato con i meridiani);

– *essere isogona*, caratteristica secondo la quale esiste l'uguaglianza tra un angolo misurato sulla terra e il corrispondente angolo misurato sulla carta nautica.

La carta di Mercatore nasce dalla proiezione cilindrica centrale, ottenuta immaginando di avvolgere la Terra con un cilindro tangente all'Equatore e proiettando dal centro della Terra, sulla superficie cilindrica i vari punti della superficie terrestre.

La proiezione cilindrica centrale presenta delle alterazioni che non soddisfano le condizioni di isogonismo e di rettifica delle lossodromie, così, grazie alla rielaborazione del suo principio matematico, il geografo olandese Kramer, detto Mercatore, realizzò quella carta nautica che soddisfa le suddette condizioni e che, in suo onore viene appunto detta *carta di Mercatore*.

In questa carta i meridiani sono rappresentati da rette parallele ed equidistanti in longitudine. I paralleli sono anch'essi rappresentati da rette parallele e perpendicolari ai meridiani. In questo tipo di rappresentazione, dal momento che sulla Terra i meridiani convergono tutti verso i poli, è stato necessario dilatare, man mano che dall'Equatore si procede verso i poli, l'ampiezza dei paralleli compresi tra due meridiani, affinché questa divenga simile alla lunghezza del corrispondente arco di Equatore.

A questo allungamento dei paralleli è dovuta seguire una dilatazione della lunghezza del meridiano in corrispondenza dei due paralleli. Questa deformazione fa sì che nella carta di Mercatore la distanza tra i paralleli sia sempre più grande, man mano che dall'Equatore si procede verso i poli. Questa variazione nella distanza tra i paralleli comporta, necessariamente, una continua variabilità nella scala delle latitudini, che crescono dall'Equatore verso i poli, come mostrato nella tabella che segue:

TABELLA DELLE LATITUDINI CRESCENTI

Latitudine reale	*Latitudine di Mercatore* φc	*Incremento*
0°	0°	0
10°	10°03'06"	3'6"
20°	20°25'06"	25'6"
30°	31°28'24"	1°28'24"
40°	43°42'42"	3°42'42"
50°	57°54'30"	7°54'30"
60°	75°27'24"	15°27'24"
70°	99°26'	29°26'

In conseguenza di ciò è bene ricordare che la misura di una distanza tra due punti deve essere sempre letta in corrispondenza del valore della latitudine media dei punti.

L'altro tipo di rappresentazione impiegato in navigazione è la *proiezione gnomonica*. Essa è utilizzata sopratutto per rappresentare le carte generali e le carte degli oceani, per lo studio del percorso ortodromico (il più breve percorso che può essere tracciato sulla Terra per unire due punti; esso è rappresentato da un arco di circonferenza che ha per raggio il raggio terrestre).

Le carte gnomoniche vengono impiegate anche per rappresentare i porti e gli ancoraggi. Queste carte sono dette *piani nautici*.

Per la loro grande scala e la piccola zona rappresentata su queste carte sono rettificate sia le lossodromie che le ortodromie e possono considerarsi praticamente esenti da qualsiasi tipo di deformazione. In esse la scala è costante su tutta la loro superficie.

A seconda della scala, cioè del rapporto tra le dimensioni misurate sulla carta e le corrispondenti dimensioni sulla Terra, si hanno i seguenti tipi di carte:

– carte oceaniche e carte generali (scala compresa tra 1/6.000.000 e 1/1.000.000);

– carte costiere generali o a media scala (scala compresa tra 1/1.000.000 e 1/200.000);

– carte costiere particolari (scala compresa tra 1/200.000 e 1/60.000);

– carte dei litorali e dei porti (scala compresa tra1/60.000 e 1/2.000);

– carte dei porti minori con scale variabili tra 1/5.000 e 1/1.000.

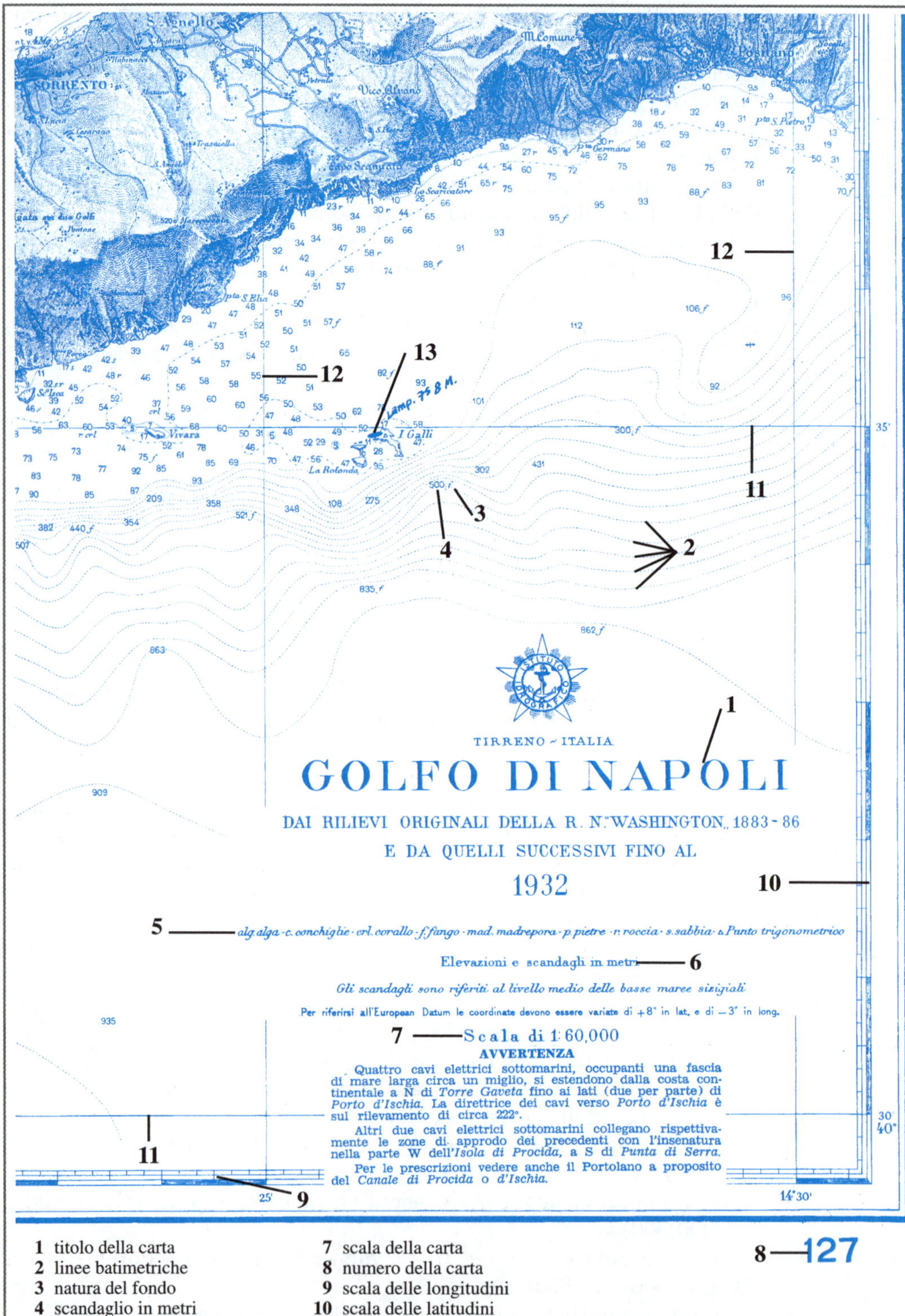

1 titolo della carta
2 linee batimetriche
3 natura del fondo
4 scandaglio in metri
5 abbreviazioni utilizzate per indicare la natura del fondo
6 unità di misura utilizzata per le elevazioni e gli scandagli
7 scala della carta
8 numero della carta
9 scala delle longitudini
10 scala delle latitudini
11 paralleli
12 meridiani
13 faro

NOTA: Tutti i segni convenzionali e abbreviazioni in uso nelle carte nautiche edite dall'Istituto Idrografico della Marina Militare, sono raccolti nella pubblicazione 1111.

— Lettura e aggiornamento della carta nautica

Le carte nautiche sono sempre orientate con il Nord in alto, l'Est a destra, il Sud in basso e l'Ovest a sinistra. Lungo i bordi della carta nautica sono riportate le scale; quella delle latitudini ai lati e quella delle longitudini orizzontalmente in alto e in basso. La suddivisione di queste scale dipende dalla scala della carta. In generale, le carte costiere hanno la suddivisione in primi e decimi di primo.

All'interno della carta è riportato il *titolo*, che contiene, oltre alla zona di mare riprodotta, indicazioni relative a:

– l'Istituto che ha provveduto alla sua pubblicazione;

– il tipo di proiezione impiegata;

– la scala della carta e la latitudine alla quale si riferisce;

– il sistema di misura impiegato per le elevazioni e per i fondali con indicazione della linea di riferimento. Sulle carte nautiche sono indicate sia le linee che uniscono i punti che hanno la stessa altezza sul livello del mare (come, ad esempio, le curve di livello delle montagne) sia le linee che uniscono i punti con uguale profondità e che vengono dette *isobate* o *linee batimetriche.*

Lungo il bordo superiore e in quello inferiore è riportato il numero della carta. Lungo il bordo inferiore vanno indicati i dati relativi all'aggiornamento della carta. Questa annotazione appare come una frazione preceduta dalla indicazione dell'anno a cui si riferisce la correzione. Al numeratore della frazione figura il numero del Bollettino degli Avvisi ai Naviganti (pubblicazione quindicinale dell'Istituto Idrografico della Marina Militare, sulla scorta della quale si apportano le correzioni) e il numero dell'Avviso, separati da un punto. Al denominatore figura il numero complessivo di correzioni apportate a quella carta.

Tutta la simbologia e le abbreviazioni contenute all'interno della carta nautica sono raccolte in una pubblicazione, edita sempre dall'Istituto Idrografico della Marina Militare, contrassegnata dal numero 1111.

— Segnalamento marittimo

Lungo le coste, per rendere più agevole e sicura la navigazione, specie in caso di visibilità ridotta, sono disseminate apposite costruzioni spesso sormontate da un segnale luminoso o da un miraglio.

Questi segnali possono essere:

– ottici diurni;

– ottici notturni;

– acustici;

– radiolelettrici.

I segnali ottici diurni sono tutte quelle costruzioni galleggianti, quali boe, mede, gavitelli, etc., indicanti un pericolo o delimitanti un canale. Sono pure segnali ottici diurni tutti quei segnali collocati a terra o sui bassi fondali, quali le mede e i dromi. Spesso questi segnali sono colorati in maniera diversa e ciascun colore ha un preciso significato.

I segnali ottici notturni sono tutti i segnali luminosi, quali fari, fanali, boe luminose, mede luminose, etc. Tra questi distinguiamo i fari dai

SIMBOLOGIA. Simbologia e abbreviazioni riprese dalla pubblicazione “1111” dell'Istituto Idrografico della Marina Militare.

Scogli				*Rocks*
Livello riferimento elevazioni *Plane of Reference for Heights* → H		Livello riferimento scandagli *Plane of Reference for Depths* → H		
10		Scoglio (isolotto) emergente, quota riferita al livello riferimento elevazioni *Rock (islet) which does not cover, height above height datum*	(3,1) (1,7)	
11	0_7 1_5 +	Scoglio ora emerso ora sommerso, quota riferita al livello riferimento scandagli *Rock which covers and uncovers, height above chart datum*	(2_7) (1_6)	

Relitti				*Wrecks*
Livello riferimento scandagli *Plane of Reference for Depths* → H				
24		Relitto in parte emergente a livello riferimento scandagli *Wreck showing any portion of hull or superstructure at level of chart datum*		
25		Relitto di cui sono visibili solo gli alberi a livello riferimento scandagli *Wreck showing mast or masts above chart datum only*	Alberi	
26	4_6 *Sc. af.* +	Relitto con battente d'acqua noto *Wreck, least depth known by sounding only*	4_6 *Wk* 25 *Wk*	
27	4_6 *Sc. af.* +	Relitto con battente d'acqua controllato mediante draga o palombaro *Wreck, least depth known, swept by wire drag or diver*	4_6 *Wk* 25 *Wk*	
28		Relitto pericoloso con battente d'acqua sconosciuto *Dangerous wreck, depth unknown*		
29		Relitto non pericoloso con battente d'acqua sconosciuto *Non-dangerous wreck, depth unknown*		
30		Relitto la cui profondità è sconosciuta, ma che si può considerare superiore a quella indicata *Wreck, least depth unknown, but considered to have a safe clearance to the depth shown*	25 *Wk*	

Ostacoli				*Obstructions*
Livello di riferimento scandagli *Plane of Reference for Depths* → H		Alghe, Erbe marine *Kelp, Sea-Weed* → J		
40	Ost. +	Ostacolo con profondità sconosciuta *Obstruction, depth unknown*	*Obstn* *Obstn*	
41	4_6 Ost. +	Ostacolo con minima profondità conosciuta *Obstruction, least depth known*	4_6 *Obstn* 16_8 *Obstn*	
42	4_6 Ost. +	Ostacolo con minimo di profondità controllato mediante draga o palombaro *Obstruction, least depth known, swept by wire drag or diver*	4_6 *Obstn* 16_8 *Obstn*	

Segnalamenti luminosi — *Lights* **P**

Strutture della luce Principali luci galleggianti				*Light Structures, Major Floating Lights*
1		Luce principale, luce secondaria ‡, fanale, faro *Major light, minor light ‡, light, lighthouse*		Lt LtHo
2		Piattaforma con luce *Lighted offshore platform*		
3	‡	Dromo luminoso *Lighted beacon tower*	BY Bn Tr	
4	+ ‡	Meda luminosa *Lighted beacon*	R BRB Bn	
5	+	Meda galleggiante, meda elastica *Buoyant beacon, resilient beacon*	R Bn	

Boe, Mede — *Buoys, Beacons* **Q**

Boe e Mede				*Buoys and Beacons*
Sistema di segnalamento marittimo IALA → Q 130 *IALA Maritime Buoyage System*				
1	⊙ +	Posizioni della boa o della meda *Position of buoy or beacon*		
Colori delle boe e dei miragli delle mede				***Colours of Buoys and Beacon Topmarks***
Abbreviazioni dei colori → P *Abbreviations for Colours*				
2		Verde e nero (Simboli riempiti di nero) *Green and black (symbols filled black)*	G B G G G	
3		Colori singoli diversi da verde e nero *Single colours other than green and black*	R R Y Y R	
4		Colori multipli a bande orizzontali, con sequenza dei colori dall'alto verso il basso *Multiple colours in horizontal bands, the colour sequence is from top to bottom*	BY GRG BRB	
5		Colori multipli a bande verticali o diagonali, il colore più scuro è riportato per primo *Multiple colours in vertical or diagonal stripes, the darker colour is given first*	RW RW RW	
6	Rifl. Cat. +	Materiale catarifrangente *Retroreflecting material*		

Nota: il materiale catarifrangente può essere unito ad un segnalamento non luminoso, normalmente non si riporta sulle carte. Secondo le raccomandazioni IALA le bande nere devono apparire blù alla luce del riflettore.
Note: Retroreflecting material may be fitted to some unlit marks carts do not usually show it. Under IALA Recommendations, black bands will appear blue under a spotlight.

Miragli e riflettori radar				*Topmarks and Radar Reflectors*
Per l'uso dei miragli nel sistema IALA → Q 130 *For Application of Topmarks within the IALA-System*		Per altri miragli (boe e mede speciali) → Q 130 *For other Topmarks (Special Purpose Buoys and Beacons)*		
9		Miragli per boe nel sistema IALA (i miragli sulle mede sono rappresentati dritti) *IALA System buoy topmarks (beacon topmarks shown upright)*		
10		Meda con miraglio, colore, riflettore radar e designazione *Beacon with topmark, colour, radar reflector and designation*	R Nome	
11		Boa con miraglio, colore, riflettore radar e designazione *Buoy with topmark, colour, radar reflector and designation*	G Nome	

Nota: I riflettori radar dei segnalamenti galleggianti normalmente non vengono rappresentati.
Note: Radar reflectors on floating marks are usually not charted.

Boe				*Buoys*
Forma delle boe				***Shapes of Buoys***
20		Boa conica *Conical buoy, nun buoy*		
21		Boa cilindrica *Can or cylindrical buoy*		
22		Boa sferica *Spherical buoy*		
23		Boa a fuso *Pillar buoy*		
24		Boa ad asta *Spar buoy, spindle buoy*		
25		Boa a barile *Barrel buoy*		
26	+	Super boa *Super buoy*		

Radar — *Radar*

Strutture Radar / *Radar Structure* → E

Sistemi di sorveglianza Radar / *Radar Surveillance Systems* → M

1		Stazione Radar costiera, che a richiesta fornisce rilevamento e distanza *Coast radar station, providing range and bearing service on request*	Ra	
2		Ramark, dispositivo Radar che trasmette di continuo *Ramark, radar beacon transmitting continuously*	Ramark	
3.1		Risponditore Radar, con codice Morse, operante in banda x (3 cm) *Radar transponder beacon, with morse identification, responding within the 3-cm(X-)band*	Racon(D)	
3.2		Risponditore Radar, con codice Morse, operante in banda S (10 cm) *Radar transponder beacon, with morse identification, responding within the 10-cm(S-)band*	Racon(D) (10cm)	
3.3		Risponditore Radar operante nelle bande X ed S (3 e 10 cm) *Radar transponder beacon, responding within the 3-cm(X-) and the 10-cm(S-)band*	Racon(3&10cm)	
3.4		Risponditore Radar, con risposta su frequenza fissa al di fuori della banda marina *Radar transponder beacon, responding on a fixed frequency outside the marine band*	F Racon	
3.5		Mede Radar in allineamento *Radar transponder beacons with bearing line*	Racon Racon Racon ≠ 270°	
3.6		Segnali galleggianti con risponditore Radar *Floating marks with radar transponder beacons*	*Racon* *Racon* *Racon*	
4		Riflettore Radar *Radar reflector*		
5		Oggetto con forte eco Radar *Radar-conspicuous feature*		

Radio — *Radio*

10		Radiofaro circolare (non direzionale) marittimo o aeromarittimo *Circular (non-directional) marine or aeromarine radiobeacon*	RC	
11		Radiofaro direzionale con rilevamento *Directional radiobeacon with bearing line*	RD RD 269,5°	
12		Radiofaro rotante *Rotating-pattern radiobeacon*	RW	
13		Radiofaro Consol *Consol beacon*	Consol	
14		Stazione radiogoniometrica *Radio direction-finding station*	RG	
15	Q.T.G.	Stazione costiera che effettua servizio QTG *Coast radio station providing QTG service*	R	
16	AERO RC	Radiofaro aeronautico *Aeronautical radiobeacon*	Aero RC	

fanali, attribuendo ai primi il compito principale di guidare le navi nell'atterraggio. Per tal motivo hanno una portata superiore alle 10 miglia.

I fari sono costituiti, generalmente, da costruzioni in muratura che si ergono in prossimità di punti salienti della costa, in modo da essere utilizzati per determinare la propria posizione e il facile riconoscimento della costa.

I fari sono composti da:

– la sorgente luminosa;

– l'apparato illuminante;

– l'armatura;

– la lanterna.

I fanali sono collocati all'ingresso dei porti o in zone di pericolo; generalmente hanno una luce colorata e la loro portata è inferiore alle 10 miglia. Le boe e le mede segnalano i limiti di un canale, l'esistenza di un pericolo o la delimitazione di una zona di mare.

I segnali acustici sono quelli costituiti da gong, fischio, sirena, nautofono, etc., impiegati sopratutto per segnalare un pericolo in caso di nebbia.

Tutti i segnalamenti luminosi e acustici sono raccolti in una pubblicazione edita dall'I.I.M.M. intitolata: *Elenco dei fari e segnali da nebbia*. Il tipo di luce emessa da un faro, può essere:

– fissa (inglese: Fixed light), quando il faro resta sempre acceso;

– a lampi (Flashing), quando il faro si accende, a intervalli costanti, per alcuni secondi con durata della luce inferiore a quella dell'eclissi;

– intermittente (Single-occulting) quando la luce del faro è visibile a intervalli con durata della luce superiore o uguale a quella dell'eclissi;

– intermittente a gruppi di eclissi (Group-occulting), quando la luce viene mostrata con eclissi di uguale durata;

– scintillante intermittente (Interrupted quick), quando la luce è mostrata a gruppi separati e scintillanti, ogni gruppo è separato da un'eclissi che ha durata superiore a quella che separa i vari gruppi di luce;

– alternata (Alternating), quando il faro mostra una luce di differenti colori, che possono succedersi con o senza eclissi;

– a simboli Morse (Morse Code), quando mostra luci ed eclissi che rappresentano una lettera dell'alfabeto con il sistema Morse.

I segnali luminosi sono caratterizzati oltre che per il tipo di luce impiegato, anche per la portata. Questa può essere definita come la distanza alla quale un certo segnalamento luminoso è visibile in relazione a:

– l'elevazione dell'osservatore sul livello del mare (e);

– l'elevazione della sorgente luminosa (h);

– la curvatura della superficie terrestre.

Esiste una relazione che lega tra di loro questi tre elementi e ci consente di stabilire, con buona approssimazione, la *portata geografica* di un faro:

$$P = 2.04\,(\sqrt{e} + \sqrt{h})$$

in cui P rappresenta la *portata geografica* in miglia, e e h le elevazioni in metri sul livello del mare; le elevazioni dei segnali luminosi sono riportate sulla pubblicazione *Elenco dei fari dell'Istituto Idrografico*.

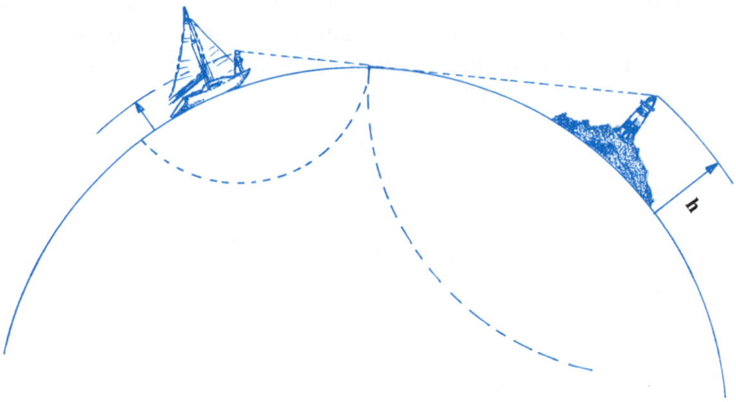

La portata geografica di un faro è la distanza alla quale un certo segnalamento luminoso è visibile in relazione a:
– l'elevazione dell'osservatore sul livello del mare (*e*);
– l'elevazione della sorgente luminosa (*h*);
– la curvatura della superficie terrestre.

La relazione che lega tra loro questi tre elementi e che consente di stabilire, con buona approssimazione, la portata geografica di un faro è la seguente:

$$P = 2.04\,(\sqrt{e} + \sqrt{h})$$

in cui *P* rappresenta la *portata geografica* in miglia, *e* e *h* le elevazioni in metri sul livello del mare.

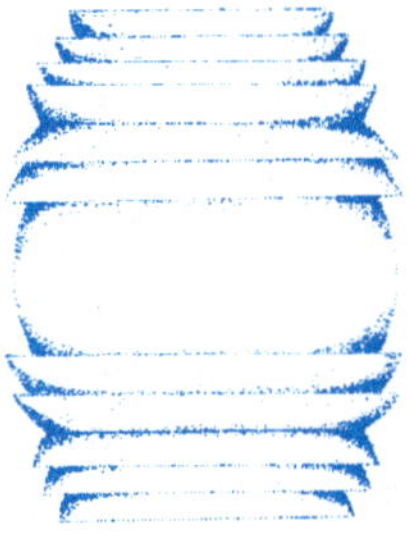

Apparato illuminante del faro.

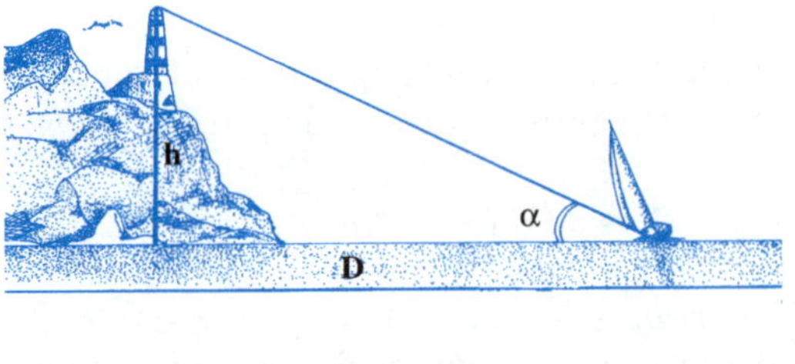

Osservando un faro e misurando l'angolo verticale compreso tra la superficie del mare e la sommità del faro, si può determinare la distanza che separa l'imbarcazione dal faro stesso.

L'altezza del faro è nota perché riportata sull'*Elenco dei fari*, l'angolo α è quello misurato con il sestante.

P Segnalamenti luminosi — *Lights*

Caratteristiche della luce				*Light Characters*
Caratteristiche per boe luminose → Q *Light Characters on Light Buoys*				
	Abbreviazione / *Abbreviation*		Classe della luce *Class of light*	Schema *Illustration* — Periodo *Period shown*
	Nazionale	Internazionale		
10.1	F. +	F	Luce fissa *Fixed*	
10.2	Intermittente (durata totale della luce maggiore dalla durata totale dell'eclisse) *Occulting (total duration of light longer than total duration of darkness)*			
	Int. +	Oc	Intermittente *Single-occulting*	
	Int.(2) +	Oc(2) Example	Intermittente a gruppi *Group-occulting*	
	Int.(2 + 3) +	Oc(2+3) Example	Intermittente a gruppi composti *Composite group-occulting*	
10.3	Isofase (durata della luce uguale a quella dell'eclisse) *Isophase (duration of light and darkness equal)*			
		Iso	Isofase *Isophase*	
10.4	Lampeggiante (durata totale della luce minore della durata totale dell'eclisse) *Flashing (total duration of light shorter than total duration of darkness)*			
	Lam. +	Fl	Lampeggiante *Single-flashing*	
	Lam.(3) +	Fl(3) Example	A gruppi di lampi *Group-flashing*	
	Lam.(2 + 1) +	Fl(2+1) Example	A gruppi composti di lampi *Composite group-flashing*	
10.5	Lam. L. +	LFl	A lampi lunghi (lampo di 2s o maggiore) *Long-flashing* *(flash 2 s or longer)*	
10.6	Scintillante (frequenza da 50 a 79 - normalmente 50 o 60 - lampi al minuto) *Quick (repetition rate of 50 to 79 – usually either 50 or 60 – flashes per minute)*			
	Sc. +	Q	Scintillante continua *Continuous quick*	
	Sc.(3) +	Q(3) Example	Scintillante a gruppi *Group quick*	
	Sc.Int. +	IQ	Scintillante intermittente *Interrupted quick*	

Segnalamenti luminosi — *Lights* P

	Abbreviazione / *Abbreviation*		Classe della luce *Class of light*	Schema *Illustration* — Periodo *Period shown*
	Nazionale	Internazionale		
10.7	Scintillante rapida (frequenza da 80 a 159 - normalmente 100 o 120 - lampi al minuto) *Very quick (repetition rate of 80 to 159 – usually either 100 or 120 – flashes per min)*			
	Sr. +	VQ	Scintillante rapida continua *Continuous very quick*	
	Sr.(3) +	VQ(3) Example	Scintillante rapida a gruppi *Group very quick*	
	Sr. Int. +	IVQ	Scintillante rapida intermittente *Interrupted very quick*	
10.8	Scintillante ultrarapida (frequenza di 160 o più - normalmente da 240 a 300 - lampi al minuto) *Ultra quick (repetition rate of 160 or more – usually 240 to 300 – flashes per min)*			
	Su. +	UQ	Scintillante ultrarapida continua *Continuous ultra quick*	
	Su. Int. +	IUQ	Scintillante ultrarapida intermittente *Interrupted ultra quick*	
10.9		Mo(K) Example	A segnali morse *Morse Code*	
10.10	F.Lam. +	FFl	Fissa e a lampi *Fixed and flashing*	
10.11	Alt.b.r. +	Al.WR	A luce alternata *Alternating*	R W R W R W

SEGNALI LUMINOSI
Caratteristiche dei segnali luminosi.

A proposito della portata di un faro, quella geografica non è l'unica portata che viene considerata; ad esempio, sulla pubblicazione nautica *Elenco dei fari* e segnali da nebbia viene riportata una portata *nominale* (quella geografica è riportata soltanto quando risulta inferiore a quella nominale, per un osservatore posto a 5 metri sul livello del mare). Inoltre vi è anche la portata *luminosa*. Queste portate possono essere così definite:

– la *portata luminosa* è la massima distanza alla quale è possibile osservare la luce di un faro, in relazione alla intensità della sua luce, alla visibilità meteorologica e all'acutezza visiva dell'osservatore;

– la *portata nominale* (che è quella riportata nell'*Elenco dei fari*) è, invece, la portata luminosa in presenza di *visibilità meteorologica* uguale a 10 miglia. Per *visibilità meteorologica* si intende la massima distanza alla quale è possibile riconoscere un oggetto nero di dimensioni e forma stabilite, posto all'orizzonte, sullo sfondo del cielo.

— Il segnalamento I.A.L.A.

Tutte le nazioni marittime hanno concordato, con apposita convenzione, che il segnalamento marittimo fosse uniformato; pertanto le boe, i gavitelli e le mede che indicano i limiti di un canale navigabile, i pericoli isolati e comunque ogni limite alla navigazione, sono simili per tutte le nazioni. In particolare il sistema di segnalamento I.A.L.A., International Association of Lighthouse Authorities, è un sistema di segnalamento marittimo internazionale, costituito da boe galleggianti o segnali fissi, e indica: il limite laterale dei canali navigabili; i pericoli naturali o ostacoli alla navigazione; le zone di mare con caratteristiche importanti per la navigazione; i pericoli nuovi.

Tutti i tipi di segnali possono essere utilizzati in combinazione tra loro.

Apposite caratteristiche dei segnali e delle luci mostrate durante la notte determinano, senza possibilità di errore, se trattasi di segnale *laterale* o di segnale *cardinale*.

I segnali, fissi o galleggianti, sono raggruppati in cinque categorie:

1. segnali laterali (colore rosso e verde);
2. segnali cardinali (colore giallo e nero);
3. segnali di pericolo isolato (colore nero e rosso);
4. segnali di acque libere (colore rosso e bianco);
5. segnali speciali (colore giallo).

Il sistema di segnalamento I.A.L.A. è adottato in tutto il mondo ed è stato suddiviso in due regioni: A e B.

L'unica differenza esistente tra le due regioni consiste nel fatto che la colorazione dei segnali laterali è invertita. Pertanto, l'Italia, assieme agli altri paesi europei (Inghilterra compresa), Africa, Australia e Asia (a eccezione di Corea, Giappone e Filippine), adotta il sistema laterale con il verde a dritta per chi entra in porti o canali navigabili (regione A), mentre i restanti paesi (Americhe, Corea, Giappone e Filippine) utilizzano il sistema laterale con il rosso a dritta per chi entra nei porti o nei canali navigabili (regione B).

Le boe impiegate nella segnalazione possono essere di varia forma e tipo, quali cilindriche, coniche, sferiche, a fuso, ad asta, etc. Sono dotate di miraglio, di segnalamento luminoso e sono dipinte in maniera da poterle facilmente distinguere e individuare.

Il significato dei segnali laterali e del segnale di pericolo isolato è intuitivo e ognuno saprà come governare la propria imbarcazione alla loro vista. Quelli che potranno destare qualche perplessità sono certamente i segnali cardinali. Largamente diffusi nei nostri mari, non è improbabile incontrarli durante le nostre navigazioni.

Le boe di segnalazione sono di quattro tipi e indicano la direzione cardinale nella quale troveremo le acque sicure. Hanno tutte un miraglio nero costituito da due coni variamente disposti e sono dipinte con bande orizzontali nere e gialle (anche queste in numero e ordine variabile in modo tale che le varie boe non possano essere confuse tra loro). Di notte questi segnali potranno essere distinti dal tipo di luce che mostrano.

Nel disegno sono raffigurate queste quattro boe. Vediamo come possono essere memorizzate e identificate:

– identificazione eseguita osservando i miragli. Il miraglio costituito da due coni con i vertici rivolti in alto indicherà la boa cardinale Nord, quello con i due coni rivolti verso il basso indicherà la boa cardinale Sud, quello con i due coni uniti per le basi indicherà la boa cardinale Est (osservate nella figura la lettera E stilizzata, che può essere ottenuta seguendo il bordo dei due coni) e, infine, quello con i due coni uniti per i vertici apparterrà alla boa cardinale Ovest (anche qui notate come in figura è stata evidenziata la lettera W rovesciata, seguendo il contorno dei due coni);

– identificazione eseguita osservando il modo con cui sono colorate le boe. I colori sono solamente due, il giallo e il nero, e le boe sono dipinte con bande o fasce orizzontali. Per l'identificazione osserviamo i miragli; se i vertici sono rivolti nella stessa direzione, le bande orizzontali sono solo due, viceversa, se i vertici dei coni sono rivolti in direzioni opposte (come nelle boe cardinali Est e Ovest), le bande orizzontali sono tre. Le bande, a cominciare dall'alto, saranno colorate nel modo seguente: il colore nero è assegnato al vertice del

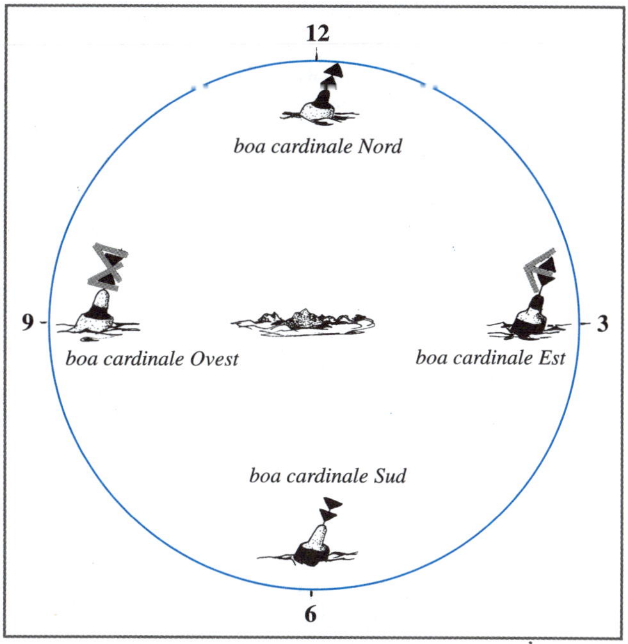

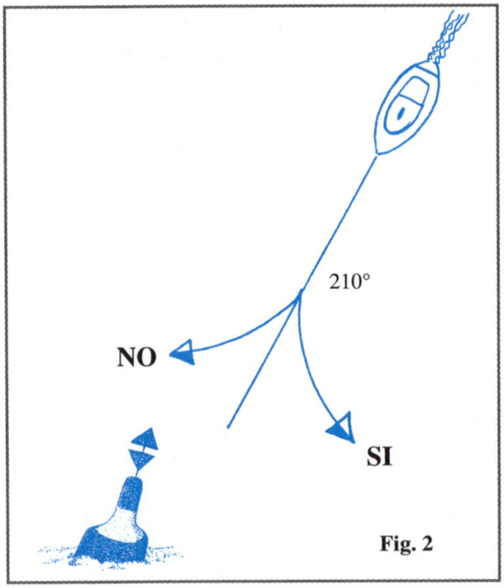

Fig. 2

PERICOLO A OVEST.
Boa cardinale Est indica che le acque sicure sono a Est.

miraglio, mentre il giallo alla base, pertanto la boa cardinale Nord avrà due bande orizzontali (i vertici dei miragli sono rivolti nella stessa direzione) e la banda superiore sarà di colore nero (il vertice dei coni è in alto e, quindi, la prima banda sarà di colore nero). Per la boa cardinale Sud il ragionamento sarà analogo, due bande orizzontali, ma la prima sarà di colore giallo. La boa cardinale Est avrà tre bande (i vertici dei coni indicano direzioni opposte) e la successione delle bande sarà la seguente: nero, giallo, nero (vertice, basi, vertice dei miragli). La boa cardinale Ovest avrà anch'essa tre bande e la successione sarà giallo, nero, giallo (base, vertici, base);

– identificazione eseguita osservando le luci mostrate dalle boe. Le boe del segnalamento cardinale hanno tutte un tipo di luce scintillante (*Sc.*) o scintillante rapido (*Sr.*), continuo o a gruppi. Anche qui le tecniche di memorizzazione possono esserci utili per ricordare e distinguere questi segnali. Per far ciò immaginiamo di sistemare le nostre boe all'interno di un quadrante di orologio; la boa cardinale Nord sarà posizionata sotto le ore 12, la boa cardinale Est sarà a fianco delle ore 3, la boa cardinale Sud sarà sistemata sopra le ore 6 e la boa cardinale Ovest sarà sistemata a fianco delle ore 9. Le boe cardinali Est e Ovest avranno, rispettivamente, una luce scintillante a gruppi di 3 lampi e una luce scintillante a gruppi di 9 lampi. La boa cardinale Sud avrà una luce scintillante a gruppi di 6 lampi più un lampo lungo. La boa cardinale Nord una luce scintillante continua.

Abbiamo distinto inequivocabilmente queste boe e speriamo di essere riusciti a mettere i lettori nelle condizioni di saperle riconoscere senza problemi. Ma come dovremo comportarci quando ne avvistiamo una? Dobbiamo innanzitutto ricordare che le boe indicano la direzione cardinale che, rispetto a loro, ci consentirà di navigare in acque sicure.

Un esempio. Immaginiamo di procedere dal largo verso le coste della Sardegna settentrionale, a Est delle Bocche di Bonifacio, con Rv = 210° e di vedere, dritta di prua, una boa colorata con tre bande orizzontali, di cui la prima e l'ultima di colore nero e la centrale gialla; notiamo anche che la boa è sormontata da due coni uniti per le basi (*figura 2*). Come dovremo comportarci? Stiamo raggiungendo una boa di segnalamento cardinale; da qualche parte, rispetto a questa boa, ci saranno acque pericolose e acque sicure, da che parte la lasceremo? Stiamo andando incontro a un pericolo?

Se siamo certi della sua identificazione, sapremo senz'altro che si tratta di una boa cardinale Est e pertanto il pericolo sarà situato a Ovest della boa, mentre le acque sicure si troveranno a Est. Il comportamento corretto sarà quindi quello che farà variare la nostra rotta fino ad assumere valori lontani da 270° (direzione dell'Ovest), senza passare per questa direzione, dovremo quindi accostare a sinistra, facendo diminui-

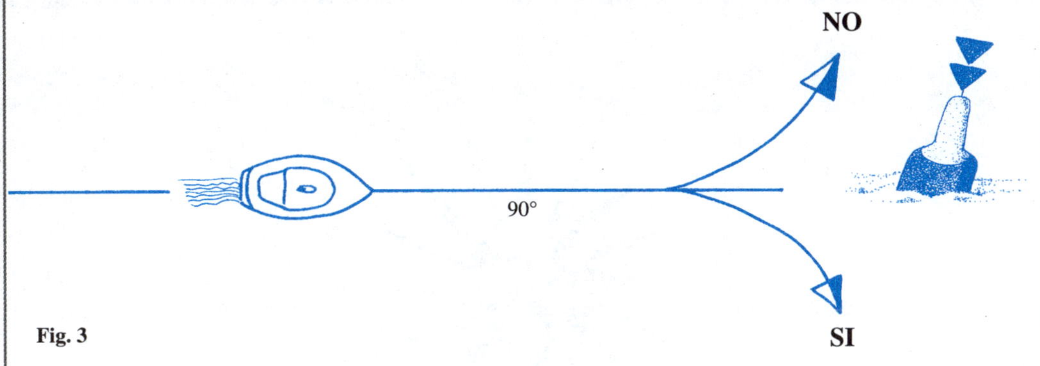

Fig. 3

re il valore della rotta, per lasciare la boa sulla nostra dritta, per essere sicuri di navigare in acque libere. Ricordate che di notte questa boa avrebbe mostrato un segnale luminoso costituito da una luce scintillante a gruppi di tre lampi.

Se navigando con Rv = 90°, avvistassimo di prua una boa con due bande orizzontali, di cui la più alta di colore giallo e la sottostante di colore nero, con un miraglio costituito da un doppio cono con i vertici verso il basso (*figura 3*), da che lato dovremmo accostare?

Decisamente a dritta, per navigare a Sud della boa. È necessario far sì che la nostra rotta cambi, assumendo valori superiori a 90°.

— Bussola e nozioni di magnetismo, declinazione e deviazione magnetica

La terra si comporta come un grosso magnete e, come tale, due sue parti (polo Sud e Nord) hanno la proprietà di attrarre un polo di una barretta calamitata libera di ruotare sull'orizzonte. Sfruttando questo importante principio, si sono costruite le bussole magnetiche.

La bussola è costituita da un involucro amagnetico, detto *mortaio*, all'interno del quale è libera di ruotare una *rosa dei venti*, che rappresenta il nostro orizzonte e che reca, saldamente fissati alla sua faccia inferiore, una o più coppie di aghi magnetici. La rosa poggia, con un apposito supporto, su una punta di sospensione e gli aghi magnetici, a essa fissati, sono disposti secondo il diametro Nord-Sud. All'interno del mortaio viene messo un liquido incongelabile, che ha lo scopo di smorzare le oscillazioni e di consentire l'impiego di aghi magnetici di grosse dimensioni e, quindi, di grande momento magnetico, senza gravare sul perno di sospensione.

All'interno del mortaio è riportata una linea di fede, in corrispondenza della quale si legge il valore della direzione seguita sull'orizzonte.

La linea di fede viene sistemata a bordo in modo tale che il piano che passa per la linea di fede e il centro della rosa sia parallelo al piano longitudinale; in questo modo il valore letto sulla rosa dei venti corrisponde all'angolo che la direzione della prua dello scafo forma con il meridiano.

Purtroppo la posizione dei due poli geografici non coincide con quella dei poli magnetici, conseguentemente gli aghi calamitati della

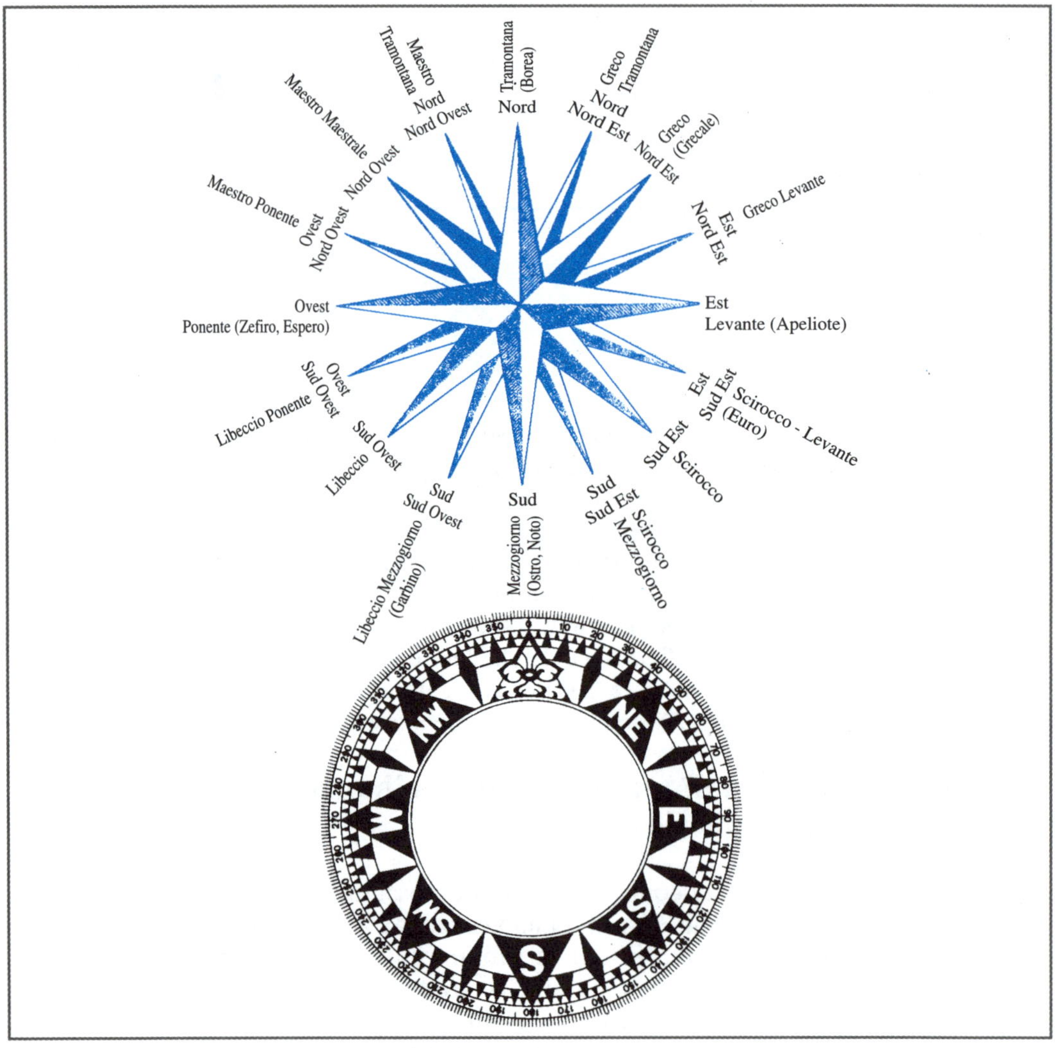

PUNTI CARDINALI. La terra è un magnete e sfruttando questo principio sono state ideate le bussole.

bussola non si orientano secondo la direzione del meridiano geografico, ma secondo quella del meridiano magnetico. L'angolo compreso tra la direzione del meridiano geografico e la direzione del meridiano magnetico è chiamato *declinazione magnetica* e viene indicato con la lettera *d.* Questo angolo non ha un valore costante, ma varia con il variare del tempo e del luogo. Può essere positivo o negativo a seconda che il meridiano magnetico cada a Est o a Ovest del meridiano geografico. Il suo valore, assieme alla sua variazione annua, è segnato all'interno delle rose dei venti impresse sulle carte nautiche.

Su una imbarcazione vi sono numerose masse metalliche e campi elettrici, che generano campi magnetici che influenzano gli aghi della bussola. Per questo motivo la bussola non indica esattamente la direzione del Nord magnetico, bensì la direzione di un altro meridiano che chiameremo *bussola*. L'angolo che tale meridiano forma con la direzione del meridiano magnetico è detto *deviazione magnetica* e viene indicato con la lettera dell'alfabeto greco δ (delta).

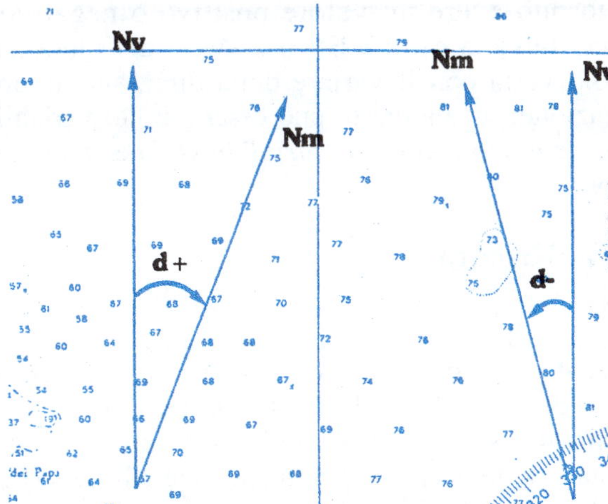

Il valore di *d* è segnato sulle carte nautiche e varia con il luogo e con il tempo.
Nelle rose dei venti impresse sulle carte nautiche è indicato il valore di *d* e la sua variazione annua.

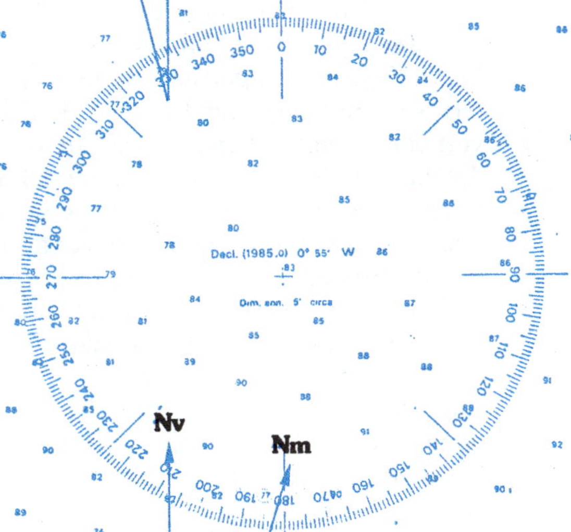

Nv = direzione del Nord vero
d = declinazione magnetica
Nm = direzione del Nord magnetico
— Se *d* cade ad Est del Nord geografico o vero, ha segno positivo (+).
— Se *d* cade ad Ovest del Nord geografico o vero, ha segno negativo (−).

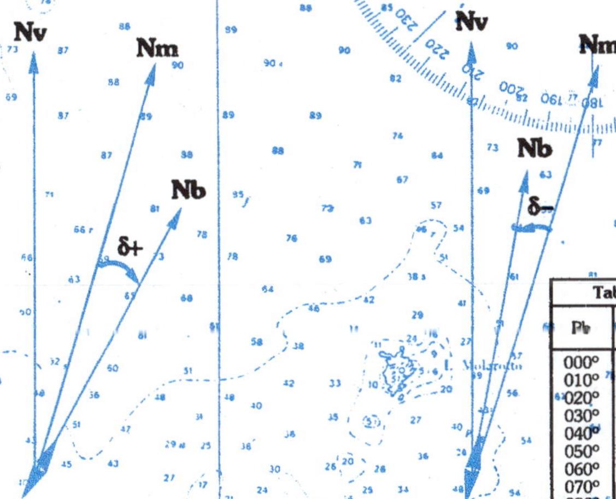

Tabelle delle deviazioni della bussola di rotta

Pb	δ	Variazione per 1°	Pm	δ	Variazione per 1°
000°	−6°.3	0.09	000°	−5°.7	0.05
010°	−5°.4	0.13	010°	−6°.2	0.10
020°	−6°.7	0.08	020°	−7°.2	0.06
030°	−7°.5	0.05	030°	−7°.8	0.03
040°	−8°.0	0.07	040°	−7°.5	0.08
050°	−7°.3	0.09	050°	−6°.7	0.10
060°	−6°.4	0.11	060°	−5°.7	0.10
070°	−5°.3	0.12	070°	−4°.7	0.08
080°	−4°.1	0.05	080°	−3°.9	0.09
090°	−3°.6	0.18	090°	−3°.0	0.16
100°	−1°.8	0.23	100°	−1°.4	0.18
110°	+0°.5	0.18	110°	+0°.4	0.15
120°	+2°.3	0.23	120°	+1°.9	0.18
130°	+4°.6	0.07	130°	+3°.7	0.14
140°	+5°.3	0.14	140°	+5°.1	0.07

Nb = **direzione indicata dall'ago della bussola**
δ = **deviazione magnetica**
— **Se δ cade ad Est del Nord magnetico ha segno positivo (+).**
— **Se δ cade ad Ovest del Nord magnetico ha segno negativo (−).**
— **Il valore di δ è dovuto alla presenza di materiali ferrosi esistenti a bordo e dipende dalla posizione della bussola rispetto ai ferri di bordo.**
— **Se ne ricava il valore con i cosiddetti giri di bussola effettuando delle misurazioni ogni 10°.**
— **Se il suo valore è grande si effettua la compensazione.**
— A compensazione ultimata si effettuano i nuovi giri di bussola e si compila la tabella delle deviazioni residue.

322

Anche quest'angolo può avere un valore positivo o negativo a seconda che il meridiano bussola cada a Est o a Ovest del meridiano magnetico. Quest'angolo varia con il variare della direzione assunta dalla prora dell'imbarcazione; la sua entità può essere molto variabile. Per ogni bussola di rotta vengono compiuti i *giri di bussola* e, compilata la *tabella delle deviazioni*.

— Orizzonte, punti cardinali e direzioni (Prore, Rotte, Rilevamenti)

La linea passante per il punto occupato dall'osservatore, materializzata dal filo a piombo, è detta *verticale* dell'osservatore; l'estremità di tale linea, posta esattamente sopra la testa dell'osservatore, è detta *Zenit*, l'estremità opposta è detta *Nadir*. Il piano tangente alla superficie terrestre, passante per l'occhio dell'osservatore e perpendicolare alla verticale è detto *Orizzonte dell'osservatore*. Su questo piano si individua la linea *Nord-Sud*, proiezione del meridiano dell'osservatore sull'orizzonte, e la linea Est-Ovest, perpendicolare alla precedente. Queste due linee dividono l'intero orizzonte in quattro quadranti, ampi ciascuno 90°. Procedendo dal Nord in senso orario, avremo il primo quadrante da Nord a Est (da 0° a 90°), il secondo quadrante da Est a Sud (da 90° a 180°), il terzo quadrante da Sud a Ovest (da 180° a 270°) e infine il quarto quadrante (da 270° a 360°). Le direzioni *Nord*, *Est*, *Sud* e *Ovest* sono dette *direzioni cardinali*. Bisecando gli angoli di tali quadranti si ottengono altre quattro direzioni, che vengono chiamate *direzioni intercardinali* e, precisamente, *NE*, *SE*, *SW* e *NW*. Queste, assieme alle precedenti, formano quelli che sono chiamati venti. A ciascuna direzione cardinale corrisponde il nome di un determinato vento e così avremo da *Nord* la *Tramontana*, da *Nord-Est* il *Grecale*, da *Est* il *Levante*, da *SE* lo *Scirocco*, da *Sud* il *Mezzogiorno*, da *SW* il *Libeccio*, da *W* il *Ponente* e da *NW* il *Maestrale*.

L'intero orizzonte è diviso in 360° e a bordo, praticamente, coincide con la rosa della nostra bussola. Dal momento che la linea di fede della bussola è praticamente solidale con la prua della nostra imbarcazione, coincidendo con l'asse longitudinale dello scafo, l'angolo che tale asse forma con la direzione del meridiano (bussola, magnetico o geografico) è chiamato angolo di *prua* e si indica con *Pb*, *Pm* o *Pv* a seconda che sia riferito alla direzione del meridiano bussola, del meridiano magnetico o del meridiano geografico, o vero.

A bordo sono pure utilizzate altre direzioni che chiameremo *rilevamenti* e sono riferiti a oggetti o punti cospicui della costa. Il rilevamento è l'angolo formato tra la direzione del meridiano (bussola, magnetico o geografico) e la congiungente osservatore-oggetto osservato.

Il rilevamento può essere *polare* e in questo caso si conta a partire dall'asse longitudinale dello scafo, anziché dalla direzione del meridiano. Si indica con la lettera ρ (ro) dell'alfabeto greco. I rilevamenti e le prue si contano circolarmente da 0° a 360° in senso orario a partire dalla direzione Nord, mentre il rilevamento polare può essere contato circolarmente da 0° a 360° a partire dalla prua o semicircolarmente, da 0° a 180° verso dritta e da 0° a 180° verso sinistra. In questo caso viene con-

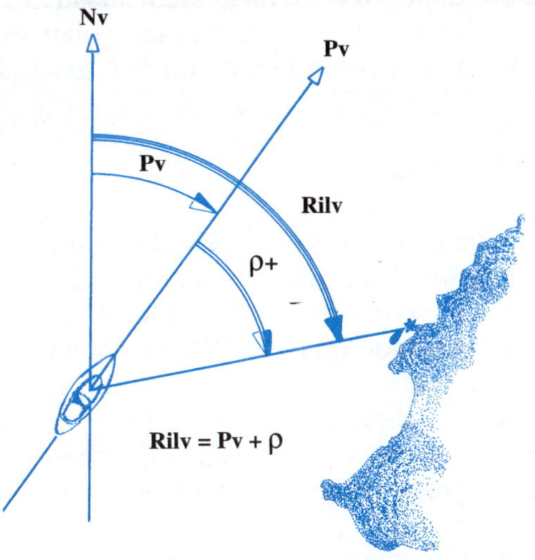

Con i cerchi azimutali piazzati sulla bussola può misurarsi anche il rilevamento polare

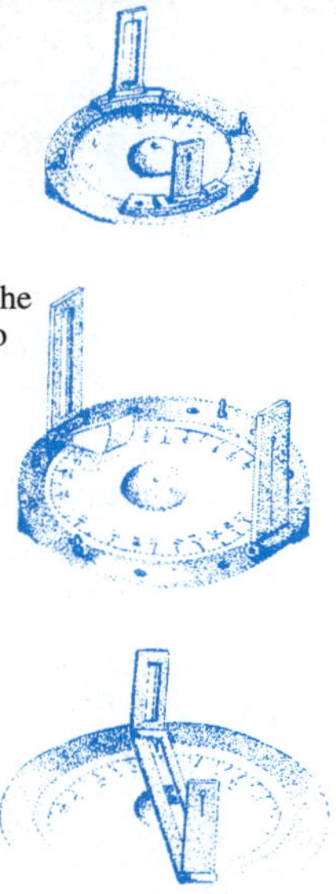

Pv = prua vera
ρ = rilevamento polare
Rilv = rilevamento vero

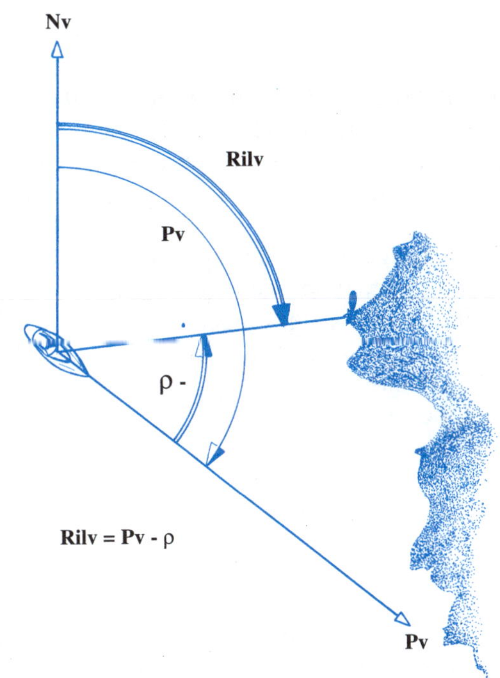

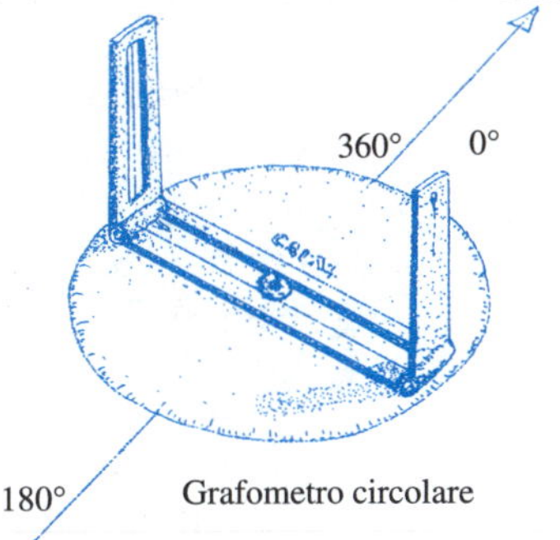

Grafometro circolare

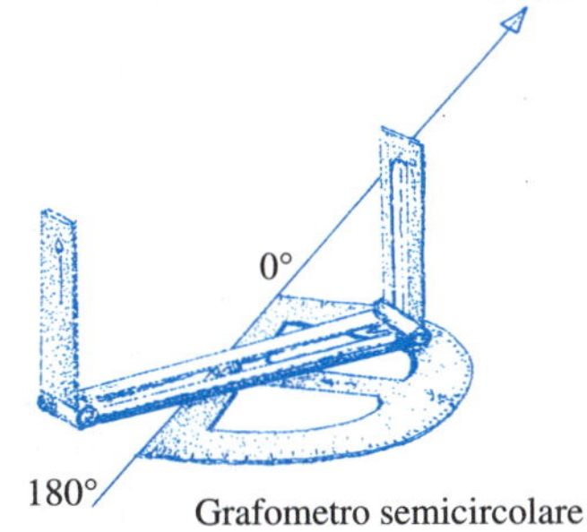

Grafometro semicircolare

Il rilevamento polare è contato a partire dall'asse longitudinale dello scafo, anziché dalla direzione del meridiano. Si indica con la lettera ρ (ro) dell'alfabeto greco. Il rilevamento polare si può contare circolarmente da 0° a 360° a partire dalla prua o semicircolarmente, da 0° a 180° verso dritta e da 0° a 180° verso sinistra. In questo caso viene considerato positivo se misurato a dritta, negativo se misurato a sinistra.
Tra la direzione della prora e il rilevamento polare esiste la seguente relazione (algebrica se il rilevamento polare è misurato semicircolarmente): *Ril = Prua + ρ*

siderato positivo se misurato a dritta, negativo se misurato a sinistra.

Tra la direzione della prua, il rilevamento e il rilevamento polare esiste la seguente relazione (algebrica se il rilevamento polare è misurato semicircolarmente):

$$Rilv = Prua + \rho$$

In caso di navigazione in assenza di vento e di corrente, la direzione della prua dell'imbarcazione coincide esattamente con la traiettoria seguita. Purtroppo sul mare, vento e corrente sono sempre presenti e talvolta la loro azione si somma, causando un forte allontanamento dai valori della prua vera. L'angolo formato tra la direzione della traiettoria descritta dall'imbarcazione e la direzione meridiana si chiama *rotta*. È ovvio che l'angolo di rotta esiste soltanto se l'imbarcazione è in moto, mentre l'angolo di prua esiste sempre, anche a imbarcazione ferma.

La deviazione tra la direzione della prua e la rotta, se dovuta al vento, è chiamata *scarroccio* e si indica con le lettere minuscole *lsc*, viceversa, se la deviazione è dovuta a una *corrente*, l'angolo compreso tra la prua e la rotta è detto *deriva* e si indica con le lettere minuscole *ldr*.

— Correzione e conversione delle prue

Abbiamo detto che l'angolo di prua può essere riferito alla direzione del Nord geografico, alla direzione del Nord magnetico o alla direzione del Nord bussola. Conoscendo il valore della declinazione e della deviazione magnetica, è possibile *correggere* i valori della prua bussola, seguita dal timoniere, in prua vera da tracciare sulla carta nautica o *convertire* i valori della prua vera letta sulla carta nautica in prua bussola da seguire.

Nel primo caso si tratta di aggiungere, con il proprio segno, al valore della prua bussola il valore della deviazione magnetica letto nella tabella delle deviazioni residue della bussola e aggiungere, successivamente (sempre algebricamente), il valore della declinazione magnetica, letta sulla carta nautica e corretta per l'anno in corso.

Traducendo in una formula, potremo scrivere:

$$Pv = Pb + \delta + d$$

(somma algebrica, dove d e δ sono positive se Est e negative se Ovest).

Per quanto riguarda invece la conversione dobbiamo sottrarre algebricamente al valore della prua vera (Pv), misurata sulla carta nautica, prima il valore della declinazione magnetica e, successivamente, entrando nelle tabelle delle deviazioni con il valore della prua magnetica (Pm) così ottenuta, il valore della deviazione magnetica.

Anche qui, con una formula, scriveremo:

$$Pb = Pv - d - \delta$$ (ricordando che $Pv - d = Pm$)

Con le stesse formule si correggono i valori dei rilevamenti, quando questi sono letti con la bussola di rotta, tenendo presente che il valore della deviazione magnetica è, ovviamente, quello relativo alla prua seguita in quel momento dall'imbarcazione.

Traducendo in formula avremo:

$$Rilv = Rilb + \delta + d \text{ e } Rilb = Rilv - d - \delta$$

Qualora si adoperasse, per la determinazione dei rilevamenti, la bussola portatile da rilevamento, dal momento che avremo avuto l'accortezza di posizionarci lontani dai ferri di bordo e tenendo presente che le bussole portatili non vengono compensate, dovremo correggere il rilevamento misurato con queste bussole soltanto con la declinazione:

$$Rilv = Rilm + d \text{ e } Rilm = Rilv - d$$

Talvolta, specie quando si naviga per un lungo tratto senza variare la prua, si usa sommare algebricamente il valore della declinazione a quello della deviazione, ottenendo la variazione magnetiva (v), che viene aggiunta algebricamente al valore dei Rilb per ottenere il corrispondente *Rilv*:

$$v = d + \delta; \ Rilv = Rilb + v$$

— Lossodromia e Ortodromia

In qualsiasi istante qualsiasi unità galleggiante dovrebbe poter stabilire, con sufficiente approssimazione, la propria posizione; per far ciò deve conoscere gli elementi indispensabili della navigazione stimata, che sono, oltre alle coordinate di partenza, la rotta e il cammino.

I problemi principali sono:

– note le coordinate del punto di partenza, la rotta e il cammino, determinare le coordinate del punto di arrivo;

– note le coordinate di partenza e quelle del punto di arrivo, determinare la rotta e il cammino.

Questi problemi legati alla navigazione stimata possono essere risolti graficamente sulle carte nautiche o analiticamente, risolvendo alcune formule matematiche.

La *Lossodromia* e l'*Ortodromia* sono le due principali traiettorie che un natante può seguire per spostarsi da un punto a un altro della superficie terrestre.

La *Lossodromia* rappresenta quella curva che *taglia i meridiani con un angolo costante*. È la traiettoria comunemente seguita nelle navigazioni di media e breve lunghezza, sulla carta in proiezione di Mercatore ed è, su questa, rappresentata da una linea retta che interseca i meridiani con un angolo costante e uguale alla rotta vera.

Questa traiettoria non rappresenta la minima distanza che unisce due punti della superficie terrestre, essendo quest'ultima rappresentata dall'*Ortodromia*, che è quell'arco di *circonferenza massima* (cioè quella circonferenza che ha per raggio quello terrestre), minore di 180°, che unisce i due punti.

LE STELLE.
La costellazione dell'Orsa Minore indica la direzione del Nord; per individuarla si può seguire la linea di Dubhe e Merak, le due stelle dell'Orsa Maggiore.

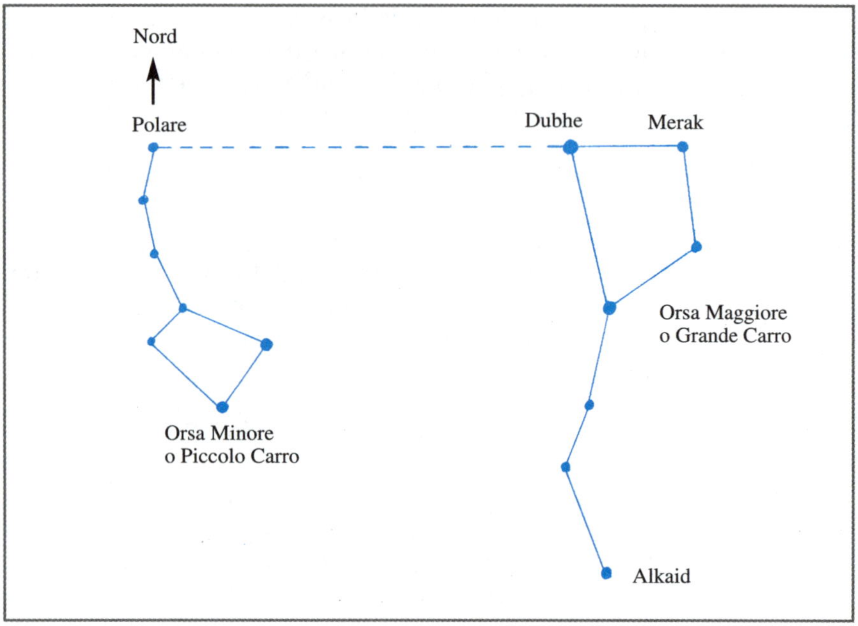

In alcuni casi, come per esempio quando si naviga con Rv = 0° o Rv = 180°, la Lossodromia è anche una Ortodromia, così come si verifica quando si naviga sull'Equatore con Rv = 90° o Rv = 270°.

Gli elementi della Ortodromia, oltre che con il calcolo analitico, che esula dagli scopi di questo manuale, possono essere ricavati dalle carte gnomoniche, con semplici procedimenti grafici, illustrati e spiegati sulle stesse carte. Questa traiettoria è caratterizzata dal fatto che il valore della rotta non è costante (tranne che nei casi di navigazione per meridiano o lungo l'Equatore) e richiede variazioni programmate della stessa a intervalli più o meno lunghi.

— Orientamento con la Polare, il Sole, la Luna

È possibile, con buona approssimazione, individuare le quattro direzioni cardinali (e, sempre in modo approssimato, le altre principali direzioni) osservando la stella *Polare*, il *Sole* o la *Luna*. Si tratta ovviamente di una individuazione "a occhio", che serve unicamente per orientarsi in mare quando, per una qualsiasi ragione, non sia possibile effettuare l'orientamento strumentale.

Orientamento con la stella Polare

La stella Polare (appartenente alla costellazione del Piccolo carro nota anche come Orsa minore) indica, con buona approssimazione, la direzione del polo Nord geografico (dista da questo circa 1°); nel nostro emisfero è sempre visibile e, pertanto, sarà sufficiente il suo riconoscimento e l'osservazione diretta per individuare la direzione del meridiano geografico. Volgendo lo sguardo alla Polare, avremo sulla nostra destra la direzione cardinale Est, alle nostre spalle il Sud e a sinistra l'Ovest.

Per individuare la stella Polare occorre da principio cercare e riconoscere il Grande Carro; non è difficile grazie alla sua particolare forma e al fatto che nelle sue vicinanze non ci sono molte stelle che possono ostacolarne l'individuazione. Riconosciuto il Grande Carro, per trovare la Polare basta prolungare la linea congiungente le due ultime stelle Merak e Dubhe per una distanza pari a 5 volte quella che le separa.

La stella Polare si presta bene anche a determinare, con sufficiente approssimazione, la nostra latitudine; basterà osservare con un sestante la sua elevazione rispetto all'orizzonte, per poter calcolare il valore della latitudine. Più esattamente, per avere un valore della latitudine più preciso, sarà necessario apportare all'altezza osservata alcune correzioni che sono funzione del tempo sidereo (*ts*), dell'altezza e del mese, come spiegheremo nel paragrafo relativo ai cenni sulla navigazione astronomica.

Orientamento con il Sole

Nel nostro emisfero il Sole, durante il suo moto apparente diurno, sorge in un punto prossimo al punto cardinale Est, raggiunge la sua massima altezza (culminazione) a Sud e tramonta verso Ovest. Dal momento che il Sole passa in meridiano approssimativamente alle ore 12, basterà guardare nella direzione in cui esso culmina per individuare la direzione cardinale Sud; in questo caso avremo alle nostre spalle la direzione cardinale Nord, alla nostra sinistra la direzione cardinale Est e alla nostra destra la direzione Ovest.

Potremo individuare la direzione cardinale Nord anche a ore diverse dalle 12, basterà disporre orizzontalmente un orologio regolato sull'ora solare, facendo in modo che la lancetta delle ore sia diretta verso la direzione del Sole; dividendo per due l'ora segnata dalla lancetta delle ore si ottiene la direzione cardinale Nord.

Un esempio. Sono le ore 9 del mattino. Si orienta la freccia delle ore dell'orologio verso la direzione del Sole, si divide per due l'ora segnata, 9 : 2 = 4.5, e otterremo la direzione del Nord, che corrisponderà esattamente alla direzione che avrebbe assunto la freccia delle ore alle 4.5.

Se fossimo al pomeriggio, dovremmo tener conto che alle ore segnate sono da aggiungere 12 ore. Pertanto, se ci trovassimo alle 4 del pomeriggio dovremmo sempre orientare la freccia delle ore verso la direzione del Sole, ma nell'effettuare la divisione dovremmo ricordarci che sono le 16 e, conseguentemente, la direzione del punto cardinale Nord sarà quella che la freccia delle ore avrebbe indicato alle ore 8.

Orientamento con la Luna

Con la Luna piena il discorso è quasi identico a quello fatto precedentemente per il Sole; si dispone la freccia delle ore verso la direzione della Luna, si divide per due l'ora segnata per ottenere la direzione del punto cardinale Sud. Questa è la differenza tra i due metodi; mentre con il Sole la direzione della freccia delle ore indica la direzione del Nord, con la Luna indica la direzione del Sud.

Con la Luna al primo quarto (quando cioè mostra la sua gobba a ponente) la direzione indicata dalla posizione che assumerebbe la freccia delle ore dopo la divisione è quella del punto cardinale Ovest; nel caso dell'ultimo quarto (quando la Luna mostra la sua gobba a levante) la direzione indicata sarà quella dell'Est.

TROVARE IL NORD GUARDANDO L'ORA

Pomeriggio ore 16
16 : 2 = 8 = direzione del Nord

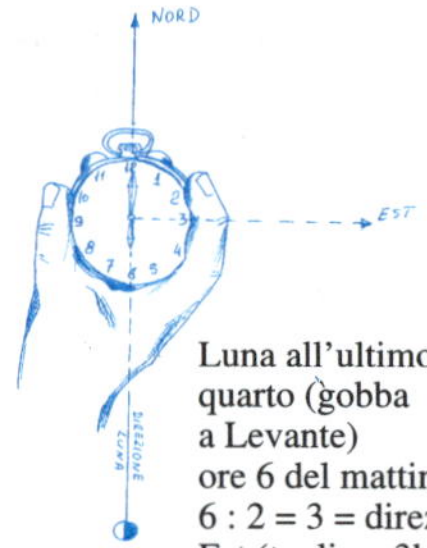

Luna all'ultimo quarto (gobba a Levante) ore 6 del mattino 6 : 2 = 3 = direzione Est (togliere 3h per avere la direzione Nord) 3h – 3h = 0h = 12h = direzione Nord.

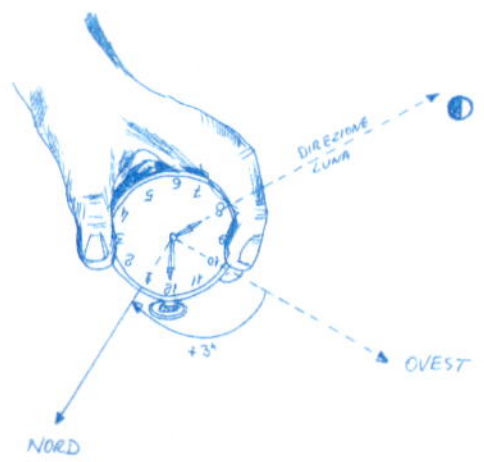

Luna al primo quarto (gobba a Ponente) ore 20; 20 : 2 = 10 = direzione Ovest (sommare 3h per avere la direzione Nord) 10 + 3h = direzione Nord.

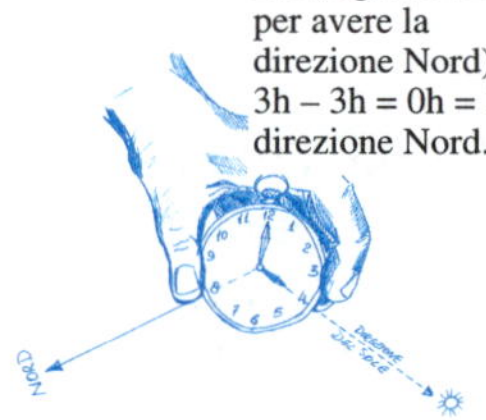

Luna piena ore 21
21 : 2 = 10,5 direzione Sud

A. *aghi magnetici*; C. *cappelletto*; R. *rosa dei venti*; L. *linea di fede*.

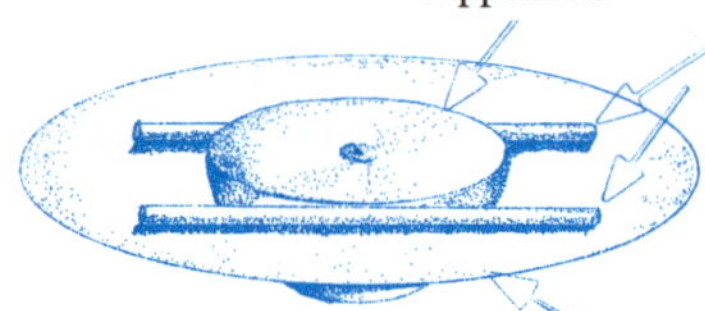

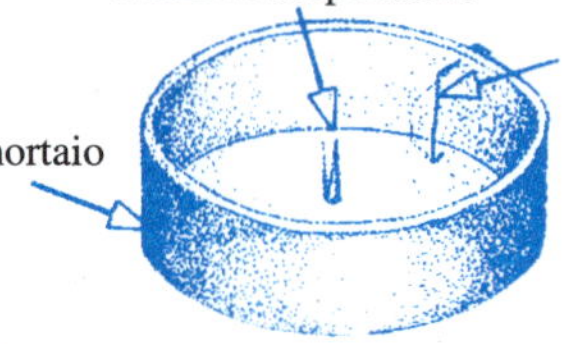

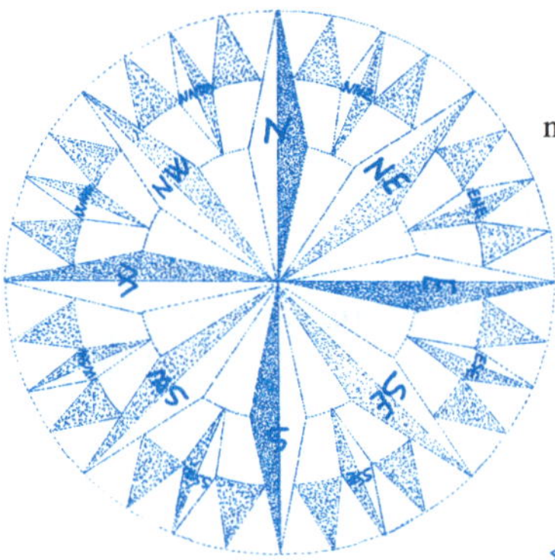

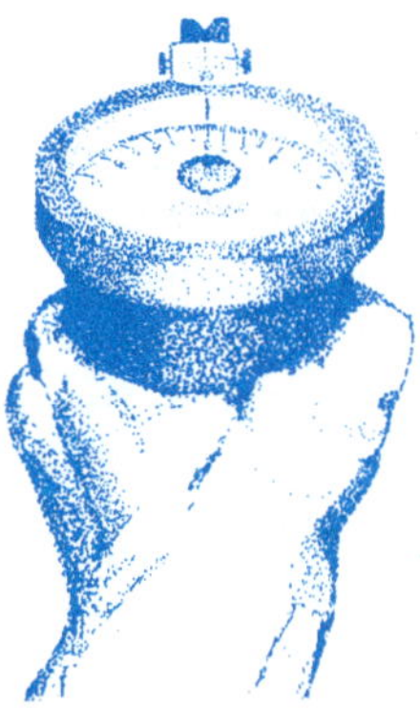

Bussola da rilevamento a mano

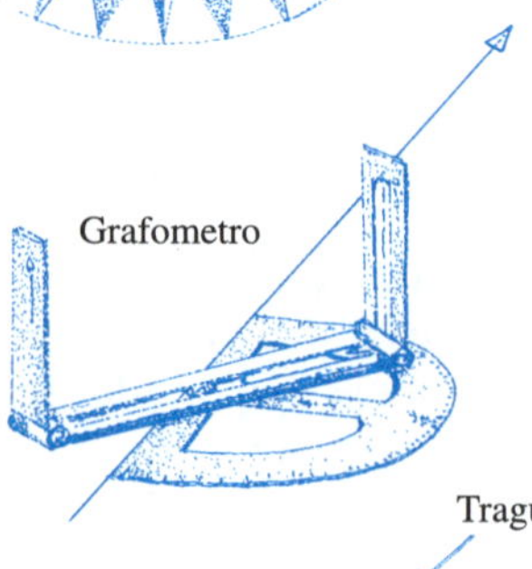

Grafometro

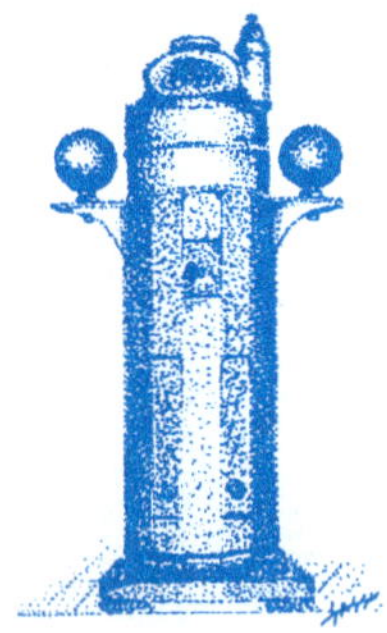

Bussola con chiesuola

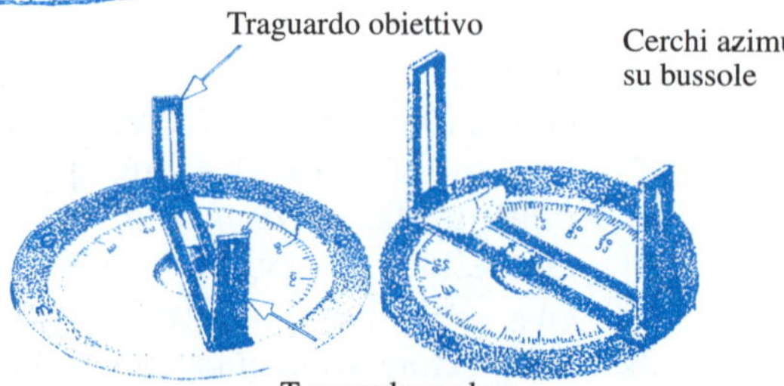

— Documenti nautici

Vengono denominate genericamente *documenti nautici* tutte le pubblicazioni nautiche edite da un istituto idrografico e impiegate per la navigazione. In Italia l'Istituto che pubblica i documenti ufficiali è quello idrografico della Marina Militare. Le principali pubblicazioni sono:

– le *carte nautiche*, di cui abbiamo parlato nei paragrafi precedenti;

– la *pubblicazione 1111*, che contiene tutte le abbreviazioni e la simbologia in uso nelle carte nautiche;

– i *Portolani* (5 volumi, che coprono tutto il Mediterraneo), nei quali sono contenute informazioni meteorologiche e a carattere generale riguardanti la navigazione, le zone impegnate in esercitazioni militari, le acque internazionali, informazioni dettagliate riguardanti la costa, il profilo verticale della costa, la descrizione dei punti cospicui, i pericoli per la navigazione, nonché tutte le informazioni relative alle norme e disposizioni per l'accesso ai porti, ai rifornimenti di acqua e carburante, ai servizi portuali, alle attrezzature idonee al carico e allo scarico delle merci, ai bacini di carenaggio e i cantieri navali, etc.;

– l'*Elenco fari e segnali da nebbia* (un volume che copre tutto il Mediterraneo). In questa pubblicazione sono elencati tutti i segnalamenti marittimi luminosi e acustici disseminati lungo le coste, in mare aperto e all'interno dei porti esistenti nel Mar Mediterraneo, nel Mar Nero e nel Mar d'Azov. La pubblicazione contiene: il numero di identificazione del segnale, la località, il nome, l'ubicazione e le coordinate geografiche, la caratteristica luminosa, l'altezza della luce sul livello di riferimento, la portata nominale o quella geografica (come abbiamo spiegato dettagliatamente nel paragrafo relativo al segnalamento marittimo), la descrizione della costruzione e del sostegno e la sua altezza in mare, le fasi, i settori, i segnali da nebbia ed eventuali avvertenze;

– i *Radioservizi per la navigazione e i Servizi Radiometeorologici del Mediterraneo*. La pubblicazione, in due volumi, contiene, oltre all'elenco dei radiofari, i segnali orari trasmessi in radiotelefonia (RT), gli Avvisi ai Naviganti in RT, radio servizi sanitari, il servizio radio (VHF), l'elenco delle stazioni costiere, i codici internazionali impiegati per la cifratura dei messaggi meteorologici, il servizio Meteomar e Bollettini del mare, l'elenco delle stazioni radio che trasmettono informazioni meteo, stazioni che curano la diffusione in Radio Facsimile e orari di diffusione, etc.;

– le *Effemeridi*. Questa pubblicazione sarà esaminata più dettagliatamente nel paragrafo riguardante i cenni sulla navigazione astronomica;

– le *Tavole nautiche* sono una raccolta di tavole utili per la navigazione, come ad esempio la tavola che fornisce i percorsi in miglia in un dato intervallo di tempo, le tavole che permettono di risolvere i problemi della navigazione lossodromica, la tavola che calcola la distanza dell'orizzonte apparente, quella che calcola la distanza in miglia alla quale un oggetto è avvistato sulla linea dell'orizzonte, quella che consente di trasformare il vento apparente in vento reale, varie tavole di conversione, etc.;

– le *Tavole di marea*. Queste tavole contengono i dati relativi alle maree e alle correnti di marea del Mediterraneo; nella pubblicazione

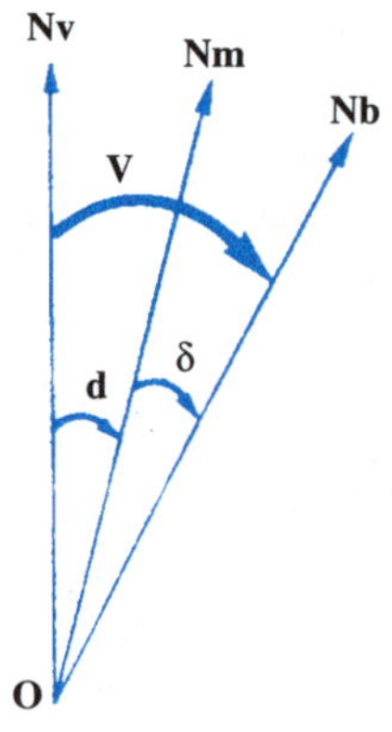

V = Variazione magnetica
V= d + δ (operazione algebrica che tiene conto dei segni di d e δ)

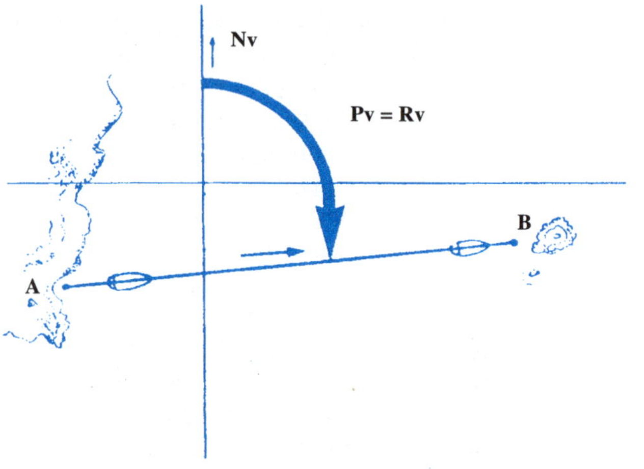

In assenza di vento e con superficie del mare perfettamente immobile, l'imbarcazione si sposta da A verso B, mantenendo il proprio asse longitudinale coincidente con la congiungente dei due punti.
- L'angolo formato tra la direzione del Nord vero (indicata dal meridiano) e l'asse longitudinale dello scafo è detto Pv (prua vera).
- L'angolo formato tra la direzione del Nord vero e la traiettoria seguita dallo scafo, rispetto al fondo del mare, è detto Rv (rotta vera).
Nell'esempio Pv = Rv.

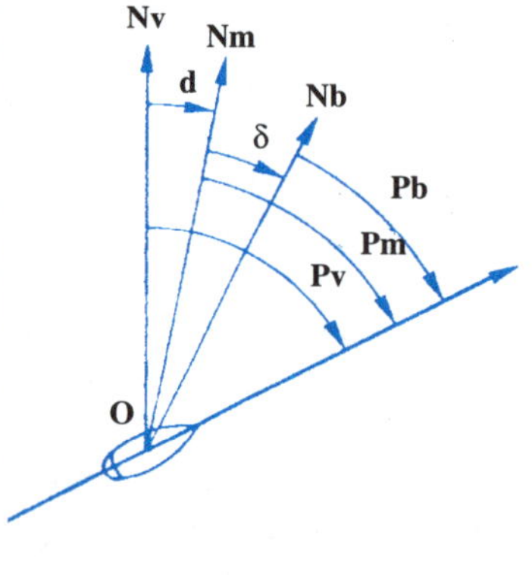

- L'angolo formato tra la direzione cardinale Nord e l'asse longitudinale dello scafo è la Pv.
- L'angolo formato tra la direzione del meridiano magnetico e l'asse longitudinale dello scafo è la Pm (prua magnetica).
- L'angolo formato tra la direzione del meridiano bussola e l'asse longitudinale dello scafo è la Pb (prua bussola).

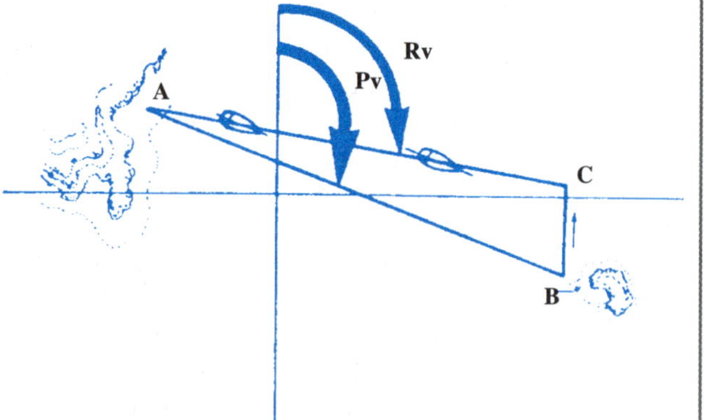

L'imbarcazione che in assenza di vento, ma con superficie del mare mobile (navigazione in presenza di corrente), vuole partire da A per raggiungere B, pur mantenendo costante l'angolo di prua vera, non raggiunge B ma C.
L'angolo che la direzione AC, secondo la quale si sposta l'imbarcazione, forma rispetto alla direzione del Nord geografico è la rotta vera, la direzione BC è quella della probabile corrente.

sono riportate le previsioni giornaliere, le ore e le altezze delle maree dei porti campione e di altri principali porti.

Tutti i documenti nautici devono essere aggiornati periodicamente al fine di poter informare i naviganti sulle notizie riguardanti la sicurezza della navigazione e aggiornare i documenti nautici.

Per ottenere ciò l'Istituto Idrografico della Marina Militare pubblica, con cadenza quindicinale, il fascicolo degli *Avvisi ai naviganti*.

— Il carteggio nautico

Con il termine di *Carteggio nautico* si intendono tutte le operazioni grafiche mediante le quali si tracciano sulle carte le rotte da seguire, le posizioni stimate, i rilevamenti, le posizioni determinate con l'osservazione e si risolvono i problemi relativi alla navigazione in presenza di corrente.

Gli strumenti indispensabili per tali operazioni sono la matita, la gomma, due squadrette nautiche e il compasso.

Le operazioni fondamentali sono:

– posizionare sulla carta un punto di coordinate note;

– leggere le coordinate di un punto posizionato sulla carta;

– tracciare, a partire da un punto, una retta inclinata di un determinato angolo rispetto a un meridiano (rotte, prore, rilevamenti, etc.);

– leggere l'angolo che una retta tracciata sulla carta nautica forma con i meridiani.

Alcuni avvertimenti:

– segnare, in corrispondenza di ogni punto, sia stimato (*Ps*) che determinato con osservazioni costiere (*Pn*), l'ora esatta in cui questo è stato ricavato;

– segnare, con una freccia, il verso della navigazione effettuata;

– segnare in maniera differente il punto stimato (*Ps*) dal punto determinato con osservazioni costiere (*Pn*). Si consiglia l'uso del quadrato per indicare la posizione stimata e del cerchio per il punto determinato con osservazioni costiere.

— I luoghi di posizione e loro tracciamento

Sono detti *luoghi di posizione* quei luoghi geometrici costituiti da quei punti in cui si può effettuare una certa misura ottenendo sempre lo stesso risultato. Per esempio la circonferenza è un luogo di posizione in quanto da ogni punto della sua circonferenza può effettuarsi la misura della distanza dal centro, ottenendo sempre la stessa misura, vale a dire il raggio della circonferenza. In navigazione questo luogo di posizione è detto *Cerchio di uguale distanza*; esso è determinato misurando la distanza che separa l'imbarcazione da un oggetto osservato. Misurata la distanza che ci separa dal punto osservato, si traccia la circonferenza con un compasso scrivente, che faccia centro sul punto osservato e abbia una apertura pari alla distanza misurata.

Gli altri luoghi geometrici sono:

– il *Rilevamento di un punto*. È la semiretta che partendo dal punto segnato sulla carta forma con i meridiani un angolo uguale al valore del

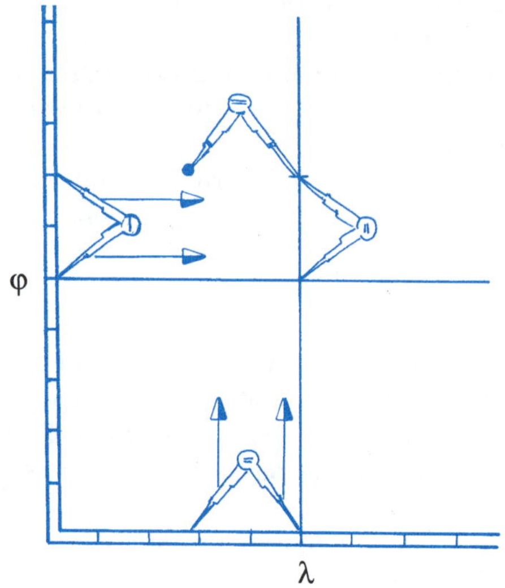

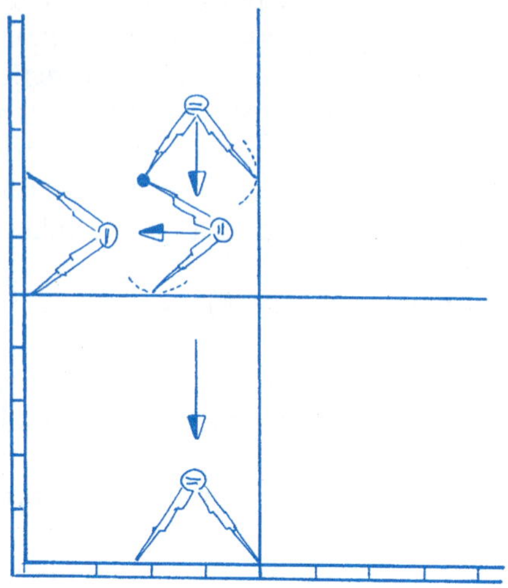

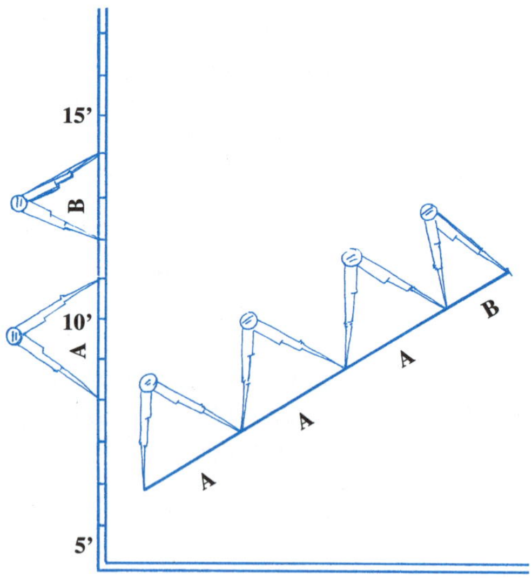

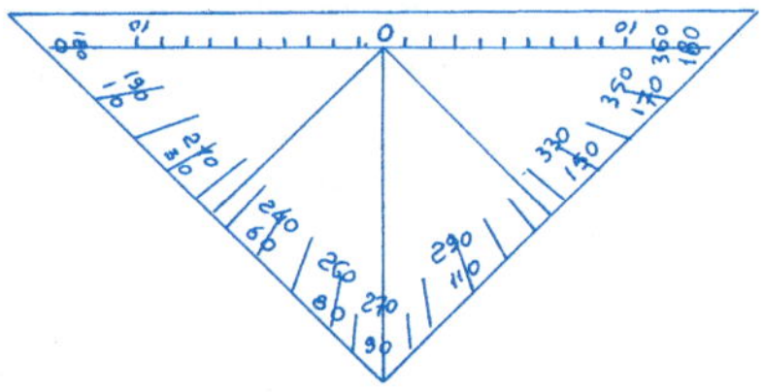

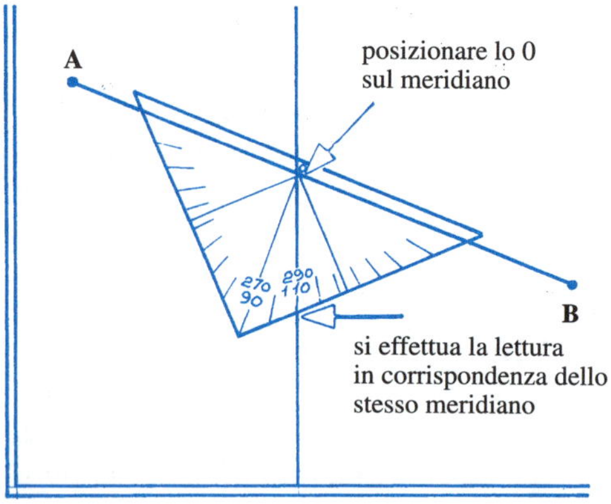

lettura 110° da **A** a **B**
290° da **B** a **A**

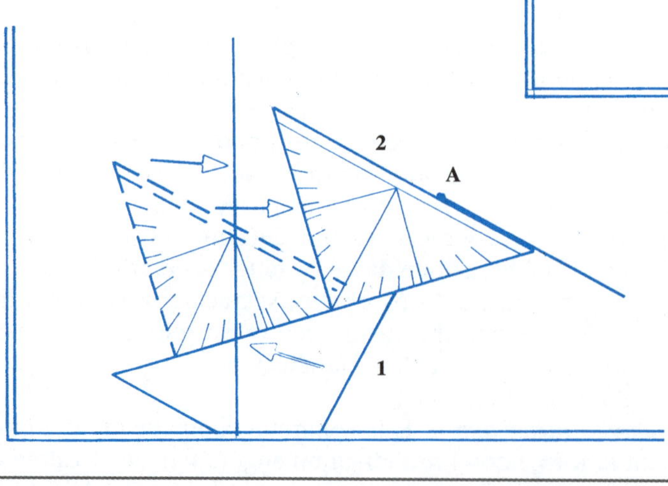

1 - Posizionare la squadretta con lo **0** in meridiano e orientarla in modo da leggere, in corrispondenza dello stesso meridiano, il valore desiderato;

2 - fare scorrere la squadretta parallelemente a se stessa con l’ausilio di una seconda squadretta. Giunti sul punto **A** tracciare la direzione voluta.

rilevamento bussola misurato e corretto con declinazione e deviazione magnetica. Essendo misurato da bordo, indica che l'osservatore deve necessariamente trovarsi su uno degli infiniti punti che costituiscono questa semiretta. Il Rilevamento viene misurato con la bussola da rilevamento portatile o con il cerchio azimutale piazzato sulla bussola di rotta. Se trattasi di rilevamento polare, si misura con il grafometro o con il cerchio azimutale piazzato sulla bussola di rotta. Per tracciare questo luogo di posizione occorre far uscire dal punto osservato una semiretta diretta verso l'osservatore, vale a dire inclinata di un angolo uguale a 180° ± Rilv, a seconda che il Rilv sia minore o maggiore di 180°;

– l'*Allineamento* di due punti è la semiretta che congiunge i due punti osservati. L'Allineamento può essere *esterno* o *interno*; nel primo caso l'osservatore vede i due oggetti dalla stessa parte, nel secondo caso l'osservatore si trova tra i due oggetti e ne vede uno in direzione opposta all'altro. L'allineamento può essere determinato senza l'uso di alcuno strumento, essendo sufficiente l'osservazione diretta dei due oggetti. Per il suo tracciamento è necessario unire i due punti e prolungare tale semiretta dalla parte dell'osservatore;

– le *Isobate* che come abbiamo visto uniscono tutti i punti che hanno la stessa profondità. Pertanto stando su una isobata e misurando con uno scandaglio la profondità, otterremo sempre la stessa misura. Queste linee sono disegnate sulla carta nautica e quindi non occorre tracciarle;

– il *Cerchio Capace*. La differenza tra due rilevamenti di due oggetti diversi osservati da bordo fornisce un luogo di posizione costituito da un cerchio. I due punti e l'imbarcazione si trovano tutti sulla circonferenza; l'osservatore che si trova su tale luogo di posizione osserva i due oggetti sempre sotto lo stesso angolo orizzontale, uguale alla differenza dei due rilevamenti. Questo luogo di posizione è poco usato nella nautica da diporto, benché abbia i suoi pregi.

Il tracciamento del cerchio capace comporta le seguenti operazioni:

– si uniscono i due punti osservati con una retta;

– si costruisce, con l'ausilio del compasso, l'asse alla congiungente i due punti;

– si traccia, a partire da uno dei due punti, una semiretta inclinata, rispetto alla congiungente i due punti, di un angolo uguale a $90° - \Delta\alpha$ (dove l'angolo $\Delta\alpha$ è l'angolo secondo il quale sono osservati i due oggetti);

– il punto d'incontro di questa semiretta con la mediana fornisce il centro del cerchio.

Il cerchio capace si può tracciare anche nel modo seguente:

– si uniscono i due punti osservati con una retta;

– si traccia, da ciascuno dei punti osservati, una semiretta inclinata, rispetto alla precedente semiretta, di un angolo uguale a $90° - \Delta\alpha$;

– il punto di incontro delle due semirette fornirà il centro del cerchio.

— Il Punto nave stimato (Ps) e il Punto nave osservato (Pn)

Definiamo Punto nave stimato (*Ps*) quello determinato con la misura della distanza percorsa e della Prora seguita con la bussola. Si tratta di una posizione poco precisa in quanto sia la direzione che la velocità non si conoscono quasi mai esattamente e possono, talvolta, scostarsi notevolmente dal valore reale. È tuttavia una fase determinante della navigazione e costituisce la base essenziale dalla quale non si può e non si deve prescindere. Ogni volta che partiamo dovremo segnare le nostre coordinate di partenza sulla carta nautica e riportare su questa la Prora bussola corretta con declinazione e deviazione. Annoteremo anche su un brogliaccio o sul diario di bordo l'ora di partenza e la velocità assunta dalla nostra imbarcazione.

È buona regola, dopo un certo tempo (quanto deve essere lungo questo tempo dipende ovviamente dalla nostra velocità, dal tipo di navigazione effettuato, dai pericoli e dalle condizioni meteomarine del momento), procedere alla determinazione di un punto con osservazione costiera per confrontare e valutare la bontà della stima.

Per far ciò si effettua quello che viene detto Punto nave costiero (*Pn*). Questo è dato dalla misura di due o più luoghi di posizione, determinata contemporaneamente o quasi.

Pertanto il Punto nave costiero può essere determinato con:

- due o più rilevamenti;
- due allineamenti;
- due cerchi capaci;
- due rilevamenti polari successivi dello stesso oggetto, di cui il primo sia la metà del secondo;
- 45° e traverso (caso particolare del precedente);
- due cerchi di uguale distanza;
- due rilevamenti successivi dello stesso oggetto;
- dalla combinazione di due qualsiasi luoghi di posizione.

Nella determinazione del punto nave è bene tenere presente che:

- le misure devono essere determinate simultaneamente;
- con velocità elevata occorre procedere al trasporto dei primi luoghi di posizione all'istante in cui si è determinato l'ultimo. Per far ciò è necessario trasportare, parallelamente alla rotta e per un tratto uguale a quello percorso dalla imbarcazione, il luogo di posizione determinato per primo;
- le misure sono prive di significato se contemporaneamente non si determina l'ora, la prua e la velocità dell'imbarcazione;
- nella determinazione dei rilevamenti, per quanto possibile, si deve osservare per ultimi i punti cospicui posti:

a. in prossimità del traverso;
b. vicini alla linea dell'orizzonte;
c. vicini all'imbarcazione;
d. in modo che formino tra loro un angolo tra i 30° e i 150°.

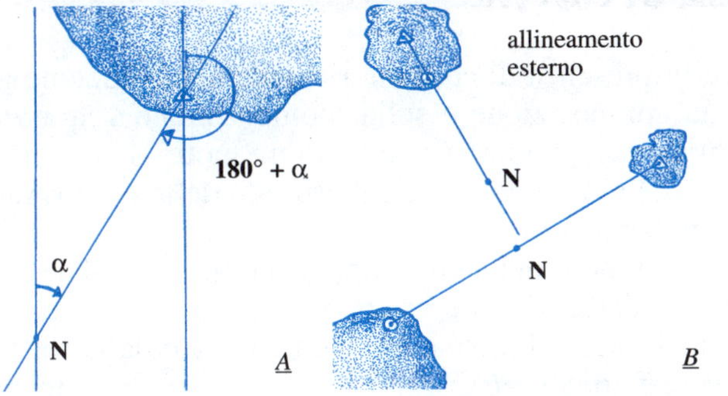

LUOGHI DI POSIZIONE

A – semiretta di rilevamento
B – allineamento esterno e interno
C – linee batimetriche
D – cerchio capace
E – cerchio di uguale distanza

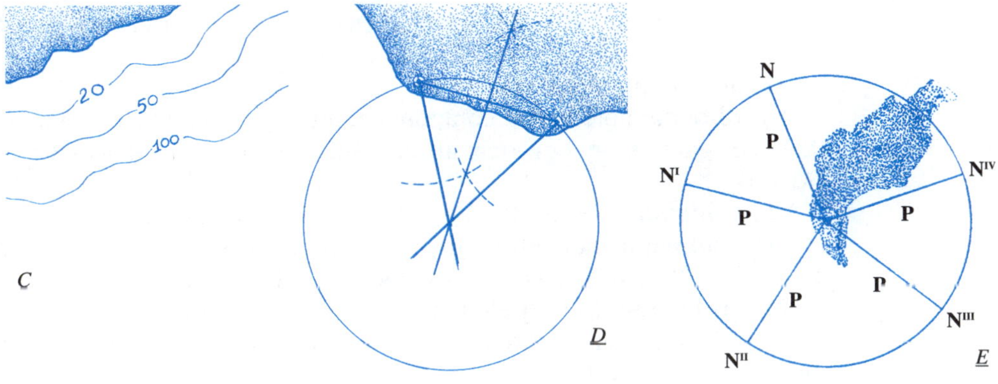

PUNTO NAVE COSTIERO

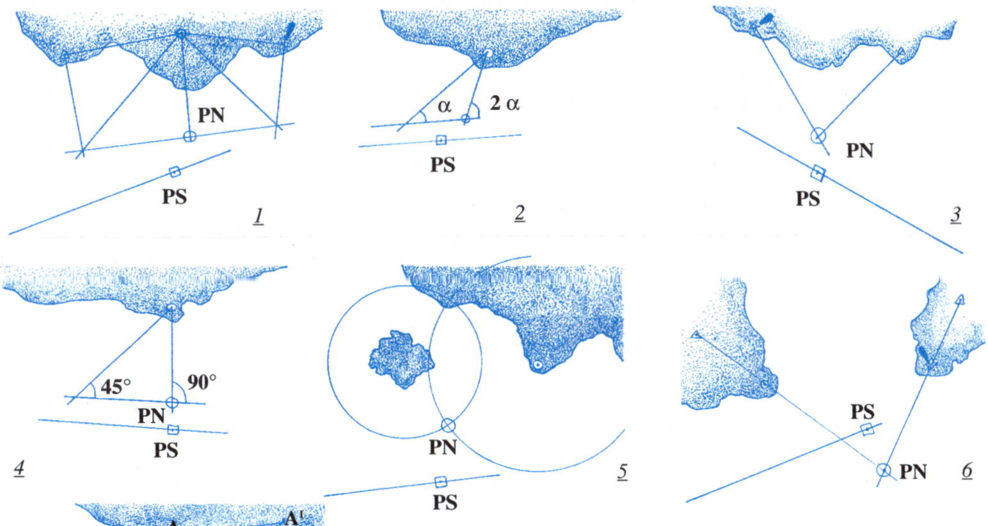

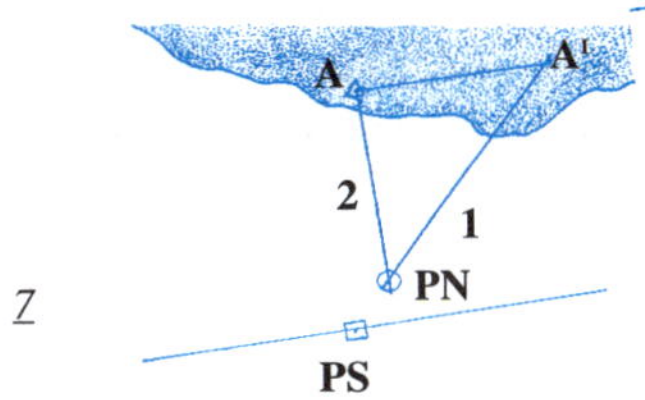

– AA^{I} = trasporto del punto rilevato, secondo la parallela alla rotta.
– 1 = primo rilevamento trasportato all'istante del secondo.
– 2 = secondo rilevamento.

PUNTO NAVE CON:

1. Due cerchi capaci.
2. Due rilevamenti polari successivi dello stesso oggetto, di cui il primo è metà del secondo.
3. Due rilevamenti.
4. 45 gradi e traverso.
5. Due cerchi di uguale distanza.
6. Due allineamenti.
7. Due rilevamenti successivi dello stesso oggetto.

— Navigazione in presenza di corrente

La navigazione in presenza di corrente richiede una soluzione grafica che si basa sulla composizione e sulla scomposizione vettoriale. In questo tipo di navigazione vengono considerati tre moti:

– la componente del moto proprio, caratterizzato dalla prua vera (*Pv*) e dalla velocità propulsiva (*Vp*);

– la componente del moto della corrente, caratterizzato dalla direzione (*Ac*) e velocità (*Vc*) della corrente;

– la risultante, costituita dal moto vero, caratterizzato dalla rotta vera (*Rv*) e dalla velocità effettiva (*Veff*).

Noti almeno quattro dei sei elementi, è possibile ricavare gli altri due.

I principali problemi sono:

I problema: note le due componenti, moto proprio (*Pv* e *Vp*) e moto della corrente (*Ac* e *Vc*), ricavare la risultante costituita dal moto vero (*Rv* e *Veff*).

II problema: noti *Ac*, *Vc*, *Vp* e *Rv*, determinare la *Pv* e la *Veff*.

III problema: noti gli elementi del moto proprio (*Pv* e *Vp*) e del moto vero (*Rv* e *Veff*), ricavare gli elementi della corrente.

IV problema: noti gli elementi del moto vero (*Rv* e *Veff*) e gli elementi del moto della corrente (*Ac* e *Vc*), determinare gli elementi del moto proprio (*Pv* e *Vp*).

Nella tavola della pagina 61 sono illustrati i procedimenti da adottare per la soluzione dei primi tre problemi, essendo il quarto di facile soluzione.

— Radionavigazione

Questo particolare tipo di navigazione consiste nell'impiego di particolari sistemi elettronici, che ci consentono di stabilire il punto nave (Pn) a prescindere dall'osservazione costiera. Questi sistemi costituiscono un validissimo aiuto alla navigazione, ma devono essere considerati sempre degli ausili.

I principali sistemi di radionavigazione impiegati sono:

- *Loran*;
- *Gps*;
- *Radiogoniometrico*;
- *Radar*.

Il *sistema Loran* si basa sul principio della differenza di tempo misurata a bordo e dovuta ai tempi con cui arrivano due segnali trasmessi da una coppia di stazioni: una stazione principale (Master) e una secondaria (Slave).

Per ottenere un punto nave Loran occorre disporre dei segnali emessi da due coppie di stazioni; la rotta, la velocità e le coordinate geografiche sono automaticamente calcolate dallo strumento che le visualizzava su un display.

Il *sistema Gps* (Global Positioning System) è di gran lunga il più diffuso tra tutti i sistemi e permette di ottenere, su un display e in auto-

NAVIGARE CON LA CORRENTE

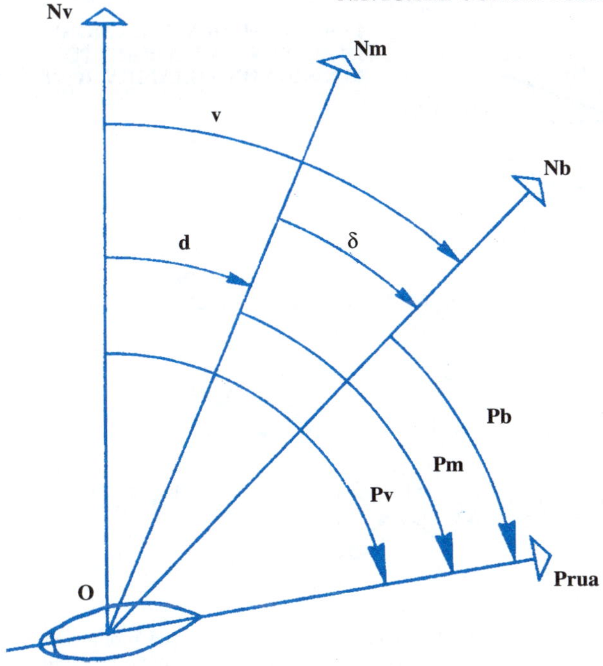

Le formule di correzione che non si ricordano a memoria si ricavano dal disegno.

Pv = Pb + (± δ) + (± d) correzione
Pb = Pv – (± d) – (± δ) conversione
Pv = Pm + (± d) correzione
Pm = Pb + (± δ) correzione
Pm = Pv – (± d) conversione
Pb = Pm – (± δ) conversione
Pv = Pb + (± V) correzione

Esempio: Pb = 37°
δ = + 2°
d = + 1°,5

Pb	= 37°	
+ δ	+ 2°	→ dalla tabella delle deviazioni in funzione di Pb
Pm	= 39°	
+ d	= + 1°,5	→ dalla carta nautica
Pv	= 40°,5	

Esempio: Pv = 40°, 5
d = + 1°,5

Pv	= 40°,5	
– d	= – 1°,5	→ dalla carta nautica
Pm	= 39°,0	→ con questo valore si entra nelle tabelle delle deviazioni trovando δ
– δ	= – 2°	
Pb	= 37°	

- Il timoniere segue sempre la prua bussola (Pb).
- Sulla carta nautica viene tracciata soltanto la prua vera (Pv).
- Passando dalla Pb alla Pv si devono apportare alla Pb le correzioni δ e d.
- Il passaggio inverso, da Pv a Pb è definito di conversione.
  Tutte le operazioni sono algebriche.

- Navigando in presenza di vento la direzione seguita (rotta superficiale) si discosta dalla direzione seguita dalla bussola.
- L'angolo compreso tra la direzione seguita (Rs) e la direzione della prua, in riferimento al Nv, è detto angolo di scarroccio (Lsc). Questo è considerato positivo se il vento agisce sulla sinistra causando uno scarroccio a dritta; viceversa è considerato negativo.

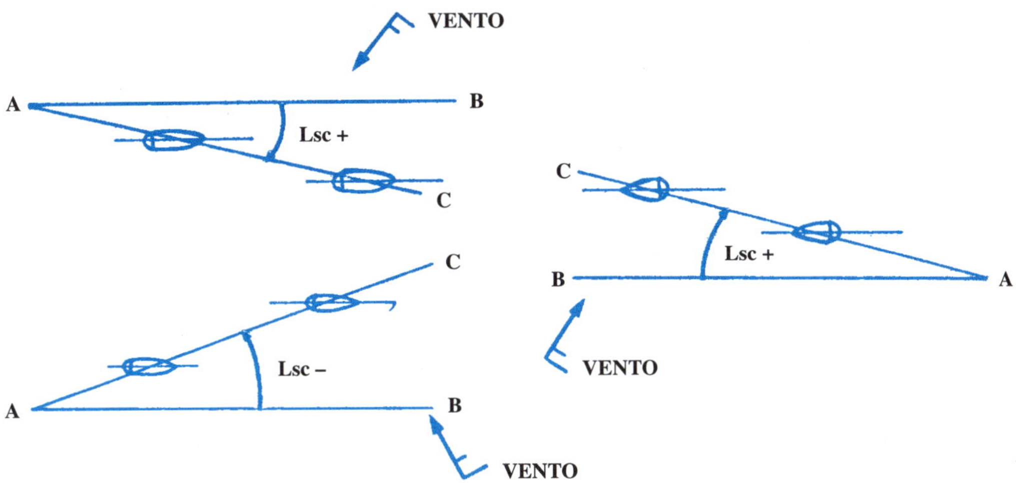

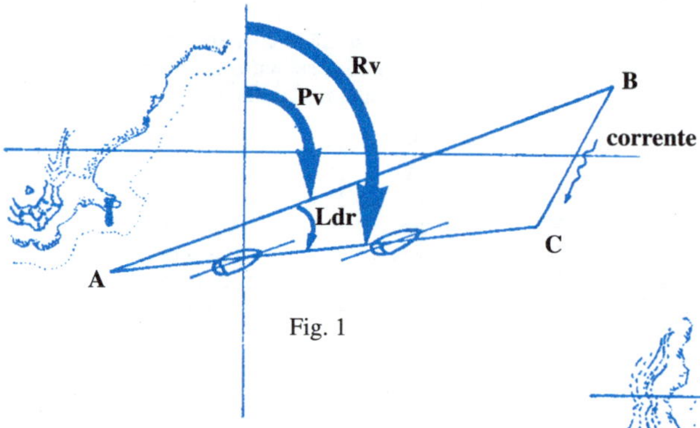

Fig. 1

I PROBLEMI DI NAVIGAZIONE IN PRESENZA DI CORRENTE SI RISOLVONO GRAFICAMENTE

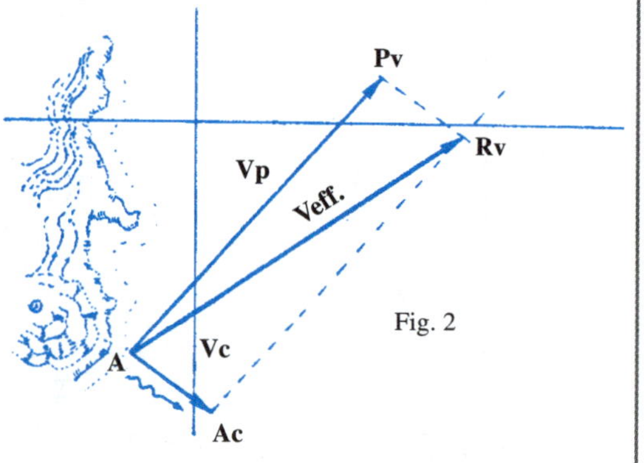

Fig. 2

Navigando in presenza di corrente la direzione seguita dall'imbarcazione (rotta vera) AC si discosta dalla direzione seguita dalla bussola e corretta con d e δ (AB = Pv).

L'angolo compreso tra la direzione seguita dall'imbarcazione (Rv) e la direzione della prua vera (AB), è detto angolo di deriva ldr (*Fig. 1*).

L'angolo di deriva è positivo se la corrente agisce sul lato sinistro provocando una deriva sulla dritta, viceversa e considerato negativo.

1° Problema - Sono noti la Pv seguita dall'imbarcazione, la sua velocità dovuta al propulsore, la direzione della corrente e la sua velocità effettiva.

Dal punto di partenza A si traccia un vettore di intensità Vp (velocità propulsiva) e con direzione Pv. Con la stessa unità di misura (scala delle altitudini 1' = 1 nodo) riportare, sempre a partire da A, un vettore con velocità Vc (velocità corrente) e con direzione Ac (azimut corrente). La diagonale A Rv, risultante del parallelogramma delle forze, è in direzione Rv e in intensità Veff (*Fig.* 2).

2° Problema - Sono noti la velocità propulsiva (Vp) la Rotta vera e gli elementi della corrente (Vc e Ac). Si vuol determinare la Pv e la velocità effettiva (Veff.). Dal punto occupato dall'imbarcazione si riporta un vettore con intensità e verso uguali a quelli della corrente. Puntando nella cuspide del vettore corrente, con apertura di compasso uguale alla velocità propulsiva, si interseca la Rotta nel punto Rv. Il tratto A Pv parallelo ad Ac Rv rappresenta la direzione da seguire (Pv) tenendo conto della corrente. La lunghezza del vettore A Rv rappresenta la velocità effettiva (*Fig. 3*).

3° Problema - Dedurre gli elementi della corrente confrontando il punto nave con il punto stimato (Ps). Sia A Ps la direzione stimata. Rapportando la lunghezza del tratto A Ps al tempo impiegato a percorrerlo otteniamo la Vp (*Fig. 4*).

Sia A Pn la direzione reale secondo la quale s'è spostata l'imbarcazione per effetto della probabile corrente. Rapportando la lunghezza del tratto A Pn (corrispondente alla Rv) al tempo impiegato a percorrerlo otteniamo la Veff. La congiungente Ps Pn da la direzione della corrente (Ac), mentre rapportando la sua lunghezza al tempo di navigazione da A a Pn, si ricava la sua velocità (Vc).

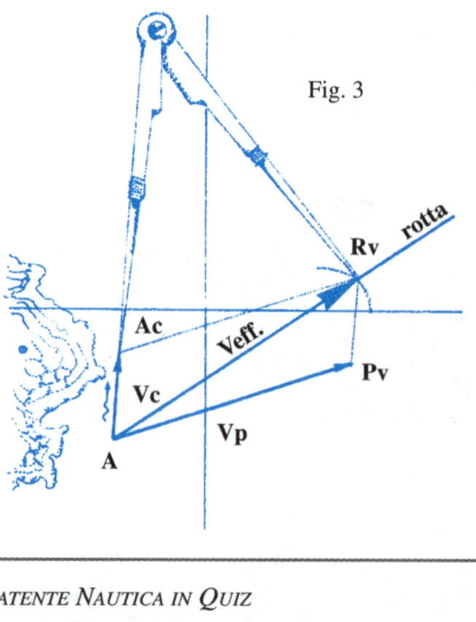

Fig. 3

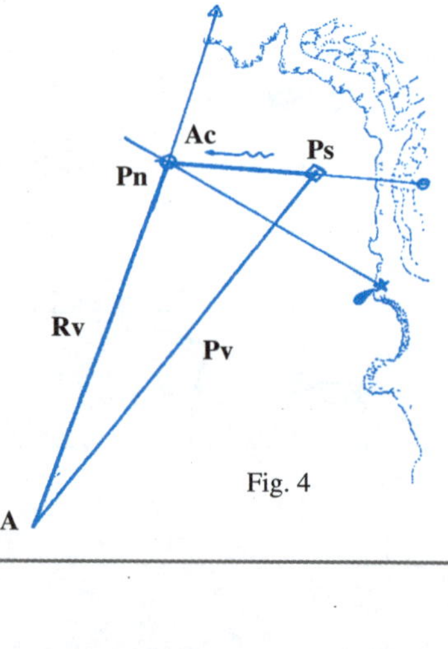

Fig. 4

matico, gli elementi riguardanti la rotta, la velocità, le coordinate, l'altezza, etc., in tempi brevissimi e con precisione variabile tra i 5 e i 10 metri (essendo un sistema controllato dalla difesa degli USA, la sua precisione può variare anche notevolmente e senza preavviso).

Il sistema si basa sul calcolo del tempo impiegato dai segnali emessi da un satellite per raggiungere l'apparato ricevente. I moderni strumenti sfruttano, per la determinazione del punto e degli altri parametri, il segnale emesso da otto dei 24 satelliti in orbita.

Il *sistema Radiogonimetrico*, poco preciso rispetto al precedente, è costituito da un apparecchio radioricevitore e da un goniometro, solidale a una speciale antenna direttiva, graduato in senso orario da 0° a 360° a partire dalla prua.

Questo strumento viene adoperato per individuare il segnale radio emesso da una stazione costiera (radiofaro) in codice Morse e determina il rilevamento radiogoniometrico. Si tratta di un rilevamento polare che deve essere trasformato in rilevamento (Rilv).

L'indice del goniometro solidale con l'antenna è diretto verso il radiofaro quando si percepisce la minima intensità del segnale.

Il *sistema Radar* (Radio Detection And Ranging) sfrutta l'emissione attraverso un'antenna rotante di pacchetti di radioonde e il ricevimento, da parte della stessa antenna, degli echi che questi pacchetti di onde emettono quando colpiscono un ostacolo. Misurando la distanza in funzione del tempo trascorso tra una emissione e la ricezione dell'eco, si determina la distanza e la direzione dell'oggetto.

È uno strumento prezioso nella navigazione con visibilità limitata e il suo impiego può essere vantaggioso anche nella determinazione del punto nave.

CAPITOLO 3 # CENNI DI NAVIGAZIONE ASTRONOMICA

— Fusi orari

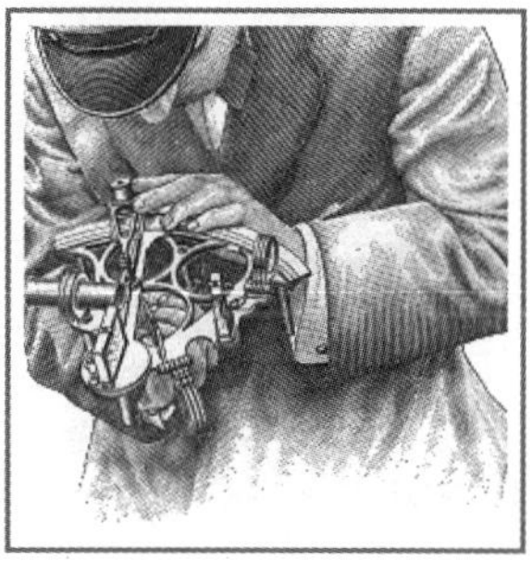

Per effetto della rotazione terrestre nel senso antiorario, osserviamo il Sole sorgere verso Est e lo vediamo tramontare verso Ovest. Ovviamente il sorgere e il tramonto del Sole non avvengono contemporaneamente per tutti gli osservatori posti sulla superficie terrestre; più precisamente l'ora in cui vari osservatori, con uguale latitudine ma con longitudine differente, osserveranno il sorgere del Sole sarà diversa e l'osservatore situato più a Est vedrà sorgere il Sole "prima". Naturalmente un osservatore posto più a Ovest di noi vedrà il sorgere del Sole "più tardi".

Il Sole, nel suo moto apparente, compie attorno alla Terra una rotazione completa, descrivendo una circonferenza ampia 360°, in 24 ore. Pertanto, dividendo 360 : 24 si ottiene 15°, per cui possiamo affermare che il Sole si sposterà, sulla sua orbita apparente, di 15° in 1 ora e, conseguentemente, di 1° ogni 4 minuti.

Dal momento che gli orologi sono regolati in funzione del moto apparente del Sole, osservatori distanti di 1° in longitudine, leggeranno sui propri orologi valori di tempo differenti di 4 minuti. Per evitare che, nello stesso istante, osservatori con longitudine diversa, anche di pochi gradi, misurino ore diverse, nel 1913 a Parigi, numerosi stati stipularono la "Convenzione sui fusi orari" in base alla quale la Terra venne suddivisa in 24 fasce, ampie 15° = 1 ora in longitudine. Ciascuna di queste fasce è detta **Fuso orario**.

All'interno di ciascun fuso viene adottata come **Ora del fuso quella relativa al meridiano centrale del fuso.**

— Conversione dell'arco in tempo e del tempo in arco

Spesso nei calcoli relativi alla navigazione astronomica, si rende necessaria, per la longitudine, la sua trasformazione da gradi, primi e secondi d'arco in ore, minuti e secondi di tempo. Stessa necessità si avverte spesso per il suo contrario. Benché vi siano delle tavole che riportano tali conversioni, può essere utile sapere come effettuare tali trasformazioni con il calcolo.

Ricordando quanto affermato nel paragrafo precedente, cioè che 15° = 1h, 1° = 4m, 15' = 1m, 15" = 1s e 1' = 4s, la trasformazione di un arco di longitudine ampio 54° 38' 54" E potrà essere effettuata in tempo nel modo seguente:

54° : 15	=	03h	*con resto 9°*
9° x 4	=	36m	
38' : 15	=	2m	*con resto 8'*
8' x 4	=	32s	
45" : 15	=	3s	
Long. in ore	=	03h38m35s.	

Il procedimento inverso, la trasformazione in longitudine di 04h 49m 37s, in gradi, primi e secondi, verrà svolta nel modo seguente:

04h x 15	=	60°	
49m : 4	=	12°	*con resto 1m*
1m x 15	=	15'	
37s : 4	=	9'	*con resto 1s*
1s x 15	=	15"	
Long. in ore	=	72°24'15"	

— Elementi di navigazione astronomica

Ciò che tratteremo in questo paragrafo sulla navigazione astronomica è principalmente quanto richiesto per il conseguimento dell'abilitazione nautica senza limiti. Abbiamo aggiunto i metodi per la determinazione della latitudine con l'osservazione della stella Polare e del Sole al suo passaggio in meridiano.

Naturalmente, una trattazione così ridotta e divulgativa necessita di qualche approssimazione. Pertanto raccomandiamo allo studioso e all'appassionato di approfondire questi concetti su testi e manuali[1] sull'argomento (molti di questi trattano la materia in modo estremamente pratico) o frequentando corsi specifici.

Gli argomenti che tratteremo sono i seguenti:
- cenni sulla misurazione dell'altezza degli astri;
- impiego delle effemeridi nautiche;
- calcolo dell'ora locale;
- determinazione della latitudine con l'osservazione della Polare;
- determinazione della latitudine con l'osservazione del Sole al passaggio in meridiano.

Cenni sulla misurazione dell'altezza degli astri.

Definiamo prima la *sfera celeste* come quella di diametro arbitrario, con centro coincidente con quello terrestre, sulla quale si immaginano proiettati i vari astri. Su questa sfera la proiezione dei due Poli terrestri individuano il *Polo Celeste Nord* e il *Polo Celeste Sud*, la proiezione dell'Equatore terrestre individua l'*Equatore Celeste*. Tutti i semicircoli

1. Sergio Costa – "Navigare con il sestante" – Editrice Incontri Nautici.

SFERA CELESTE. PcN *polo celeste Nord*; Pcs *polo celeste Sud;* Qc Qc' *equatore celeste;* A *astro;* ∂ *declinazione dell'astro;* T *orario.*

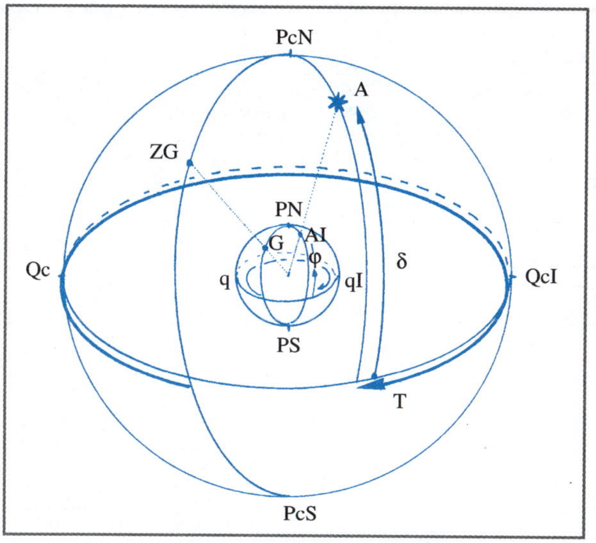

passanti per i Poli celesti e perpendicolari all'Equatore celeste sono detti *meridiani* o *orari*.

La proiezione dell'orizzonte marino, passante per il centro della Terra origina l'*orizzonte astronomico*, la verticale dell'osservatore incontrerà la sfera celeste in un punto detto *Zenit*, il punto diametralmente opposto è detto *Nadir*. Tutti i semicircoli passanti per lo Zenit e il Nadir e che sono perpendicolari all'orizzonte astronomico vengono chiamati *verticali*.

L'*altezza* di un astro è rappresentata dall'arco di verticale compreso tra l'orizzonte e l'astro, si misura da 0° (astro sull'orizzonte, sorgente o tramontante) a 90° (astro allo Zenit). L'arco di verticale compreso tra lo Zenit e l'astro è detto *distanza zenitale* e viene indicato con la lettera "Z" e contato da 0° a 180°. La distanza zenitale è pure uguale a 90° - h.

Le altezze degli astri sono misurate con uno strumento chiamato *sestante* che permette di misurare con molta precisione angoli orizzontali tra due oggetti o verticali (quelli che chiamiamo "altezze") tra l'orizzonte e un astro o tra l'orizzonte e un oggetto qualsiasi (faro, torre, etc.).

— Principio ottico del sestante

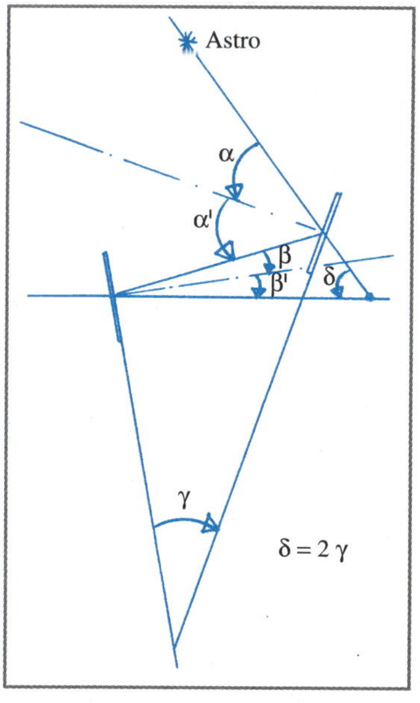

Dalla fisica ottica è noto che quando un raggio luminoso viene riflesso da una superficie piana, l'angolo formato dal raggio luminoso con la perpendicolare alla superficie riflettente (angolo di incidenza α, nella figura accanto) e l'angolo che il raggio riflesso forma con la stessa perpendicolare (angolo di riflessione α') sono uguali. Ancora possiamo affermare che raggio di incidenza, raggio riflesso e perpendicolare al punto di incidenza, giacciono sullo stesso piano. Il sestante sfrutta questi principi, facendo subire al raggio di luce due riflessioni nello stesso piano; in tal modo l'angolo formato tra la prima e l'ultima direzione del raggio è esattamente il doppio dell'angolo formato tra le due superfici riflettenti.

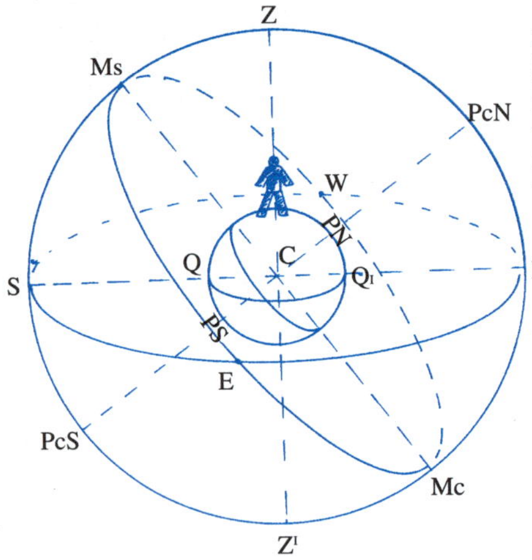

Z = Zenit
Z^I = Nadir
PcN = Polo celeste Nord
PcS = Polo celeste Sud
SENW = Orizzonte astronomico
MsEMiW = Equatore celeste

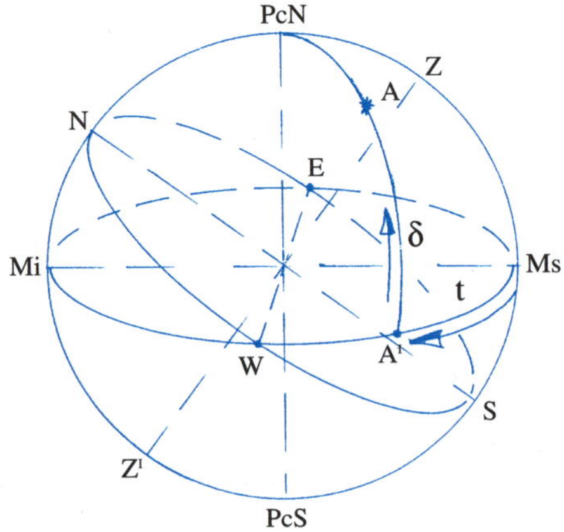

A = astro
MsA^I = t = tempo dell'astro
A^IA = declinazione dell'astro
PcN AA^IPcS = Meridiano dell'astro
MiWMsE = Equatore celeste

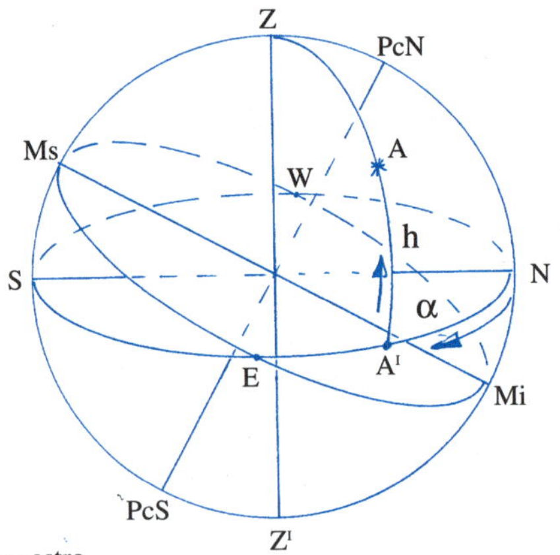

A = astro
NA^I = α = azimut
A^IA = altezza
SENW = orizzonte astronomico
ZAA^IZ^I = verticale dell'astro

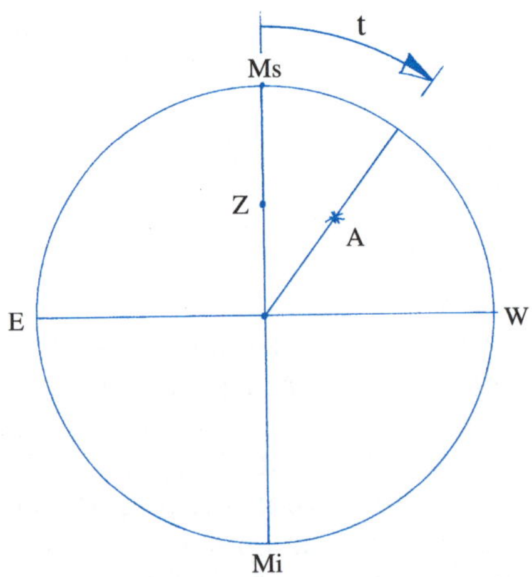

t = angolo orario locale

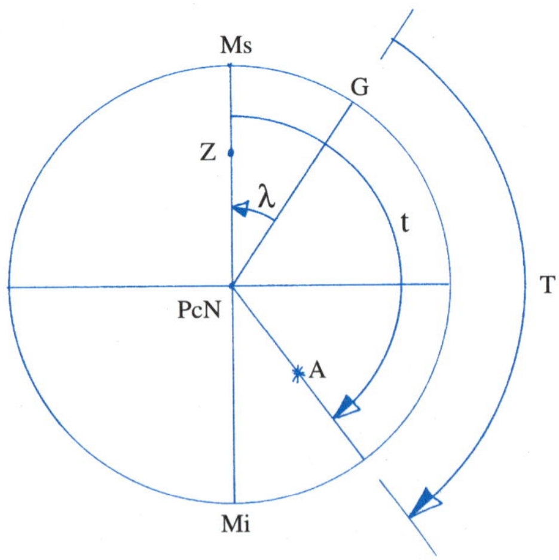

T = t - λ
PcN G = proiezione del meridiano di Greenwich
PcNA = meridiano dell'astro
PcNZMs = meridiano dell'osservatore
Z = Zenit
A = astro
T = angolo orario rispetto a Greenwich

Per tal motivo il lembo (o settore graduato) è ampio circa 60° (vale a dire la sesta parte di un angolo giro, da cui deriva il nome dato allo strumento, sestante) e la divisione è ogni 30'.

Pertanto, pur disponendo di un settore ampio 60°, in realtà è possibile misurare angoli ampi fino a 120°.

Descrizione dello strumento

Il sestante ha una intelaiatura metallica a forma di settore circolare, il cui margine inferiore, detto Lembo, è graduato da destra verso sinistra (per chi osserva la graduazione), da 0° a 120°.

Fissato a questa intelaiatura è sistemato lo specchio piccolo o fisso (Sf), che è disposto in modo che abbia la sua superficie riflettente esattamente perpendicolare al piano che costituisce il settore circolare ed è parallelo al lato opposto del settore (lato *b* in figura). Tale specchio in realtà è costituito da una parte amalgamata adatta a riflettere il raggio di luce, e da una parte trasparente, attraverso la quale può essere veduto l'orizzonte. La linea che separa le due parti, quella speculare e quella trasparente, è parallela al piano del settore.

Di fronte allo specchio piccolo (*Sf*), sul lato opposto b, è fissato, per mezzo di un apposito collare, il cannocchiale (*c* in figura). Anche qui, al fine di rispettare il principio ottico su cui si basa lo strumento, l'asse ottico del cannocchiale è parallelo al piano del settore e passa esattamente al centro dello specchio piccolo, ciò perché nell'obiettivo arrivino metà raggi provenienti dalla riflessione della parte amalgamata dello specchio fisso (*Sf*) e metà raggi provenienti dalla sua parte trasparente. In tal modo è possibile osservare contemporaneamente sia l'orizzonte (immagine diretta, attraverso la parte trasparente dello specchio) che l'astro (immagine riflessa dai due specchi *Sf* e *Sm*).

Una vite consente la regolazione del cannocchiale, permettendogli di avvicinarsi o allontanarsi dal piano del settore, mantenendo sempre l'asse ottico parallelo allo stesso piano.

Al vertice del settore circolare è imperniata un'alidada, la quale, nel punto attorno cui ruota, reca, solidale, lo specchio mobile (*Sm*). Anche questo, sempre per mantenere valido il principio ottico su cui si basa lo strumento, è perpendicolare al piano del settore. Ambedue gli specchi sono dotati di apposite viti di regolazione che consentono la rettifica

IL SESTANTE E LE SUE PARTI. Indice, lembo, tamburo, clump, cremagliera, indice dell'alidada.

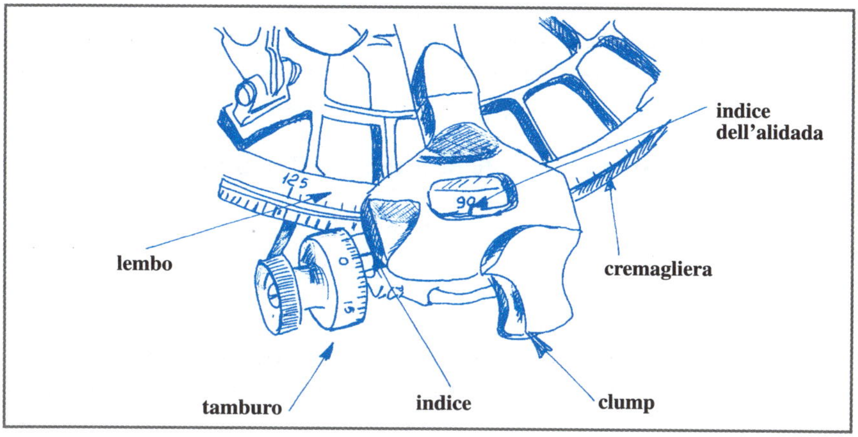

IL SESTANTE E SUO PRINCIPIO OTTICO. Sm *specchio mobile;* Sf *specchio fisso;* c *cannocchiale;* F2 F1 *filtri;* L *lembo;* Im *impugnatura;* Cr *cremagliera;* Cl *clump;* T *tamburo;* I *intelaiatura;* P *piedini.*

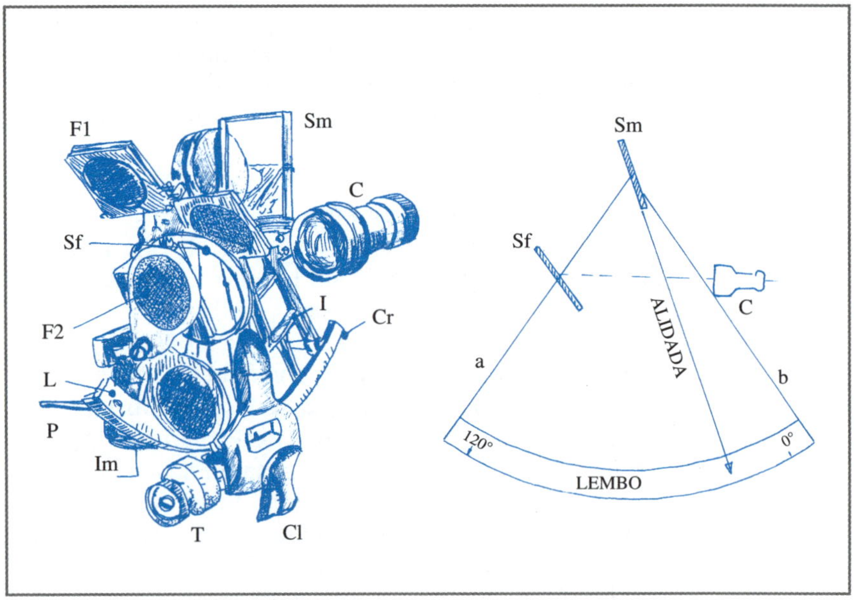

dello strumento. L'alidada e lo specchio grande a essa solidale, quando l'indice di questa è sullo 0° della graduazione, devono essere paralleli al piano contenente lo specchio piccolo.

L'estremità dell'alidada reca inciso un indice in corrispondenza del quale vengono letti i gradi; un apposito tamburo graduato consente di apprezzare i primi e i secondi di grado. La parte inferiore del lembo è costituita da una cremagliera e il perno del tamburo graduato reca una vite senza fine (*vite micrometrica*). Un'apposita levetta (*clump*) o bottone a molla permette di liberare l'alidada, consentendole ampi spostamenti. Davanti ai due specchi, quello fisso e quello mobile, sono sistemati i vetrini (*filtri*) colorati da usarsi per attenuare la luminosità quando si effettuano osservazioni di Sole.

Lettura degli angoli

Come si è visto, i moderni sestanti hanno un tamburo, il cui perno di rotazione è costituito da una vite micrometrica che ingrana sulla cremagliera posta sotto il lembo. Il tamburo è diviso normalmente in 60 parti, corrispondenti a 1' ciascuna, pertanto una rotazione completa del tamburo corrisponde allo spostamento dell'indice dell'alidada di un grado. Un apposito indice, posto in vicinanza del tamburo, consente di misurare i primi di grado e di valutare a occhio le frazioni di primo.

Misurazione delle altezze sull'orizzonte

Ogni misurazione è preceduta da alcune operazioni fondamentali per avere poi risultati attendibili e non affetti da errori grossolani. Possiamo così elencare queste operazioni:

a. controllare l'accurata pulizia degli specchi, delle lenti del cannocchiale e dei vetri;

b. verificare l'entità della correzione d'indice (γ);

c. mettere a fuoco l'oggetto o l'astro che si vuole osservare;

d. se le condizioni del mare imprimono all'imbarcazione un forte movimento di rollio, cercare di assumere una posizione per quanto possibile vicina al baricentro della barca (quello che si muove meno!);

e. con mare mosso cercare di assumere un'altezza di osservazione più elevata, in modo da allontanare la linea dell'orizzonte;

f. cercare, per quanto possibile, di osservare da un punto al riparo dal vento;

g. tenere il sestante ben verticale e fare in modo che l'astro o l'oggetto osservato cada esattamente al centro del cannocchiale;

h. al fine di limitare gli errori accidentali è bene, sempre che l'astro non sia prossimo al passaggio in meridiano, (punto in cui raggiunge la sua massima altezza e dopo il quale la stessa comincia a diminuire), effettuare una serie di tre o quattro misure e poi fare la media delle letture ottenute;

i. per essere certi che la collimazione sia stata eseguita con lo strumento perfettamente verticale, occorre, dopo aver portato l'astro sull'orizzonte, ruotare leggermente il sestante con un movimento dolce del polso. Se nel punto più basso del semicerchio descritto dall'astro, durante il movimento del sestante, è perfettamente tangente all'orizzonte, si è certi che quel punto è esattamente lungo la verticale passante per l'astro e potremo quindi considerare buona la collimazione;

l. ricordare che ogni misura di altezza deve essere sempre accompagnata dall'ora esatta in cui è stata determinata, con approssimazione al secondo;

m. non osservare altezze di astri inferiori a 10°.

Il sestante può essere adoperato nella navigazione costiera per la determinazione del punto nave con due cerchi capaci, ma anche, e vantaggiosamente, quando si voglia determinare la distanza che ci separa da un oggetto di altezza nota, misurandone l'angolo verticale.

Norme particolari per l'osservazione di Sole

Per determinare la misura delle altezze degli astri sull'orizzonte, è bene attenersi a precise norme che sintetizziamo qui di seguito.

Avere cura di usare gli appositi filtri, che hanno lo scopo di attenuare la luminosità e di non stancare l'occhio. Per portare l'immagine riflessa del sole sull'orizzonte quando l'astro ha altezza inferiore a 45 - 50°, è bene valutare a occhio l'altezza, disponendo quindi i filtri colorati davanti allo specchio grande (*Sm*), portando l'alidada sul valore approssimato dell'altezza.

Tenendo lo strumento verticale, si punta il cannocchiale sull'orizzonte in prossimità della verticale (nella zona in cui l'orizzonte è più brillante), muovendo il sestante orizzontalmente fino a quando appare l'immagine riflessa del sole sullo specchio piccolo. Si affina quindi la misura nel modo già descritto.

Se invece il sole fosse alto e poco luminoso, occorre disporre i filtri colorati davanti a tutti e due gli specchi, posizionando l'alidada sullo zero della graduazione del lembo.

Quindi puntare il cannocchiale sul sole e muovere l'alidada sdoppiando l'immagine e portando quella riflessa sull'orizzonte. È questa un'operazione che richiede un po' di pratica in quanto è facile che, una volta schiacciata la levetta che libera l'alidada, questa venga abbassata troppo perdendo in tal modo l'immagine riflessa del sole.

È necessario fare attenzione, pertanto, a muovere l'alidada e abbassare contemporaneamente lo strumento (mantenete sempre il sole al centro del cannocchiale; appena si avvicina troppo al bordo inferiore, abbassare lo strumento quanto basta per riportare l'immagine verso il centro).

Con la pratica si riuscirà a controllare questo movimento e allo spostamento dell'alidada seguirà, meccanicamente, anche l'abbassamento contemporaneo dello strumento. Quando si sarà portata l'immagine riflessa del Sole sull'orizzonte, cambiare, con uno più chiaro, il filtro che è posto davanti allo specchio piccolo.

Ora che è possibile vedere l'orizzonte, effettuare la collimazione. Nella determinazione delle altezze di sole è bene osservare sempre il suo lembo inferiore, perché la sua osservazione è meno difficile. Qualora non fossero ben visibili il lembo inferiore o quello superiore e fosse necessario determinare con urgenza la posizione, si potrebbe osservare cercando di bisecare il disco solare con l'orizzonte; con tale sistema si commette un errore sulla misura dell'altezza compreso tra i 3' e i 5', e non si tiene conto del semidiametro. Attenzione inoltre, ai falsi orizzonti che le nubi basse possono generare: in queste condizioni si vedono sul mare delle strisce alternate che potrebbero trarre in inganno.

La misura delle altezze degli astri, assieme alla determinazione della loro *declinazione* (che può essere paragonata alla latitudine di un punto sulla superficie terrestre) e dell'*angolo orario* (che, con qualche differenza sulla misura, può essere paragonato alla longitudine di un punto sulla sfera terrestre) consente, attraverso il calcolo o la lettura di apposite tavole dette a *Soluzione Diretta*, di ricavare gli elementi necessari per la determinazione del punto nave astronomico.

— Impiego delle Effemeridi Nautiche

La pubblicazione *Effemeridi Nautiche* è una raccolta di dati astronomici riguardanti il Sole, la Luna, i pianeti Venere, Marte, Giove e Saturno e 66 stelle.

Su questa pubblicazione, edito dall'Istituto Idrografico della Marina Militare, tutti i dati sono riferiti alle ore medie di Greenwich e sono riportati, per i pianeti e per la luna, per ogni giorno dell'anno e per ore intere, il valore del tempo planetario e lunare (*T* e *T*), per il sole è riportato il valore del tempo vero (*Tv*) e per le stelle il tempo sidereo (*Ts*). Sono riportati inoltre il valore della loro declinazione.

Oltre a questo nelle *Effemeridi* sono riportate le ore del sorgere e del tramonto del sole e della luna, l'inizio e la fine del crepuscolo nautico, l'ora del passaggio in meridiano di sole, luna e pianeti.

Le pagine finali delle *Effemeridi* sono colorate di giallo e sono note appunto come "pagine gialle"; in esse sono raccolte le correzioni per le frazioni di ora e di minuto, le tavole delle correzioni delle altezze per il sole, le stelle e i pianeti e la luna.

Sempre nelle "pagine gialle" è contenuta una tavola relativa alle correzioni da apportare per la determinazione della latitudine con l'osservazione della stella Polare.

Calcolo dell'ora locale

Definiamo, innanzitutto, *tempo di un astro* "l'arco di Equatore celeste compreso tra il meridiano passante per lo Zenit e il meridiano passante per l'astro e contato da 0^h a 24^h (o da 0° a 360°), in senso orario, per un osservatore che, posto al Polo celeste Nord, guardi l'Equatore". Se l'osservatore si trova sul meridiano di Greenwich e gli astri sono le stelle, si parla di *Tempo astronomico* (UT o, come viene anche indicato, GMT o TMG) ed è quello che viene riportato sulle *Effemeridi Nautiche* che indichiamo con la lettera *Tm*. Quando nel paragrafo precedente abbiamo accennato ai fusi orari, abbiamo detto che questi sono 24 e che ognuno di loro è ampio 15° di longitudine. L'ora riferita a un altro meridiano qualsiasi è detta *ora media locale* e viene indicata con *tm*.

Per passare dal tempo medio di Greenwich (*Tm*) al corrispondente tempo locale di un qualsiasi meridiano è necessario effettuare la seguente somma algebrica

$$tm = Tm + \lambda$$

viceversa, per passare dall'ora media locale al corrispondente tempo medio di Greenwich useremo la seguente formula algebrica:

$$Tm = tm - \lambda$$

nelle quali la longitudine (λ) è positiva se di specie Est, negativa se di specie Ovest.

Un esempio. Sapendo che a Greenwich il tempo medio *Tm* è uguale a $8^h\ 42^m$ e che la nostra longitudine è $\lambda = 35°\ 45'$ E, ricavare il tempo medio locale *tm* corrispondente al nostro meridiano. Trasformando la nostra longitudine in ore, secondo lo schema di calcolo illustrato a pagina 66, si ottiene:

$$\lambda = 2^h\ 23^m$$

sommando questo valore a Tm otteniamo

$$8^h 42^m + 2^h 23^m = 11^h 5^m$$

Se avessimo operato tenendo conto dei fusi orari, avremmo dovuto considerare l'ora di Greenwich Tm = $8^h 42^m$ e a questa avremmo sommato la longitudine del fuso $\lambda_f = 2^h$, ottenendo:

$$8^h 42^m + 2^h = 10^h 42^m$$

La differenza di 23^m, rispetto al calcolo precedente, è dovuta al fatto che, nel secondo esempio, si è tenuto conto dell'ora del fuso, che, come già detto, per convenzione è quella del meridiano centrale della fascia ampia 15° di longitudine, e del fatto che questa viene mantenuta uguale in tutto il fuso. In realtà il Sole, per transitare da una estremità all'altra dello stesso fuso, impiega un'ora.

Facciamo qualche altro esempio per chiarire meglio questo concetto.

Esempio 1. Supponiamo di trovarci alle $12^h 25^m$ in un punto con λ = 120° Est e di voler conoscere l'ora corrispondente al meridiano di

Greenwich. Innanzitutto dovremo trasformare la longitudine in ore per avere il *f* corrispondente.

$$f = 120° / 15° = 8^h \text{ E}$$

questo valore sarà sottratto alla nostra ora locale t_f per ottenere il cercato *Tm*.

$$12^h 25^m - 8^h = 4^h 25^m$$

Infatti, ci troviamo in un punto situato a Est del meridiano 0°, il Sole passa al nostro meridiano 8 ore prima rispetto al meridiano di Greenwich e, quindi, quando da noi saranno le $12^h 25^m$ a Greenwich saranno le $4^h 25^m$.

Esempio 2. Alle $13^h 33^m$ ci troviamo in un punto con longitudine λ = 109° W e supponiamo di voler conoscere l'ora corrispondente di Greenwich. In questo caso la longitudine è di specie Ovest, il Sole è passato prima a Greenwich e, pertanto, lungo il meridiano 109° W si avrà un tempo maggiore.

Trasformando la longitudine in *f* avremo:

$$f = 109° / 15° = 7^h 16^m \text{ che approssimeremo a } 7^h \text{ W}$$
$$Tm = 13^h 33^m + 7^h = 19^h 33^m$$

Determinazione della latitudine con l'osservazione della Polare

Se la stella Polare coincidesse esattamente con il Polo Celeste Nord (e quindi con lo Zenit del Polo Nord) la latitudine dell'osservatore equivarrebbe all'altezza della stella. Un osservatore al Polo Nord vedrebbe la stella Polare esattamente allo Zenit, con altezza 90° e, ovviamente, il valore di 90° sarebbe quello della sua latitudine. Però in realtà la stella Polare dista di circa 1° dal Polo Nord e, conseguentemente, è necessario apportare alla misura dell'altezza alcune correzioni.

Il sistema è assai semplice e consente di determinare, con sufficiente precisione, la latitudine dell'osservatore una volta determinata l'altezza della stella Polare sull'orizzonte. Con l'altezza misurata si entra nelle "pagine gialle" delle *Effemeridi Nautiche*, dove sono indicate le correzioni da apportare e si calcola il valore della latitudine.

Esempio di calcolo della latitudine con l'osservazione della Polare

Il giorno 24 settembre 1996 con UT = $19^h 21^m 44^s$ con longitudine λ = 011°44'.5 E da un'altezza di 6 metri sul livello del mare, si misura con il sestante (correzione d'indice γ = +1'.5) l'altezza della stella Polare, ottenendo hi = 41°12'.8.

Si entra nelle *Effemeridi*, nelle tavole giornaliere e, per il giorno 24/09, in corrispondenza delle 19^h, si ricava (pag. 79):

T's = 288°53'.1

Entrando nelle pagine gialle per la frazione di $21^m 44^s$ (pag. 80) si ottiene

Is = 5°26'.9

Sommando, otteniamo il

Ts = 294°20'.0

A questo valore dobbiamo sommare il valore della λ

λ = 011°44'.5

Per ottenere il

ts = 306°04'.5

A questo punto si provvede alla correzione dell'altezza strumentale hi = 41°12'.8, aggiungendo la correzione d'indice del sestante γ e le altre due correzioni, tutte positive:

C1 e C2 nelle pagine gialle delle *Effemeridi*, tavola intestata "Tabella per la correzione delle altezze di stelle e pianeti", ricordando che al termine della somma hv = hi + γ + C1 + C2 è necessario togliere 1°.

Al valore della hv si sommano i valori di altre tre correzioni, ricavate anch'esse nelle pagine gialle, dalla tabelle intestate "Tabelle per la determinazione della latitudine con osservazione della Polare", per ricavare, alla fine, il valore della latitudine.

I correzione
Si entra con il tempo sidereo ts
II correzione
Si entra nella tavola con ts e il valore dell'altezza hv
III correzione
Si entra nella tavola con *ts* e il mese dell'osservazione

Anche in questo caso, dopo aver effettuato la somma φ = hv + I + II + III, è necessario togliere 1° per avere il valore della latitudine dell'osservatore.

	hi	= 41°12'.8
Correzione d'indice	γ ±	= 1'.5 +
Ottenendo l'altezza osservata	ho	= 41°14'.3
C1. In funzione della elevazione dell'occhio (pag. 81)		= 15'.7
C2. In funzione dell'altezza osservata (pag. 81)		= 38'.9
Valore di hv + 1°		= 42°08'.9

Al valore dell'altezza così ottenuta occorre togliere 1° per avere

hv = 41°08'.9

Apportando a questa altezza le tre correzioni relative al calcolo della Latitudine con osservazione di Polare, si ottiene la ricercata φ.

	hv	= 41°08'.9
I correzione (pag. 82)		= 1°59'.3
II correzione (pag. 83)		= 0'.9
III correzione (pag. 83)		= 1'.3
Valore della latitudine φ + 1°		= 43°10'.4
Valore della latitudine dell'osservatore		= 42°10'.4

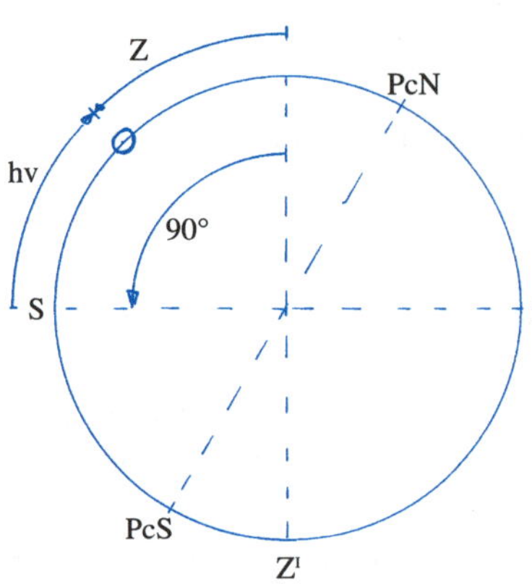

hv = altezza vera
z = distanza zeritale
hv + z = 90°
z = 90° – hv

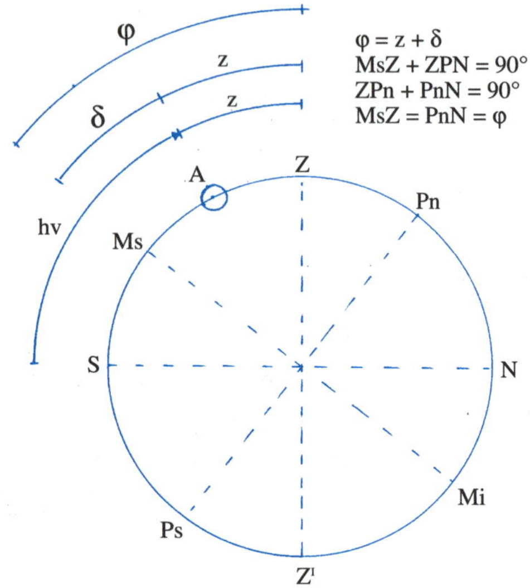

φ = z + δ
MsZ + ZPN = 90°
ZPn + PnN = 90°
MsZ = PnN = φ

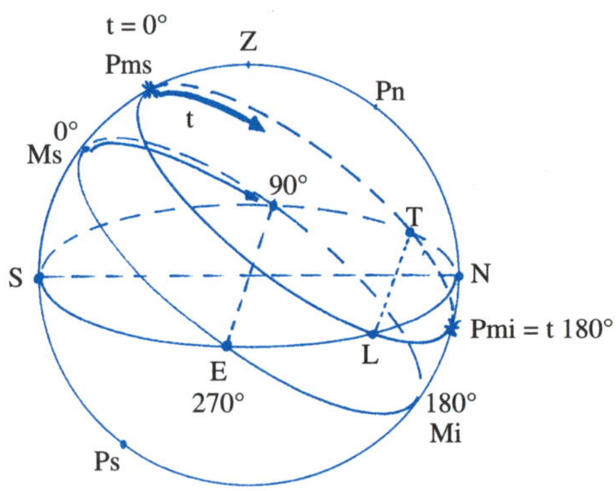

LPmsT = arco visibile
TPmiL = arco invisibile
L = punto del sorgere
T = punto del tramonto
t = 0^h al momento del passaggio al meridiano superiore

Pms = passaggio al meridiano superiore
Pmi = passaggio al meridiano inferiore

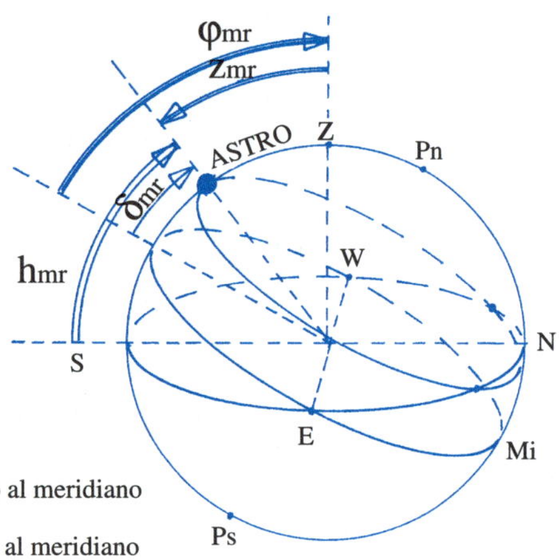

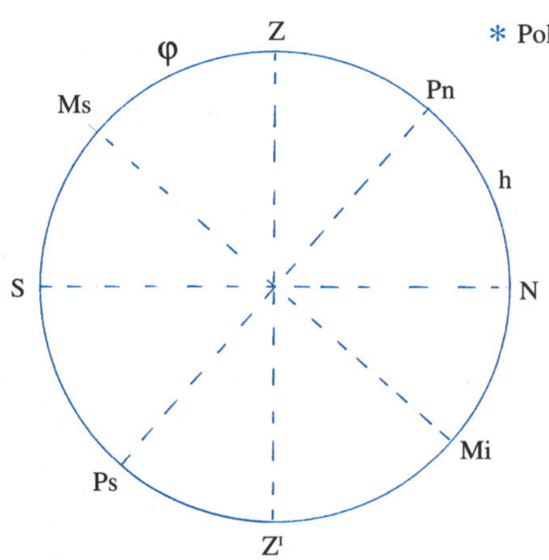

* Polare

MsZ = φ
MsZ + ZPn = 90°
Z Pn + PnN = 90°
MsZ = PnN = φ

— Determinazione della latitudine con osservazione Meridiana del Sole

La determinazione della latitudine con osservazione Meridiana del Sole è molto utilizzata nella navigazione astronomica, sia per la determinazione della latitudine, sia per la determinazione del punto nave, abbinandola con un'altra osservazione adeguatamente intervallata.

Osservando la figura a pag. 76 si deduce facilmente che l'altezza e la latitudine sono legate dalla seguente relazione:

$$\varphi = (90° - h) + \delta$$

e dal momento che $90° - h = z$

si ha che $\varphi = z + \delta$ *(algebrica)*

Per quanto concerne i segni da attribuire a queste formule basti dire che l'altezza h è sempre positiva, la distanza zenitale z è sempre positiva se si osserva con le spalle rivolte a Nord (Sole che culmina a Sud), negativa se si osserva volgendo le spalle al Sud (Sole che culmina a Nord), mentre il segno della declinazione δ è indicato nelle *Effemeridi* ed è positivo, se di specie Nord, negativo se di specie Sud). La latitudine, come sappiamo, è positiva se di specie Nord, negativa se di specie Sud.

Si procede nel modo seguente:

– si stabilisce in anticipo l'ora del passaggio del Sole in meridiano. Ciò può essere ottenuto in due modi differenti a seconda che sia nota la longitudine stimata λs all'istante della determinazione dell'altezza o che questa debba essere calcolata tenendo conto della velocità dell'imbarcazione (sempre che non abbia rotta prossima a 0° o 180°).

Questa seconda ipotesi non la esamineremo, supponendo che nel momento dell'osservazione la nostra imbarcazione non abbia velocità superiore a 6-7 nodi.

Per determinare l'ora del passaggio del Sole al nostro meridiano superiore, poiché le *Effemeridi* forniscono l'ora del passaggio del Sole al meridiano di Greenwich, consideriamo l'ora del passaggio al meridiano di Greenwich *Tm*, coincidente con il *tm* del nostro fuso orario.

Per ottenere l'istante del passaggio al nostro meridiano dovremo, una volta ricavato dalle *Effemeridi* il *Tm*, apportare a questo la *correzione fuso Cf*. Questa è data dalla differenza algebrica tra la longitudine del fuso centrale λf e la longitudine stimata dell'osservatore λs

$$Cf = \lambda f - \lambda s$$

Esempio. In un punto di coordinate φ = 40°50' Nord, λ = 009°30' Est, si vuol conoscere l'istante del passaggio del Sole al nostro meridiano. Supponiamo di aver ricavato dalle *Effemeridi* che il Sole, in quella data, passa al meridiano di Greenwich alle $12^h 06^m$. È ovvio che il Sole passerà nel meridiano centrale del nostro fuso alla stessa ora, vale a dire alle $12^h 06^m$.

Dal momento che la nostra longitudine non coincide con quella centrale del nostro fuso (15°), dovremo calcolare l'istante del passaggio dell'astro al nostro meridiano, aggiungendo al nostro fuso $+1^h$ la correzione relativa alla nostra longitudine.

Trasformando quindi la nostra longitudine in tempo (vedi esempio di calcolo a pagina 66), otterremo $0^h 38^m$. Questo valore andrà sottratto alla nostra λf ottenendo:

$$Cf = + 1^h - (+0^h 38^m) = + 22^m$$

Questo significa che il Sole passerà al nostro meridiano ben 22 minuti dopo il passaggio al meridiano centrale del fuso

$$to = tm + Cf = 12^h 06^m + 22^m = 12^h 28^m$$

Ciò, naturalmente, ci consente di non restare per 22 minuti con il sestante in mano in attesa che il Sole passi al nostro meridiano.

Una volta calcolato questo istante, si procederà alla determinazione dell'altezza del Sole nel momento della sua culminazione (massima altezza sull'orizzonte), determinando la misura dell'altezza istrumentale hi. A questa si apporteranno le correzioni relative all'errore d'indice del sestante e alle correzioni, tutte positive, indicate nelle *Effemeridi* (pag. 84).

I correzione – Si entra nelle pagine gialle delle *Effemeridi* nella tabella "Correzione delle altezze di Sole" con l'elevazione dell'occhio dell'osservatore sul livello del mare.

II correzione – Sempre nella stessa tabella, entrando con l'altezza osservata.

III correzione – Entrando con il mese e il lembo del Sole osservato (inferiore $\underline{O}$ o superiore $\overline{O}$).

Anche in questo caso, come per la Polare, una volta apportate tutte e tre le correzioni si dovrà togliere 1° per ottenere il valore dell'altezza vera del centro del Sole *ho*.

Per ottenerere la latitudine sarà sufficiente calcolare

$$\varphi = (90° - hv) + \delta$$

UT d	UT h	SOLE T	SOLE Dec.	γ Ts
		° ′	° ′	° ′
24	0	181 59.0	S00 29.2	3 06.3
	1	196 59.2	30.2	18 08.8
	2	211 59.4	31.1	33 11.3
	3	226 59.6	32.1	48 13.7
	4	241 59.8	33.1	63 16.2
	5	257 00.1	34.1	78 18.6
	6	272 00.3	S00 35.0	93 21.1
	7	287 00.5	36.0	108 23.6
	8	302 00.7	37.0	123 26.0
	9	317 00.9	38.0	138 28.5
	10	332 01.2	38.9	153 31.0
	11	347 01.4	39.9	168 33.4
	12	2 01.6	S00 40.9	183 35.9
	13	17 01.8	41.8	198 38.4
	14	32 02.0	42.8	213 40.8
	15	47 02.2	43.8	228 43.3
	16	62 02.5	44.8	243 45.8
	17	77 02.7	45.7	258 48.2
	18	92 02.9	S00 46.7	273 50.7
	→ 19	107 03.1	47.7	**288 53.1**
	20	122 03.3	48.7	303 55.6
	21	137 03.5	49.6	318 58.1
	22	152 03.8	50.6	334 00.5
	23	167 04.0	51.6	349 03.0
25	0	182 04.2	S00 52.6	4 05.5
	1	197 04.4	53.5	19 07.9
	2	212 04.6	54.5	34 10.4
	3	227 04.8	55.5	49 12.9
	4	242 05.1	56.5	64 15.3
	5	257 05.3	57.4	79 17.8
	6	272 05.5	S00 58.4	94 20.3
	7	287 05.7	00 59.4	109 22.7
	8	302 05.9	01 00.3	124 25.2
	9	317 06.1	01.3	139 27.6
	10	332 06.4	02.3	154 30.1
	11	347 06.6	03.3	169 32.6
	12	2 06.8	S01 04.2	184 35.0
	13	17 07.0	05.2	199 37.5
	14	32 07.2	06.2	214 40.0
	15	47 07.4	07.2	229 42.4
	16	62 07.6	08.1	244 44.9
	17	77 07.9	09.1	259 47.4
	18	92 08.1	S01 10.1	274 49.8
	19	107 08.3	11.1	289 52.3
	20	122 08.5	12.0	304 54.7
	21	137 08.7	13.0	319 57.2
	22	152 08.9	14.0	334 59.7
	23	167 09.2	14.9	350 02.1
26	0	182 09.4	S01 15.9	5 04.6
	1	197 09.6	16.9	20 07.1
	2	212 09.8	17.9	35 09.5
	3	227 10.0	18.8	50 12.0
	4	242 10.2	19.8	65 14.5
	5	257 10.4	20.8	80 16.9
	6	272 10.7	S01 21.8	95 19.4
	7	287 10.9	22.7	110 21.9
	8	302 11.1	23.7	125 24.3
	9	317 11.3	24.7	140 26.8
	10	332 11.5	25.7	155 29.2
	11	347 11.7	26.6	170 31.7
	12	2 11.9	S01 27.6	185 34.2
	13	17 12.2	28.6	200 36.6
	14	32 12.4	29.5	215 39.1
	15	47 12.6	30.5	230 41.6
	16	62 12.8	31.5	245 44.0
	17	77 13.0	32.5	260 46.5
	18	92 13.2	S01 33.4	275 49.0
	19	107 13.4	34.4	290 51.4
	20	122 13.7	35.4	305 53.9
	21	137 13.9	36.4	320 56.3
	22	152 14.1	37.3	335 58.8
	23	167 14.3	S01 38.3	351 01.3
		v +0.2	d -1.0	P. M. h. m.
		S.D.16.2		23 39.7

STELLE Nome	360 − α	Dec.
	° ′	° ′
Acamar	315 27.7	S40 18.9
Achernar	335 35.7	S57 15.1
Acrux	173 24.1	S63 04.8
Adhara	255 22.6	S28 57.9
Aldebaran	291 03.8	N16 30.1
Alioth	166 32.4	N55 58.8
Alkaid	153 09.4	N49 20.0
Almak	329 04.0	N42 18.8
Al Nair	27 59.3	S46 58.6
Alnilam	275 59.2	S 1 12.2
Alphard	218 08.8	S 8 38.6
Alphecca	126 22.0	N26 43.9
Alpheratz	357 56.2	N29 04.5
Altair	62 20.5	N 8 51.9
Ankaa	353 27.8	S42 19.3
Antares	112 42.0	S26 25.4
Arcturus	146 07.6	N19 12.2
Atria	107 55.4	S69 01.4
Avior	234 23.5	S59 29.8
Bellatrix	278 45.6	N 6 20.8
Beltegeuse	271 15.0	N 7 24.4
Canopus	264 01.8	S52 41.4
Capella	280 53.1	N45 59.4
Castor	246 24.2	N31 53.6
Cor Caroli	166 02.3	N38 20.3
Deneb	49 39.8	N45 16.5
Denebola	182 46.9	N14 35.5
Diphda	349 08.3	S18 00.1
Dubhe	194 07.9	N61 46.0
Elnath	278 28.6	N28 36.1
Eltanin	90 52.1	N51 29.8
Enif	33 59.3	N 9 51.9
Formalhaut	15 37.6	S29 38.3
Gacrux	172 15.6	S57 05.6
Gienah	176 05.7	S17 31.3
Hadar	149 06.4	S60 21.4
Hamal	328 14.8	N23 26.8
Kaus Austr.	84 00.6	S34 23.1
Kochab	137 20.6	N74 10.4
Markab	13 50.6	N15 11.5
Menkar	314 28.1	N 4 04.7
Menkent	148 22.9	S36 21.2
Merak	194 36.0	N56 23.9
Miaplacidus	221 42.8	S69 42.1
Mirfak	308 58.2	N49 50.8
Mizar	159 03.8	N54 56.7
Nunki	76 14.0	S26 17.9
Peacock	53 38.9	S56 44.8
Phact	275 07.0	S34 04.4
Polaris	322 27.1	N89 14.7
Pollux	243 43.4	N28 01.9
Procyon	245 13.1	N 5 14.0
Rasalhague	96 18.3	N12 34.1
Regulus	207 57.3	N11 59.0
Rigel	281 24.2	S 8 12.3
Rigil Kent	140 09.6	S60 49.3
Sabik	102 27.2	S15 43.1
Saiph	273 05.9	S 9 40.2
Schedar	349 54.4	N56 31.2
Scheddi	33 16.8	S16 08.4
Shaula	96 39.2	S37 06.0
Sirius	258 44.9	S16 42.6
Spica	158 44.9	S11 08.5
Suhail	223 02.0	S43 25.0
Vega	80 47.5	N38 47.3
Zuben ubi	137 19.7	S16 01.5

Lat.	Crep. Naut. Inizio	Crep. Naut. Fine	Sorg. Sole	Sorgere Luna 23	24	25	26
°	h m	h m	h m	h m	h m	h m	h m
N 72	03 17	04 45	05 53	17 45	17 39	17 34	17 29
N 70	03 34	04 51	05 52	17 23	17 26	17 28	17 30
68	03 48	04 56	05 52	17 05	17 16	17 23	17 30
66	03 58	05 01	05 52	16 51	17 07	17 19	17 30
64	04 07	05 04	05 52	16 40	16 59	17 15	17 30
62	04 14	05 07	05 52	16 30	16 53	17 12	17 30
60	04 20	05 10	05 52	16 21	16 47	17 09	17 30
N 58	04 26	05 12	05 51	16 14	16 42	17 07	17 30
56	04 30	05 14	05 51	16 07	16 38	17 05	17 30
54	04 34	05 16	05 51	16 01	16 34	17 03	17 30
52	04 38	05 17	05 51	15 56	16 30	17 01	17 30
50	04 41	05 19	05 51	15 51	16 27	16 59	17 30
45	04 47	05 21	05 51	15 40	16 20	16 56	17 30
N 40	04 52	05 23	05 50	15 31	16 14	16 53	17 30
35	04 55	05 25	05 50	15 24	16 08	16 50	17 31
30	04 58	05 26	05 50	15 17	16 04	16 48	17 31
20	05 02	05 27	05 49	15 06	15 56	16 44	17 31
N 10	05 03	05 28	05 49	14 56	15 49	16 40	17 31
00	05 03	05 27	05 48	14 46	15 42	16 37	17 31
S 10	05 02	05 26	05 47	14 36	15 36	16 34	17 31
20	04 59	05 24	05 46	14 26	15 29	16 30	17 32
30	04 54	05 21	05 45	14 15	15 21	16 26	17 32
35	04 50	05 19	05 45	14 08	15 16	16 24	17 32
40	04 45	05 17	05 44	14 00	15 11	16 22	17 32
45	04 39	05 14	05 43	13 51	15 04	16 19	17 32
S 50	04 31	05 09	05 42	13 40	14 57	16 15	17 33
52	04 27	05 07	05 41	13 35	14 54	16 13	17 33
54	04 23	05 05	05 40	13 30	14 50	16 12	17 33
56	04 18	05 03	05 40	13 24	14 46	16 10	17 33
58	04 12	05 00	05 39	13 17	14 41	16 07	17 33
S 60	04 06	04 56	05 38	13 09	14 36	16 05	17 34

Lat.	Tram. Sole	Crep. Naut. Inizio	Crep. Naut. Fine	Tramonto Luna 23	24	25	26
°	h m	h m	h m	h m	h m	h m	h m
N 72	17 48	18 55	20 21	24 32	00 32	02 34	04 33
N 70	17 48	18 49	20 05	24 52	00 52	02 45	04 36
68	17 49	18 44	19 52	25 08	01 08	02 54	04 39
66	17 49	18 40	19 42	25 21	01 21	03 01	04 41
64	17 49	18 37	19 34	00 00	01 32	03 07	04 43
62	17 50	18 34	19 27	00 13	01 41	03 13	04 45
60	17 50	18 31	19 21	00 24	01 49	03 17	04 47
N 58	17 50	18 29	19 16	00 33	01 56	03 21	04 48
56	17 50	18 27	19 11	00 41	02 02	03 25	04 49
54	17 51	18 26	19 07	00 48	02 07	03 28	04 50
52	17 51	18 24	19 04	00 55	02 12	03 31	04 51
50	17 51	18 23	19 01	01 01	02 16	03 34	04 52
45	17 51	18 21	18 55	01 13	02 26	03 40	04 54
N 40	17 52	18 19	18 50	01 24	02 33	03 44	04 55
35	17 52	18 17	18 47	01 33	02 40	03 48	04 57
30	17 53	18 16	18 44	01 40	02 46	03 52	04 58
20	17 53	18 15	18 41	01 54	02 56	03 58	05 00
N 10	17 54	18 15	18 39	02 05	03 05	04 03	05 01
00	17 55	18 15	18 39	02 16	03 13	04 08	05 03
S 10	17 56	18 17	18 41	02 27	03 21	04 13	05 04
20	17 57	18 19	18 44	02 38	03 30	04 19	05 06
30	17 58	18 22	18 50	02 51	03 39	04 25	05 08
35	17 59	18 24	18 54	02 59	03 45	04 28	05 09
40	18 00	18 27	18 59	03 07	03 51	04 32	05 10
45	18 01	18 30	19 05	03 17	03 58	04 36	05 11
S 50	18 02	18 35	19 13	03 29	04 07	04 41	05 13
52	18 03	18 37	19 17	03 34	04 11	04 44	05 14
54	18 04	18 39	19 21	03 40	04 16	04 46	05 14
56	18 04	18 42	19 26	03 47	04 20	04 49	05 15
58	18 05	18 45	19 32	03 55	04 26	04 52	05 16
S 60	18 06	18 48	19 39	04 03	04 32	04 56	05 17

PIANETI	360 − α	P.M.
	° ′	h m
VENERE	218 08.3	9 11
MARTE	227 52.1	8 32
GIOVE	80 41.4	18 18
SATURNO	55 11.6	0 03

Gior.	SOLE Equaz. Tempo 00h	SOLE Equaz. Tempo 12h	SOLE Pass. Mer.	LUNA Pass. Mer. Sup.	LUNA Pass. Mer. Inf.	LUNA Età	LUNA Fase
	m s	m s	h m	h m	h m	d	
24	-07 56	-08 06	11 52	21 55	09 28	11.0	
25	-08 17	-08 27	11 52	22 50	10 23	12.0	
26	-08 37	-08 48	11 51	23 44	11 17	13.0	

Sec.	SOLE E PIANETI	♈	LUNA	v/d	pp	v/d	pp	v/d	pp
s	° ′	° ′	° ′	′	′	′	′	′	′
00	5 15.0	5 15.9	5 00.7	**0.0**	0.0	**6.0**	2.1	**12.0**	4.3
01	5 15.3	5 16.1	5 00.9	**0.1**	0.0	**6.1**	2.2	**12.1**	4.3
02	5 15.5	5 16.4	5 01.1	**0.2**	0.1	**6.2**	2.2	**12.2**	4.4
03	5 15.8	5 16.6	5 01.4	**0.3**	0.1	**6.3**	2.3	**12.3**	4.4
04	5 16.0	5 16.9	5 01.6	**0.4**	0.1	**6.4**	2.3	**12.4**	4.4
05	5 16.3	5 17.1	5 01.8	**0.5**	0.2	**6.5**	2.3	**12.5**	4.5
06	5 16.5	5 17.4	5 02.1	**0.6**	0.2	**6.6**	2.4	**12.6**	4.5
07	5 16.8	5 17.6	5 02.3	**0.7**	0.3	**6.7**	2.4	**12.7**	4.6
08	5 17.0	5 17.9	5 02.6	**0.8**	0.3	**6.8**	2.4	**12.8**	4.6
09	5 17.3	5 18.1	5 02.8	**0.9**	0.3	**6.9**	2.5	**12.9**	4.6
10	5 17.5	5 18.4	5 03.0	**1.0**	0.4	**7.0**	2.5	**13.0**	4.7
11	5 17.8	5 18.6	5 03.3	**1.1**	0.4	**7.1**	2.5	**13.1**	4.7
12	5 18.0	5 18.9	5 03.5	**1.2**	0.4	**7.2**	2.6	**13.2**	4.7
13	5 18.3	5 19.1	5 03.8	**1.3**	0.5	**7.3**	2.6	**13.3**	4.8
14	5 18.5	5 19.4	5 04.0	**1.4**	0.5	**7.4**	2.7	**13.4**	4.8
15	5 18.8	5 19.6	5 04.2	**1.5**	0.5	**7.5**	2.7	**13.5**	4.8
16	5 19.0	5 19.9	5 04.5	**1.6**	0.6	**7.6**	2.7	**13.6**	4.9
17	5 19.3	5 20.1	5 04.7	**1.7**	0.6	**7.7**	2.8	**13.7**	4.9
18	5 19.5	5 20.4	5 04.9	**1.8**	0.6	**7.8**	2.8	**13.8**	4.9
19	5 19.8	5 20.6	5 05.2	**1.9**	0.7	**7.9**	2.8	**13.9**	5.0
20	5 20.0	5 20.9	5 05.4	**2.0**	0.7	**8.0**	2.9	**14.0**	5.0
21	5 20.3	5 21.1	5 05.7	**2.1**	0.8	**8.1**	2.9	**14.1**	5.1
22	5 20.5	5 21.4	5 05.9	**2.2**	0.8	**8.2**	2.9	**14.2**	5.1
23	5 20.8	5 21.6	5 06.1	**2.3**	0.8	**8.3**	3.0	**14.3**	5.1
24	5 21.0	5 21.9	5 06.4	**2.4**	0.9	**8.4**	3.0	**14.4**	5.2
25	5 21.3	5 22.1	5 06.6	**2.5**	0.9	**8.5**	3.0	**14.5**	5.2
26	5 21.5	5 22.4	5 06.9	**2.6**	0.9	**8.6**	3.1	**14.6**	5.2
27	5 21.8	5 22.6	5 07.1	**2.7**	1.0	**8.7**	3.1	**14.7**	5.3
28	5 22.0	5 22.9	5 07.3	**2.8**	1.0	**8.8**	3.2	**14.8**	5.3
29	5 22.3	5 23.1	5 07.6	**2.9**	1.0	**8.9**	3.2	**14.9**	5.3
30	5 22.5	5 23.4	5 07.8	**3.0**	1.1	**9.0**	3.2	**15.0**	5.4
31	5 22.8	5 23.6	5 08.0	**3.1**	1.1	**9.1**	3.3	**15.1**	5.4
32	5 23.0	5 23.9	5 08.3	**3.2**	1.1	**9.2**	3.3	**15.2**	5.4
33	5 23.3	5 24.1	5 08.5	**3.3**	1.2	**9.3**	3.3	**15.3**	5.5
34	5 23.5	5 24.4	5 08.8	**3.4**	1.2	**9.4**	3.4	**15.4**	5.5
35	5 23.8	5 24.6	5 09.0	**3.5**	1.3	**9.5**	3.4	**15.5**	5.6
36	5 24.0	5 24.9	5 09.2	**3.6**	1.3	**9.6**	3.4	**15.6**	5.6
37	5 24.3	5 25.1	5 09.5	**3.7**	1.3	**9.7**	3.5	**15.7**	5.6
38	5 24.5	5 25.4	5 09.7	**3.8**	1.4	**9.8**	3.5	**15.8**	5.7
39	5 24.8	5 25.6	5 10.0	**3.9**	1.4	**9.9**	3.5	**15.9**	5.7
40	5 25.0	5 25.9	5 10.2	**4.0**	1.4	**10.0**	3.6	**16.0**	5.7
41	5 25.3	5 26.1	5 10.4	**4.1**	1.5	**10.1**	3.6	**16.1**	5.8
42	5 25.5	5 26.4	5 10.7	**4.2**	1.5	**10.2**	3.7	**16.2**	5.8
43	5 25.8	5 26.6	5 10.9	**4.3**	1.5	**10.3**	3.7	**16.3**	5.8
→ **44**	5 26.0	5 26.9	5 11.1	**4.4**	1.6	**10.4**	3.7	**16.4**	5.9
45	5 26.3	5 27.1	5 11.4	**4.5**	1.6	**10.5**	3.8	**16.5**	5.9
46	5 26.5	5 27.4	5 11.6	**4.6**	1.6	**10.6**	3.8	**16.6**	5.9
47	5 26.8	5 27.6	5 11.9	**4.7**	1.7	**10.7**	3.8	**16.7**	6.0
48	5 27.0	5 27.9	5 12.1	**4.8**	1.7	**10.8**	3.9	**16.8**	6.0
49	5 27.3	5 28.1	5 12.3	**4.9**	1.8	**10.9**	3.9	**16.9**	6.1
50	5 27.5	5 28.4	5 12.6	**5.0**	1.8	**11.0**	3.9	**17.0**	6.1
51	5 27.8	5 28.6	5 12.8	**5.1**	1.8	**11.1**	4.0	**17.1**	6.1
52	5 28.0	5 28.9	5 13.1	**5.2**	1.9	**11.2**	4.0	**17.2**	6.2
53	5 28.3	5 29.1	5 13.3	**5.3**	1.9	**11.3**	4.0	**17.3**	6.2
54	5 28.5	5 29.4	5 13.5	**5.4**	1.9	**11.4**	4.1	**17.4**	6.2
55	5 28.8	5 29.7	5 13.8	**5.5**	2.0	**11.5**	4.1	**17.5**	6.3
56	5 29.0	5 29.9	5 14.0	**5.6**	2.0	**11.6**	4.2	**17.6**	6.3
57	5 29.3	5 30.2	5 14.3	**5.7**	2.0	**11.7**	4.2	**17.7**	6.3
58	5 29.5	5 30.4	5 14.5	**5.8**	2.1	**11.8**	4.2	**17.8**	6.4
59	5 29.8	5 30.7	5 14.7	**5.9**	2.1	**11.9**	4.3	**17.9**	6.4
60	5 30.0	5 30.9	5 15.0	**6.0**	2.1	**12.0**	4.3	**18.0**	6.4

21m CORREZIONI DELLE ALTEZZE DI STELLE E PIANETI

PRIMA CORREZIONE — Elevazione dell'occhio

m	'	m	'
0.34	18.9	13.41	13.5
0.43	18.8	13.72	13.4
0.49	18.7	14.33	13.3
0.58	18.6	14.63	13.2
0.67	18.5	14.94	13.1
0.76	18.4	15.54	13.0
0.85	18.3	15.85	12.9
0.98	18.2	16.46	12.8
1.10	18.1	16.76	12.7
1.22	18.0	17.37	12.6
1.34	17.9	17.68	12.5
1.49	17.8	18.29	12.4
1.62	17.7	18.90	12.3
1.77	17.6	19.20	12.2
1.92	17.5	19.81	12.1
2.10	17.4	20.42	12.0
2.26	17.3	20.73	11.9
2.44	17.2	21.34	11.8
2.62	17.1	21.95	11.7
2.80	17.0	22.56	11.6
2.99	16.9	22.86	11.5
3.20	16.8	23.47	11.4
3.41	16.7	24.08	11.3
3.63	16.6	24.69	11.2
3.84	16.5	25.30	11.1
4.05	16.4	25.91	11.0
4.30	16.3	26.52	10.9
4.54	16.2	26.82	10.8
4.79	16.1	27.43	10.7
5.03	16.0	28.04	10.6
5.30	15.9	28.65	10.5
5.58	15.8	29.26	10.4
5.82	15.7	29.87	10.3
→ 6.13	15.6	30.78	10.2
6.40	15.5	31.39	10.1
6.71	15.4	32.00	10.0
6.98	15.3	32.61	9.9
7.28	15.2	33.22	9.8
7.59	15.1	33.83	9.7
7.92	15.0	34.44	9.6
8.26	14.9	35.36	9.5
8.56	14.8	35.97	9.4
8.90	14.7	36.58	9.3
9.27	14.6	37.19	9.2
9.60	14.5	38.10	9.1
9.97	14.4	38.71	9.0
10.33	14.3	39.32	8.9
10.70	14.2	40.23	8.8
11.06	14.1	40.84	8.7
11.46	14.0	41.45	8.6
11.86	13.9	42.37	8.5
12.22	13.8	42.98	8.4
12.65	13.7	43.89	8.3
13.05	13.6	44.50	8.2
13.47		45.42	

SECONDA CORREZIONE — Altezza osservata

° '	'	° '	'
4 23	29.1	9 44	34.6
4 26	29.2	9 56	34.7
4 29	29.3	10 08	34.8
4 32	29.4	10 20	34.9
4 36	29.5	10 33	35.0
4 39	29.6	10 46	35.1
4 42	29.7	11 00	35.2
4 46	29.8	11 14	35.3
4 49	29.9	11 29	35.4
4 53	30.0	11 45	35.5
4 56	30.1	12 01	35.6
5 00	30.2	12 18	35.7
5 04	30.3	12 35	35.8
5 08	30.4	12 54	35.9
5 12	30.5	13 13	36.0
5 16	30.6	13 33	36.1
5 20	30.7	13 54	36.2
5 24	30.8	14 16	36.3
5 28	30.9	14 40	36.4
5 32	31.0	15 04	36.5
5 37	31.1	15 30	36.6
5 41	31.2	15 57	36.7
5 46	31.3	16 26	36.8
5 51	31.4	16 56	36.9
5 55	31.5	17 28	37.0
6 00	31.6	18 02	37.1
6 05	31.7	18 38	37.2
6 11	31.8	19 17	37.3
6 16	31.9	19 58	37.4
6 21	32.0	20 42	37.5
6 27	32.1	21 28	37.6
6 32	32.2	22 19	37.7
6 38	32.3	23 13	37.8
6 44	32.4	24 11	37.9
6 50	32.5	25 14	38.0
6 56	32.6	26 22	38.1
7 03	32.7	27 36	38.2
7 09	32.8	28 56	38.3
7 16	32.9	30 24	38.4
7 23	33.0	32 00	38.5
7 30	33.1	33 45	38.6
7 37	33.2	35 40	38.7
7 44	33.3	37 40	38.8
7 52	33.4	→ 40 08	38.9
8 00	33.5	42 44	39.0
8 08	33.6	45 36	39.1
8 16	33.7	48 47	39.2
8 25	33.8	52 18	39.3
8 34	33.9	56 11	39.4
8 43	34.0	60 28	39.5
8 52	34.1	65 08	39.6
9 02	34.2	70 11	39.7
9 12	34.3	75 34	39.8
9 23	34.4	81 13	39.9
9 33	34.5	87 03	40.0
9 44		90 00	

TERZA CORREZIONE

Mese	Pianeta	ALTEZZA OSSERVATA 0°	30°	55°	65°	75°
		'	'	'	'	'
1 GEN	Venere	0.1	0.1	0.1	0.0	0.0
	Marte	0.1	0.1	0.0	0.0	0.0
15 GEN	Venere	0.1	0.1	0.1	0.0	0.0
	Marte	0.1	0.1	0.0	0.0	0.0
1 FEB	Venere	0.1	0.1	0.1	0.1	0.0
	Marte	0.1	0.1	0.0	0.0	0.0
15 FEB	Venere	0.1	0.1	0.1	0.1	0.0
	Marte	0.1	0.1	0.0	0.0	0.0
1 MAR	Venere	0.2	0.1	0.1	0.1	0.0
	Marte	0.1	0.1	0.0	0.0	0.0
15 MAR	Venere	0.2	0.2	0.1	0.1	0.0
	Marte	0.1	0.1	0.0	0.0	0.0
1 APR	Venere	0.2	0.2	0.1	0.1	0.1
	Marte	0.1	0.1	0.0	0.0	0.0
15 APR	Venere	0.2	0.2	0.1	0.1	0.1
	Marte	0.1	0.1	0.0	0.0	0.0
1 MAG	Venere	0.3	0.3	0.2	0.1	0.1
	Marte	0.1	0.1	0.0	0.0	0.0
15 MAG	Venere	0.4	0.3	0.2	0.2	0.1
	Marte	0.1	0.1	0.0	0.0	0.0
1 GIU	Venere	0.5	0.4	0.3	0.2	0.1
	Marte	0.1	0.1	0.0	0.0	0.0
15 GIU	Venere	0.5	0.4	0.3	0.2	0.1
	Marte	0.1	0.1	0.0	0.0	0.0
1 LUG	Venere	0.4	0.4	0.2	0.2	0.1
	Marte	0.1	0.1	0.0	0.0	0.0
15 LUG	Venere	0.3	0.3	0.2	0.1	0.1
	Marte	0.1	0.1	0.0	0.0	0.0
1 AGO	Venere	0.3	0.2	0.2	0.1	0.1
	Marte	0.1	0.1	0.0	0.0	0.0
15 AGO	Venere	0.2	0.2	0.1	0.1	0.1
	Marte	0.1	0.1	0.0	0.0	0.0
1 SET	Venere	0.2	0.2	0.1	0.1	0.0
	Marte	0.1	0.1	0.0	0.0	0.0
15 SET	Venere	0.2	0.1	0.1	0.1	0.0
	Marte	0.1	0.1	0.0	0.0	0.0
1 OTT	Venere	0.1	0.1	0.1	0.1	0.0
	Marte	0.1	0.1	0.0	0.0	0.0
15 OTT	Venere	0.1	0.1	0.1	0.1	0.0
	Marte	0.1	0.1	0.0	0.0	0.0
1 NOV	Venere	0.1	0.1	0.1	0.1	0.0
	Marte	0.1	0.1	0.0	0.0	0.0
15 NOV	Venere	0.1	0.1	0.1	0.0	0.0
	Marte	0.1	0.1	0.1	0.0	0.0
1 DIC	Venere	0.1	0.1	0.1	0.0	0.0
	Marte	0.1	0.1	0.1	0.0	0.0
15 DIC	Venere	0.1	0.1	0.1	0.0	0.0
	Marte	0.1	0.1	0.1	0.0	0.0

NOTA

Se l'altezza osservata, o l'elevazione dell'occhio, corrisponde esattamente al valore della tavola, scegliere il valore superiore fra le due correzioni possibili.

Le correzioni sono tutte POSITIVE, ma dall'altezza calcolata bisogna togliere 1° per avere l'altezza vera.

LATITUDINE CON OSSERVAZIONE DI POLARE

PRIMA CORREZIONE DELL'ALTEZZA VERA

	t_s	correzione	t_s	correzione	t_s	correzione	t_s	correzione	t_s	correzione	t_s	correzione
	°	° ′	°	° ′	°	° ′	°	° ′	°	° ′	°	° ′
	0	0 22.1	60	0 16.4	120	0 52.7	180	1 34.1	240	1 39.7	300	1 04.0
	1	21.7	61	16.8	121	53.5	181	34.6	241	39.4	301	03.2
	2	21.2	62	17.1	122	54.3	182	35.0	242	39.0	302	02.4
	3	20.8	63	17.4	123	55.1	183	35.5	243	38.7	303	01.6
	4	20.3	64	17.8	124	55.9	184	35.9	244	38.4	304	00.8
	5	0 19.9	65	0 18.1	125	0 56.6	185	1 36.3	245	1 38.0	305	1 00.1
	6	19.5	66	18.5	126	57.4	186	36.7	246	37.6	→ 306	59.3
	7	19.1	67	18.9	127	58.2	187	37.1	247	37.3	307	58.5
	8	18.7	68	19.3	128	59.0	188	37.5	248	36.9	308	57.7
PP	9	18.3	69	19.7	129	59.8	189	37.9	249	36.5	309	56.9
1.0	10	0 17.9	70	0 20.2	130	1 00.6	190	1 38.2	250	1 36.0	310	0 56.1
	11	17.5	71	20.6	131	01.4	191	38.6	251	35.6	311	55.3
	12	17.2	72	21.1	132	02.2	192	38.9	252	35.2	312	54.5
° °	13	16.9	73	21.5	133	02.9	193	39.3	253	34.7	313	53.8
10 0.2	14	16.5	74	22.0	134	03.7	194	39.6	254	34.3	314	53.0
20 0.3	15	0 16.2	75	0 22.5	135	1 04.5	195	1 39.9	255	1 33.8	315	0 52.2
30 0.5	16	15.9	76	23.0	136	05.3	196	40.2	256	33.3	316	51.4
40 0.7	17	15.7	77	23.5	137	06.1	197	40.4	257	32.8	317	50.6
50 0.8	18	15.4	78	24.0	138	06.8	198	40.7	258	32.3	318	49.9
	19	15.1	79	24.5	139	07.6	199	40.9	259	31.8	319	49.1
	20	0 14.9	80	0 25.1	140	1 08.4	200	1 41.2	260	1 31.3	320	0 48.3
	21	14.7	81	25.6	141	09.1	201	41.4	261	30.7	321	47.5
0.8	22	14.4	82	26.2	142	09.9	202	41.6	262	30.2	322	46.8
	23	14.2	83	26.7	143	10.6	203	41.8	263	29.6	323	46.0
	24	14.1	84	27.3	144	11.4	204	42.0	264	29.1	324	45.2
° °	25	0 13.9	85	0 27.9	145	1 12.1	205	1 42.2	265	1 28.5	325	0 44.5
	26	13.7	86	28.5	146	12.9	206	42.3	266	27.9	326	43.7
10 0.1	27	13.6	87	29.1	147	13.6	207	42.5	267	27.3	327	43.0
20 0.3	28	13.4	88	29.7	148	14.4	208	42.6	268	26.7	328	42.3
30 0.4	29	13.3	89	30.3	149	15.1	209	42.7	269	26.1	329	41.5
40 0.5												
50 0.7	30	0 13.2	90	0 30.9	150	1 15.8	210	1 42.8	270	1 25.5	330	0 40.8

LATITUDINE CON OSSERVAZIONE DI POLARE

	t_s																		
Alt.	0°	20°	40°	60°	80°	100°	120°	140°	160°	180°	200°	220°	240°	260°	280°	300°	320°	340°	360°
	SECONDA CORREZIONE DELL'ALTEZZA VERA																		
°	′	′	′	′	′	′	′	′	′	′	′	′	′	′	′	′	′	′	′
10	0.9	1.0	1.0	1.0	0.9	0.8	0.7	0.7	0.8	0.9	1.0	1.0	1.0	0.9	0.8	0.7	0.7	0.8	0.9
20	0.9	1.0	1.0	1.0	0.9	0.8	0.8	0.8	0.8	0.9	1.0	1.0	1.0	0.9	0.8	0.8	0.8	0.8	0.9
30	0.9	1.0	1.0	1.0	0.9	0.9	0.8	0.8	0.9	0.9	1.0	1.0	1.0	0.9	0.9	0.8	0.8	0.9	0.9
→ 40	1.0	1.0	1.0	1.0	1.0	0.9	0.9	0.9	0.9	1.0	1.0	1.0	1.0	1.0	0.9	0.9	0.9	0.9	1.0
45	1.0	1.0	1.0	1.0	1.0	1.0	0.9	0.9	1.0	1.0	1.0	1.0	1.0	1.0	1.0	0.9	0.9	1.0	1.0
50	1.0	1.0	1.0	1.0	1.0	1.0	1.0	1.0	1.0	1.0	1.0	1.0	1.0	1.0	1.0	1.0	1.0	1.0	1.0
56	1.0	1.0	1.0	1.0	1.0	1.1	1.1	1.1	1.1	1.0	1.0	1.0	1.0	1.0	1.1	1.1	1.1	1.1	1.0
61	1.1	1.0	1.0	1.0	1.1	1.1	1.2	1.2	1.1	1.1	1.0	1.0	1.0	1.1	1.1	1.2	1.2	1.1	1.1
65	1.1	1.0	1.0	1.0	1.1	1.2	1.3	1.3	1.2	1.1	1.0	1.0	1.0	1.1	1.2	1.3	1.3	1.2	1.1
68	1.1	1.0	1.0	1.1	1.2	1.3	1.4	1.4	1.3	1.1	1.0	1.0	1.1	1.2	1.3	1.4	1.4	1.3	1.1
70	1.2	1.0	1.0	1.1	1.2	1.4	1.5	1.4	1.3	1.2	1.0	1.0	1.1	1.2	1.4	1.5	1.4	1.3	1.2
	TERZA CORREZIONE DELL'ALTEZZA VERA																		
Gennaio	1.2	1.2	1.2	1.2	1.2	1.1	1.0	0.9	0.9	0.8	0.8	0.8	0.8	0.8	0.9	1.0	1.1	1.1	1.2
Febbraio	1.1	1.2	1.2	1.3	1.3	1.3	1.2	1.1	1.0	0.9	0.8	0.8	0.7	0.7	0.7	0.8	0.9	1.0	1.1
Marzo	0.9	1.1	1.2	1.3	1.3	1.3	1.3	1.2	1.2	1.1	0.9	0.8	0.7	0.7	0.7	0.7	0.9	0.8	0.9
Aprile	0.8	0.9	1.0	1.1	1.3	1.3	1.4	1.4	1.3	1.2	1.1	1.0	0.9	0.7	0.7	0.6	0.6	0.7	0.8
Maggio	0.7	0.8	0.9	1.0	1.1	1.2	1.3	1.4	1.4	1.3	1.2	1.1	1.0	0.9	0.8	0.7	0.6	0.6	0.7
Giugno	0.7	0.7	0.7	0.8	1.0	1.1	1.2	1.3	1.3	1.3	1.3	1.3	1.2	1.0	0.9	0.8	0.7	0.7	0.7
Luglio	0.7	0.7	0.7	0.7	0.8	0.9	1.0	1.1	1.2	1.3	1.3	1.3	1.3	1.2	1.1	1.0	0.9	0.8	0.7
Agosto	0.8	0.8	0.7	0.7	0.7	0.8	0.9	1.0	1.1	1.2	1.2	1.3	1.3	1.3	1.2	1.1	1.0	0.9	0.8
→ Settembre	1.0	0.9	0.8	0.7	0.7	0.7	0.7	0.8	0.9	1.0	1.1	1.2	1.3	1.3	1.3	1.3	1.2	1.1	1.0
Ottobre	1.2	1.1	1.0	0.9	0.8	0.7	0.6	0.6	0.7	0.8	0.9	1.0	1.1	1.2	1.3	1.4	1.4	1.3	1.2
Novembre	1.4	1.3	1.2	1.0	0.9	0.7	0.6	0.6	0.6	0.6	0.7	0.8	1.0	1.1	1.3	1.4	1.4	1.4	1.4
Dicembre	1.5	1.4	1.3	1.2	1.0	0.9	0.7	0.6	0.5	0.5	0.6	0.7	0.8	1.0	1.1	1.3	1.4	1.5	1.5

CORREZIONI DELLE ALTEZZE DI SOLE

PRIMA CORREZIONE

Elevazione dell'occhio

m	'	m	'
0.34	18.9	13.41	13.5
0.43	18.8	13.72	13.4
0.49	18.7	14.33	13.3
0.58	18.6	14.63	13.2
0.67	18.5	14.94	13.1
0.76	18.4	15.54	13.0
0.85	18.3	15.85	12.9
0.98	18.2	16.46	12.8
1.10	18.1	16.76	12.7
1.22	18.0	17.37	12.6
1.34	17.9	17.68	12.5
1.49	17.8	18.29	12.4
1.62	17.7	18.90	12.3
1.77	17.6	19.20	12.2
1.92	17.5	19.81	12.1
2.10	17.4	20.42	12.0
2.26	17.3	20.73	11.9
2.44	17.2	21.34	11.8
2.62	17.1	21.95	11.7
2.80	17.0	22.56	11.6
2.99	16.9	22.86	11.5
3.20	16.8	23.47	11.4
3.41	16.7	24.08	11.3
3.63	16.6	24.69	11.2
3.84	16.5	25.30	11.1
4.05	16.4	25.91	11.0
4.30	16.3	26.52	10.9
4.54	16.2	26.82	10.8
4.79	16.1	27.43	10.7
5.03	16.0	28.04	10.6
5.30	15.9	28.65	10.5
5.58	15.8	29.26	10.4
5.82	15.7	29.87	10.3
6.13	15.6	30.78	10.2
6.40	15.5	31.39	10.1
6.71	15.4	32.00	10.0
6.98	15.3	32.61	9.9
7.28	15.2	33.22	9.8
7.59	15.1	33.83	9.7
7.92	15.0	34.44	9.6
8.26	14.9	35.36	9.5
8.56	14.8	35.97	9.4
8.90	14.7	36.58	9.3
9.27	14.6	37.19	9.2
9.60	14.5	38.10	9.1
9.97	14.4	38.71	9.0
10.33	14.3	39.32	8.9
10.70	14.2	40.23	8.8
11.06	14.1	40.84	8.7
11.46	14.0	41.45	8.6
11.86	13.9	42.37	8.5
12.22	13.8	42.98	8.4
12.65	13.7	43.89	8.3
13.05	13.6	44.50	8.2
13.47		45.42	

SECONDA CORREZIONE

Altezza osservata

° '	'	° '	'
4 23	5.2	9 44	10.7
4 26	5.3	9 56	10.8
4 29	5.4	10 08	10.9
4 32	5.5	10 20	11.0
4 36	5.6	10 33	11.1
4 39	5.7	10 46	11.2
4 42	5.8	11 00	11.3
4 46	5.9	11 14	11.4
4 49	6.0	11 29	11.5
4 53	6.1	11 45	11.6
4 56	6.2	12 01	11.7
5 00	6.3	12 18	11.8
5 04	6.4	12 35	11.9
5 08	6.5	12 54	12.0
5 12	6.6	13 13	12.1
3 16	6.7	13 33	12.2
5 20	6.8	13 54	12.3
5 24	6.9	14 16	12.4
5 28	7.0	14 40	12.5
5 32	7.1	15 04	12.6
5 37	7.2	15 30	12.7
5 41	7.3	15 57	12.8
5 46	7.4	16 26	12.9
5 51	7.5	16 56	13.0
5 55	7.6	17 28	13.1
6 00	7.7	18 02	13.2
6 05	7.8	18 38	13.3
6 11	7.9	19 17	13.4
6 16	8.0	19 58	13.5
6 21	8.1	20 42	13.6
6 27	8.2	21 28	13.7
6 32	8.3	22 19	13.8
6 38	8.4	23 13	13.9
6 44	8.5	24 11	14.0
6 50	8.6	25 14	14.1
6 56	8.7	26 22	14.2
7 03	8.8	27 36	14.3
7 09	8.9	28 56	14.4
7 16	9.0	30 24	14.5
7 23	9.1	32 00	14.6
7 30	9.2	33 45	14.7
7 37	9.3	35 40	14.8
7 44	9.4	37 48	14.9
7 52	9.5	40 08	15.0
8 00	9.6	42 44	15.1
8 08	9.7	45 36	15.2
8 16	9.8	48 47	15.2
8 25	9.9	52 18	15.3
8 34	10.0	56 11	15.4
8 43	10.1	60 28	15.5
8 52	10.2	65 08	15.6
9 02	10.3	70 11	15.7
9 12	10.4	75 34	15.8
9 23	10.5	81 13	15.9
9 33	10.6	87 03	16.0
9 44		90 00	

TERZA CORREZIONE

Mese	Lembo Inferiore	Lembo Superiore
GENNAIO	40.3	7.7
FEBBRAIO	40.2	7.8
MARZO	40.1	7.9
APRILE	40.0	8.0
MAGGIO	39.8	8.2
GIUGNO	39.8	8.2
LUGLIO	39.8	8.2
AGOSTO	39.8	8.2
SETTEMBRE	39.9	8.1
OTTOBRE	40.1	7.9
NOVEMBRE	40.2	7.8
DICEMBRE	40.3	7.7

NOTA

Se l'altezza osservata, o l'elevazione dell'occhio, corrisponde esattamente al valore della tavola, scegliere il valore superiore fra le due correzioni possibili.

Le correzioni sono tutte positive, ma dall'altezza calcolata bisogna togliere 1' per avere l'altezza vera.

CAPITOLO 4 METEOROLOGIA

— Generalità

L'importanza della conoscenza e dell'interpretazione dei principali fenomeni meteorologici è nota a tutti i naviganti, sia quelli che navigano a motore che e, soprattutto, a vela. La meteorologia è quella scienza che studia i fenomeni fisici che interessano l'atmosfera.

L'atmosfera è quel miscuglio di vari gas, di vapore acqueo e di pulviscolo atmosferico, che circonda la nostra terra. Di questa, la parte che maggiormente interessa la meteorologia è quella bassa, la Troposfera.

La Troposfera ha uno spessore di circa 18 chilometri all'Equatore e si riduce a 7 chilometri al di sopra dei poli; contiene la maggior parte del vapor acqueo, del pulviscolo atmosferico ed è sede dei moti convettivi dell'aria.

— La meteorologia sinottica

La meteorologia sinottica è quella parte della meteorologia che studia la rappresentazione e l'analisi dei dati meteorologici osservati e misurati simultaneamente (su varia scala: regionale, nazionale, continentale, etc.). Questa costituisce la base della previsione del tempo.

Per questo scopo si è realizzata una fitta rete di stazioni meteorologiche, che si estendono dalle scale più piccole a quelle più grandi.

La pressione atmosferica e le isobare

Il *peso della massa d'aria* (vale a dire il peso dell'atmosfera) che insiste su una data superficie è detto *pressione atmosferica*. La determinazione del valore della pressione atmosferica è dovuta al fisico italiano Evangelista Torricelli, il quale determinò praticamente che il peso esercitato dalla colonna d'aria che sovrasta una bacinella piena di mercurio è equilibrato dal peso di una colonna di mercurio alta 76 centimetri e avente come base la superficie di 1 centimetro quadrato.

Il peso di questa colonna di mercurio corrisponde a 1,033 chilogram-

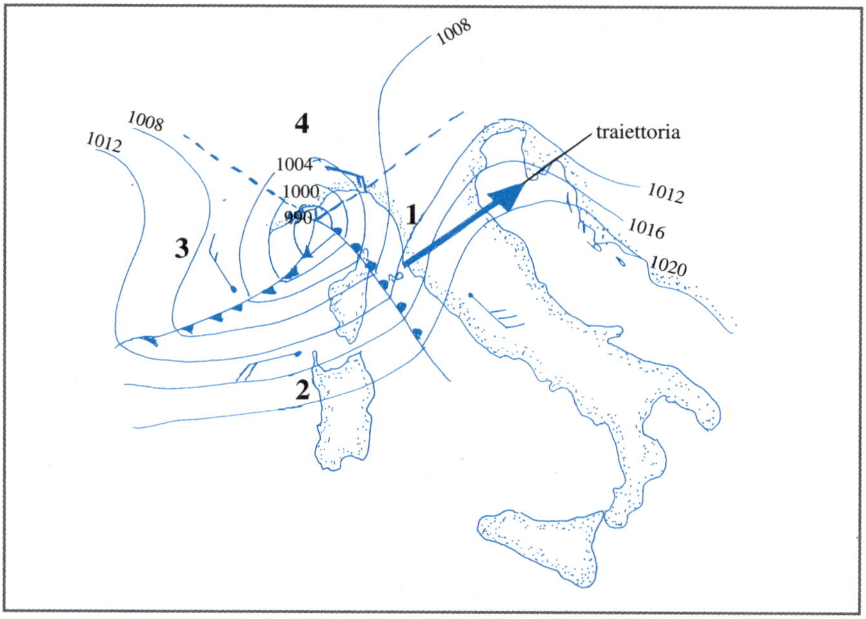

CARTA SINOTTICA.
1. *comparsa di nubi alte e stratificate; pressione in diminuzione; temperatura in lento aumento; venti meridionali in rinforzo.*
2. *nubi stratificate; pressione stazionaria; temperatura in aumento; rotazione dei venti a destra con diminuzione dell'intensità.*
3. *nuvolosità cumuliforme; pressione in aumento; venti in diminuzione dopo un forte aumento e rotazione a destra.*
4. *nubi stratificate; pressione prima in diminuzione e poi in aumento; venti in rinforzo dal II quadrante con successiva rotazione a NE e successivamente a NW con attenuazione dell'intensità.*

mi e rappresenta la pressione di una atmosfera (chilogrammo/centimetro quadrato), che è l'unità di pressione espressa nel sistema pratico.

Nel sistema C.G.S. (centimetro, grammo, secondo) l'unità di pressione viene misurata in millibar; tra atmosfera, millimetri di mercurio e millibar esiste la seguente uguaglianza:

1 atmosfera = 760 mm di mercurio = 1,033 kg/cmq = 1013 millibar

Il valore della pressione atmosferica non è costante, ma varia, principalmente, con il variare dell'altitudine e della temperatura. Unendo tutti i punti della superficie terrestre che in un dato istante hanno lo stesso valore della pressione, si ottengono le *isobare*.

Lo strumento che misura la pressione atmosferica è il *barometro*, mentre il *barografo* è lo strumento che registra la pressione e, quindi, il suo variare giornaliero o settimanale.

Le *isobare* assumono delle configurazioni ben precise, delle quali le principali sono:

– la *depressione* o *bassa pressione*, che rappresenta una zona in cui le isobare hanno una forma chiusa attorno a un centro con pressione relativa inferiore a quella delle isobare circostanti. Potendo raffigurare tridimensionalmente tale figura barica, potremo assomigliarla a un grosso imbuto nel quale il foro centrale rappresenta il punto di minima pressione;

– l'*alta pressione* è rappresentata da una zona centrale con un valore relativamente alto rispetto a quello delle isobare che la circondano. Anche in questo caso, volendo raffigurare una zona di alta pressione, è come una collina nella quale la sommità rappresenta il centro con valore della pressione più alto;

– il *promontorio* è una estensione di una zona di alta pressione tra due zone attigue di bassa pressione;

– la *saccatura* è, al contrario, una estensione di una zona di bassa pressione tra due zone attigue di alta pressione;

– la *pressione livellata* è una zona nella quale le isobare hanno un valore uniforme.

Le isobare tracciate sulle carte sinottiche indicano la variazione che la pressione subisce lungo una linea perpendicolare alle isobare; più le isobare sono vicine più rapidamente varia la pressione, viceversa, più sono distanti, più lentamente varia la pressione.

Viene detto *gradiente* barico orizzontale (G) il rapporto tra la differenza di pressione esistente tra due isobare (*dp*) e la loro distanza (*d*).

$$G = -dp/d$$

Lo spostamento delle masse d'aria avviene sempre dall'alta verso la bassa pressione, in funzione del gradiente barico orizzontale, pertanto:

– *isobare ravvicinate* indicano *venti* di *forte intensità*;

– *isobare distanziate* denotano la presenza di *venti leggeri*.

Nel nostro emisfero il vento ruota:

– in senso orario nelle zone di alta pressione;

– in senso antiorario nelle zone di bassa pressione.

— La temperatura dell'aria

Il sole è la principale fonte di calore che influenza la superficie terrestre e, con questa, la massa d'aria che la circonda. Il riscaldamento dovuto all'azione del sole è detto insolazione; questa non è costante su tutta la superficie terrestre, ma subisce delle variazioni notevoli dovute a diversi fattori, tra i quali i principali sono:

– inclinazione dell'asse terrestre;

– la forma geometrica della terra;

– orbita del moto di rivoluzione attorno al sole.

Per questi motivi avviene il susseguirsi delle stagioni e la variazione di temperatura con il variare della latitudine (decrescente dall'equatore verso i poli).

Anche la diversa natura della superficie terrestre (mari, terre emerse, montagne, boschi, etc.) contribuisce alla diversa distribuzione della temperatura sul nostro globo.

La terra e l'aria che la circonda possono riscaldarsi per:

– *irraggiamento* (propagazione del calore a distanza, senza contatto diretto tra la fonte di calore e la superficie riscaldata);

– *conduzione* (passaggio di calore per contatto da un corpo più caldo verso uno a temperatura inferiore);

– *convezione* (propagazione di calore attraverso un fluido per movimento del fluido stesso).

L'aria, riscaldandosi, si espande e diminuisce la propria densità e per contro la sua pressione raffreddandosi aumenta la propria densità.

Le *linee* che in una carta sinottica *uniscono i punti con la medesima temperatura* sono dette *isoterme*.

La temperatura viene misurata con i *termometri*.

Le masse d'aria

Con il termine "massa d'aria" intendiamo quell'aria che sovrasta una zona estesa della superficie terrestre. In questa massa d'aria i valori di temperatura e umidità relativa sono pressoché costanti.

Sul nostro globo abbiamo quindi masse d'aria caratterizzate per la loro temperatura:

– masse d'aria fredda, distinte a loro volta in masse d'aria polare (che sovrasta le calotte polari) e d'aria artica (che sovrasta le zone dei due emisferi compresi tra i paralleli 30° e 60°);

– masse d'aria calda, distinte a loro volta in masse d'aria tropicale (che sovrasta la zona dei due emisferi compresa tra i paralleli 15° e 30°) ed equatoriale (che sovrasta la zona della superficie terrestre compresa tra il parallelo 15° Sud e il parallelo 15° Nord).

Le masse d'aria citate possono essere di tipo:

– *marittimo* (la massa che sovrasta o transita sugli oceani); relativamente umida;

– *continentale* (la massa che sovrasta o transita sui continenti); relativamente secca.

La massa d'aria fredda e quella calda si distinguono sia per il tipo di nuvolosità e di precipitazioni che le accompagna, sia per i parametri di temperatura, umidità e pressione, oltre, naturalmente, per il tipo di vento e la qualità della visibilità.

Precisando, diremo che una *massa d'aria calda* è caratterizzata, prevalentemente, da:

– *nuvolosità stratiforme*;

– *piogge regolari*, più frequenti nelle ore notturne;

– *temperatura* e *umidità elevate*;

– *vento regolare e costante*;

– *pressione bassa* e *visibilità scarsa.*

Per contro una *massa d'aria fredda* è caratterizzata da:

– *nuvolosità cumuliforme*;

– *precipitazioni irregolari*, caratterizzate da *scrosci improvvisi* e *qualche temporale*, più frequenti nelle ore mattutine;

– *temperatura* e *umidità basse*;

– *vento irregolare* e *turbolento*, *durante i temporali* possono verificarsi *improvvise raffiche*;

– *pressione alta* e *visibilità buona.*

Queste masse d'aria sono in continuo movimento e si spostano, influenzate dall'orografia terrestre, andando dalle zone di alta pressione verso quelle di bassa pressione e, a causa dell'effetto della rotazione terrestre, vengono deviate a destra nell'emisfero Nord e a sinistra nell'emisfero Sud.

Pertanto, nel nostro emisfero nelle zone di alta pressione il vento ruota in senso orario, mentre nelle zone di bassa pressione ruota in senso antiorario. Il contrario avviene, nell'emisfero Sud.

La regola di *Buys-Ballot* permette di stabilire, in base alla direzione del vento, la posizione della zona di alta pressione e quella della bassa pressione. Tale regola indica che, stando con il vento di fronte, avre-

REGOLA DI BUYS-BALLOT. Stando con il vento in poppa la posizione dell'alta pressione è sulla nostra dritta, un po' verso poppa, mentre la bassa pressione starà sulla sinistra, un po' verso prua.

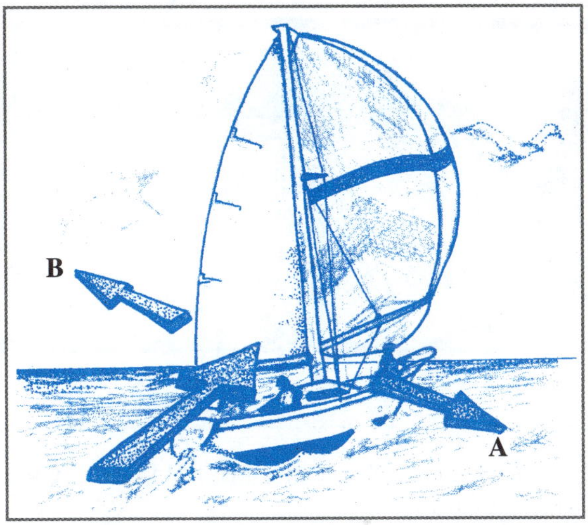

mo l'alta pressione sulla nostra sinistra, un po' avanti, mentre avremo la bassa pressione alla nostra destra, un po' indietro.

Queste masse d'aria durante il loro spostamento si incontrano con masse d'aria aventi caratteristiche differenti, generando quelli che comunemente sono detti fronti.

— L'umidità dell'aria – Le nubi

La percentuale di vapore acqueo presente nell'aria non è costante ma varia con il variare della temperatura; precisamente, aumenta con l'aumentare della temperatura.

L'acqua è presente in grande quantità sulla terra ed è relativamente facile osservarla contemporaneamente nei suoi tre stati fisici di liquido, di vapore e di solido. Un'altra caratteristica rende l'acqua particolarmente interessante per la meteorologia ed è legata alla quantità di calorie necessarie per farla cambiare di stato.

Ad esempio, per sciogliere 1 grammo di ghiaccio occorrono 80 calorie, mentre per fare evaporare la stessa quantità ne occorrono ben 600.

Dal momento che in natura questi cambiamenti di stato avvengono a spese dell'energia contenuta nell'atmosfera, appare evidente l'importanza che riveste il vapor acqueo contenuto in essa; durante la condensazione avviene uno sviluppo di calore, mentre durante l'evaporazione avviene un assorbimento di calore.

Viene detto *umidità assoluta* il peso di vapor acqueo presente in un certo volume d'aria. Questa ha un valore massimo all'Equatore (circa 20 g/mc) e un valore minimo ai poli (circa 3 g/mc).

È detto invece *umidità relativa*, a una certa temperatura, il rapporto tra il peso di vapor acqueo presente in un certo volume d'aria e il peso di vapor acqueo che lo saturerebbe.

L'*umidità relativa* viene misurata dagli *igrometri* o dagli *psicrometri*, mentre la sua variazione giornaliera o settimanale viene registrata dagli *igrografi*.

La condensazione, la solidificazione o la sublimazione (passaggio diretto dallo stato solido a quello gassoso) del vapore acqueo contenuto nell'aria provocano ammassi di minutissime particelle d'acqua in sospensione, dette nubi.

Queste sono classificate, a seconda della quota alla quale si generano, in:

– *nubi basse*, dal suolo fino a circa 2.500 metri – Strati, stratocumuli e cumuli;

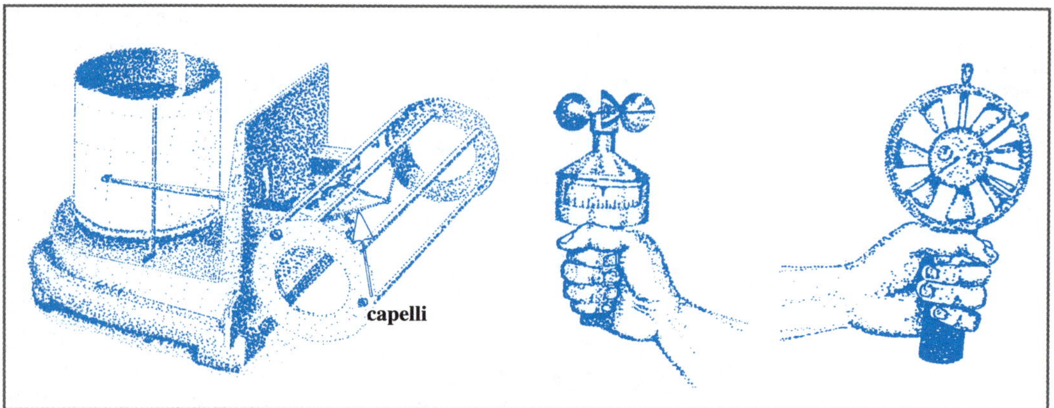

STRUMENTI PER MISURARE L'INTENSITÀ DEL VENTO.
***1.** igrometro;*
***2.** anemometro portatile a coppe;*
***3.** anemometro portatile a palette.*

– *nubi medie*, tra i 2.500 metri e i 6.000 metri – Cumuli, altocumuli, nembostrati, e altostrati;

– *nubi alte*, tra i 6.000 metri e il limite dell'atmosfera – Altostrati, cumulonembi, cirri, cirrostrati e cirrocumuli.

— I fronti

La linea al suolo che costituisce la separazione fisica tra due masse d'aria aventi caratteristiche differenti è detta *fronte*.

Distinguiamo tre tipi di fronti:

– il *fronte freddo* caratterizzato da una massa d'aria fredda che avanza fino a incontrarne una calda, la quale viene bruscamente sollevata;

– il *fronte caldo*, caratterizzato da una massa d'aria calda che incontrando una massa d'aria più fredda, si solleva salendo e raffreddandosi lentamente;

– il *fronte occluso* si genera quando il fronte caldo viene raggiunto e superato dal fronte freddo.

Sulle carte sinottiche i fronti freddo, caldo e occluso sono rappresentati come indicato nelle tavole a pagina 92 e 93.

È possibile elencare alcune caratteristiche dell'aria che precede, che sta al centro e che segue un fronte, stabilendo in tal modo una semplice e spesso attendibile previsione locale a breve distanza e a medio termine.

Il fronte caldo presenta:

– **nella zona che lo precede**: la pressione è in diminuzione, il vento rinforza e soffia, generalmente dai settori meridionali, parallelamente al fronte, la temperatura aumenta lentamente, la visibilità è limitata, la nuvolosità è cirriforme e più tardi stratiforme;

– **nella zona centrale**: la pressione resta stazionaria, il vento e la temperatura restano costanti, la visibilità rimane limitata, la nuvolosità è del tipo stratificato e cumuliforme, le precipitazioni sono di lunga durata e di poca intensità.

– **nella zona che lo segue**: la pressione resta stazionaria, il vento diminuisce di intensità tendendo a ruotare a destra, la temperatura aumenta decisamente, la visibilità resta limitata, la nuvolosità irregolare è del tipo stratificato, cirriforme o cumuliforme, le precipitazioni diminuiscono.

Il fronte freddo presenta:

– **nella zona che lo precede**: la pressione diminuisce, il vento è molto forte e generalmente del quarto quadrante, la temperatura è in relazione alla massa d'aria calda, la visibilità è scarsa o mediocre, la nuvolosità del tipo cumuliforme, le precipitazioni a carattere di rovesci e acquazzoni;

– **nella zona centrale**: la pressione resta costante, il vento resta di forte intensità, la temperatura diminuisce, la visibilità resta scarsa, le nubi assumono anche aspetto stratificato, le precipitazioni possono essere anche temporalesche;

– **nella zona che lo segue**: la pressione aumenta sensibilmente, il vento tende a ruotare a destra e a diminuire di intensità, la temperatura diminuisce sensibilmente, la visibilità diviene buona, la nuvolosità è del tipo cumuliforme, le piogge scarse e di breve intensità.

— Il vento e le brezze

Come visto il vento è lo spostamento orizzontale o verticale di grosse masse d'aria che si spostano dalle zone di alta pressione verso quelle di bassa pressione.

Gli elementi che caratterizzano un vento sono:

– direzione dalla quale proviene, espressa in gradi a partire dalla direzione cardinale Nord o secondo le direzioni cardinali e intercardinali;

– intensità o forza, misurata in m/sec o in km/h o in *nodi* (un nodo è uguale a 1,852 km/h).

Lo strumento che indica la direzione dalla quale proviene un vento è detto *anemoscopio*, mentre lo strumento che ne misura l'intensità è detto *anemometro*.

Il vento, secondo la sua regolarità in direzione e intensità, può essere:

– *teso*, quando direzione e intensità risultano pressoché costanti;

– *a raffiche*, quando vi sono variazioni della intensità, rispetto a quella media, superiori ai 10 nodi;

– *turbinoso*, quando sia la direzione che l'intensità subiscono continue variazioni;

– *di groppo*, quando il vento è caratterizzato da notevole velocità che cambia repentinamente e marcatamente intensità e direzione. È tipico del passaggio di un temporale.

I venti possono essere classificati in:

– *costanti*. Sono gli Alisei, caratteristici perché spirano sempre dalla stessa direzione, non subiscono variazioni durante l'anno e sono praticamente permanenti. Gli Alisei spirano tra i paralleli 30° Nord e 30° Sud. Quelli a Nord dell'Equatore hanno direzione NE, quelli a Sud dell'Equatore hanno direzione SE; questi ultimi sono più stabili e di intensità superiore;

– *periodici*. Sono i venti che spirano in una certa direzione in un certo momento, sono i Monsoni e le brezze. I Monsoni sono venti stagionali caratteristici delle zone subtropicali del continente Asiatico, dell'oceano Indiano e dell'India. Questi venti soffiano in estate con direzione Sud-Est, mentre in inverno da Nord-Est.

FRONTE FREDDO

- La pressione diminuisce prima del fronte. Dopo il fronte aumenta bruscamente.
- Prima del fronte il vento è forte o molto forte, al passaggio del fronte si osserva una rotazione a destra e una conseguente diminuzione di intensità.
- La temperatura davanti al fronte è in relazione alla massa d'aria calda, dopo il passaggio del fronte diminuisce sensibilmente.
- La visibilità è scarsa davanti al fronte, diviene buona dopo il suo passaggio.
- Le nubi sul fronte sono del tipo cumuliformi; davanti al fronte sono di tipo stratificato, specie se la velocità di questo non è eccessiva.

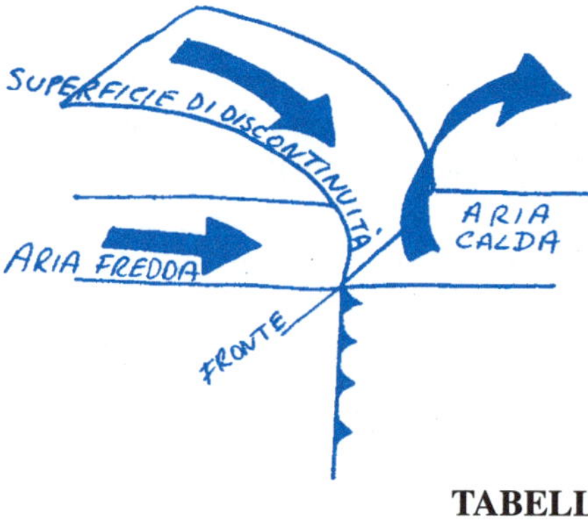

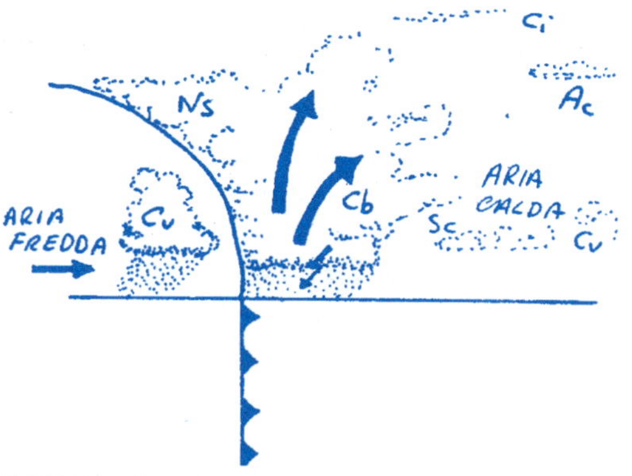

TABELLE DI PREVISIONE

TEMPO STABILE BUONO	
Pressione:	alta
Temperatura e umidità:	normali
Cielo:	azzurro chiaro, grigio chiaro all'alba, notte limpida
Nubi:	assenti o di piccola quantità, isolate
Vento:	in quota settentrionali, al suolo locali

TEMPO STABILE CATTIVO	
Pressione:	bassa o in diminuzione
Temperatura:	in estate diminuisce, in inverno aumenta
Umidità:	alta
Cielo:	azzurro intenso, rosso al sorgere del sole, tramonto dietro nubi
Nubi:	scure, cinture di nubi attorno alle cime dei monti
Vento:	forte, non si verificano le brezze lungo le coste, i venti periodici locali presentano carattere di irregolarità

TEMPO VARIABILE TENDENTE AL CATTIVO	
Pressione:	in diminuzione
Temperatura:	in estate diminuisce, in inverno aumenta, in presenza di temporali diminuisce rapidamente
Umidità:	in aumento
Cielo:	azzurro intenso, rosso al sorgere del sole, tramonto dietro nubi, compaiono i cirri, quindi i cirrostrati e gli altostrati
Nubi:	in aumento per tutto il giro dell'orizzonte, compaiono anche le nubi basse, attorno alle cime dei monti si formano delle cinture e dei cappucci

TEMPO VARIABILE TENDENTE AL BUONO	
Pressione:	in aumento
Temperatura:	in estate aumenta, in inverno diminuisce
Umidità:	in diminuzione
Cielo:	al mattino coperto, al tramonto sereno
Nubi:	poco compatte, zone con schiarite, orizzonte libero nella direzione di provenienza delle nubi
Vento:	i venti locali riprendono a soffiare con regolarità, in quota si orientano nel settore settentrionale da NW a E

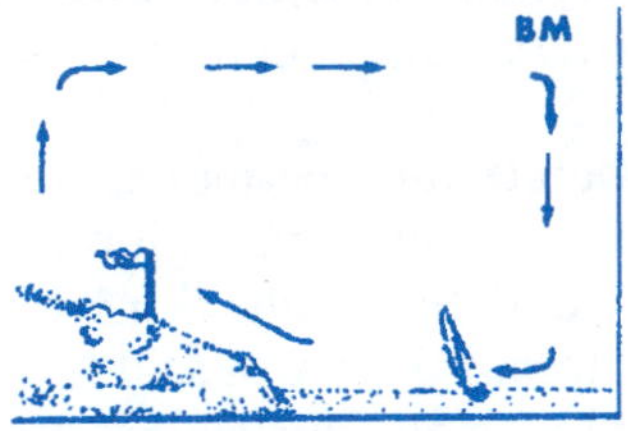

BREZZA DI MARE: il mare si scalda più lentamente della terraferma. Durante il giorno l'aria riscaldata al livello del terreno si dilata e si solleva. Negli strati bassi si ha così un movimento che assume la direzione d'aria dal mare verso terra.

BREZZA DI TERRA: il mare si raffredda più lentamente della terraferma. Durante la notte l'aria, al livello del mare, si riscalda, si dilata e si solleva. Negli strati bassi si ha quindi un movimento di aria che va dalla terra verso il mare.

Nubi alte da 6 Km fino a 13 Km	cirri cirrocumuli cirrostrati	Ci Cc Cs	
Nubi medie da 2 Km fino a 6 Km	altocumuli altostrati nembostrati	Ac As Ns	
Nubi basse dalla superficie terrestre fino a 2 Km	stratocumuli strati cumoli cumulonembi	Sc St Cu Cb	

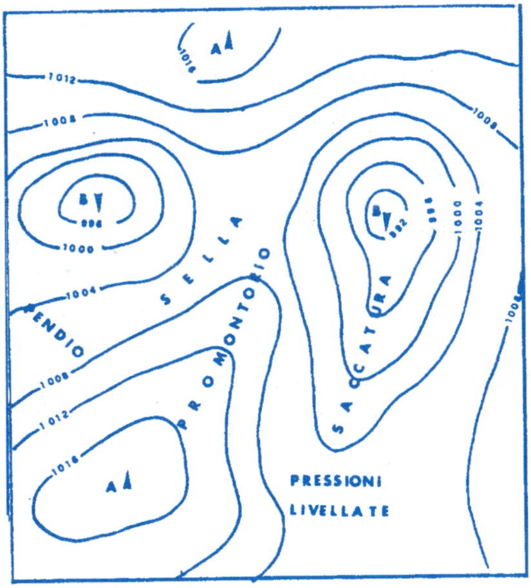

FRONTE CALDO

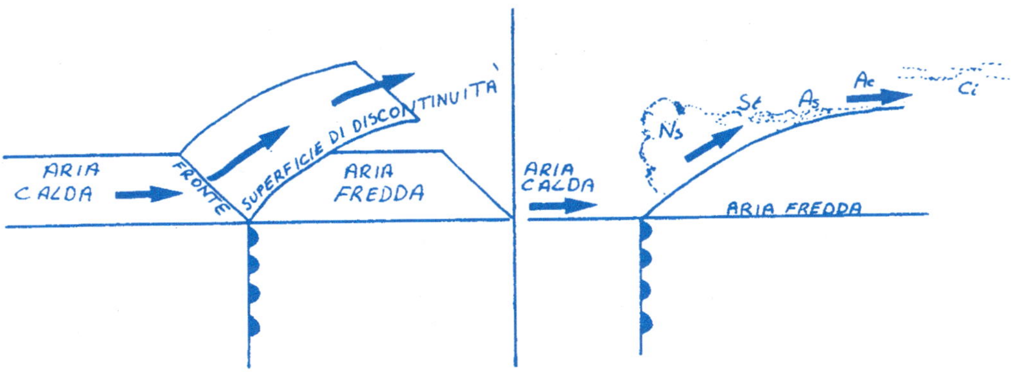

- La pressione diminuisce prima del fronte e si mantiene poi stazionaria.
- Il vento rinforza e tende a soffiare parallelamente al fronte, dopo il passaggio diminuisce d'intensità e tende a ruotare a destra.
- La temperatura prima del fronte aumenta lentamente, dopo il fronte l'aumento è più marcato.
- La visibilità è mediocre prima e dopo il fronte.
- Le nubi, a carattere stratiforme, con aria instabile cumuliforme.
- Precipitazioni, pioggie, neve e nebbie con aria instabile, anche temporali.

Sono generati dalla notevole differenza di temperatura che si crea in estate e in inverno tra le vaste distese continentali e la grande massa dell'oceano.

Le *brezze* possono essere considerate venti periodici, con la differenza che la loro periodicità anziché essere stagionale è giornaliera. Si verificano lungo le coste e sono provocati dal fatto che il mare e la terraferma si scaldano in modo differente. Infatti il mare si scalda assai più lentamente della terraferma e, altrettanto lentamente, cede il proprio calore.

Per effetto di ciò durante il giorno si forma, sulla terra in prossimità del mare, una zona di bassa pressione, l'aria si dilata e si solleva richiamando dal mare aria più fresca; è la brezza di mare. La notte avviene esattamente il contrario: il mare è relativamente più caldo della terra e pertanto la zona di bassa pressione si forma sul mare, richiamando dalla terra aria più fredda, più densa e più pesante; è la brezza di terra.

— I bollettini meteorologici

Tutte le informazioni meteorologiche utili alla navigazione marittima vengono chiamate generalmente *Bollettini* meteorologici e sono trasmesse in Radiotelegrafia (RT), in Radiotelefonia (RTF) o in Facsimile periodicamente dalle stazioni radio.

I *Bollettini* in RT e in RTF vengono trasmessi dalle radio costiere ogni 6 ore a partire dalle ore 00,00 di Greenwich e sono i *Bollettini Meteomar* o, più semplicemente, *Meteomar*.

Il *Meteomar* comprende:

– *gli avvisi* (avvisi di temporali, di burrasche in corso o previste, etc.);

– *la situazione* (situazione barometrica e suo evolversi, situazione dei fronti e loro spostamento, etc.);

– *la previsione* (validità, venti, mari, visibilità, copertura del cielo, etc.);

– *la tendenza* (variazioni che probabilmente si verificheranno successivamente alla previsione).

Le stazioni costiere trasmettono anche i segnali urgenti contenenti avvisi di burrasca o di tempesta direttamente sulle frequenze internazionali di soccorso (2.182 KHz e sul canale 16, vale a dire sulla 156.80 Mhz).

Un servizio di informazione meteorologica viene pure svolto dal ministero dei *Trasporti e Navigazione*, attraverso la *Telecom Italia*, sul canale 68 del Vhf con un *Bollettino* trasmesso costantemente, 24 su 24, e aggiornato ogni 6 ore.

Disponendo di un apparecchio ricevitore di carte meteorologiche in facsimile, è possibile ricevere le carte sinottiche, sulla scorta delle quali si può ricavare una propria previsione.

— La scala Beaufort e la scala Douglas

La scala *Beaufort* prende il nome dall'ammiraglio inglese Francis Beaufort, nato nel 1774 e morto nel 1857, ideatore della scala della for-

za del vento. Questa scala, con cifre da 0 a 12, adottata dal *Comitato Meteorologico Internazionale* nel 1874, è tuttora in uso.

Nella scala *Douglas* è classificato lo stato del mare con cifre che vanno dallo 0 al 9, che corrispondono, rispettivamente, a mare calmo e tempestoso.

Leggendo le indicazioni contenute nelle due tabelle e osservando direttamente lo stato del mare e gli oggetti a terra, è possibile valutare empiricamente la forza del vento e lo stato del mare.

SCALA BEAUFORT

forza del vento in superficie

Cifra	*Termine*	*Velocità del vento equivalente*		*Specifiche per le osservazioni a bordo delle navi (al largo)*	*Altezza probabile delle onde in m (*)*
		m/sec	*nodi*		
0	Calma	*0 ÷ 0,2*	1	*Il mare è come uno specchio (mare d'olio).*	—
1	Bava di vento	*0,3 ÷ 1,5*	1 ÷ 3	*Si formano* increspature *che sembrano squame di pesce, ma senza alcuna cresta bianca di schiuma.*	0.1 (0.1)
2	Brezza leggera	*1,6 ÷ 3,3*	4 ÷ 6	Ondicelle minute, *ancora corte ma ben evidenti: le loro creste hanno un aspetto vitreo ma non si rompono.*	0.2 (0.3)
3	Brezza tesa	*3,4 ÷ 5,4*	7 ÷ 10	Ondicelle grosse, *le cui creste cominciano a rompersi. La schiuma ha apparenza vitrea. Talvolta si osservano qua e là delle "pecorelle" dalla cresta biancheggiante di schiuma*	0.6 (1.0)
4	Vento moderato	*5,5 ÷ 7,9*	11 ÷ 16	Onde piccole *che cominciano ad allungarsi: le "pecorelle" sono più frequenti.*	1.0 (1.5)
5	Vento teso	*8,0 ÷ 10,7*	17 ÷ 21	Onde moderate *che assumono una forma nettamente più allungata: si formano "pecorelle". (Possibilità di qualche spruzzo).*	2.0 (2.5)
6	Vento fresco	*10,8 ÷ 13,8*	22 ÷ 27	*Cominciano a formarsi* onde grosse *("cavalloni"); le creste di schiuma bianca sono ovunque più estese. (Molto probabile qualche spruzzo).*	3.0 (4.0)
7	Vento forte	*13,9 ÷ 17,1*	28 ÷ 33	*Il mare s'ingrossa. La schiuma che si forma al rompersi delle onde comincia ad essere "soffiata" in strisce lungo il letto del vento.*	4.0 (5.5)
8	Burrasca	*17,2 ÷ 20,7*	34 ÷ 40	Onde moderatamente alte *e di maggiore lunghezza. La sommità delle loro creste comincia a rompersi in spruzzi vorticosi risucchiati dal vento. La schiuma viene "soffiata" in strisce, ben distinte, nel letto del vento.*	5.5 (7.5)
9	Burrasca forte	*20,8 ÷ 24,4*	41 ÷ 47	Onde alte. *Dense strisce di schiuma nel letto del vento. Le creste delle onde cominciano a vacillare e a precipitare rotolando. Gli spruzzi possono ridurre la visibilità.*	7.0 (10.0)
10	Tempesta	*24,5 ÷ 28,4*	48 ÷ 55	Onde molto alte *sovrastate da lunghe creste ("marosi"). La schiuma formatasi, addensata in grandi banchi, viene "soffiata" in strisce bianche e compatte lungo il letto del vento. Nel suo insieme il mare appare biancastro. Il precipitare rotolando delle onde diviene intenso e molto violento. La visibilità è ridotta.*	9.0 (12.5)
11	Tempesta violenta	*28,5 ÷ 32,6*	56 ÷ 63	Onde eccezionalmente alte *(le navi di piccola e media grandezza possono scomparire alla vista per qualche istante). Il mare è completamente coperto da banchi di schiuma che si allungano nel letto del vento. Ovunque la sommità delle creste delle onde è polverizzata dal vento. La visibilità è ridotta.*	11.5 (16.0)
12	Uragano	*32,7 e oltre*	64 e oltre	*L'aria è piena di schiuma e di spruzzi. Il mare è completamente bianco a causa dei banchi di schiuma alla deriva. La visibilità è fortemente ridotta.*	14 (—)

* Il numero tra parentesi indica l'altezza probabile massima.

SCALE NUMERICHE E DESCRITTIVE DEL MARE

Scala dello Stato del mare

Lo *stato del mare* (inglese: *state of sea*; francese: *êtat de la mer*, spagnolo: *estado del mare*) è lo stato di agitazione locale dovuto agli effetti del mare vivo e del mare lungo (o morto).

Il *mare vivo* o *mare di vento* (inglese: *sea* o *wind sea*; francese: *mer du vent*; spagnolo: *mar de viento*) è il sistema di onde sollevate dal vento in atto sulla zona ove le stesse vengono osservate o nelle immediate vicinanze[1].

CIFRA	ALTEZZA MEDIA DELLE ONDE più grosse e ben formate (in m)	TERMINI DESCRITTIVI			
		ITALIANO	INGLESE	FRANCESE	SPAGNOLO
0	0	Calmo (piatto, liscio, come uno specchio)	Calm (glassy)	Calme (sans rides)	Calma (llana)
1	0-0,10	Quasi calmo (con increspature)	Calm (rippled)	Calme (ridée)	Calma (rizada)
2	0,10-0,50	Poco mosso (con ondicelle)	Smooth (wavelets)	Belle (vaguelettes)	Marejadilla
3	0,50-1,25	Mosso	Slight	Peu agitée	Marejada
4	1,25-2,50	Molto Mosso	Moderate	Agitée	Fuerte marejada
5	2,50-4	Agitato	Rough	Forte	Gruesa
6	4-6	Molto agitato	Very rough	Très forte	Muy gruesa
7	6-9	Grosso	High	Grosse	Arbolada
8	9-14	Molto grosso	Very high	Très grosse	Montañosa
9	oltre 14	Tempestoso	Phenomenal	Énorme	Enorme

1. *L'Editrice Incontri Nautici pubblica "Così parla lo skipper in 10 lingue", un dizionario di tutti i termini nautici, compresi quelli meteorologici.*

CAPITOLO 5 MOTORI E PROPULSORI

— Propulsori

Gli organi di propulsione per le imbarcazioni a motore possono essere essenzialmente due: l'idrogetto e l'elica. Nelle righe che seguono esamineremo esclusivamente il secondo, essendo di gran lunga quello più adoperato.

— L'elica

L'elica, in uno scafo a propulsione meccanica e in uno a vela con motore ausiliario, è l'organo di propulsione, quello che lo fa avanzare o retrocedere.

L'elica è costituita da una parte centrale, cilindrica, detta *mozzo*, a questo sono unite le *pale* che sono delle superfici piane, più o meno sagomate e costituiscono la parte "attiva" dell'elica, quella che genera la spinta che fa muovere lo scafo. Il numero delle pale può variare da due fino a cinque, così come può variare la loro forma e la loro inclinazione rispetto all'asse del mozzo.

A seconda del senso di rotazione dell'elica nella marcia avanti si distinguono *eliche destrorse* (se la rotazione avviene in senso orario) ed *eliche sinistrorse* (con rotazione in senso antiorario); dal momento che è piuttosto scomodo guardare il senso di rotazione dell'elica quando que-

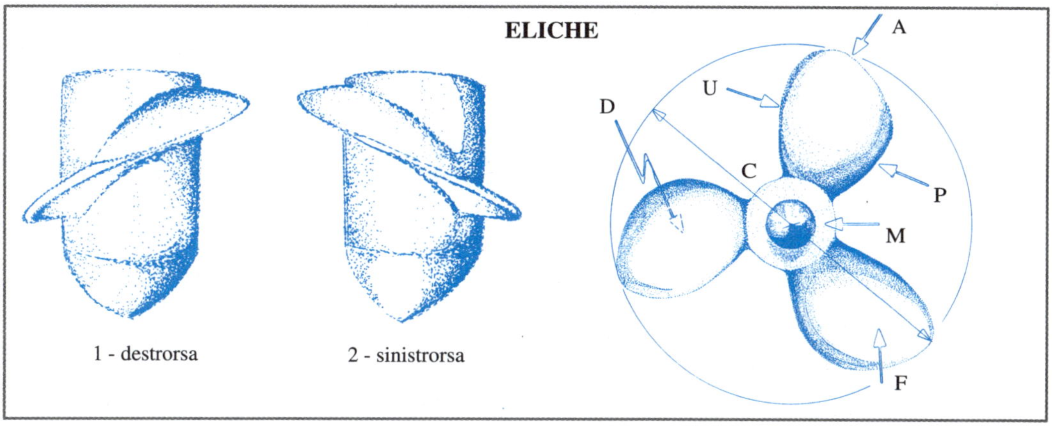

ELICHE.
***1.** elica destrorsa;*
***2.** elica sinistrorsa.*
PARTI DELL'ELICA.
***A.** punta della pala; **B.** bordo d'attacco;*
***U.** bordo d'uscita;*
***F.** faccia attiva;*
***M.** mozzo;*
***D.** dorso;*
***C.** diametro dell'elica.*

sta è in marcia, per riconoscere una destrorsa da una sinistrorsa è sufficiente osservarle dall'alto, nella posizione indicata dalla figura della pagina accanto (a elica ferma) e controllare l'inclinazione delle pale.

Le eliche destrorse hanno le pale inclinate verso l'alto, da sinistra verso destra, mentre quelle sinistrorse verso l'alto e da destra verso sinistra.

In una pala distinguiamo: la *punta della pala* (P in figura) che è la parte della pala più distante dal mozzo; questa parte separa il *bordo d'attacco* (A in figura), che è la parte della pala che per prima taglia l'acqua nella normale rotazione in marcia avanti, dal *bordo d'uscita* (U in figura), che è la parte dell'elica dal quale l'acqua lascia la pala.

Distinguiamo ancora nella pala la *faccia attiva* (F in figura), che è la superficie della pala rivolta verso il mare, mentre l'altra faccia, quella rivolta verso l'imbarcazione, è la *faccia posteriore* o *dorso* (D in figura).

Elementi geometrici dell'elica

L'elica si comporta, in semplice analisi, come si comporterebbe una vite che si avvita; a ogni giro di vite, impresso con il cacciavite, questa avanza, nella sostanza in cui è inserita, di una quantità uguale al proprio passo. La distanza orizzontale, che la punta della vite percorre per effetto di un giro completo, è chiamata *passo*.

L'elica si comporta in modo del tutto analogo e avanzerebbe anch'essa di una quantità uguale al passo se, anziché muoversi in un mezzo cedevole come l'acqua, potesse muoversi in un mezzo solido come appunto la vite nel legno; è ovvio che il passo varia con il variare dell'inclinazione delle pale.

Il *diametro dell'elica* corrisponde al diametro della circonferenza circoscritta alla stessa elica; cioè è il doppio della distanza compresa tra il centro del mozzo e la punta della pala.

La *velocità dell'elica* è il prodotto del passo per il numero di giri compiuti nella unità di tempo; mentre il *regresso* è la differenza tra la velocità teorica dell'elica e quella dell'imbarcazione.

Effetti propulsivi ed evolutivi dell'elica

Ruotando nell'acqua in cui è immersa, l'elica causa una spinta in avanti che provoca l'avanzamento dello scafo.

In effetti l'elica, nella marcia avanti, aspira l'acqua da prua e questa, dopo aver subito una deviazione dalle pale, viene ricacciata a poppa con moto vorticoso; l'acqua aspirata dall'elica scorre quindi lungo la carena, come se fosse contenuta in un cilindro avente un diametro leggermente superiore a quello dell'elica e viene accelerata e "avvitata" dalle pale, che la cacciano indietro formando il "getto", che ha un diametro inferiore a quello dell'elica; questa è la spinta che manda avanti lo scafo.

Questa corrente respinta dall'elica, detta pure *scarico*, si muove obliquamente rispetto alla chiglia ed esercita, sulla faccia del timone, una spinta trasversale. Senza esaminare le varie cause che lo producono, l'elica, oltre a produrre una spinta propulsiva, causa un effetto evolutivo, anche con timone al centro.

Per la precisione e molto semplicemente un'elica tende a trascinare

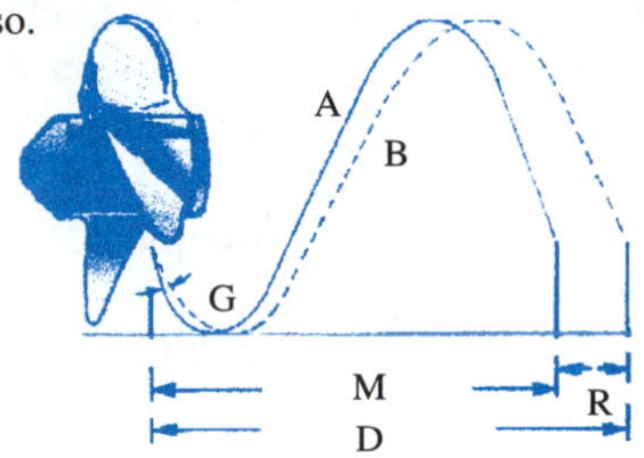

G. angolo d'attacco;
A. passo reale;
B. passo teorico;
M. avanzo reale;
D. avanzo teorico;
R. regresso.

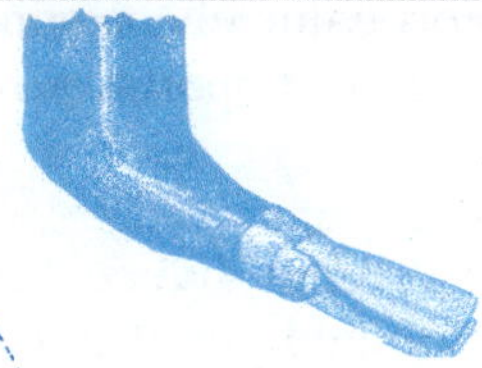

ELICA A PALE ABBATTIBILI

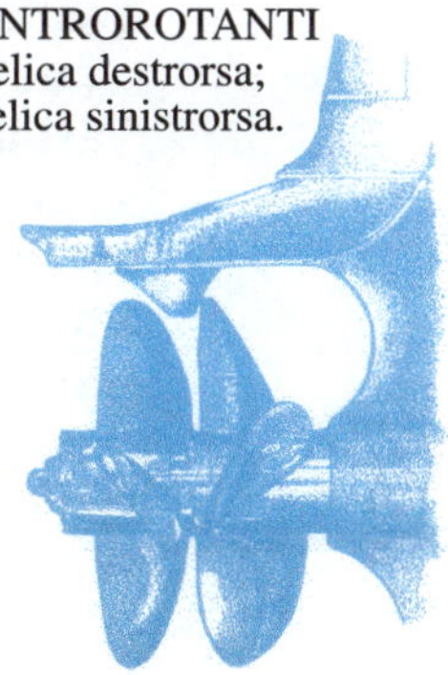

ELICHE CONTROROTANTI
A. elica destrorsa;
B. elica sinistrorsa.

la poppa dell'imbarcazione nello stesso verso di rotazione, come se si trattasse di una ruota che gira su una superficie solida. Pertanto, un'elica che ruota in senso orario, nella sua marcia avanti, sposta la poppa verso dritta; nella marcia indietro la sposta a sinistra.

In maniera analoga affermiamo che un'*elica sinistrorsa*, che cioè nella *marcia avanti* ruota in senso antiorario, sposterebbe la poppa verso sinistra; nella marcia indietro lo spostamento è opposto.

Precisiamo che gli effetti evolutivi, nella marcia indietro, sono più marcati e si sfruttano nelle manovre di ormeggio alla banchina; pertanto, con una imbarcazione munita di elica destrorsa, dovendoci affiancare alla banchina, è preferibile farlo con il nostro fianco sinistro e con una direzione leggermente inclinata, in modo tale che, quando innesteremo la marcia indietro per fermare l'abbrivo dell'imbarcazione, l'effetto evolutivo dell'elica porterà la poppa verso la banchina, raddrizzando lo scafo e spegnendo l'abbrivo.

Per compensare l'effetto evolutivo dell'elica, i motori fuoribordo sono dotati di un "pinna di trim", che funge anche da anodo di zinco, collocata sotto la piastra anticavitazione e opportunamente orientata. Gli

TABELLA DEGLI EFFETTI DELL'ELICA
per scafi con motore entrobordo ed elica centrale

ELICA DESTRORSA (nella marcia avanti, per un osservatore che la guardi da fuoribordo, gira in senso orario)

		Scafo fermo o che avanza elica in marcia avanti	Scafo fermo o che retrocede elica in marcia indietro
Timone	Sinistra	La prua accosta a sinistra	La prua accosta a dritta
Timone	Dritta	La prua accosta a dritta	La prua accosta a sinistra se possiede abbrivo - con poca velocità lo scafo procede approssimativamente in linea retta
Timone	Centro	La prua accosta a sinistra	La prua accosta a dritta

Con ELICA SINISTRORSA gli effetti sono uguali e contrari

scafi con due motori e due eliche sono normalmente attrezzati con eliche aventi senso di rotazione opposto, per compensare gli effetti evolutivi.

Vari tipi di elica

In commercio vi sono diversi tipi di elica, alcuni di questi si differenziano semplicemente per il particolare profilo e forma delle pale, altre perché provviste di particolari meccanismi che ne fanno variare la geometria; si hanno così, ad esempio:

– le *eliche antialghe*, aventi le pale con profilo particolare, molto taglienti e adatte alla navigazione in acque basse e in cui vi è molta vegetazione, come ad esempio in taluni bacini di acque interne;

– le *eliche supercavitanti*, anch'esse con pale dal profilo particolare, adatte per imbarcazioni veloci;

– le *eliche a pale abbattibili*, generalmente a due pale, con due pale che possono essere abbattute una sull'altra (somigliando da chiuse al becco di un papero), particolarmente utili a bordo delle imbarcazioni a vela, per ridurre l'attrito;

– le *eliche a passo variabile*, hanno le pale incernierate al mozzo e possono ruotare, modificando la loro incidenza sull'acqua, variando in tal modo il loro rendimento; queste possono disporre le pale a "bandiera" per diminuire al massimo la resistenza all'avanzamento quando si procede a vela; consentono inoltre, con la rotazione delle pale di 180° di ottenere la retromarcia;

– le *eliche controrotanti*, due eliche sistemate una dietro l'altra su assi concentrici e aventi senso di rotazione opposto.

— Apparati motore. Generalità

Vengono definiti *apparati motore a combustione interna* quelli dove il calore necessario a ottenere il lavoro meccanico viene sviluppato all'interno dello stesso apparato.

Tra questi, quelli maggiormente adoperati per la realizzazione di motori marini sono:

a. *a scoppio*, detti anche ad *accensione comandata*;

b. *a combustione graduale*, detti anche ad *accensione per compressione* o, più comunemente, *diesel*.

Questi motori sono costituiti, in maniera schematica, da uno o più cilindri, all'interno dei quali scorre uno stantuffo (*pistone*) a tenuta di gas. Il moto rettilineo dello stantuffo viene successivamente trasformato in movimento rotatorio da un meccanismo *biella-manovella*.

Viene definito corsa del pistone lo spazio percorso da questo nel portarsi dal *punto più basso del cilindro* (punto morto inferiore *PMI*) al *punto più alto* (punto morto superiore *PMS*).

Il *volume del cilindro* corripondente alla corsa dello stantuffo è la *cilindrata*; il volume corrispondente alla parte del cilindro compresa tra la parte superiore dello stantuffo e la testata dello stesso cilindro è detto *spazio nocivo*.

Indicando con V' il volume del cilindro (dalla parte superiore sino al PMI) e con V" il volume dello spazio nocivo, il loro rapporto V'/ V" viene chiamato *rapporto di compressione*.

Funzionamento dei motori a scoppio e diesel

Sia i motori a scoppio che quelli diesel possono compiere il loro ciclo di funzionamento in uno o in due giri dell'albero motore, al quale corrispondono rispettivamente due o quattro corse complete del pistone. Distinguiamo pertanto queste macchine in motori con ciclo *a due tempi* e motori con ciclo *a quattro tempi*.

In entrambi i tipi di motore la fase utile è soltanto una, pertanto, per quanto detto prima, nei motori a due tempi ciò avviene ogni due corse del pistone, mentre nei motori a quattro tempi ogni quattro corse.

Funzionamento di un motore a quattro tempi ad accensione comandata (a scoppio)

Come detto, il ciclo di funzionamento si svolge in due giri completi dell'albero motore e in quattro corse dello stantuffo, che corrispondono ad altrettante fasi; queste sono:

a. *fase di aspirazione*, durante la quale il pistone si porta dal PMS al PMI, si *apre la valvola di aspirazione* e il cilindro si riempie di miscela (benzina e aria nelle proporzioni di 1:18 circa); durante questa fase la *valvola di scarico resta chiusa*;

b. *fase di compressione*, durante questa fase il pistone si porta dal PMI al PMS, comprimendo la miscela precedentemente aspirata. Durante questa fase *resta chiusa* sia *la valvola* di aspirazione che *quella di scarico*.

c. *fase di espansione* questa fase è quella utile e segue immediatamente lo scoppio della miscela aria-benzina, che avviene perché, quando il pistone raggiunge il PMS, *scocca una scintilla* dagli elettrodi di una candela disposta nella camera di combustione; la pressione che si esercita nel cilindro spinge il pistone al PMI;

d. *fase di scarico*; questa fase chiude il ciclo, il pistone si porta dal PMI al PMS, *si apre la valvola di scarico* e i gas combusti vengono eliminati. Il pistone, una volta raggiunto il PMS, è pronto a compiere un nuovo ciclo.

Funzionamento di un motore a quattro tempi ad accensione per compressione (diesel)

In questo motore non vi è la candela che provoca la scintilla che fa scoppiare la miscela aria-benzina e la sostanza utilizzata per ottenere la combustione è il gasolio.

a. fase di aspirazione, durante la quale il pistone, portandosi dal PMS al PMI, aspira aria attraverso la valvola di aspirazione.

b. fase di compressione, durante la quale l'aria contenuta nel cilindro viene fortemente compressa dal pistone che si porta dal PMI al PMS. Questa compressione avviene a valori piuttosto elevati (30 - 40 atm.) e l'aria, per tal motivo, raggiunge temperature prossime ai 700° - 800°.

c. fase di espansione, provocata dalla combustione graduale del gasolio, che è stato finemente polverizzato all'interno della camera di combustione da un apposito organo detto iniettore. La combustione è causata dalla elevata temperatura dell'aria.

FASI DI UN MOTORE A SCOPPIO A DUE TEMPI

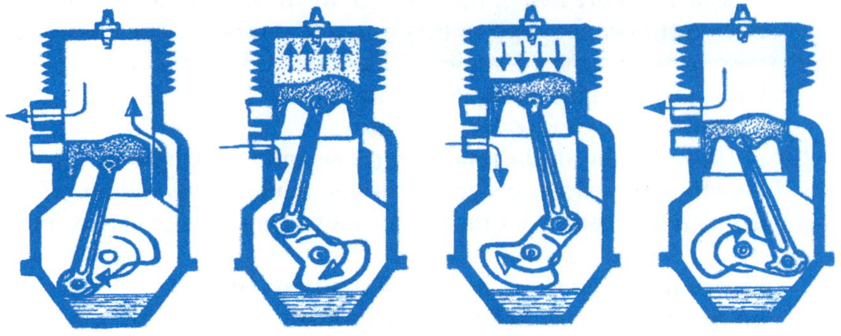

Aspirazione | Compressione | Espansione | Scarico

FASI DI UN MOTORE DIESEL A DUE TEMPI

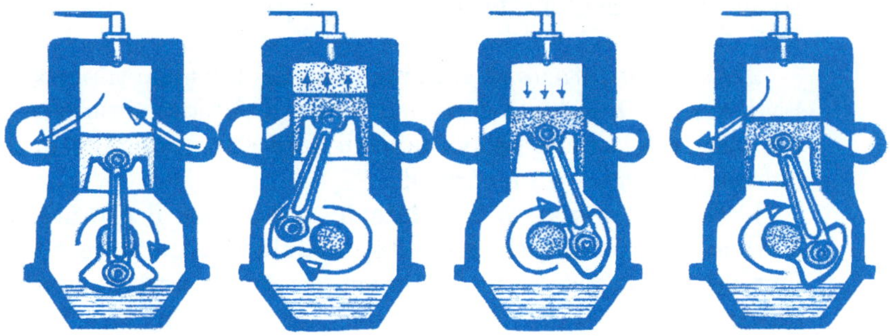

Aspirazione e lavaggio | Compressione | Espansione | Inizio dello carico

A
1. Aspirazione
2. Compressione
3. Espansione
4. Scarico

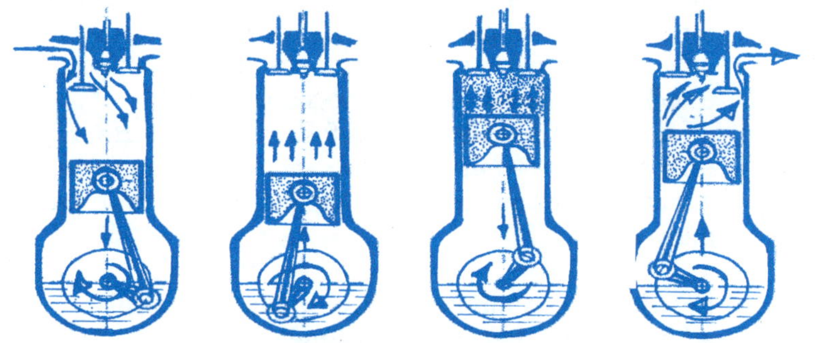

1 2 3 4

B
1. Aspirazione
2. Compressione
3. Espansione
4. Scarico

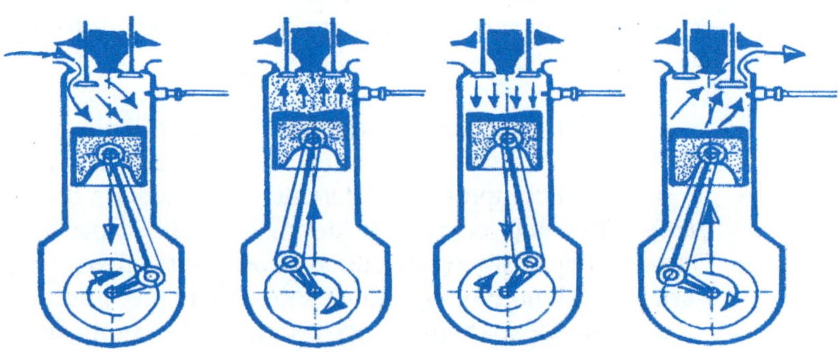

1 2 3 4

A - Fasi di un motore a scoppio a quattro tempi
B - Fasi di un motore a quattro tempi diesel

d. fase di scarico dei gas di combustione attraverso la valvola di scarico che si è aperta e ultima corsa del pistone, che si porta dal PMI al PMS.

Funzionamento dei motori a due tempi

Con le differenze che abbiamo visto per i motori a scoppio e i motori diesel, il motore a due tempi è caratterizzato dal fatto che il ciclo completo si compie in due corse dello stantuffo e, pertanto, in un giro dell'albero motore.

Questi motori non hanno valvole in testa, ma aperture lungo le pareti del cilindro, opportunamente disposte, dette luci; attraverso queste si verifica la fase di aspirazione e quella di scarico ma non per effetto della spinta o della depressione creata dallo stantuffo nella sua corsa, bensì per la pressione leggermente superiore a quella atmosferica, che viene fornita da un organo esterno, la pompa di lavaggio.

In altre parole, nel motore a due tempi le fasi di aspirazione e di scarico risultano sovrapposte, originando quella che viene chiamata fase di lavaggio.

Durante una corsa del pistone si compiono pertanto due fasi e precisamente:

a. *Pistone in discesa.* Lo stantuffo si trova nel PMS, dopo aver effettuato la sua fase di compressione. Se si tratta di un motore a combustione comandata dalla candela, scocca la scintilla che provocherà la combustione, se invece il motore è del tipo a combustione graduale, gli iniettori polverizzano finemente il gasolio che, a contatto con aria a temperatura e pressione elevata, comincia la sua combustione graduale originando così la prima fase detta di espansione.

L'espansione spinge in basso lo stantuffo che scopre le luci di scarico consentendo ai gas della combustione, che posseggono ancora una certa pressione, di defluire.

Continuando la sua corsa di discesa, lo stantuffo scopre anche le luci di lavaggio (più basse delle precedenti) e comincia a entrare nel cilindro l'aria o la miscela (se trattasi di motore a combustione comandata), che lo riempie e spinge fuori gli ultimi residui dei gas combusti; si ha cioè la fase di scarico e lavaggio.

b. *Pistone in salita.* Comincia ora la seconda corsa dello stantuffo, che si porta dal PMI al PMS; durante tale corsa il pistone chiude da principio le luci di lavaggio e così ha termine l'immissione di aria o di miscela e lascia ancora aperte le luci di scarico, dalle quali, inevitabilmente, si ha una perdita di aria o di miscela. Una volta chiuse anche le luci di scarico, si ha la fase di compressione, durante la quale l'aria o la miscela vengono compresse fino a che lo stantuffo non giunge al PMS, pronto a cominciare una nuova corsa.

Organi principali dei motori diesel e a scoppio

I motori, siano essi del tipo a combustione comandata o a combustione graduale, devono essere corredati da diversi organi che ne assicurano il buon funzionamento.

I principali organi sono quelli della *distribuzione*, della *alimentazione*, della *lubrificazione*, del *raffreddamento* e dell'*avviamento*.

Inoltre i motori sono dotati di adeguati organi, detti di trasmissione, che collegano il loro albero motore con l'organo propulsivo.

La distribuzione

Con questo termine si indicano tutti gli organi meccanici che, esterni al motore, azionano la regolare apertura e chiusura delle valvole di aspirazione e di scarico e che dosano la regolare immissione del combustibile all'interno del cilindro.

Nei motori a quattro tempi, con valvole di aspirazione e di scarico, il principale organo della distribuzione è l'albero a camme. Questo è collegato, grazie ad appositi ingranaggi, all'albero motore. In corrispondenza di ogni camma si trova un'asta, detta asta della punteria, alla quale, superiormente, è collegato il bilanciere e a questo, alla opposta estremità, mediante viti di regolazione, è collegata la valvola, tenuta in sede da apposite molle antagoniste.

L'alimentazione

In tutti i motori l'alimentazione è costituita da un apposito serbatoio contenente il combustibile, dalla tubazione di collegamento, corredata di opportune valvole di intercettazione, e da adeguati filtri meccanici.

In particolare, nei motori diesel, oltre a quanto indicato, l'impianto di alimentazione è composto dalla pompa di alimentazione, dalla pompa di iniezione e dagli iniettori; la pompa di alimentazione è costituita da una pompetta comandata a mano e comunemente conosciuta come pompa di innescamento. Essa è indispensabile perché permette di spurgare l'aria che, per una ragione qualsiasi, fosse entrata nel circuito.

L'operazione di *spurgo* dell'impianto deve sempre essere eseguita prima di mettere in moto il motore e ogni volta che si sia intervenuti su qualche componente dell'impianto di alimentazione (sostituzione di filtri, riparazioni o sostituzioni di parti meccaniche delle pompe del gasolio, sostituzione iniettori, etc.).

La *pompa di iniezione* è quell'organo posto subito dopo il filtro, che segue la pompa di alimentazione e che serve a inviare, alla pressione necessaria (che può raggiungere in certi impianti valori considerevoli, anche superiori a 400 Kg/cm^2), il gasolio agli iniettori. Essa è azionata dall'albero a camme in quanto deve essere in fase con il motore.

Dalla pompa di iniezione il gasolio giunge, con la necessaria pressione, agli iniettori. Questi ultimi servono a polverizzare finemente e ad alta pressione il gasolio nella camera di combustione (o nella precamera se trattasi di impianto a iniezione indiretta) e sono costituiti, essenzialmente e in maniera assai schematica, da un corpo, da un tappo di spurgo per l'aria, da una molla, da alcune viti di regolazione della molla, da un polverizzatore e dalle tubazioni di mandata e di ritorno del gasolio.

Nei motori a scoppio, invece, l'impianto di alimentazione prevede, oltre al serbatoio del combustibile, ai filtri, agli sfiati e alle tubazioni di collegamento, anche la presenza di un meccanismo capace di produrre la miscela aria-benzina necessaria per la combustione e tutto l'impianto elettrico necessario a far scoccare la scintilla indispensabile affinché si verifichi la combustione della miscela compressa.

Il meccanismo necessario a produrre la miscela di aria e benzina è il *carburatore* che serve a produrre la giusta miscela di aria e benzina, per alimentare con questa, a ogni ciclo, i singoli cilindri nelle giuste dosi.

Nella sua concezione più elementare il carburatore è costituito da una vaschetta a livello costante, che ha il compito di ricevere, spinto da una pompa, il combustibile proveniente dal serbatoio principale.

All'interno di un altro recipiente avviene la miscelazione tra l'aria (il comburente) e il combustibile.

All'interno della vaschetta è contenuto un galleggiante, dotato di uno spillo terminante con una punta conica; questa, muovendosi con il galleggiante, chiude o apre il condotto di alimentazione e regola la quantità di carburante da immettere nella stessa vaschetta.

La vaschetta è in comunicazione con un ugello, opportunamente calibrato, sistemato in un diffusore, che ha il compito di *accelerare*, grazie alla sua sagoma, la quantità d'aria che viene aspirata, assieme ai vapori del combustibile, dalla depressione causata dalla salita dello stantuffo nella sua fase di aspirazione. L'aria e il combustibile si miscelano, così, intimamente, formando la miscela esplosiva (i rapporti aria-benzina sono di circa 16/1 - 18/1).

La quantità di miscela che viene aspirata è regolata da una valvola a farfalla sistemata nel diffusore. L'accensione della miscela di aria e benzina è prodotta da una scintilla che scocca tra gli elettrodi di una candela, sistemata nella camera di scoppio e costituita essenzialmente da un corpo in acciaio con adeguata filettatura che viene avvitato nella testata del cilindro. Nella parte inferiore del corpo sporge un elettrodo, collegato a massa.

La parte centrale della candela, detta *stelo*, è percorsa da una corrente a elevatissima tensione (superiore ai 15.000 volts), che termina a brevissima distanza dall'elettrodo di massa. Lo stelo è esternamente rivestito di materiale isolante. Tra la punta dello stelo centrale e quella dell'elettrodo di massa, in un preciso istante, si genera un arco voltaico che incendia la miscela.

Gli altri componenti, indispensabili alla produzione e distribuzione della corrente elettrica necessaria, sono:

a. il *generatore*;
b. il *trasformatore* (bobina);
c. il *ruttore*, il *distributore* e il *condensatore* (contenuti tutti nello *spinterogeno*).

Questi nel caso che il generatore sia costituito da una batteria ad accumulatori. In questo caso i loro compiti sono i seguenti:

– il *generatore* fornisce la corrente necessaria;
– la *bobina* trasforma la corrente a bassa tensione fornita dal generatore in corrente ad alta tensione;
– lo *spinterogeno* distribuisce la corrente ad alta tensione alle candele, nell'ordine prestabilito.

Nel caso invece che il generatore fornisca *corrente alternata*, si parla di impianto *a magnete*. In questo caso il magnete provvede a generare la corrente a *bassa tensione*, a trasformarla in corrente *ad alta tensione* e, successivamente, a distribuirla alle candele.

La lubrificazione

La *lubrificazione* è indispensabile in tutti i tipi di motore, essendo questi dotati di numerosi organi in movimento. Considerando la elevata velocità di rotazione degli organi meccanici, in questi motori è possibile adoperare, vantaggiosamente, la lubrificazione forzata.

La lubrificazione ha diversi compiti, oltre a quello di ridurre al minimo l'attrito; non ultimo quello di creare un velo d'olio tra il pistone e il cilindro, aumentando in tal modo la tenuta in fase di compressione.

Gli organi principali della lubrificazione sono: la *coppa*, i *filtri a rete*, la *pompa a ingranaggi*, il *filtro a cartuccia*, la *valvola limitatrice di pressione*, il *manometro* e la *lampada spia* o *cicalino*. I metodi più utilizzati per ottenere una buona lubrificazione sono il sistema *a sbattimento* e il sistema *a lubrificazione forzata*.

Il sistema *a sbattimento* è composto dal carter stagno e pieno d'olio, in modo tale che la biella, a ogni giro dell'albero motore, immerga il suo piede nell'olio e, per effetto della sua velocità il lubrificante venga spruzzato sul gambo della biella e la parte inferiore del cilindro.

Il sistema *a lubrificazione forzata* viene adoperato principalmente in motori di media e alta potenza. Questo consiste in una pompa a ingranaggi, che pesca l'olio dal carter e lo manda in circolazione, dopo aver attraversato un apposito filtro a rete, nelle bronzine di banco e da queste, attraverso un apposito condotto praticato lungo l'albero motore, viene mandato alle bronzine della testa di biella e quindi, dopo aver lubrificato lo spinotto, scende lungo il cilindro, dal quale è raschiato dalle fasce raschiaolio che lo fanno ricadere nella coppa.

Il raffreddamento

È indispensabile che i motori a combustione interna vengano adeguatamente raffreddati, per sottrarre il calore che si sviluppa nella fase utile e quello generato dagli attriti causati dalle parti in movimento.

Il raffreddamento si ottiene facendo scorrere un fluido (aria o acqua) attorno alle camicie e alle testate dei cilindri. Nei motori marini, generalmente, il raffreddamento è ad acqua, mantenuta in circolazione, all'interno di apposite intercapedini opportunamente costruite, a una certa pressione, da una pompa che viene comandata direttamente dal motore. L'inconveniente cui si va incontro nell'usare acqua al posto dell'aria nel raffreddamento dei motori consiste nella necessità di ridurre al minimo le incrostazioni e le corrosioni e, non ultimo, quello di evitare i danni causati dalla possibile solidificazione dell'acqua a causa delle basse temperature. Per contro l'uso dell'aria prevede, avendo questa un calore specifico inferiore a quello dell'acqua, l'uso di superfici di scambio elevate.

Esaminando quindi gli impianti di raffreddamento ad acqua, avremo che, a seconda dei casi, può essere messa in circolazione acqua dolce o acqua marina; nel primo caso si parla di raffreddamento a ciclo chiuso e nel secondo caso di raffreddamento a ciclo aperto.

Nel primo l'acqua (generalmente una soluzione incongelabile) è contenuta in uno scambiatore di calore, all'interno del quale circola l'acqua di mare (in circuito aperto) necessaria a sottrarre all'acqua dolce il calore che questa ha assorbito raffreddando il motore.

Nel secondo caso è la stessa acqua di mare che viene aspirata attraverso un apposito filtro e mandata in circolazione dalla pompa. La stessa acqua, terminato il ciclo di raffreddamento, ritorna a mare. Nei due casi occorrerà proteggere lo scambiatore di calore o le stesse parti del motore (testate e camicie) dalla corrosione galvanica. La temperatura di funzionamento dei motori deve essere mantenuta attorno a valori compresi tra i 50 e gli 80 gradi. Lo stesso impianto di raffreddamento serve a raffreddare anche il lubrificante.

L'avviamento

La messa in moto di un motore si realizza trascinandolo in rotazione fino a che non si compiano un certo numero di fasi utili di accensione e successiva espansione, che forniranno l'energia necessaria a far superare le fasi passive.

Vi sono diversi sistemi per trascinare il motore in rotazione; quelli più adoperati sono:

a. avviamento manuale;
b. avviamento elettrico;
c. avviamento ad aria compressa.

Il primo sistema, adoperato nei motori di piccola potenza, consiste nel trascinare in rotazione il motore mediante una manovella o cordicella applicata all'albero motore e viene mosso dalla forza impressa dall'uomo.

Utilizzando il sistema di avviamento elettrico, il numero di giri necessari al motore affinché possa mettersi in moto sono forniti da un motorino elettrico, il cui asse è dotato di un pignone dentato che, quando il motorino elettrico viene fatto girare, ingrana sul volano di cui è dotato l'albero del motore. Ciò causa le rotazioni necessarie affinché il motore si metta in moto.

Non appena il motore si mette in moto, il pignone del motorino di avviamento si sgrana automaticamente dal volano dell'albero del motore.

L'ultimo sistema di avviamento, quello ad aria compressa, viene adoperato quasi esclusivamente su motori diesel di media-alta potenza; tale sistema consiste nel mandare all'interno dei cilindri aria compressa, che, agendo come fluido operante, spinge in basso lo stantuffo provocando la rotazione dell'albero. Un apposito congegno fa sì che l'aria venga immessa nel cilindro dopo che questo ha raggiunto il PMS e sta cominciando la sua fase di discesa.

La trasmissione

I motori a combustione interna hanno un numero di giri elevato e inoltre è impossibile invertire il loro verso di rotazione; è pertanto necessario interporre, tra l'albero motore e l'elica, una serie di apparecchiature necessarie a ovviare a questi inconvenienti. Avremo pertanto:

a. il riduttore, che consente di ridurre il numero di giri da trasmettere all'asse portaelica;

b. l'invertitore, che consente di modificare il senso di rotazione dell'asse portaelica indipendentemente dal senso di rotazione dell'albero motore, che, come detto, gira sempre nello stesso verso. Spesso il riduttore e l'invertitore sono contenuti in una sola apparecchiatura detta invertitore-riduttore;

c. la linea d'asse, costituita da quel complesso di organi che trasmettono il moto rotatorio, opportunamente ridotto dal riduttore, all'elica.

La linea d'asse è composta da:

1. asse dell'elica, che collega quest'ultima al riduttore-invertitore;

2. il giunto elastico, che collega l'invertitore all'asse;

3. l'astuccio con relativo premistoppa, sistemato nel punto in cui l'asse porta elica attraversa lo scafo;

4. il cuscinetto reggispinta, che ammortizza la spinta impressa dall'elica.

Vi sono poi i supporti esterni, se l'elica non passa attraverso il dritto dell'elica e altri supporti interni con relativi cuscinetti, che servono a reggere l'asse porta elica all'interno dello scafo.

Irregolarità e piccole avarie

Le irregolarità e le piccole avarie cui sono soggetti i motori sono varie e di diversa natura; distinguiamo gli inconvenienti a seconda che si tratti di un motore a scoppio o di un motore diesel.

Motori a scoppio

Le principali irregolarità sono dovute a:

1. difficoltà nell'avviamento;

2. difetti di carburazione;

3. irregolarità nella marcia;

4. cattivo funzionamento delle parti elettriche;

5. difetto nel circuito di alimentazione.

Motori diesel

1. difficoltà nell'avviamento;

2. presenza di sporcizia o acqua nel gasolio;

3. presenza di aria nel circuito di alimentazione;

4. cattivo funzionamento degli organi di alimentazione (iniettori, pompe alimentazione e iniezione, filtri);

5. difetti nell'impianto di raffreddamento.

Per controllare meglio i probabili difetti, le cause e i rimedi suggeriti, controllate le schede riassuntive poste al termine del capitolo.

Consumi

È detto *autonomia* il numero di ore durante le quali una imbarcazione è in condizioni di navigare, in sicurezza, contando esclusivamente sulle provviste imbarcate al momento della partenza. Per poter determinare tale autonomia è necessario conoscere i consumi orari o giornalieri di carburante, viveri, acqua potabile, etc.

Per quanto riguarda il consumo di viveri, acqua potabile e acqua di lavaggio ognuno si organizzerà in base alle sue normali abitudini alimentari, tenendo conto che è buona norma provvedere a imbarcare dal 10% al 20% in più di quello che può essere considerato il consumo massimo.

Per il carburante bisogna tenere presente quello che è il consumo specifico, vale a dire il consumo espresso in Kg/h/cv o litri/h/cv. Tenendo conto di tale consumo specifico, si deve provvedere a rifornire lo scafo della quantità sufficiente a compiere l'intero viaggio di andata e ritorno, aumentata del 30%.

Mediamente si possono considerare, quali consumi medi, i seguenti:

– motori fuoribordo con potenze da 20 a 40 hp, da 0.45 a 0.67 litri/cavallo/ora;

– motori fuoribordo con potenze oltre i 40 hp, da 0.45 a 0.40 litri/cavallo/ora;

– motore entrobordo a scoppio, da 0,28 a 0,35 litri/cavallo/ora;

– motore entrobordo diesel, da 0,23 a 0,26 litri/cavallo/ora.

Consumi e Calcolo dell'autonomia

Premesso che i motori diesel a quattro tempi sono quelli che consumano meno e che i motori fuoribordo sono generalmente del tipo a scoppio a due tempi la quantità di combustibile consumata può essere dedotta dalla seguente tabella:

Tipo di motore	*Consumi medi*
Motore benzina a due tempi	0.39 ÷ 0.67 litri Cavallo/ora
Motore benzina a quattro tempi	0.28 ÷ 0.35 litri Cavallo/ora
Motore diesel a quattro tempi	0.23 ÷ 0.26 litri Cavallo/ora

La tabella che segue indica il consumo medio dei fuoribordo a due tempi con motore a scoppio.

Potenza motore in CV	*Consumi medi*
Potenze inferiori a 10 CV	0.57 ÷ 0.67 litri Cavallo/ora
Potenze 10 ÷ 40 CV	0.45 ÷ 0.57 litri Cavallo/ora
Potenze superiori a 40 CV	0.39 ÷ 0.45 litri Cavallo/ora

In base ai consumi ricavati dalle tabelle e dalla capacità del serbatoio del combustibile, è possibile determinare l'autonomia nel seguente modo:

Capacità del serbatoio ÷ consumo medio = ore autonomia

Conoscendo la velocità dell'imbarcazione è possibile determinare quante miglia possono essere percorse con un serbatoio pieno:

Ore di autonomia x velocità = miglia percorribili

Ai dati così ricavati è buona norma aggiungere un 30% ai consumi e, quindi, il 30% in meno delle ore di autonomia.

CAUSE & RIMEDI PER DIFETTI A MOTORI DIESEL

È importante che il motore di una barca sia sempre in buona efficienza e che il diportista sia in grado, in situazioni normali, di risolvere i guasti. Il funzionamento regolare dei motori diesel, dato il loro uso soprattutto stagionale o, se montati su una barca a vela, limitato agli ormeggi nei porti o alla navigazione nei casi di calma di vento, è spesso precario. Tuttavia, sarà sufficiente una costante manutenzione per evitare avarie più serie. Per esempio fanno parte delle regole fondamentali: il controllo del livello dell'olio lubrificante prima di ogni messa in moto, l'ispezione ai circuiti di alimentazione e di raffreddamento, la buona qualità del carburante. Già queste tre precauzioni possono mettere al riparo da inconvenienti quali una limitata resa e il pericoloso arresto del moto nei casi di ormeggio in porto. In questa pagina pubblichiamo un «chech-up» di base che consente di individuare le cause di alcuni classici difetti, nonché i rimedi per ovviarvi. La buona volontà di chi va per mare per diporto evita i guai più seri, ma sarà bene non presumere troppo affidandosi a persone competenti nei casi più complessi.

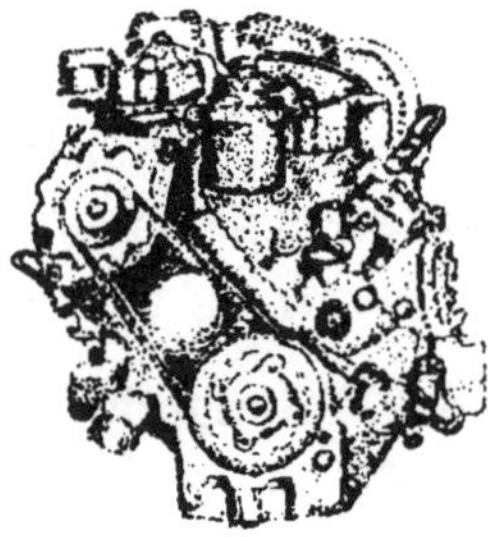

DIFETTO	CAUSA	RIMEDIO
Il motore non parte (il motorino d'avviamento non gira)	- batteria scarica - cattivi contatti o interruzione dei cavi della batteria o del motorino - difetto dell'interruttore principale o del fusibile	- controllare la carica della batteria - controllare i cavi della batteria e del motorino - controllare il fusibile e l'interruttore principale
Il motore non parte (il motorino gira) o si ferma dopo essersi avviato	- serbatoio vuoto	- controllare il livello del carburante
Il motore vibra eccessivamente o non funziona regolarmente	- filtri carburante intasati - carburante inquinato (acqua o impurità) - aria nel circuito di alimentazione - pompa di alimentazione - pompa di iniezione - iniettori	- pulire i filtri del carburante - sostituire i filtri e spurgare l'impianto - controllare la pompa di alimentazione - controllare tutti i raccordi per eventuale perdite - pulire o sostituire iniettori
Il motore non raggiunge la massima velocità di funzionamento	- carena sporca - barca sovraccaricata - elica danneggiata - filtro aria intasato - perdita di compressione	- controllare: - pulizia della carena; - stato dell'elica; - carico imbarcato; - pulire filtro aria - controllare in officina
Il motore surriscalda	- termostato difettoso - presa acqua ostruita - pompa raffreddamento difettosa - filtro aria intasato - perdita di compressione	- controllare o sostituire il termostato - controllare il regolare pescaggio dell'acqua di mare - controllare il filtro acqua - controllare la girante della pompa di raffreddamento - pulire filtro aria

GUASTI & RIMEDI PER MOTORI FUORIBORDO A MISCELA

I motori fuoribordo, dotati di sistemi di accensione rapida, sono molto efficienti. Tuttavia, il salmastro, l'umidità e gli schizzi d'acqua possono causare piccoli inconvenienti superabili però con una periodica manutenzione. Per le avarie meno agevoli, ecco un sistema di individuazione delle cause con i relativi rimedi.

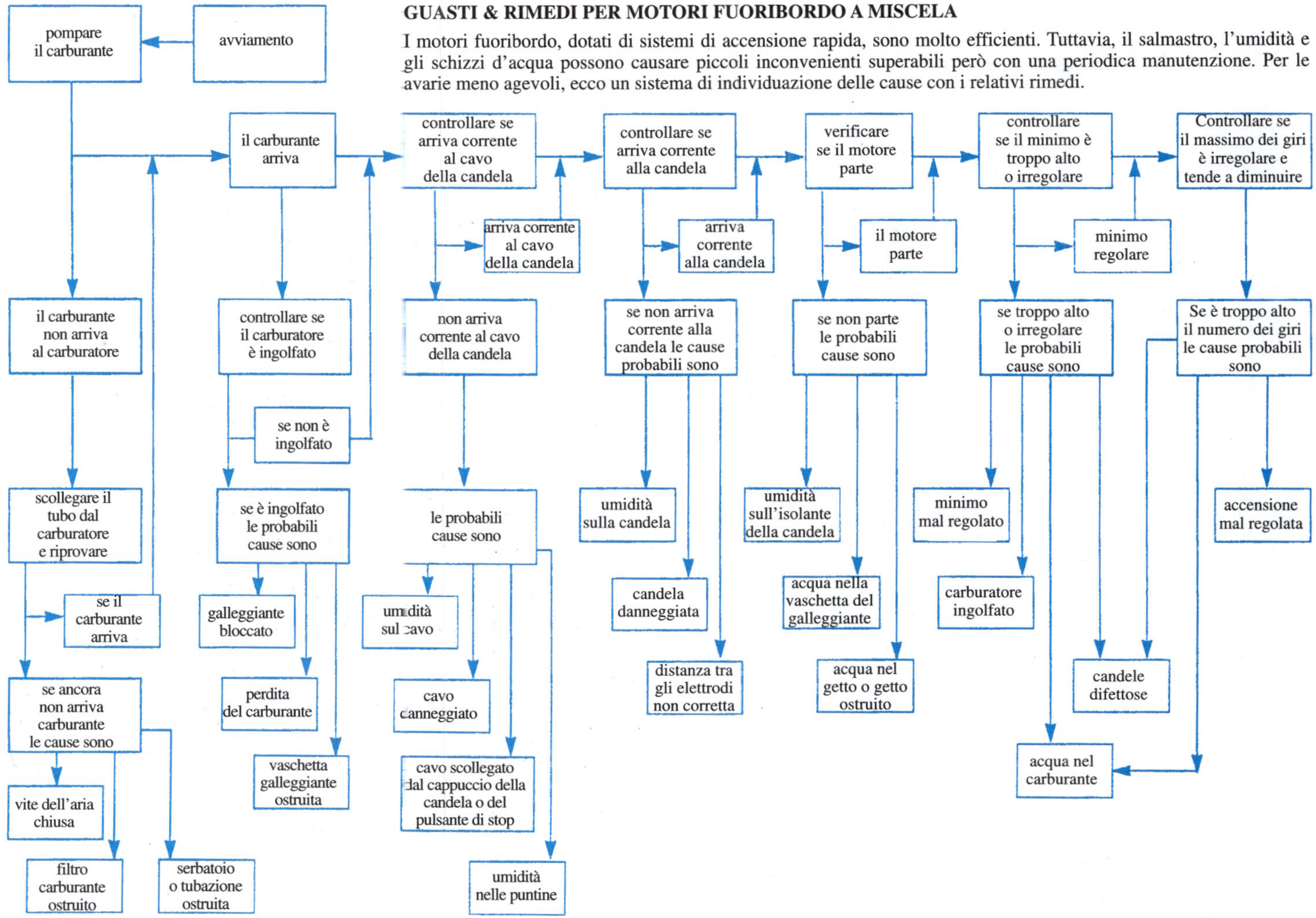

CAPITOLO 6 VELA

— Generalità

Sono unità a vela tutte le imbarcazioni, dotate o meno di motore ausiliario, che utilizzano come mezzo propulsivo principale l'azione del vento sulle vele.

Nomenclatura essenziale

Ciò che caratterizza maggiormente una unità a vela è la parte superiore dello scafo, dal momento che nella sua parte immersa, rispetto alle altre, ha una lama, più o meno profonda e larga, fissa o mobile, chiamata *deriva*, che ha la funzione di opporsi allo spostamento laterale.

Superiormente, invece, le unità a vela presentano una notevole differenza rispetto a quelle a motore, costituita essenzialmente dalla presenza di uno o più alberi, dalle attrezzature idonee a sorreggerli e da quelle utilizzate per distendere e regolare le vele. L'albero ha una parte superiore chiamata *testa* e una parte inferiore detta *piede* o *base*. Nella base dell'albero è ricavata la *miccia*, che ha il compito di incastrarsi sulla *scassa*, sistemata in *coperta* o sul fondo dello scafo per gli *alberi passanti*; in quest'ultimo caso l'albero attraversa la coperta passando in un'apposita apertura, resa stagna, chiamata *mastra*.

L'albero è mantenuto verticalmente da alcuni cavi metallici detti comunemente *manovre fisse* o *dormienti*. Tra queste ricordiamo: lo *strallo di prua* e lo *strallo di poppa (o paterazzo)*, che hanno il compito di reggere l'albero nel senso longitudinale; le *sartie*, che hanno il compito di reggere l'albero nel senso trasversale. Spesso, soprattutto quando l'albero ha un'altezza elevata in relazione alla larghezza dello scafo, è necessario allargare le sartie (*dare quartiere*) mediante le *crocette* (corte aste metalliche, più o meno perpendicolari all'albero e disposte trasversalmente) e questo affinché le sartie possano lavorare con un angolo più conveniente.

In questo caso avremo due tipi di *sartie*, quelle *alte*, che partono dalla testa dell'albero, passando all'estremità delle crocette per terminare a dritta e a sinistra in apposite *lande* (staffe metalliche opportunamente rinforzate e saldamente fissate alla struttura dello scafo), e quelle *basse*, che partono dal punto di attacco delle crocette con l'albero, finendo anch'esse a dritta e a sinistra in lande poste in prossimità delle precedenti.

Nella parte inferiore dell'albero rivolta verso poppa, un apposito giunto cardanico detto *trozza* consente l'inserimento di un'asta, opportunamente attrezzata, chiamata *boma*. Questa, assieme all'albero, ha il compito di reggere la vela che sta a poppavia dell'albero e che è detta *randa*. Il boma, così come l'albero, ha una *canaletta* o una *rotaia* che consentono di assicurare, o meglio, di *inferire* (direttamente o a mezzo di appositi cursori: *garrocci*) due lati della randa.

Il boma, nella sua estremità poppiera (*varea*), ha assicurato un cavo che, passando per un bozzello sistemato in testa d'albero, ha la funzione di reggerlo in posizione orizzontale quando non è inferita la vela. Questo cavetto è detto *amantiglio*, così come tutte le manovre che reggono in posizione orizzontale, sospendendole per le loro *varee*, *aste*, *pennoni*, etc.

Alcuni cavi passano in apposite carrucole (*bozzelli*) all'interno dell'albero dal piede o, comunque, dalla parte inferiore e fuoriescono da altri bozzelli poste in prossimità della testa e del punto di attacco dello strallo di prua. Queste manovre servono principalmente a *issare* o *alzare* le vele, in tal caso sono chiamate *drizze* e appartengono alla categoria delle *manovre correnti*.

Le altre *manovre correnti* sono tutte quelle che servono a orientare le vele o a regolarne la forma, tra queste le più importanti sono:

– le *scotte*, che servono a regolare la posizione delle vele in relazione alla direzione del vento;

– il *vang*, che ha la funzione di tenere basso il boma e di regolare, in qualche modo, la forma della vela;

– il *tendibase*, detto anche *smagritore* o *tesabugna*, che ha lo scopo di tenere tesata la base della randa sul boma;

– le *borose di terzarolo*, che hanno il compito di portare in basso le bugne di terzarolo quando si riduce la superficie velica della randa;

– il *cunningam*, che ha la funzione di tendere il lato della randa inferito all'albero;

– il *meolo*, detto anche *tendibalumina*, che, sistemato all'interno di una guaina lungo la caduta poppiera, serve per tendere questo lato.

Tipi di vele, loro parti e terminologia

Le vele sono delle superfici costituite da tessuti speciali, opportunamente tagliati e cuciti, che, adeguatamente distesi e orientati, consentono di sfruttare la forza del vento come mezzo propulsivo. I tipi più comuni di vele sono quasi tutti triangolari e i loro nomi sono:

le *vele marconi* (rande), le *vele di strallo* (fiocchi e genoa), le *vele latine*, le *vele per andature portanti* (spinnaker, gennaker).

Le *vele marconi* hanno il lato verticale che viene inferito all'albero e pertanto è detto *lato di inferitura* o *caduta prodiera* (perché è rivolta verso prua), il lato basso che viene inferito al boma è detto *piede*, *base* o *linea di scotta*, mentre l'ultimo lato (l'ipotenusa), leggermente allunato, è detto *balùmina* o *caduta poppiera*. Lungo i primi due lati della randa è cucito un cavetto detto *gratile*.

I tre angoli della vela sono: *angolo di penna* o *di drizza* quello superiore, al quale si assicura la drizza; è detto *angolo di mura* quello com-

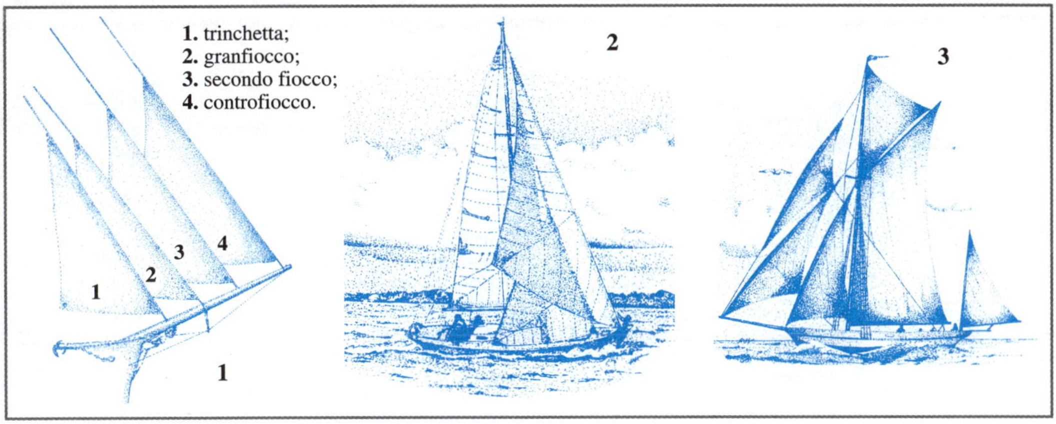

preso tra l'albero e il boma, mentre l'angolo posto in prossimità della varea del boma è detto l'*angolo di scotta*.

Le *vele di strallo* vanno inferite agli stralli; anche per esse il lato che viene inferito è detto *inferitura* (lungo questo lato è assicurato un *gratile* in cavetto metallico), il lato quasi orizzontale è detto *base* o *piede* e il lato poppiero è la *balùmina*. I tre angoli hanno lo stesso nome di quelli della randa marconi: quello superiore è detto *angolo di penna*, quello compreso tra la base e l'inferitura è detto *angolo di mura* e, infine, quello compreso tra la base e la balùmina è detto *angolo di scotta*.

La più comune delle vele per andature portanti è lo *spinnaker*, questa vela ha la forma di un triangolo sferico, molto "panciuto". È caratterizzato per non avere nessun lato inferito e perché è tenuto aperto da un'asta, che fa da "buttafuori", chiamata *tangone*. Quest'asta è assicurata a un'apposita trozza a campana, sistemata nella parte anteriore dell'albero, che viene orientata nel senso verticale da due manovre dette *amantiglio* o *carica-alto*, quella che serve per sollevarlo, e *caricabasso*, quella che serve per abbassarlo.

Nella varea del tangone viene fatta passare la manovra, assicurata a un angolo della base dello spinnaker, che prende il nome di *braccio* (termine che deriva dalla nomenclatura delle vele quadre) e si trova sempre sopravento. All'altro angolo della base dello spinnaker è assicurata la *scotta* che si trova sempre sottovento. L'angolo alto dello spinnaker si chiama, come nelle vele precedenti, *angolo di penna* o *di*

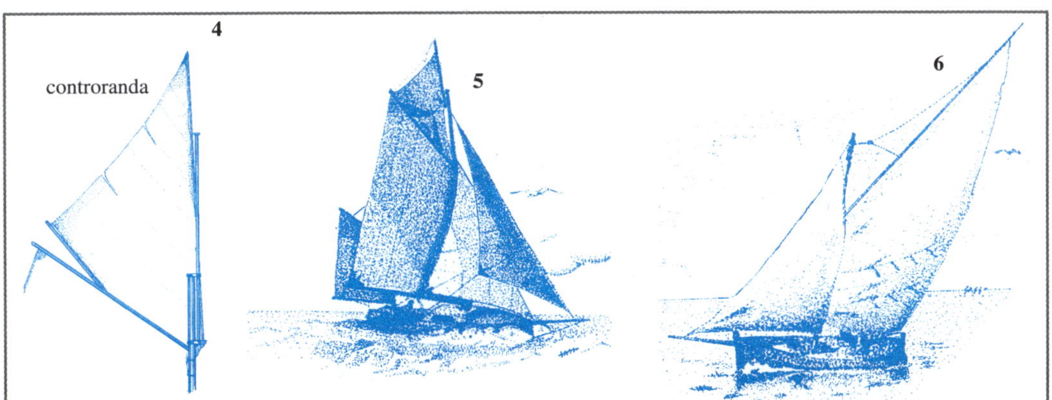

ARMI VELICI.
***1.** fiocchi;*
***2.** cutter marconi;*
***3.** yawl aurico.*

In basso:
***4.** controranda;*
***5.** ketch aurico;*
***6.** vela latina.*

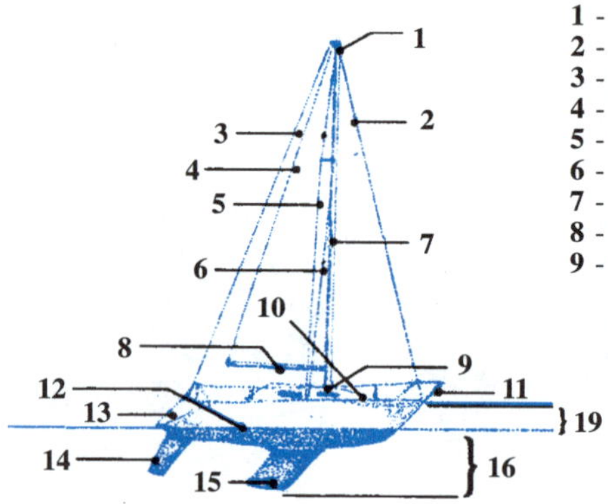

1 - Testa d'albero
2 - Strallo di prua
3 - Strallo di poppa
4 - Amantiglio
5 - Sartia alta
6 - Sartia bassa
7 - Albero
8 - Boma
9 - Piede dell'albero (scassa se sistemato in coperta, mastra se l'albero attraversa lo scafo piantandosi sul fondo dell'imbarcazione, nella sua scassa)

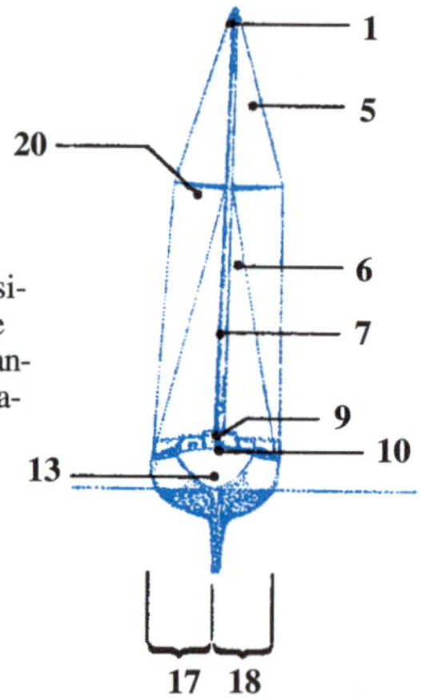

NOMENCLATURA VELICA

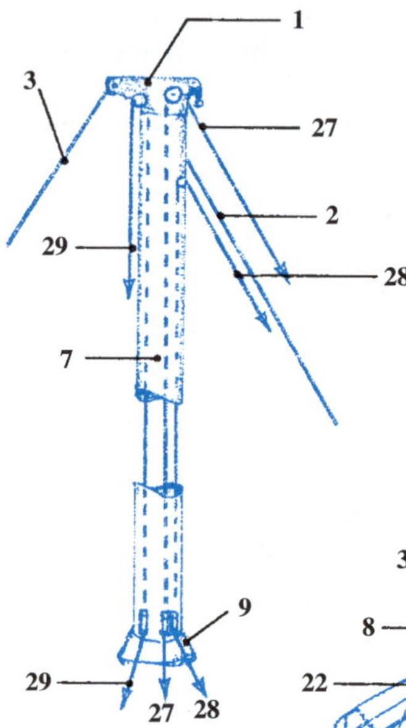

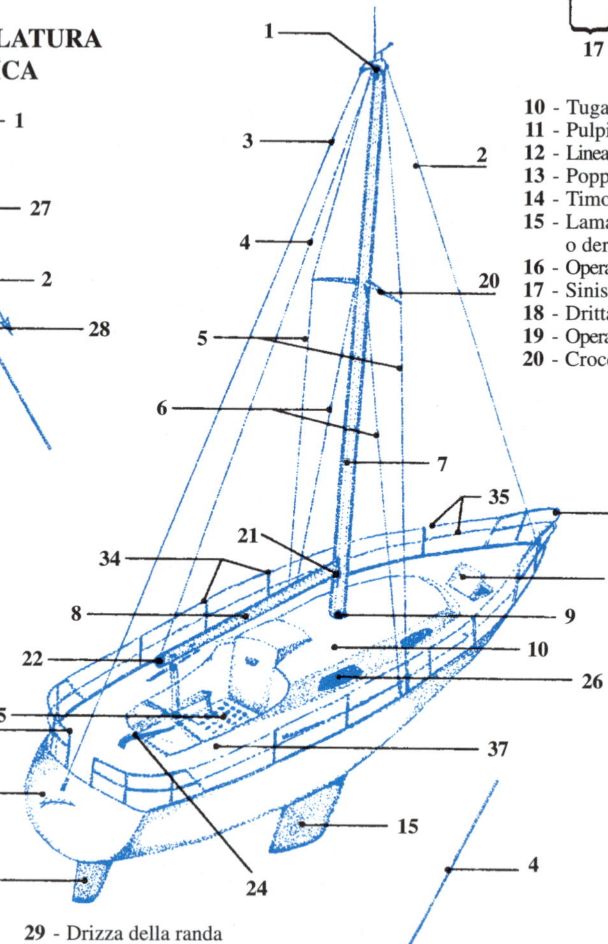

10 - Tuga
11 - Pulpito
12 - Linea di galleggiamento
13 - Poppa
14 - Timone
15 - Lama antiscarroccio o deriva
16 - Opera viva o murata
17 - Sinistra
18 - Dritta
19 - Opera morta o murata
20 - Crocetta

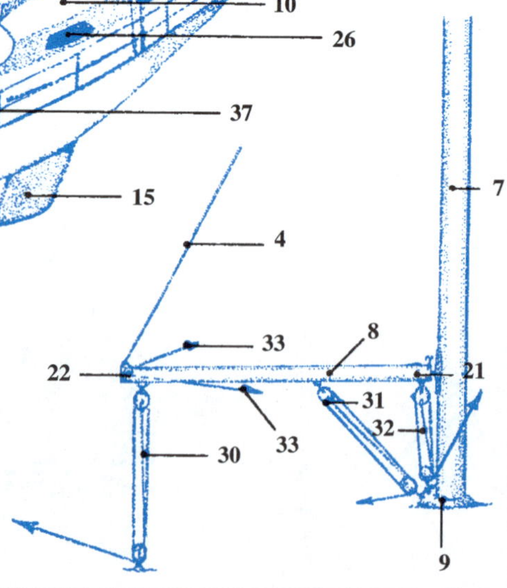

21 - Trozza (la ferramenta del boma che gli consente di muoversi orizzontalmente e verticalmente
22 - Varea
23 - Boccaporti
24 - Barra del timone
25 - Carabottino
26 - Oblò
27 - Drizza dello spinnaker
28 - Drizza del fiocco
29 - Drizza della randa
30 - Scotta della randa
31 - Vang
32 - Caricabasso o alabasso
33 - Tesabugna, smagritore o tendibase
34 - Candelieri
35 - Draglie
36 - Balcone
37 - Passavanti

drizza. In ciascuno di questi angoli è sistemato un occhiello chiamato *brancarella* e attorno a questi sono applicati degli appositi rinforzi costituiti da alcuni strati di tessuto più pesante.

Ogni striscia di tessuto, che cucita assieme alle altre forma la vela, è detta *ferzo*. La randa ha la possibilità di essere ridotta di superficie (*terzarolata*), riducendo la lunghezza del lato di inferitura (cosa che si ottiene ammainando un certo tratto di drizza e portando sul boma una nuova linea di scotta, parallela alla precedente). Per far ciò sulla randa sono sistemati, in corrispondenza di queste nuove linee di scotta, degli appositi occhielli rinforzati, detti *brancarelle di terzarolo*. Nelle brancarelle poppiere passa la manovra corrente detta *borosa di terzarolo*, che serve a portare in basso il nuovo angolo di scotta e a fissarlo saldamente al boma.

Lungo queste nuove linee di scotta sono sistemati appositi spezzoni di cavetto sottile, chiamati *matafioni*, che hanno il compito di raccogliere attorno al boma la tela eccedente dopo aver ridotto la superficie velica (*terzarolato*). Possono esservi più possibilità di riduzione della superficie della randa e a ogni striscia di tela che può essere sottratta all'azione del vento viene dato il nome di *benda* o *mano di terzarolo*.

La balùmina della randa, come abbiamo detto, ha una particolare forma arrotondata e, per assicurare che questa parte eccedente di tessuto possa restare ben tesa, in idonei punti sono ricavate delle apposite tasche, chiamate *vaine*, anche se molti preferiscono il termine più comune di *tasche*, all'interno delle quali vengono alloggiate delle *stecche* di materiale plastico.

La terminologia essenziale legata alle vele è la seguente:

– in *portare*, vela che riceve il vento sulla sua faccia poppiera e spinge in avanti lo scafo;

– a *collo*, è il contrario del termine precedente, per cui una vela riceve il vento sulla sua faccia prodiera, imprimendo allo scafo una spinta che tende a farlo retrocedere;

– *fileggia*, vela orientata nella stessa direzione del vento, per cui questa sbatte come se fosse una bandiera e non produce nessuna spinta propulsiva; dicesi anche che la vela è *in filo* o *in ralinga*;

– *tutta fuori*, vela che è orientata in maniera da essere perpendicolare all'asse longitudinale dello scafo;

– *bordata*, quando agendo sulla scotta viene portato sopravento l'angolo di scotta, orientando convenientemente la vela;

– *cazzare* è il termine che viene adoperato per tesare una scotta; dal momento che tesando una scotta cioè cazzandola si borda la vela a cui questa è assicurata spesso il termine cazzare viene riferito impropriamente anche alla vela.

— Il vento e i suoi effetti sullo scafo e sulle vele

Il vento è, per così dire, il "carburante" che alimenta il "motore" vela. È la sua azione sulla superficie esposta della vela che causa quella spinta che viene trasmessa allo scafo e ne produce il suo avanzamento. Distinguiamo tre tipi di vento, il primo è quello *atmosferico* o *meteorologico*, generato dal movimento delle masse d'aria dovuto a cause me-

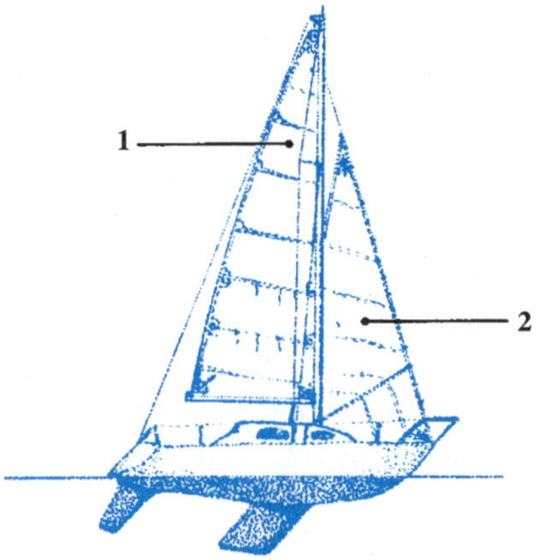

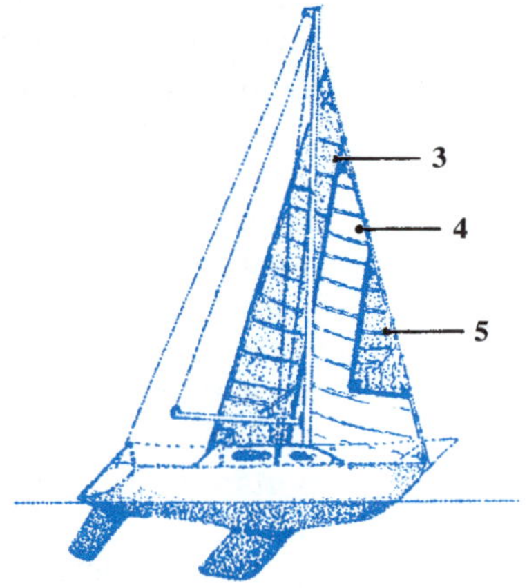

NOMENCLATURA VELICA

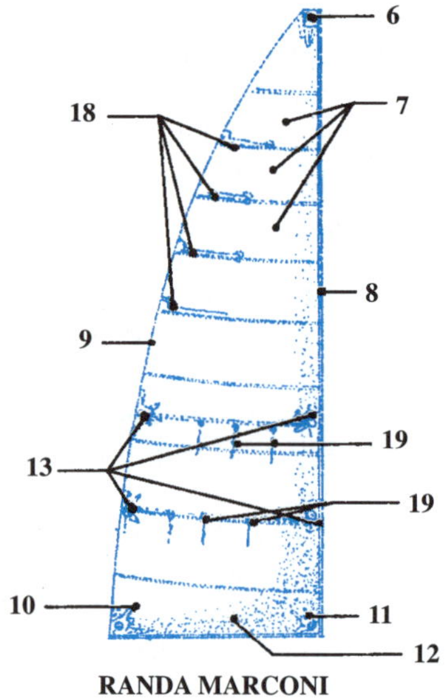

RANDA MARCONI

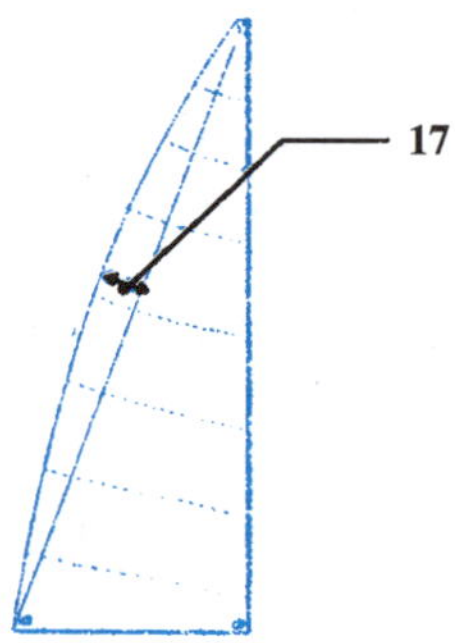

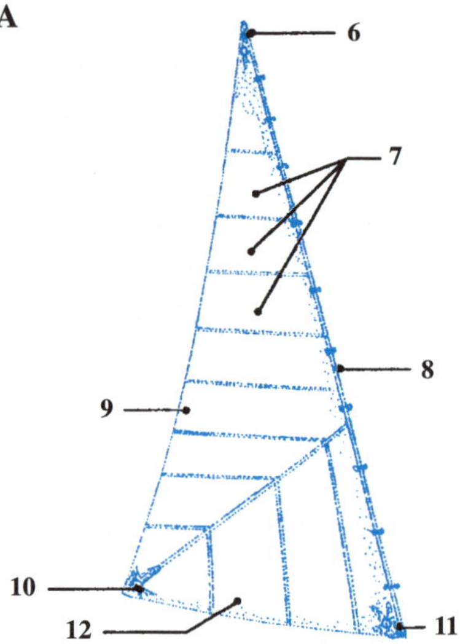

FIOCCO

1 - Randa marconi
2 - Fiocco
3 - Genoa
4 - Fiocco
5 - Tormentina
6 - Angolo di penna o di drizza
7 - Ferzi
8 - Caduta prodiera o lato inferitura
9 - Caduta poppiera o balumina
10 - Angolo di scotta o bugna di scotta
11 - Angolo di mura
12 - Base o linea di scotta
13 - Brancarelle di terzarolo
14 - Gratile di inferitura
15 - Garroccio
16 - Strallo di prua
17 - Allunamento
18 - Vaine o tasche
19 - Matafioni

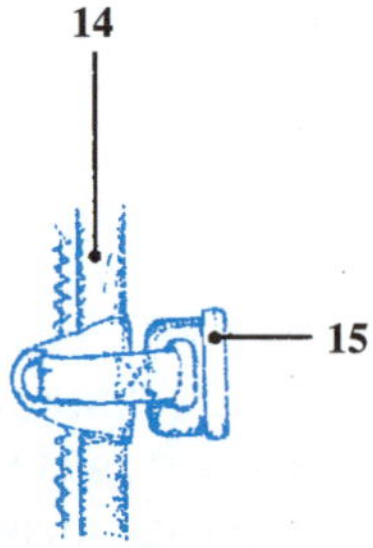

GARROCCIO DELLA RANDA

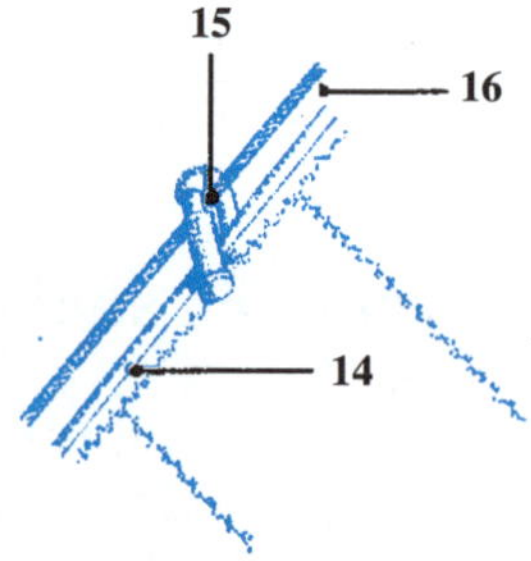

GARROCCIO DEL FIOCCO

SPINNAKER

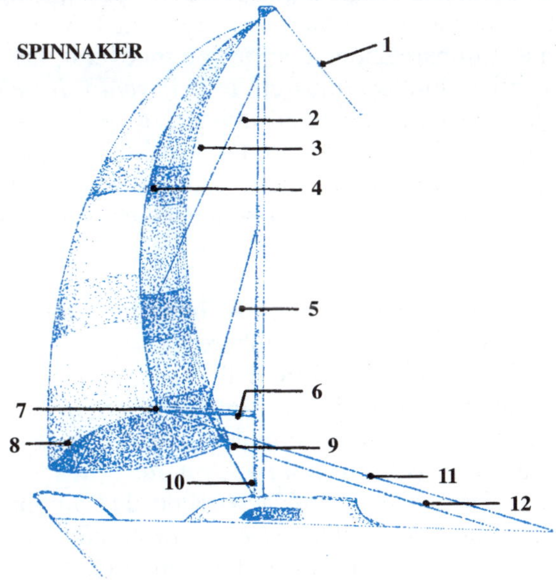

1 - Strallo di poppa
2 - Strallo di prua
3 - Bordo d'uscita
4 - Bordo d'attacco
5 - Amantiglio
6 - Tangone
7 - Angolo di mura
8 - Base
9 - Angolo di scotta
10 - Caricabasso
11 - Mura
12 - Scotta
13 - Albero di maestra
14 - Albero di mezzana
15 - Vela di mezzana o randa di maestra
16 - Vela di maestra o randa di maestra
17 - Albero di maestra
18 - Albero di trinchetto
19 - Vela di trinchetto
20 - Fiocco
21 - Vela di maestra
22 - Trinchetta
23 - Albero di maestra
24 - Albero di mezzana
25 - Mezzanella
26 - Genoa
27 - Randa di maestra

NOMENCLATURA VELICA

SLOOP

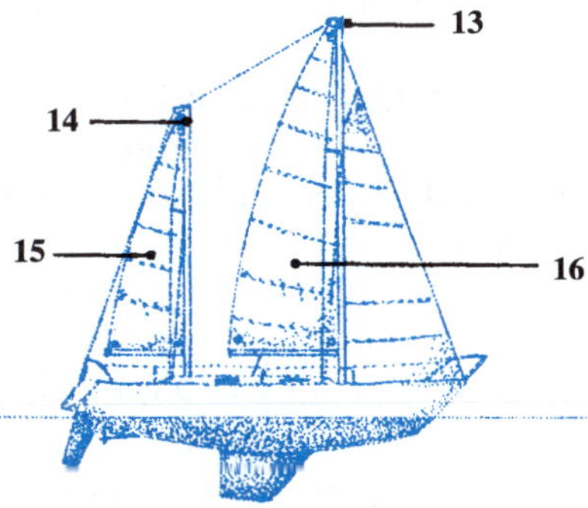

KETCH

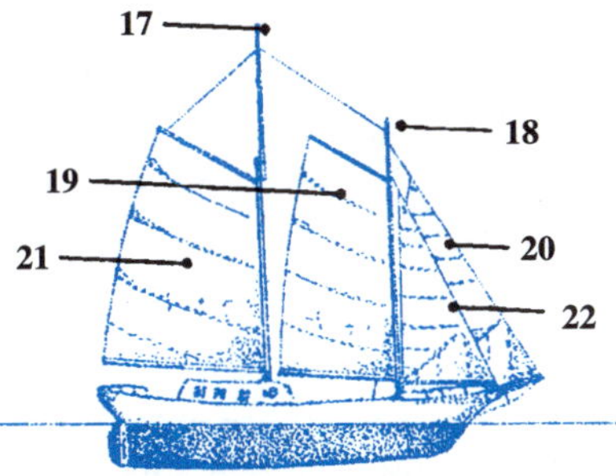

GOLETTA AURICA

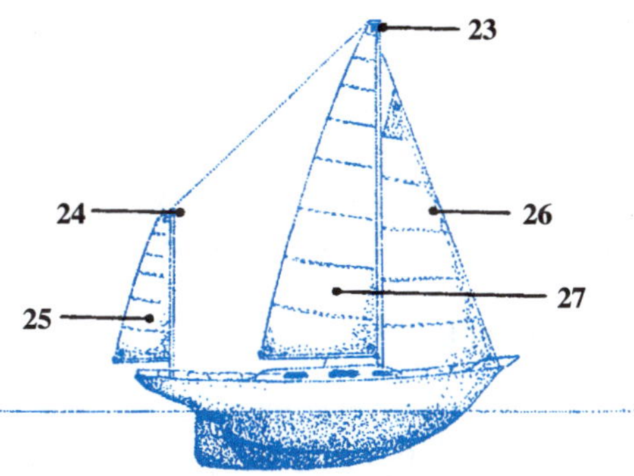

YAWL

teorologiche (da cui il nome). È grazie a questo vento che l'imbarcazione a vela comincia a muoversi, una volta issate e regolate le vele.

Ma, proprio quando l'imbarcazione comincia a muoversi, un nuovo vento viene a sommarsi a quello atmosferico; è il *vento di velocità*, uguale e contrario alla velocità assunta dall'imbarcazione. La risultante di questi due venti origina il vero vento sfruttato dall'imbarcazione durante il suo moto, il *vento apparente*. È su quest'ultimo vento che le vele dell'imbarcazione, una volta abbrivata, dovranno essere orientate.

Equilibrio velico

Il vento, investendo la superficie velica secondo un certo angolo, non produce soltanto l'avanzamento dell'imbarcazione ma anche altri effetti che influenzano il moto e l'equilibrio dell'imbarcazione.

Teniamo presente, innanzi tutto, che la risultante (*forza aerodinamica*) di tutte le forze spinta generate dal fluire del vento lungo la superficie velica è applicata al *centro velico* o *centro di spinta*.

Se scomponiamo la forza aerodinamica secondo due componenti, l'una parallelamente al piano longitudinale e l'altra parallelamente al piano trasversale dello scafo, otterremo le due componenti: *forza di avanzamento* e *forza di scarroccio*. La prima è quella che principalmente causa l'avanzamento dello scafo, la seconda tende a farlo spostare lateralmente e sottovento (*scarrocciare*). A quest'ultima forza si contrappone la *portanza* (componente perpendicolare della *forza idrodinamica* generata dalla deriva che scorre nell'acqua e applicata nel *centro di deriva*).

La *componente di avanzamento*, oltre a far avanzare lo scafo, causa:

– una *immersione della prua*, tanto più pronunciata quanto più la vela è orientata perpendicolarmente allo scafo.

La *componente di scarroccio* causa:

– una *tendenza* a far avvicinare la prua alla direzione da cui proviene il vento (*orzare*) o una tendenza ad allontanare la prua dalla direzione da cui proviene il vento (*poggiare*) a seconda che il centro velico si trovi a poppavia o a pruavia del centro di deriva; pertanto, generalmente, fiocchi e vele di prua causano una tendenza poggiera, mentre la randa causa una tendenza orziera;

– uno *sbandamento sottovento*;

– uno *scarroccio*.

La regolazione della posizione dell'albero, della sua inclinazione, e delle dimensioni delle vele di prua e della randa, oltre che la quantità e la posizione dei pesi a bordo, influenzano l'equilibrio complessivo. In linea di massima le imbarcazioni a vela vengono regolate in modo tale da avere una leggera tendenza orziera (ai fini della sicurezza e anche per avere una maggiore sensibilità del timone).

— Andature

A seconda dell'angolo da cui proviene il vento, rispetto all'asse longitudinale di una imbarcazione a vela, si hanno diverse andature (gli angoli sono indicativi e, comunque, dipendono dal tipo di imbarcazione, dal tipo di vele e dal loro armamento) e precisamente:

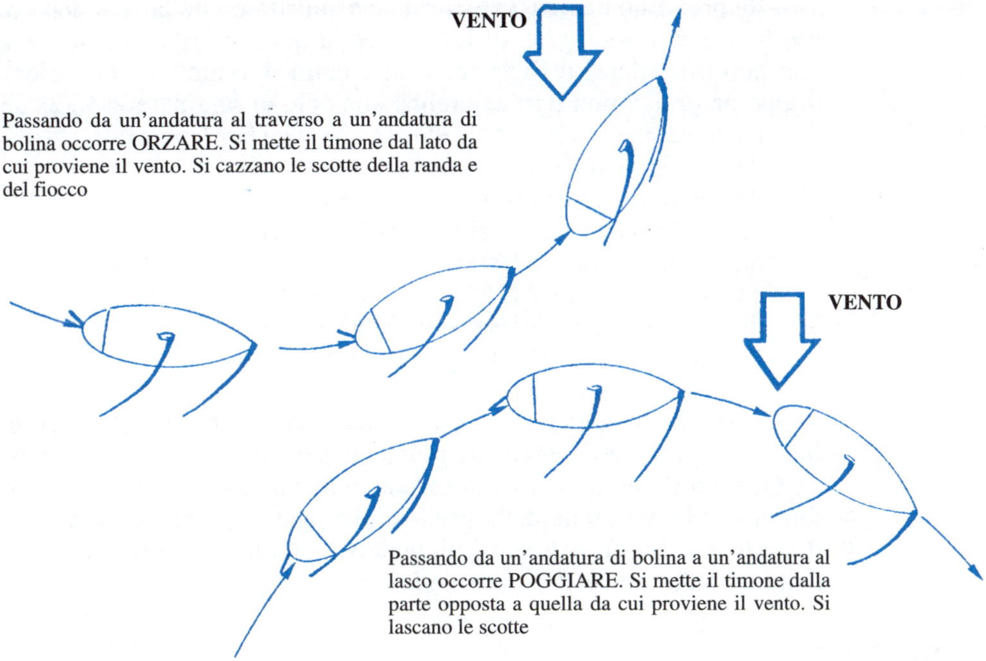

Passando da un'andatura al traverso a un'andatura di bolina occorre ORZARE. Si mette il timone dal lato da cui proviene il vento. Si cazzano le scotte della randa e del fiocco

Passando da un'andatura di bolina a un'andatura al lasco occorre POGGIARE. Si mette il timone dalla parte opposta a quella da cui proviene il vento. Si lascano le scotte

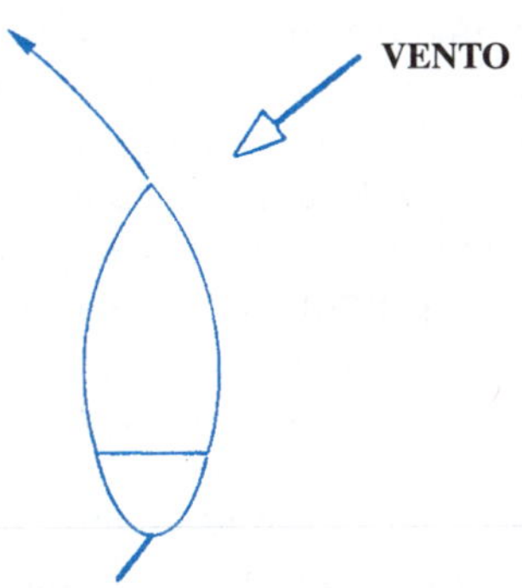

Poggiare = Accostare, allontanando la prua dalla direzione da cui proviene il vento

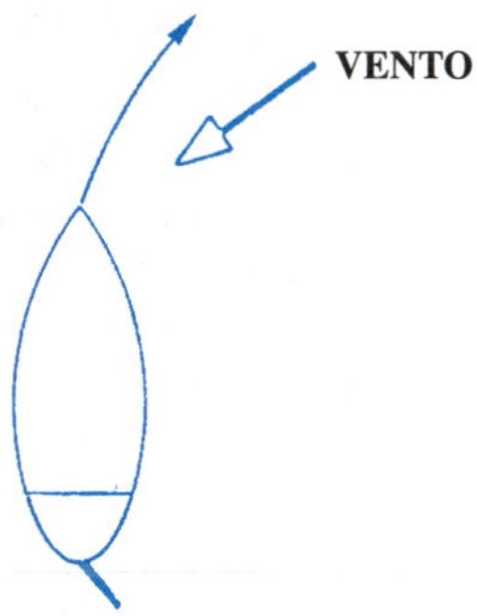

Orzare = Accostare, portando la prua verso la direzione dalla quale proviene il vento

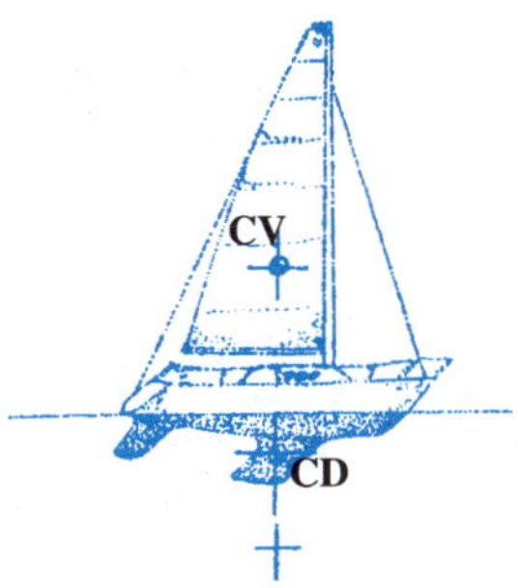

Centro di velatura Cv allineato verticalmente con il centro di deriva Cd

Barca centrata

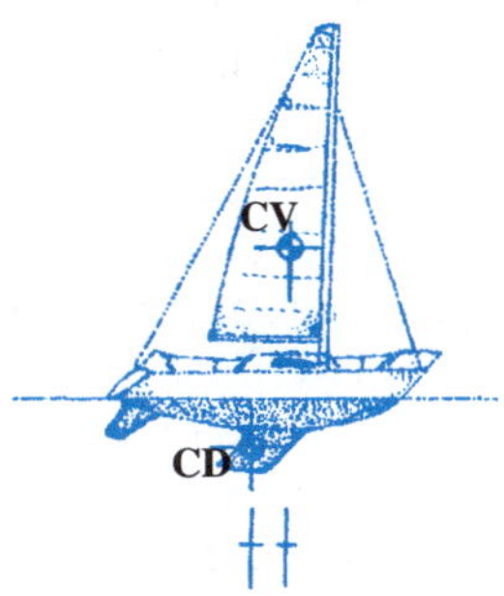

Centro di velatura Cv spostato a pruavia del centro di deriva Cd

Barca poggiera

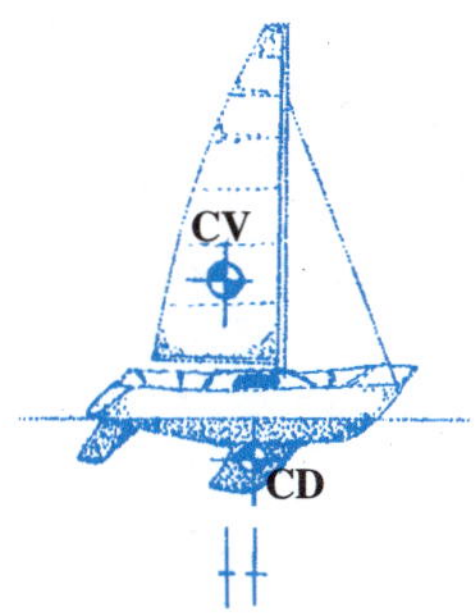

Centro di velatura Cv spostato a poppavia del centro di deriva Cd

Barca orziera

– da prua fino a circa 35° a dritta e a sinistra esiste la così detta *zona proibita* o *di bordeggio*, all'interno della quale l'imbarcazione a vela non può procedere in linea retta, in quanto il vento sarebbe orientato troppo da prua e non permetterebbe alle vele di originare la forza aerodinamica, ma è costretta a procedere a zig-zag (*bordeggiare*);

– da 35° fino a 45° si ha la *bolina stretta*;

– da 45° fino a circa 60° si ha la *bolina*;

– da 60° fino a circa 75° si ha la *bolina larga*;

– da 75° fino a circa 110° si ha il *traverso*;

– da 110° fino a circa 135° si ha il *lasco*;

– da 135° fino a circa 160° si ha il *gran lasco*;

– da 160° fino a 180° si ha il *fil di ruota* o *poppa*.

Queste stesse andature si hanno con il vento che proviene da dritta (*mure a dritta*) e con vento che proviene da sinistra (*mure a sinistra*).

Quando il vento cambia direzione, aumentando l'angolo che questo forma con la direzione della prua, si dice che *ridonda*, quando, invece, il vento cambia direzione diminuendo l'angolo che forma con l'asse longitudinale si dice che *scarseggia*.

— Manovre

Le principali manovre di una imbarcazione a vela sono:

– *orzare*, manovrare con il timone e regolare le vele in modo tale da avvicinare la prua alla direzione dalla quale proviene il vento (esempio: si orza, se si passa da un'andatura di lasco a una di bolina o dall'andatura di gran lasco al traverso, mantenendo le stesse mure);

– *poggiare*, manovrare con il timone e regolare le vele in modo tale da allontanare la prua dalla direzione dalla quale proviene il vento (esempio: si poggia passando dalla bolina al traverso o anche dal traverso al lasco, etc.);

– *virare*, cambiare di mure (fare in modo che il vento colpisca l'imbarcazione dal lato opposto), orzando e passando da una bolina stretta a un lato alla corrispondente bolina stretta dal lato opposto;

– *strambare* e *abbattere*, cambiare di mure poggiando, passando cioè da un'andatura di gran lasco con vento da un lato all'andatura di gran lasco con vento dal lato opposto;

– *prendere la cappa*, manovra che consiste nel regolare le vele e il timone in modo da rallentare notevolmente l'imbarcazione e farla avanzare con pochissimo abbrivo, facendola scarrocciare sottovento, senza far fileggiare o ammainare le vele, mantenendo vento e mare al mascone e lasciando sopravento una zona di mare calmo (*remora*);

– *prendere un gavitello*, è la manovra che consiste nel governare l'imbarcazione in modo tale da presentarsi, con il vento di prua, con pochissimo abbrivo, ammainando la vela di prua (ma stando pronti ad issarla nuovamente se dovesse essere necessario) a portata di *mezzo marinaio* per poter prendere il gavitello del corpo morto e ormeggiarsi quindi *alla ruota* o *rinculare* fino a giungere in banchina;

– *lasciare il gavitello* è la manovra opposta, che viene eseguita quando si vuol salpare filandosi fino al gavitello; la manovra consiste nell'is-

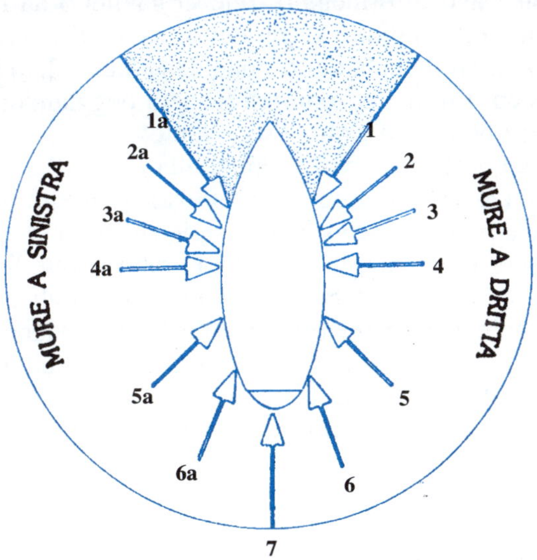

L'ANDATURA è l'angolo formato tra l'asse longitudinale dello scafo e la direzione da cui proviene il vento. La direzione del vento è data dal MOSTRAVENTO, l'intensità del vento è data dall'ANEMOMETRO

1 - Bolina stretta con mure a dritta
1a - Bolina stretta con mure a sinistra
2 - Bolina con mure a dritta
2a - Bolina con mure a sinistra
3 - Bolina larga con mure a dritta
3a - Bolina larga con mure a sinistra
4 - Traverso con mure a dritta
4a - Traverso con mure a sinistra
5 - Lasco con mure a dritta
5a - Lasco con mure a sinistra
6 - Gran lasco con mure a dritta
6a - Gran lasco con mure a sinistra
7 - Poppa o fil di ruota: si distingue l'andatura in poppa con mure a dritta e con mure a sinistra; nel primo caso il boma è bordato a sinistra, nel secondo a dritta

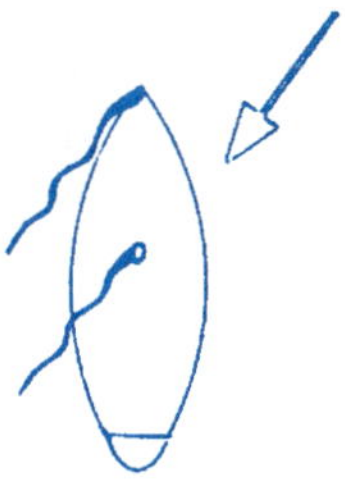

Le vele che FILEGGIANO sono nel letto del vento

Le vele che ricevono il vento sulla loro faccia poppiera sono in PORTARE

Le vele che ricevono il vento sulla loro faccia prodiera; sono a COLLO

Se il vento ruota spostandosi verso poppa si dice che RIDONDA.
Lascare le scotte o orzare

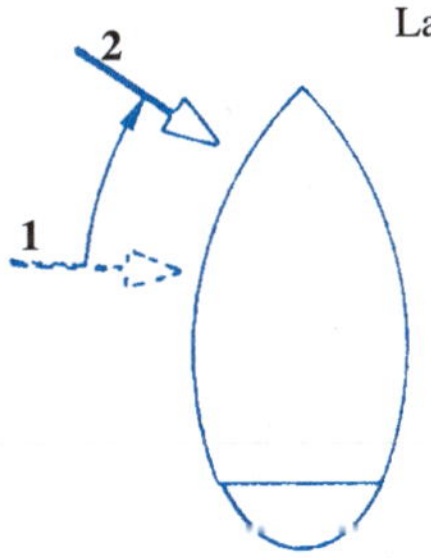

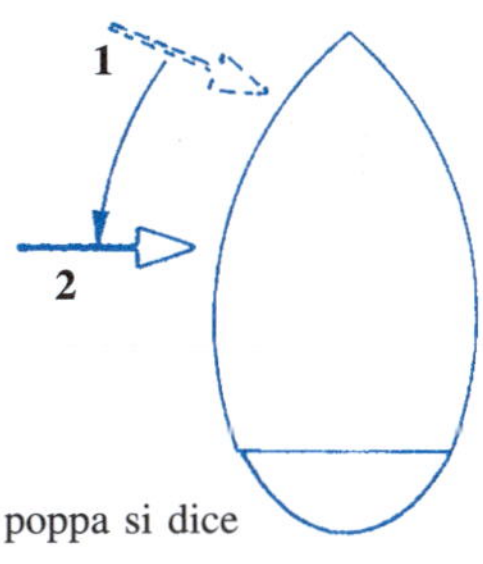

Se il vento ruota spostandosi verso poppa si dice che SCARSEGGIA.
Cazzare le scotte, poggiare o virare

La boa B si trova sopravvento alla barca A e al pontile P.
La barca A si trova sottovento alla boa B e sopravvento al pontile P.
Il pontile P si trova sottovento alla barca A e alla boa B.

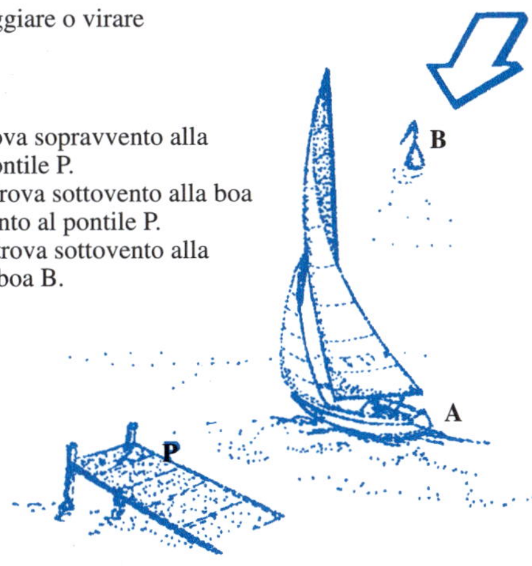

sare le vele e nell'alarsi sul cavo di ormeggio, fino al gavitello da lasciare; a questo punto, una volta mollato il gavitello, sarà sufficiente mettere a collo il fiocco e mettere la pala del timone dallo stesso lato in cui abbiamo bordato il fiocco; l'imbarcazione retrocederà poggiando; a distanza conveniente borderemo fiocco e randa sottovento;

– *dare fondo all'ancora*, questa manovra è simile alla *presa di gavitello* con la variante che non dovranno ammainarsi le vele e questo per garantire la prontezza di manovra nel caso sia necessario ripeterla.

Giunti sul punto scelto per l'ancoraggio con barca praticamente ferma, fileremo in mare l'ancora con la catena, ma solo di una lunghezza uguale alla profondità del mare, e ammaineremo il solo fiocco. Quando, per effetto del vento sullo scafo, l'imbarcazione retrocederà, fileremo altra catena fino a una lunghezza pari a 3-6 volte la profondità (secondo le situazioni), a questo punto agguanteremo per vedere se l'ancora ha *fatto presa* sul fondo.

Riduzione della velatura

Quando per l'aumentare della forza del vento si è costretti a ridurre la superficie velica possiamo operare, o sostituendo le vele con altre di misure più ridotte e tessuti più resistenti o, semplicemente, sottraendo al vento parte della superficie di una vela (*terzarolare*).

Generalmente vengono sostituite le vele di prua con altre più piccole o più pesanti, oppure vengono arrotolate con un *avvolgifiocco,* mentre la randa viene semplicemente ridotta, *terzarolata* (a meno che non si ritenga necessario sostituirla con una più pesante e robusta).

La tecnica per la *presa di terzaroli* è la seguente:
– procedere con una *andatura di bolina*;
– *lascare la randa* in modo che non "porti";
– *lascare caricabasso e vang*;
– *mettere in forza l'amantiglio* del boma;
– *mollare il tanto di drizza necessario*;
– agguantare la *brancarella di mura* e *incocciarla alla trozza del boma*;
– tesare la borosa per *portare la brancarella di scotta sul boma*;
– regolare *la tensione della base*;
– *issare* e mettere in forza la drizza;
– *lascare l'amantiglio*;
– regolare il *caricabasso* e *vang*;
– *raccogliere* contro il boma *l'eccedenza di tela* con i matafioni;
– *far portare la randa* e riprendere l'andatura.

I NODI

Nodi di ingrossamento

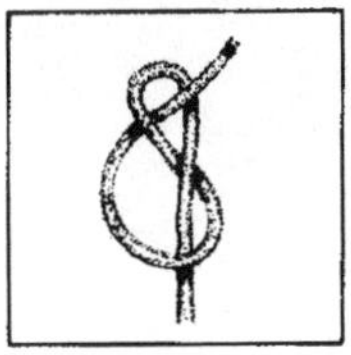
savoia

semplice

dello stivatore

di frate

pié di pollo semplice

Nodi di avvolgimento

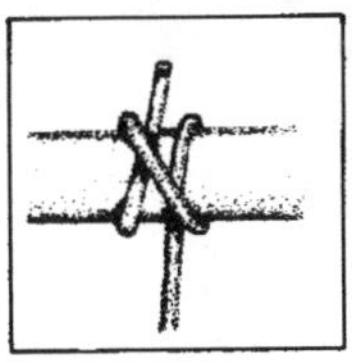
parlato semplice

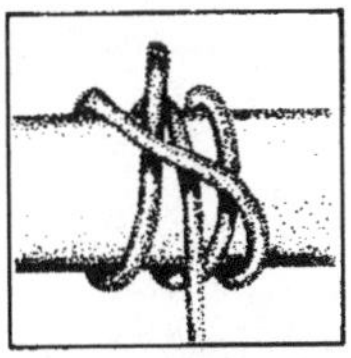
parlato doppio

da palamiti

serraglio

di drizza o mezzo collo ganciato

Nodi di congiunzione

bandiera o di scotta semplice

piano

tonneggio

del pescatore

del marinaio

Gasse

gassa d'amante semplice

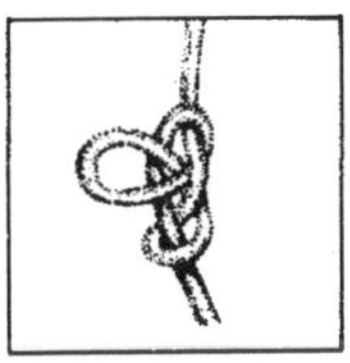
gassa nel doppino

gassa fissa

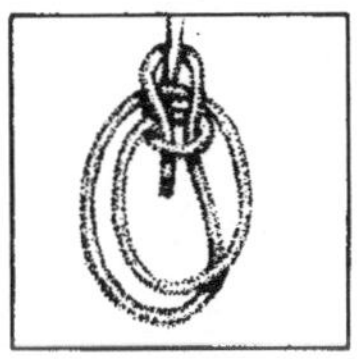
gassa d'amante francese

gassa d'amante doppia

Nodi di ancorotto - per anelli - di gancio

ancorotto

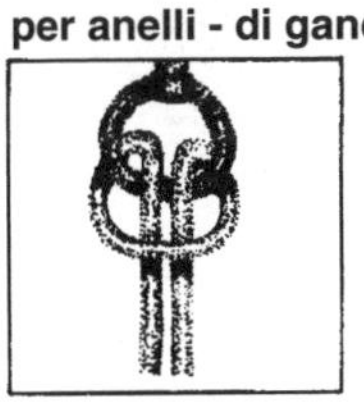
bocca di lupo

ganciato per anello

di gancio semplice

di gancio doppio

Nodi di accorciamento - volte - bozze - legature

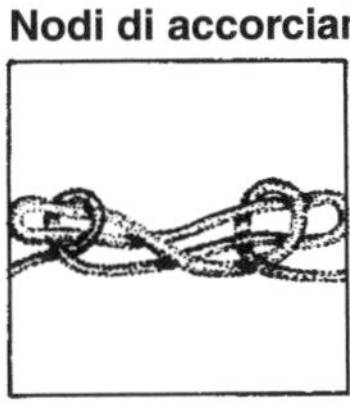
margherita

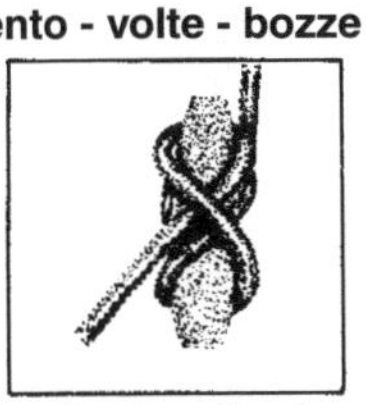
volta alla galloccia

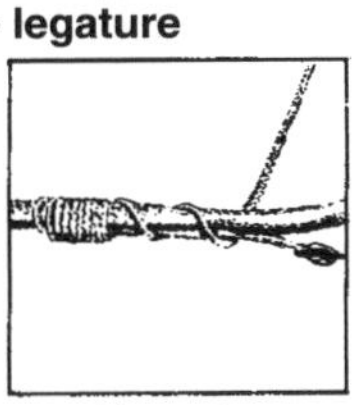
abbozzatura all'inglese

volta alla bitta

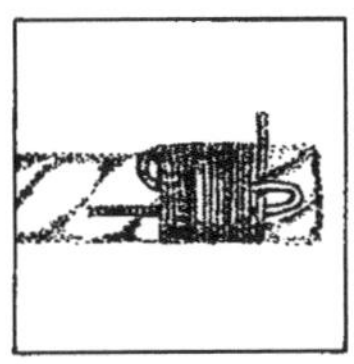
legatura piana in cima

CAPITOLO 7 ANCORAGGIO E ORMEGGIO

— Ancore e catene

L'*ancora* è quell'attrezzo metallico studiato e impiegato per "*mordere*" (far presa) sul fondo del mare, trattenendo in tal modo la nave o l'imbarcazione. Perché un attrezzo simile possa essere considerato una buona ancora, deve possedere alcune caratteristiche che definiremo necessarie:

– *facile presa con il fondo marino*;
– *ottima tenuta sul fondo*;
– *facile sistemazione a bordo.*

Queste caratteristiche, a loro volta, sono legate alle seguenti:

– *forma e peso dell'ancora*;
– *natura e tipo di fondale*;
– *tipo e caratteristiche dell'ormeggio assicurato all'ancora.*

Le ancore sono costituite da una fusione in lega d'acciaio, in una o più parti unite assieme mediante particolari accorgimenti, costituite da:

– il *fuso*, un pezzo verticale a sezione rettangolare, tonda o ovale, nella cui estremità superiore, la *testa*, è ricavato un foro, la *cicala*, al quale viene assicurato il *maniglione* (detto appunto *maniglione di cicala*), a cui è assicurata la catena o la cima dell'ancora;

– i *bracci* sono uniti all'ingrossamento, il *diamante*, che il fuso presenta nella sua parte inferiore, in modo fisso o mediante una particolare articolazione. Nelle ancore a marre articolate il *diamante* è più propriamente chiamato *maglio*. I bracci hanno una forma curva e terminano con una specie di punta, simile a quella di una lancia, che servono per far presa con il fondo del mare o, come più propriamente e brevemente dicono i marinai, per *mordere*; i bracci sono due, posti in croce con il fuso, e le loro estremità piatte sono le *marre* nelle quali si distinguono le due parti laterali dette *orecchie* e la parte terminale, leggermente appuntita, l'*unghia*;

– il *ceppo* è presente, quasi esclusivamente in quelle ancore in cui i bracci sono fissi; è costituito da un trave d'acciaio (anticamente era di legno) posto in croce con il fuso e perpendicolare al piano comprendente i bracci. Il ceppo normalmente ha una lunghezza maggiore di quella che intercorre tra le due unghie e ha lo scopo di costringere l'ancora a disporsi in modo da far sì che le marre possano mordere il fondo.

Vari tipi di ancora

I vari tipi di ancora, soprattutto quelle utilizzate sulle piccole e medie imbarcazioni, possono essere raggruppate in quattro grandi famiglie:

– *con ceppo*, tipo *Ammiragliato*;
– *a vomere* (*C.Q.R.*) e *ancore speciali* (*Bruce* e altre);
– *a marre articolate*;
– *grappini* o *ancorotti*.

Alla prima categoria appartengono quelle ancore a marre fisse, munite di un lungo ceppo e note a tutti con il nome di ancore *Ammiragliato*. Questo tipo di ancora è utilizzato su poche imbarcazioni, soprattutto su quelle d'epoca a vela o sui pescherecci.

Benché fosse un'ancora dalla tenuta eccezionale, il suo utilizzo si è via via ridotto soprattutto a causa della sua non agevole sistemazione a bordo e anche perché era facile che potesse *ammarrarsi* o *incepparsi* durante la manovra o negli inevitabili "giri alla ruota". È senza dubbio la miglior ancora soprattutto su fondali di alga (numerosi nel nostro Mediterraneo).

Le ancore della seconda categoria comprendono quella che ormai, assieme all'ancora tipo *Danforth*, appartenente alla categoria delle ancore con marre articolate, può considerarsi una delle ancore maggiormente utilizzate a bordo delle nostre imbarcazioni da diporto; si tratta dell'ancora *C.Q.R.*

Ideata in Inghilterra per essere utilizzata a bordo degli idrovolanti, la *C.Q.R.* doveva possedere ottime caratteristiche di presa e tenuta sul fondo avendo contemporaneamente un minimo peso, qualità necessaria a bordo di un aeromobile.

Il termine C.Q.R. è un acrostico derivante dalla parola inglese *secure* che significa "sicuro", "tranquillo", e nella nautica da diporto ancora oggi è considerata una delle ancore più affidabili.

I vantaggi che questo tipo di ancora presenta sono l'eccellente tenuta su quasi tutti i tipi di fondale (fanno eccezione i fondali costituiti da dense praterie di alghe) e, inoltre, un rapporto peso/tenuta vantaggioso, il che consente un risparmio di peso pur mantenendo alta la tenuta sul fondo. Non possiede ceppo e le marre, a differenza dall'*Ammiragliato*, mordono entrambe, il che evita ogni possibilità di *ammarrare* o *inceppare*.

Ma senza dubbio la caratteristica principale di questa ancora è che assai raramente *ara* (non morde il fondo) e, qualora ciò succedesse, l'ancora presenta la pregevole caratteristica di mantenere, mentre ara, la tenuta con il fondo.

Per contro la *C.Q.R.*, oltre alla già citata difficoltà di presa su fondali ricchi di alghe (compensato peraltro dalla sua capacità di tenuta anche mentre ara), ha la difficile sistemazione a bordo, soprattutto quando viene stivata nel gavone di prua.

L'altra ancora appartenente a questa categoria è l'ancora *Bruce*, anche questa di fabbricazione inglese, che non presenta nessuna articolazione e termina con una larga marra a forma di ali. È un'ancora difficile da stivare e comunque presenta a parità di peso, qualità leggermente inferiori alla *C.Q.R.* Nata per uso industriale (nel 1972) per essere

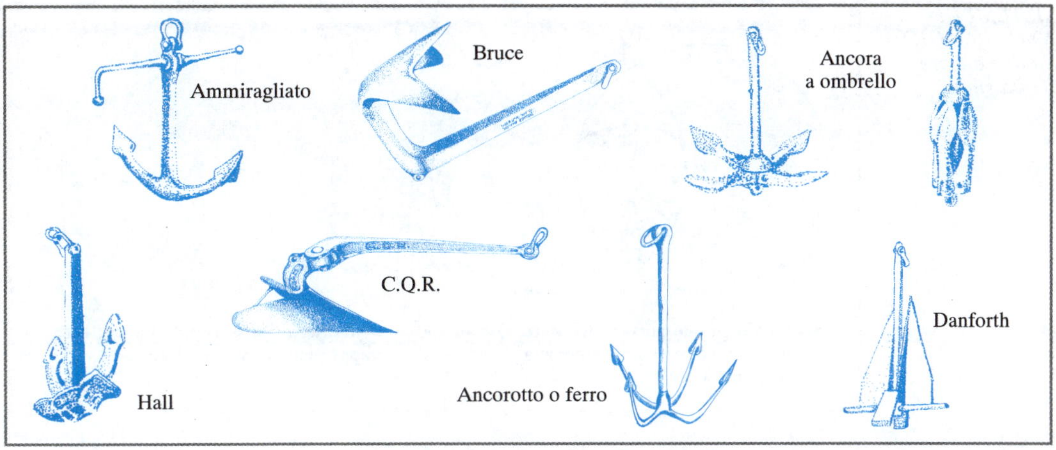

utilizzata come ormeggio fisso delle piattaforme del Mare del Nord, presenta il vantaggio di possedere un'ottima presa su tutti i 360°, oltre ad avere una buona presa anche se utilizzata con cavo "a corto".

Al gruppo delle ancore con marre articolate appartengono tutte quelle sprovviste di ceppo, che hanno sostituito le prime ancore tipo *Ammiragliato*, non solo a bordo delle piccole e medie imbarcazioni da diporto, ma anche delle navi più grosse. Queste ancore, trascurando quelle tipo *Hall*, e altre simili, utilizzate soprattutto sulle navi o grosse imbarcazioni a motore, comprendono quelle che molto più comunemente sono dette "ancore piatte" per la loro particolare forma.

La capostipite di queste ancore è la *Danforth* che assieme ad altre simili (*Fob*, *Salle*, *Britany*, etc.), come diffusione contende il primato alla *C.Q.R.* e alla *Bruce* a bordo delle imbarcazioni da diporto.

L'inconveniente della *Danforth* è la debolezza che presenta nelle larghe marre, che soprattutto quando viene *spedata* possono deformarsi a causa del grande sforzo che spesso occorre esercitare durante tale operazione. Questo inconveniente può tuttavia essere eliminato se si ha l'accortezza di disporre una *grippia*, come vedremo in seguito.

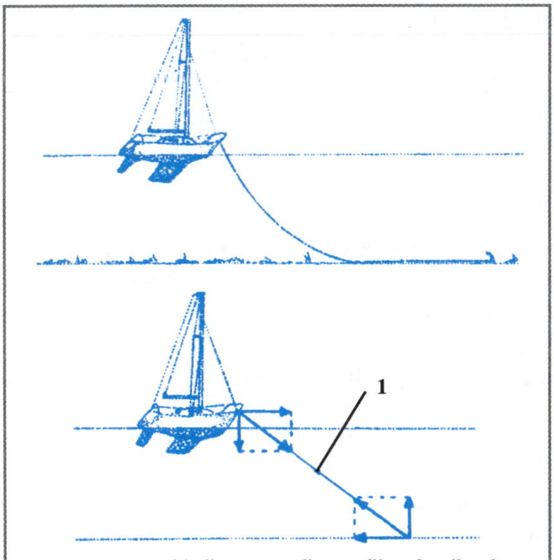

1. Calumo: quantità di catena o di cavo filata fuoribordo

All'ultimo gruppo appartengono gli *ancorotti* o *grappini,* che date le loro dimensioni e caratteristiche sono destinate soprattutto a piccole imbarcazioni; non possiedono buone qualità di tenuta e vengono impiegati quasi esclusivamente con bel tempo.

SISTEMI DI ANCORAGGIO. Su due ancore o alla ruota.

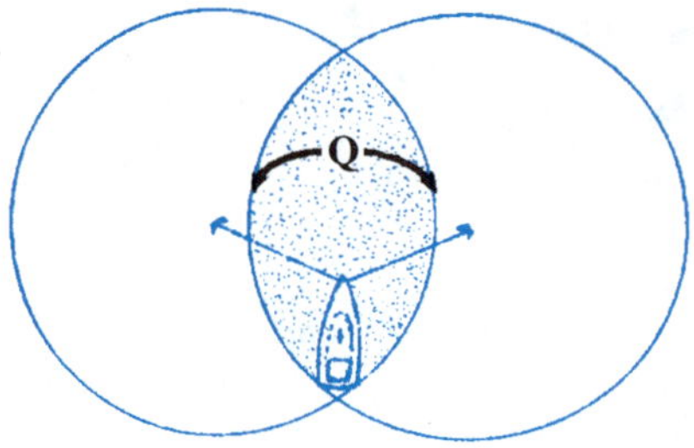

Ancoraggio su due ancore. Afforco “Q”: angolo d’afforco. La parte scura rappresnta il campo di giro sulle due ancore.

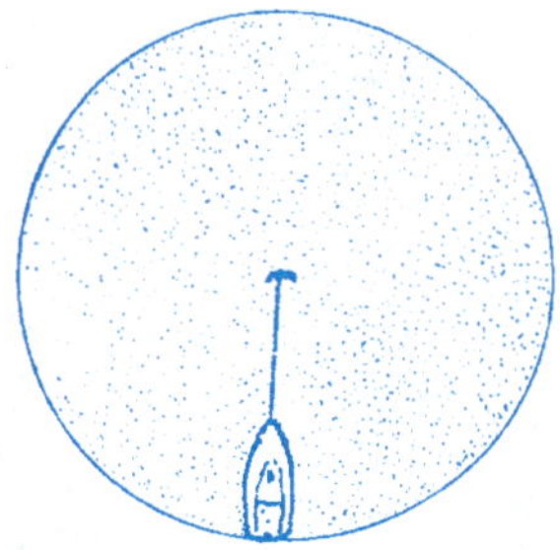

Ancoraggio alla ruota. La parte scura rappresenta il campo di giro.

— La catena

La catena è quell’insieme di anelli aventi forma ovale e costituiti da tondino di ferro o di acciaio, uniti gli uni negli altri. Ciascuno di questi anelli prende il nome di *maglia* e può essere o meno dotato di uno scontro metallico, detto *traversino* e disposto secondo il suo asse minore. La funzione del traversino nelle maglie della catena è quella di evitare lo schiacciamento per trazione della maglia quando la catena è sotto sforzo e anche quello di impedire che le maglie si ingarbuglino. Il *calibro* della catena è stabilito dal diametro del tondino di ferro con cui sono realizzate le sue maglie.

Le catene vengono prodotte in spezzoni lunghi ciascuno 25 metri; questi possono essere all’occorrenza uniti tra di loro utilizzando appositi *maniglioni* d’unione o, per le catene di dimensioni maggiori, per mezzo di maglie particolari di tipo smontabile come la maglia *Kenter* o altre simili. Il peso (*P*) di una catena in chilogrammi si può dedurre empiricamente utilizzando la formula approssimata che fornisce il peso di 100 metri di catena:

$$P = 2{,}20 \times c^2$$

dove *P* viene data in *Kg* e “*c*” rappresenta il calibro della catena in millimetri.

— Linea d’ormeggio

Per *linea d’ormeggio* definiamo la sola catena o la catena più la cima che collega l’ancora con l’imbarcazione. Esaminiamo quali sono le forze in gioco in un ormeggio con ancora; per semplificazione, considereremo la linea d’ormeggio come una linea retta (in realtà il peso della catena o del cavo fanno sì che questa presenti la caratteristica forma di una catenaria).

Lo scafo ormeggiato alla ruota (su una sola ancora) è soggetto alle forze perturbatrici esterne, come l’azione del vento, del mare o della corrente, che tendono a spingerlo, facendolo indietreggiare. A questa forza si oppone la catena con una forza, *S* in figura, che si trasmette all’ancora. Scomponendo questa forza secondo le direzioni orizzontale e verticale, si ottengono *O* e *V*. Delle due, la prima è quella che si oppo-

LE FORZE CHE AGISCONO SULLA CATENA DELL'ANCORA. *La forza della catena **S** si strasmette all'ancora; scomponendo la forza **S** nelle due componenti, secondo le direzioni orizzontale e verticale, si ottengono le forze **O** e **V**.*

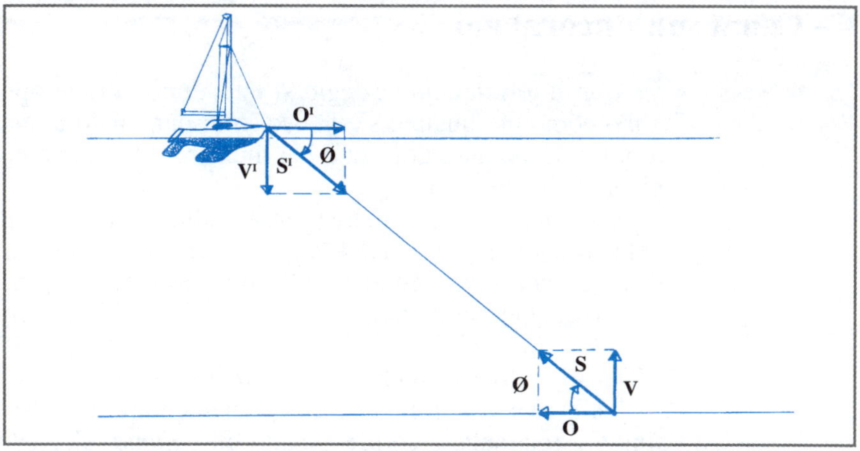

ne allo spostamento dello scafo ed è anche quella che agisce sull'ancora imprimendole la forza necessaria affinché possa affondare, mordendo; la seconda è la forza che tende a *spedare* (farla fuoriuscire dal fondo) l'ancora.

Da notare, nella figura in alto, come le due forze componenti *O* e *V* dipendano dall'ampiezza dell'angolo *ø*; più precisamente, la componente di tenuta *O* aumenta con il diminuire dell'angolo *ø*, mentre la componente verticale *V*, che tende a spedare l'ancora, aumenta quando aumenta l'angolo *ø*. Da queste considerazioni appare evidente che la linea d'ormeggio, qualunque sia la sua natura, deve assicurare la condizione su esposta; deve agire quanto più orizzontalmente possibile, soprattutto in vicinanza dell'ancora. Basta riflettere su quanto si è stabilito sperimentalmente sul potere di tenuta di un'ancora per comprendere quanto sia importante far sì che l'ancora agisca orizzontalmente.

Si è constatato che quando la linea d'ormeggio forma, in vicinanza del maniglione dell'ancora, un angolo di 5 gradi rispetto al piano orizzontale, la tenuta dell'ancora si riduce di un quarto, mentre si riduce addirittura del 50 per cento se tale angolo raggiunge il valore di 15 gradi! Consideriamo ancora che il peso della catena contribuisce enormemente al mantenimento del valore minimo dell'angolo *ø*, facendo sì che tutta la forza *S* agisca parallelamente al fondo, rendendo nulla la componente verticale che tenderebbe a spedare l'ancora (un'ancora che non si speda e che non ara è la prima condizione per un ancoraggio sicuro).

Molti degli insuccessi di un ancoraggio sono legati a una non adeguata linea d'ormeggio. È fuori dubbio che, per qualsiasi circostanza e per qualsiasi imbarcazione, la linea d'ormeggio che offra le migliori garanzie, almeno per l'ancora principale, sarà quella costituita da sola catena.

La linea d'ormeggio mista (catena più cavo) dovrebbe essere utilizzata per tutti gli ormeggi secondari. La presenza del pezzo di catena, lungo almeno 50 metri, sistemato immediatamente dopo il maniglione dell'ancora, serve a far sì che questa lavori quanto più orizzontalmente possibile e inoltre, se la lunghezza della catena è quella consigliata, dovrebbe ridurre l'usura del cavo che striscia sul fondo.

— Cenni sull'ancoraggio

Con il termine *ancoraggio* si intendono tutte le operazioni che vengono compiute quando si sia deciso di dar fondo a una o più ancore. Il termine viene pure utilizzato per indicare il luogo favorevole all'ormeggio con ancore.

È buona norma, in mare, pensare alla sicurezza dell'imbarcazione e del suo equipaggio, tenendo presente che in linea di massima le norme di legge che impongono le dotazioni da tenere a bordo si riferiscono sempre a quelle minime.

Ci sono diversi modi per ancorare un'imbarcazione:

– alla *ruota*, è il modo classico di ancorare una imbarcazione, dando fondo a una sola ancora e filando un *calumo* adeguato alla profondità del mare e alle condizioni meteomarine;

– col *pennello*, viene utilizzato, dando fondo a due ancore, in modo che la catena della prima (il *pennello*) sia assicurata al diamante della seconda (ancora *di posta*);

– *afforcata*, è quel sistema mediante il quale si dà fondo a due ancore con le rispettive catene in maniera che tra di esse si formi un angolo, detto *angolo di afforco*, con ampiezza variabile tra i 120° e i 60° in caso di poco vento, mentre è consigliabile che l'angolo tra i due calumi sia inferiore ai 45 gradi nel caso che il vento sia teso. Questo sistema limita di molto il *campo di giro*, cioè lo specchio acqueo entro il quale l'imbarcazione può ruotare per effetto del vento e della corrente.

Se si prevede la possibilità di aumento della intensità del vento, sarà opportuno afforcare con angolo prossimo ai 60 gradi e scegliere un luogo di ancoraggio che permetta di aumentare il calumo (riducendo in tal modo l'angolo di afforco).

— Scelta dell'ancoraggio

La premessa indispensabile per effettuare un buon ancoraggio è la conoscenza e lo studio preliminare di alcuni fattori, quali:

– l'*individuazione* dello specchio d'acqua sufficientemente protetto dal vento e dal mare;

– la *natura del fondo* e, conseguentemente, il punto dove dar fondo;

– l'*ancora più adatta* e la linea d'ormeggio ideale e la sua lunghezza;

– la *necessità* o meno di dar fondo ad altre ancore.

La scelta dello specchio acqueo protetto, detto più semplicemente *sorgitore*, riveste carattere di estrema importanza. Dar fondo alla migliore ancora, assicurata alla più robusta catena, può essere una operazione del tutto inutile, se il sorgitore non è stato scelto con cura.

Un'analisi accurata di tutti i fattori che entrano in gioco nella scelta del buon *sorgitore* è determinante e, benché un loro esame dettagliato e analitico comporterebbe uno spazio ben più vasto di queste poche righe, ne elencheremo brevemente alcuni tra i più importanti:

– le condizioni del vento e la direzione delle onde;

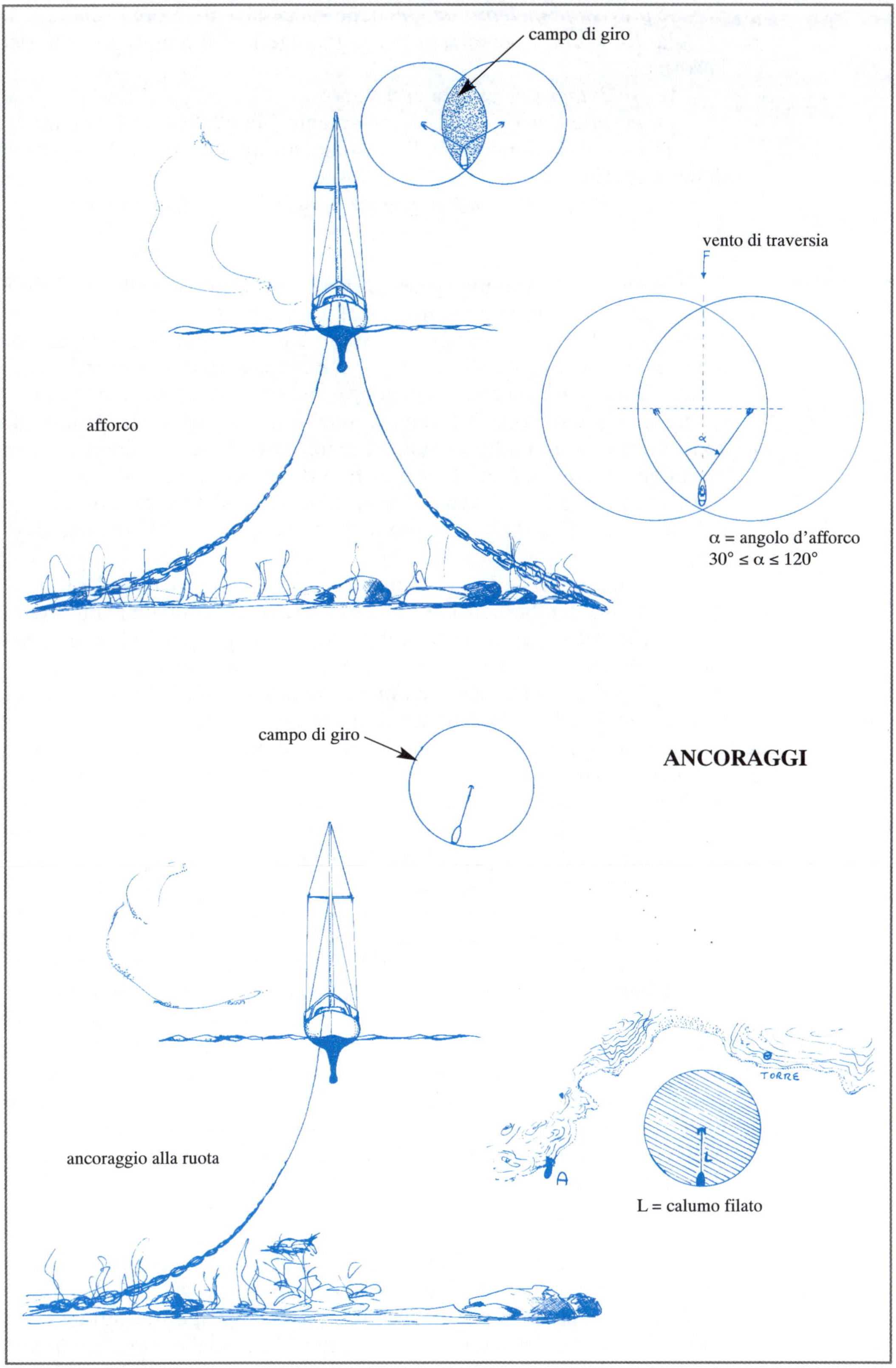

campo di giro
vento di traversia
afforco
α = angolo d'afforco
30° ≤ α ≤ 120°
campo di giro
ANCORAGGI
ancoraggio alla ruota
TORRE
L = calumo filato

– le *previsioni meteorologiche* delle successive 6-12 ore;
– la *distanza da percorrere* per raggiungerlo e il tempo previsto per la sosta;
– le *ore di luce* che ancora ci restano;
– gli *eventuali pericoli* di avvicinamento (scogli, bassi fondali, etc.);
– la *conformazione dei rilievi* adiacenti al sorgitore e l'ampiezza dello specchio acqueo;
– la *possibilità di prendere terra* e di lasciare l'ancoraggio durante la notte.

È evidente che si tratta spesso di parametri estremamente variabili e per i quali non sempre è possibile fare un'analisi completa ed esauriente. Naturalmente le condizioni del vento e la direzione di propagazione delle onde, unitamente alla visibilità meteorologica del momento, sono da tenere nella dovuta considerazione e rivestono carattere di priorità.

Spesso la direzione del vento e quella di propagazione delle onde sono diverse, soprattutto quando il mare ha onda lunga, dovuta a una perturbazione di carattere locale in fase di attenuazione o a una perturbazione in corso in una zona vicina; in questi casi occorrerà trovare un sorgitore che offra riparo a vento e onde che giungono da diverse direzioni.

La conoscenza delle previsioni meteorologiche per 6-12 ore è di grande aiuto, perché consente di fare delle considerazioni importanti sulla scelta del sorgitore, conoscendo ad esempio la possibilità di variazione della direzione del vento (e quindi un giro alla ruota) o l'aumentare della intensità del vento e del mare; soprattutto in Mediterraneo dove le condizioni meteorologiche variano con estrema rapidità.

Se la sosta prevista è di qualche ora o al più di un'intera notte, non richiede ovviamente lo stesso impegno che richiederebbe un ancoraggio di uno o più giorni, in attesa che il tempo migliori; in questo secondo caso la possibilità di raggiungere terra con il battellino di servizio potrebbe essere un altro elemento di scelta.

Spesso si cerca un ancoraggio per trascorrervi la notte, oltre che per ridossarsi o far fronte a una avaria, e in ognuno di questi casi è probabile che l'equipaggio sia particolarmente stanco e riflessi ed energie non siano nelle migliori condizioni. Evitare, per quanto possibile, l'entrata in una baia sconosciuta per ancorarsi, a meno che non si abbiano elementi inequivocabili circa la sua sicurezza. Se il sole sta calando, il sopraggiungere del crepuscolo e quindi dell'oscurità certamente non contribuiranno a effettuare un ancoraggio sicuro (con l'oscurità la costa cambia aspetto e anche quella a noi familiare diviene estranea). Anche il dover lasciare l'ormeggio durante la notte potrebbe suscitare qualche problema; ricordare che mentre la mattina alcuni scogli scuri e affioranti sono ben visibili la notte questi possono risultare assolutamente invisibili ed estremamente insidiosi.

A questo proposito va tenuto presente che quanto più il *sorgitore* è interno e chiuso, offrendo in tal modo una piacevole sensazione di riparo, tanto più esso presenta insidie nel momento in cui si è costretti a lasciarlo in piena notte perché magari il fondo non si è rilevato un buon tenitore (ricordare che sono "buoni tenitori" i fondali di *argilla*, *fango*, *sabbia* e *alghe*, se non molto fitte, mentre risultano "pessimi tenitori" i fondali di *ghiaia*, *conchiglie* e *roccia*).

Controllare anche il rilievo interno; la presenza di vallate, di canaloni, di monti, possono far variare sensibilmente le condizioni di velocità e direzione del vento. Anche l'ampiezza dello specchio acqueo in cui si darà fondo è importante, perché, più spesso di quanto non si immagini, si potrebbe essere costretti a filare catena, aumentando il campo di giro.

Una buona conoscenza di questi fattori e un serio addestramento sono la premessa essenziale per l'esecuzione di un ancoraggio sicuro.

Non avere fretta di dar fondo all'ancora, soprattutto se nello specchio acqueo scelto si trovano altre imbarcazioni alla fonda; fare un largo giro e controllare bene l'intera baia, gli eventuali pericoli sottovento, la profondità e gli ormeggi delle altre imbarcazioni. Valutare bene le condizioni degli altri ormeggi, prevedendo soprattutto i salti di vento; ciò che sarebbe potuto sembrare un ancoraggio a regola d'arte, nel caso si verificasse un salto di vento, potrebbe creare dei problemi ad altre imbarcazioni vicine.

— Manovre relative all'ancoraggio

Lo skipper condurrà la manovra dal pozzetto; spetta a lui dare gli ordini tempestivi e precisi ed è tutta sua la responsabilità dell'ormeggio. È bene incaricare per la manovra dell'ancora un membro esperto dell'equipaggio. Imporre l'uso di scarpe o stivali alle persone addette alla manovra dell'ancora, anche un robusto paio di guanti in pelle non sarebbe male. È necessario assicurarsi che a prua niente impedisca il libero scorrere della catena.

Se l'imbarcazione è dotata di un salpa-ancore, assicurarsi che la leva del freno sia nelle "mani giuste" e controllate che il blocco del *barbotin* non impedisca il libero scorrere della catena. Viceversa, se l'imbarcazione non possiede il salpa-ancore, far abbisciare nel modo dovuto una lunghezza di catena pari a due volte la profondità del mare nel punto in cui si darà fondo; sarà prudente abbozzare la catena, subito dopo il maniglione di cicala, o dare qualche volta attorno a una bitta.

Conoscendo la profondità del mare, la natura del fondo, le condizioni del vento e del mare, avremo già calcolato la lunghezza del calumo, tenendo presente che è buona norma filare un calumo lungo almeno tre volte la profondità del mare (per profondità inferiori ai 10 metri) con vento fino a forza 3, per poi aumentare progressivamente, raddoppiando il calumo se il vento aumenta fino a forza 6 e infine triplicandolo se supera forza 7.

La nostra imbarcazione dovrà arrivare nel punto scelto per l'ancoraggio, percorrendo, controvento e al minimo, una distanza uguale al calumo stabilito, osservando attentamente i punti cospicui a terra. Allorché si è percorsa una distanza pari alla lunghezza del calumo, si dovrà arrestare il moto dell'imbarcazione, dando marcia indietro adagio.

Nel momento in cui lo scafo si arresta e comincia ad assumere un leggero moto addietro (non dare mai fondo all'ancora mentre lo scafo avanza!), si dà l'ordine «Fondo!» alla persona addetta alla manovra dell'ancora. Una raccomandazione, non permettere che la catena segua l'ancora così "come viene"; bisognerà dare l'ordine di filarne da principio una lunghezza uguale alla profondità del mare (se sarà stata *abbisciata* in coperta, come precedentemente suggerito, non si avranno problemi, se ne filerà la metà).

Qui ha molta importanza la perizia nautica; non è sufficiente far cadere l'ancora e la catena sul fondo per avere un buon ancoraggio, ma è necessario "guidare" la quantità di catena o cavo filato; non occorre filarne molto, perché si accumulerebbe sull'ancora o sulla stessa catena, formando un groviglio inestricabile, ma non bisogna nemmeno trascinarsi l'ancora dietro, costringendola ad arare.

È necessario pertanto filare gradatamente la catena, "frenandola" con il piede (munito di stivali!) o con il freno del *barbotin*. Se si dispone di un ormeggio misto, catena-cavo, sarà consigliabile, una volta filata la catena, passare il cavo attorno a una bitta o a una galloccia e regolarne così lo scorrimento.

Quando si è filata la giusta lunghezza, si metterà il motore in folle e si agguanterà il cavo o la catena, controllando che l'ancora abbia *fatto testa* (vale a dire abbia morso saldamente) e, attendendo che l'imbarcazione si stabilizzi nel letto del vento, si controllerà questa condizione innestando la marcia indietro con il motore e verificando che lo scafo non retroceda, osservando alcuni punti cospicui situati al traverso.

Se la posizione non cambia e si è certi che l'ancora abbia fatto testa, si può tranquillamente spegnere il motore e rassettare la coperta. Si dovrà controllare accuratamente il calumo filato e stabilire, in relazione alla profondità del mare, quale può essere il campo di giro massimo nel caso che il vento aumenti e ruoti, controllando soprattutto se all'interno di questo campo di giro vi sono dei pericoli.

Controllare anche qual è la migliore prora per lasciare l'ancoraggio senza problemi, in quanto potrebbe rendersi necessario salpare durante la notte con pessime condizioni di visibilità.

Un ormeggio in acque non conosciute, e soprattutto qualora vi siano ragionevoli dubbi sulla natura del fondo marino (rocce o catenarie stese lungo il fondo), richiederebbe l'uso di una *grippia* e del relativo *grippiale*. La prima è un cavo (fino a imbarcazioni di 15 metri, quindi con ancore di peso non superiore ai 42 chilogrammi, è sufficiente un cavetto in nylon del diametro di 8-10 millimetri della lunghezza di 25-30 metri) che viene assicurato con una cima al diamante dell'ancora e con l'altra a un oggetto galleggiante, il *grippiale*.

L'uso del grippiale non sempre è consigliato, spesso viene portato via dalle eliche di altre imbarcazioni. Si suggerisce di assicurare una grippia direttamente alla catena o al cavo dell'ancora; in questa maniera non ci si dovrà preoccupare nemmeno di mettere un grippiale, se si allunga il calumo non si è costretti ad allungare anche la grippia, non si corre il pericolo che qualche elica vi passi sopra e non si ha la necessità di utilizzare il battellino di servizio per liberare un'ancora *incattivata*.

Ancoraggio con due ancore

Soprattutto quando si abbiano seri dubbi sulla bontà di tenuta del fondo marino (praterie di alghe molto fitte, ghiaia o conchiglie), quando si debba limitare il campo di giro o quando si prevede un peggioramento delle condizioni meteomarine, è necessario dar fondo a due ancore.

Vi sono diversi modi di dar fondo a due ancore, ma i più utilizzati sono senza dubbio l'*afforco* e le ancore *appennellate*. Due ancore si dicono *afforcate* quando i rispettivi calumi, con lunghezza uguale, formano tra loro un angolo compreso tra i 30 e i 120°. Mentre si dice che due ancore sono *appennellate* quando l'una è posta sul prolungamento dell'altra; quando, cioè, sono disposte sulla stessa linea d'ormeggio e separate da un corto tratto di catena.

L'afforco viene adoperato sia per limitare il campo di giro dell'imbarcazione all'ancora, sia per aumentare la forza di ritenuta delle ancore; condizione valida solo se la retta congiungente le due ancore affondate è perpendicolare al vento di traversia.

In questo caso (comune nei nostri mari, in cui le correnti sono assai deboli) l'effetto di ritenuta totale viene dato dalla risultante che ha per componenti le due lunghezze di catena (che possiamo considerare come due forze rettilinee). Possiamo affermare che l'effetto di ritenuta totale, per le due ancore afforcate, dipende dall'angolo di afforco. Aumentando l'angolo di afforco, diminuisce il potere di ritenuta totale e diminuisce anche il campo di giro.

Verifica della tenuta dell'ancora

Non appena le condizioni meteorologiche variano al peggio e ogni volta che si verifichi un aumento dell'intensità del vento, è giusto provvedere ad allungare il calumo, filando opportunamente una certa quantità di cavo o catena. Non si dovrà esitare a controllare con una certa frequènza se l'ancora ara; tale controllo non è una operazione semplice, perché l'imbarcazione all'ancora è soggetta a diversi movimenti, quali brandeggi, giri alla ruota, avvicinamento e allontanamento dall'ancora, che rendono difficile la valutazione. Il controllo può essere effettuato sfruttando le linee di posizione che possono essere tracciate osservando alcuni punti cospicui lungo la costa. Di giorno i punti cospicui che serviranno allo scopo dovranno essere quanto più vicini possibile alla nostra imbarcazione, devono formare tra loro un angolo prossimo ai 90 gradi e uno di essi dovrebbe trovarsi, possibilmente, al traverso. Se è notte si dovrà disporre di fanali.

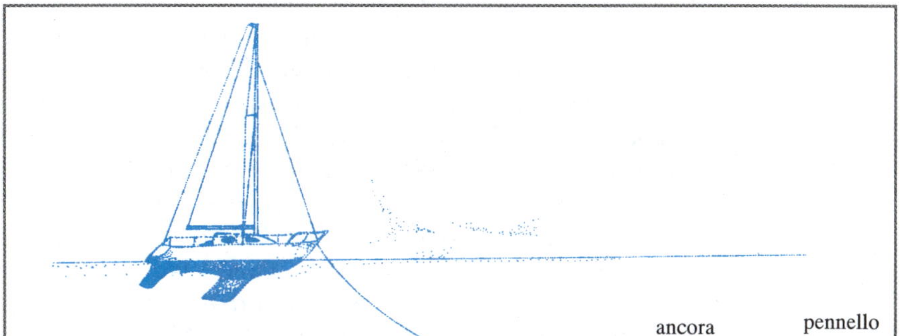

DUE ANCORE APPENNELLATE. È il tipo di ancoraggio quando un'ancora è posta sul prolungamento dell'altra.

Disegnare sulla carta nautica il campo di giro massimo (quello che si verificherebbe con la linea d'ormeggio tesa a ferro) e individuare i punti cospicui. Se la verifica viene fatta alla luce del giorno e si ha la possibilità di trovare due oggetti in allineamento posti pressoché al traverso, non esitare a utilizzare questa grande risorsa.

La verifica, con l'osservazione di più punti cospicui, viene fatta determinando il punto nave con due o tre rilevamenti e stabilendo quindi se la posizione della imbarcazione sia variata tanto da far pensare che l'ancora abbia arato.

La tenuta dell'ancora si può verificare anche semplicemente traguardando due oggetti lungo la costa con due candelieri; l'osservatore, stando seduto nella stessa posizione, osserverà per un certo tempo i due oggetti, traguardandoli con i due candelieri (vanno bene anche le sartie o qualsiasi altra parte dell'imbarcazione che si presti allo scopo). Se l'imbarcazione si muove per variazione della direzione del vento o della corrente, questa si troverà sul cerchio che ha per raggio il calumo; in tal caso un oggetto sarà scaduto verso prua e uno verso poppa, o viceversa secondo il senso di rotazione. Se invece tutti e due gli oggetti sono scaduti entrambi verso prua, significa che lo scafo sta *rinculando* e l'ancora *ara*.

È possibile anche controllare la tenuta dell'ancora tenendo in funzione lo scandaglio e controllando spesso la profondità; per rendersi facilmente conto se l'ancora ara.

— Cenni sull'ormeggio

Per *ormeggio* intendiamo tutte quelle operazioni e le manovre necessarie eseguite per collegare, in maniera sicura e duratura, l'imbarcazione alla terra ferma. Escludendo l'ancoraggio, già trattato nei paragrafi precedenti, in questo tratteremo dell'ormeggio ai moli e ai pontili, all'interno dei porti. Questo tipo di ormeggio può essere effettuato in uno dei modi seguenti:

- di fianco alla banchina;
- di fianco ad altre imbarcazioni;
- di poppa o di prua.

L'ormeggio di fianco alla banchina o ad altre imbarcazioni già ormeggiate, benché raro, soprattutto all'interno dei *marina* (porto turistico privato), può comunque capitare. Nel caso che si debba attraccare di fianco alla banchina, sarà necessario tenere conto degli effetti evolutivi dell'elica e dello spazio necessario per spegnere l'abbrivo dell'imbarcazione.

Tenute ben presenti queste considerazioni, l'ormeggio di fianco presuppone un avvicinamento alla banchina con il lato opposto al senso di rotazione dell'elica (con *elica destrorsa* si dovrà accostare presentando il *lato sinistro* alla banchina e viceversa) in modo che l'asse longitudinale dell'imbarcazione formi con la banchina un angolo compreso tra i 20 e i 30 gradi; in questo modo, dando indietro con il motore per spegnere l'abbrivo, l'effetto evolutivo dell'elica raddrizzerà l'imbarcazione, arrestandola parallelamente alla banchina.

Durante tale manovra, oltre ad aver protetto il fianco con i parabordi, tenendone uno adeguato a portata di mano e pronto all'uso, sarà

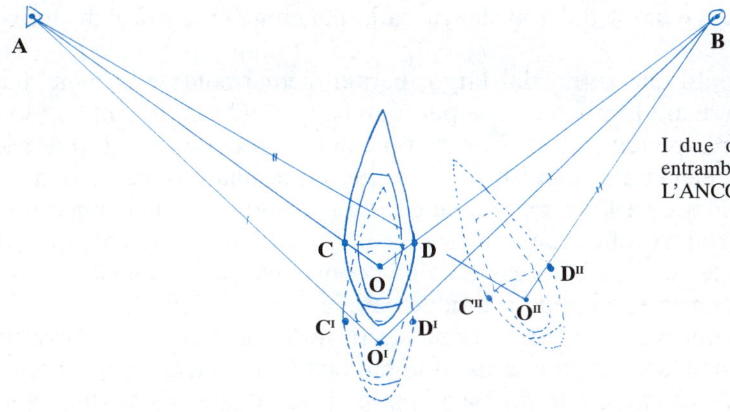

I due oggetti **A** e **B** sono scaduti entrambi a pruavia dei candelieri **C** e **D**. L'ANCORA ARA, PROVVEDERE!

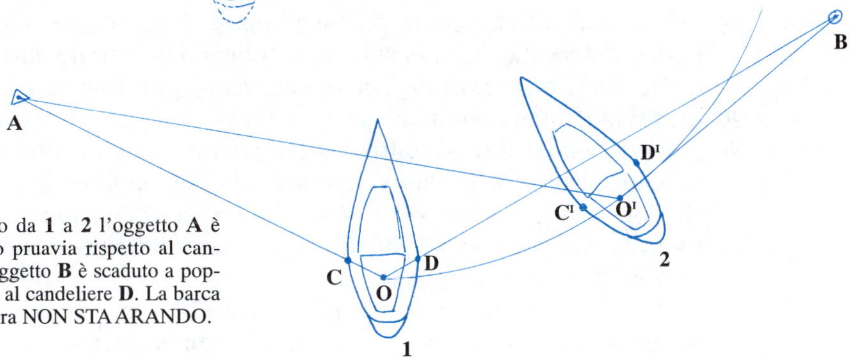

Nel passaggio da **1** a **2** l'oggetto **A** è scaduto verso pruavia rispetto al candeliere **C**; l'oggetto **B** è scaduto a poppavia rispetto al candeliere **D**. La barca ruota e l'ancora NON STA ARANDO.

ANCORAGGI

In **3** e in **2** si è fuori dall'allineamento ma L'ANCORA NON HA ARATO.

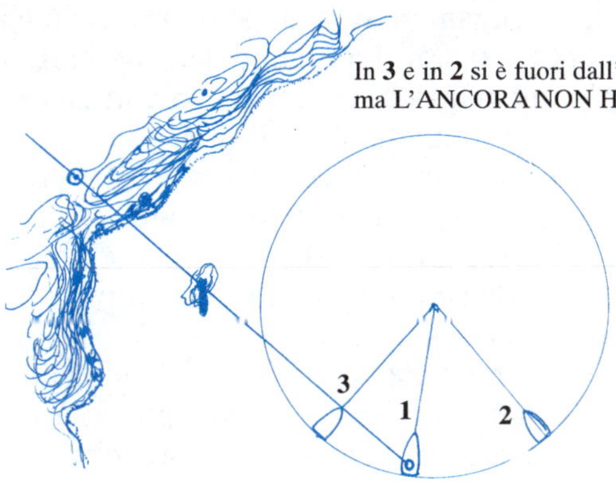

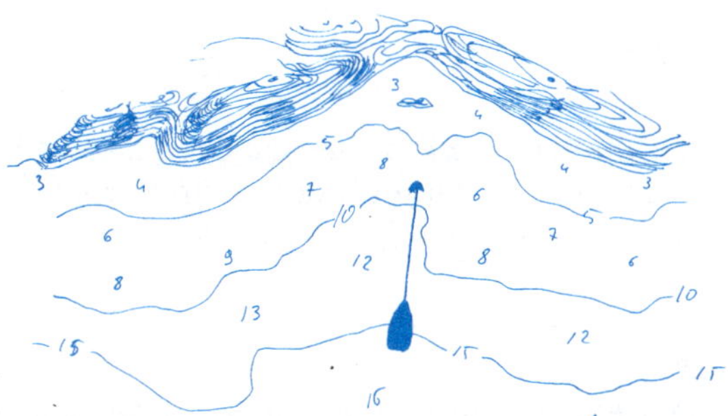

Se l'andamento del fondo è favorevole si può controllare la tenuta dell'ancora con lo scandaglio.

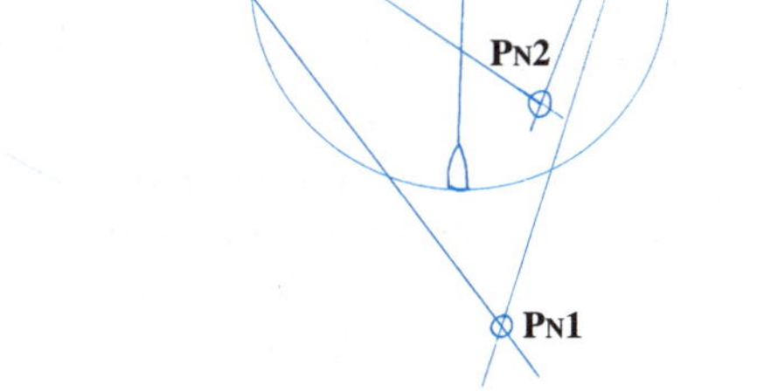

In **PN1** deve ritenersi che l'ancora abbia arato. In **PN2** non c'è problema, si tratta di un salto di vento!

bene controllare la direzione di provenienza del vento e la sua intensità per poter regolare a quale distanza dalla banchina si dovrà dare retromarcia.

Con vento che soffia dal largo, perpendicolarmente alla banchina potremo fermare l'imbarcazione più lontana, perché sarà il vento a farla scarrocciare, avvicinandola. Con vento che da terra spira verso il largo, sarà raccomandabile mandare a terra due cime una da prua e una da poppa, in modo da *tonneggiarsi* su queste per portarsi in banchina; non si deve credere che questa sia una manovra disonorevole per il Comandante, anzi, se bene eseguita e le cime sono state mandate a terra marinarescamente, è indice di grande perizia.

Se il vento viene da prua, la manovra resta identica, con l'avvertimento di mandare subito a terra un uomo con una cima che verrà portata bene *sopravento*; ciò impedirà alla prua di "allargare" e costringerà lo scafo ad accostare alla banchina, disponendosi parallelamente a essa. È ovvio che l'ormeggio di fianco, con vento proveniente da poppa è una manovra da non eseguire.

Nel caso si dovesse attraccare di fianco ad altre imbarcazioni sarà bene ricordare che è buona norma effettuare tale ormeggio solo se queste sono più grandi della nostra, dopo aver adeguatamente protetto la fiancata con parabordi e *solo dopo aver avuto il consenso dal proprietario dell'altra imbarcazione.*

Occorrerà prestare molta attenzione alle cime mandate a terra e a quelle adoperate per assicurarsi all'altra imbarcazione, operazione che si dovrà fare di concerto con il comandante dell'altra imbarcazione (è buona norma che le nostre cime vengano assicurate sull'altra imbarcazione dal suo legittimo Comandante; noi, naturalmente, vigileremo). Ricordare che di norma tutte le imbarcazioni eventualmente affiancate, dovrebbero avere almeno due cime assicurate in punti fissi.

L'ormeggio di poppa richiede una perfetta conoscenza degli effetti evolutivi dell'elica e del comportamento dell'imbarcazione quando è colpita dal vento. A tal proposito è bene ricordare che generalmente un'imbarcazione senza abbrivo tende sempre ad abbattere la prua o la poppa traversandosi al vento e a scarrocciare sottovento. Sarà conveniente presentarsi con un'adeguata angolazione, perché l'effetto evolutivo del timone, in marcia indietro, tarderà a farsi sentire e prevarrà l'effetto evolutivo dell'elica; l'imbarcazione percorrerà parecchi metri prima che il timone faccia sentire il suo effetto.

— Manovre in caso di cattivo tempo

Tratteremo brevemente dell'impiego dell'ancora galleggiante, della necessità di ascoltare i bollettini meteorologici, delle caratteristiche delle onde, della necessità di pianificare la navigazione e delle manovre consigliate in caso di cattivo tempo.

Uso dell'ancora galleggiante

L'ancora galleggiante, nota anche con il nome *spera* o *ancora a paracadute*, non serve ad assicurare lo scafo al fondo del mare, ma solo a garantire che questo non si traversi e che scarrocci lentamente, mante-

ALL'ORMEGGIO

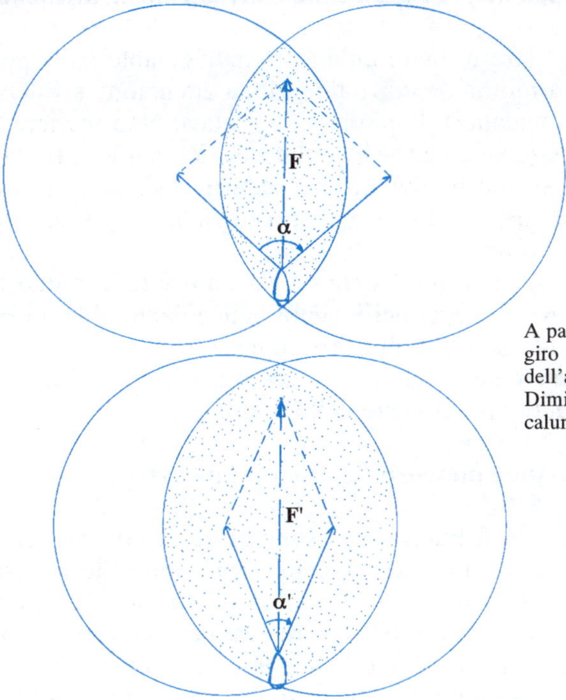

A parità di calumo l'ampiezza del campo di giro aumenta con il diminuire dell'ampiezza dell'angolo di afforco (α).
Diminuendo l'angolo di afforco, a parità di calumo, aumenta l'effetto di ritenuta.

catena con traversino

maglia tipo kenter

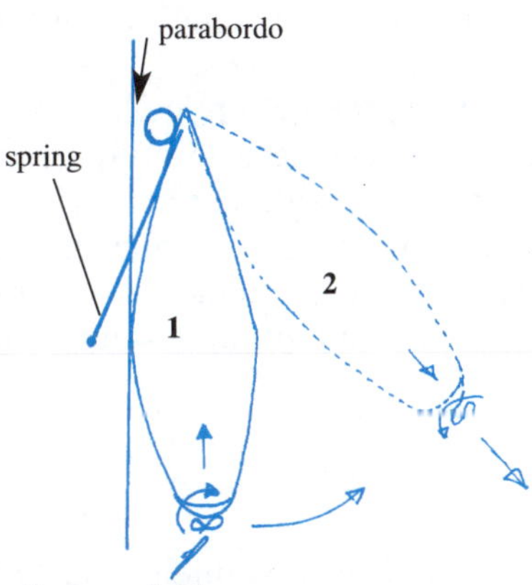

- timone a sinistra
- proteggere la prua con un parabordo
- mettendo avanti adagio tendere lo spring passato a doppino
- continuare fino ad allargarsi
- una volta franchi, mettere indietro e filare il doppino

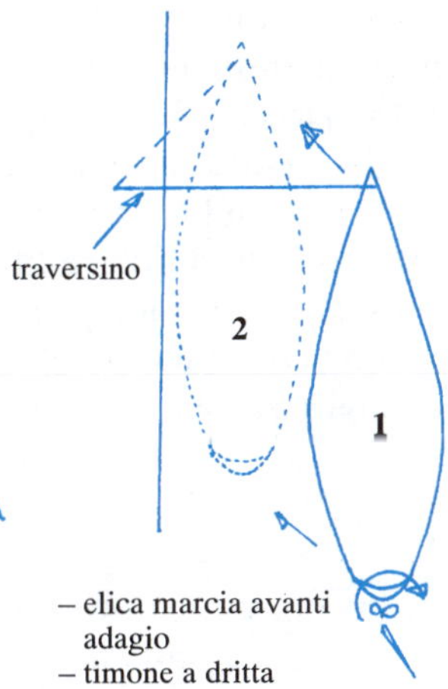

- elica marcia avanti adagio
- timone a dritta
- lo scafo si affianca alla banchina

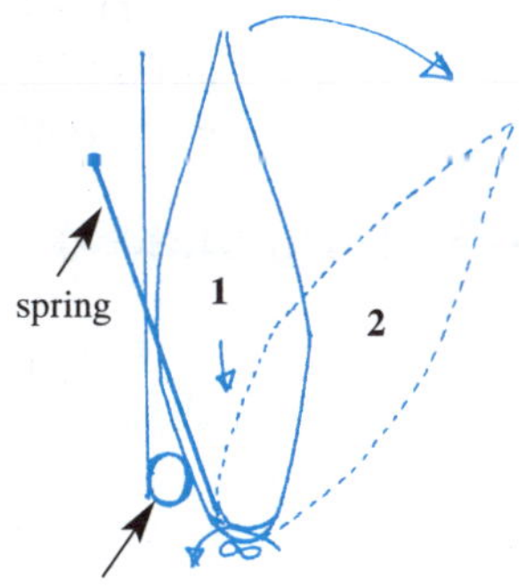

- proteggere la poppa con un parabordo
- mettere indietro adagio tesando lo spring passato a doppino
- continuare fino a che la prua non sia sufficientemente larga
- una volta franchi, mettere avanti e recuperare lo spring passato al doppino

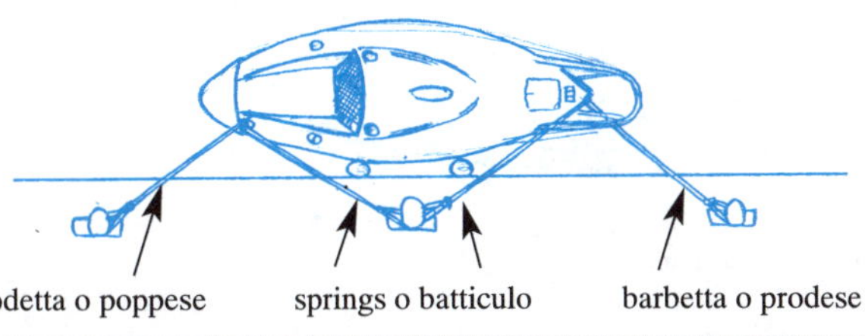

nendo la prua o la poppa nella direzione più conveniente ad affrontare il moto ondoso.

Se si è costretti a filare in mare un'ancora galleggiante dalla poppa di una imbarcazione a motore occorre fare molta attenzione affinché le cime dell'ancora non vadano a impigliarsi nell'elica. Non mettere mai in mare l'ancora galleggiante senza il cavetto di richiamo e la relativa grippia; facendo ciò, si può intervenire per ridurre o bloccare l'effetto dell'ancora galleggiante (alando sul cavetto di richiamo) e la si può facilmente riportare a bordo.

Tenere presente sempre la lunghezza dell'onda e fare in modo che, per ottenere la massima efficacia dell'ancora galleggiante, dovrà essere filata con una cima lunga 1,5 volte la lunghezza d'onda. Ricordare anche che lo sforzo esercitato dall'ancora galleggiante è considerevole, assicurarla perciò al punto più robusto dello scafo.

Controllo della situazione meteorologica e pianificazione della navigazione

Dato per scontato che il buon senso suggerisce di non mettersi in mare in condizioni meteorologiche avverse, è pur vero che un'uscita effettuata con tempo buono può, nel breve volgere di qualche ora, trasformarsi in una brutta avventura. È raccomandabile *ascoltare sempre* i bollettini *Meteomar* (Radio costiere e il canale 68 del Vhf), i bollettini del mare (Radio Rai) e, soprattutto, allenarsi alla previsione pratica del tempo locale, sfruttando tutte le nozioni acquisite in meteorologia e basandosi sulla osservazione attenta di alcuni parametri quali le nubi, il vento, la pressione e la temperatura.

L'attenta pianificazione della navigazione dovrà mettere nelle condizioni di navigare in assoluta sicurezza in relazione alle condizioni meteomarine attuali e a quelle previste per la durata della navigazione. Preparare un piano che dia la possibilità di trovare un probabile rifugio (costa ridossata, insenatura o rada protetta in cui dare fondo all'ancora, porticciolo, etc.) e che consenta di determinare con rapidità e semplicità la posizione dell'imbarcazione.

— Il moto ondoso

Il comportamento del mare è spesso causa di inconvenienti; dal più banale "mal di mare" all'affondamento dell'imbarcazione. Per questo è

ANCORA GALLEGGIANTE. Utilizzata per garantire che lo scafo non si traversi al mare.

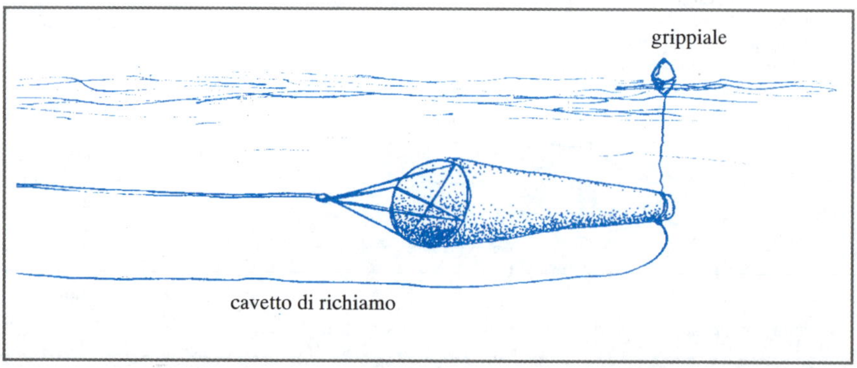

bene ricordare che le onde, quando sono le così dette *onde di mare vivo*, sono generate dall'azione costante del vento sulla superficie marina che causa l'aumento della loro altezza, della lunghezza e della velocità.

Le onde di mare vivo, una volta cessata l'azione del vento, continuano a propagandarsi per diverse miglia, mantenendo la primitiva direzione; queste sono chiamate *onde lunghe* o *onde di mare morto*.

Talvolta capita che su un mare caratterizzato dalla presenza di onde lunghe, soffi un vento con direzione diversa dal loro senso di propagazione; in questo caso si genereranno onde che costituiscono quello che viene chiamato *mare incrociato*, il cui moto ondoso è risultante dal mare vivo e dal mare morto.

Gli elementi che caratterizzano un'onda sono:

– la *cresta*, che è il punto più alto dell'onda;

– il *cavo* o *gola*, che al contrario è il punto più basso dell'onda;

– l'*altezza*, è la distanza verticale compresa fra la gola e la cresta (h);

– la *lunghezza* (L) che rappresenta la distanza orizzontale tra due creste (o, anche, tra due gole);

– la *velocità di propagazione*, che corrisponde allo spazio percorso dalla cresta o dal suo cavo, nell'unità di tempo;

– il *periodo* (T) che rappresenta l'intervallo di tempo che intercorre tra il passaggio di due creste consecutive.

La tabella che segue indica l'altezza che può assumere un'onda, in base a una determinata velocità del vento.

Manovre consigliate nella navigazione con cattivo tempo

Ribadendo che in queste circostanze non si possono suggerire manovre e che nessun consiglio può essere dato senza conoscere l'imbarcazione, il suo equipaggio e l'entità del cattivo tempo, ecco alcune indicazioni generali che potranno essere tenute in considerazione all'approssimarsi del cattivo tempo:

– nelle imbarcazioni a vela, quando si riduce la velatura, cercare di ottenere sempre il miglior equilibrio (leggermente orziera);

– mantenere l'imbarcazione manovriera il più a lungo possibile;

– considerare la possibilità di "fuggire il cattivo tempo" con il mare di poppa;

– mettere in atto tutti gli accorgimenti di sicurezza (salvagenti indossati, cinture di sicurezza per tutti quanti si trovino in coperta, oblò, boc-

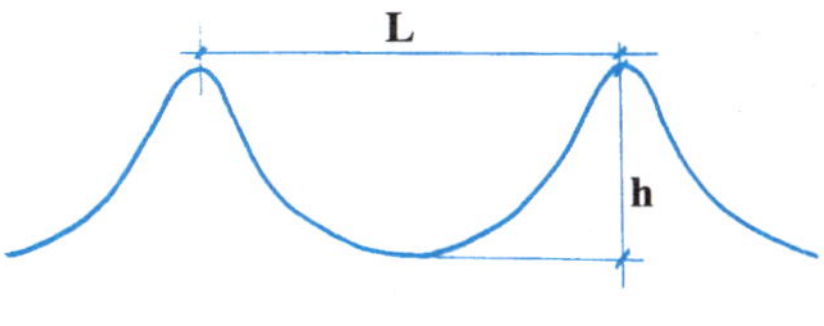

Velocità del vento in nodi (mg/h)	Altezza delle onde in metri
1 – 3	0.25 – 0.50
4 – 6	0.50 – 1
17 – 21	1 – 2
22 – 23	2 – 3
28 – 33	3 – 4.5
34 – 40	4.5 – 5.5
41 – 47	5.5 – 7.0
48 – 55	7 – 10

caporti e altre aperture ben chiuse, ancora e altri oggetti pesanti, in coperta e all'interno dello scafo, ben stivati e rizzati, etc.);

– determinare un punto nave quanto più preciso possibile, segnandolo sulla carta e sul diario di bordo e annotare l'ora in cui si verifica ogni successiva variazione di prora e di velocità, con i rispettivi dati;

– preparare i mezzi di segnalamento, comunicando alla stazione costiera più vicina la vostra posizione, la rotta seguita, il numero di persone imbarcate;

– ascoltare i prossimi bollettini meteorologici;

– se il cattivo tempo non ha ancora investito la zona con tutta la sua violenza, esaminare la possibilità di trovare un riparo; se la navigazione è stata pianificata nel modo appropriato, si potrà, una volta stabilita la posizione, decidere se e quando sia conveniente rifugiarsi.

CAPITOLO 8 NORMATIVA

Le norme che riguardano la navigazione da diporto sono tante e, spesso, poco chiare e di difficile interpretazione. Su questo manuale tratteremo di quegli argomenti che riguardano leggi, decreti, norme e regolamenti in vigore, lasciando al futuro Comandante e agli Istruttori il compito di aggiornarsi, integrando quanto contenuto in questo capitolo con eventuali nuove normative che possano modificare, aggiornare, integrare o sostituire le norme vigenti.

— Navigazione da diporto

La navigazione *da diporto* è quella che viene effettuata senza fini di lucro, per sport o per attività ricreative. Sono pertanto chiamate *unità da diporto* quelle unità impiegate per svolgere navigazione da diporto e non possono, quindi, essere utilizzate a fini di lucro. Apposite norme regolano il Comando e l'impiego delle imbarcazioni da diporto per il *noleggio* e la *locazione*.

Mare territoriale

Appartiene alla sovranità dello Stato italiano la fascia di mare che si estende per 12 miglia marine (un miglio è uguale a 1,852 metri) dalle coste continentali e insulari, comprese le baie, i golfi e le insenature, quando la distanza tra i due punti estremi del golfo, della baia o dell'insenatura non superi le 24 miglia. Qualora tale distanza sia superiore alle 24 miglia, appartiene al mare territoriale la parte di mare compresa entro la linea retta condotta tra due punti più foranei e distanti tra loro 24 miglia marine.

Legge sulla nautica da diporto

Con il Decreto Legislativo n.171 del 18 luglio 2005 è stato emanato il Codice della Navigazione da Diporto e le norme attuattive della direttiva 2003/44/CE.

Qui di seguito elenchiamo soltanto gli articoli ed i commi che maggiormente interessano il candidato all'esame.

Articolo 1 – Finalità e ambito di applicazione
1. Le disposizioni del presente decreto legislativo si applicano alla navigazione da diporto.
2. Ai fini del presente codice si intende per navigazione da diporto quella effettuata in acque marittime ed interne a scopi sportivi o ricreativi e senza fine di lucro.
3. Per quanto previsto dal presente codice, in materia di navigazione da diporto si applicano le leggi, i regolamenti e gli usi di riferimento ovvero, in mancanza, le disposizioni del codice della navigazione, approvato con regio decreto 30 marzo 1942, n. 327, e relative norme attrattive. Ai fini dell'applicazione delle norme del codice della navigazione, le imbarcazioni da diporto sono equiparate alle navi ed ai galleggianti di stazza lorda non superiore alle dieci tonnellate, se a propulsione meccanica, ed alle venticinque tonnellate, in ogni altro cado, anche se l'imbarcazione supera detta stazza, fino al limite di ventiquattro metri.

Articolo 2 – Uso commerciale delle unità da diporto
1. L'unità da diporto è utilizzata a fini commerciali quando:
a) è oggetto di contratti di locazione e di noleggio;
b) è utilizzata per l'insegnamento professionale della navigazione da diporto;
c) è utilizzata da centri di immersione e di addestramento subacqueo come unità di appoggio per i praticanti immersioni subacquee a scopo sportivo o ricreativo
2. .... omissis ....
3. .... omissis ....
4. Le unità da diporto di cui al comma 1, lettera a), possono essere utilizzate esclusivamente per le attività a cui sono adibite.

Articolo 3 – Unità da diporto
1. Le costruzioni destinate alla navigazione da diporto sono denominate:
a) unità da diporto: si intende ogni costruzione di qualunque tipo e con qualunque mezzo di propulsione destinata alla navigazione da diporto;
b) nave da diporto: si intende ogni unità con scafo di lunghezza superiore a ventiquattro metri, misurata secondo le norme armonizzate EN/ISO/DIS 8666 per la misurazione di natanti e delle imbarcazioni da diporto;
c)imbarcazione da diporto: si intende ogni unità con scafo di lunghezza superiore a dieci metri e fino a ventiquattro metri, misurata secondo le norme armonizzate di cui alla lettera b);
d) natante da diporto: si intende ogni unità da diporto a remi, o con scafo di lunghezza pari o inferiore a dieci metri, misurata secondo le norme armonizzate di cui alla lettera b).

Articoli dal 4 al 14 da considerare .... omissis ....

Articolo 15 – Registri di iscrizione
1. Le navi da diporto sono iscritte in registri tenuti dalle Capitanerie di porto. Le imbarcazioni da diporto sono iscritte in registri tenuti dalle Capitanerie di porto, dagli uffici circondariali marittimi, nonché dagli uffici provinciali del Dipartimento dei trasporti terrestri e per i sistemi informativi e statistici autorizzati dal Ministro delle infrastrutture e dei trasporti. Il modello dei registri è approvato con decreto del Ministero delle infrastrutture e dei trasporti.

2. Il proprietario di un'imbarcazione da diporto può chiedere l'iscrizione provvisoria dell'unità, presentando apposita domanda.
3. Le unità da diporto costruite da un soggetto privato per proprio uso personale e senza l'ausilio di alcuna impresa, cantiere o singolo costruttore professionale, possono essere iscritte nei registri delle imbarcazioni da diporto, purché munite di attestazione di idoneità rilasciata da un organismo notificato ai sensi dell'articolo 10 o autorizzato ai sensi del decreto legislativo 3 agosto 1998, n. 314.
4. Il proprietario dell'unità da diporto può richiedere all'ufficio d'iscrizione l'annotazione della perdita di possesso dell'unità medesima a seguito di furto, presentando l'originale o la copia conforme della denuncia di furto e restituendo la licenza di navigazione. Ove il possesso dell'unità sia stato riacquistato, il proprietario richiede annotazione all'ufficio di iscrizione, che rilascia una nuova licenza di navigazione.

Articoli 16, 17 e 18 .... omissis ....

Art. 19 – Iscrizione nei registri delle imbarcazioni da diporto
1. Per ottenere l'iscrizione nei registri delle imbarcazioni da diporto il proprietario deve presentare all'autorità competente il titolo di proprietà, la dichiarazione di conformità CE rilasciata dal costruttore o da un suo mandatario stabilito nel territorio comunitario, conforme a quanto previsto dall'allegato VIII, unitamente all'attestazione CE del tipo, ove prevista, nonché la dichiarazione di potenza del motore o dei motori entrobordo installati a bordo.
2. Per le unità provenienti da uno Stato membro, dell'Unione europea munite di marcatura CE, ai documenti indicati al comma 1 è aggiunto il certificato di cancellazione dal registro ove l'unità era iscritta che, se riportante i dati tecnici, sostituisce la documentazione tecnica di cui al comma 1. Qualora la legislazione del Paese di provenienza dell'unità da diporto non preveda l'iscrizione nei registri, il certificato di cancellazione è sostituito da
apposita dichiarazione del proprietario dell'unità o del suo legale rappresentante. Per le unità provenienti da uno Stato membro non munite di marcatura CE la documentazione tecnica di cui al comma 1 è sostituita da una attestazione di idoneità rilasciata da un organismo tecnico notificato ai sensi dell'articolo 10, ovvero autorizzato ai sensi del decreto legislativo 3 agosto 1998, n. 314, e successive modificazioni.
3. Qualora il proprietario di un'imbarcazione da diporto iscritta in uno dei registri pubblici di uno Stato membro chieda l'iscrizione nei registri nazionali, in luogo del titolo di proprietà è
sufficiente presentare il certificato di cancellazione dal registro comunitario dal quale risultino le generalità del proprietario stesso e gli elementi di individuazione dell'unità.
4. Per l'iscrizione di unità da diporto provenienti da Paesi terzi costruite, immesse in commercio o messe in servizio in uno degli Stati membri dell'area economica europea (AEE) prima del 16 giugno 1998, la documentazione tecnica è sostituita da un'attestazione di idoneità rilasciata da un organismo tecnico notificato ai sensi dell'articolo 10, ovvero autorizzato ai sensi del decreto legislativo 3 agosto 1998, n. 314, e successive modificazioni.

Art. 20 – Iscrizione provvisoria di imbarcazioni da diporto
1. Il proprietario di un'imbarcazione da diporto può chiedere l'assegnazione del

numero di immatricolazione, ove si tratti di prima immissione in servizio, presentando domanda ad uno degli uffici detentori dei registri. Alla domanda è allegata:

a) copia della fattura attestante l'assolvimento dei pertinenti adempimenti fiscali e degli eventuali adempimenti doganali e contenente le generalità, l'indirizzo e il codice fiscale dell'interessato, nonché la descrizione tecnica dell'unità stessa;

b) dichiarazione di conformità CE unitamente a copia dell'attestazione CE del tipo, ove prevista;

c) dichiarazione di potenza del motore o dei motori entrobordo installati a bordo;

d) dichiarazione di assunzione di responsabilità da parte dell'intestatario della fattura per tutti gli eventi derivanti dall'esercizio dell'imbarcazione fino alla data di presentazione del titolo di proprietà di cui al comma 2.

2. L'assegnazione del numero di immatricolazione determina l'iscrizione dell'unità condizionata alla successiva presentazione del titolo di proprietà, da effettuare a cura dell'intestatario della fattura entro e non oltre sei mesi dalla data dell'assegnazione stessa. Contestualmente all'iscrizione sono rilasciati la licenza provvisoria di navigazione e il certificato di sicurezza.

3. Decorsi sei mesi dall'assegnazione del numero di immatricolazione senza che sia stato presentato il titolo di proprietà, l'iscrizione si ha per non avvenuta, la licenza provvisoria e il certificato di sicurezza sono restituiti all'ufficio che li ha rilasciati e il proprietario dell'unità deve presentare domanda di iscrizione ai sensi dell'articolo 19.

Art. 21 – Trasferimento di iscrizione e cancellazione dai registri

1. Per trasferire ad altro ufficio l'iscrizione di una unità da diporto e le eventuali trascrizioni a suo carico il proprietario, o un suo legale rappresentante, deve presentare domanda all'ufficio di iscrizione dell'unità.

2. La cancellazione delle unità da diporto dai registri di iscrizione può avvenire:

a) per vendita o trasferimento all'estero;

b) per demolizione;

c) per passaggio dalla categoria delle imbarcazioni a quella dei natanti;

d) per passaggio ad altro registro;

e) per perdita effettiva o presunta.

Art. 22 – Documenti di navigazione e tipi di navigazione

1. I documenti di navigazione per le navi da diporto, rilasciati dall'ufficio che detiene il relativo registro all'atto dell'iscrizione, sono:

a) la licenza di navigazione, che abilita alla navigazione nelle acque interne e in quelle marittime senza alcun limite;

b) il certificato di sicurezza, che attesta lo stato di navigabilità.

2. I documenti di navigazione per le imbarcazioni da diporto, rilasciati dall'ufficio che detiene il relativo registro all'atto dell'iscrizione, sono:

a) la licenza di navigazione che abilita al tipo di navigazione consentito dalle caratteristiche di costruzione dell'unità, indicate nella dichiarazione di conformità, rilasciata dal costruttore o da un suo mandatario stabilito nel territorio dell'Unione europea, ovvero da attestazione di idoneità rilasciata da un organismo notificato ai sensi dell'articolo 10 o autorizzato ai sensi del decreto legislativo 3 agosto 1998, n. 314;

b) il certificato di sicurezza, che attesta lo stato di navigabilità.

3. Le imbarcazioni da diporto possono essere abilitate ai seguenti tipi di navigazione:

a) imbarcazioni senza marcatura CE:
1) senza alcun limite nelle acque marittime ed interne;
2) fino a sei miglia dalla costa nelle acque marittime e senza alcun limite nelle acque interne;

b) imbarcazioni con marcatura CE:
1) senza alcun limite, per la categoria di progettazione A di cui all'allegato II;
2) con vento fino a forza 8 e onde di altezza significativa fino a quattro metri, mare agitato, per la categoria di progettazione B di cui all'allegato II;
3) con vento fino a forza 6 e onde di altezza significativa fino a due metri, mare molto mosso, per la categoria di progettazione C di cui all'allegato II;
4) per la navigazione in acque protette, con vento fino a forza 4 e altezza significativa delle onde fino a 0,3 metri, per la categoria di progettazione D di cui all'allegato II.

Art. 23 – Licenza di navigazione

1. La licenza di navigazione per le unità da diporto è redatta su modulo conforme al modello approvato con decreto del Ministero delle infrastrutture e dei trasporti.
2. Sulla licenza di navigazione sono riportati il numero e la sigla di iscrizione, il tipo e le caratteristiche principali dello scafo e dell'apparato motore, il nome del proprietario, il nome dell'unità se richiesto, l'ufficio di iscrizione e il tipo di navigazione autorizzata, nonché la stazza per le navi da diporto. Sono annotati il numero massimo delle persone trasportabili, gli eventuali atti costitutivi, traslativi ed estintivi della proprietà e degli altri diritti reali di godimento e di garanzia sull'unità, nonché l'eventuale uso commerciale dell'unità stessa.
3. La licenza di navigazione e gli altri documenti prescritti sono mantenuti a bordo in originale o in copia autentica, se la navigazione avviene tra porti dello Stato.
4. La denuncia di furto o di smarrimento o di distruzione dei documenti prescritti, unitamente ad un documento che attesti la vigenza della copertura assicurativa, costituisce autorizzazione provvisoria alla navigazione tra porti nazionali per la durata di trenta giorni, a condizione che il certificato di sicurezza dell'unità sia in corso di validità.
5. Per lo svolgimento delle procedure amministrative, i documenti di bordo possono essere inviati al competente ufficio su supporto informatico o per via telematica.
6. Le navi da diporto per le quali il procedimento di iscrizione non sia ancora concluso possono essere abilitate alla navigazione dai rispettivi uffici di iscrizione con licenza provvisoria la cui validità non può essere superiore a sei mesi.

Art. 24 – Rinnovo della licenza di navigazione

1. La licenza di navigazione è rinnovata in caso di cambio del numero e della sigla dell'ufficio di iscrizione ovvero di modifiche del tipo e delle caratteristiche principali dello scafo e dell'apparato motore e del tipo di navigazione autorizzata.
2. La ricevuta dell'avvenuta presentazione dei documenti necessari per il rinnovo sostituisce la licenza di navigazione per la durata massima di venti giorni.

Art. 25 – Bandiera nazionale e sigle di individuazione

1. Le imbarcazioni e le navi da diporto iscritte nei registri espongono la bandie-

ra nazionale e sono contraddistinte dalla sigla dell'ufficio presso cui sono iscritte e dal numero di iscrizione. Dopo il numero di iscrizione è apposta la lettera D nel caso di imbarcazioni da diporto ovvero il gruppo ND nel caso di navi da diporto.
2. Le caratteristiche delle sigle di individuazione delle unità da diporto sono stabilite con decreto del Ministero delle infrastrutture e dei trasporti.
3. Il proprietario ha facoltà di contraddistinguere l'imbarcazione o la nave da diporto anche con un nome che deve essere differente da ogni altro già registrato nel medesimo ufficio di iscrizione.
4. Il proprietario che trasferisca o venda all'estero l'unità da diporto è tenuto a chiedere preventivamente il nulla osta alla dismissione della bandiera.

Art. 26 – Certificato di sicurezza
1. Il certificato di sicurezza per le navi e per le imbarcazioni da diporto attesta lo stato di navigabilità dell'unità e fa parte dei documenti di bordo. Il rilascio, il rinnovo e la convalida del certificato di sicurezza sono disciplinati con decreto del Ministro delle infrastrutture e dei trasporti adottato ai sensi dell'articolo 17, comma 3, della legge 23 agosto 1988, n. 400.

Art. 27 – Natanti da diporto
1. I natanti di cui all'articolo 3, comma 1, lettera d), sono esclusi dall'obbligo dell'iscrizione nei registri di cui all'articolo 15, della licenza di navigazione di cui all'articolo 23 e del certificato di sicurezza di cui all'articolo 26.
2. I natanti da diporto, a richiesta, possono essere iscritti nei registri delle imbarcazioni da diporto ed in tale caso ne assumono il regime giuridico.
3. I natanti senza marcatura CE possono navigare:
a) entro sei miglia dalla costa;
b) entro dodici miglia dalla costa, se omologati per la navigazione senza alcun limite o se riconosciuti idonei per tale navigazione da un organismo tecnico notificato ai sensi dell'articolo 10 ovvero autorizzato ai sensi del decreto legislativo 3 agosto 1998, n. 314; in tale caso durante la navigazione deve essere tenuta a bordo copia del certificato di omologazione con relativa dichiarazione di conformità ovvero l'attestazione di idoneità rilasciata dal predetto organismo;
c) entro un miglio dalla costa, i natanti denominati jole, pattini, sandolini, mosconi, pedalò, tavole a vela e natanti a vela con superficie velica non superiore a 4 metri quadrati, nonché gli acquascooter o moto d'acqua e mezzi similari.
4. I natanti provvisti di marcatura CE possono navigare nei limiti stabiliti dalla categoria di progettazione di appartenenza di cui all'allegato II.
5. La navigazione e le modalità di utilizzo dei natanti di cui al comma 3, lettera c), sono disciplinate dalla competente autorità marittima e della navigazione interna.
6. L'utilizzazione dei natanti da diporto ai fini di locazione o di noleggio per finalità ricreative o per usi turistici di carattere locale, nonché di appoggio alle immersioni subacquee a scopo sportivo o ricreativo è disciplinata, anche per le modalità della loro condotta, con ordinanza della competente autorità marittima o della navigazione interna, d'intesa con gli enti locali

Art. 28 – Potenza dei motori
1. Per potenza del motore si intende la potenza massima di esercizio come definita dalla norma armonizzata EN/ISO 8665.

2. Per ogni singolo motore il costruttore, ovvero il suo legale rappresentante o rivenditore autorizzato stabilito nell'Unione europea, rilascia la dichiarazione di potenza su modulo conforme al modello approvato dal Ministero delle infrastrutture e dei trasporti.
3. La dichiarazione di potenza del motore fa parte dei documenti di bordo.

Art. 29 – Apparati ricetrasmittenti di bordo
1. Su tutte le unità da diporto con scafo di lunghezza superiore ai ventiquattro metri è fatto obbligo di installare un impianto ricetrasmittente in radiotelefonia, ad onde ettometriche, secondo le norme stabilite dall'autorità competente.
2. A tutte le unità da diporto con scafo di lunghezza pari o inferiore a ventiquattro metri, che navigano a distanza superiore alle sei miglia dalla costa, è fatto obbligo di essere dotate almeno di un apparato ricetrasmittente ad onde metriche (VHF), anche portatile, secondo le norme stabilite dall'autorità competente.
3. Tutti gli apparati ricetrasmittenti a bordo delle unità da diporto, conformi alla normativa vigente, sono esonerati dal collaudo e dalle ispezioni ordinarie, salvo l'obbligo di collaudo per le stazioni radioelettriche per mezzo delle quali è effettuato il servizio di corrispondenza pubblica. Il costruttore, o un suo legale rappresentante, rilascia una dichiarazione attestante la conformità dell'apparato alla normativa vigente ovvero, se trattasi di unità proveniente da uno Stato non comunitario, alle norme di uno degli Stati membri dell'Unione europea o dello spazio economico europeo.

Gli apparati sprovvisti della certificazione di conformità sono soggetti al collaudo da parte dell'autorità competente.
4. L'istanza per il rilascio della licenza di esercizio dell'apparato radiotelefonico, rivolta all'autorità competente e corredata della dichiarazione di conformità, è presentata all'ufficio di iscrizione dell'unità, che provvede:

a) all'assegnazione del nominativo internazionale;

b) al rilascio della licenza provvisoria di esercizio;

c) alla trasmissione all'autorità competente della documentazione per il rilascio della licenza definitiva di esercizio.

5. La licenza provvisoria di esercizio resta valida fino al rilascio della licenza definitiva; la licenza è riferita all'apparato radiotelefonico di bordo ed è sostituita solo in caso di sostituzione dell'apparato stesso.
6. La domanda per il rilascio della licenza di esercizio dell'apparato radiotelefonico installato a bordo dei natanti, corredata della dichiarazione di conformità, è presentata all'ispettorato territoriale del Ministero delle comunicazioni avente giurisdizione sul luogo in cui il richiedente ha la propria residenza. Il medesimo ispettorato provvede ad assegnare un indicativo di chiamata di identificazione, valido indipendentemente dall'unità su cui l'apparato viene installato, e a rilasciare, entro quarantacinque giorni, la licenza di esercizio.
7. Gli apparati ricetrasmittenti installati a bordo delle unità da diporto che non effettuano traffico di corrispondenza pubblica non sono soggetti all'obbligo di affidamento della gestione ad una società concessionaria e di corresponsione del relativo canone.
8. I contratti per l'esercizio di apparati radioelettrici stipulati con le società concessionarie possono essere disdettati alla scadenza nei termini stabiliti. Copia della disdetta è inviata all'autorità competente, unitamente ad una dichiarazione sostitutiva di atto di notorietà attestante l'assunzione di responsabilità della funzionalità dell'apparato e l'impegno ad utilizzare l'apparato stesso ai soli fini di emergenza e per la sicurezza della navigazione.

9. La licenza di esercizio, rilasciata per il traffico di corrispondenza, ha validità anche per l'impiego dell'apparato ai fini della sicurezza della navigazione.
10. Il Ministero delle comunicazioni, di concerto con il Ministero delle infrastrutture e dei trasporti, può disporre, quando io ritenga opportuno o su richiesta degli organi dell'amministrazione, ispezioni e controlli presso i costruttori, gli importatori, i distributori e gli utenti.
11. Per le imbarcazioni e le navi da diporto in navigazione oltre le dodici miglia dalla costa è altresì obbligatoria l'installazione a bordo di un apparato elettronico per la rilevazione satellitare della posizione.

Articoli 30, 31, 32 e 33 .... omissis ....

Art. 34 – Numero massimo delle persone trasportabili sulle unità da diporto
1. Per le navi e le imbarcazioni da diporto, l'autorità che rilascia la licenza di navigazione annota sulla stessa il numero massimo delle persone trasportabili sulla base dei dati riportati nella documentazione tecnica presentata.
2. In caso di imbarcazioni da diporto aventi più categorie di progettazione il numero massimo delle persone trasportabili è quello previsto dal costruttore per la categoria di progettazione corrispondente alla specie di navigazione effettuata.
3. Per i natanti da diporto il numero massimo delle persone trasportabili è documentato come segue:
a) per le unità munite di marcatura CE, dalla targhetta del costruttore e dal manuale del proprietario, di cui ai punti 2.2 e 2.5 dell'allegato II;
b) per le unità non munite di marcatura CE:
1) se omologate, da copia del certificato di omologazione e dalla dichiarazione di conformità del costruttore;
2) se non omologate, ai sensi del regolamento di cui all'articolo 65.

Art. 35 – Numero minimo dei componenti dell'equipaggio delle unità da diporto
1. È responsabilità del comandante o del conduttore dell'unità da diporto verificare prima della partenza la presenza a bordo di personale qualificato e sufficiente per formare l'equipaggio necessario per affrontare la navigazione che intende intraprendere, anche in relazione alle condizioni meteo-marine previste e alla distanza da porti sicuri.

Art. 36 – Servizi di bordo delle navi e delle imbarcazioni da diporto
1. A giudizio del comandante o del conduttore i servizi di bordo delle imbarcazioni da diporto possono essere svolti anche dalle persone imbarcate in qualità di ospiti, purché abbiano compiuto il sedicesimo anno di età per i servizi di coperta, camera e cucina e il diciottesimo anno di età per i servizi di macchina.
2. I servizi di bordo delle navi da diporto sono svolti dal personale iscritto nelle matricole della gente di mare e della navigazione interna.
3. I servizi complementari di bordo, di camera e di cucina possono essere svolti dalle persone imbarcate sulle navi da diporto in qualità di ospiti, purché abbiano compiuto il sedicesimo anno di età.
4. Al personale appartenente alla gente di mare ed a quello della navigazione interna che presti servizio a bordo di imbarcazioni o di navi da diporto avvalendosi della patente nautica, non è riconosciuta la navigazione compiuta solo agli effetti professionali previsti dal codice della navigazione e dai relativi regolamenti di esecuzione.

Articoli 37 e 38 .... omissis ....

Art. 39 – Patente nautica

1. La patente nautica per unità da diporto di lunghezza non superiore a ventiquattro metri è obbligatoria nei seguenti casi, in relazione alla navigazione effettivamente svolta:

a) per la navigazione oltre le sei miglia dalla costa o, comunque, su moto d'acqua;

b) per la navigazione nelle acque interne e per la navigazione nelle acque marittime entro sei miglia dalla costa, quando a bordo dell'unità sia installato un motore avente una cilindrata superiore a 750 cc se a carburazione a due tempi, o a 1.000 cc se a carburazione a quattro tempi fuori bordo o se a iniezione diretta, o a 1.300 cc se a carburazione a quattro tempi entro bordo, o a 2.000 cc se a ciclo diesel, comunque con potenza superiore a 30 kw o a 40,8 cv.

2. Chi assume il comando di una unità da diporto di lunghezza superiore ai ventiquattro metri, deve essere in possesso della patente per nave da diporto.

3. Per il comando e la condotta delle unità da diporto di lunghezza pari o inferiore a ventiquattro metri, che navigano entro sei miglia dalla costa e a bordo delle quali è installato un motore di potenza e cilindrata inferiori a quelle indicate al comma 1, lettera b), è richiesto il possesso dei seguenti requisiti, senza obbligo di patente:

a) aver compiuto diciotto anni di età, per le imbarcazioni;

b) aver compiuto sedici anni di età, per i natanti;

c) aver compiuto quattordici anni di età, per i natanti a vela con superficie velica, superiore a quattro metri quadrati nonché per le unità a remi che navigano oltre un miglio dalla costa.

4. Si prescinde dai requisiti di età di cui al comma 3, per la partecipazione all'attività di istruzione svolta dalle scuole dì avviamento agli sport nautici gestite dalle federazioni nazionali e dalla Lega navale italiana, ai relativi allenamenti ed attività agonistica, a condizione che le attività stesse si svolgano sotto la responsabilità delle scuole ed i partecipanti siano coperti dall'assicurazione per responsabilità civile per i danni causati alle persone imbarcate ed a terzi.

5. I motoscafi ad uso privato di cui al regio decreto-legge 9 maggio 1932, n. 813, convertito dalla legge 20 dicembre 1932, n. 1884, sono equiparati, ai fini dell'abilitazione al comando, alle unità da diporto.

6. La patente nautica si distingue nelle seguenti categorie ed abilita al comando o alla direzione nautica delle unità da diporto indicate per le rispettive categorie:

a) Categoria A: comando e condotta di natanti e imbarcazioni da diporto;

b) Categoria B: comando di navi da diporto;

c) Categoria C: direzione nautica di natanti e imbarcazioni da diporto.

Art. 40 – Responsabilità civile

1. La responsabilità civile verso i terzi derivante dalla circolazione delle unità da diporto, come definite dall'articolo 3, è regolata dall'articolo 2054 del codice civile e si applica la prescrizione stabilita dall'articolo 2947, comma 2, dello stesso codice.

2. Ai fini dell'applicazione dell'articolo 2054, comma 3, del codice civile il locatario dell'unità da diporto è responsabile in solido con il proprietario e, in caso di locazione finanziaria, l'utilizzatore dell'unità da diporto è responsabile in solido con il conducente in vece del proprietario.

Art. 41 – Assicurazione obbligatoria

1. Le disposizioni della legge 24 dicembre 1969, n. 990, e successive modificazioni si applicano alle unità da diporto come definite dall'articolo 3, con esclusione delle unità a remi e a vela non dotate di motore ausiliario.

2. Le disposizioni della legge 24 dicembre 1969, n. 990, e successive modificazioni, si applicano ai motori amovibili di qualsiasi potenza, indipendentemente dall'unità sulla quale vengono applicati.

3. L'articolo 6 della legge 24 dicembre 1969, n. 990, si applica anche ai motori muniti di certificato di uso straniero o di altro documento equivalente emesso all'estero, che siano impiegati nelle acque territoriali nazionali.

Art. 42 – Locazione e forma del contratto

1. La locazione di unità da diporto è il contratto con il quale una delle parti si obbliga verso corrispettivo a cedere il godimento dell'unità da diporto per un periodo di tempo determinato.

2. Con l'unita' da diporto locata, il conduttore esercita la navigazione e ne assume la responsabilità ed i rischi.

3. Il contratto di locazione delle imbarcazioni e delle navi da diporto è redatto per iscritto a pena di nullità ed è tenuto a bordo in originale o copia conforme.

4. La forma del contratto di sublocazione o di quello di cessione è regolata dal comma 3.

Art. 43 – Scadenza del contratto

1. Salvo espresso consenso del locatore, il contratto non s'intende rinnovato ancorchè, spirato il termine stabilito, il conduttore conservi la detenzione dell'unita' da diporto.

2. Salvo diversa volontà delle parti, nel caso di ritardo nella riconsegna per fatto del conduttore per un periodo non eccedente la decima parte della durata del contratto di locazione, non si fa luogo a liquidazione di danni ma al locatore, per il periodo di tempo eccedente la durata del contratto, è dovuto un corrispettivo in misura doppia di quella stabilita nel contratto stesso.

Art. 44 – Prescrizione

1. I diritti derivanti dal contratto di locazione si prescrivono col decorso di un anno. Il termine decorre dalla scadenza del contratto o, nel caso di cui al comma 2 dell'articolo 43, dalla riconsegna dell'unità.

Art. 45 – Obblighi del locatore

1. Il locatore è tenuto a consegnare l'unità da diporto, con le relative pertinenze, in perfetta efficienza, completa di tutte le dotazioni di sicurezza, munita dei documenti necessari per la navigazione e coperta dall'assicurazione di cui alla legge 24 dicembre 1969, n. 990, e successive modificazioni.

Art. 46 – Obblighi del conduttore

1. Il conduttore è tenuto ad usare l'unità da diporto secondo le caratteristiche tecniche risultanti dalla licenza di navigazione e in conformità alle finalità di diporto.

Art. 47 – Noleggio di unita' da diporto

1. Il noleggio di unità da diporto è il contratto con cui una delle parti, in corrispettivo del nolo pattuito, si obbliga a mettere a disposizione dell'altra l'unità da

diporto per un determinato periodo da trascorrere a scopo ricreativo in zone marine o acque interne di sua scelta, da fermo o in navigazione, alle condizioni stabilite dal contratto. L'unità noleggiata rimane nella disponibilità del noleggiante, alle cui dipendenze resta anche l'equipaggio.
2. Il contratto di noleggio o di subnoleggio delle imbarcazioni e delle navi da diporto è redatto per iscritto a pena di nullità e deve essere tenuto a bordo in originale o copia conforme.

Art. 48 – Obblighi del noleggiante
1. Il noleggiante è obbligato a mettere a disposizione l'unità dadiporto in perfetta efficienza, armata ed equipaggiata convenientemente, completa di tutte le dotazioni di sicurezza, munita dei prescritti documenti e coperta dall'assicurazione di cui alla legge 24 dicembre 1969, n. 990, e successive modificazioni, estesa in favore del noleggiatore e dei passeggeri per gli infortuni e i danni subiti in occasione o in dipendenza del contratto di noleggio, in conformità alle disposizioni ed ai massimali previsti per la responsabilità civile.

Art. 49 – Obblighi del noleggiatore
1. Nel noleggio di unità da diporto, salvo che sia stato diversamente pattuito, il noleggiatore provvede al combustibile, all'acqua ed ai lubrificanti necessari per il funzionamento dell'apparato motore e degli impianti ausiliari di bordo, per la durata del contratto.

Articoli 50, 51 e 52
Dall'articolo 53, fino all'articolo 57 sono menzionate le norme sanzionatorie e gli illeciti amministrativi

Art. 53 – Violazioni commesse con unità da diporto
1. Chiunque assume o ritiene il comando o la condotta ovvero la direzione nautica di una unità da diporto senza avere conseguito la prescritta abilitazione è soggetto alla sanzione amministrativa del pagamento di una somma da duemilasessantasei euro a ottomiladuecentosessantatre euro; la stessa sanzione si applica a chi assume o ritiene il comando o la condotta ovvero la direzione nautica di una unità da diporto senza la prescritta abilitazione perché revocata o non rinnovata per mancanza dei requisiti; la sanzione è raddoppiata nel caso di comando o condotta di una nave da diporto.
2. Chiunque assume o ritiene il comando o la condotta ovvero la direzione nautica di una unità da diporto con una abilitazione scaduta, ovvero che non sia in regola con quanto stabilito all'articolo 17 in materia di trascrizione, e' soggetto alla sanzione amministrativa del pagamento di una somma da duecentosette euro a milletrentatre euro.
3. Salvo che il fatto costituisca violazione della normativa sulle aree marine protette, chi nell'utilizzo di un'unità da diporto non osserva una disposizione di legge o di regolamento o un provvedimento legalmente emanato dall'autorità competente in materia di uso del demanio marittimo, del mare territoriale e delle acque interne, ivi compresi i porti, ovvero non osserva una disposizione di legge o di regolamento in materia di sicurezza della navigazione è soggetto alla sanzione amministrativa del pagamento di una somma da duecentosette euro a milletrentatre euro. Se il fatto è commesso con l'impiego di un natante da diporto la sanzione è ridotta alla metà.
4. Chiunque, al di fuori dei casi previsti dai commi 1, 2 e 3, non osserva una di-

sposizione del presente decreto o un provvedimento emanato dall'autorità competente in base al presente decreto è soggetto alla sanzione amministrativa del pagamento di una somma da cinquanta euro a cinquecento euro.
5. In caso di violazione di disposizioni in materia di navigazione che prevedono sanzioni amministrative, l'utilizzatore a titolo di locazione finanziaria è obbligato in solido con l'autore delle violazioni al pagamento della somma da questi dovuta, se non prova che la navigazione è avvenuta contro la sua volontà.
6. Per le violazioni di cui al comma 1 si applica la sanzione accessoria della sospensione della licenza di navigazione per trenta giorni. Il periodo di sospensione e riportato sulla licenza di navigazione.

Art. 54 – Abusivo utilizzo dell'autorizzazione alla navigazione temporanea
1. Chiunque utilizza l'autorizzazione alla navigazione temporanea per navigare fuori dei casi previsti dall'articolo 31, comma 1, è soggetto alla sanzione amministrativa del pagamento di una somma da euro 2.066 a euro 8.263.

Art. 55 – Esercizio abusivo delle attività di locazione, noleggio, appoggio per le immersioni subacquee ed insegnamento della navigazione da diporto
1. Chiunque esercita le attività di locazione, noleggio, appoggio per le immersioni subacquee ed insegnamento della navigazione da diporto senza l'osservanza delle formalità di cui all'articolo 2, comma 2, ovvero utilizza imbarcazioni da diporto per attività diverse da quelle a cui sono adibite, è soggetto alla sanzione amministrativa del pagamento di una somma da euro 2.066 a euro 8.263.
2. Alla stessa sanzione è soggetto chiunque non presenta la dichiarazione di cui all'articolo 2, comma 3.

Art. 56 – Inosservanza di norme in materia di costruzione e progettazione di unità da diporto
1. Il costruttore, il suo mandatario stabilito nel territorio comunitario o il responsabile dell'immissione in commercio, che pongono in commercio o in servizio prodotti di cui all'articolo 4, comma 1, non conformi alle disposizioni del titolo I, capo II o di cui sia stata accertata la pericolosità ai sensi dell'articolo 12, sono puniti con la sanzione amministrativa del pagamento di una somma da euro 20.658 a euro 123.949.
2. Il costruttore o il suo mandatario stabilito nel territorio comunitario o il responsabile dell'immissione in commercio, che non ottemperino agli ordini delle amministrazioni vigilanti di cui all'articolo 11, sono puniti con la sanzione amministrativa del pagamento di una somma da euro 25822 a euro 154937.
3. Salvo che il fatto non costituisca reato, chiunque apponga indebitamente la marcatura CE in violazione delle disposizioni dell'articolo 8, è punito con la sanzione amministrativa del pagamento di una somma da euro 20. 658 a euro 123.949.
4. Chiunque venda prodotti di cui all'articolo 4, comma 1, non conformi alle disposizioni dettate dal titolo I, capo II, o di cui sia stata accertata la pericolosità ai sensi dell'articolo 12, è punito con la sanzione amministrativa del pagamento di una somma da euro 20.658 a euro 123949.
5. Chiunque installi componenti o motori non conformi alle disposizioni dettate dal titolo I, capo II, o di cui sia stata accertata la pericolosità ai sensi dell'articolo 12, e' punito con la sanzione amministrativa del pagamento di una somma da 10. 329 euro a 61.964 euro.
6. Chiunque violi gli obblighi di conservazione e di esibizione della documenta-

zione di cui all'articolo 11 è punito con la sanzione amministrativa del pagamento di una somma da 2.582 euro a 15.493.euro. Le amministrazioni vigilanti di cui all'articolo 11 possono disporre il temporaneo divieto di commercializzazione dei prodotti di cui all'articolo 4, comma 1, fino alla produzione della documentazione.

Art. 57 – Rapporto delle violazioni
1. Per gli illeciti amministrativi di cui al presente codice in materia di navigazione marittima, le autorità competenti a ricevere il rapporto previsto dall'articolo 17, comma 1, della legge 24 novembre 1981, n. 68, sono le Capitanerie di porto.
2. Ove si tratti di illeciti amministrativi in materia di costruzione e progettazione di unità da diporto, l'autorità competente emette l'ordinanza di cui all'articolo 18 della legge 24 novembre 1981, n. 689, sentito il parere delle amministrazioni vigilanti di cui all'articolo 11, che possono disporre indagini supplementari.

Art. 58 .... omissis ....

Art. 59 – Arrivi e partenze delle unità da diporto
1. Le unità da diporto sono esenti dall'obbligo di presentazione della nota di informazioni all'autorità marittima all'arrivo in porto e del rilascio delle spedizioni prima della partenza dal porto stesso.

Art. 60 – Denuncia di evento straordinario
1. Se nel corso della navigazione o durante la sosta in porto si sono verificati eventi straordinari relativi all'unità da diporto o alle persone a bordo, il comandante dell'unità da diporto deve farne denuncia all'autorità marittima o consolare entro tre giorni dall'arrivo in porto con le modalità di cui all'articolo 38 del decreto del Presidente della Repubblica 28 dicembre 2000, n. 445.
2. In caso di eventi che abbiano coinvolto l'incolumità fisica di persone, il termine di cui al comma 1 è ridotto a ventiquattro ore.
3. Le autorità di cui al comma 1 procedono, ove sia il caso, ad investigazioni sommarie sui fatti denunciati e sulle loro cause.

Art. 61 .... omissis ....

Art. 62 – Iscrizione di unità da diporto destinate esclusivamente alla navigazione nelle acque interne
1. I proprietari di imbarcazioni da diporto non iscritte o cancellate dai registri delle imbarcazioni da diporto in quanto destinate alla sola navigazione nelle acque interne, devono provvedere all'iscrizione delle proprie unità entro novanta giorni dalla data di entrata in vigore del presente codice. A tal fine, qualora l'interessato non sia in possesso di uno dei titoli di proprietà, può essere presentata una dichiarazione sostitutiva di atto notorio con sottoscrizione autenticata dal notaio o da altro pubblico ufficiale a ciò autorizzato, comprensiva dell'attestazione che l'unità ha navigato esclusivamente in acque interne.
2. Per l'iscrizione delle imbarcazioni da diporto di cui al comma 1 la documentazione tecnica può essere sostituita da un'attestazione di idoneità rilasciata da un organismo notificato ai sensi dell'articolo 10, ovvero autorizzato ai sensi del decreto legislativo 3 agosto 1998, n. 314, qualora l'unità sia stata immessa in commercio o messa in servizio in uno degli Stati membri dell'area economica europea prima del 16 giugno 1998.

3. Le imbarcazioni da diporto di cui al comma 1, già iscritte e cancellate dai registri delle imbarcazioni da diporto, possono essere nuovamente iscritte presso lo stesso ufficio sulla base della documentazione di proprietà e tecnica agli atti del predetto ufficio. L'ufficio di iscrizione può disporre, a spese dell'interessato, una visita di ricognizione dell'unità da parte di un organismo notificato ai sensi dell'articolo 10 ovvero autorizzato ai sensi del decreto legislativo 3 agosto 1998, n. 314.

Regolamento sulla disciplina delle patenti nautiche

Qui di seguito sono riportate le principali innovazioni apportate dal Regolamento sulla disciplina delle patenti nautiche (D.P.R. n. 431 del 9 ottobre 1997), mentre si rimanda chi desidera approfondimenti al testo integrale.

La patente *entro le 12 miglia* e quella *senza alcun limite* sono obbligatorie per chiunque assuma il comando e la condotta di unità da diporto di lunghezza inferiore a 24 metri per la navigazione *oltre le sei miglia* dalla costa o *entro le sei miglia* (oltre le 12 miglia occorre l'abilitazione senza alcun limite), quando l'apparato motore abbia cilindrata superiore a:

- 750 cc se a carburazione a due tempi;
- 1.000 cc se a carburazione a quattro tempi fuori bordo;
- 1.300 cc se a carburazione a quattro tempi entro bordo;
- 2.000 cc se a motore diesel;
- comunque con potenze superiori a 40.8 hp.

Tipi di patenti (articoli 2, 3, 4)

Tipo di patente	Età minima	Tipo di unità	Note
Entro 12 miglia	18 anni	*Tutte le unità a motore e a vela con motore ausiliario*	A richiesta dell'interessato può essere conseguita l'abilitazione per le sole unità a motore
Senza limiti	18 anni	*Tutte le unità a motore e a vela con motore ausiliario*	A richiesta dell'interessato può essere conseguita l'abilitazione per le sole unità a motore
Per navi da diporto	18 anni più 3 anni di patente senza limiti	*Per le unità di lunghezza superiore a 24 metri, sia a vela che a motore*	

La *patente per navi* da diporto è indispensabile per il comando e la condotta delle unità di lunghezza superiore a 24 metri. Nessuna abilitazione è prevista per il comando e la condotta di unità di lunghezza inferiore a 24 metri quando queste navighino entro le sei miglia e abbiano apparato motore con cilindrata e potenza inferiore a quanto indicato sopra.

Occorre però:

a. aver compiuto 18 anni per comandare e condurre *imbarcazioni* a motore, a vela con motore ausiliario e moto d'acqua;

b. aver compiuto 16 anni per i *natanti* a motore, a vela con motore ausiliario;

c. aver compiuto 14 anni per i *natanti* a vela con superficie velica superiore a 4 mq nonché per unità a remi che navigano entro 1 miglio dalla costa;

d. aver compiuto 16 anni per la condotta di unità diverse da quelle dei punti **b.** e **c.** sulle quali sia installato un apparato motore con cilindrate e potenza inferiori a quelle stabilite al primo punto.

PATENTE SÌ, PATENTE NO

Quando è obbligatoria

Per il comando e la conduzione di unità di lunghezza inferiore a 24 metri per la navigazione *oltre le 6 miglia* dalla costa.

Per il comando e la condotta di unità in acque interne o marittime *entro le 6* miglia quando, a bordo di queste, sia installato un motore con cilindrata superiore a:
– *750 cc* se a carburazione a due tempi;
– *1.000 cc* se a carburazione a quattro tempi fuori bordo;
– *1.300 cc* se a carburazione a quattro tempi entro bordo;
– *2.000 cc* se con motore diesel;
– *in ogni caso* quando la potenza supera i 40.8 hp o i 30 kW.

Per il comando e la condotta di **navi** *da diporto* (lunghezza superiore a 24 metri).

Quando si pratica lo sci nautico, anche se si conduce una unità di potenza inferiore a 40.8 hp o 30 kW.
– *per la navigazione su moto d'acqua.*

Quando non è richiesta

Quando si sono compiuti *18 anni* e si comanda e conduce una imbarcazione a vela con motore ausiliario, un motoveliero o una imbarcazione a motore *entro le 6 miglia* dalla costa.
È necessario che l'imbarcazione abbia motore di potenza inferiore o al massimo uguale a *40.8 hp* o *30 kW.*

Quando si sono compiuti *16 anni* e si comanda e conduce un **natante** a vela con motore ausiliario, un motoveliero o un natante a motore *entro le 6 miglia* dalla costa. È necessario che il natante abbia il motore di potenza inferiore o al massimo uguale a *40.8 hp* o *30 kW.*

Quando si sono compiuti 14 anni e si comanda e conduce un natante a vela con superficie superiore a 4 mq e unità a remi entro 1 miglio dalla costa.

Quando si sono compiuti *18 anni* e si conducono *natanti* diversi da quelli sopra indicati, purché il motore abbia una potenza inferiore o al massimo uguale a *40,8 cv* o *30 kW.*

Senza limiti di età quando si partecipa ad attività di istruzione, allenamenti e attività agonistiche gestite da federazioni nazionali o dalla *Lega Navale Italiana*, a condizione che dette attività vengano svolte sotto la responsabilità delle scuole e i partecipanti siano coperti dall'assicurazione R.C.

Domanda di ammissione agli esami (art. 10)

La domanda di ammissione agli esami deve essere redatta in duplice copia conforme al modello dell'allegato "G" al Decreto 9/10/1997 n. 431 e riprodotta a pagina 165. Tale domanda deve essere corredata dal certificato medico, da due foto formato tessera e dall'attestazione del pagamento relativo al tributo per l'ammissione agli esami.

Una copia della domanda, completa di visto, data e numero di protocollo, verrà restituita al candidato, il quale potrà utilizzarla, accompagnata da un documento di riconoscimento personale, come autorizzazione provvisoria durante le esercitazioni pratiche a bordo; tale documento ha una validità di tre mesi, prorogabile per altri tre.

Esami integrativi (art. 12)

Coloro i quali sono in possesso di una abilitazione al comando di unità solo a motore per ottenere l'abilitazione comprensiva anche della navigazione a vela, con lo stesso limite di navigazione, dovranno sostenere la sola prova pratica.

Coloro che sono in possesso della patente per la navigazione entro le 12 miglia dalla costa, per conseguire l'abilitazione senza alcun limite di distanza dalla costa, devono sostenere un esame integrativo *teorico sulle materie non comprese nel programma di esame previsto per l'abilitazione già posseduta.*

I candidati a questi due tipi di integrazione devono presentare domanda, corredata di documentazione come detto al punto precedente e copia della patente posseduta.

Calendario degli esami (art. 14)

I candidati che abbiano presentato domanda per sostenere l'esame e che siano in possesso dell'autorizzazione provvisoria a esercitarsi, in corso di validità, sono tenuti a dichiarare la propria disponibilità a sostenere l'esame presso l'Ufficio al quale hanno presentato la domanda, presentando le attestazioni comprovanti il pagamento della tassa per il rilascio della patente e dello stampato, nonché della marca da bollo.

Gli Uffici competenti, sulla base delle prenotazioni ricevute, dispongono il calendario d'esame, che deve tenersi nei 45 giorni successivi alla data della dichiarazione di disponibilità del candidato a sostenere l'esame.

Qualora il candidato non dia la propria disponibilità a sostenere l'esame *entro 6 mesi*, o quando, pur avendo il candidato data la propria disponibilità ed essere regolarmente convocato a sostenere la prova, egli per due volte non si presentasse all'esame, la domanda verrà archiviata.

— Prove d'esame (art. 15)

Le prove d'esame sono pubbliche. L'esame consiste in una prova teorica e in una prova pratica. La *prova teorica* è svolta in base ai programmi previsti per ciascuna patente *con eventuale ricorso* a *sussidi audiovisivi*, *questionari d'esame* o altri *strumenti nautici* e didattici ritenuti necessari per accertare il grado di conoscenza delle materie tecniche, scientifiche e marinaresche del candidato, per una uniforme formulazione del giudizio.

L'esame si intende superato qualora il candidato superi sia la prova teorica che quella pratica. I candidati non ritenuti idonei alla prova teorica o che siano ritenuti idonei alla prova teorica ma non a quella pratica possono ripetere la prova non superata una sola volta, dopo un mese dalla data d'esame, presso la stessa sede e con le modalità stabilite dal precedente punto (art. 14).

Rilascio delle patenti nautiche (art. 17)

Al termine della prova pratica, il presidente della commissione, o l'esaminatore, provvede alla consegna della relativa patente nautica dopo aver apposto la propria firma e fatto firmare il candidato.

Per i candidati già in possesso di abilitazione il rilascio della nuova patente è subordinato al ritiro della precedente che viene annullata e allegata al fascicolo d'esame.

Validità delle patenti (art. 19)

La patente ha validità di 10 anni e alla scadenza può avere la conferma della validità per altri 10 anni o di 5 anni qualora il candidato al momento del rilascio o della conferma di validità abbia compiuto il sessantesimo anno di età.

La richiesta di validità (allegato G) può essere richiesta anche prima della naturale scadenza e, in tal caso, la data di scadenza decorre dalla data di convalida.

Per particolari motivi, relativi alle condizioni fisiche o psichiche del candidato, la validità può essere ridotta a un periodo più breve.

La richiesta di convalida può essere fatta anche dopo la scadenza e, in tal caso la data successsiva decorre dalla data di convalida.

Smarrimento, sottrazione o distruzione della patente nautica (art. 22)

In caso di smarrimento, sottrazione o distruzione della patente nautica, il titolare è tenuto a presentare la denuncia alle autorità di pubblica sicurezza, che rilasceranno l'attestazione della denuncia resa.

Il titolare può ottenere il duplicato della patente presentando l'attestazione della denuncia, con la domanda in bollo (allegato "G") in duplice copia, unitamente alle attestazioni comprovanti il pagamento dei tributi previsti, alla tassa per l'anno in corso e dello stampato, oltre a due foto tessera.

Al candidato viene restituita una copia della domanda, che gli consente, per la durata di trenta giorni, di comandare e condurre le unità da diporto nei limiti dell'abilitazione posseduta. La validità del duplicato della patente nautica ha la stessa validità del documento sostituito.

Revisioni delle patenti nautiche (art. 23)

L'autorità marittima e quella della navigazione interna possono disporre che siano sottoposti a visita medica locale (art. 5) o a esame di idoneità i titolari di patenti nautiche qualora insorgano dubbi sulla persistenza nei medesimi dei requisiti fisici e psichici prescritti.

L'esito della visita è comunicato all'Autorità che ha rilasciato la patente per gli eventuali provvedimenti di sospensione o di revoca o per l'eventuale annotazione sul documento di limitazioni o prescrizioni.

Il Ministero delle infrastrutture e dei trasporti può inoltre disporre, con proprio decreto, la revisione straordinaria (art. 24) delle patenti nautiche per determinate categorie o per patenti rilasciate in determinati periodi.

Sospensione delle patenti nautiche (art. 25)

La patente nautica è sospesa dall'Autorità marittima o dalla Motorizzazione civile che ha provveduto al rilascio per:

1. perdita temporanea dei requisiti fisici o psichici;

2. assunzione del comando e della condotta di unità da diporto in stato di ubriachezza, sotto l'effetto di sostanze stupefacenti o inebrianti;

3. atti di imprudenza o di imperizia tali da compromettere l'incolumità pubblica e da produrre danni;

4. motivi di pubblica sicurezza su richiesta del Prefetto;

5. procedimento penale a carico dell'abilitato per i delitti di omicidio colposo ovvero per lesioni gravi o gravissime colpose derivanti dalla violazione delle norme sul comando e la condotta delle unità e delle navi da diporto, per delitti commessi contro l'incolumità pubblica e per reati previsti e puniti dalla parte terza del codice della navigazione.

Il periodo di sospensione della patente è:

a. per il caso previsto al punto **1.** fino a quando l'interessato non produca la certificazione medica attestante il recupero dell'idoneità fisica o psichica;

b. inferiore a sei mesi per quanto previsto nei punti **2.** e **4.**;

c. inferiore a tre mesi per quanto previsto al punto **3.**;

d. fino al massimo di anni uno, per quanto previsto al punto **5.**, qualora sussistano fondati elementi sulla responsabilità.

Nel caso che per le violazioni previste al punto **5.** derivi una condanna per lesioni personali colpose, il periodo di sospensione, stabilita dal giudice, va da un minimo di 15 giorni a un massimo di tre mesi.

Contro i provvedimenti di sospensione previsti per i punti **2.**, **3.**, **4.** e **5.** è ammesso il ricorso al Ministro dei trasporti e della navigazione.

Quando i provvedimenti sono divenuti definitivi, vengono annotati sulla patente e sul Registro delle patenti nautiche (art. 18).

Revoca delle patenti nautiche (art. 26)

La patente nautica è revocata dall'Autorità marittima o della navigazione interna che l'ha rilasciata per i seguenti motivi:

1. perdita permanente dei requisiti fisici e psichici prescritti (art. 5);

2. perdita dei requisiti morali prescritti (art. 6).

Coloro che hanno subito la revoca della patente in seguito a sentenza del giudice non possono ottenere una nuova patente se non interviene un provvedimento di riabilitazione.

DOCUMENTI DA TENERE A BORDO

Imbarcazioni	Natanti
Tutti i documenti previsti devono essere tenuti a bordo in originale o, in copia autentica, se la navigazione avviene tra porti dello Stato. *Licenza di navigazione.* Viene rilasciata in seguito alla iscrizione dell'unità negli uffici. In essa sono contenuti, oltre a eventuali annotazioni per le attività di locazione, di noleggio, insegnamento della navigazione da diporto, i dati relativi alla imbarcazione (eventuale nome, ufficio di iscrizione, sigla e numero di iscrizione, le sue carattersistiche), le caratteristiche del motore installato a bordo, le generalità del proprietario, il numero massimo di persone trasportabili, l'abilitazione alla navigazione. Alla licenza di navigazione viene allegato il certificato di sicurezza. In caso di smarrimento o furto o distruzione dei documenti, la copia della denuncia, accompagnata da documento che attesti la copertura assicurativa, costituisce autorizzazione provvisoria alla navigazione per una durata massima di 30 giorni, sempre che sia in corso di validità il certificato di sicurezza. La licenza viene rinnovata in caso di cambio del numero e della sigla di iscrizione, modifiche del tipo e delle caratteristiche principali dello scafo, dell'apparato motore e del tipo di navigazione autorizzata.	------
Certificato d'uso del motore. Per i soli motori fuoribordo di tipo amovibile, ovunque imbarcati.	*Patente nautica.* Quando prevista, in base alla cilindrata o alla potenza dell'apparato motore.
Certificato di sicurezza in corso di validità.	*Certificato di omologazione.* Nel caso che l'unità sia costruita in serie.
Licenza di esercizio radiotelefonico. Obbligatoria per qualsiasi impianto radiotelefonico installato a bordo. Non ha scadenze e non va bollata.	------
Polizza di assicurazione con relativo contrassegno.	------
	Polizza di assicurazione con relativo contrassegno per i motori di qualsiasi potenza.

Programmi d'esame

PROGRAMMA D'ESAME PER IL CONSEGUIMENTO DELLE ABILITAZIONI AL COMANDO E ALLA CONDOTTA DELLE UNITÀ A MOTORE NONCHÉ DELLE UNITÀ A VELA CON O SENZA MOTORE AUSILIARIO E MOTOVELIERI PER LA NAVIGAZIONE *ENTRO DODICI MIGLIA* DALLA COSTA

Prova teorica

1. *a.* Elementi di teoria della nave, limitatamente alle strutture principali dello scafo. Elica, Timone, Effetti dell'elica sul timone; *b.* teoria della vela (solo per l'abilitazione alla navigazione a vela); *c.* attrezzatura e manovra delle imbarcazioni a vela (solo per l'abilitazione alla navigazione a vela). L'esame teorico sulla vela di cui alle precedenti lettere *b.* e *c.* è svolto contemporaneamente alla prova pratica.

2. Funzionamento dei motori a scoppio e diesel. Irregolarità e piccole avarie che possono verificarsi durante il loro funzionamento e modo di rimediarvi. Calcolo dell'autonomia in relazione alla potenza del motore e alla quantità residua di carburante.

3. Regolamento di sicurezza con particolare riferimento alle dotazioni di sicurezza, in relazione alla navigazione effettivamente svolta. Tipi di visite e periodicità. Provvedimenti da adottare in caso di sinistro marittimo (incendio, collisione, falla, incaglio, uomo in mare). Provvedimenti da adottare per la salvezza delle persone a bordo in caso di sinistro e di abbandono dell'imbarcazione. Precauzioni da adottare in caso di navigazione con tempo cattivo. Assistenza e soccorso: segnali di salvataggio e loro significato.

4. Regolamenti per evitare gli abbordi in mare e norme di circolazione nelle acque interne.

Precauzioni in prossimità della costa o su specchi acquei ove si svolgono altre attività nautiche (nuoto, sci nautico, pesca subacquea, etc.).

5. Bollettini meteorologici per la navigazione marittima. Strumenti meteorologici e loro impiego.

6. Coordinate geografiche. Carte nautiche. Proiezione di Mercatore. Orientamento e rosa dei venti. Bussole magnetiche. Elementi di navigazione stimata: tempo spazio e velocità. Elementi di navigazione costiera: concetto di luogo di posizione (con esclusione del carteggio). Prora e rotta: effetto del vento e della corrente sul moto della nave (deriva e scarroccio). Solcometri e scandagli. Portolano, elenco fari e segnali da nebbia.

7. *a.* Leggi e regolamenti che disciplinano la navigazione da diporto. Codice della navigazione per quanto attiene alla navigazione da diporto con particolare riferimento a: obblighi, poteri e doveri del Comandante; attribuzioni dell'Autorità marittima e della navigazione interna; ordinanze delle autorità marittime locali; documenti da tenere a bordo;

b. norme che regolano lo sci nautico.

Prova pratica

La prova pratica può essere effettuata in mare, nei laghi o, per l'abilitazione a motore, nei fiumi. Durante la prova pratica il candidato deve dimostrare di saper condurre l'unità alle diverse andature, effettuando con prontezza d'azione e capacità le manovre necessarie, l'ormeggio e il disormeggio dell'unità, il recupero dell'uomo in mare, i preparativi per fronteggiare il cattivo tempo e l'impiego delle dotazioni di sicurezza, dei mezzi antincendio e di salvataggio.

PROGRAMMA D'ESAME PER IL CONSEGUIMENTO DELLE ABILITAZIONI AL COMANDO E ALLA CONDOTTA DELLE UNITÀ A MOTORE E DELLE UNITÀ A VELA CON O SENZA MOTORE AUSILIARIO E MOTOVELIERI PER LA NAVIGAZIONE *SENZA ALCUN LIMITE* DALLA COSTA

Prova teorica

1. *a.* Elementi di teoria della nave, limitatamente alle strutture principali dello scafo;

b. teoria della vela (solo per l'abilitazione alla navigazione a vela);

c. attrezzatura e manovra delle imbarcazioni a vela (solo per l'abilitazione alla navigazione a vela). L'esame teorico sulla vela di cui alle precedenti lettere *b.* e *c.* è svolto contemporaneamente alla prova pratica;

d. tipi di elica e di timone e loro effetti;

e. cenni sul galleggiamento e sulla stabilità. Centri di spinta e di gravità delle unità da diporto.

2. *a.* Funzionamento dei motori a scoppio e diesel;

b. irregolarità e piccole avarie che possono verificarsi durante il funzionamento e il modo di rimediarvi;

c. calcolo dell'autonomia in relazione alla potenza del motore e alla quantità residua di carburante.

3. *a.* Regolamento di sicurezza con particolare riferimento a: 1. tipo di visite e loro periodicità; 2. mezzi di salvataggio e dotazioni di sicurezza, in relazione alla distanza dalla costa; 3. prevenzione incendi ed esplosioni. Conoscenza dei sistemi antincendio;

b. provvedimenti da adottare in caso di sinistro marittimo (incendio, falla, collisione, incaglio, uomo in mare);

c. provvedimenti per la salvezza delle persone a bordo in caso di sinistro marittimo e di abbandono della nave;

d. precauzioni da adottare in caso di navigazione con tempo cattivo;

e. assistenza e soccorso. Cassetta medicinale di pronto soccorso. Segnali di salvataggio e loro significato.

4. *a.* Regolamento per evitare gli abbordi in mare e norme di circolazione in acque interne;

b. precauzioni in prossimità della costa o di specchi acquei ove si svolgono altre attività nautiche (nuoto, sci nautico, pesca subacquea, etc.).

5. *a.* Cenni sulla meteorologia in generale. Atmosfera; pressione, temperatura, umidità e strumenti di misurazione. Venti. Correnti. Lettura della carta del tempo;

b. bollettini meteorologici per la navigazione marittima. Previsioni meteorologiche locali.

6. *a.* Coordinate geografiche: differenza di latitudine e di longitudine. Latitudini crescenti;

b. orientamento e rosa dei venti;

c. elementi di magnetismo terrestre e navale;

d. bussole magnetiche: compensazione e tabella delle deviazioni residue;

e. prora, rotta, correzione e conversione. Effetto del vento e della corrente;

f. concetto di ortodromia e di lossodromia;

g. cenni di astronomia: riconoscimento della Stella Polare. Cenni sulla misura dell'altezza degli astri e degli angoli con l'uso del sestante e con l'impiego delle effemeridi nautiche;

h. navigazione stimata: tempo, spazio, velocità;

i. navigazione costiera: risoluzione dei relativi problemi anche in presenza di vento e corrente;

l. cenni sugli apparecchi radioelettrici di bordo e loro impiego;

m. radionavigazione. Sistemi di navigazione iperbolica e satellitare;

n. fusi orari: calcolo dell'ora locale;

o. carte nautiche, varie rappresentazioni e impiego. Pubblicazioni nautiche;

p. comunicazioni radiotelefoniche e relative procedure.

7. La prova teorica deve essere completata da una prova di carteggio e di calcolo sulla navigazione costiera.

8. *a.* Leggi e regolamenti che disciplinano la navigazione da diporto. Codice della navigazione per quanto attiene alla navigazione da diporto con particolare riferimento a: 1. il Comandante della nave; doveri e responsabilità; 2. attribuzioni dell'autorità marittima e della navigazione interna. Potere di ordinanza; 3. documenti da tenere a bordo delle unità da diporto;

b. disciplina dello sci nautico;

c. cenni sulla locazione e noleggio delle unità da diporto.

Prova pratica

La prova pratica deve essere effettuata in mare. Durante la prova pratica il candidato deve dimostrare di saper condurre l'unità alle diverse andature, effettuando con prontezza e capacità d'azione le manovre necessarie, l'ormeggio e il disormeggio dell'unità, il recupero dell'uomo in mare, i preparativi per fronteggiare il cattivo tempo e l'impiego delle apparecchiature tecniche per la navigazione, delle dotazioni di sicurezza e dei mezzi di salvataggio e antincendio.

Facsimile della domanda di ammissione agli esami per il conseguimento della patente nautica

(in bollo)

MINISTERO DEI TRASPORTI E DELLA NAVIGAZIONE

Al ______________________

(Ufficio Marittimo o della M.C.T.C.)

A	Dichiarazioni sostitutive delle ordinarie certificazioni Cognome — Nome Comune di nascita e nazionalità — Data di nascita Comune di residenza — (Prov.) Via o Piazza — n. civico — Tel.	Foto formato tessera 4 x 4 (Solo nei casi previsti per le richieste di cui ai quadri B-C e D) Dichiaro che la foto suindicata riproduce il sottoscritto Firma
B	CHIEDE L'ammissione agli esami per il conseguimento della patente nautica indicata al successivo quadro F. A tale scopo dichiara sotto la propria responsabilità: a) di essere in possesso dei requisiti morali previsti dall'art.6 del Regolamento sulle patenti nautiche; b) di non aver presentato altrove domanda per conseguire la medesima patente; c) di essere in possesso della patente nautica n.________rilasciata in data__________da________________per il comando e la condotta di unità da diporto a______________per la navigazione__________________allegata in copia	
C	Il rilascio della patente nautica - senza esame - indicata al successivo quadro F	
D	La sostituzione/il rilascio del duplicato della patente nautica n.____________rilasciate in data___________da codesto Ufficio indicata al successivo punto F, a seguito di deterioramento/smarrimento - distruzione del documento di cui all'unita	
E	La convalida della patente nautica n.__________rilasciata in data______________da codesto Ufficio per la navigazione indicata al successivo quadro F. Compilare anche il quadro B apponendo il segno x sulla lettera a) e, se in possesso di altra patente, riportare i dati indicati nella lett. c)	
F	Navigazione per la quale si richiede la patente: (Barrare le caselle che interessano) ☐ Entro 12 miglia dalla costa ☐ Per il comando limitato alle sole unità a motore ☐ Per nave da diporto ☐ Senza alcun limite dalla costa Firma del richiedente Data ______________ ______________________	

PARTE RISERVATA ALL'UFFICIO

____

Timbro lineare

Prot. n.__________

del__________

A) Si attesta che il Sig.______________________sopra generalizzato, ha presentato a questo Ufficio la richiesta di ammissione agli esami per il conseguimento della patente nautica per la navigazione______________________a______________

Il presente documento autorizza il candidato a comandare e condurre le unità da diporto per le quali ha presentato la domanda, purchè a bordo vi sia presente una persona munita di regolare patente nautica, conseguita da almeno tre anni, per un periodo di mesi tre a decorrere dal______________

Timbro e firma______________________

B) La presente autorizzazione è prorogata fino al______________

Timbro e firma______________________

Documento sostitutivo della patente nautic

Si attesta che al Sig.______________________sopra generalizzato, in data____________è stata rilasciata la patente nautica a____________per la navigazione______________________a______________

Il presente documento sostituisce la patente nautica per un periodo di gg. 30 a decorrere dal______________________

Timbro e firma______________________

— Regolamento di Sicurezza

Generalità

Con il termine *sicurezza* si intendono tutte le regole comportamentali, le dotazioni e le attrezzature necessarie a ridurre al minimo le probabilità che un certo evento dannoso possa attentare alla nostra o all'altrui incolumità e all'integrità del mezzo sul quale navighiamo. Molte di queste regole comportamentali sono state codificate e tradotte in Leggi e disposizioni, altre non codificate sono frutto dell'esperienza e della perizia marinaresca.

Dotazioni

Il legislatore ha voluto stabilire quali debbano essere le dotazioni minime che ogni imbarcazione, secondo il suo tipo e del tipo di navigazione effettuata, debba portare a bordo durante la navigazione.

L'ultimo D.M. riguardante le dotazioni di sicurezza per il diporto è quello che porta il n. 478 del 5 ottobre 1999.

Certificato di sicurezza (D.M. 5 ottobre 1999, n. 478)

Il certificato di sicurezza è quel documento che attesta la rispondenza dell'unità da diporto alle disposizioni contenute nel Regolamento di sicurezza.

Viene rilasciato dall'Autorità Marittima o della Navigazione interna competente, all'atto della prima iscrizione nel registro delle imbarcazioni da diporto.

Validità del certificato di sicurezza (art. 3)

Il certificato di sicurezza ha le seguenti validità.

- otto anni per le unità appartenenti alle categorie di progettazione A e B e per le unità sprovviste di marcatura CE, abilitate alla navigazione senza limite dalla costa;
- dieci anni per le unità appartenenti alle categorie di progettazione C e D e per le unità sprovviste di marcatura CE, abilitate alla navigazione entro sei miglia dalla costa.

Rinnovo del certificato di sicurezza (comma 2, art. 3)

Il certificato viene rinnovato ogni cinque anni e la sua validità decorre dalla data di rilascio dell'attestazione di idoneità (le così dette visite periodiche).

Convalida del certificato di sicurezza (comma 3, art. 3)

In caso di gravi avarie, innovazioni, mutamenti delle caratteristiche tecniche di costruzione non essenziali, subite dall'unità, il certificato di sicurezza deve essere sottoposto a convalida (le così dette visite occasionali) a cui provvede l'Autorità marittima o della Navigazione interna del luogo in cui si trova l'unità, sulla base dell'attestazione di idoneità rilasciata da un organismo tecnico autorizzato (come a esempio il R.I.Na.). Nel caso che l'unità si trovasse in un porto estero, al rinnovo e alla convalida del certificato di sicurezza provvede, con le stesse modalità, l'autorità consolare.

Procedura di convalida straordinaria del certificato di sicurezza (comma 5, art. 3)

L'autorità marittima o della navigazione interna, qualora ritenga che siano venute meno le condizioni che hanno consentito il rilascio del certificato di sicurezza, può disporre motivatamente che l'unità sia sottoposta alla procedura di convalida del certificato di sicurezza.

Mantenimento delle condizioni dopo il rilascio del certificato di sicurezza (art. 4)

Al fine di assicurare il mantenimento delle condizioni intrinseche di sicurezza delle unità da diporto, il proprietario ha l'obbligo di mantenere l'unità in buone condizioni d'uso e manutenzione per quanto attiene allo scafo, all'apparato motore, all'impianto elettrico e alla protezione contro gli incendi, nonché provvedere alla sostituzione delle apparecchiature, dei mezzi che presentino deterioramento o deficienze tali da comprometterne l'efficienza.

Modalità di esecuzione degli accertamenti tecnici per il rilascio, il rinnovo e la convalida del certificato di sicurezza (art. 9)

Per le imbarcazioni senza marcatura CE, l'attestazione di idoneità è rilasciata ai fini della navigazione e della relativa licenza, a seguito di completa ispezione dell'unità, con riferimento allo scafo, all'apparato motore, all'impianto elettrico e alla protezione antincendio, applicando le disposizioni contenute nel precedente regolamento di sicurezza (articoli 7 e 19 del D.M. 21 gennaio 1994, n. 232). Per le unità comprese tra i 2,5 e i 24 metri, munite di marcatura CE, il certificato di sicurezza è rinnovato o convalidato sulla base di una attestazione di idoneità comprovante la permanenza dei requisiti in base al quale il certificato di sicurezza è stato rilasciato.

Requisiti e caratteristiche dei mezzi di salvataggio e delle dotazioni di sicurezza (art. 5)

I mezzi di salvataggio individuali e collettivi e le dotazioni di sicurezza delle unità da diporto sono conformi ai requisiti tecnici stabiliti dal Ministero dei trasporti e della navigazione, dall'Unione europea o previsti da convenzioni internazionali.

Mezzi di salvataggio e dotazioni di sicurezza (art. 6)

Le unità da diporto, devono avere a bordo i mezzi di salvataggio individuali e collettivi e le dotazioni di sicurezza minimi indicati, in relazione alla navigazione effettivamente svolta. I mezzi individuali e collettivi devono essere sufficienti per il numero delle persone presenti a bordo, compreso l'equipaggio. I mezzi di salvataggio devono essere sistemati in modo che nella manovra di messa a mare non devono esservi impedimenti per il libero galleggiamento ed essere dotati di adeguate ritenute che ne permettano il rapido distacco dall'unità durante la navigazione.

Navigazione occasionale di prova (art. 7)

Le unità da diporto, munite di certificazione scaduta nella validità, possono essere autorizzate, dall'autorità marittima competente, a effettuare la navigazione di trasferimento per un singolo viaggio. In tale autorizzazione verranno indicate le prescrizioni particolari in relazione alla durata del viaggio, alle condizioni meteomarine, alla sicurezza della navigazione e alla salvaguardia delle persone a bordo.

Le unità di nuova costruzione o quelle che abbiano subito lavori di riparazione o di trasformazione presso cantieri o officine meccaniche, non provviste dell'autorizzazione alla navigazione temporanea di prova, possono essere autorizzate a effettuare navigazione di prova. Il rilascio di questa autorizzazione è competenza dell'autorità marittima o della navigazione interna.

Navigazione con battelli di servizio delle unità da diporto (tender) (art. 8)

I battelli di servizio, compresi gli acqua-scooter, rientranti nella categoria dei natanti e individuati con la sigla e il numero di iscrizione dell'unità da diporto al cui servizio sono posti, non hanno l'obbligo di essere muniti delle dotazioni di sicurezza e mezzi di salvataggio previsti, fatti salvi i mezzi di salvataggio individuali, quando sono utilizzati in navigazione entro un miglio dalla costa ovvero dall'unità, ovunque si trovi.

Motore ausiliario (art. 10)

Sulle unità da diporto, munite di un unico motore, può essere installato un motore ausiliario di emergenza, da impiegare in caso di avaria al motore principale.

Il secondo motore è considerato ausiliario alle seguenti condizioni:
- sia di tipo amovibile e sistemato su proprio supporto dello specchio poppiero;
- abbia una potenza non superiore al 20% di quella del motore principale;
- sia munito del certificato d'uso del motore.

Unità impegnate in gare e manifestazioni sportive (art. 11)

Le unità da diporto partecipanti a manifestazioni sportive come previsto dall'art.14 della legge 11 febbraio 1971, n. 50 alle condizioni previste dalla stessa norma, sono esentate dall'applicazione del presente regolamento. Le unità da diporto ammesse a partecipare alle manifestazioni sportive indette dalle federazioni sportive nazionali e internazionali o da organizzazioni da esse riconosciute, durante le gare, i trasferimenti e le prove, sono esentate dall'applicazione del presente regolamento. A dette unità si applicano le norme e i regolamenti specifici adottati dalle federazioni o dagli organismi citati. Le unità cui si riferisce questo articolo devono essere dotate dei fanali e degli apparecchi di segnalazione sonora regolamentari.

Navigazione nelle acque interne (art. 12)

Alle imbarcazioni da diporto che si avvalgono della facoltà di cui all'art. 2-*bis* del D.L. 16 giugno 1994 n. 378 ("Per la navigazione in acque interne, alle imbarcazioni si applicano le disposizioni di legge e di regolamento vigenti per i natanti"), le disposizioni del presente regolamento si applicano limitatamente a quanto stabilito per i mezzi di salvataggio e le dotazioni di sicurezza, nonché le disposizioni dell'articolo 10 e 13 concernenti il motore ausiliario e il numero di persone trasportabili.

Persone trasportabili su natanti non omologati e omologati (art. 13 del D.M. 5 ottobre 1999, n. 478)

Il numero delle persone trasportabili dai natanti prototipi non omologati è determinato come segue:

- per lunghezza f.t. fino a m 3,50 n. 3 persone;
- per lunghezza f.t. compresa tra m 3,51 e 4,50 n. 4 persone;
- per lunghezza f.t. compresa tra m 4,51 e 6,00 n. 5 persone;
- per lunghezza f.t. compresa tra m 6,00 e 7,50 n. 6 persone;
- per lunghezza f.t. superiore a m 7,50 n. 7 persone.

I natanti prototipi, per trasportare un numero di persone superiore a quello indicato, devono essere muniti di apposita certificazione di idoneità rilasciata da uno degli organismi tecnici.

Per i natanti prodotti in serie, il numero delle persone trasportabili è determinato dalla certificazione di omologazione che, unitamente alla dichiarazione di conformità, deve essere tenuta a bordo quando il numero delle persone imbarcate è superiore a quello indicato in questo articolo. Qualora i natanti sopra menzionati trasportano attrezzature sportive subacquee, il numero delle persone trasportabili è ridotto in ragione di una persona per ogni 75 kg di materiale imbarcato.

Tabella 1

Dotazione degli estintori per unità abilitate alla navigazione oltre le 6 miglia

Potenza totale installata (CV)	In plancia o al posto di guida	In prossimità dell'apparato motore	In ciascuno degli altri locali o gruppo di locali
25 – 100	1 da 13 B	1 da 21 B	1 da 13 B
100 – 200	1 da 13 B	2 da 13 B	1 da 13 B
200 – 400	1 da 13 B	1 da 21 B + 1 da 13 B	1 da 13 B
400 – 500	1 da 13 B	1 da 34 B + 1 da 21 B	1 da 13 B
Maggiore di 500	1 da 13 B	2 da 34 B	1 da 13 B

MEZZI DI SALVATAGGIO E DOTAZIONI DI SICUREZZA MINIME DA TENERE A BORDO DELLE IMBARCAZIONI E NATANTI DIPORTO IN RELAZIONE ALLA DISTANZA DALLA COSTA O DALLA RIVA

SPECIE DI NAVIGAZIONE

(la "x" indica l'obbligatorietà - il numero tra parentesi indica le quantità)

A) Dotazioni di sicurezza per le unità da diporto (con o senza marcatura CE)

	Senza alcun limite	Entro 50 miglia	Entro 12 miglia	Entro 6 miglia	Entro 3 miglia	Entro 1 miglio	Entro 300 metri	Nei fiumi torrenti e corsi d'acqua
Zattera di salvataggio (per tutte le persone a bordo)	X	X						
Apparecchi galleggianti (per tutte le persone a bordo)			X					
Cinture di salvataggio (una per ogni persona a bordo)	X	X	X	X	X	X		X
Salvagente anulare con cima	X (1)	X (1)	X (1)	X (1)	X (1)	X (1)		X (1)
Boetta luminosa	X (1)	X (1)	X (1)	X (1)				
Boetta fumogena	X (3)	X (2)	X (2)	X (2)	X (1)			
Bussola e tabelle di deviazione (a)	X	X	X					
Orologio	X	X						
Barometro	X	X						
Binocolo	X	X						
Carte nautiche della zona in cui si effettua la navigazione	X	X						
Strumenti da carteggio	X	X						
Fuochi a mano luce rossa	X (4)	X (3)	X (2)	X (2)	X (2)			
Razzi a paracadute luce rossa	X (4)	X (3)	X (2)	X (2)				
Cassetta di pronto soccorso (b)	X	X						
Fanali regolamentari (c)	X	X	X	X	X			
Apparecchi di segnalazione sonora (d)	X	X	X	X	X			
Strumento di radioposizionamento (Loran, Gps) (e)	X	X						
Apparato Vhf	X	X	X					
Riflettore radar	X	X						
Epirb (Emergency Position Indicating Radio Beacon)	X							

B) Ulteriori dotazioni di sicurezza per le unità senza marcatura CE

Pompa o altro attrezzo di esaurimento	X	X	X	X	X	X		
Mezzi antincendio - estintori: come indicato nella Tabella all. A) annessa al D. M. 21 gennaio 1994 n. 212 (e)	X	X	X	X	X	X		

Note (a) Le tabelle di deviazione sono obbligatorie solo per le imbarcazioni da diporto.
(b) Secondo la tabella D allegata al Decreto del Ministero della Sanità n. 279 del 28 maggio 1988.
(c) Nel caso di navigazione diurna fino a dodici miglia dalla costa i fanali regolamentari possono essere sostituiti con una torcia di sicurezza a luce bianca.
(d) Per le unità aventi una lunghezza superiore a metri 12 è obbligatorio anche il fischio e la campana (la campana può essere sostituita da un dispositivo sonoro portatile).
(e) I natanti, indipendentemente dalla potenza del motore, devono avere a bordo solo un estintore. Per le imbarcazioni, il numero degli estintori e la capacità estinguente sono stabiliti alla lett. A) della tabella annessa al citato D.M. 232\1994.

Tabella 1a
Dotazione degli estintori per unità abilitate alla navigazione entro le 6 miglia

Potenza totale installata (CV)	Capacità estinguente
Minore di 25	1 da 13 B
25 – 200	1 da 21 B
Maggiore di 200	1 da 34 B

— Direttiva CE in materia di progettazione, costruzione e messa in commercio di unità da diporto

Si riporta in sintesi quanto previsto dalla Direttiva CE (D.L. 14 agosto 1996, n. 436 e D.L. 11 giugno 1997, n. 205)

– **Iscrizione nei registri**. Sono iscritte le unità, munite di marcatura CE, aventi una lunghezza superiore a 7,50 metri se a motore e 10 metri se a vela o a vela con motore ausiliario o motoveliero. È consentita l'iscrizione nei registri anche alle unità di lunghezza inferiore a 7,50 metri.

– **Abilitazione alla navigazione.** Le unità da diporto iscritte nei registri sono abilitate alla navigazione con apposita licenza. L'abilitazione è stabilita in conformità alla categoria di progettazione, indicata nella dichiarazione di conformità rilasciata dal costruttore. Sono previste le seguenti specie di navigazione:

– senza alcun limite per le unità appartenenti alla categoria di progettazione A;

– di altura con vento fino a forza 8 e onde di altezza significativa fino a 4 metri (mare agitato), per le unità appartenenti alla categoria B;

– litoranea con vento fino a forza 6 e onde di altezza significativa fino a 2 metri (mare molto mosso), per le unità appartenenti alla categoria di progettazione C;

– speciale per la navigazione in acque protette con vento fino a forza 4 e altezza significativa delle onde fino a 0,5 metri, per le unità appartenenti alla categoria di progettazione D;

– tutte le unità di categoria A, B, C, possono essere abilitate per una specie di navigazione inferiore a quella di progettazione. Le unità di categoria A, B e C qualora appartenenti alla categoria dei natanti[1], sono abilitate alla navigazione entro 12 miglia dalla costa. Le unità appartenenti alla categoria D sono abilitate alla navigazione speciale nei fiumi, nei canali e piccoli laghi.

La licenza che abilita le unità della categoria:

– A, B, C è rilasciata dalle Capitanerie di Porto, dagli Uffici Circondariali Marittimi, dagli Uffici Locali Marittimi e dalle Delegazioni di Spiaggia, autorizzate dal Direttore Marittimo a tenere i registri per le navi minori e i galleggianti;

– C, oltre che dagli Uffici Marittimi può essere rilasciata anche dagli Uffici Provinciali della Motorizzazione Civile;

– D, è rilasciata dagli Uffici Provinciali della Motorizzazione Civile.

Le unità munite di licenza rilasciata dall'Autorità Marittima possono navigare anche nelle acque interne.

1. Art. 13 Legge 11/2/71, n. 50, sostituito dall'art. 7 della Legge 6/3/76, n. 51 e dall'art. 12 della Legge 26/4/86, n. 193, modificato dall'art. 1 della Legge 8/8/94, n. 498 - "Sono natanti: *a.* le unità da diporto a remi; *b.* le unità da diporto aventi lunghezza fuori tutto non superiore a metri 7,50 se a motore e metri 10 se a vela, anche se con motore ausiliario, e i motovelieri aventi lunghezza fuori tutto non superiore a metri 10".

I natanti da diporto contemplati dall'art. 13 della Legge sulla nautica da diporto (vedi nota 1 a pagina precedente), riconosciuti idonei dall'ente tecnico alla navigazione senza alcun limite dalla costa, muniti di certificato di omologazione, possono navigare entro le 12 miglia dalla costa. Durante la navigazione deve essere tenuta a bordo la copia delle certificazioni.

Le unità da diporto appartenenti alle categorie A, B, C, munite di licenza rilasciata dagli Uffici Provinciali della Motorizzazione Civile, possono navigare anche in acque marittime.

È previsto il rilascio della licenza provvisoria di navigazione per le unità da diporto i cui proprietari presentino, all'atto della prima iscrizione, il titolo di proprietà. Questa licenza di navigazione provvisoria ha la durata massima di 90 giorni.

– **Visite di idoneità e di sicurezza**. La prima visita periodica per le unità da diporto munite di certificazione CE, appartenenti alle categorie A e B, viene effettuata dopo 8 anni dall'iscrizione; quelle appartenenti alla categoria C e D viene effettuata dopo 10 anni dall'iscrizione. Le successive visite di idoneità si effettuano dopo 5 anni.

Le visite occasionali vengono eseguite qualora l'imbarcazione abbia subito gravi avarie o siano stati apportati cambiamenti allo scafo o all'apparato motore tali da far venir meno le condizioni di navigabilità e di sicurezza. Le visite periodiche e occasionali sono dirette ad accertare che persistano a bordo i requisiti dell'attestato di certificazione CE.

L'Ufficio competente all'atto della prima iscrizione provvede anche al rilascio del certificato di sicurezza, annotandone gli estremi sulla licenza di navigazione.

Alla conferma di validità e al rinnovo del certificato di sicurezza provvede la competente Autorità marittima o l'Ufficio Provinciale della Motorizzazione Civile, sulla base delle certificazioni rilasciate dall'Ente Tecnico (R.I.Na).

– **Dotazioni di sicurezza**. Per quanto attiene alle dotazioni di sicurezza, la normativa relativa alla "Attuazione della direttiva 94/25/CE, in materia di progettazione, di costruzione e immissione in commercio di unità da diporto", D.L. 14/8/1996 n. 436 e l'art. 4 del D.L. n. 205 del 11/6/97, hanno apportato altre modifiche all'art. 49 della Legge 11/2/1971, n. 50, oltre alle modificazioni a esso apportate dall'art. 26, primo comma, della Legge 26 aprile 1986, n. 193.

Più precisamente queste variazioni prevedono che:

– su tutte le unità da diporto aventi lunghezza superiore ai 24 metri è obbligatoria l'installazione di impianto ricetrasmittente in radiotelefonia, a onde ettometriche, secondo le norme stabilite dall'Autorità competente;

– su tutte le unità da diporto aventi lunghezza inferiore ai 24 metri, se abilitate alla navigazione oltre le 6 miglia dalla costa, devono essere dotate almeno di un apparato ricetrasmittente in Vhf (onde metriche), secondo le norme stabilite dall'Autorità competente;

– per gli apparati ricetrasmittenti, installati a bordo delle unità da diporto, qualora non vengano adoperati per effettuare traffico di corrispondenza pubblica, non è obbligatorio l'affidamento in gestione ad alcuna società concessionaria e, quindi non è obbligatorio corrispondere il relativo canone. Tali apparati sono esonerati dalle ispezioni ordinarie e, qualora siano del tipo portatile e muniti di omologazione, sono esenti dal collaudo e dalle ispezioni periodiche;

– le unità da diporto dovranno essere dotate di mezzi di salvataggio e delle dotazioni di sicurezza prescritte per il tipo di navigazione effettivamente effettuata.

— Norme di sicurezza riguardanti la protezione contro gli incendi

Nei locali destinati a ospitare i motori e i serbatoi di carburante si dovrà provvedere a installare un adeguato sistema di ventilazione naturale. Si dovrà dotare l'unità di un impianto di ventilazione meccanica, qualora sia previsto l'impiego di carburante con punto di infiammabilità inferiore a 55° C.

Qualora sia installato un impianto fisso di estinzione degli incendi, dovrà essere possibile chiudere la ventilazione del locale prima dell'entrata in funzione di tale impianto.

Le bombole di gas impiegate per la cucina e per altri usi di bordo dovranno essere sistemate in modo tale da non costituire pericolo per le persone a bordo e, in ogni caso dovranno essere sistemate all'interno di un compartimento isolato dagli alloggi e dovrà essere accessibile solo dall'esterno.

— Caratteristiche principali dei segnali di soccorso

È bene conoscere l'ubicazione dei segnali di soccorso e l'esatta procedura per il corretto uso. È necessario ricordare che i segnali di soccorso devono essere di tipo approvato e che hanno una validità non superiore ai quattro anni. Devono anche avere impressi nell'involucro il nome del fabbricante, il tipo di segnale e devono riportare le istruzioni scritte in italiano.

I *fuochi a mano* a luce rossa brillante hanno un sistema di accensione a strappo, la loro durata non deve essere inferiore a 60 secondi, devono essere mantenuti sottovento e inclinati di circa 40°.

I *segnali a mano* a stelle rosse normalmente hanno anch'essi un sistema di accensione a frizione, devono raggiungere un'altezza non inferiore a 50 metri, ogni stella deve restare accesa per un periodo non inferiore a 5 secondi.

I *razzi a paracadute*, di colore rosso brillante, devono raggiungere un'altezza di 200 metri prima che entri in funzione il paracadute, la durata di accensione non deve essere inferiore a 30 secondi, il segnale deve spegnersi a un'altezza non inferiore a 30 metri sul livello del mare e in fase discendente.

— Sci nautico e pesca sportiva in acque marine

Queste due attività sono regolate da apposite leggi, delle quali riassumiamo le parti più importanti. Lo sci nautico deve essere praticato da persona munita di Patente nautica e la stessa deve essere coadiuvata da altra persona esperta nel nuoto.

Questo sport può essere praticato solo in ore diurne, con mare calmo e tempo favorevole; non può essere praticato a meno di 200 metri dalla linea batimetrica di 1,60 metri se antistante le spiagge e a oltre 100 metri dalle coste a picco sul mare (dall'Autorità marittima tali distanze possono essere modificate a seconda delle esigenze locali e vengono pubblicate su apposite "ordinanze").

Le unità adibite allo sci nautico devono essere dotate di:

– motore dotato di comando e dispositivo per la marcia indietro;

– un sistema di aggancio del cavo di traino, ritenuto idoneo dalla autorità marittima;

– un ampio specchio convesso, anche questo ritenuto idoneo dall'autorità marittima;

– un salvagente a portata di mano per ogni sciatore trainato;

– una cassetta di pronto soccorso;

– cavo di traino di almeno 12 metri di lunghezza.

Il conducente dell'unità che traina lo sciatore deve attenersi, inoltre, alle seguenti norme:

– deve passare a distanza superiore ai 12 metri dalle altre imbarcazioni o da altri oggetti;

– la partenza e l'arrivo dello sciatore devono avvenire in acque libere da bagnanti o in appositi corridoi.

I conducenti di altre unità, quando navigano in prossimità di una unità che sta praticando lo sci nautico, devono:

– passare a distanza di sicurezza superiore alla lunghezza del cavo di rimorchio;

– evitare di attraversare la scia dell'imbarcazione che traina lo sciatore.

L'esercizio della *pesca subacquea* sportiva è anch'essa regolata da appositi Decreti ed è consentita ai maggiori di 16 anni, soltanto in ore diurne e, pertanto, non è consentito impiegare fonti luminose. Può essere praticata soltanto in apnea e quindi sono vietati tutti i sistemi ausiliari di respirazione.

È inoltre vietato praticare la pesca sportiva a meno di 500 metri da spiagge frequentate da bagnanti e a distanza non inferiore ai 1.000 metri da reti o altri impianti fissi di pesca e dalle navi ancorate in rada.

Non è consentito praticare la pesca all'interno dei porti e, comunque, in tutti gli spazi acquei destinati all'ancoraggio.

È obbligatorio segnalare la presenza del subacqueo con un pallone color arancione sormontato da una bandierina rossa con una striscia diagonale di colore bianco. Qualora il subacqueo sia assistito da una imbarcazione, la bandierina deve essere mostrata dall'imbarcazione. Il pescatore subacqueo deve operare in un raggio di 50 metri dalla bandierina.

Nel caso che la pesca avvenga in acque internazionali la bandierina rossa deve essere sostituita dalla bandierina A del Codice Internazionale dei Segnali. Questa bandierina è costituita da due bande verticali di colore bianco e blu e significa: "Ho un palombaro/sommozzatore in immersione, mantenetevi lontano da me e procedete adagio".

Esiste anche un limite massimo di cattura delle prede, che è stabilito in 5 chilogrammi giornalieri, escluso il caso di unica cattura di peso superiore; se trattasi di cernia, può essere pescato giornalmente un solo esemplare.

— Norme per la circolazione in acque interne

Per regolare la circolazione nelle *acque interne*, soprattutto lungo i fiumi e i canali utilizzabili per la navigazione, le regole che vengono comunemente adottate sono le seguenti:

– i natanti dovranno mantenersi sulla propria dritta;

– in caso di incrocio con altri natanti in canali stretti, ha diritto di precedenza quello che naviga con la corrente di poppa;

– l'uso dell'ancora è consentita solamente in caso di emergenza;

– in caso di navigazione notturna è obbligatorio l'impiego di un faro orientabile al fine di poter vedere la segnaletica e il punto di attracco;

– l'attracco alla sponda deve essere effettuato sempre contro corrente;

– ogni natante, in prossimità di un gomito che impedisca la visibilità, deve emettere un fischio lungo e il natante che eventualmente si trovasse al di là del gomito dovrà rispondere con il medesimo segnale.

Fatte salve queste considerazioni generali, valide per la navigazione in acque interne, mi sembra doveroso ricordare che alle Regioni sono state trasferite le competenze in materia di navigazione interna e competenze in ordine alla sicurezza della navigazione in queste acque.

La Regione Lombardia, sul cui territorio si trovano i maggiori laghi d'Italia (Como, Lugano, Maggiore, Iseo, Garda), oltre ad altri bacini di minore dimensione e ai numerosi fiumi, ha emanato un'Ordinanza del Presidente della Giunta Regionale, la n. 58600 del 3 luglio 1997, sulla quale sono indicate norme riguardanti:

— Limiti di navigazione

Nei laghi di Como, Lugano, Maggiore, Iseo, nella fascia costiera da 0 a 50 metri dalla riva (a eccezione di particolari restrizioni esistenti in alcune zone dei citati laghi) è consentita la sola navigazione a vela, a remi, a pedale, con le tavole a vela e con le unità munite di motore elettrico con potenza non superiore ai 3 hp e a una velocità inferiore ai 5 nodi. Nella stessa fascia è vietata la navigazione delle unità provviste di motore endotermico a eccezione della partenza, dell'approdo e dell'attraversamento, sempre che tale manovra venga effettuata perpendicolarmente alla costa. È vietata la navigazione di qualsiasi tipo nelle zone destinate alla balneazione. Nei bacini lacustri minori la navigazione è vietata nella fascia da 0 a 50 metri dalla riva.

— Rumorosità dei mezzi nautici

La rumorosità, misurata a una distanza di 25 metri dal fianco di una unità in navigazione, dovrà essere inferiore ai 75 decibel.

— Limiti di velocità

Nella fascia compresa tra i 50 e i 150 metri dalla costa (a eccezione dei limiti particolari esistenti su alcuni laghi) la navigazione a motore è consentita a una velocità non superiore ai 10 nodi, oltre la linea dei 150 metri la velocità massima consentita è di 27 nodi, nelle ore diurne. Nel lago d'Iseo, nella zona di Monte Isola, la velocità massima consentita, anche oltre la linea dei 150 metri è di 10 nodi. Nelle ore notturne le unità con lunghezza inferiore a sette metri, quando mostrano una luce bianca visibile su tutto l'orizzonte (Regola 23 paragrafo c) comma ii) delle norme per prevenire gli abbordi in mare) non devono superare la velocità di 7 nodi e le altre unità non possono superare i 10 nodi. Nei bacini lacuali minori la velocità massima consentita nella fascia da 50 metri fino a 100 metri è di 10 nodi, oltre i 100 metri la velocità massima consentita è di 15 nodi. Le unità munite di motore elettrico di potenza non superiore ai 3 hp possono navigare, nei limiti loro consentiti, alla velocità massima di 5 nodi.

— Diritti di precedenza

Tutte le unità in navigazione, fatta eccezione per le unità che non governano e per quelle che hanno difficoltà di manovra, hanno l'obbligo di dare precedenza a:

– alle unità di servizio di pronto soccorso, di ordine pubblico e di vigilanza;
– alle unità di trasporto pubblico di linea;
– alle unità intente alla pesca professionale;
– alle unità a vela senza ausilio di motore.

Esiste inoltre, per le unità in navigazione, l'obbligo di:

– mantenersi a una distanza non inferiore a 50 metri da unità impegnate in servizio di linea e dalle unità impegnate in operazioni di pesca professionale;
– osservare particolare prudenza in prossimità di scuole di vela;
– non intralciare la rotta, la manovra di accosto e di attracco delle unità di servizio pubblico di linea;
– non ostacolare la manovra di unità impegnate in operazioni di pesca professionale;
– non seguire nella scia, a distanza inferiore ai 50 metri, le unità che trainano sciatori nautici;
– non ormeggiare a meno di 100 metri dalle spiagge frequentate da bagnanti.

— La pratica dello sci nautico

Lo sci nautico viene classificato in **libero**, **scuole di sci**, **sci di velocità** e le norme che regolano tale attività sono le seguenti:

– è consentito su tutti i bacini lacuali, nella fascia oraria 08,00 - 20,00, purché vi sia luce, buone condizioni meteorologiche, lago calmo e a non meno di 300 metri dalla riva;
– a bordo, oltre al conducente, deve esserci persona esperta di nuoto e nessun altro;
– la partenza e il recupero dello sciatore devono avvenire oltre i 300 metri, in acque libere da bagnanti e da altre attività di navigazione;
– la distanza laterale minima tra unità trainante e altri mezzi nautici non deve mai essere inferiore alla misura del cavo di traino;
– la distanza di sicurezza tra unità trainante e sciatore non deve mai essere inferiore a 12 metri;

– è vietato il traino contemporaneo di più sciatori e il trasporto di altre persone a bordo del mezzo trainante, oltre all'esperto di nuoto;

– gli sciatori debbono obbligatoriamente indossare il giubbotto salvagente;

– la velocità massima di rimorchio è di 27 nodi;

– per le scuole di sci nautico, riconosciute dalla *Federazione Italiana Sci Nautico*, oltre a quanto precedentemente detto, è consentita la pratica dello sci nautico anche entro la fascia dei 300 metri in aree debitamente delineate e concesse dall'Autorità competente;

– il conducente deve essere riconosciuto dalla Federazione ed essere in possesso del relativo brevetto;

– la partenza, il recupero e ogni altra attività devono avvenire entro le aree delimitate;

– sulla unità trainante possono prendere posto anche altre persone oltre a quella esperta di nuoto, purché siano persone partecipanti all'attività della scuola o siano in allenamento. Il loro numero non deve essere superiore a quello massimo consentito per quell'unità; nel numero degli occupanti l'unità devono essere considerati anche gli sciatori;

– le unità impegnate in tale attività devono recare visibili contrassegni della Federazione Italiana Sci Nautico;

– in caso di eventi specifici o allenamenti, dopo apposita autorizzazione è ammesso il superamento della velocità di 27 nodi;

– per la pratica dello sci di velocità è destinata una particolare zona, opportunamente delimitata e concessa dall'autorità competente;

– può essere praticato solo nelle fasce orarie 09,00-13,00 e dalle 15,00 alle 19,00;

– la velocità di 27 nodi può essere superata soltanto all'interno della zona delimitata e concessa.

— La circolazione delle moto d'acqua e dei mezzi similari

Sia la circolazione che il varo e l'alaggio di questi mezzi sono concessi solo dalle 09,00 alle 13,00 e dalle 15,00 alle 19,00, a distanza non inferiore a 150 metri (nel Garda vige una specifica normativa più restrittiva) a eccezione dell'attraversamento per approdare e partire, purché tale manovra avvenga perpendicolarmente alla riva e a velocità non superiore a 5 nodi e comunque tale da evitare che il tubo di scarico emerga dall'acqua. Tale attività è vietata lungo le rotte dei battelli di linea. L'uso di tali mezzi è vietato ai minori di 16 anni e durante la navigazione deve essere indossato il giubbotto salvagente e l'apposita muta di salvataggio.

— La circolazione delle tavole a vela, dei natanti a remi e a pedali

Le tavole a vela possono circolare soltanto in ore diurne, con buona visibilità

Segnali di sponda in uso sul fiume Po[1]

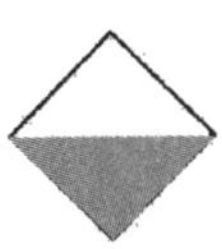	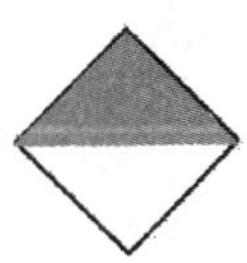	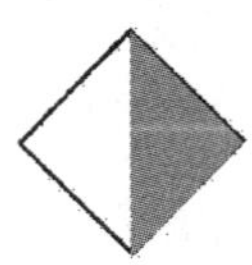	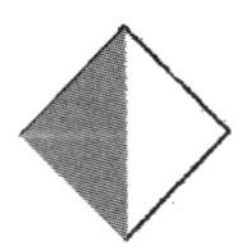
Segnale di prosecuzione	**Segnale di chiamata e rimando**	**Segnale di chiamata**	**Segnale di rimando**
Proseguire lungo la stessa sponda	Dirigersi verso la sponda e abbandonarla immediatamente	Dirigersi verso la sponda	Abbandonare la sponda

1. Il segnale è in colore rosso e bianco.

da un'ora dopo l'alba fino al tramonto. Il conduttore della tavola a vela deve sempre indossare il giubbotto salvagente e non può portare a bordo della tavola altre persone o animali. L'uso della tavola a vela è vietato sulla rotta delle unità in servizio di linea, all'interno dei porti e nelle loro vicinanze, a meno di 100 metri da zone dedicate alla balneazione, nelle zone di protezione ambientale, archeologica e naturalistica, nei corridoi di uscita e approdo di unità a motore.

— L'attività subacquea

Nello svolgere tale attività è obbligatorio un mezzo d'appoggio, è vietato praticare tale attività lungo le rotte delle unità di servizio pubblico di linea, è vietato immergersi nei porti e in prossimità dei loro accessi e nelle vicinanze dei pontili di approdo. È inoltre vietato immergersi in zone riservate alla balneazione, nelle zone mantenute a canneto e nelle zone di protezione naturalistica, ambientale e archeologica.

Su molti fiumi, come per esempio sul Po, con lo scopo di guidare le imbarcazioni in rotte sicure, sono in vigore particolari segnali. Questi segnali sono costituiti da cartelli romboidali, sistemati sulle rive o lungo le spallette dei ponti e da bandiere. I cartelli sono separati da una diagonale in due metà, colorate di bianco e di rosso e hanno il significato indicato nella tabella in basso. Le bandiere, colorate di bianco o di rosso e sistemate su gavitelli, quando il fondale del fiume lo consente, indicano la linea di rotta nei due sensi.

— Obblighi, poteri e doveri del Comandante di unità da diporto

Al Comandante di una unità da diporto, responsabile della sicurezza dell'unità e delle persone trasportate, competono particolari doveri. Egli, *prima della partenza deve*:

– verificare e accertarsi che tutte le dotazioni di sicurezza e di salvataggio siano presenti a bordo, che tutte le persone imbarcate sappiano dove sono custodite e che sappiano usarle;

– accertarsi che siano imbarcati i documenti di bordo e quelli personali;

– verificare che i documenti e gli strumenti nautici siano a bordo e in perfetto ordine e aggiornati;

– accertarsi e verificare che l'unità sia adeguatamente rifornita di carburante e viveri più che sufficienti per il tipo di navigazione che si intende intraprendere;

– verificare e controllare che scafo, motore, accessori e componenti dell'unità siano integri e perfettamente funzionanti;

– verificare che le condizioni meteorologiche attuali e previste consentano una navigazione sicura;

– prendere nota di eventuali Avvisi ai naviganti riguardanti la zona interessata dalla navigazione che intende intraprendere;

– decidere autonomamente quando e se lasciare l'ormeggio e quando rientrare in porto.

Il Comandante, *durante la navigazione, deve*:

– dirigere personalmente la navigazione, all'entrata e all'uscita dei porti, nei canali e passi stretti, durante l'ormeggio e l'ancoraggio e ogni volta che la navigazione presenti particolari difficoltà;

– ascoltare con regolarità i bollettini meteorologici;

– osservare i limiti di navigazione e i divieti imposti dall'Autorità;
– osservare le disposizioni riguardanti le segnalazioni di sicurezza;
– garantire in ogni circostanza la sicurezza della navigazione, soprattutto nelle situazioni di pericolo.

Qualora si verifichi, durante la navigazione, la *necessità di abbandonare l'unità, il Comandante deve*:
– dirigere personalmente le operazioni di abbandono dell'unità di cui è l'unico responsabile;
– accertarsi che tutte le persone imbarcate indossino correttamente le cinture di salvataggio;
– verificare che il mezzo collettivo di salvataggio sia provvisto di tutto il necessario;
– accertarsi che tutte le persone imbarcate trovino sistemazione a bordo del mezzo di salvataggio, incoraggiare e confortare le stesse infondendo fiducia;
– abbandonare per ultimo l'unità e, se possibile, portare con sé i documenti nautici e quelli personali;
– comandare personalmente il mezzo di salvataggio.

Qualora durante la navigazione si verificasse la necessità di prestare *assistenza* o *salvataggio*, spetta al Comandante il compito di dirigere tali operazioni. A tal proposito è bene ricordare che il Comandante di una unità ha sempre l'obbligo di prestare assistenza a un'altra unità in pericolo a meno che, per far ciò, la nave soccorritrice non corra grave rischio.

Per quanto attiene al salvataggio delle persone, è bene ricordare che è obbligatorio, tranne il caso in cui si mettano in serio pericolo le vite delle persone soccorritrici, e che non compete ricompensa alcuna.

Per quanto attiene invece all'assistenza e al salvataggio di una unità in pericolo, qualora il Comandante di questa non abbia espresso chiaro e ragionevole rifiuto di essere assistita, si ha diritto:
– al risarcimento dei danni subiti e al rimborso delle spese sostenute per prestare l'assistenza;
– al compenso stabilito in ragione del risultato ottenuto, dei rischi corsi, degli sforzi compiuti, del tempo impiegato e delle spese sostenute dal soccorritore e tenendo conto del valore e del pericolo corso dall'unità assistita o salvata.

I Comandanti di unità da diporto devono mettersi a disposizione dell'Autorità qualora queste chiedano un loro intervento in operazioni di soccorso a persone o unità in pericolo o per la estinzione di incendi.

Il Comandante al suo arrivo in porto deve:
– nel caso che durante la navigazione si sia verificato un *evento straordinario* (incendio, falla, collisione, infortunio, avvistamento di relitti, assistenza o salvataggio), presentare all'autorità marittima o a quella Consolare, se si trova all'estero, la denuncia di evento straordinario.

Sinistri

In mare sono numerosi i pericoli cui si può andare incontro, i più comuni sono:

– *incendio;*
– *uomo a mare;*
– *incaglio;*
– *via d'acqua.*

La maggior parte di questi può essere causata da guasti o avarie agli organi propulsivi o a quelli di governo, sarà pertanto una buona regola quella di controllare in maniera puntigliosa tali organi prima di prendere il largo.

L'incendio, benché possa sembrare il meno pericoloso per via dell'enorme quantità d'acqua a nostra disposizione, è da considerarsi uno dei più gravi sinistri che possano accadere in mare.

Per fronteggiare questo particolare sinistro ha molta importanza la prevenzione e il corretto e tempestivo intervento. Le principali cause di incendio a bordo sono dovute a cortocircuiti, impiego di fiamme libere, la sentina sporca, eventuali perdite di carburante, uso incauto del fumo da sigaretta.

A proposito della sentina è bene ricordare che questa deve essere tenuta sempre pulita, asciutta, ventilata e inodore; ricordare che i vapori di benzina e i gas sono più pesanti dell'aria e si depositano in basso e sono la causa principale delle esplosioni.

Pertanto ricordare che, per una buona prevenzione, occorre:

– evitare di fumare durante i rifornimenti di carburante e sulla cuccetta, soprattutto quando si è particolarmente stanchi;
– controllare l'esistenza di eventuali perdite di carburante;
– controllare periodicamente le tubature del gas e aver cura di sistemare le bombole di gas all'esterno, in gavoni ben aerati;
– controllare periodicamente l'impianto elettrico;
– tenere la sentina pulita, ventilata, asciutta e inodore;
– assicurarsi che le batterie vengano *sempre* staccate quando non siete a bordo.

L'estinzione degli incendi può essere fatta per raffreddamento, per soffocamento (meccanico o per diluizione dell'ossigeno), per azione chimica, per rimozione del combustibile.

Classificazione degli incendi

Classe	Tipo di incendio
A	Materiali solidi (legno, carta, carbone, tessuti, gomma, plastica, etc.)
B	Liquidi infiammabili (oli, paraffina, alcool, benzine, vernici, gasolio, etc.)
C	Gas infiammabili (idrogeno, metano, propano, acetilene, etc.)
D	Sostanze chimiche (magnesio, sodio, potassio, calcio, etc.)
E	Apparecchiature elettriche (quadri sotto tensione, trasformatori, motori elettrici, etc.)

Scelta del tipo di estintore

Tipi di estintore	Classi di incendio
Polvere	A – B – C – D – E
Schiuma chimica	A – B
Anidride carbonica – da usare al chiuso	A – B – C – E
Acqua nebulizzata	A
Alogenati	B – C – E

In caso di incendio:

– disporre subito la parte dell'imbarcazione colpita dall'incendio *sottovento* e avvertire tutte le persone che stanno a bordo di mantenersi *sopravvento* all'incendio;

– *chiudere* l'alimentazione del combustibile;

– impiegare l'estinzione più adatto al tipo di incendio;

– se l'incendio si sviluppa in locali piccoli, *chiudere tutte le aperture*;

– gli estintori vanno adoperati stando bassi e *dirigendo il getto* alla base delle fiamme;

– se si è all'ormeggio, *allontanarsi subito* dalle altre imbarcazioni;

– non impiegare assolutamente acqua per estinguere liquidi infiammabili o apparecchiature elettriche.

L'uomo a mare è una evenienza che può capitare ed è tanto più seria quanto più bassa è la temperatura del mare e quanto più veloce l'imbarcazione.

Anche per questo sinistro la prevenzione è importantissima per ottenere il minimo danno. Non appena le condizioni del mare si faranno serie (e qui occorre valutare attentamente la situazione del mare con la preparazione del vostro equipaggio), obbligare le persone che stanno a bordo a indossare il giubbotto di salvataggio (voi fatelo per primi). Se parte dell'equipaggio è costretto a stare in coperta per aiutare nelle manovre, disporre che indossino la cintura di sicurezza e che questa venga assicurata a una robusta struttura (se non è stata disposta una *life-line*) non appena si affacciano in pozzetto.

Tenere sempre pronto al lancio il salvagente con la cima ben in chiaro e la boetta luminosa collegata. Istruire il più esperto dell'equipaggio sulla manovra da compiere nella malaugurata ipotesi che l'uomo a mare sia il Comandante.

L'uomo che cade in mare deve fare di tutto per allontanarsi dalle eliche dell'imbarcazione, cercare di stare calmo, mantenersi quanto più visibile, emettere a intervalli regolari dei fischi con il fischietto in dotazione al salvagente. Se gli viene lanciato il salvagente con la torcia, deve cercare di raggiungerlo, non agitarsi e mantenere la calma, per quanto possibile.

Da bordo si dovrà aver cura di mettere in folle e accostare immediatamente dalla parte in cui è caduto l'uomo, lanciare in mare il salvagente con cima e boetta e allertare tutto l'equipaggio, non perdere di vista l'uomo a mare, incaricare di prendere il punto nave, leggere la bussola e il solcometro.

La manovra da fare per tornare sull'uomo dipende dal tipo di imbarcazione che si possiede e, se si naviga a vela, dal tipo di andatura e dal tipo di vele che si portano al momento del sinistro.

Le regole generali sono comunque quelle di effettuare una manovra di avvicinamento compiendo un giro volto a invertire la rotta e ritornare nel punto in cui l'uomo è caduto.

Giunti in prossimità dell'uomo, manovrare in modo da presentarsi con niente o pochissimo abbrivo, disponendosi in modo da tenere l'uomo sottovento (la vostra imbarcazione scarroccerà più velocemente dell'uomo e, lasciandolo sopravvento, correte il rischio di allontanarvi prima di averlo preso a bordo, con il pericolo di dover ripetere la manovra). Non abbiate paura, l'imbarcazione, anche se gli scarroccerà addosso, non assumerà una velocità tale da arrecargli danno.

L'incaglio è un sinistro meno frequente e normalmente è causato da un'avaria ai mezzi di governo o di propulsione o, non meno raramente, è dovuto a un errore della conduzione della navigazione.

L'incaglio può avvenire su fondali molli o su fondali duri. Nel primo caso sarà meno probabile che si aprano delle falle in carena, nel secondo occorre invece tenere presente questa eventualità.

La prima operazione da fare, comunque, è quella di fermare il motore (se questo non è già fermo per una avaria precedente) e verificare i danni subiti.

Valutare la possibilità di sfruttare la variazione del livello del mare a causa della marea.

Alleggerire la parte dello scafo incagliata spostando pesi o sbarcando delle persone che potranno trovare posto anche sul battellino.

Cercare di disincagliare anche con l'aiuto di un tonneggio su di un'ancora data fondo a poppa. Non sottovalutare il pericolo che si corre stando all'incaglio con mare formato e frangenti; in questa circostanza mettete senz'altro in mare il battellino assicurandolo allo scafo e preparatevi a lasciare l'imbarcazione.

La via d'acqua o falla può essere causata da diversi eventi, quali l'incaglio, la collisione con altre imbarcazioni, la collisione con corpi semi sommersi o galleggianti, il cedimento strutturale e anche, purtroppo, la dimenticanza di un oblò aperto o una valvola non chiusa (caso assai frequente è la valvola del w.c. dimenticata aperta).

Ricordate che da una falla, anche se a prima vista può sembrare piccola, entra una quantità enorme d'acqua. L'esempio che segue può dare un'idea:

Una falla che abbia le dimensioni di cm 2 x cm 7, se posta a cm 70 sotto la linea di galleggiamento imbarca quasi 200 litri d'acqua al minuto! Dopo cinque minuti abbiamo imbarcato un peso di oltre 1 tonnellata.

La portata dell'acqua imbarcata aumenta con l'aumentare della distanza del suo centro rispetto alla linea di galleggiamento; è necessario sbandare quindi l'imbarcazione per portare la falla quanto più vicino possibile alla linea di galleggiamento.

Poi azionate tutti i mezzi di esaurimento a disposizione e cercate di tamponare con qualsiasi sistema la falla. A tale scopo sono utili tela, cerate, stracci imbevuti di grasso, etc. In casi estremi valutate la possibilità di andare ad arenarvi su di un basso fondale.

Oggi esistono in commercio speciali dispositivi, costituiti da "palloni", che consentono, una volta azionato il sistema automatico di gonfiaggio, di mantenere l'imbarcazione a galla.

— Radiotelefonia e segnali di pericolo

Per comunicazioni a bordo possono essere adoperate le seguenti frequenze:

– *Medio-corta* (Mf), *Onde medio-corte* (ettometriche);

– *Very High Frequency* (Vhf), *Onde cortissime* (metriche);

– *High Frequency* (Hf), *Onde corte* (decametriche).

La frequenza Mf è riservata alle ricetrasmittenti più potenti, fino a 100 Watt, che trasmettono in Banda Laterale Unica (*Blu* o *Ssb*, se si usa la terminologia francese o inglese). Con queste apparecchiature si può trasmettere *in duplex*, vale a dire che si può parlare e ascoltare in contemporanea (come se fosse un comune apparecchio telefonico), a differenza della trasmissione in Simplex, nella quale quando si debba passare all'ascolto si deve pronunciare la parola "cambio" o "passo", che costituiscono anche il segnale affinché l'altra stazione passi dall'ascolto alla trasmissione. Sono riservati alle imbarcazioni di una certa dimensione a causa del loro non trascurabile peso e ingombro. La frequenza di soccorso in MF è la 2.182 kHz.

La frequenza Vhf è destinata agli apparati ricetrasmittenti con potenze che arrivano fino a 25 Watt. Queste apparecchiature lavorano a portata ottica, vale a dire che le antenne delle due stazioni che intendono collegarsi devono essere l'una in vista dell'altra. La portata di queste apparecchiature può arrivare a superare le 90 miglia.

È il classico radiotelefono, leggero e di limitato ingombro (ne esistono anche di portatili alimentati a pile) tanto che il loro uso è assai diffuso a bordo delle imbarcazioni, nei circoli nautici e nei marina. La frequenza di soccorso in Vhf è la 156.8 Mhz (canale 16).

La frequenza Hf è destinata agli apparati con potenze piuttosto limitate (1 Watt) e vengono comunemente detti CB (Banda Cittadina o, più comunemente, Baracchini). Sono gli apparati più comuni, economici e di facile uso, sono piuttosto insicuri, non hanno frequenza di soccorso e sono certamente da sconsigliare in quanto: consentono il collegamento solo con altri CB posti a breve distanza; non sono in dotazione alle Capitanerie; non consentono di stabilire un contatto sicuro e privo di interferenze.

Le imbarcazioni obbligate a possedere una stazione radiotelefonica sono:

– unità da diporto di lunghezza superiore ai 24 metri (stazione Rtf in MF);

– unità da diporto con lunghezza inferiore ai 24 metri, abilitate alla navigazione oltre sei miglia dalla costa; apparato ricetrasmittente a onde metriche (Vhf).

In ambedue i casi qualora le installazioni radiotelefoniche non vengano adoperate per il traffico di corrispondenza pubblica, non esiste l'obbligo di affidamento in gestione a società concessionarie e, quindi non deve essere corrisposto il relativo canone.

Periodi di silenzio radio. Al fine di agevolare e di garantire un efficace ascolto per eventuali messaggi di sicurezza, sulle frequenze di soccorso, i primi tre minuti di ogni ora e i tre minuti dopo ogni mezz'ora vengono riservati al Silenzio radio.

Messaggi di sicurezza. Tutti i messaggi che in radiotelefonia sono preceduti da una delle seguenti parole si riferiscono alla *sicurezza*:

– *Sécurité* (segnale di sicurezza). Questo messaggio, lanciato da una stazione, significa che la stessa ha un messaggio contenente importanti informazioni meteorologiche che possono interessare la sicurezza della navigazione;

– *Pan* (segnale di urgenza). Questo segnale indica che la stazione che lo ha lanciato ha un urgentissimo messaggio da trasmettere riguardante la sicurezza di una nave, di un aereo o altro mezzo di trasporto o anche la sicurezza di una persona;

– *Mayday* (segnale di pericolo e soccorso). Questo segnale indica che una nave, un aereo o un altro mezzo di trasporto si trovano in imminente e grave pericolo e chiedono aiuto immediato.

Riportiamo qui di seguito un esempio di chiamata e di messaggio di soccorso.

La trasmissione deve essere effettuata, per quanto possibile, in chiaro.

Chiamata di soccorso. Quando possibile, trasmettere il *segnale di allarme*, costituito da un segnale a due toni per un tempo variabile da 30 secondi a un minuto, seguito, subito dopo, dalla vera e propria chiamata di soccorso composta da:

– la parola *mayday*, ripetuta tre volte;

– la parola *qui*;

– il *nome* o il nominativo della nave, ripetuto tre volte.

A questa chiamata segue il *messaggio di soccorso*, composto da:

– la parola *mayday* seguita dal *nome* o dal nominativo della nave;

– la *posizione* della nave;

– la *natura* del pericolo;

– se necessario, indicare anche la natura dell'aiuto richiesto e ogni altra informazione utile a facilitare il soccorso.

RECUPERO DI UOMO A MARE

– A VELA

- Manovrare tempestivamente;
- Lanciare subito il salvagente con boa luminosa;
- Contemporaneamente allertare l'equipaggio, prendere nota di rotta e velocità;
- Non perdere di vista l'uomo a mare continuando a lanciare oggetti galleggianti e poggiando fino ad abbattere per ritornare, con mure opposte, di bolina stretta sopravvento all'uomo;
- A distanza opportuna sventare tutto in modo da presentarsi, senza abbrivo, sopravvento all'uomo.

– A MOTORE

- Accostare immediatamente dallo stesso lato in cui è caduto l'uomo;
- Mettere in folle e lanciare il salvagente con boa luminosa, allertando contemporaneamente l'eventuale equipaggio;
- Manovrare compiendo un giro largo in modo da ritornare, sopravvento all'uomo, senza abbrivo e con elica ferma.

SCHEMA DI RICERCA DI UOMO A MARE

Ogni accostata viene eseguita sulla dritta o sulla sinistra accostando di 120°;
Tutti i tratti hanno lunghezza uguale;
Dopo il tratto n. 9 accostare di 30° e ricominciare dal punto A.

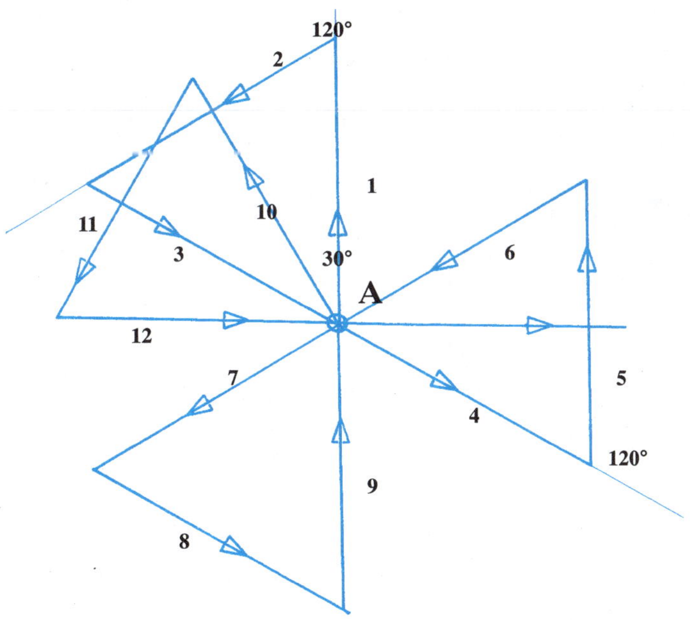

RICEZIONE DI MESSAGGI DI SICUREZZA
Ogni messaggio orale preceduto da una delle seguenti parole riguarda la SICUREZZA.
MAYDAY (pericolo): indica che una nave, un aereo o altro mezzo di trasporto è minacciato da un pericolo grave e imminente e chiede aiuto immediato.
PAN (urgenza): indica che la stazione trasmittente ha un messaggio urgentissimo da trasmettere, concernente la sicurezza di una nave, di un aereo o di un altro mezzo di trasporto, oppure la sicurezza di una persona.
SÉCURITÉ (sicurezza): indica che la stazione sta per trasmettere un messaggio relativo alla sicurezza della navigazione oppure un messaggio contenente importanti informazioni di carattere meteorologico.

PROCEDURA PER LA TRASMISSIONE DEI MESSAGGI DI SOCCORSO
Trasmettere, per quanto possibile, in chiaro. In caso di difficoltà di lingua usare le tabelle II e III qui appresso, premettendo la parola INTERCO per indicare che si fa uso del Codice internazionale dei segnali. In tal caso le lettere debbono essere trasmesse in base alle tabelle fonetiche: i numeri debbono essere trasmessi per cifra in base alla stessa tabella.

CHIAMATA DI SOCCORSO
1. Ove possibile trasmettere il **SEGNALE D'ALLARME (segnale a due toni) per un tempo da 30 secondi a 1 minuto,** ma non ritardare il messaggio qualora non vi sia tempo sufficiente.
2. Trasmettere la seguente **CHIAMATA DI SOCCORSO:**
Mayday Mayday Mayday: qui... (nome o nominativo della nave ripetuto tre volte).
3. Trasmettere il **MESSAGGIO DI SOCCORSO,** composto come segue:
- Mayday seguito dal nome o dal nominativo della nave;
- Posizione della nave;
- Natura del pericolo;
- Se necessario, indicare la natura dell'aiuto richiesto e ogni altra informazione atta a facilitare il soccorso.

TABELLA DI COMPITAZIONE DELLE LETTERE

Lettera	*Parola*	*Pronuncia*
A	ALFA	àlfa
B	BRAVO	bràvo
C	CHARLIE	ciàli (oppure: sciàli)
D	DELTA	dèlta
E	ECHO	éco
F	FOXTROT	fóx-tròt
G	GOLF	gòlf
H	HOTEL	hotèll
I	INDIA	india
J	JULIETT	giù liètt
K	KILO	chilo
L	LIMA	líma
M	MIKE	màik
N	NOVEMBER	novèmber
O	OSCAR	oscaa
P	PAPA	papà
Q	QUEBEC	chebèk
R	ROMEO	ròmio
S	SIERRA	sièra
T	TANGO	tàngo
U	UNIFORM	iùniform (oppure: ùniform)
V	VICTOR	victor
W	WHISKEY	uischi
X	X-RAY	éx-réi
Y	YANKEE	iènchi
Z	ZULU	zùlu

NATURA DEL PERICOLO

Lettere	*Parole da trasmettere*	*Testo del segnale*
AE	ALFA ECHO	Debbo abbandonare la mia nave
BF	BRAVO FOXTROT	Un aereo ha fatto ammaraggio forzato nel punto indicato e richiede assistenza immediata
CB	CHARLIE BRAVO	Richiedo assistenza immediata
CB 6	CHARLIE BRAVO SOXISIX	Richiedo assistenza immediata: ho un incendio a bordo
DX	DELTA X-RAY	Sto affondando
HW	HOTEL WHISKEY	Ho avuto una collisione

Risposta alla nave in pericolo

CP	CHARLIE PAPA	Sto dirigendomi in vostro soccorso
ED	ECHO DELTA	I vostri segnali di pericolo sono stati compresi
EL	ECHO LIMA	Ripetete la posizione dell'unità in pericolo

TABELLA DI COMPITAZIONE DELLE CIFRE

Cifra/segno	*Parola*	*Pronuncia*
0	NADAZERO	nadazero
1	UNAONE	unauàn
2	BISSOTWO	bissotú
3	TERRATHREE	tèratrii
4	KARTEFOUR	cartefor
5	PANTAFIVE	pantafàiv
6	SOXISIX	soxi six
7	SETTESEVEN	setteseven
8	OKTOEIGHT	òcto éit
9	NOVENNE	novenaine
virgola decimale	DECIMAL	dessimal
fine	STOP	stop

POSIZIONE
(1) Con l'indicazione dell'azimut (rilevamento) e della distanza rispetto a un punto determinato:
- Lettera **A (Alfa)**, seguita da un gruppo di 3 cifre corrispondenti all'azimut **vero** rispetto al punto considerato;
- Nome del punto considerato;
- Lettera **R (ROMEO),** seguita da una o più cifre corrispondenti alla distanza espressa in miglia marine;

oppure:

(2) Con l'indicazione della latitudine e della longitudine:
- **Latitudine:** lettera **L (LIMA),** seguita da un gruppo di 4 cifre (2 per i gradi e 2 per i minuti) e da **N (NOVEMBER)** per la latitudine Nord, oppure da **S (SIERRA)** per la latitudine Sud;
- **Longitudine:** lettera **G (GOLF)**, seguita da un gruppo di 5 cifre (3 cifre per i gradi e 2 per i minuti) e da **E (ECHO)** per la longitudine Est, oppure da **W (WHISKEY)** per la longitudine Ovest.

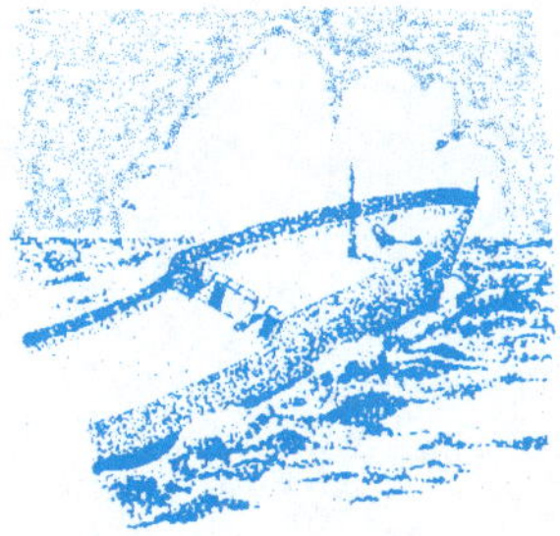

SEGNALI DI SALVATAGGIO

Segnali usati da un aereo che effettua operazioni di ricerca e salvataggio per guidare le navi verso la nave, l'aereo o la persona in pericolo.

 Razzi a luce verde: ho un importante messaggio da trasmettervi via radio.	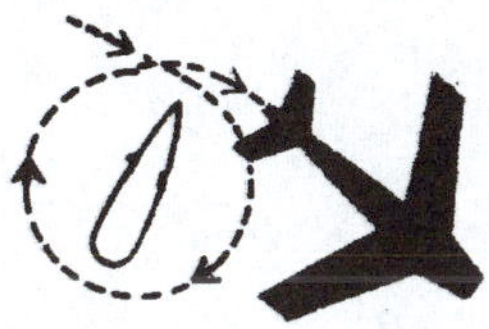 Manovre eseguite, nell'ordine, da un aereo che sta guidando una nave verso un natante in pericolo: 1. l'aereo descrive almeno un *cerchio* attorno alla nave; 2. l'aereo taglia la rotta della nave *in vicinanza della prora,* a bassa quota, variando il rumore dei motori; 3. l'aereo *dirige* verso il natante in pericolo.	 Manovra eseguita da un aereo per indicare che la assistenza della nave, a cui i segnali sono diretti, non è più necessaria. L'aereo taglia la scia della nave *in vicinanza della poppa* a bassa quota variando il rumore dei motori.

Risposta delle stazioni di salvataggio o delle unità di soccorso marittimo ai segnali di pericolo fatti da una nave o persona.

	SEGNALI LUMINOSI	ALTRI SEGNALI	SIGNIFICATO
Di giorno	 Segnale con fumo *arancione*	 oppure: segnale combinato di *luce e suono* (lampo detonante), composto di 3 segnali singoli, sparati a intervalli di circa 1 minuto.	Vi vediamo: vi daremo assistenza appena possibile. *(La ripetizione di tali segnali avrà sempre lo stesso significato).*
Di notte	 3 razzi a stella *bianca* sparati a intervalli di 1 minuto.		

Capitolo 9
NORME PER PREVENIRE GLI ABBORDI IN MARE

Con la Legge n. 1085 del 27 dicembre 1977 si è ratificata la convenzione sul regolamento internazionale del 1972 per prevenire gli abbordi in mare. Questo importante regolamento è composto da cinque parti, tre sezioni, 38 Regole e IV Annessi. Il Regolamento, la lettura del quale si consiglia a tutti quanti vadano per mare, con o senza obbligo di conseguire la patente nautica, si applica a tutte le unità galleggianti usate o in grado di essere usate come mezzo di trasporto sull'acqua. Per comprendere meglio il Regolamento, alla Regola 3 sono riportate le definizioni di: *nave*, *nave a propulsione meccanica* e *nave a vela*, *nave impegnata in operazioni di pesca*, *nave che non governa*, *nave con difficoltà di manovra*, *nave vincolata dalla propria immersione* e di *nave in navigazione*.

Le altre Regole sulle quali si raccomanda una particolare attenzione sono quelle che riguardano:

Pericolo di collisione: questa circostanza è stabilita dalla Regola 7 e si può brevemente riassumere che esiste il pericolo di collisione quando:

– due navi procedono con la stessa rotta, ma in direzioni opposte o con rotte che si incrociano;

– il rilevamento polare di una nave, rispetto all'altra, rimane costante;

– la distanza tra le due navi diminuisce.

Condotta delle navi in vista una dell'altra

Navi a vela (Regola 12). Quando due navi a vela si avvicinano in modo da correre il rischio di abbordaggio, devono osservare le seguenti disposizioni:

– se ambedue ricevono il vento da lati diversi, la nave che ha il vento sulla sinistra deve lasciare libera la rotta all'altra;

– se tutte e due le navi hanno il vento dallo stesso lato, la nave che è sopravvento deve lasciare libera la rotta alla nave che è sottovento. Nel caso che una nave con vento a sinistra osservi un'altra nave sopravvento ma non possa stabilire con certezza da quale lato essa riceve il vento, deve lasciarle libera la rotta.

Navi a propulsione meccanica, situazione di rotte opposte (Regola 14) - Ciascuna accosta a dritta in modo da passare sulla sinistra dell'altra.

Navi a propulsione meccanica, situazione di rotte incrociate (Regola 15) - La nave che vede l'altra sulla propria dritta deve lasciare libera la rotta, evitando, se possibile, di passarle di prua.

Comportamento della nave che non deve manovrare (Regola 17) - Questa nave deve mantenere immutate rotta e velocità.

Responsabilità tra navi (Regola 18) - In linea di massima valgono le seguenti responsabilità:

Una nave a proplusione meccanica in navigazione deve lasciare libera la rotta a:

– una nave che non governa;
– una nave che ha difficoltà di manovra;
– una nave impegnata in operazioni di pesca;
– una nave a vela.

Una nave a vela durante la navigazione deve lasciare libera la rotta a:

– una nave che non governa;
– una nave che ha difficoltà di manovra;
– una nave impegnata in operazioni di pesca.

Una nave impegnata in operazioni di pesca, durante la navigazione deve, per quanto possibile, lasciare libera la rotta a:

– una nave che non governa;
– una nave che ha difficoltà di manovra.

Tutte le navi, a eccezione delle navi che non governano o che hanno difficoltà di manovra, devono, se le circostanze del caso lo permettono, lasciare libera la rotta a una nave vincolata dalla propria immersione.

Al fine di poter riconoscere i vari tipi di navi, il lavoro che svolgono e le condizioni di manovra sono previsti alcuni segnali da mostrare di giorno e appositi fanali da mostrare la notte e in casi di visibilità limitata. Nella parte C, dalla Regola 20 alla Regola 31 sono stabiliti quali segnali e fanali deve mostrare ciascuna nave, mentre nella parte D, dalla Regola 32 alla Regola 37 sono raccolti i segnali sonori e luminosi.

Nelle pagine che seguono sono riportate le prime 37 Regole del Regolamento alle quali è stato aggiunto un commento e alcune illustrazioni. Le note in corsivo e sottolineate sono dell'autore.

NORME PER PREVENIRE GLI ABBORDI IN MARE

Prime 36 Regole del Regolamento Internazionale del 1972
per prevenire gli abbordi in mare
(pubblicato nel Supplemento ordinario alla Gazzetta Ufficiale del 17/2/1978, n. 48)

Parte A – GENERALITÀ

Regola 1
Applicazione

a. Le presenti regole si applicano a tutte le navi in alto mare e in tutte le acque con esso comunicanti accessibili alla navigazione marittima.

b. Nessuna delle presenti Regole deve ostacolare l'applicazione di speciali disposizioni emanate dalle autorità competenti relativamente alla navigazione nelle rade, nei porti, nei fiumi, nei laghi o nelle vie d'acqua interne comunicanti con l'alto mare e accessibili alla navigazione marittima. Tuttavia queste disposizioni speciali devono essere conformi il più possibile a queste Regole.

c. Nessuna disposizione delle presenti Regole deve ostacolare l'applicazione di disposizioni speciali emanate dal Governo di uno Stato allo scopo di aumentare il numero dei fanali di posizione, segnali luminosi, segnali diurni, o segnali mediante fischio da utilizzare per le navi da guerra e le navi in convoglio, o allo scopo di aumentare il numero dei fanali di posizione, segnali luminosi o segnali diurni da usarsi a bordo di navi da pesca intente a pescare in flottiglia.

Tali fanali di posizione, segnali luminosi, segnali diurni o segnali mediante fischio devono, per quanto possibile, essere tali da non poter essere confusi con nessun altro fanale, segnale diurno o segnale, autorizzati altrove, nelle presenti Regole.

d. Schemi di separazione del traffico possono essere adottati dall'Organizzazione a fini delle presenti Regole.

e. Qualora un Governo interessato ritenga che una nave di costruzione speciale o adibita a operazioni speciali non possa attenersi completamente a quanto disposto dalle presenti Regole circa il numero, la posizione, la portata o i settori di visibilità dei fanali o dei segnali, oppure circa la disposizione e le caratteristiche di impiego degli strumenti di segnalazione sonora, senza che ciò intralci la funzione speciale dell'unità, tale unità deve attenersi ad altre disposizioni, relativamente a quanto sopra, che siano giudicate dal Governo interessato il meno possibile in contrasto con le presenti Regole.

Regola 2
Responsabilità

a. Nessuna delle presenti Regole può esonerare una nave, il proprietario, il Comandante o l'equipaggio stesso, dalle conseguenze di qualsiasi negligenza nell'applicazione delle Regole stesse ovvero nell'attenersi a tutte le precauzioni richieste dall'ordinaria esperienza dei naviganti o dalle speciali circostanze del caso.

b. Nell'interpretazione e nell'applicazione delle presenti regole si debbono tenere nel debito conto tutti i pericoli della navigazione e i rischi di abbordaggio, incluse le difficoltà in cui la nave può trovarsi, per le quali è necessario discostarsi dalle Regole stesse allo scopo di evitare un immediato pericolo.

Si raccomanda l'attenzione sul fatto che questa Regola non esonera nessuno dalle responsabilità relative alle conseguenze per negligenza nell'applicazione del Regolamento e, inoltre si invita ad assumere tutte le precauzioni per scongiurare qualsiasi pericolo di abbordaggio.

Regola 3
Definizioni generali

Ai fini delle presenti Regole, salvo disposizioni contrarie risultanti dal contesto:

a. La parola *nave* include ogni tipo di natante compresi quelli a cuscino d'aria e idrovolanti, usati o in grado di essere usati come mezzo di trasporto sull'acqua.

b. L'espressione *nave a propulsione meccanica* designa qualsiasi nave mossa da macchine.

c. L'espressione *nave a vela* include ogni nave provvista di vele (sotto vela), anche se dotata di propulsione meccanica purché questa non sia usata in quel momento.

d. L'espressione *nave impegnata in operazione di pesca* comprende ogni nave intenta a pescare con reti, lenze, sciabiche o altri sistemi di pesca che ne riducano la manovrabilità, ma non include le navi intente a pescare con lenze trainate o altri sistemi di pesca che non ne riducano la manovrabilità.

e. La parola *idrovolante* include qualsiasi aereo destinato a manovrare sull'acqua.

f. L'espressione *nave che non governa* designa una nave che per circostanze eccezionali è impossibilitata a manovrare come richiesto dalle presenti Regole e non è perciò in grado di lasciare libera la rotta a un'altra nave.

g. L'espressione *nave che ha difficoltà di manovra* indica una nave che per la natura delle operazioni che sta svolgendo in quel momento ha una minore possibilità di manovra di quella richiesta da queste Regole e non è perciò in grado di lasciare libera la rotta ad altra nave.

Le navi con difficoltà di manovra comprendono, senza che questa lista sia limitativa:

(i) una nave intenta a stendere, riparare o recuperare un segnale di navigazione, un cavo sottomarino o un oleodotto;

(ii) una nave intenta a dragare, eseguire rilievi o operazioni subacquee;

(iii) una nave impegnata in operazioni di rifornimento o di trasferimento di persone, di provviste o di carico durante la navigazione;

(iv) una nave impegnata in operazioni di decollo o appontaggio di aerei;

(v) una nave impegnata in operazioni di sminamento;

(vi) una nave impegnata in operazioni di rimorchio, tale che la possibilità di manovra sia notevolmente diminuita sia per la nave stessa che per il suo rimorchio.

h. L'espressione *vincolata dalla sua immersione* designa una nave a propulsione meccanica che a causa del suo forte pescaggio, in relazione alla profondità delle acque circostanti, è fortemente diminuita nella possibilità di deviare dalla sua rotta.

i. L'espressione *in navigazione* significa una nave che non è all'ancora, non è ormeggiata alla riva e non è incagliata.

j. Le parole *lunghezza* e *larghezza* della nave indicano la sua *lunghezza fuori tutto* e la sua *larghezza massima*.

k. Due navi si devono intendere *in vista l'una dell'altra* soltanto quando l'una può essere osservata visualmente dall'altra.

l. L'espressione *visibilità ridotta* indica ogni condizione in cui la visibilità è ridotta da nebbia, bruma, caduta di neve, violenti acquazzoni, tempeste di sabbia o qualsiasi altro evento simile.

Nelle definizioni contemplate da questa Regola il lettore avrà notato che la definizione di nave è da intendersi nel significato più ampio del termine. Si osservi inoltre che non esiste la definizione di "nave ferma", mentre viene definita "in navigazione" qualsiasi nave che non sia in qualche modo collegata alla terraferma.

Parte B – **REGOLE DI GOVERNO E MANOVRA**

SEZIONE I

CONDOTTA DELLE NAVI IN QUALSIASI CONDIZIONE DI VISIBILITÀ

Regola 4

Applicazione

Le Regole riportate in questa Sezione si applicano in qualsiasi condizione di visibilità.

Regola 5

Servizio di vedetta

Ogni nave deve mantenere sempre un appropriato servizio di vedetta visivo e auditivo, utilizzando tutti i mezzi a disposizione adatti alle circostanze e alle condizioni del momento, tale da consentire una completa valutazione della situazione e del rischio di collisione.

Con questa Regola si avverte il proprietario, il Comandante e lo stesso equipaggio (ricordare la Regola 2 relativa alla responsabilità) di osservare un appropriato servizio di vedetta, adottando tutti i mezzi che consentano di comprendere se esista un possibile pericolo di collisione.

Regola 6

Velocità di sicurezza

Ogni nave deve sempre procedere a velocità di sicurezza in modo da poter agire in maniera appropriata ed efficiente per evitare collisioni e poter essere fermata entro una distanza adatta alle circostanze e alle condizioni del momento.

Nel determinare la velocità di sicurezza i seguenti fattori dovranno essere tra quelli tenuti in considerazione:

a. Per tutte le navi:

(i) la visibilità;

(ii) la densità del traffico, inclusa la concentrazione di navi da pesca e di altri tipi di navi;

(iii) la manovrabilità della nave con speciale riferimento alla distanza di arresto e alle sue qualità evolutive nelle condizioni del momento;

(iv) di notte la presenza di luci di sfondo come quelle dovute alle luci costiere e al bagliore delle luci proprie;

(v) lo stato del vento, del mare e della corrente e la vicinanza di pericoli per la navigazione;

(vi) il pescaggio in relazione ai fondali esistenti nella zona.

b. Inoltre, per le navi dotate di radar:

(i) le caratteristiche, l'efficienza e i limiti dell'apparato radar;

(ii) le limitazioni imposte dalla scala del radar in uso;

(iii) l'effetto sulle rivelazioni radar delle condizioni meteorologiche e di altre sorgenti d'interferenza;

(iv) il fatto che piccole unità, icebergs di limitate dimensioni e altri oggetti galleggianti possano non essere rilevati al radar;

(v) il numero, la posizione e il movimento delle navi rilevate al radar;

(vi) la maggiore probabilità di avvistamento che si ottiene quando il radar è usato per determinare la distanza di navi o altri oggetti vicini.

Questa è un'altra Regola che ha come scopo principale quello di sensibilizzare il Comandante e l'equipaggio a un comportamento responsabile, fornendo preziose indicazioni a proposito dei principali fattori da tenere in considerazione nel valutare la propria velocità; ricordando che questa, anche quando è assai ridotta, può essere considerata pericolosa se, a esempio, la visibilità è notevolmente limitata, oppure se si naviga in presenza di correnti o in un tratto di mare con traffico intenso.

Regola 7

Pericolo di collisione

a. Ogni nave deve usare tutti i mezzi a disposizione, adatti alle circostanze e alle condizioni del momento per stabilire se esiste il pericolo di collisione. In caso di dubbio il rischio deve ritenersi esistente.

b. Se esiste a bordo un apparato radar in funzione esso deve essere usato in modo appropriato ricorrendo all'esplorazione a lunga portata al fine di ottenere quanto prima indicazioni sul rischio di abbordaggio, per eseguire il tracciamento delle rotte (plotting) o equivalenti osservazioni sistematiche degli oggetti rilevati.

c. Si deve evitare di trarre conclusioni da insufficienti informazioni, specialmente da insufficienti informazioni radar.

d. Nel valutare l'esistenza di rischio di abbordaggio dovranno essere tenute in debito conto le seguenti considerazioni:

(i) tale rischio deve essere giudicato esistente se il rilevamento bussola di una nave che si avvicina non cambia in maniera apprezzabile;

(ii) tale rischio può talvolta, esistere anche quando si osserva una apprezzabile variazione di rilevamento, particolarmente se si avvicina una grande nave o un rimorchio, oppure quando la nave che si avvicina è a distanza molto breve.

Il primo paragrafo di questa Regola dovrebbe essere sufficiente per chiarire come evitare una collisione; i paragrafi successivi indicano invece come occorra comportarsi nell'interpretazione delle informazioni fornite da un apparato radar e come valutare l'esistenza del rischio di abbordaggio. Tale chiarimento è illustrato nella figura seguente.

Regola 8

Manovra per evitare la collisione

a. Ogni manovra intrapresa allo scopo di evitare una collisione, se le circostan-

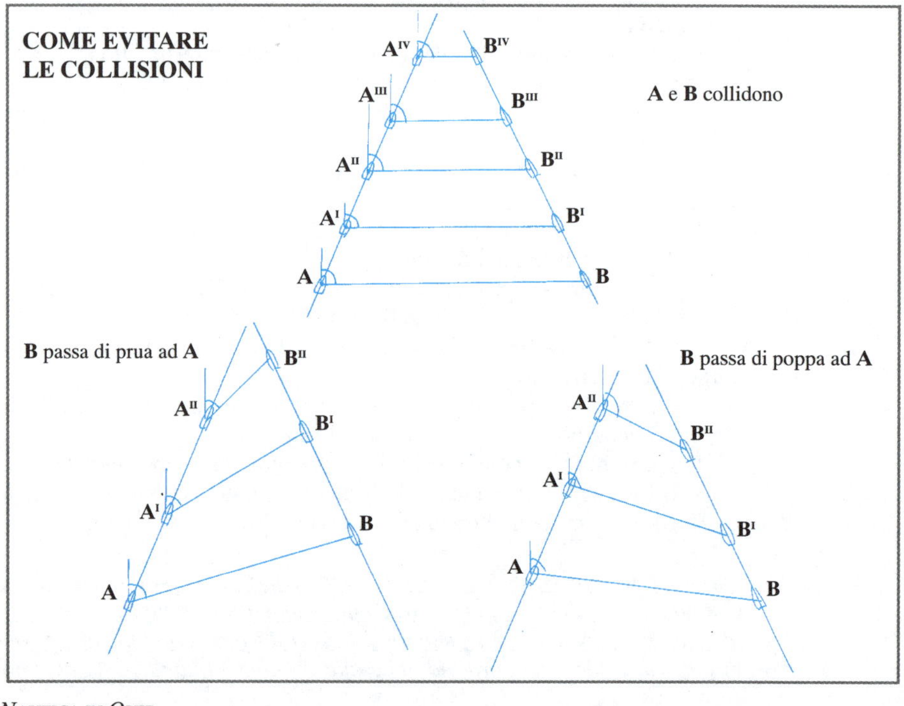

ze del caso lo permettono, deve essere eseguita con decisione e ampio margine di tempo e con il dovuto rispetto all'osservanza delle buone regole dell'arte marinara.

b. Ogni cambiamento di rotta o di velocità, o di entrambe, atte a evitare la collisione deve, se le circostanze del caso lo consentono, essere abbastanza ampio da risultare evidente all'altra nave che osserva visualmente o con il radar; una successione di piccole variazioni di rotta o di velocità o di entrambe, dev'essere evitata.

c. Se lo specchio d'acqua è sufficientemente ampio, la variazione di rotta da sola può essere la manovra più efficace per evitare avvicinamenti pericolosi, purché sia fatta in tempo utile, sia decisa e non causi altra situazione di eccessiva vicinanza con altre navi.

d. La manovra intesa a evitare la collisione con un'altra nave deve essere tale da condurre a passare a distanza di sicurezza. L'efficacia della manovra deve essere attentamente controllata fino a che l'altra nave non sia passata e disimpegnata.

e. Se necessario, per evitare la collisione o per guadagnare tempo e valutare meglio la situazione, una nave deve ridurre la sua velocità o annullare il suo abbrivo fermando l'apparato di propulsione e/o andando indietro con il medesimo.

Soprattutto nel paragrafo **a.**, *ma anche in quelli successivi, si richiama il navigante al rispetto delle buone regole dell'arte marinara.*

Regola 9

Canali stretti

a. Una nave che naviga lungo un canale o un passo ristretto, quando ciò è possibile o non comporta pericolo, deve mettersi vicino al limite di destra del canale o del passaggio, rispetto alla sua rotta.

b. Una nave di lunghezza inferiore a 20 metri o un veliero non devono ostacolare il passaggio di una nave che può navigare con sicurezza solo in tale canale ristretto.

c. Una nave impegnata in operazioni di pesca non deve ostacolare il transito di altre navi nel passaggio ristretto.

d. Una nave non deve attraversare un passaggio ristretto se tale attraversamento ostacola il transito di una nave che può navigare con sicurezza solo in quel canale. Quest'ultima nel dubbio sulle intenzioni della prima, può usare i segnali sonori prescritti dalla Regola 34 **d.**

e. (i) In un canale o passaggio ristretto quando il sorpasso può aver luogo solamente se la nave sorpassata esegue una manovra intesa a permettere il passaggio dell'altra in sicurezza, la nave che intende sorpassare deve manifestare le sue intenzioni emettendo l'appropriato segnale sonoro di cui alla Regola 34 **c.** (i). La nave che dev'essere sorpassata, se d'accordo, deve emettere l'appropriato segnale sonoro di cui alla Regola 34 **c.** (ii) e manovrare opportunamente per permettere il sorpasso in sicurezza. In caso di dubbio può emettere il segnale sonoro di cui alla Regola 34 **d.**

(ii) Questa Regola non esenta le navi che sorpassano dagli obblighi di cui alla Regola 13.

f. Una nave che si avvicina a un gomito o a una zona del canale dalla quale non è possibile vedere altre navi che si avvicinano in senso opposto, deve navigare con particolare prudenza ed emettere l'appropriato segnale sonoro di cui alla Regola 34 **e.**

g. Ogni nave deve, qualora le circostanze lo permettono, evitare di ancorare in un canale ristretto.

La vostra "nave" più diffusa è quella contemplata nel paragrafo **b.** *di questa Regola, pertanto ricordare che se ci si trova in un canale ristretto e incontra una nave che può navigare in sicurezza solo in quel canale, si è tenuti a dare la precedenza (anche se si procede a vela).*

Regola 10

Schemi di separazione di traffico

a. Questa Regola si applica agli schemi di separazione di traffico adottati dall'Organizzazione e non dispensa alcuna nave.

b. Una nave che usa lo schema di separazione del traffico deve:

(i) procedere nell'appropriato viale di traffico nella direzione generale del flusso di traffico per quel viale;

(ii) procedere se possibile, ben scostata dalla linea o dalla zona di separazione di traffico;

(iii) normalmente inserirsi o lasciare il viale di traffico alle sue estremità, ma, se questo non è possibile, è opportuno entrare o uscire seguendo una rotta che abbia un piccolo angolo rispetto alla direzione generale del flusso del traffico.

c. Una nave deve evitare, se possibile, di attraversare i viali di traffico, ma se obbligata a farlo deve attraversarli, per quanto consentito dalle circostanze, con rotta normale alla direzione generale del flusso del traffico.

d. (i) una nave non deve usare una zona di traffico costiero quando può usufruire con sicurezza dell'appropriata corsia di traffico entro l'adiacente schema di separazione del traffico. Tuttavia le navi aventi lunghezza inferiore a 20 metri, le navi a vela e le navi impiegate nel servizio di pesca possono usufruire della zona di traffico costiero;

(ii) nonostante quanto stabilito nel capoverso **d.** (i), una nave può usufruire di una zona di traffico costiero quando sia diretta verso o provenga da un porto, un'installazione o struttura off-shore, una stazione di piloti o qualsiasi altro luogo situato entro la zona di traffico costiero oppure per evitare un pericolo immediato.

e. Una nave che non stia attraversando una zona di separazione o raggiungendo o lasciando un viale di traffico non deve normalmente entrare nella zona di separazione o attraversare la linea di separazione eccetto che nei seguenti casi:

(i) in caso di emergenza per evitare un pericolo immediato;

(ii) per effettuare operazioni di pesca nella zona di separazione.

f. Una nave che naviga nelle zone prossime alle parti terminali degli schemi di separazione del traffico deve procedere con particolare prudenza.

g. Una nave deve per quanto possibile evitare di ancorare in uno schema di separazione del traffico e presso le sue zone terminali.

h. Una nave che non utilizza lo schema di separazione del traffico deve mante-

Alcuni schemi di separazione di traffico.

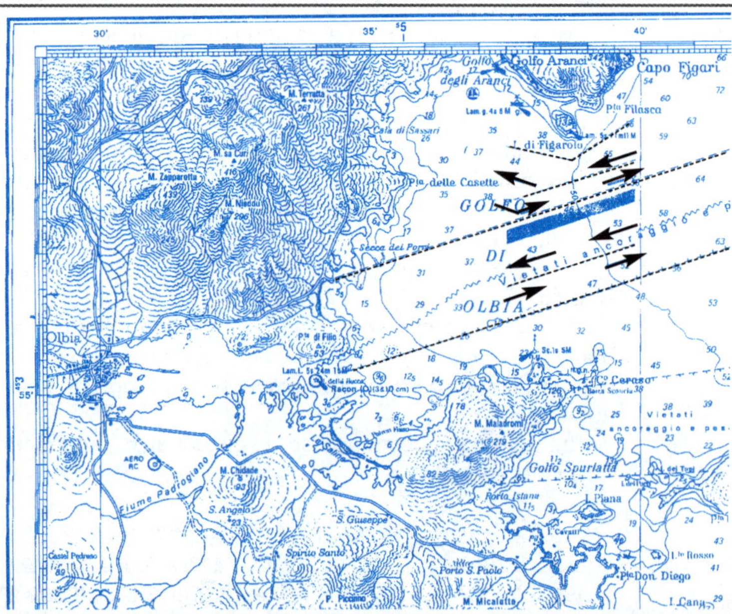

nersi alla maggiore distanza possibile da esso.

i. Una nave impegnata in operazioni di pesca non deve intralciare il passaggio delle navi che seguono i viali di traffico.

j. Una nave di lunghezza inferiore a 20 metri o una nave a vela non deve intralciare il passaggio di una nave a propulsione meccanica che segue un viale di traffico.

k. Una nave con difficoltà di manovra, quando effettua un'operazione destinata al mantenimento della sicurezza della navigazione in un dispositivo di separazione del traffico, è dispensata dal soddisfare alle Regole nella misura necessaria per effettuare l'operazione.

l. Una nave con difficoltà di manovra, allorché effettua un'operazione allo scopo di posare, riparare o salpare un cavo sottomarino all'interno di un dispositivo di separazione del traffico, è dispensata dal soddisfare alla presente Regola nella misura necessaria per effettuare l'operazione.

Il paragrafo **j.** *di questa Regola ricorda che se si è a bordo di una imbarcazione a motore di lunghezza inferiore a 20 metri o una barca a vela (di qualsiasi dimensione), non si deve ostacolare il passaggio di una nave a propulsione meccanica che segua un viale di traffico. È bene riconoscere questi "viali" sulla carta nautica e comportarsi di conseguenza.*

SEZIONE II
CONDOTTA DELLE NAVI IN VISTA L'UNA DELL'ALTRA

Regola 11
Applicazione
Le Regole di questa sezione si applicano alle navi in vista l'una dell'altra.

Ricordiamo che due navi si definiscono "in vista una dell'altra", quando una può essere osservata visualmente dall'altra (Regola 3, paragrafo **k.**

Regola 12
Navi a vela
a. Quando due navi a vela si avvicinano una all'altra, così da correre il rischio di una collisione, una di esse deve manovrare per lasciare libera la rotta all'altra, nel modo seguente:

(i) quando ciascuna prende il vento da lati diversi, la nave che ha il vento sulla sinistra deve lasciare libera la rotta all'altra;

(ii) quando tutte e due le navi hanno il vento dallo stesso lato, la nave che è sopravvento deve lasciare libera la rotta alla nave che è sottovento;

(iii) se una nave con il vento sulla sinistra vede una nave sopravvento e non può stabilire con sicurezza se l'altra ha il vento sulla sinistra o sulla dritta deve manovrare in modo da lasciare libera la rotta all'altra.

b. Ai fini della presente regola si considera sopravvento il lato opposto a quello in cui è bordato il boma della randa o, nel caso di navi a vele quadre, il lato opposto a quello in cui è bordata la più grande vela di strallo.

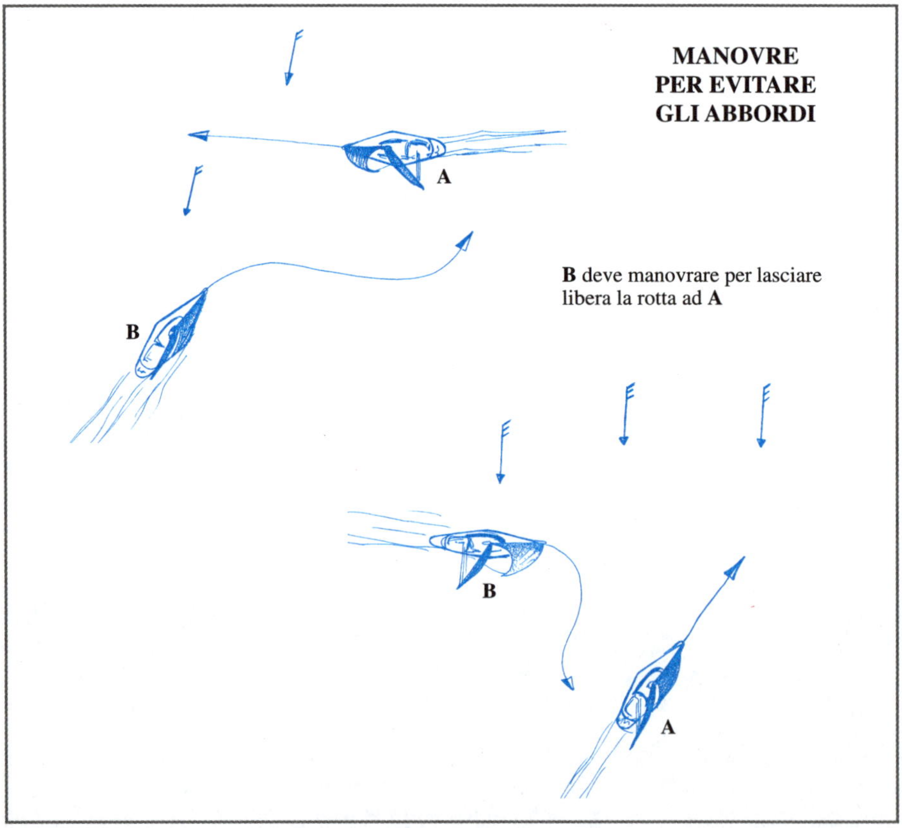

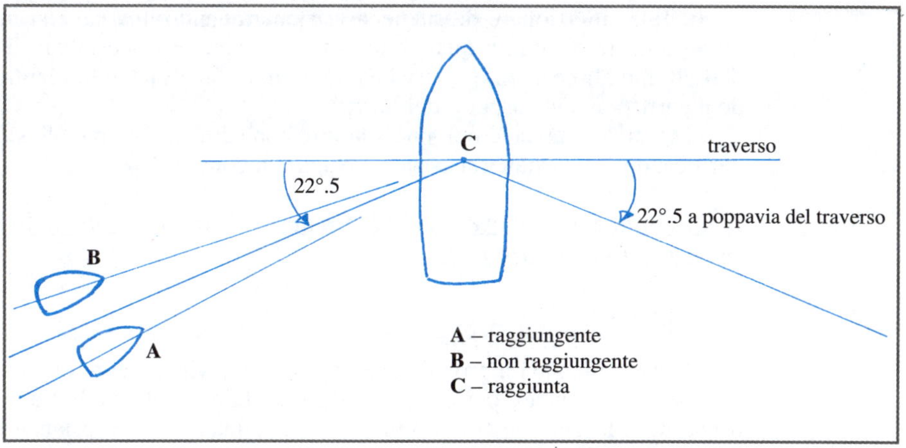

Questa è la Regola che riguarda i Comandanti delle imbarcazioni che procedono a vela, senza l'ausilio del motore; è nota a tutti i velisti, ai quali si suggerisce di soffermarsi su quanto contenuto al paragrafo **a.** *(iii); non aspettare di poter stabilire con esattezza se la nave sopravvento naviga con il vento sulla sinistra o sulla dritta, ma manovrare per lasciare libera la rotta, prima che sia troppo tardi.*

Regola 13

Nave raggiungente

a. Nonostante le disposizioni delle Regole delle sezioni I e II della parte B, una nave che ne raggiunge un'altra deve lasciare libera la rotta alla nave raggiunta.

b. Una nave deve essere considerata come una nave che ne raggiunge un'altra, quando si avvicina all'altra venendo da una direzione di più di 22,5 gradi a poppavia del traverso di quest'ultima, che si trova cioè, relativamente alla nave che sta raggiungendo, in posizione tale che di notte potrebbe scorgere solo il fanale di poppa ma nessuno dei fanali laterali di quest'ultima.

c. Quando una nave non può stabilire con certezza se ne sta raggiungendo un'altra deve ritenere che questa situazione si stia verificando e agire di conseguenza.

d. Nessun ulteriore cambiamento nel rilevamento tra due navi potrà fare considerare la nave che raggiunge l'altra come una che ne incrocia la rotta ai termini delle presenti Regole ed esonerarla dall'obbligo di lasciare libera la rotta alla nave raggiunta fino a che non l'abbia oltrepassata e non sia libera da essa.

Anche in questa Regola, i paragrafi **c.** *e* **d.** *danno indicazioni abbastanza chiare, facendo osservare che ogni volta che si verifichi una situazione dubbia o comunque incerta e che possa portare a un rischio di collisione, occorre ragionare come se tale circostanza si stia verificando realmente, e comportarsi di conseguenza.*

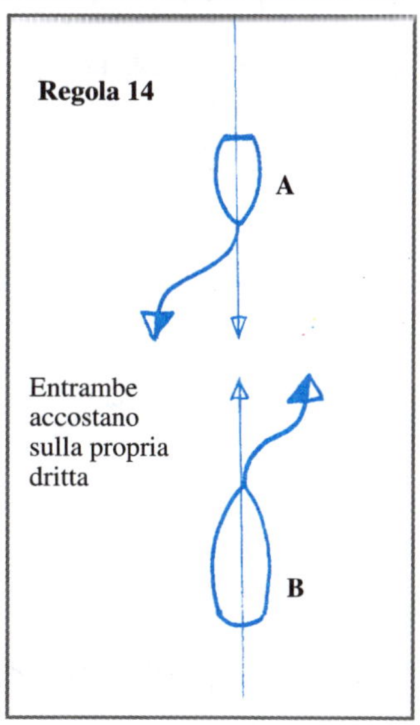

Regola 14

Situazione di rotte opposte

a. Quando due navi a propulsione meccanica si vanno incontro con rotte direttamente opposte o quasi opposte, in modo da implicare pericolo di collisione, ciascuna di esse deve accostare a dritta in modo da passare sulla sinistra dell'altra.

b. Tale situazione è da ritenersi esistente quando una nave si muove incontro all'altra dritta di prua o quasi e di notte può vedere i due fanali di testa d'albero dell'altra in allineamento o quasi e/o entrambi i fanali laterali, mentre di giorno vede il corrispondente aspetto dell'altra.

c. Quando una nave non può stabilire con certezza se una tale situazione si stia verificando, deve ritenerla esistente e agire di conseguenza.

Il paragrafo **c.** *indica che nel dubbio si deve accostare a dritta in modo da passare sulla sinistra dell'altra nave.*

Regola 15

Situazione di rotte incrociate

Quando due navi a propulsione meccanica navigano con rotte che s'incrociano in modo da implicare pericolo di collisione, la nave che vede l'altra sulla propria dritta, deve lasciare libera la rotta all'altra e, quando le circostanze lo permettono, deve evitare di passarle di prua.

Per attenersi a questa Regola, il comportamento da adottare, avvistando una nave sulla propria dritta, è quello illustrato nella figura in basso in questa pagina: accostare a dritta e passare, possibilmente, a poppa dell'altra nave.

Regola 16

Comportamento della nave che deve lasciare libera la rotta

Una nave che deve lasciare libera la rotta a un'altra nave deve, per quanto possibile, manovrare in modo deciso e tempestivo per ottemperare a tale obbligo e lasciare ben libera la rotta.

Qui si richiama ancora il Comandante a un comportamento rispettoso delle norme dell'arte marinara, ricordando di effettuare le manovre in modo deciso e tempestivo e, soprattutto, lasciando ben libera la rotta.

Regola 17

Comportamento della nave che non deve manovrare

a. (i) Quando una delle due navi deve lasciare libera la rotta, l'altra deve mantenere immutata la rotta e la velocità;

Regola 15

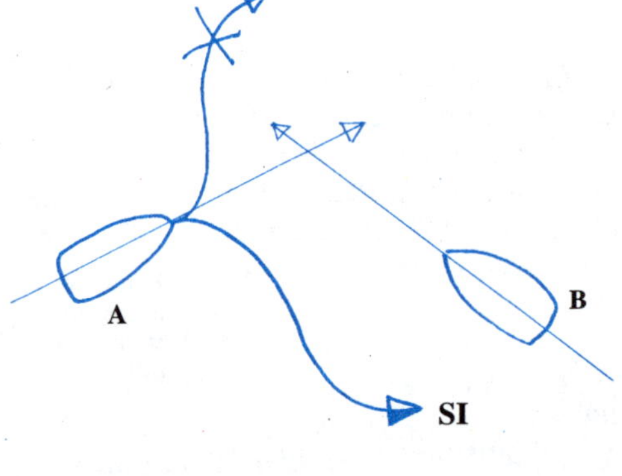

A vede **B** sulla propria dritta, dovrà accostare per passare a poppa di **B**; **B** mantiene invariata la rotta e la velocità.

(ii) quest'ultima nave può tuttavia prendere l'iniziativa di manovrare per evitare la collisione, non appena risulti evidente che la nave tenuta a lasciare libera la rotta non sta manovrando in maniera opportuna in conformità con le presenti Regole.

b. Quando, per qualche motivo, la nave tenuta a mantenere la sua rotta e la sua velocità si viene a trovare a distanza così ravvicinata da rendere la manovra della nave, che deve lasciare libera la rotta, insufficiente per evitare la collisione, deve manovrare nel modo più opportuno per evitare la collisione stessa.

c. Una nave a propulsione meccanica che, in una situazione di rotte che si incrociano, manovra in conformità con il sotto-paragrafo **a.** (ii) di questa Regola per evitare la collisione con un'altra nave a propulsione meccanica, se le circostanze lo permettono, non deve accostare verso sinistra se l'altra nave si trova sulla sua sinistra.

d. Quasta Regola non esonera la nave che deve manovrare dal suo obbligo di lasciare libera la rotta dell'altra nave.

In questa Regola viene ribadito il principio secondo il quale è necessario adoperarsi affinché il pericolo di collisione venga scongiurato, imponendo anche alla nave che non deve manovrare l'obbligo di prendere iniziative intese a compensare una eventuale negligenza della nave che deve dare la precedenza. In particolare viene data l'indicazione importante che impone alla nave con diritto di precedenza, nell'eventualità che sia costretta a manovrare, di evitare un'accostata a sinistra quando l'altra nave si trova sulla sua sinistra.
L'ultimo paragrafo esprime chiaramente il concetto che quanto stabilito nella Regola per la nave con diritto di precedenza, serve esclusivamente per scongiurare il pericolo di collisione, ma non consente assolutamente alla nave che deve lasciare libera la rotta di non adempiere a tale obbligo.

Regola 18
Responsabilità tra navi
Salvo disposizioni contrarie delle Regole 9, 10, e 13:
a. Una nave a propulsione meccanica deve lasciare libera la rotta:
(i) a una nave che non governa;
(ii) a una nave che ha difficoltà di manovra;
(iii) a una nave impegnata in operazioni di pesca;
(iv) a una nave a vela.
b. Una nave a vela durante la navigazione deve lasciare libera la rotta a:
(i) una nave che non governa;
(ii) una nave che ha difficoltà di manovra;
(iii) una nave impegnata in operazioni di pesca.
c. Una nave impegnata in operazioni di pesca, durante la navigazione, deve per quanto possibile lasciare libera la rotta;
(i) a una nave che non governa;
(ii) a una nave che ha difficoltà di manovra.
d. (i) Tutte le navi, tranne quelle che non governano o che hanno difficoltà di manovra, devono, se le circostanze lo permettono, evitare di impedire il passaggio, in sicurezza di una nave vincolata dalla sua immersione che esibisce i segnali di cui alla Regola 28;
(ii) una nave vincolata dalla sua immersione deve navigare con particolare precauzione tenendo nel dovuto conto la sua speciale condizione.
e. Un idrovolante sull'acqua deve, in generale, mantenersi ben lontano da tutte le navi ed evitare di impedire la loro navigazione. Tuttavia, nei casi in cui esiste rischio di collisione, deve ottemperare alle Regole della presente parte.

*Questa Regola non esclude le varie situazioni previste in caso di navigazione nei canali stretti (*Regola 9*), negli schemi di separazione di traffico (*Regola 10*) e nel caso di nave raggiungente (*Regola 13*).*
Il paragrafo **d.** *definisce che tutte le navi, a eccezione di quelle che non governano e di quelle con difficoltà di manovra, devono, se possibile, evitare di impedire il passaggio in sicurezza a una nave vincolata dalla sua immersione che mostra i fanali o i segnali prescritti (*Regola 28*).*

SEZIONE III
CONDOTTA DELLE NAVI CON VISIBILITÀ LIMITATA

Regola 19

Condotta delle navi con visibilità limitata

a. Queste Regole si applicano alle navi che non sono in vista l'una dell'altra, quando navigano entro un'area o vicino a un'area di visibilità limitata.

b. Ogni nave deve procedere a una velocità di sicurezza relativa alle circostanze del momento e alle condizioni di visibilità limitata. Una nave a propulsione meccanica deve tenere le macchine pronte per una manovra immediata.

c. Ogni nave deve tenere nella dovuta considerazione le circostanze del momento e le condizioni di visibilità in accordo con le Regole della Sezione I di questa parte.

d. Una nave che rileva la presenza di un'altra nave solo per mezzo del radar deve stabilire se si sta creando una situazione di pericoloso avvicinamento e/o se vi è rischio di collisione.

Se il rischio esiste, la manovra per evitare la collisione deve essere fatta in tempo utile, tenendo presente che quando una tale manovra consiste in una deviazione di rotta, bisogna evitare, per quanto possibile, ciò che segue:

(i) una accostata a sinistra, se l'altra nave si trova a proravia del traverso, a meno che questa non sia una nave che viene raggiunta;

(ii) una deviazione di rotta verso una nave al traverso o a poppavia del traverso.

e. A meno che non sia stato stabilito che non esiste alcun pericolo di collisione, una nave che oda apparentemente a proravia del suo traverso il segnale da nebbia di un'altra nave, o che non possa evitare una situazione di avvicinamento pericoloso con un'altra nave che si trova a proravia del suo traverso, deve ridurre la sua velocità al minimo indispensabile per poter governare. Se necessario deve annullare il suo abbrivo e in ogni caso navigare con estrema precauzione fino a quando il pericolo di collisione sia passato.

La Regola richiama ulteriormente i comandanti a un comportamento estremamente prudente, ricordando il rispetto della velocità di sicurezza e il servizio di vedetta. Il secondo capoverso del paragrafo **d.** *fornisce alcune importanti considerazioni sulle manovre da effettuare nel caso sia presente il rischio di collisione.*

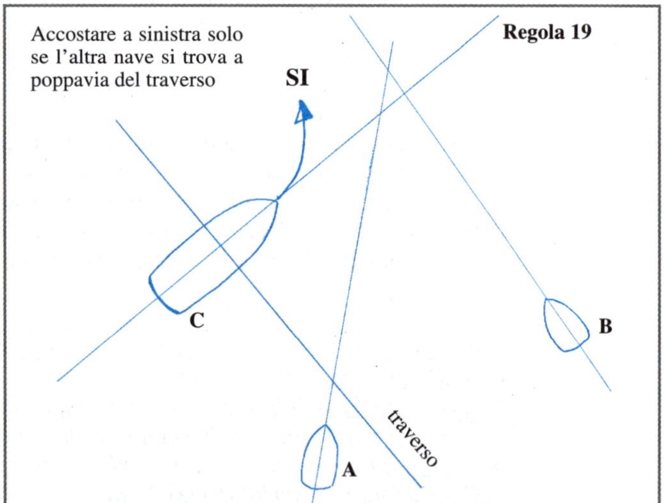

In caso di visibilità ridotta **C** potrà accostare a sinistra solo nel caso in cui l'altra si trovi a poppavia del traverso (**A**), **C** deve evitare di accostare a sinistra se l'altra si trova a pruavia del traverso (**B**).

Parte C – **FANALI E SEGNALI**

Regola 20

Applicazione

a. Le Regole di questa parte devono essere osservate in qualsiasi condizione di tempo.

b. Le Regole riguardanti i fanali devono essere osservate dal tramonto al sorgere del sole. Durante questo periodo non si deve mostrare nessuna altra luce che possa essere confusa con i fanali prescritti dalle presenti Regole o che danneggi la loro visibilità e alteri il loro carattere distintivo o che possa impedire un appropriato servizio di vedetta.

c. I fanali prescritti da queste Regole, se sistemati, devono essere esposti anche dal sorgere del sole al suo tramonto in caso di visibilità ridotta e possono essere mostrati in tutte le altre circostanze se lo si ritiene necessario.

d. Le Regole riguardanti i segnali devono essere osservate durante il giorno.

e. I fanali e i segnali prescritti nelle presenti Regole devono conformarsi alle disposizioni dell'Annesso I a questo Regolamento.

*I fanali prescritti in questa parte sono descritti dettagliatamente più avanti (*Regole 21 e 22*); si ricorda soltanto che i colori impiegati per i fanali sono il* bianco, *il* rosso, *il* verde *e il* giallo, *mentre i segnali sono tutti di colore* **nero** *e possono avere una delle seguenti forme:* conica, biconica con le basi unite, biconica con i vertici uniti, sferica *e* cilindrica.
I fanali devono essere mostrati dal tramonto del sole fino al suo sorgere, ma viene anche imposto l'obbligo di mostrare detti fanali (se installati) anche durante il giorno, vale a dire dal sorgere del sole fino al suo tramonto, in caso di visibilità ridotta e ogni volta che se ne verifica la necessità.
I segnali dovranno essere mostrati dal sorgere al tramonto del sole. I fanali e i segnali, nelle diverse combinazioni, servono a individuare i vari tipi di navi e le diverse situazioni in cui si trovano, con lo scopo di consentire, a un'altra nave, di valutare, nel rispetto del Regolamento, il proprio comportamento.

Regola 21

Definizioni

a. *Fanale di testa d'albero* indica un fanale bianco situato sopra la linea longitudinale di mezzeria della nave, sistemato in modo da mostrare una luce ininterrotta su un arco di orizzonte di 225° e fissato in modo da mostrare la sua luce, da ciascun lato della nave, dalla prora fino a 22°.5 a poppavia del traverso.

b. *Fanali laterali* significa un fanale verde sul lato dritto della nave e un fanale rosso sul lato sinistro, ciascuno dei quali mostra una luce ininterrotta su di un arco di orizzonte di 112°.5, e fissato in modo da mostrare la sua luce dalla prora fino a 22°.5 a poppavia del traverso, ciascuno sul rispettivo lato.

In una nave di lunghezza inferiore ai 20 metri i fanali laterali possono essere combinati in un unico fanale fissato sulla linea longitudinale di mezzeria della nave.

c. *Fanale di poppa* indica un fanale bianco situato il più possibile vicino alla poppa, che mostra una luce ininterrotta su di un arco di orizzonte di 135°, e fissato in modo tale da mostrare la sua luce da poppa fino a 67°.5, su ciascun lato della nave.

d. *Fanale di rimorchio* indica un fanale giallo avente le stesse caratteristiche del *Fanale di poppa* definito nel paragrafo **c.** di questa Regola.

e. *Fanale visibile per tutto l'orizzonte* significa un fanale che mostra una luce ininterrotta su un arco di orizzonte di 360°.

f. *Fanale a lampi* indica un fanale che lampeggia a intervalli regolari a una frequenza di 120 o più lampeggiamenti al minuto.

Regola 22

Visibilità dei fanali

I fanali prescritti in queste Regole devono avere l'intensità specificata nella sezione B dell'Annesso I di questo Regolamento tali cioè da essere visibili alle seguenti distanze:

a. Per le navi di lunghezza uguale o superiore ai 50 metri:

– fanale di testa d'albero: 6 miglia

– fanali laterali: 3 miglia

– fanale di poppa: 3 miglia

– fanale di rimorchio: 3 miglia

– fanale a luce bianca, rossa, verde o gialla visibile per tutto l'orizzonte: 3 miglia.

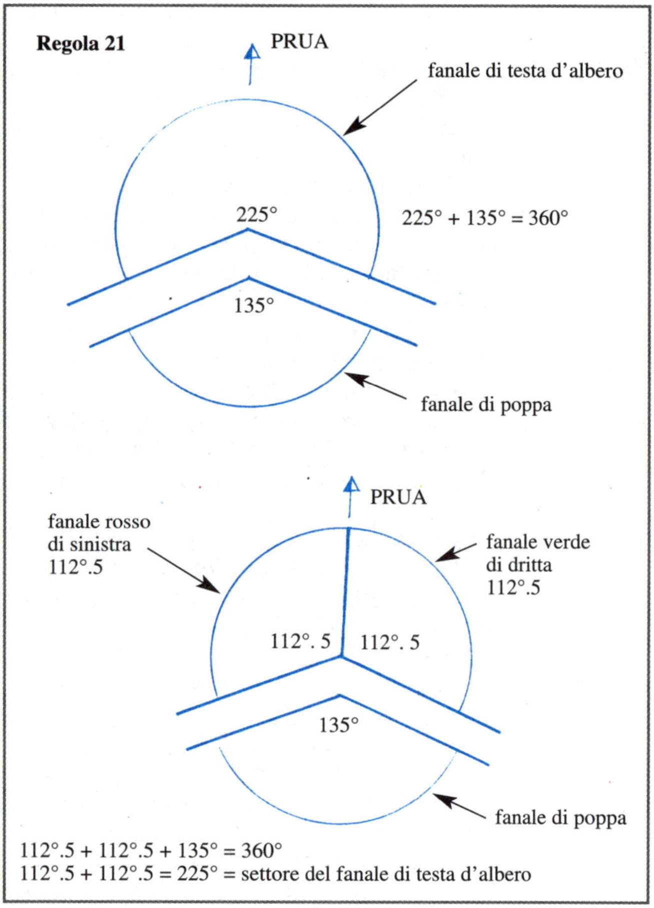

b. Per le navi di lunghezza uguale o superiore ai 12 metri ma inferiore ai 50 metri:

– fanale di testa d'albero: 5 miglia (se la lunghezza della nave è inferiore ai 20 metri: 3 miglia)

– fanali laterali: 2 miglia

– fanale di poppa: 2 miglia

– fanale di rimorchio: 2 miglia

– fanale a luce bianca, rossa, verde o gialla visibile per tutto l'orizzonte: 2 miglia;

c. Per le navi di lunghezza inferiore ai 12 metri:

– fanale di testa d'albero: 2 miglia

– fanali laterali: 1 miglio

– fanale di poppa: 2 miglia

– fanale di rimorchio: 2 miglia

– fanale a luce bianca, rossa, verde o gialla visibile per tutto l'orizzonte: 2 miglia.

d. Per le navi o oggetti rimorchiati che sono parzialmente sommersi e difficili da percepire:

– fanale bianco visibile per tutto l'orizzonte: 3 miglia.

La tabella che segue aiuta a ricordare.

Tabella riassuntiva della visibilità dei fanali

Lunghezza	Testa d'albero	Laterali	Di poppa e rimorchio	Visibili per tutto l'orizzonte
L>50	*6*	*3*	*3*	*3*
12<L<50	*5*	*2*	*2*	*2*
12<L<20	*3*	*2*	*2*	*2*
L<12	*2*	*1*	*2*	*2*

Regola 23

Navi a propulsione meccanica in navigazione

a. Una nave a propulsione meccanica in navigazione deve mostrare:

(i) un fanale di testa d'albero a proravia;

(ii) un secondo fanale di testa d'albero più alto e a poppavia del primo; fanno eccezione le navi di lunghezza inferiore ai 50 metri che non sono obbligate a mostrare questo fanale, ma possono farlo;

(iii) i fanali laterali;

(iv) il fanale di poppa.

b. Una nave a cuscino d'aria, quando opera in condizioni di non dislocamento, in aggiunta ai fanali prescritti nel paragrafo **a.** di questa Regola, deve mostrare un fanale giallo lampeggiante visibile per tutto l'orizzonte.

c. (i) una nave a propulsione meccanica di lunghezza inferiore ai 12 metri può, invece dei fanali prescritti al paragrafo **a.** della presente Regola, mostrare un fanale bianco visibile su tutto l'orizzonte e dei fanali laterali;

(ii) una nave a propulsione meccanica di lunghezza inferiore ai 7 metri e la cui velocità massima non oltrepassi i 7 nodi, può invece dei segnali prescritti al paragrafo **a.** della presente Regola, mostrare un fanale bianco, visibile su tutto l'orizzonte; essa deve, possibilmente, mostrare inoltre i fanali laterali;

(iii) il fanale di testa d'albero, o il fanale bianco visibile per tutto l'orizzonte a bordo di una nave a propulsione meccanica di lunghezza inferiore ai 12 metri, può non trovarsi sull'asse longitudinale della nave, se non è possibile installarlo su quest'asse, a condizione che i fanali laterali siano combinati in un solo fanale, che sia disposto sull'asse longitudinale della nave, o situato il più vicino possibile all'asse longitudinale sul quale si trova il fanale di testa d'albero, o il fanale bianco visibile su tutto l'orizzonte.

Regola 24

Nave che rimorchia o che spinge

a. Una nave a propulsione meccanica quando rimorchia deve mostrare:

(i) invece del fanale prescritto dalle Regola 23 **a.** (i) o dalla Regola 23 **a.** (ii), due fanali di testa d'albero allineati verticalmente. Quando la lunghezza del rimorchio, misurata dalla poppa della nave che rimorchia fino all'estremità poppiera del rimorchio, supera i 200 metri, i fanali allineati verticalmente devono essere tre;

(ii) i fanali laterali;

(iii) il fanale di poppa;

(iv) il fanale di rimorchio disposto in linea verticale al di sopra del fanale di poppa;

(v) quando la lunghezza del rimorchio supera i 200 metri, un segnale biconico nel punto in cui può essere più facilmente visibile.

b. Quando una nave che spinge e una nave spinta in avanti sono rigidamente connesse in una unità composta, devono essere considerate come un'unica nave a propulsione meccanica e devono mostrare i fanali prescritti dalla Regola 23.

c. Una nave a propulsione meccanica se spinge in avanti o rimorchia lateralmente, salvo il caso dell'unità composta, deve mostrare:

(i) invece del fanale prescritto dalla Regola 23 **a.** (i) due fanali di testa d'albero a proravia allineati verticalmente;

(ii) i fanali laterali;

(iii) il fanale di poppa.

d. Le navi a propulsione meccanica a cui si riferiscono i paragrafi **a.** o **c.** di questa Regola devono osservare anche la Regola 23 **a.** (ii).

e. Una nave o un oggetto rimorchiato diverso da quelli citati al paragrafo **g.** della presente Regola, deve mostrare:

(i) i fanali laterali;

(ii) il fanale di poppa;

(iii) quando la lunghezza del rimorchio supera 200 metri, un segnale biconico nel punto in cui può essere visto facilmente.

f. Dato per scontato che un qualsiasi numero di navi che vengono rimorchiate lateralmente o spinte in gruppo devono mostrare i fanali come se fossero un'unica unità:

(i) una nave che viene spinta in avanti e che non fa parte di una unità composta, deve mostrare verso prora i fanali laterali;

(ii) una nave che viene rimorchiata lateralmente deve mostrare il fanale di poppa e verso prora i fanali laterali.

g. Una nave o un oggetto rimorchiato che sia parzialmente sommerso e difficile da percepire, o un gruppo di queste navi o oggetti rimorchiati, deve mostrare:

(i) quando la sua lunghezza è inferiore a 25 metri, un fanale bianco, visibile su tutto l'orizzonte, all'estremità prodiera o in prossimità di questa, e un altro all'estremità poppiera, o in prossimtà di questa, a eccezione dei dracones, che non sono tenuti a mostrare un fanale all'estremità prodiera o in prossimità di questa;

(ii) quando la sua lunghezza è uguale o superiore a 25 metri, due fanali bianchi supplementari visibili su tutto l'orizzonte, all'estremità della sua larghezza o in prossimità di queste;

(iii) quando la sua lunghezza è superiore a 100 metri, dei fanali bianchi supplementari, visibili su tutto l'orizzonte, tra i fanali prescritti ai comma (i) e (ii), in modo che la distanza tra i fanali non sia superiore a 100 metri;

(iv) un segnale biconico all'estremità poppiera o vicino all'estremità poppiera dell'ultima nave od oggetto rimorchiato e, allorché la lunghezza del rimorchio sia superiore a 200 metri, un segnale biconico supplementare sul punto più visibile e più avanti possibile.

h. quando, per una qualsiasi plausibile ragione, la nave, o l'oggetto rimorchiato, è nell'impossibilità di mostrare i fanali, o i segnali prescritti ai paragrafi **e.** o **g.** della presente Regola, devono essere prese tutte le misure possibili per illuminare la nave o l'oggetto rimorchiato, o almeno per segnalare la presenza di una tale nave od oggetto.

i. Quando, per una qualsiasi plausibile ragione, una nave che non effettua abitualmente operazioni di rimorchio è nell'impossibilità di mostrare i fanali prescritti ai paragrafi **a.** o **c.** della presente Regola, questa nave non è tenuta a mostrare questi fanali allorché procede a rimorchiare un'altra nave in pericolo, o bisognosa di assistenza per altre ragioni. Devono essere prese tutte le misure possibili per indicare, nel modo autorizzato dalla Regola 36, il collegamento tra la nave che rimorchia e la nave rimorchiata, in modo particolare illuminando il cavo a rimorchio.

La nave a propulsione meccanica impegnata in operazioni di rimorchio o di spinta di altre navi o di oggetti viene distinta in nave con rimorchio di lunghezza superiore ai 200 metri e nave con rimorchio inferiore ai 200 metri (misurato dalla poppa del rimorchiatore alla poppa dell'ultimo oggetto rimorchiato). Questa nave mostra, allineati verticalmente e quindi sullo stesso albero, 2 fanali di testa d'albero (quelli prescritti per le navi a propulsione meccanica e quindi visibili per 225°) se la lunghezza del rimorchio è inferiore ai 200 metri, altrimenti i fanali di testa d'albero allineati verticalmente dovranno essere 3.

Se la nave che rimorchia ha lunghezza superiore ai 50 metri dovrà mostrare anche il secondo fanale di testa d'albero, più alto e a poppavia dei fanali di testa d'albero allineati verticalmente. Questa nave mostrerà, ovviamente, anche i fanali laterali e quello di poppa. È previsto, inoltre, che mostri il fanale di rimorchio e questo, per avvisare una nave raggiungente che è pericoloso tagliare la rotta di poppa a questa nave.

Se la nave rimorchia in avanti o spinge lateralmente, non deve mostrare il fanale giallo di rimorchio. Le navi o gli oggetti rimorchiati devono mostrare soltanto i fanali laterali e quello di poppa. Quando la nave o l'oggetto rimorchiato viene spinto in avanti o rimorchiato lateralmente, deve mostrare verso prua i fanali laterali e, se spinta lateralmente, anche il fanale di poppa.

Se le navi o gli oggetti rimorchiati sono rigidamente connessi, devono mostrare i fanali come se fossero una unica nave a propulsione meccanica e mostrare i fanali che gli competono.

Quando il rimorchio supera la lunghezza di 200 metri, sia il rimorchiatore che la nave rimorchiata mostreranno, di giorno, un segnale biconico con le basi unite.

Una nave che abitualmente non effettua operazioni di rimorchio, se è impossibilitata a mostrare i fanali prescritti non è tenuta a farlo solo se rimorchia una nave in pericolo o bisognosa di assistenza, ma deve prendere tutte le misure possibili richiamando l'attenzione (vedi Regola 36) o illuminando il cavo di rimorchio.

Regola 25

Navi a vela in navigazione e barche a remi

a. Una nave a vela in navigazione deve mostrare:

(i) i fanali laterali;

(ii) il fanale di poppa.

b. A bordo di una nave a vela di lunghezza inferiore ai 20 metri i fanali prescritti nel paragrafo **a.** di questa Regola possono essere combinati in un unico fanale fissato in testa d'albero dove possa essere meglio visto.

c. Una nave a vela in navigazione oltre ai fanali prescritti nel paragrafo **a.** di questa Regola, può mostrare in testa o presso la testa d'albero, dove possono essere meglio visti, due fanali visibili per tutto l'orizzonte, allineati verticalmente, dei quali quello superiore rosso e l'altro verde, questi fanali però non devono essere mostrati insieme al fanale permesso dal paragrafo **b.** di questa Regola.

d. (i) Un nave a vela di lunghezza inferiore ai 7 metri deve, se possibile, mostrare le luci prescritte nel paragrafo **a.** o **b.** di questa Regola, ma se ciò non è possibile, deve aver pronta a portata di mano una torcia elettrica o un fanale a luce bianca da mostrare in tempo sufficiente per prevenire la collisione;

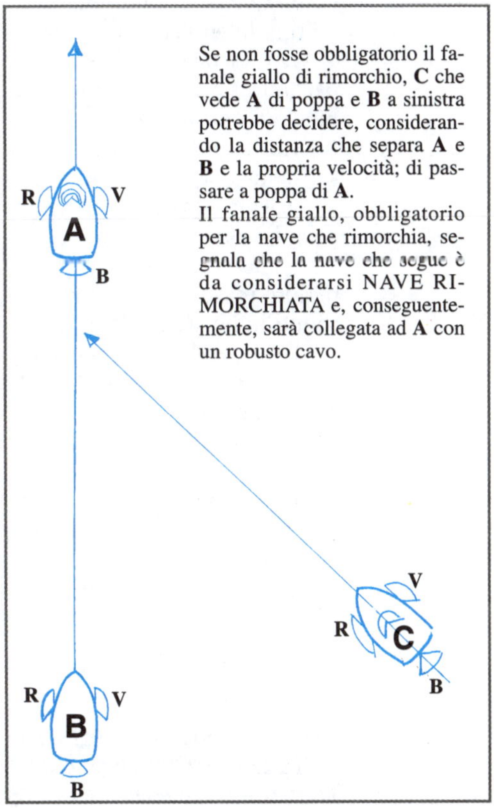

(ii) una barca a remi può mostrare i fanali prescritti in questa Regola per le navi a vela, ma se ciò non è possibile, deve aver pronta a portata di mano una torcia elettrica o un fanale a luce bianca da mostrare in tempo sufficiente per prevenire la collisione.

e. Una nave che procede contemporaneamente a vela e a motore deve mostrare a prora, in maniera ben visibile, un segnale conico con vertice in basso.

Alle imbarcazioni o navi a vela è concesso mostrare, oltre ai laterali e a quello di poppa, dei fanali facoltativi che devono essere mostrati in testa d'albero o vicini alla testa d'albero, sono visibili per tutto l'orizzonte e disposti verticalmente con quello superiore di colore rosso e quello inferiore di colore verde. Quest'ultimo fanale non dovrà essere mostrato assieme ai fanali a luce combinata.
Le imbarcazioni a vela con lunghezza inferiore ai 7 metri e le barche a remi mostreranno, all'occorrenza, una luce bianca visibile per tutto l'orizzonte in tempo utile per evitare una collisione.
Da notare che le imbarcazioni a vela mostrano gli stessi fanali mostrati dalle navi o oggetti rimorchiati. Questo ci fa capire che la nave che rimorchia mostra il fanale giallo di rimorchio affinché una nave che la raggiungesse da poppa sia avvisata che non potrà passare tra la poppa della prima nave e quella che la segue.

Regola 26

Pescherecci

a. Una nave impegnata in operazioni di pesca, sia in navigazione che all'ancora, deve mostrare solo i fanali e i segnali prescritti in questa Regola.

b. Una nave intenta alla pesca a strascico, ossia che rastrella il fondo con una rete dragante o altro apparecchio immerso, deve mostrare:

(i) due fanali visibili per tutto l'orizzonte in linea verticale dei quali quello superiore verde e l'altro bianco, oppure un segnale costituito da due coni con i vertici uniti in linea verticale l'uno sull'altro;

(ii) un fanale di testa d'albero a poppavia e più alto del fanale verde visibile per tutto l'orizzonte; una nave di lunghezza inferiore a 50 metri non è obbligata a mostrare quest'ultimo fanale, ma può farlo;

(iii) quando la nave è in movimento, cioè ha abbrivo, in aggiunta alle luci prescritte da questo paragrafo, deve avere i fanali laterali e di poppa.

c. Una nave impegnata in operazioni di pesca, che non sia pesca a strascico, deve mostrare:

(i) due fanali visibili per tutto l'orizzonte, in linea verticale, dei quali quello superiore rosso e l'altro bianco, oppure un segnale costituito da due coni con i vertici riuniti in linea verticale l'uno sull'altro;

(ii) quando un peschereccio ha un attrezzo esterno che si estende orizzontalmente fuori bordo per oltre 150 metri, un fanale a luce bianca visibile per tutto l'orizzonte oppure un cono con il vertice in alto nella direzione dell'attrezzo;

(iii) quando la nave è in movimento, cioè ha abbrivo, in aggiunta ai fanali prescritti in questo paragrafo, i fanali laterali e il fanale di poppa.

d. I segnali supplementari descritti nell'annesso II al presente Regolamento si applicano a una nave che sta pescando a breve distanza da altre navi che stanno pescando.

e. Una nave non impegnata in operazioni di pesca non deve mostrare i fanali e i segnali prescritti nella presente Regola, ma solo quelli prescritti per una nave di uguale lunghezza.

Questo Regolamento contempla soltanto le navi intente alla pesca a strascico e quelle con sistemi diversi, purché questi ne riducano la manovrabilità; sono escluse, pertanto, le tecniche di pesca con lenze trainate e tutti gli altri sistemi che non

riducano la manovrabilità della nave.
Quando il peschereccio non è impegnato in operazioni di pesca, deve mostrare i segnali previsti per una nave a propulsione meccanica di uguale lunghezza. Le norme riguardanti i fanali previsti in questa Regola devono essere applicate da tutte le navi impegnate in operazioni di pesca, anche quando sono all'ancora.
Le navi che pescano a strascico, in sostituzione del fanale di testa d'albero prodiero, mostrano due fanali, allineati verticalmente e visibili per tutto l'orizzonte, di cui quello superiore di colore verde e l'altro bianco. Se la nave da pesca ha una lunghezza uguale o superiore ai 50 metri, dovrà mostrare anche un fanale di testa d'albero, a poppavia e più in alto dei due fanali allineati verticalmente. Quando la nave è in movimento, mostrerà anche i fanali laterali e quello di poppa.
La nave che non pesca a strascico mostrerà, in sostituzione del fanale di testa d'albero, due fanali, allineati verticalmente e visibili per tutto l'orizzonte, di cui quello superiore di colore rosso e l'altro bianco. Se è in movimento, mostrerà anche i fanali laterali e il fanale di poppa. Questa nave, qualora abbia un attrezzo che si estende orizzontalmente fuoribordo per una lunghezza superiore ai 150 metri, mostrerà una luce, visibile su tutto l'orizzonte, dalla parte dell'attrezzo.
Di giorno i pescherecci, indipendentemente dal tipo di pesca che esercitano, dovranno mostrare un segnale biconico con i vertici uniti. Il peschereccio che ha un attrezzo che si estente fuoribordo per una lunghezza superiore ai 150 metri mostrerà un cono con il vertice in alto nella direzione dell'attrezzo.

Regola 27

Navi che non governano o che hanno difficoltà di manovra

a. Una nave che non governa deve mostrare:

(i) due fanali rossi visibili per tutto l'orizzonte in linea verticale, dove siano più facilmente visibili;

(ii) due palloni o segnali simili disposti in linea verticale, dove siano più facilmente visibili;

(iii) quando è in movimento, cioè ha abbrivo, in aggiunta ai fanali prescritti in questo paragrafo, i fanali laterali e quello di poppa.

b. Una nave che ha difficoltà di manovra, a meno che non sia intenta allo sminamento deve mostrare:

(i) tre fanali visibili per tutto l'orizzonte disposti in linea verticale, dove siano più facilmente visibili. Il più alto e il più basso di questi fanali devono essere rossi e quello di mezzo bianco;

(ii) tre segnali disposti in linea verticale, dove siano meglio visibili. Il più alto e il più basso di questi segnali devono essere palloni e quello di mezzo biconico;

(iii) quando la nave ha abbrivo il fanale o i fanali di testa d'albero, laterali e di poppa, in aggiunta a quelli prescritti dal sottoparagrafo (i);

(iv) quando la nave è all'ancora, oltre ai fanali e segnali prescritti nei sottoparagrafi (i) e (ii), il fanale, i fanali o segnali prescritti dalla Regola 30.

c. Una nave a propulsione meccanica impegnata a effettuare una operazione di rimorchio che consente difficilmente alla nave che rimorchia e al suo rimorchio di modificare la loro rotta deve mostrare, oltre ai fanali o segnali prescritti dalla Regola 24 **a.**, i fanali o i segnali prescritti ai paragrafi **b.** (i) e (ii) della presente Regola.

d. Una nave intenta a dragare o a eseguire operazioni subacquee, se ha difficoltà di manovra, deve mostrare i fanali e segnali prescritti ai sottoparagrafi (i), (ii) e (iii) del paragrafo **b.** di questa Regola e deve mostrare in aggiunta qualora esista una ostruzione:

(i) due fanali rossi visibili per tutto l'orizzonte o due palloni disposti in linea verticale per indicare il lato in cui si trova l'ostruzione;

(ii) due fanali verdi visibili per tutto l'orizzonte o due biconi disposti in linea verticale per indicare il lato da cui l'altra nave può passare;

(iii) quando è all'ancora, al posto dei fanali o del segnale prescritti dalla Regola 30, i fanali o i segnali prescritti nel presente paragrafo.

e. Una nave impegnata in operazioni con palombari e che, a causa delle sue dimensioni, non può mostrare tutti i fanali e segnali prescritti al paragrafo **d.** della presente Regola, deve mostrare:

(i) sul punto più visibile, tre fanali sovrapposti, visibili su tutto l'orizzonte, essendo rossi i fanali superiore e inferiore, e bianco il fanale di mezzo;

(ii) una riproduzione rigida, di almeno un metro di altezza, della bandiera "A" del Codice internazionale dei segnali. Essa deve fare in modo che questa riproduzione sia visibile su tutto l'orizzonte.

f. Una nave impegnata in operazioni di sminamento deve mostrare, oltre ai fanali prescritti per una nave a propulsione meccanica dalla Regola 23 o ai fanali prescritti per le navi all'ancora dalla Regola 30, secondo il caso, tre fanali verdi, visibili su tutto l'orizzonte, oppure tre palloni. Essa deve mostrare uno di questi fanali o segnali alla testa dell'albero di trinchetto e uno di questi fanali o segnali a ciascuna estremità del pennone dello stesso albero. Questi fanali e segnali indicano che è pericoloso per un'altra nave avvicinarsi a meno di 1.000 metri dalla nave che effettua lo sminamento.

g. Le navi di lunghezza inferiore ai 12 metri, a eccezione delle navi impegnate in operazioni con palombari, non sono tenute a mostrare i fanali o i segnali prescritti dalla presente Regola.

h. I segnali prescritti in questa Regola non sono segnali di navi in pericolo o bisognose di soccorso. Tali segnali sono riportati nell'Annesso IV al presente Regolamento.

La nave che non governa è una nave che, pur disponendo delle macchine, non è, per le circostanze particolari in cui si trova, nelle condizioni di governare e, quindi, di manovrare per lasciare libera la rotta ad altra nave. Pertanto mostrerà due fanali rossi disposti in linea verticale e visibili per 360° e, se ha abbrivo, i fanali laterali e quello di poppa. Di giorno questa nave mostrerà due palloni o segnali simili a palloni.
*Una nave ha difficoltà di manovra quando, per la natura del lavoro che svolge al momento, possiede una minore possibilità di manovra e non è in grado di lasciare libera la rotta a un'altra nave. Una nave che si trovi in tale situazione, a meno che non sia impegnata in operazioni di sminamento, è tenuta a segnalarlo mostrando tre fanali allineati verticalmente e visibili su tutto l'orizzonte, dei quali quello centrale di colore bianco e gli altri due di colore rosso. Se la nave ha abbrivo, deve mostrare il fanale o i fanali di testa d'albero (a seconda della sua lunghezza), i fanali laterali e quello di poppa. Questa nave, quando è all'ancora, deve mostrare, oltre ai fanali prescritti per una nave all'ancora (*Regola 30*), anche quelli previsti da questa Regola. Di giorno questa nave dovrà mostrare tre segnali, dei quali il più alto e il più basso di forma sferica e quello centrale biconico con le basi unite.*
Una nave con difficoltà di manovra, qualora stia effettuando operazioni subacquee o sia intenta a dragare, nel caso che questi lavori comportino una ostruzione, deve mostrare, in aggiunta ai fanali e ai segnali prescritti per la nave che ha difficoltà di manovra, due fanali verdi, disposti in linea verticale, visibili per tutto l'orizzonte, dalla parte da cui si può passare e due fanali rossi, disposti in linea verticale e visibili per tutto l'orizzonte per indicare la parte ostruita. Di giorno al posto dei due fanali verdi mostrerà due biconi con le basi unite, mentre al posto dei due fanali rossi mostrerà due palloni. Questa nave, quando è all'ancora, in sostituzione dei fanali e segnali prescritti dalla Regola 30, mostrerà i fanali ora descritti.
Anche le navi intente a effettuare operazioni di sminamento sono considerate navi con manovrabilità limitata, ma, per il particolare lavoro che svolgono e per il fatto che può essere pericoloso transitare nella loro vicinanza, tanto che è vietato av-

vicinarsi a meno di 1.000 metri, esse mostrano fanali e segnali particolari. Precisamente queste navi mostreranno tre fanali, visibili in tutto l'orizzonte, di colore verde, dei quali uno in testa all'albero di trinchetto e gli altri due alle varee del pennone dello stesso albero. Se la nave ha abbrivo, deve mostrare anche il fanale o i fanali di testa d'albero, i fanali laterali e quello di poppa. Di giorno, in sostituzione dei fanali verdi mostra tre palloni, nelle stesse posizioni.

Regola 28

Navi condizionate dalla loro immersione

Una nave condizionata dalla sua immersione, in aggiunta ai fanali prescritti per le navi a propulsione meccanica dalla Regola 23, può mostrare, dove siano meglio visibili, 3 fanali, visibili per tutto l'orizzonte, disposti in linea verticale, oppure un segnale a cilindro.

Regola 29

Navi pilota

a. Una nave pilota impegnata in servizio di pilotaggio deve mostrare:

(i) sopra o vicino alla testa d'albero due fanali disposti in linea verticale, visibili per tutto l'orizzonte, dei quali quello superiore bianco e quello inferiore rosso;

(ii) quando l'unità è in navigazione, anche i fanali laterali e quello di poppa;

(iii) quando è all'ancora, oltre ai fanali prescritti nel presente paragrafo (i), il fanale, i fanali o il segnale prescritti dalla Regola 30 per le navi all'ancora.

b. Una nave pilota quando non è impegnata in servizio di pilotaggio deve mostrare i fanali o segnali prescritti per una nave simile della stessa lunghezza.

Regola 30

Navi ancorate e navi incagliate

a. Una nave all'ancora deve mostrare dove possono essere meglio visibili:

(i) a proravia un fanale a luce bianca visibile per tutto l'orizzonte, oppure un pallone;

(ii) a poppa o vicino alla poppa e a livello inferiore del fanale prescritto nel sottoparagrafo (i), un fanale a luce bianca visibile per tutto l'orizzonte.

b. Una nave all'ancora di lunghezza inferiore a 50 metri può mostrare nel punto più visibile un fanale a luce bianca visibile per tutto l'orizzonte, invece dei fanali prescritti nel paragrafo **a.** di questa Regola.

c. Una nave all'ancora può usare i fanali di servizio o altri fanali equivalenti per illuminare i ponti. Questa disposizione è obbligatoria per navi di lunghezza uguale o superiore ai 100 metri.

d. Una nave incagliata deve mostrare i fanali prescritti nei paragrafi **a.** e **b.** di questa Regola e inoltre nel punto dove siano più facilmente visibili:

(i) due fanali a luce rossa disposti in linea verticale, visibili per tutto l'orizzonte;

(ii) tre palloni disposti in linea verticale.

e. Una nave di lunghezza inferiore ai 7 metri, quando è all'ancora oppure è incagliata, ma non in un canale ristretto o nelle sue vicinanze, né in un passaggio o ancoraggio dove altre navi generalmente navigano, non è tenuta a mostrare i fanali o segnali prescritti nei paragrafi **a.**, **b.** o **d.** di questa Regola.

f. Una nave di lunghezza inferiore ai 12 metri, quando è incagliata, non è tenuta a mostrare i fanali o i segnali prescritti ai sottoparagrafi (i) e (ii) del paragrafo **d.** della presente Regola.

Regola 31

Idrovolanti

Qualora sia impossibile per un idrovolante mostrare i fanali e i segnali con le caratteristiche e nelle posizioni prescritte nelle Regole di questa Parte, dovrà mostrare fanali e segnali il più possibile simili a questi, in caratteristiche e posizione.

Parte D – **SEGNALI SONORI E LUMINOSI**

Regola 32

Definizioni

a. La parola *fischio* indica qualsiasi dispositivo capace di produrre i suoni prescritti e conformi alle norme dell'Annesso III al presente Regolamento.

b. L'espressione *suono breve* designa un suono della durata di circa un secondo.

c. L'espressione *suono prolungato* designa un suono della durata da quattro a sei secondi.

Regola 33

Apparecchiature per segnali sonori

a. Una nave di lunghezza uguale o superiore ai 12 metri deve essere provvista di un *fischio* o di una *campana*, una nave di lunghezza uguale o superiore a 100 metri deve inoltre essere provvista di un *gong*, di suono e timbro tali da non essere confusi con quelli della campana. Il fischio, la campana e il gong devono conformarsi alle norme dell'Annesso III al presente Regolamento. La campana o il gong o entrambi possono essere rimpiazzati da un altro dispositivo avente rispettivamente le stesse caratteristiche di suono, purché sia sempre possibile azionare a mano i segnali prescritti.

b. Una nave di lunghezza inferiore a 12 metri non è obbligata ad avere i dispositivi per segnali sonori prescritti nel paragrafo **a.** di questa Regola, ma se ne è sprovvista, deve essere fornita di qualche altro mezzo in grado di produrre un efficace segnale sonoro.

Regola 34

Segnali di manovra e di avvertimento

a. Quando due navi sono in vista l'una dell'altra, una nave a propulsione meccanica in navigazione, quando manovra in conformità di quanto è autorizzato e prescritto dalle presenti Regole, deve indicare la sua manovra mediante i seguenti segnali sonori emessi con il fischio:

– un suono breve per significare «sto accostando a dritta»;

– due suoni brevi per significare «sto accostando a sinistra»;

– tre suoni brevi per significare «vado indietro con le macchine»;

b. Qualsiasi nave in aggiunta ai segnali sonori prescritti nel paragrafo **a.** di questa Regola, può usare dei segnali luminosi, ripetuti in modo appropriato, durante tutta la durata della manovra:

(i) questi segnali luminosi hanno il seguente significato:

– un lampo per significare «sto accostando a dritta»;

– due lampi per significare «sto accostando a sinistra»;

– tre lampi per significare «vado indietro con le macchine»;

(ii) la durata di ogni lampo deve essere di circa un secondo, l'intervallo tra due lampi deve essere di circa un secondo e l'intervallo tra due successivi segnali non deve essere inferiore a 10 secondi;

(iii) il fanale usato per questo segnale, se esiste, deve essere a luce bianca e visibile per tutto l'orizzonte a una distanza minima di 5 miglia e deve conformarsi con le disposizioni dell'Annesso I del Presente Regolamento.

c. Quando due navi sono in vista l'una dell'altra in un canale stretto o in una zona navigabile ristretta:

(i) una nave che intende sorpassare l'altra, in accordo con la Regola 9 **e.** (i), deve indicare la sua intenzione con i seguenti segnali a fischio:

– due suoni prolungati seguiti da uno breve per significare «ho intenzione di sorpassarvi dal lato dritto»;

– due suoni prolungati seguiti da due brevi per significare «ho intenzione di sorpassarvi dal lato sinistro»;

(ii) la nave che sta per essere sorpassata, quando manovra in accordo con la Regola 9 **e.** (i), deve indicare il suo benestare con il seguente segnale a fischio:

– un suono prolungato, uno breve, uno prolungato e uno breve, nell'ordine.

d. Quando due navi in vista l'una dell'altra si stanno avvicinando e per qualche motivo una delle due navi non riesce a capire le intenzioni o le manovre dell'altra, oppure non sa se l'altra sta manovrando in modo adeguato per evitare la collisione, la nave in dubbio deve immediatamente indicare tale dubbio emettendo almeno cinque fischi brevi e rapidi. Un tale segnale può essere accompagnato da un segnale luminoso sostituito da almeno cinque lampi brevi e rapidi.

e. Una nave che si avvicina a un gomito o a una zona del canale dove non è possibile vedere altre navi che si avvicinano in senso opposto, dove emettere un fischio prolungato. Una nave che si trovasse al di là del gomito nel sentire questo segnale è tenuta a rispondere con un fischio prolungato.

f. Se su una nave sono fissati dei fischi distanziati fra di loro di oltre 100 metri, un solo fischio deve essere usato per i segnali di manovra e di avvertimento.

Regola 35

Segnali sonori in condizioni di visibilità ridotta

In un'area di visibilità ridotta o nei pressi di essa, sia di giorno che di notte, i segnali prescritti in questa Regola devono essere usati come segue:

a. Una nave a propulsione meccanica in navigazione, con abbrivo, deve emettere a intervalli non superiori ai 2 minuti un fischio prolungato.

b. Una nave a propulsione meccanica in navigazione ma con macchine ferme e senza abbrivo deve emettere, a intervalli non superiori a 2 minuti, due fischi prolungati in successione con intervallo tra di loro di circa 2 secondi.

c. Una nave che non governa, una nave che ha difficoltà di manovra, una nave vincolata dal suo pescaggio, una nave a vela, una nave impegnata in operazioni di pesca e una nave impegnata in operazione di rimorchio o si spinta di altra nave, invece dei segnali prescritti nei paragrafi **a.** e **b.** di questa Regola, deve emettere a intervalli non superiori ai 2 minuti, tre fischi in successione e precisamente uno prolungato seguito da due brevi.

d. Una nave intenta alla pesca, quando è all'ancora, e una nave con difficoltà di manovra che procede ai suoi lavori all'ancora, dovranno emettere, in luogo dei segnali prescritti al paragrafo **g.** della presente Regola, il segnale prescritto al paragrafo **c.** della presente Regola.

e. Una nave rimorchiata o, se sono rimorchiate più navi, l'ultima del rimorchio, se ha equipaggio a bordo deve, a intervalli non superiori al 2 minuti, emettere 4 fischi in successione, precisamente uno prolungato seguito da tre brevi; ove sia possibile, questo segnale deve essere fatto immediatamente dopo quello emesso dalla nave che rimorchia.

f. Quando la nave che spinge e la nave che viene spinta sono rigidamente connesse in una unità composta devono essere considerate come una nave a propulsione meccanica e devono emettere i segnali prescritti nei paragrafi **a.** e **b.** di questa Regola.

g. Una nave all'ancora deve a intervalli non superiori a un minuto suonare la campana rapidamente per circa 5 secondi. Su una nave di lunghezza uguale o superiore ai 100 metri la campana deve essere suonata a prora e immediatàmente dopo il suono della campana deve essere suonato rapidamente il gong per circa 5 secondi nella parte poppiera della nave. Una nave all'ancora può in aggiunta emettere tre fischi in successione, precisamente uno breve, uno prolungato e uno breve, per segnalare a una nave che si avvicina la propria posizione e il pericolo di collisione.

h. Una nave incagliata deve emettere il segnale con la campana e se richiesto il segnale con il gong prescritto nel paragrafo **g.** di questa Regola e deve in aggiunta dare tre colpi di campana separati e distinti, immediatamente prima e dopo il rapido suono di essa. La nave incagliata può in aggiunta emettere un appropriato segnale con il fischio.

i. Una nave di lunghezza inferiore ai 12 metri non ha l'obbligo di emettere i segnali sopra menzionati, ma, se lo fa, deve emettere a intervalli non maggiori di 2 minuti qualche altro segnale acustico efficace.

j. Una nave pilota, quando è in servizio di pilotaggio, oltre ai segnali prescritti al paragrafo **a.**, **b.** o **g.** di questa Regola può emettere un segnale di riconoscimento consistente in quattro suoni brevi.

Regola 36

Segnali destinati a richiamare l'attenzione

Se necessario, per attirare l'attenzione di un'altra unità, una nave può fare dei segnali luminosi o acustici che non possono essere scambiati per qualche segnale autorizzato altrove nelle presenti Regole, oppure può dirigere il raggio del suo proiettore verso il pericolo, in modo tale da non disturbare le altre navi.

Ogni fanale destinato ad attirare l'attenzione di un'altra nave non deve poter essere confuso con un ausilio alla navigazione. Ai fini della presente Regola, l'impiego di fanali intermittenti o girevoli ad alta intensità, quali i fari rotanti, deve essere evitato.

Regola 37

*Segnali di pericolo**

Quando una nave è in pericolo e ha bisogno di soccorso deve usare o mostrare i segnali descritti nell'Annesso IV del presente Regolamento.

* vedi pagina 216.

SEGNALI SONORI

Segnale	*Significato*	*Intervallo*
▬	Sto accostando a dritta	
▬ ▬	Sto accostando a sinistra	
▬ ▬ ▬	Vado indietro con le macchine	
▬ ▬ ▬ ▬	Nave pilota all'ancora, in aggiunta ai segni sonori prescritti per le navi in navigazione, le navi ferme e le navi all'ancora (paragrafi **a.**, **b.** e **g.** della Regola 35)	
▬ ▬ ▬ ▬ ▬	Non comprendo le vostre intenzioni	
▬▬▬	Segnale emesso da una nave a propulsione meccanica che si avvicina a un gomito e, in caso di visibilità ridotta, segnale emesso da ogni nave a propulsione meccanica in navigazione, con abbrivo	*Uguali o inferiori a 2 minuti*
▬▬▬ ▬ ▬	Segnale emesso da una nave a vela, da una che rimorchia, da una con manovrabilità limitata, da una vincolata dalla propria immersione, da un peschereccio, da una che non governa, da una intenta alla pesca all'ancora, da una con difficoltà di manovra che effettua i suoi lavori all'ancora	*Uguali o inferiori a 2 minuti*
▬▬▬ ▬ ▬ ▬	Segnale effettuato dall'ultima nave rimorchiata (Regola 35 paragrafo **e.**. Tale seganale dovrebbe essere emesso subito dopo quello emesso dalla nave che rimorchia	*Uguali o inferiori a 2 minuti*
▬▬▬ ▬▬▬ ▬	Ho intenzione di sorpassarvi sul lato dritto	
▬▬▬ ▬▬▬ ▬ ▬	Ho intenzione di sorpassarvi sul lato sinistro	
▬▬▬ ▬ ▬▬▬ ▬	Benestare della nave che sta per essere sorpassata	
 Suono di campana per 5 secondi	Nave all'ancora di lunghezza inferiore a 100 metri	*Uguali o inferiori a 1 minuto*
 Gong a poppa per 5 secondi 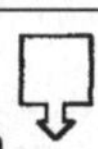 Campana a poppa per 5 secondi	Nave all'ancora di lunghezza uguale o superiore a 100 metri. Il gong deve essere suonato a poppa dopo il suono della campana	*Uguali o inferiori a 1 minuto*
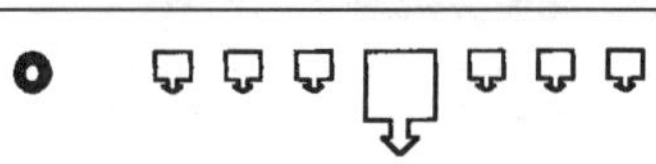  Colpo distinto di campana	Una nave incagliata deve emettere i segnali emessi da una nave all'ancora (vedi i segnali precedenti), più tre colpi distinti di campana immediatamente prima e immediatamente dopo il suono continuo della stessa. Può, inoltre emettere un appropriato segnale con il fischio	*Uguali o inferiori a 1 minuto*
▬ ▬▬▬ ▬	Segnale che può essere emesso da una nave all'ancora per segnalare a un altra nave un avvicinamento con pericolo di collisione	
▬▬▬ ▬▬▬ Intervallo tra i due segnali inferiore a 2 secondi	Segnale emesso da una nave a propulsione meccanica in navigazione ma con macchine ferme e senza abbrivo	*Uguali o inferiori a 2 minuti*

FANALI E SEGNALI

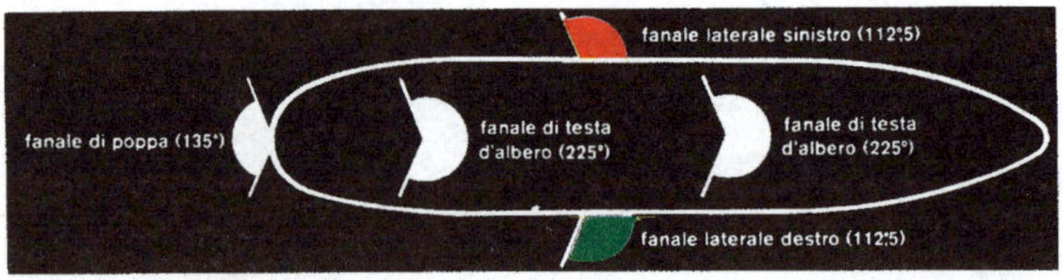

Schema dei fanali di una nave a propulsione meccanica in navigazione

Regola 23 NAVI A PROPULSIONE MECCANICA IN NAVIGAZIONE

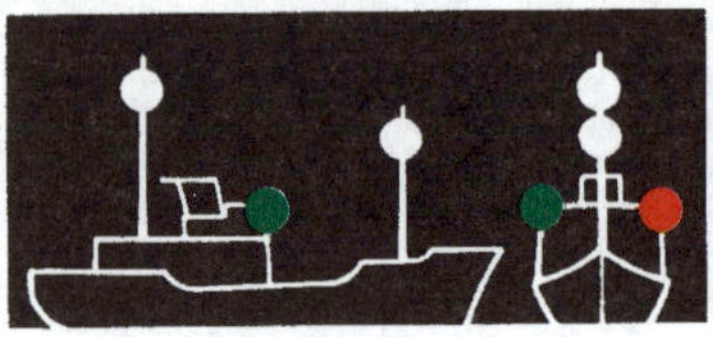

lato dritto
lunghezza ≥ m. 50

di prora

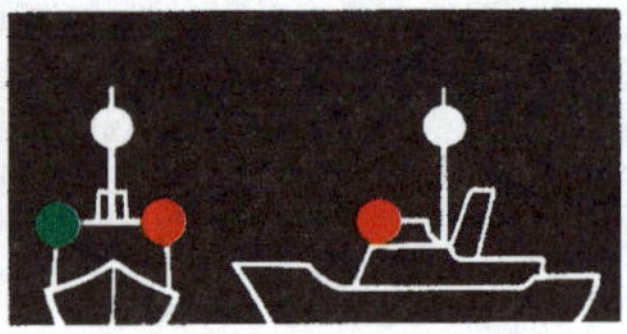

di prora

lato sinistro
lunghezza ≤ m. 50

di prora
di prora
lunghezza < m. 12

di prora
di prora
nave a cuscino d'aria

Regola 24 NAVE CHE RIMORCHIA O CHE SPINGE

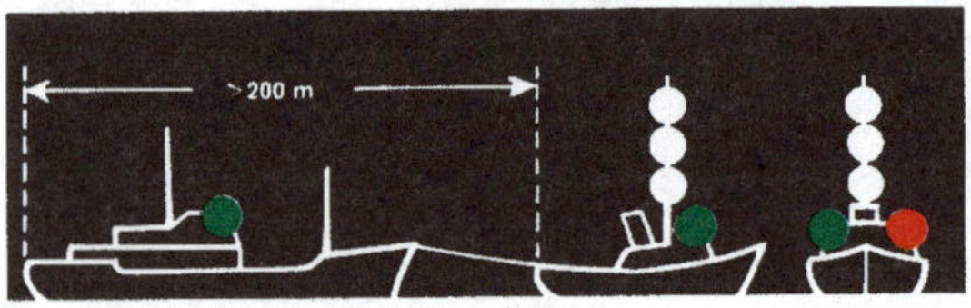

lato dritto
lunghezza rimorchio > m. 200

di prora

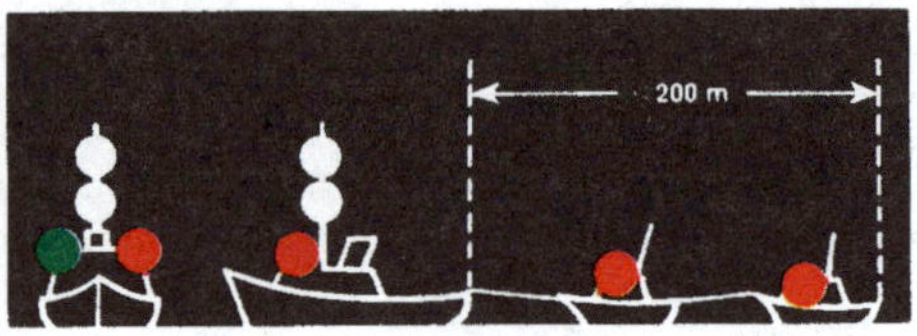

di prora

lato sinistro
lunghezza rimorchio < m. 200

Regola 24

di prora
rimorchiatore che spinge altre due navi del gruppo

segnale diurno

Regola 27 NAVE CHE NON GOVERNA

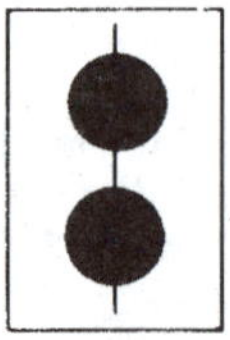

segnale diurno

da ogni lato
(senza abbrivio)

di prora
(con abbrivio)

Regola 27 NAVE CON DIFFICOLTÀ DI MANOVRA PER:

di prora
rifornimento in mare

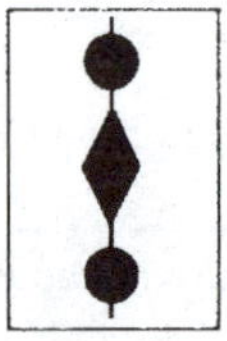

segnale diurno

- posa di cavi sottomarini
- operazioni idrografiche o subacquee
- rifornimento in mare
- rimorchio che rende difficile un cambiamento di rotta

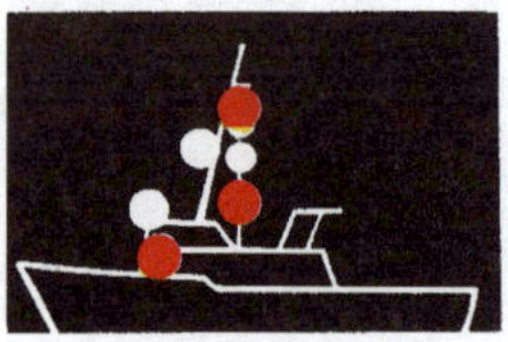

lato sinistro
nave idrografica

Regola 27 NAVE INTENTA A DRAGARE

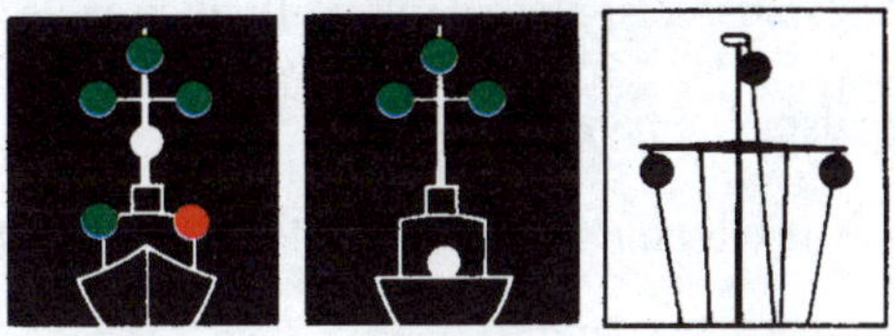

di prora — di poppa — segnali diurni

Regola 28 NAVE VINCOLATA DALL'IMMERSIONE

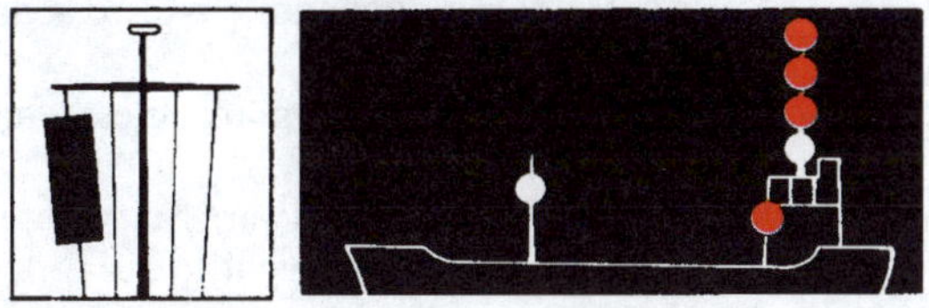

segnale diurno — lato sinistro

Regola 26 NAVI INTENTE ALLA PESCA a strascico con abbrivo — non a strascico, con abbrivo

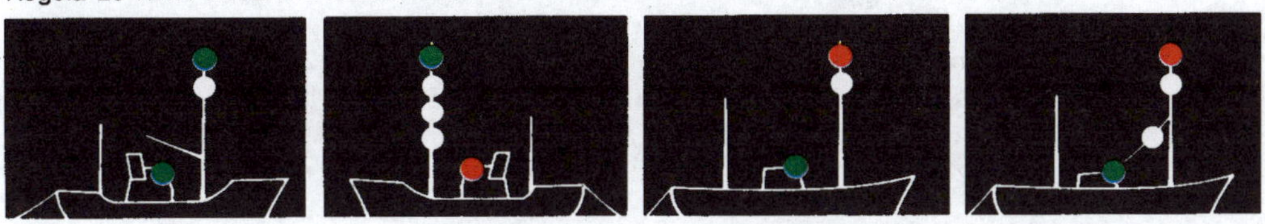

lato dritto
isolata — lato sinistro
in prossimità di altri pescherecci — lato dritto
attrezzo fuori bordo < m. 150 — lato dritto
attrezzo fuori bordo > m. 150

Regola 26 - Segnali diurni

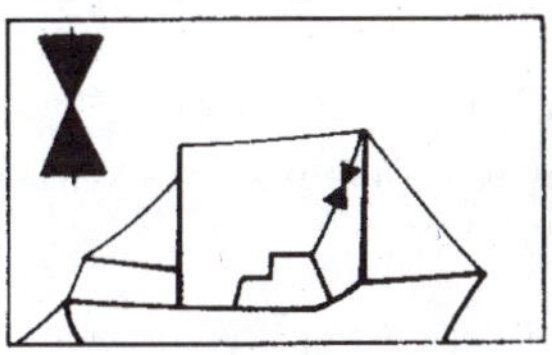

lunghezza > m. 20

Regola 29 NAVI PILOTA

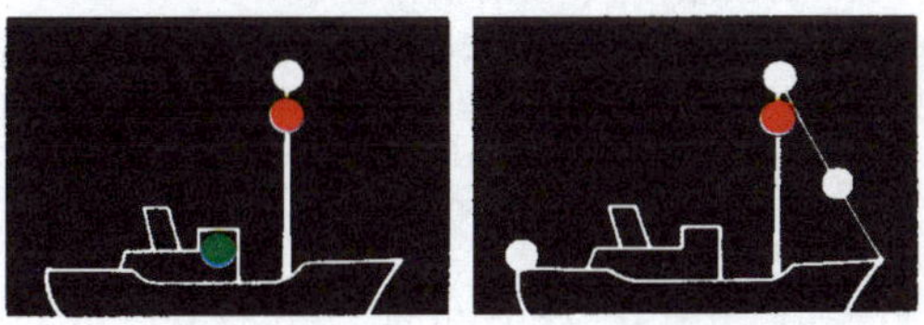

in navigazione — alla fonda

Regola 25 NAVI A VELA

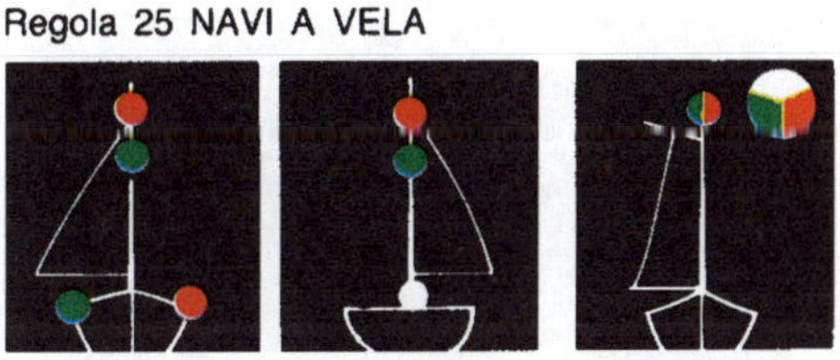

di prora — di poppa
lunghezza > m. 20 — di prora
lunghezza < n. 20

Regola 30 NAVE INCAGLIATA

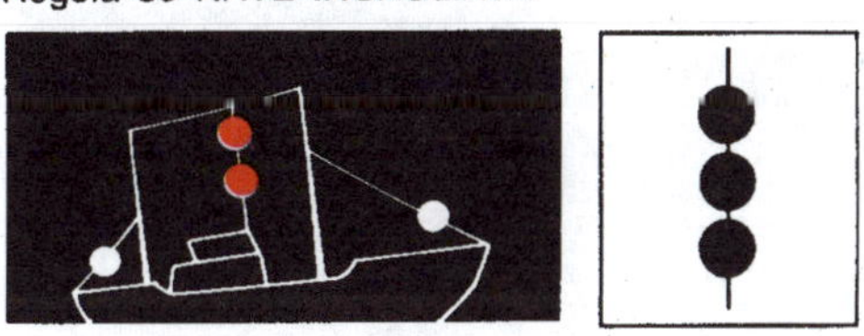

lunghezza > m. 50 — segnale diurno

Regola 30 NAVI ALLA FONDA

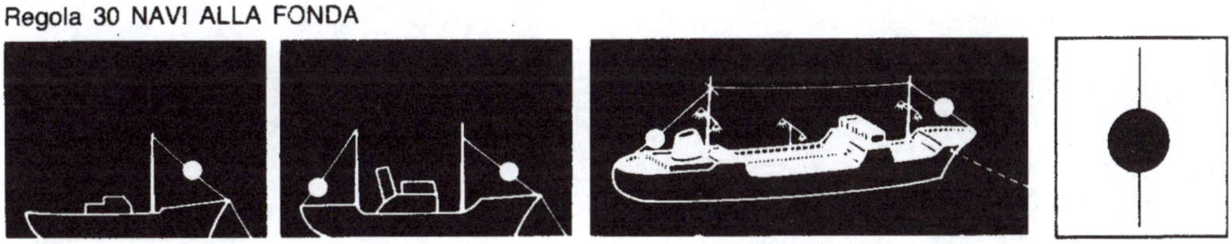

lunghezza < m. 50 — lunghezza > m. 50 — lunghezza ≥ m. 100 — segnale diurno

Annesso IV - Segnali di pericolo

1. Quelli elencati qui sotto sono i principali segnali di pericolo previsti dalle norme per prevenire gli abbordi in mare; possono essere mostrati insieme o separatamente e indicano pericolo e bisogno di soccorso:

a. Un colpo di cannone o altro segnale esplosivo sparato a intervalli di circa un minuto;

b. Un suono prolungato emesso da qualsiasi apparecchiatura per segnali da nebbia;

c. Razzi, candelotti, artifici pirotecnici proiettanti stelle rosse, lanciati uno alla volta a brevi intervalli;

d. Un segnale emesso con radiotelegrafo oppure con altro sistema di segnalazione, consistente nel gruppo ... - - - ... (SOS) dell'alfabeto Morse;

e. Un segnale emesso per radiotelefono, consistente nella parola Mayday;

f. Il segnale di pericolo del Codice Internazionale indicato con le lettere N. C.;

g. L'esposizione di un segnale costituito da una bandiera quadrangolare avente al di sopra o al di sotto un pallone o qualsiasi oggetto che assomigli a un pallone;

h. Fuochi accesi sulla nave (quali si possono ottenere bruciando barili di catrame, olio, etc.);

i. Un razzo a paracadute oppure un fuoco a mano che produca una intensa luce rossa;

j. Un candelotto fumogeno di colore arancione;

k. Un movimento lento e ripetuto delle braccia allargate dall'alto in basso da ciascun lato;

l. Il segnale di allarme radiotelegrafico;

m. Il segnale di allarme radiotelefonico;

n. Segnali trasmessi da radio gavitelli di emergenza indicanti la posizione;

o. Segnali approvati trasmessi da sistemi di radiocomunicazione, compresi i rispondi radar dei mezzi di salvataggio.

2. È vietato l'uso o l'esibizione di ciascuno dei suddetti segnali e di altri che possano essere confusi con essi, se non con lo scopo di indicare pericolo e bisogno di soccorso.

navigazione a vela

navigazione a motore

navigazione entro le 12 miglia dalla costa

navigazione senza limiti dalla costa

Per facilitare la consultazione di questo volume, a seconda delle diverse esigenze del lettore, ogni pagina è stata contraddistinta da uno o più simboli che indicano gli argomenti ivi trattati.

SCHEDE DALLA 1 ALLA 40
domande relative alla navigazione, a vela e motore, "entro le 12 miglia" dalla costa

SCHEDE DALLA 41 ALLA 53
domande relative alla navigazione a vela "entro le 12 miglia" dalla costa

SCHEDE DALLA 54 ALLA 64
domande relative alla navigazione a vela e motore "senza limiti" dalla costa

SCHEDE DALLA 65 ALLA 70
quesiti di cultura generale

Chi deve navigare **entro** le 12 miglia a **motore** deve rispondere alle domande contraddistinte dai simboli

Chi deve navigare **entro** le 12 miglia a **vela** deve rispondere alle domande contraddistinte dai simboli

e

Chi deve navigare **oltre** le 12 miglia a **motore** deve rispondere alle domande contraddistinte dai simboli

e

Chi deve navigare **oltre** le 12 miglia a **vela** deve rispondere alle domande contraddistinte dai simboli

e

e

1

A

Cosa è lo scafo?

- ☐ 1 — La parte emersa di una imbarcazione
- ☐ 2 — La parte principale dell'opera viva
- ☐ 3 — Le strutture che costituiscono il guscio dell'imbarcazione

B

Cosa indica, sulle carte nautiche italiane, l'abbreviazione Alt riferita alle luci?

- ☐ 1 — Luce alternata
- ☐ 2 — Altezza del segnale
- ☐ 3 — Altezza della luce sul livello medio del mare

C

Quando una nave a propulsione meccanica ne spinge un'altra in avanti ed è rigidamente connessa a questa, come devono essere considerate?

- ☐ 1 — Come un'unica nave e devono mostrare i fanali prescritti
- ☐ 2 — Come due navi distinte e mostrare i fanali che le competono
- ☐ 3 — Come due navi, di cui una rimorchia l'altra

D

Come utilizzereste un estintore?

- ☐ 1 — Sottovento all'incendio, dirigendo il getto alla sommità delle fiamme per allontanare il fumo
- ☐ 2 — Sopravento all'incendio, azionando l'estintore in modo da colpire le fiamme alla loro base
- ☐ 3 — Indifferentemente, purché venga azionato a debita distanza e con movimenti verticali, colpendo le fiamme superiormente e inferiormente

E

Cosa rappresenta questo simbolo sulle carte nautiche italiane?

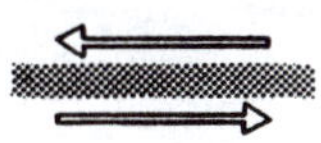

- ☐ 1 — Direzioni delle principali correnti
- ☐ 2 — Correnti di marea in prossimità della foce di un fiume
- ☐ 3 — Dispositivo di separazione del traffico

F

I fanali regolamentari sono obbligatori...

- ☐ 1 — Nel caso che l'unità superi i 12 metri di lunghezza, qualunque sia la abilitazione
- ☐ 2 — In ogni caso, se l'unità viene impiegata in ore notturne
- ☐ 3 — Solo per le navi e le imbarcazioni, non per i natanti

G

Che colore deve avere il fanale di testa d'albero?

- ☐ 1 — Bianco
- ☐ 2 — Giallo
- ☐ 3 — Rosso

H

Quale tipo di nave mostrerà un fanale giallo al di sopra del fanale bianco di poppa?

- ☐ 1 — Una nave a cuscino d'aria vista di poppa
- ☐ 2 — Una nave impegnata nella posa di cavi sottomarini, vista di poppa
- ☐ 3 — Una nave che rimorchia vista di poppa

L

Quale caratteristica ha il segnale luminoso mostrato, con visibilità ridotta, dalle mede indicanti pericolo isolato?

- ☐ 1 — Luce scintillante rapida
- ☐ 2 — Luce riproducente la lettera P dell'alfabeto Morse
- ☐ 3 — Luce a gruppi di due lampi

M

Come è chiamata la distanza verticale compresa tra la coperta e la linea di galleggiamento?

- ☐ 1 — Bordo libero
- ☐ 2 — Immersione
- ☐ 3 — Pescaggio

N

Quante cifre sono contenute nella scala Beaufort della forza del vento?

- ☐ 1 — Da 0 a 12
- ☐ 2 — Da 1 a 10
- ☐ 3 — Da 0 a 10

O

Le unità abilitate a navigare entro tre miglia dalla costa devono essere provviste di...

- ☐ 1 — 2 fuochi a mano e 2 razzi a paracadute
- ☐ 2 — 2 fuochi a mano a luce rossa
- ☐ 3 — 3 fuochi a mano e 3 razzi a paracadute

P

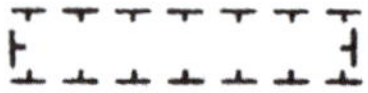

Cosa rappresenta sulle carte nautiche italiane una zona così delimitata?

- ☐ 1 — Zona limitata per l'ancoraggio di piccole navi
- ☐ 2 — Zona vietata
- ☐ 3 — Zona in quarantena

Q

La pesca subacquea sportiva può essere esercitata con l'uso di apparecchi ausiliari di respirazione?

- ☐ 1 — Sì, ma solo per la raccolta di coralli, molluschi e crostacei
- ☐ 2 — No, mai
- ☐ 3 — Sì, in ogni caso

R

Con potenza identica, quale dei seguenti motori, generalmente, consuma meno?

- ☐ 1 — Un motore a scoppio a due tempi
- ☐ 2 — Un motore a scoppio a quattro tempi
- ☐ 3 — Un motore diesel

S

Il liquido all'interno del mortaio di una bussola magnetica serve...

- ☐ 1 — A mantenere orizzontale la rosa anche quando c'è rollio
- ☐ 2 — A permettere l'uso di sistemi magnetici più grandi
- ☐ 3 — A diminuire la deviazione magnetica

T

Come è espressa la profondità del mare nelle carte nautiche italiane?

- ☐ 1 — In braccia
- ☐ 2 — In metri
- ☐ 3 — In decametri

U

Se di notte appaiono di prua i fanali raffigurati, quale nave stiamo incontrando?

- ☐ 1 — Nave che pesca a strascico, di lunghezza superiore ai 51 metri che mostra il lato sinistro
- ☐ 2 — Nave incagliata
- ☐ 3 — Nave intenta a dragare

V

È consentito condurre natanti da diporto di lunghezza inferiore ai 4 metri con motore uguale a 40.8 hp?

- ☐ 1 — No, in ogni caso
- ☐ 2 — Sì, in ogni caso
- ☐ 3 — Sì, purché si navighi entro le 6 miglia e si siano compiuti 16 anni

Z

Con quale strumento si misurano le distanze su una carta nautica?

- ☐ 1 — Con un doppio decimetro
- ☐ 2 — Con il compasso nautico
- ☐ 3 — Con le squadrette nautiche

A

Quale vento spira da Nord-Est?

- ☐ 1 — Maestrale
- ☐ 2 — Levante
- ☐ 3 — Grecale

B

Quanto è ampio il settore oscurato del "fanale di testa d'albero"?

- ☐ 1 — 135°
- ☐ 2 — 22,5°
- ☐ 3 — 60°

C

Quale delle seguenti dotazioni deve obbligatoriamente trovarsi a bordo di un mezzo che rimorchia lo sciatore nautico?

- ☐ 1 — Un ampio specchio retrovisore riconosciuto idoneo dalla CP
- ☐ 2 — Un sistema di protezione dell'elica
- ☐ 3 — Un adeguato sistema per la risalita a bordo

D

Una nave a vela, durante la navigazione, deve lasciare libera la rotta a una nave intenta a pescare?

- ☐ 1 — Sì, purché non si sia in canali stretti o in schemi di separazione del traffico
- ☐ 2 — No
- ☐ 3 — Sì, sempre

E

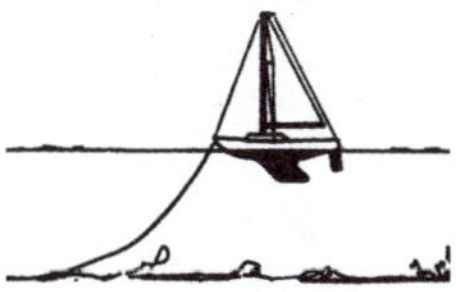

Come si chiama la quantità di cavo o catena dell'ancora filata in acqua?

- ☐ 1 — Lunghezza
- ☐ 2 — Calumo
- ☐ 3 — Testa

F

È consentito condurre imbarcazioni da diporto di lunghezza inferiore a 24 metri con motore uguale a 40.8 hp?

- ☐ 1 — No, in ogni caso
- ☐ 2 — Sì, purché si navighi entro le 6 miglia e si siano compiuti 18 anni
- ☐ 3 — Sì, in ogni caso

G

La rosa di una bussola è graduata...

- ☐ 1 — Da 0° a 180° a dritta e a sinistra
- ☐ 2 — Da 0° a 360° in senso orario cominciando da prua
- ☐ 3 — Da 0° a 360° in senso orario cominciando dalla direzione del Nord bussola

H

Quale caratteristica ha il segnale luminoso mostrato con visibilità ridotta, dalle mede indicanti acque sicure?

- ☐ 1 — Luce scintillante rapida continua
- ☐ 2 — Una delle seguenti: luce isofase, luce intermittente, riproducente il segnale Morse A o a un lampo lungo 10 secondi
- ☐ 3 — Luce scintillante ultrarapida continua

L

Quale nave può mostrare, di notte, i fanali raffigurati?

- ☐ 1 — Una nave a vela in navigazione, che mostra il suo lato sinistro
- ☐ 2 — Una nave che pesca a strascico, che mostra il suo lato sinistro
- ☐ 3 — Una nave intenta a dragare, che mostra il suo lato sinistro

M

Una nave da pesca, quando non è intenta alla pesca, deve mostrare i fanali visibili per tutto l'orizzonte?

- ☐ 1 — No, deve mostrare quelli corrispondenti a una nave di uguale lunghezza e propulsione
- ☐ 2 — Sì
- ☐ 3 — Sì, solo quando è in navigazione

N

La bussola la si segue...

☐ 1 — Mantenendo il Nord della rosa in direzione della prua
☐ 2 — Facendo coincidere con la linea di fede la graduazione della rosa corrispondente alla direzione da seguire
☐ 3 — Orientando il Nord della rosa su un punto noto della costa

O

Quanti sono i punti cardinali?

☐ 1 — Quattro
☐ 2 — Sei
☐ 3 — Otto

P

Cosa indica sulle carte nautiche italiane, il simbolo raffigurato con l'abbreviazione RD?

☐ 1 — Radiofaro Direzionale
☐ 2 — Radioservizio Doganale
☐ 3 — Radioservizio Diurno

Q

Quanto è ampio il settore di visibilità di ciascun "fanale laterale"?

☐ 1 — 112,5°
☐ 2 — 90°
☐ 3 — 180°

R

Quale deve essere la distanza tra mezzo e sciatore nautico?

☐ 1 — Mai inferiore ai 12 metri
☐ 2 — Mai superiore ai 12 metri
☐ 3 — Mai inferiore ai 25 metri

S

In caso d'incendio con fiamma alta, dove dirigiamo il getto dell'estintore?

☐ 1 — Al centro della fiamma
☐ 2 — Sopra le fiamme in modo tale da allontanare anche il fumo
☐ 3 — Alla base delle fiamme

T

Come viene abbreviata, sulle carte nautiche italiane, il tipo di luce a lampi?

☐ 1 — Con L. Lam.
☐ 2 — Con F. Lam.
☐ 3 — Con Lam.

U

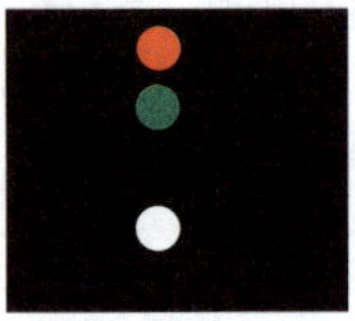

Se di notte ci appaiono, dritti di prua, questi fanali, che tipo di nave stiamo incontrando?

☐ 1 — Una nave a vela vista da poppa, che mostra i fanali facoltativi
☐ 2 — Una nave da pesca
☐ 3 — Una draga intenta a dragare

V

Sulle carte nautiche italiane cosa significa l'abbreviazione Sc. int.?

☐ 1 — Scogliera interna
☐ 2 — Scafo interrato
☐ 3 — Luce scintillante intermittente

Z

Al candidato ritenuto non idoneo alla prova teorica è concesso di ripeterla?

☐ 1 — No
☐ 2 — Sì, ma in una sede diversa e non prima di trenta giorni
☐ 3 — Sì una sola volta, nella stessa sede e dopo un mese

A

Quale Ufficio non rilascia le patenti che abilitano a navigare senza limiti dalla costa?

- ☐ 1 — Uffici Provinciali per i trasporti terrestri
- ☐ 2 — Capitaneria di Porto
- ☐ 3 — Ufficio Circondariale Marittimo

B

Come sono chiamate le strutture verticali, che suddividono internamente lo scafo?

- ☐ 1 — Pagliolato
- ☐ 2 — Paratie
- ☐ 3 — Murate

C

Quanto è ampio il settore di visibilità del "fanale di rimorchio"?

- ☐ 1 — 135°
- ☐ 2 — 90°
- ☐ 3 — 45°

D

Quali attività relative allo sci nautico devono effettuarsi in acque libere da bagnanti e da imbarcazioni (o in appositi corridoi)?

- ☐ 1 — La partenza dello sciatore nautico
- ☐ 2 — La partenza e il recupero dello sciatore
- ☐ 3 — Le evoluzioni e il recupero dello sciatore

E

Nelle carte nautiche italiane, cosa significa questo simbolo?

- ☐ 1 — Scoglio affiorante
- ☐ 2 — Scafo affondato coperto da 9 metri d'acqua
- ☐ 3 — Scafo affondato alto 9 metri

F

Qual è il consumo medio di un motore fuoribordo con potenza compresa tra i 15 e i 40 cavalli?

- ☐ 1 — Da 0.7 a 0.9 litri Cavallo/ora
- ☐ 2 — Da 0.45 a 0.57 litri Cavallo/ora
- ☐ 3 — Da 0.33 a 0.44 litri Cavallo/ora

G

Come è chiamato il parapetto in legno, ferro o vetroresina che si innalza al di sopra del ponte di coperta, prolungando le murate?

- ☐ 1 — Montante o mastra
- ☐ 2 — Barcarizzo o battente
- ☐ 3 — Impavesata o parapetto

H

La bussola serve per...

- ☐ 1 — Seguire la Rotta Bussola
- ☐ 2 — Seguire la Prua Bussola
- ☐ 3 — Seguire la Prua Vera

L

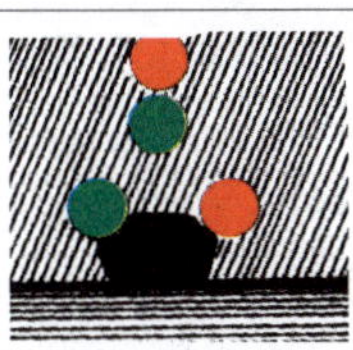

Se di notte appaiono, dritti di prua, questi fanali, che tipo di nave stiamo incontrando?

- ☐ 1 — Una nave a vela vista di prua, che mostra i fanali facoltativi
- ☐ 2 — Una nave da pesca intenta a pescare a strascico
- ☐ 3 — Una draga ferma

M

Nella scala Douglas dello stato del mare, alla cifra 5, corrisponde...

- ☐ 1 — Mare quasi calmo
- ☐ 2 — Mare mosso
- ☐ 3 — Mare agitato

N L'angolo formato tra il meridiano vero e il meridiano magnetico si chiama...

- ☐ 1 — Deviazione
- ☐ 2 — Declinazione magnetica
- ☐ 3 — Variazione magnetica

O Come è detto il movimento di oscillazione attorno all'asse trasversale dello scafo?

- ☐ 1 — Beccheggio
- ☐ 2 — Rollio
- ☐ 3 — Sbandamento

P Il seguente simbolo sulle carte nautiche italiane rappresenta...

- ☐ 1 — Uno scafo affondato e affiorante con la marea
- ☐ 2 — Un relitto emergente in parte
- ☐ 3 — Un punto di fonda

Q Cosa significa "motore a due tempi"?

- ☐ 1 — Che si ha una fase utile di spinta (espansione) ogni due giri del motore, cioè ogni due corse del pistone
- ☐ 2 — Che si ha una fase utile di spinta (espansione) ogni due corse del pistone, cioè a ogni giro del motore
- ☐ 3 — Che ha due sole valvole per cilindro

R Una nave intenta alla pesca a strascico, in navigazione, deve mostrare il fanale di testa d'albero?

- ☐ 1 — No
- ☐ 2 — Sì
- ☐ 3 — Solo se l'attrezzo si estende fuoribordo per oltre 150 metri

S Come è chiamata la cassa, in materiale amagnetico, che contiene l'elemento sensibile e il liquido di una bussola?

- ☐ 1 — Cappelletto
- ☐ 2 — Mortaio
- ☐ 3 — Marmitta

T Come è chiamato ciascuno dei bracci di un'ancora?

- ☐ 1 — Marra
- ☐ 2 — Patta
- ☐ 3 — Ceppo

U 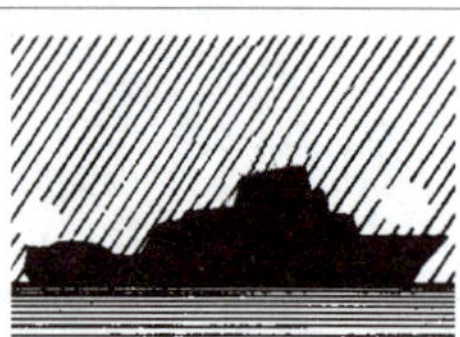

Quale nave mostra i fanali qui raffigurati?

- ☐ 1 — Una nave all'ancora
- ☐ 2 — Una nave incagliata
- ☐ 3 — Una nave a vela

V A cosa servono le piastre di zinco fissate nella carena?

- ☐ 1 — A rallentare la formazione di limo sulla carena
- ☐ 2 — A evitare l'attaccarsi dei denti di cane
- ☐ 3 — A evitare corrosioni galvaniche

Z Cosa indica, sulle carte nautiche italiane, il simbolo qui raffigurato?

- ☐ 1 — Pontile galleggiante
- ☐ 2 — Sbarramento formato da boe e cima galleggiante
- ☐ 3 — Acquedotto, fogna, scarico o presa d'acqua

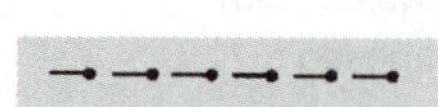

A

Quale caratteristica ha il segnale luminoso mostrato, con visibilità ridotta, dalle mede indicanti acque sicure a Nord?

- ☐ 1 — Segnale con luce riproducente la lettera N del codice Morse
- ☐ 2 — Segnale con luce lampeggiante di colore giallo
- ☐ 3 — Segnale con luce scintillante continua o scintillante rapida continua

B

Come si chiamano le linee che su una carta nautica uniscono i punti con la stessa profondità?

- ☐ 1 — Isobare
- ☐ 2 — Isocline
- ☐ 3 — Isobate

C

Quali sono gli obblighi di un'imbarcazione a motore che navighi in prossimità di chi esercita lo sci nautico?

- ☐ 1 — Seguire a distanza di sicurezza, non attraversare la scia in velocità a distanza tale da poter investire lo sciatore nel caso che egli cada
- ☐ 2 — Tenersi a distanza di sicurezza
- ☐ 3 — Tenersi a distanza di sicurezza, dare la precedenza

D

Nella colonna intestata "Descrizione della costruzione di sostegno", dell'elenco fari, il numero che appare subito dopo cosa indica?

- ☐ 1 — L'altezza in metri della luce sul livello del mare
- ☐ 2 — Il numero progressivo del faro
- ☐ 3 — L'altezza del sostegno

E

Sulle carte nautiche, cosa rappresenta questo simbolo?

- ☐ 1 — Zona di forte risacca
- ☐ 2 — Limite di zona di scarico
- ☐ 3 — Cavo sottomarino

F

Come si chiama il Circolo Massimo che divide la terra nei due emisferi Australe e Boreale?

- ☐ 1 — Meridiano di Greenwich
- ☐ 2 — Equatore
- ☐ 3 — Orizzonte

G

Una nave all'ancora, di giorno, quale segnale deve mostrare?

- ☐ 1 — Un pallone a prua
- ☐ 2 — Un cono, con il vertice in alto, a prua
- ☐ 3 — Un cilindro, a prua

H

Sull'elenco fari nella colonna relativa alla portata, quando è indicata quella geografica?

- ☐ 1 — Sempre
- ☐ 2 — Quando il faro è utile per l'atterraggio
- ☐ 3 — Quando essa è minore di quella nominale o luminosa

L

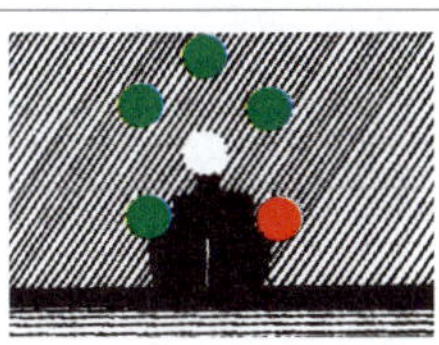

Quale nave mostra i fanali qui raffigurati?

- ☐ 1 — Una nave impegnata in dragaggio mine, con abbrivo, vista di prua
- ☐ 2 — Una nave impegnata nella pesca a strascico, vista di prua
- ☐ 3 — Una nave impegnata in lavori subacquei

M

Quale età minima occorre per comandare o condurre natanti a motore?

- ☐ 1 — 16 anni, se si naviga entro tre miglia dalla costa
- ☐ 2 — 18 anni
- ☐ 3 — 16 anni, purché la potenza motore sia inferiore o uguale a 30 kW o a 40.8 hp

N

Le batterie di accumulatori forniscono corrente...

- ☐ 1 — Continua a bassa tensione
- ☐ 2 — Alternata
- ☐ 3 — Alternata a bassa tensione

O

Che colore deve avere il “fanale laterale” sistemato sul lato dritto?

- ☐ 1 — Verde
- ☐ 2 — Rosso
- ☐ 3 — Bianco

P

Entro quanto tempo va presentata la denuncia di evento straordinario?

- ☐ 1 — Entro tre giorni dall’arrivo in porto
- ☐ 2 — All’arrivo in porto e comunque entro le 24 ore
- ☐ 3 — Non appena possibile

Q

Se, pur avendo appurato che la quantità di carburante è sufficiente, il motore “perde colpi e cala di giri”, cosa dovremo controllare?

- ☐ 1 — Che il filtro dell’olio sia pulito
- ☐ 2 — Che il sistema di alimentazione sia pulito, senza acqua o aria
- ☐ 3 — Che la presa a mare del circuito di raffreddamento non sia occlusa

R

Nella scala Beaufort della forza del vento a cosa corrisponde la cifra 5?

- ☐ 1 — A tempesta
- ☐ 2 — A vento teso
- ☐ 3 — A brezza leggera

S

Come è chiamato l’insieme degli organi con i quali si trasmette il movimento al timone?

- ☐ 1 — Patta d’oca
- ☐ 2 — Agghiaccio
- ☐ 3 — Arridatoio

T

In caso di incendio a bordo durante la navigazione, come vi comportereste?

- ☐ 1 — Aumentiamo l’andatura per giungere in porto il più rapidamente possibile
- ☐ 2 — Cerchiamo un bassofondo sabbioso dove far incagliare l’unità
- ☐ 3 — Manovriamo per mettere sottovento l’incendio, fermiamo l’unità e azioniamo i mezzi di estinzione

U

Quale nave mostra i fanali indicati in figura?

- ☐ 1 — Una nave che rimorchia, vista di poppa
- ☐ 2 — Un sommergibile in emersione
- ☐ 3 — Una nave pilota

V

Come è la distanza dei vari paralleli in una carta di Mercatore?

- ☐ 1 — Decrescente dall’Equatore ai Poli
- ☐ 2 — Costante
- ☐ 3 — Crescente dall’Equatore ai Poli

Z

Se il motore non parte anche se il motorino gira regolarmente o si ferma dopo essersi avviato, quale può essere la causa?

- ☐ 1 — Filtro dell’aria intasato
- ☐ 2 — Serbatoio di carburante vuoto
- ☐ 3 — Difetto della pompa di raffreddamento

A Un'imbarcazione a propulsione meccanica di lunghezza inferiore a 7 metri e la cui velocità non supera i 7 nodi deve mostrare i fanali laterali?

- ☐ 1 — Sì, se possibile
- ☐ 2 — No
- ☐ 3 — Sì, solo quando è ferma

B Come si chiamano gli elementi verticali della battagliola?

- ☐ 1 — Candelieri
- ☐ 2 — Draglie
- ☐ 3 — Tarozzi

C Come si chiama l'ancora rappresentata in disegno?

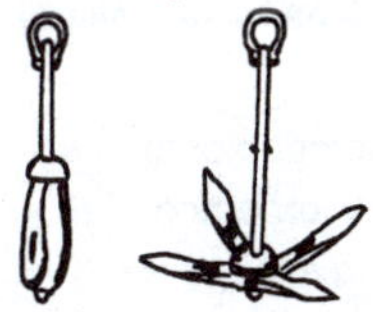

- ☐ 1 — Ancora a ombrello
- ☐ 2 — Rampino
- ☐ 3 — Ancora a fuso

D Sulla sfera terrestre, quale delle seguenti circonferenze è da considerare una circonferenza massima?

- ☐ 1 — Parallelo
- ☐ 2 — Meridiano
- ☐ 3 — Equatore

E Come si chiama la parte del timone indicata in figura?

- ☐ 1 — Pala
- ☐ 2 — Dorso
- ☐ 3 — Spalla

F Come è chiamata la massima lunghezza dell'imbarcazione?

- ☐ 1 — Lunghezza fuori ossatura
- ☐ 2 — Lunghezza fuori tutto
- ☐ 3 — Lunghezza di costruzione

G Ai fini dell'applicazione della legge sul diporto cosa si intende per potenza del motore?

- ☐ 1 — Quella massima di esercizio
- ☐ 2 — Quella fiscale
- ☐ 3 — Il numero dei giri del motore

H Come può controllarsi l'occlusione della presa a mare dell'acqua di raffreddamento di un motore?

- ☐ 1 — Con il motore ancora acceso la pressione dell'olio cala vistosamente
- ☐ 2 — Con il motore spento il flusso d'acqua allo scarico è ridotto
- ☐ 3 — Con il motore ancora acceso il flusso d'acqua allo scarico è ridotto

L I fanali raffigurati rappresentano una nave a propulsione meccanica in navigazione...

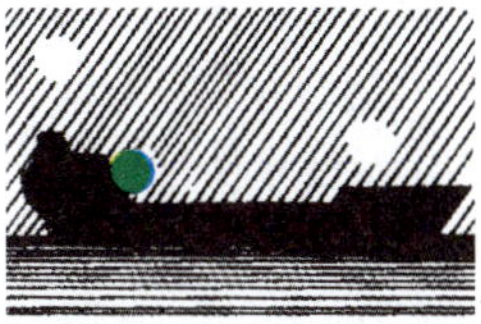

- ☐ 1 — Di lunghezza superiore ai 50 metri, che mostra il suo lato dritto
- ☐ 2 — Di lunghezza inferiore ai 50 metri alla fonda
- ☐ 3 — Di lunghezza superiore ai 50 metri, che mostra il suo lato sinistro

M Secondo la scala Douglas dello stato del mare, quale cifra è attribuita al mare poco mosso?

- ☐ 1 — 4
- ☐ 2 — 1
- ☐ 3 — 2

N

Una nave a propulsione meccanica che traina un rimorchio che non supera la lunghezza di 200 metri quali fanali deve mostrare oltre a quelli laterali e di poppa?

☐ 1 — Due fanali di testa d'albero allineati verticalmente e il fanale di rimorchio
☐ 2 — Tre fanali di testa d'albero
☐ 3 — Due fanali rossi in linea verticale sotto il fanale di testa d'albero

O

I fanali mostrati in testa d'albero da una nave a propulsione meccanica impegnata in operazioni di rimorchio, sono visibili per 360°?

☐ 1 — No
☐ 2 — Sì
☐ 3 — Solo se il rimorchio supera i 200 metri

P

Cosa indica sulle carte nautiche italiane, il simbolo raffigurato con l'abbreviazione RG?

☐ 1 — Stazione Radiogoniometrica
☐ 2 — Radiofaro goniometrico
☐ 3 — Radiofaro girevole

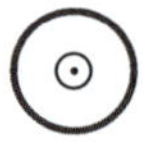
RG

Q

Quale strumento viene adoperato per misurare la profondità del mare?

☐ 1 — Il grafometro
☐ 2 — Il solcometro
☐ 3 — Lo scandaglio

R

Da quale direzione spira la Tramontana?

☐ 1 — Nord
☐ 2 — Ovest
☐ 3 — Sud-Ovest

S

Quale tipo di segnalamento luminoso individua lo schema di periodo qui illustrato?

☐ 1 — Segnalamento con luce lampeggiante
☐ 2 — Segnalamento con luce a gruppi di lampi
☐ 3 — Segnalamento con luce intermittente

T

Il nodo, unità di misura della velocità in mare, a cosa corrisponde?

☐ 1 — Alla distanza di un miglio percorso in un'ora
☐ 2 — Alla distanza di un chilometro percorso in un'ora
☐ 3 — Alla distanza di 118 metri percorsi in un'ora

U

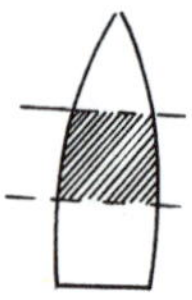

Come è chiamata la parte dello scafo tratteggiata?

☐ 1 — Pozzetto
☐ 2 — Gavone
☐ 3 — Parte maestra

V

Come è chiamata la velocità iniziale o residua di un galleggiante?

☐ 1 — Abbrivo
☐ 2 — Remora
☐ 3 — Arrancare

Z

Come si chiama la distanza teorica (generalmente in pollici), che un'elica percorrerebbe in un giro completo, avvitandosi come una vite nell'acqua?

☐ 1 — Diametro
☐ 2 — Passo
☐ 3 — Regresso

A Da quale direzione cardinale spira lo scirocco?

- [ ] 1 — Da Sud-Ovest
- [ ] 2 — Da Sud-Est
- [ ] 3 — Da Nord-Ovest

B Come viene definita l'operazione di avvicinamento a una banchina o a un galleggiante?

- [ ] 1 — Bordeggio
- [ ] 2 — Attracco
- [ ] 3 — Ormeggio

C Come si chiama la parte strutturale della poppa, alla quale si incardina il timone?

- [ ] 1 — Dritto di poppa
- [ ] 2 — Paramezzale di poppa
- [ ] 3 — Losca del timone

D Come dovrà comportarsi una nave che non deve manovrare?

- [ ] 1 — Mantenere invariate, per quanto possibile, rotta e velocità
- [ ] 2 — Fermare le macchine
- [ ] 3 — Rallentare

E

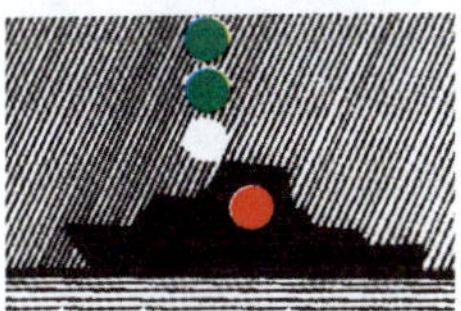

Vedendo questi fanali, a quale distanza si potrà passare?

- [ ] 1 — A non meno di 1.000 metri
- [ ] 2 — Non ha importanza
- [ ] 3 — A non meno di 200 metri

F Per conseguire la patente che abilita alla conduzione e al comando di navi da diporto occorre...

- [ ] 1 — Aver compiuto 21 anni
- [ ] 2 — Aver compiuto 21 anni anni ed essere in possesso dell'abilitazione senza limiti da tre anni
- [ ] 3 — Aver compiuto 24 anni

G Come è chiamata l'ancora in figura?

- [ ] 1 — Danforth
- [ ] 2 — Hall
- [ ] 3 — C.Q.R.

H Quale situazione creano i pesi imbarcati in alto?

- [ ] 1 — Aumentano la stabilità longitudinale
- [ ] 2 — Aumentano la stabilità trasversale
- [ ] 3 — Diminuiscono la stabilità

L

Come è chiamata la parte dello scafo tratteggiata in figura?

- [ ] 1 — Babordo
- [ ] 2 — Sinistra
- [ ] 3 — Tribordo

M I fanali raffigurati rappresentano una nave a propulsione meccanica in navigazione...

- [ ] 1 — Di lunghezza superiore ai 50 metri, che mostra il suo lato sinistro
- [ ] 2 — Di lunghezza inferiore ai 50 metri, intenta a pescare
- [ ] 3 — Di lunghezza superiore ai 50 metri, che mostra il suo lato dritto

N

Nella scala Douglas dello stato del mare la cifra 6 corrisponde...

- ☐ 1 — A mare mosso
- ☐ 2 — A mare molto agitato
- ☐ 3 — A mare molto grosso

O

Di che cosa è dotato un fuoribordo che si “metta in moto” solo premendo un bottone?

- ☐ 1 — Di avviamento manuale
- ☐ 2 — Di avviamento elettrico
- ☐ 3 — Di accensione elettronica

P

Quale nave mostra i fanali raffigurati?

- ☐ 1 — Una nave pilota in servizio di pilotaggio, che mostra il lato dritto
- ☐ 2 — Una nave da pesca a strascico, che mostra il lato dritto
- ☐ 3 — Una nave che pesca non a strascico, che mostra il lato dritto

Q

Un fuoribordo, del tipo più comune, ha le valvole sulla camera di scoppio?

- ☐ 1 — Sì, mediante un albero in testa
- ☐ 2 — Sì, mediante delle aste e dei bilancieri
- ☐ 3 — No, generalmente non ha valvole sulla camera di scoppio

R

Qual è la longitudine del Polo Nord?

- ☐ 1 — 90° Est
- ☐ 2 — Indeterminata
- ☐ 3 — 0°

S

A cosa corrisponde sulla carta di Mercatore la distanza di un miglio?

- ☐ 1 — Alla lunghezza di un grado di latitudine
- ☐ 2 — Alla lunghezza di un primo di longitudine
- ☐ 3 — Alla lunghezza di un primo di latitudine

T

Come viene definito un faro che ha una luce visibile a intervalli costanti, con durata della luce maggiore o uguale alla durata dell’eclisse?

- ☐ 1 — Faro con luce intermittente
- ☐ 2 — Faro con luce a lampi
- ☐ 3 — Faro con luce scintillante

U

Una nave a propulsione meccanica, quando di giorno espone il segnale raffigurato, è impegnata in...

- ☐ 1 — Operazioni di rimorchio e questo supera la lunghezza di 200 metri
- ☐ 2 — Operazioni di dragaggio
- ☐ 3 — Pesca a strascico

V

Qual è il principale inconveniente nel montare un’elica di bronzo su un fuoribordo?

- ☐ 1 — La pesantezza
- ☐ 2 — Essendo il piede in lega leggera, si corrode per corrente galvanica
- ☐ 3 — Limita molto la velocità dell’imbarcazione

Z

Qual è il valore massimo che può assumere la Latitudine?

- ☐ 1 — 90° Nord o Sud
- ☐ 2 — 180° Nord o Sud
- ☐ 3 — 360°

A

Si può condurre senza abilitazione un natante con motore fuoribordo della potenza di 40.8 hp e cilindrata di 750 cc.?

- ☐ 1 — No
- ☐ 2 — Sì
- ☐ 2 — Sì, se si sono compiuti 16 anni

B

Il valore della Declinazione Magnetica...

- ☐ 1 — Si mantiene immutato
- ☐ 2 — Varia col luogo e con il tempo
- ☐ 3 — Varia a seconda della prua assunta dalla nave

C

A cosa è dovuta la Deviazione Magnetica?

- ☐ 1 — Alla particolare natura della terra
- ☐ 2 — Alla presenza di sostanze ferrose o apparecchiature elettriche a bordo
- ☐ 3 — Al campo magnetico terrestre

D

Che cosa si intende per “caratteristica” di un segnalamento luminoso?

- ☐ 1 — Il tipo di luce, colorazione e periodo
- ☐ 2 — La costruzione di sostegno
- ☐ 3 — La luce

E

Quale nave mostra i fanali raffigurati?

- ☐ 1 — Una nave incagliata
- ☐ 2 — Una nave all’ancora
- ☐ 3 — Una nave pilota all’ancora

F

Quale strumento viene usato per misurare il cammino percorso da un natante?

- ☐ 1 — Lo scandaglio
- ☐ 2 — Il contagiri
- ☐ 3 — Il solcometro

G

Come sono chiamati quei cavi d’acciaio (o catena) che, fissati alla barra del timone, trasmettono il movimento della ruota del timone?

- ☐ 1 — Draglie
- ☐ 2 — Griselle
- ☐ 3 — Frenelli

H

La patente nautica viene consegnata...

- ☐ 1 — Dopo un mese dal superamento della prova pratica
- ☐ 2 — Al termine della prova pratica
- ☐ 3 — A richiesta del candidato e dopo aver superato la prova teorica

L

Quale nave mostra il segnale raffigurato?

- ☐ 1 — Una nave che non governa
- ☐ 2 — Una nave alla fonda
- ☐ 3 — Una nave incagliata

M

Come vengono fissati gli aghi di una bussola alla rosa?

- ☐ 1 — Secondo il diametro 0°-180°
- ☐ 2 — Secondo il diametro 90°-270°
- ☐ 3 — Secondo il diametro 45°-225°

N

Come viene abbreviata, sulle carte nautiche italiane, il tipo di luce fissa a lampi?

- [ ] 1 — Con L.f.l.
- [ ] 2 — Con L.Lam.
- [ ] 3 — Con F.Lam.

O

Sull'elenco fari sono indicate e descritte anche le boe luminose?

- [ ] 1 — Sì
- [ ] 2 — No
- [ ] 3 — Solo quando indicano un pericolo isolato

P

Quale nave mostra i fanali raffigurati?

- [ ] 1 — Una nave che non governa, con abbrivo, vista di prua
- [ ] 2 — Una nave intenta a dragare
- [ ] 3 — Una nave vincolata dal suo pescaggio

Q

Il candidato in possesso dell'abilitazione al comando e alla conduzione di unità da diporto entro le 12 miglia dalla costa, per conseguire quella senza limiti deve...

- [ ] 1 — Sostenere un nuovo esame sia teorico che pratico, come se fosse una nuova abilitazione
- [ ] 2 — Sostenere un esame integrativo solo teorico, sulle materie non comprese nel programma previsto per l'abilitazione posseduta
- [ ] 3 — Essere in possesso dell'abilitazione per navigare entro le 12 miglia da almeno 3 anni

R

Sulle carte nautiche cosa rappresenta questo simbolo?

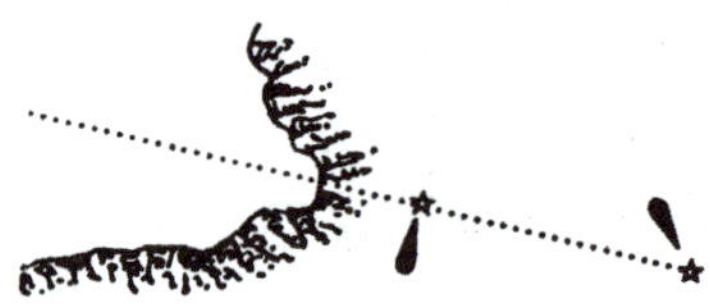

- [ ] 1 — Fanali direzionali
- [ ] 2 — Fanali in allineamento
- [ ] 3 — Fanali in testata di una gettata in costruzione

S

Come sono chiamate le strutture orizzontali che suddividono lo scafo in senso verticale?

- [ ] 1 — Gavoni
- [ ] 2 — Ponti
- [ ] 3 — Paratie

T

Un tachimetro di precisione misura la velocità effettiva?

- [ ] 1 — No
- [ ] 2 — Sì
- [ ] 3 — Sì, solo quando non c'e vento

U

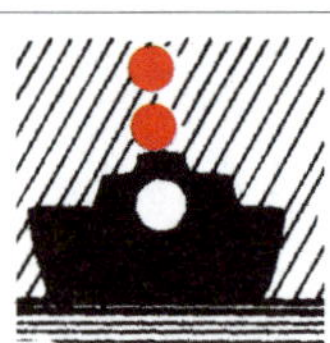

Quale nave, di notte, mostra i fanali raffigurati?

- [ ] 1 — Una nave che non governa in movimento vista di poppa o una nave incagliata vista di prua o di poppa
- [ ] 2 — Una nave vincolata dal suo pescaggio, vista di poppa
- [ ] 3 — Una nave intenta a dragare vista di poppa

V

Se si osservano dritti di prua, quattro fanali a luce bianca allineati verticalmente e in basso i fanali laterali rosso e verde, che tipo di nave stiamo incontrando?

- [ ] 1 — Una nave a propulsione meccanica, in navigazione, con difficoltà di manovra
- [ ] 2 — Una nave a propulsione meccanica in navigazione, di lunghezza superiore ai 50 metri che rimorchia un rimorchio di lunghezza superiore ai 200 metri
- [ ] 3 — Una nave a propulsione meccanica in navigazione, di lunghezza superiore ai 50 metri, vincolata dalla propria immersione

Z

Cosa indica, sulle carte nautiche italiane, l'abbreviazione L.M.?

- [ ] 1 — Livello medio del mare
- [ ] 2 — Livello militare
- [ ] 3 — Limo, melma

A

Una nave ferma, con manovrabilità limitata, purché non sia intenta al dragaggio di mine deve mostrare...

- ☐ 1 — Tre fanali visibili per tutto l'orizzonte, disposti in verticale, di cui quello centrale bianco e gli altri rossi
- ☐ 2 — Tre fanali visibili per tutto l'orizzonte, disposti in verticale, di colore rosso
- ☐ 3 — Tre fanali visibili per tutto l'orizzonte, disposti in verticale, i due più alti di colore rosso e l'altro bianco

B

Un faro o fanale a luce fissa (continua e di intensità costante) può essere oscurato?

- ☐ 1 — Sì, in caso di nebbia
- ☐ 2 — No
- ☐ 3 — Sì

C

Dove sono indicati e descritti i segnali da nebbia?

- ☐ 1 — In una apposita pubblicazione
- ☐ 2 — Nella colonna 8 dell'Elenco Fari
- ☐ 3 — Sulle carte nautiche con l'abbreviazione S.n.

D

A quanti primi corrisponde un grado?

- ☐ 1 — 10
- ☐ 2 — 60
- ☐ 3 — 100

E

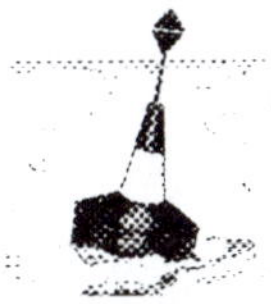

Cosa indica una meda sormontata da un miraglio nero avente la forma di due triangoli uniti per la base?

- ☐ 1 — Pericolo, lasciare la boa a sinistra
- ☐ 2 — Pericolo, mantenersi a non meno di 15 metri dalla meda
- ☐ 3 — Acque sicure a Est della meda

F

Un solcometro meccanico di ottima marca indica il percorso effettivo?

- ☐ 1 — No
- ☐ 2 — Sì
- ☐ 3 — Sì, solo quando non c'e vento

G

Dove si legge la Prua Bussola?

- ☐ 1 — Sulla tabella delle deviazioni
- ☐ 2 — Sulla carta nautica
- ☐ 3 — Direttamente sulla rosa in corrispondenza della linea di fede

H

Se, navigando con corretto assetto di pesi, un'imbarcazione con fuoribordo risultasse di avere la prua troppo bassa, cosa occorre fare?

- ☐ 1 — Trimmare in fuori, cioè inclinare il motore allontanando l'elica dallo scafo
- ☐ 2 — Portare pesi ed equipaggio più a poppa possibile
- ☐ 3 — Installare un motore con gambo lungo

L

Quale nave mostra i seguenti segnali

- ☐ 1 — Una nave con manovrabilità limitata
- ☐ 2 — Una nave vincolata dal suo pescaggio
- ☐ 3 — Una nave incagliata

M

Una nave a propulsione meccanica, quando rimorchia e il rimorchio supera la lunghezza di 200 metri, quali fanali deve mostrare oltre a quelli laterali e di poppa?

- ☐ 1 — Tre fanali di testa d'albero allineati verticalmente e il fanale di rimorchio
- ☐ 2 — Due fanali di testa d'albero allineati verticalmente e il fanale di rimorchio
- ☐ 3 — Due fanali rossi in linea verticale sotto il fanale di testa d'albero

N

Come è considerata una draga intenta a dragare?

- ☐ 1 — Nave con manovrabilità limitata
- ☐ 2 — Nave che non governa
- ☐ 3 — Nave vincolata dal suo pescaggio

O

I fanali prescritti per una nave con manovrabilità limitata possono essere mostrati da una nave che rimorchia?

- ☐ 1 — Sì, in aggiunta a quelli di rimorchio, quando, a causa del rimorchio, non sia possibile cambiare rotta
- ☐ 2 — No
- ☐ 3 — Sì, solo se il rimorchio è più lungo di 600 metri

P

Sulle carte italiane, da cosa è data la posizione della luce di un faro o fanale?

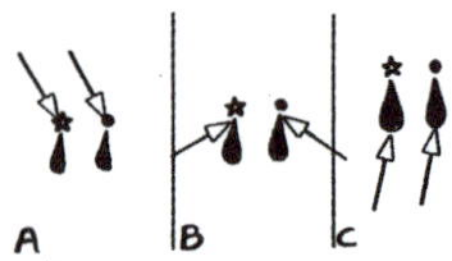

- ☐ 1 — Dalla posizione della stella o del punto (A)
- ☐ 2 — Dalla punta della goccia color magenta (B)
- ☐ 3 — Dalla parte terminale della goccia color magenta (C)

Q

Da quale elemento sono assorbite, in una bussola, le dilatazioni di volume prodotte nel liquido da sbalzi di temperatura?

- ☐ 1 — Dal polmone
- ☐ 2 — Dal cappelletto
- ☐ 3 — Dalla sospensione cardanica

R

Come è chiamata quell'ancora che ha le marre simili a un vomere?

- ☐ 1 — C.Q.R.
- ☐ 2 — Bruce
- ☐ 3 — Danforth

S

Quante sono le abilitazioni previste per il comando di unità da diporto?

- ☐ 1 — Cinque
- ☐ 2 — Sei
- ☐ 3 — Due

T

Come è generalmente chiamata la sovrastruttura che si eleva sul ponte di coperta e costituisce il cielo della cabina?

- ☐ 1 — Cassero
- ☐ 2 — Tuga
- ☐ 3 — Tambuccio

U

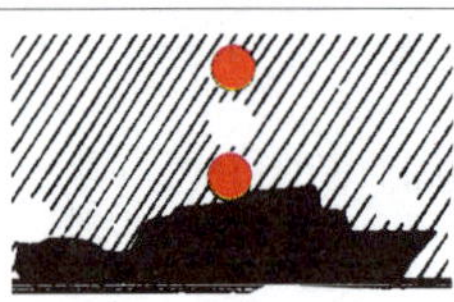

Quale nave mostra i fanali qui illustrati?

- ☐ 1 — Una nave con manovrabilità limitata all'ancora
- ☐ 2 — Una nave incagliata
- ☐ 3 — Una nave intenta alla pesca

V

In un motore diesel la combustione avviene per...

- ☐ 1 — L'elevata temperatura che assume l'aria alla fine della sua compressione
- ☐ 2 — Per effetto dell'accensione delle candelette
- ☐ 3 — Grazie agli iniettori che immettono nella camera di combustione gasolio a elevata temperatura

Z

L'abilitazione alla navigazione di una unità da diporto viene rilasciata con...

- ☐ 1 — Patente di abilitazione
- ☐ 2 — Licenza di navigazione
- ☐ 3 — Libretto di circolazione

A

Cos'è un "motore entrofuoribordo"?

- ☐ 1 — Un fuoribordo che ha un apposito pozzetto interno
- ☐ 2 — Un entrobordo in cui la trasmissione del moto dell'elica avviene tramite un piede simile a quello di un fuoribordo, che attraversa lo specchio di poppa
- ☐ 3 — Un entrobordo in cui la trasmissione del moto dell'elica avviene tramite un piede simile a quello di un fuoribordo, che attraversa lo scafo direttamente sotto al motore

B

Per trasformare i secondi in decimi di primo cosa occorre fare?

- ☐ 1 — Moltiplicare i secondi per 60
- ☐ 2 — Dividere i secondi per 10
- ☐ 3 — Dividere i secondi per 60

C

Una draga impeganta a dragare, che comporti la presenza di un'ostruzione, deve segnalare, oltre all'ostruzione, il lato da cui si può liberamente passare?

- ☐ 1 — Sì, con due fanali verdi disposti in linea verticale, visibili per tutto l'orizzonte
- ☐ 2 — No
- ☐ 3 — Sì, con un fanale lampeggiante a luce gialla, visibile per tutto l'orizzonte

D

Quali sono i vantaggi di un sistema di accensione elettronica in un fuoribordo?

- ☐ 1 — Assenza delle candele e quindi dei loro fastidi
- ☐ 2 — Scintilla più potente, ma soprattutto assenza delle fastidiose "puntine platinate"
- ☐ 3 — Il non affaticarsi con il classico sistema "a strappo" (cordicella)

E

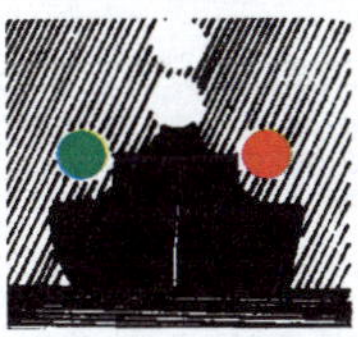

Cosa indicano i fanali raffigurati?

- ☐ 1 — La presenza di una nave a propulsione meccanica, in navigazione di lunghezza superiore a 50 metri e vista di prua
- ☐ 2 — La presenza di una nave a propulsione meccanica, alla fonda
- ☐ 3 — Una nave a propulsione meccanica in navigazione di lunghezza inferiore a 50 metri, vista di poppa

F

Come è chiamato quell'elemento che, fissato nella parte centrale del fondo del Mortaio, offre l'appoggio al sistema magnetico?

- ☐ 1 — Perno di sospensione
- ☐ 2 — Cappelletto
- ☐ 3 — Sospensione cardanica

G

Non appena ci si rende conto che un uomo è cascato in mare da bordo di un'imbarcazione a motore, quali manovre si devono effettuare innanzitutto?

- ☐ 1 — Fermare l'elica, accostare dal lato da cui è cascato l'uomo, lanciare un salvagente
- ☐ 2 — Lanciare un salvagente
- ☐ 3 — Accostare dal lato opposto da cui è cascato l'uomo e fermare l'elica

H

Una draga impegnata a dragare che comporti la presenza di un'ostruzione come deve segnalare tale ostruzione?

- ☐ 1 — Con due fanali rossi, disposti in linea verticale, visibili per tutto l'orizzonte, dalla parte dell'ostruzione
- ☐ 2 — Con due fanali verdi, disposti in linea verticale, visibili per tutto l'orizzonte, dalla parte dell'ostruzione
- ☐ 3 — Con due fanali gialli lampeggianti dalla parte dell'ostruzione

L

Partendo da un punto di coordinate $\varphi = 42°20'.2$ N e $\lambda = 011°01'$ E, navigando lungo la costa con Rv = 360° e velocità 6 nodi, quali saranno le nostre coordinate dopo 30 minuti?

- ☐ 1 — $\varphi = 42°\ 17'.2$ N; $\lambda = 011°01'$ E
- ☐ 2 — $\varphi = 42°\ 23'.2$ N; $\lambda = 011°01'$ E
- ☐ 3 — $\varphi = 42°\ 20'.2$ N; $\lambda = 011°04'$ E

M

Quale nave in navigazione mostra i fanali qui raffigurati?

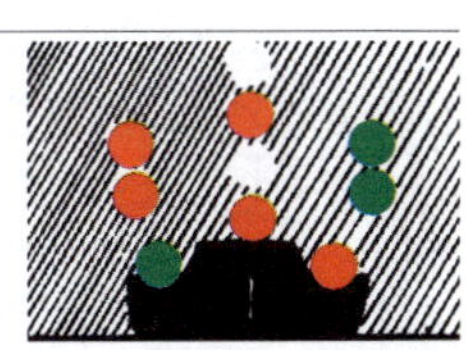

- ☐ 1 — Nave impegnata in lavori con ostruzione sul lato dritto, vista di prua
- ☐ 2 — Dragamine visto di prua
- ☐ 3 — Nave impegnata in lavori con ostruzione sul lato sinistro, vista di prua

N

Una nave ferma senza abbrivo, che non governa, quali fanali deve mostrare?

- ☐ 1 — Due fanali rossi, visibili per tutto l'orizzonte, disposti in linea verticale, dove siano meglio visibili
- ☐ 2 — Due fanali verdi, all'estrema prua, visibili per tutto l'orizzonte
- ☐ 3 — Tre fanali rossi, in testa d'albero, visibili per tutto l'orizzonte

O

L'esistenza di sistemi di ventilazione naturale del vano motore è prevista...

- ☐ 1 — Su tutte le unità a motore
- ☐ 2 — Sulle unità con motore con propulsione a benzina
- ☐ 3 — Sulle imbarcazioni a motore di tsl inferiore a 25

P

Come è chiamata la distanza massima alla quale un osservatore con vista normale può vedere la luce di un faro?

- ☐ 1 — Portata geografica
- ☐ 2 — Portata luminosa
- ☐ 3 — Portata massima

Q

Qual è lo strumento che misura la profondità del mare?

- ☐ 1 — Venturimetro
- ☐ 2 — Solcometro
- ☐ 3 — Scandaglio

R

I fanali rosso e bianco visibili per tutto l'orizzonte, disposti in linea verticale, da quale nave vengono mostrati?

- ☐ 1 — Da una nave da pesca intenta a pescare con sistemi diversi dalla pesca a strascico
- ☐ 2 — Da una nave da pesca intenta a pescare a strascico
- ☐ 3 — Da una nave pilota

S

Come si aggiornano i portolani?

- ☐ 1 — Con le carte nautiche
- ☐ 2 — Con gli avvisi ai naviganti
- ☐ 3 — Con l'agenda nautica

T

Cosa indica, sulle carte italiane, il simbolo raffigurato con l'abbreviazione RD?

- ☐ 1 — Radiofaro Direzionale
- ☐ 2 — Radioservizio Doganale
- ☐ 3 — Radioservizio Diurno

U

Se di notte appaiono di prua i fanali raffigurati, quale nave stiamo incontrando?

- ☐ 1 — Una nave che pesca a strascico, di lunghezza superiore ai 50 metri, ferma
- ☐ 2 — Una nave all'ancora
- ☐ 3 — Una nave incagliata

V

Se navighiamo con Rv = 270°, quale delle due coordinate resterà invariata?

- ☐ 1 — La latitudine
- ☐ 2 — La longitudine
- ☐ 3 — Nessuna delle due

Z

Come è definita la pubblicazione che raccoglie le descrizioni minuziose delle coste, dei punti cospicui e offre suggerimenti di carattere generale riguardanti la condotta della navigazione?

- ☐ 1 — Avvisi ai naviganti
- ☐ 2 — Portolano
- ☐ 3 — Agenda nautica

A

Come è chiamata quell'ancora con marre articolate simile a quelle maggiormente impiegate a bordo delle navi?

- [ ] 1 — Ancora Bruce
- [ ] 2 — Ancora Hall
- [ ] 3 — Ancora Danforth

B

Come si misura la velocità del vento?

- [ ] 1 — Con l'anemoscopio
- [ ] 2 — Con l'anemometro
- [ ] 3 — Con il venturimetro

C

Di giorno, una nave intenta a pescare non a strascico quale segnale deve mostrare in luogo del fanale a luce bianca, che segnala la presenza dell'attrezzo fuoribordo?

- [ ] 1 — Un cono con il vertice in alto, in direzione dell'attrezzo
- [ ] 2 — Un cilindro dalla parte dell'attrezzo
- [ ] 3 — Un pallone dalla parte dell'attrezzo

D

Il candidato che ripete la prova pratica o quella teorica è tenuto ad assolvere a pagamenti di tasse e tributi?

- [ ] 1 — Sì, deve effettuare il pagamento della tassa esami
- [ ] 2 — Sì, deve effettuare il versamento per la tassa esami e pagare, una volta superata la prova, la tassa per il rilascio della patente
- [ ] 3 — No, non deve versare nessun tributo oltre a quelli già versati in occasione della sua dichiarazione di disponibilità per sostenere i primi esami

E

Quale nave mostra il segnale qui raffigurato?

- [ ] 1 — Una nave da pesca intenta alla pesca
- [ ] 2 — Una nave che recupera un cavo sottomarino
- [ ] 3 — Una nave che rimorchia un rimorchio di lunghezza superiore ai 200 metri

F

Una nave a propulsione meccanica in navigazione, con lunghezza inferiore a 50 metri, può portare un secondo fanale di testa d'albero più alto e a poppavia del primo?

- [ ] 1 — Sì, non è obbligata, ma può farlo
- [ ] 2 — No
- [ ] 3 — Sì, solo se la velocità supera i 10 nodi

G

Come si chiama la parte dello scafo che si rastrema raccordandosi con la poppa?

- [ ] 1 — Mura o mascone
- [ ] 2 — Anca o giardinetto
- [ ] 3 — Ginocchio o staminale

H

Cosa rappresenta questo simbolo, sulle carte nautiche italiane?

- [ ] 1 — Boa sferica
- [ ] 2 — Boa conica
- [ ] 3 — Una nave incagliata vista di prua

L

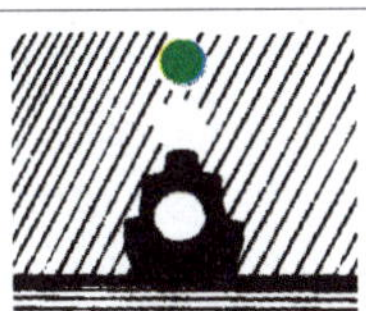

Se di notte appaiono di prua i fanali raffigurati, quale nave stiamo incontrando?

- [ ] 1 — Una nave da pesca intenta alla pesca a strascico, vista di poppa
- [ ] 2 — Una nave all'ancora vista di prua
- [ ] 3 — Una nave incagliata vista di prua

M

Il motore fuoribordo non raggiunge i giri previsti dal costruttore. Quale provvedimento adottare?

- [ ] 1 — Tarare diversamente i getti del carburante
- [ ] 2 — Montare candele diverse da quelle prescritte (più calde)
- [ ] 3 — Montare un'elica di pari diametro, ma di passo leggermente inferiore

N

Se ci spostiamo da un punto di coordinate $\varphi = 38°40'.5$ N; $\lambda = 009°07'.3$ E a un altro punto di coordinate $\varphi = 38°40'.5$ N; $\lambda = 009°12'.5$ E, quale sarà il valore della Rv?

- ☐ 1 — 180°
- ☐ 2 — 90°
- ☐ 3 — 270°

O

Dove vanno lette le distanze su una carta nautica?

- ☐ 1 — Sulla scala delle latitudini
- ☐ 2 — In corrispondenza della scala della carta
- ☐ 3 — Sulla scala delle longitudini

P

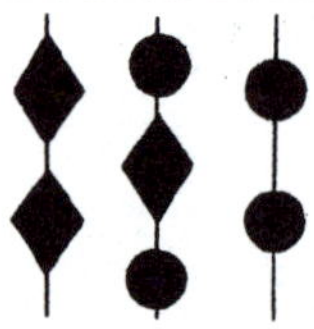

Vedendo questi segnali, da quale lato passereste?

- ☐ 1 — Dal lato indicato dai due segnali biconici
- ☐ 2 — Dal lato indicato dai due palloni
- ☐ 3 — Indifferentemente dai due lati

Q

L'abilitazione al comando di navi da diporto è rilasciata anche dagli Uffici Provinciali per i trasporti terrestri?

- ☐ 1 — Sì
- ☐ 2 — No
- ☐ 3 — Sì, ma solo per navigazione entro sei miglia dalla costa

R

Secondo il Regolamento Internazionale per prevenire gli abbordi in mare quando devono essere osservate le regole riguardanti i segnali ottici?

- ☐ 1 — Durante il giorno
- ☐ 2 — Durante la notte
- ☐ 3 — Quando vi sia visibilità ridotta

S

Come è chiamato il dispositivo che consente a una bussola di mantenersi quanto più possibile orizzontale?

- ☐ 1 — Sospensione cardanica
- ☐ 2 — Chiesuola
- ☐ 3 — Punta di sospensione

T

Qual è il consumo medio per un motore entrobordo a quattro tempi diesel?

- ☐ 1 — Da 0.23 a 0.26 litri per Cavallo/ora
- ☐ 2 — Da 0.44 a 0.60 litri per Cavallo/ora
- ☐ 3 — Da 0.12 a 0.24 litri per Cavallo/ora

U

Se di notte ci appaiono di prua i fanali raffigurati, quale nave stiamo incontrando?

- ☐ 1 — Una nave ferma intenta in operazioni subacquee con attrezzature sul fondo, dalla parte dei fanali rossi
- ☐ 2 — Un dragamine intento al dragaggio mine
- ☐ 3 — Un peschereccio con attrezzo fuoribordo sul lato dritto

V

Definendo una corrente di direzione Nord, cosa si intende?

- ☐ 1 — Che la corrente proviene da Nord
- ☐ 2 — Che la corrente si muove verso Nord
- ☐ 3 — Che la corrente produce una deriva positiva

Z

Quale età minima occorre per comandare o condurre natanti da diporto a remi?

- ☐ 1 — 14 anni di età, se navigano entro un miglio dalla costa
- ☐ 2 — 16, se navigano entro un miglio dalla costa
- ☐ 3 — 18

A

Cosa rappresenta, sulle carte nautiche italiane, il simbolo qui raffigurato?

☐ 1 — Gavitello di fonda
☐ 2 — Meda galleggiante
☐ 3 — Boa a fuso

B

Quale età minima occorre per comandare o condurre natanti con superficie velica superiore a quattro metri quadrati?

☐ 1 — 16, se navigano entro sei miglia dalla costa
☐ 2 — 14 anni
☐ 3 — 16, se navigano entro un miglio dalla costa

C

Quando devono essere osservate le regole riguardanti i fanali?

☐ 1 — Dal tramonto al sorgere del sole e comunque in ogni caso di visibilità ridotta
☐ 2 — Solo la notte
☐ 3 — Di giorno, quando si è in vista di un'altra nave

D

Nei fuoribordo di media potenza, quanti tipi di gambo troviamo generalmente?

☐ 1 — Tre: corto, lungo e, più raramente, extralungo
☐ 2 — Due: corto e lungo, l'extralungo non esiste
☐ 3 — Uno solo, è convenzionale per tutti

E

Qual è la definizione della Longitudine di un punto?

☐ 1 — L'arco di parallelo compreso tra il meridiano di Greenwich e quello passante per il punto
☐ 2 — L'arco di equatore compreso tra il punto e il meridiano di Greenwich
☐ 3 — L'arco di equatore compreso tra il meridiano di Greenwich e quello passante per il punto

F

Cosa indica sulle carte nautiche italiane, l'abbreviazione SD, riferita alla profondità del mare?

☐ 1 — Fondale di Sabbia e Detriti
☐ 2 — Fondale Dubbio
☐ 3 — Fondale con banchi di Sabbia Derivante

G

Quante miglia si percorrono in mezz'ora, navigando con una Rotta vera di 300° e velocità di 7 nodi?

☐ 1 — Dipende da quanti primi ci si sposta in latitudine, dal momento che un primo di latitudine corrisponde a un miglio
☐ 2 — 3,5 miglia
☐ 3 — Dipende da quanto ci si sposta in longitudine, dal momento che un primo di circolo massimo, e quindi di Equatore, corrisponde a un miglio

H

Che tipo di sistema di raffreddamento del motore è quello in cui l'acqua di mare viene mandata, tramite una pompa, nell'interno del blocco motore?

☐ 1 — Raffreddamento ad aria
☐ 2 — Raffreddamento diretto
☐ 3 — Raffreddamento indiretto

L

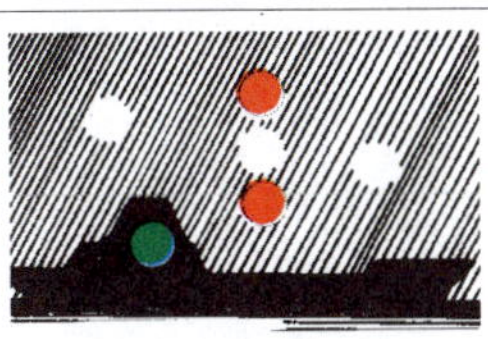

Quale nave mostra i fanali qui illustrati?

☐ 1 — Una nave con manovrabilità limitata con abbrivo, che mostra il lato dritto
☐ 2 — Una nave intenta alla pesca, che mostra il lato dritto
☐ 3 — Una nave intenta al dragaggio di mine, che mostra il lato dritto

M

Navigando a motore con mare grosso di poppa, come conviene affrontare le onde?

☐ 1 — Facendo sì che esse abbiano una direzione coincidente con l'asse barca
☐ 2 — Facendo sì che esse colpiscano la barca al giardinetto
☐ 3 — Facendo sì che esse abbiano una direzione perpendicolare all'asse barca

N

Come è chiamata l'ancora raffigurata?

- ☐ 1 — Ammiragliato
- ☐ 2 — Romana
- ☐ 3 — Ancoressa

O

Se si naviga con Rv = 75°, in quale quadrante navighiamo?

- ☐ 1 — Nel primo
- ☐ 2 — Nel secondo
- ☐ 3 — Dipende dalle coordinate di partenza

P

Se di notte appaiono, dritti di prua, questi fanali, che tipo di nave stiamo incontrando?

- ☐ 1 — Una nave a propulsione meccanica, che spinge in avanti un'altra unità
- ☐ 2 — Una nave a propulsione meccanica di lunghezza superiore a 150 metri
- ☐ 3 — Una nave a propulsione meccanica di larghezza superiore a 20 metri

Q

Con quale ordine vengono elencati i segnalamenti luminosi nell'elenco fari?

- ☐ 1 — In ordine geografico
- ☐ 2 — In ordine alfabetico
- ☐ 3 — Secondo la portata geografica

R

In caso di incendio a bordo di classe A (materiali combustibili solidi), quali dei seguenti mezzi di estinzione possono essere adoperati?

- ☐ 1 — Esclusivamente estintori a Polvere, a CO_2 o Alogenati
- ☐ 2 — Solo acqua o estintori a Schiuma
- ☐ 3 — Indifferentemente con CO_2, Polvere, Acqua o Schiuma

S

Che cosa occorre fare per trasformare i decimi di primo in secondi?

- ☐ 1 — Dividere i decimi di primo per 60
- ☐ 2 — Moltiplicare i decimi di primo per 60
- ☐ 3 — Moltiplicare i decimi di primo per 10

T

In un fuoribordo di media-piccola potenza, dove sono sistemate le candele?

- ☐ 1 — Generalmente sul fianco e orizzontali (una affiancata all'altra)
- ☐ 2 — Generalmente dietro, dalla parte dove è rivolta l'elica e verticali (una sopra l'altra)
- ☐ 3 — Generalmente davanti, dalla parte dove esce la barra di comando

U

È obbligatoria l'installazione di apparato Vhf su...?

- ☐ 1 — Unità a motore pontate e abilitate al trasporto di più di 4 persone, compreso l'equipaggio
- ☐ 2 — Unità iscritte nei registri e abilitate alla navigazione entro sei miglia dalla costa
- ☐ 3 — Unità di lunghezza superiore a 24 metri e abilitate alla navigazione oltre 6 miglia

V

Una nave o un oggetto rimorchiato che cosa deve mostrare di notte?

- ☐ 1 — I fanali laterali e il fanale di poppa
- ☐ 2 — I fanali di testa d'albero e quello di poppa
- ☐ 3 — Il fanale di non governo

Z

Per le apparecchiature ricetrasmittenti che non vengano adoperate per il traffico di corrispondenza è necessario pagare il canone?

- ☐ 1 — Sì
- ☐ 2 — No
- ☐ 3 — No, ma devono essere sottoposte a ispezioni ordinarie

A Se, di giorno, la lunghezza del rimorchio supera i 200 metri, che cosa deve mostrare la nave o l'oggetto rimorchiato?

- ☐ 1 — Un segnale biconico, nel punto in cui possa essere meglio veduto
- ☐ 2 — Un pallone nero, nel punto in cui possa essere meglio veduto
- ☐ 3 — Due palloni neri in senso verticale, nel punto in cui possono essere meglio veduti

B In un'imbarcazione a motore bielica, qual è normalmente il senso di rotazione delle eliche?

- ☐ 1 — Hanno verso di rotazione contrario
- ☐ 2 — Hanno lo stesso verso di rotazione
- ☐ 3 — È indifferente

C Secondo la direttiva CE, una unità che è abilitata per la navigazione di categoria B...

- ☐ 1 — Con vento fino a forza 6 e onde fino a 4 metri
- ☐ 2 — Con vento fino a forza 8 e onde fino a 2 metri
- ☐ 3 — Con vento fino a forza 8 e onde fino a 4 metri

D Quale delle seguenti annotazioni è quella corretta?

- ☐ 1 — φ = 42° 20'.7 N; λ = 011° 01'.3 E
- ☐ 2 — φ = 042° 20'.7 N; λ = 011° 01'.3 E
- ☐ 3 — φ = 42° 20'.7" N; λ = 11° 1'.3" E

E

Se di notte appaiono di prua i fanali raffigurati, quale nave stiamo incontrando?

- ☐ 1 — Una nave da pesca con attrezzo che si estende per oltre 150 metri fuoribordo (vista da poppa)
- ☐ 2 — Una nave intenta al recupero di un cavo sottomarino (vista di poppa)
- ☐ 3 — Una nave intenta a recuperare mine (vista di poppa)

F Quale età minima occorre per conseguire la patente per natanti e imbarcazioni da diporto?

- ☐ 1 — 16
- ☐ 2 — 18
- ☐ 3 — 21

G Che tipo di motore è più diffuso sui fuoribordo di medio-piccola potenza?

- ☐ 1 — Bicilindrico diesel
- ☐ 2 — Monocilindrico a scoppio
- ☐ 3 — Bicilindrico a scoppio

H Da quali Uffici vengono rilasciate le patenti per il diporto nautico?

- ☐ 1 — Da tutti gli Uffici marittimi e della navigazione interna
- ☐ 2 — Dalle Capitanerie di Porto, dai Circondari Marittimi, dagli Uffici Provinciali per i trasporti terrestri
- ☐ 3 — Dal Registro Italiano Navale

L

Se di notte appaiono di prua i fanali raffigurati, quale nave mostra il suo lato dritto?

- ☐ 1 — Una nave che pesca non a strascico, il cui attrezzo si estende per più di 150 metri fuoribordo
- ☐ 2 — Una nave intenta al dragaggio di mine
- ☐ 3 — Una nave incagliata

M Su una carta a grande scala, in proiezione di Mercatore la distanza di cinque miglia corrisponde a...

- ☐ 1 — Cinque primi misurati sulla scala delle longitudini
- ☐ 2 — Cinque primi misurati sulla scala delle latitudini
- ☐ 3 — Cinque primi di latitudine o di longitudine, indifferentemente, dal momento che in una carta a grande scala non si commettono errori apprezzabili

N

Se navigassimo lungo la costa con Rv = 180°, quante miglia avremmo percorso se la latitudine varia di 10' tra il punto di partenza e quello di arrivo?

- ☐ 1 — Dipende dal valore che assume la longitudine, dal momento che 1' di circolo massimo, e cioè di Equatore corrisponde a un miglio
- ☐ 2 — Dipende dalla scala della carta
- ☐ 3 — Avremmo percorso 10 miglia

O

Se si naviga con RV = 270° quale delle coordinate sarà cambiata?

- ☐ 1 — La longitudine
- ☐ 2 — La latitudine
- ☐ 3 — Dipende dal valore che assume la declinazione e la deviazione magnetica

P

Se di notte appaiono di prua i fanali raffigurati, quali navi ci mostrano il lato sinistro?

- ☐ 1 — Una nave di lunghezza inferiore a 50 metri e un oggetto o una nave spinta in avanti
- ☐ 2 — Le draghe intente a dragare
- ☐ 3 — Le navi incagliate

Q

Come sono dette le parti concave della prua che si raccordano con la parte maestra?

- ☐ 1 — Musone
- ☐ 2 — Mure o masconi
- ☐ 3 — Ghirlanda

R

Come si comporta una imbarcazione ancorata con due ancore afforcate, qualora il vento o la corrente predominante mutino?

- ☐ 1 — Si mantiene con la prua al vento o alla corrente
- ☐ 2 — Si traversa al vento o alla corrente
- ☐ 3 — Mantiene invariata la sua posizione

S

Si può usurare una valvola di scarico su un motore a due tempi?

- ☐ 1 — No, perché sono estremamente robuste
- ☐ 2 — No, perché non ci sono
- ☐ 3 — Sì, se la temperatura di combustione è alta

T

Cosa mostra una nave condizionata dalla propria immersione di giorno?

- ☐ 1 — Tre palloni neri disposti in linea verticale
- ☐ 2 — Due segnali biconici neri disposti in linea verticale
- ☐ 3 — Un cilindro nero

U

Una nave a propulsione meccanica che mostra sul lato dritto i fanali raffigurati che nave è?

- ☐ 1 — Di lunghezza superiore ai 50 metri, che rimorchia un rimorchio di lunghezza inferiore ai 200 metri
- ☐ 2 — Di lunghezza superiore ai 50 metri
- ☐ 3 — Di lunghezza inferiore ai 50 metri, che rimorchia un rimorchio di lunghezza superiore ai 200 metri

V

Di che cosa dovrà essere dotato un serbatoio del carburante, oltre ai condotti di carico e di prelievo?

- ☐ 1 — Di uno sfiato, collegato all'esterno dell'imbarcazione
- ☐ 2 — Di uno sfiato, anche interno all'imbarcazione
- ☐ 3 — Di un sistema di chiusura amovibile

Z

In una nave a vela in navigazione di lunghezza inferiore ai 12 metri, i fanali prescritti possono essere combinati in un unico fanale?

- ☐ 1 — Sì
- ☐ 2 — No
- ☐ 3 — Solo se la nave a vela ha un solo albero

A

Quale documento abilita al comando e alla condotta di unità da diporto?

- [ ] 1 — La licenza di abilitazione
- [ ] 2 — La patente
- [ ] 3 — Le annotazioni di sicurezza

B

Quali di queste tre notizie non sono generalmente contenute sui Portolani?

- [ ] 1 — Caratteristiche luminose dei fari e fanali
- [ ] 2 — Notizie di carattere meteorologico
- [ ] 3 — Notizie riguardanti la possibilità di rifornirsi d'acqua e carburante

C

Che cosa significa questo simbolo sulle carte nautiche italiane?

- [ ] 1 — Ancoraggio per piccole navi
- [ ] 2 — Divieto di ancoraggio
- [ ] 3 — Ancoraggio per grandi navi

D

Come si chiamano le strutture trasversali dell'ossatura di uno scafo che si incastrano sulla chiglia?

- [ ] 1 — Torelli
- [ ] 2 — Costole
- [ ] 3 — Paramezzali

E

Come si chiama la superficie emersa dell'estrema poppa?

- [ ] 1 — Giardinetto
- [ ] 2 — Bottazzo
- [ ] 3 — Specchio

F

Qual è l'unità di misura delle distanze in mare?

- [ ] 1 — Quella indicata sulla carta nautica
- [ ] 2 — Il miglio nautico
- [ ] 3 — Il miglio inglese

G

Quale delle due imbarcazioni ha il diritto di precedenza?

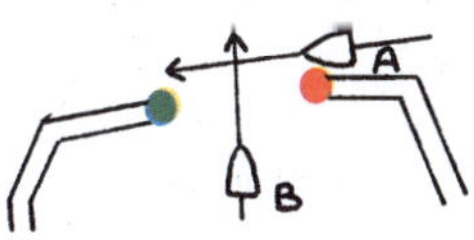

- [ ] 1 — L'imbarcazione B, perché sta uscendo dal porto
- [ ] 2 — L'imbarcazione A, perché proviene da dritta
- [ ] 3 — L'imbarcazione A, perché è in fase di avvicinamento all'imboccatura del porto

H

Come è chiamato lo spazio compreso tra la poppa e l'ultima paratia?

- [ ] 1 — Camera di poppa
- [ ] 2 — Pozzetto
- [ ] 3 — Gavone poppiero

L

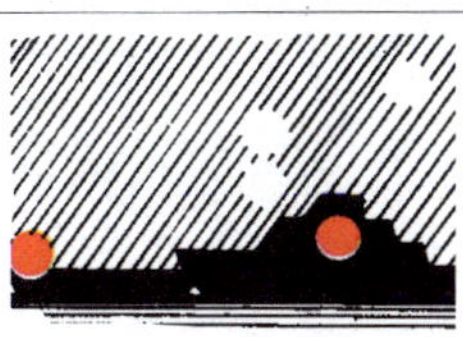

Se di notte appaiono di prua i fanali raffigurati, quali navi ci mostrano il lato sinistro?

- [ ] 1 — Nave di lunghezza superiore ai 50 metri e una nave o un oggetto spinto in avanti
- [ ] 2 — Le draghe intente a dragare
- [ ] 3 — Le navi incagliate

M

Partendo da un punto di coordinate $\varphi = 38°45'.6$ N; $\lambda = 009°10'.7$ E, navigando con Rv = 180° e velocità 8 nodi, quali saranno le nuove coordinate dopo 30 minuti?

- [ ] 1 — $\varphi = 38°49'.6$ N; $\lambda = 009°10'.7$ E
- [ ] 2 — $\varphi = 28°45'.6$ N; $\lambda = 009°14'.7$ E
- [ ] 3 — $\varphi = 38°41'.6$ N. $\lambda = 009°10'.7$ E

N

A quanto equivale la lunghezza di un miglio marino?

- ☐ 1 — 1650 m
- ☐ 2 — 1852 m
- ☐ 3 — 1853 m

O

L'elica presenta sul dorso delle pale, verso il bordo d'uscita, delle piccole ulcere sul materiale. Ciò è dovuto...

- ☐ 1 — All'abbrivo
- ☐ 2 — Alla dilatazione
- ☐ 3 — Alla cavitazione

P

Come sono condensate in un motore a due tempi le fasi dei quattro tempi?

- ☐ 1 — Aspirazione/compressione e espansione/scarico
- ☐ 2 — Aspirazione/espansione e compressione/scarico
- ☐ 3 — Aspirazione/scarico e compressione/espansione

Q

Come è ormeggiata l'imbarcazione raffigurata?

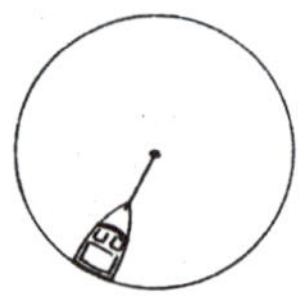

- ☐ 1 — Alla ruota
- ☐ 2 — Afforcata
- ☐ 3 — Appennellata

R

Quali uffici rilasciano patenti per navigare senza limiti?

- ☐ 1 — Uffici marittimi e quelli Provinciali per i trasporti terrestri
- ☐ 2 — Capitanerie di porto e Uffici Provinciali per i trasporti terrestri
- ☐ 3 — Capitanerie di porto e Circondari marittimi

S

Da quale direzione cardinale spira il Levante?

- ☐ 1 — Sud
- ☐ 2 — Nord
- ☐ 3 — Est

T

La licenza che abilita le unità da diporto alla navigazione di tipo B, da quali Uffici è rilasciata?

- ☐ 1 — Dalle Capitanerie di porto e dagli Uffici Provinciali per i trasporti terrestri
- ☐ 2 — Soltanto dalla Capitanerie di porto
- ☐ 3 — Dalle Capitanerie di porto, dagli Uffici Circondariali marittimi e dalle Delegazioni di spiaggia autorizzate dal Direttore Marittimo a tenere gli appositi registri

---

U

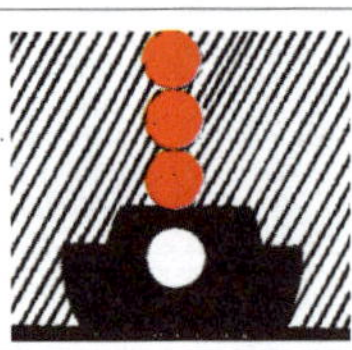

Se di notte appaiono, diritti di prua, questi fanali, stiamo incontrando...

- ☐ 1 — Una nave condizionata dalla sua immersione vista di poppa
- ☐ 2 — Una nave incagliata vista di poppa
- ☐ 3 — Una draga intenta a dragare vista di poppa

V

Come si esprime la velocità dei natanti?

- ☐ 1 — In km/h
- ☐ 2 — In km/h o nodi a seconda di come è tarato il solcometro
- ☐ 3 — In nodi

Z

Navigando nel terzo quadrante la nostra Rv sarà...?

- ☐ 1 — Compresa tra 90° e 180°
- ☐ 2 — Compresa tra 180° e 270°
- ☐ 3 — Compresa tra 270° e 360°

A

Mettendo la barra del timone a sinistra, che cosa fa l'imbarcazione?

- ☐ 1 — Accosta a dritta
- ☐ 2 — Orza
- ☐ 3 — Accosta a sinistra

B

Con incendio a bordo, in vicinanza di un porto, è giusto accellerare al massimo per raggiungere il porto?

- ☐ 1 — No
- ☐ 2 — Sì
- ☐ 3 — Sì, se in banchina esistono estintori

C

Che cosa rappresenta il segno e l'abbreviazione raffigurata?

- ☐ 1 — Stazione radiogoniometrica
- ☐ 2 — Stazione radar girevole
- ☐ 3 — Stazione radar geografico

D

Una nave di lunghezza superiore ai 100 metri, quando è all'ancora deve mostrare altri fanali, oltre quelli prescritti?

- ☐ 1 — Sì deve usare i fanali di servizio o altri fanali equivalenti per illuminare i ponti
- ☐ 2 — No, assolutamente
- ☐ 3 — Sì, un fanale rosso in testa d'albero

E

Come può essere classificato un motore diesel in funzione dei tempi?

- ☐ 1 — Solo a quattro tempi
- ☐ 2 — A due o a quattro tempi
- ☐ 3 — Un motore diesel non è classificabile a tempi

F

Che cosa rappresenta, sulle carte nautiche, il simbolo raffigurato?

- ☐ 1 — Dromo
- ☐ 2 — Ciminiera
- ☐ 3 — Gavitello di fonda

G

Sulla carta di Mercatore, a quale distanza corrisponde una apertura di compasso uguale a sette primi di Latitudine?

- ☐ 1 — 0,7 miglia
- ☐ 2 — 70 miglia
- ☐ 3 — 7 miglia

H

L'estintore a polvere va usato...

- ☐ 1 — Solo per incendi provocati da impianti elettrici
- ☐ 2 — Per tutti i tipi di incendio, preferibilmente per quelli provocati da impianti elettrici
- ☐ 3 — Solo per incendi di natura non elettrica

L

Quale nave mostra il segnale qui raffigurato?

- ☐ 1 — Una nave incagliata
- ☐ 2 — Una nave all'ancora
- ☐ 3 — Una nave impegnata nel dragaggio mine

M

Un'elica in un giro completo percorre una distanza reale, che rispetto a quella teorica è inferiore di una certa quantità (espressa come % del passo); come viene definita?

- ☐ 1 — Diametro
- ☐ 2 — Passo negativo
- ☐ 3 — Regresso

N

Fra quali fasi contigue scocca la scintilla o avviene l'iniezione del gasolio?

- ☐ 1 — Fra quella di compressione e quella di espansione
- ☐ 2 — Fra quella di aspirazione e quella di espansione
- ☐ 3 — Fra quella di aspirazione e quella di scarico

O

Come è chiamata la parte della coperta ai lati della tuga ove è possibile camminare per spostarsi da prua a poppa e viceversa?

- ☐ 1 — Passerino
- ☐ 2 — Trincarino
- ☐ 3 — Passavanti

P

Cosa significa questo simbolo riportato sulle carte nautiche italiane?

- ☐ 1 — Relitto pericoloso per la navigazione di superficie con battente d'acqua sconosciuto
- ☐ 2 — Relitto non pericoloso per la navigazione di superficie con battente d'acqua superiore ai 20 metri
- ☐ 3 — Scogli affioranti

Q

Qual è la causa dei maggiori fastidi, a parte quelli generati dalle candele imbrattate, nel sistema di accensione "comune" (non elettronico) di un fuoribordo?

- ☐ 1 — Il volano magnete
- ☐ 2 — La bobina
- ☐ 3 — I ruttori o puntine platinate

R

Come si chiama l'angolo compreso tra la direzione del Nord geografico e la traiettoria che l'imbarcazione segue rispetto al fondo del mare?

- ☐ 1 — Rotta relativa
- ☐ 2 — Prua vera
- ☐ 3 — Rotta vera

S

Presso quali uffici sono iscritte le unità da diporto?

- ☐ 1 — Capitanerie di Porto e Direzioni Compartimentali della motorizzazione civile
- ☐ 2 — Uffici marittimi e uffici doganali
- ☐ 3 — Uffici marittimi, della motorizzazione civile, uffici consolari

T

Come è chiamato il volume degli spazi chiusi di una nave e di una imbarcazione?

- ☐ 1 — Puntale
- ☐ 2 — Stazza
- ☐ 3 — Dislocamento

U

AERO

Che cosa significa questo simbolo?

- ☐ 1 — Aerofaro
- ☐ 2 — Faro pericoloso per gli aerei
- ☐ 3 — Faro riservato alla navigazione aerea

V

Come è chiamato quel pezzo strutturale parallelo alla chiglia, che serve da rinforzo longitudinale e anche per collegare le costole alla chiglia?

- ☐ 1 — Bottazo
- ☐ 2 — Trincarino
- ☐ 3 — Paramezzale

Z

Cosa indica, sulle carte italiane, il simbolo raffigurato?

- ☐ 1 — Zona riservata al transito di imbarcazioni a vela
- ☐ 2 — Zona interdetta alla navigazione a vela
- ☐ 3 — Porto turistico

15

A

Perché un motore a due tempi è provvisto talvolta di una miscelazione separata?

- ☐ 1 — Per evitare di dover preparare la miscela prima
- ☐ 2 — Per evitare danni al motore per mancanza di olio
- ☐ 3 — Per poter variare automaticamente la percentuale di olio nella benzina, adattandola al regime di giri istantaneo

B

Che cosa rappresenta il simbolo qui raffigurato?

- ☐ 1 — Faro o fanale direzionale
- ☐ 2 — Faro o fanale
- ☐ 3 — Faro o fanale a luce rossa

C

Navigando contro un mare grosso si affrontano le onde in modo che...

- ☐ 1 — La loro direzione sia inclinata di 45 gradi rispetto all'asse della barca ("al mascone")
- ☐ 2 — La loro direzione sia coincidente con l'asse barca ("di prua")
- ☐ 3 — La loro direzione sia perpendicolare all'asse barca ("al traverso")

D

Da che cosa è originata la combustione nei motori a scoppio?

- ☐ 1 — Dalla scintilla prodotta da una candela elettrica
- ☐ 2 — Dalla pressione cui è sottoposto il carburante
- ☐ 3 — Dalla temperatura raggiunta dall'aria alla fine della compressione

E

Due natanti a propulsione meccanica navigando con rotte che si incrociano, quando corrono il rischio di collisione?

- ☐ 1 — Quando la loro distanza diminuisce così come il rilevamento dell'una rispetto all'altra
- ☐ 2 — Quando la loro distanza resta costante così come il rilevamento dell'una rispetto all'altra
- ☐ 3 — Quando la loro distanza diminuisce e resta costante il rilevamento dell'una rispetto all'altra

F

Il battellino di servizio (tender) di una unità da diporto, se privo di dotazioni di sicurezza e salvataggio, può navigare a una distanza...

- ☐ 1 — Qualunque, purché abbia chiaramente impressa la sigla di iscrizione dell'unità
- ☐ 2 — Non superiore ai 500 metri
- ☐ 3 — Non superiore a un miglio dalla costa o dall'unità

G

Come è chiamato il vano poppiero scoperto dal quale il timoniere governa l'imbarcazione?

- ☐ 1 — Pozzetto
- ☐ 2 — Scassa
- ☐ 3 — Pulpito

H

Cos'è il "power trim" in un fuoribordo di grande potenza?

- ☐ 1 — È un regolatore idraulico dell'inclinazione del gambo, che può essere manovrato anche in navigazione
- ☐ 2 — È un regolatore idraulico dell'inclinazione del gambo, che non può essere regolato in navigazione
- ☐ 3 — È un sostentatore idraulico che aiuta ad alzare il gambo del motore

L

Cosa significa questo simbolo?

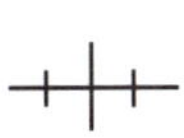

- ☐ 1 — Relitto non pericoloso con battente d'acqua sconosciuto
- ☐ 2 — Relitto pericoloso con battente d'acqua sconosciuto
- ☐ 3 — Relitto pericoloso con alberi affioranti

M

Dove si trova in genere la pompa dell'acqua di raffreddamento in un fuoribordo?

- ☐ 1 — Nel piede, alla giunzione con il gambo
- ☐ 2 — Nella carenatura
- ☐ 3 — Nel serbatorio separato

N

Un natante appartenente alla categoria di progettazione D, secondo la direttiva CE, può essere abilitato alla navigazione in acque marittime?

- ☐ 1 — Sì, a condizione che abbia a bordo le dotazioni di sicurezza per la navigazione entro le 6 miglia dalla costa
- ☐ 2 — Sì, in ogni caso
- ☐ 3 — Sì, ma limitatamente alla distanza di 3 miglia dalla costa

O

Su quale margine della carta nautica si legge la Latitudine?

- ☐ 1 — Sul margine basso
- ☐ 2 — Indifferentemente sul margine destro o sinistro
- ☐ 3 — Sul margine destro o su quello alto

P

Le bandiere N e C del Codice Internazionale dei segnali, disposte verticalmente, una sull'altra, quando issate a riva cosa indicano?

- ☐ 1 — Pericolo e bisogno di soccorso
- ☐ 2 — Desiderio di mettersi in contatto radio
- ☐ 3 — Presenza di un subacqueo in immersione

Q

Un movimento lento e ripetuto delle braccia allargate dall'alto in basso da ciascun lato, cosa indica?

- ☐ 1 — Pericolo e bisogno di soccorso
- ☐ 2 — Segno di saluto in mare
- ☐ 3 — Sono impegnato in una battuta di pesca; mantenetevi lontani da me

R

Qual è l'esatta sequenza delle fasi in un motore a quattro tempi?

- ☐ 1 — Aspirazione, espansione, compressione, scarico
- ☐ 2 — Compressione, espansione, aspirazione, scarico
- ☐ 3 — Aspirazione, compressione, espansione, scarico

S

Che tipo di raffreddamento hanno in genere i motori fuoribordo?

- ☐ 1 — Ad aria
- ☐ 2 — Ad acqua, senza pompa
- ☐ 3 — Ad acqua, con pompa

T

In uno scafo in legno e, per similitudine, in tutti gli altri scafi, come è chiamata la struttura longitudinale più bassa sulla quale si collegano le costole?

- ☐ 1 — Chiglia
- ☐ 2 — Madiere
- ☐ 3 — Paramezzale

U

La nave che in un passo stretto o canale sta per essere sorpassata, come segnala il suo benestare?

- ☐ 1 — Con un suono prolungato, uno breve, uno prolungato e uno breve, emessi nell'ordine
- ☐ 2 — Con due suoni prolungati seguiti da due suoni brevi
- ☐ 3 — Con due suoni prolungati

V

Un'unità da diporto a propulsione meccanica, con lunghezza f.t. inferiore a 10 metri e con potenza motore superiore a 40.8 hp è considerata...

- ☐ 1 — Imbarcazione da diporto
- ☐ 2 — Nave da diporto
- ☐ 3 — Natante da diporto

Z

Qual è il nome del vento che spira da Ovest?

- ☐ 1 — Tramontana
- ☐ 2 — Ponente
- ☐ 3 — Mezzogiorno

A

Che cosa significa motore a quattro tempi?

- ☐ 1 — Che si ha una fase utile ogni due giri del motore, cioè ogni quattro corse del pistone
- ☐ 2 — Che si ha una fase utile ogni quattro giri dell'albero motore
- ☐ 3 — Che il motore ha quattro valvole per ogni cilindro

B

Che cosa rappresenta il seguente simbolo?

- ☐ 1 — Risucchio di marea
- ☐ 2 — Zona di vortici
- ☐ 3 — Dispositivo di separazione del traffico

C

Cosa prescrive il regolamento di sicurezza circa l'ubicazione degli estintori a bordo?

- ☐ 1 — Che vanno ubicati in posizione facilmente e sicuramente accessibile
- ☐ 2 — Che vanno ricaricati annualmente
- ☐ 3 — Che vanno pesati ogni due anni

D

Come è chiamata la linea di separazione tra carena e murata?

- ☐ 1 — Linea di bordo libero
- ☐ 2 — Linea di insellatura
- ☐ 3 — Linea di galleggiamento

E

Come viene definito un faro che ha una luce visibile a intervalli costanti, con durata della luce inferiore alla durata dell'eclisse?

- ☐ 1 — Faro con luce a lampi
- ☐ 2 — Faro con luce intermittente
- ☐ 3 — Faro con luce alternata

F

Un segnale costituito da un suono continuo emesso con qualsiasi apparecchiatura per segnali da nebbia, cosa indica?

- ☐ 1 — Pericolo e bisogno di soccorso
- ☐ 2 — Nave incagliata
- ☐ 3 — Nave impegnata in dragaggio di mine

G

Quali unità da diporto vengono iscritte in registri?

- ☐ 1 — Tutte quelle che navigano oltre sei miglia dalla costa
- ☐ 2 — Le navi e le imbarcazioni
- ☐ 3 — Soltanto le navi

H

Sulle carte nautiche italiane, che cosa rappresenta il seguente simbolo?

- ☐ 1 — Dromo
- ☐ 2 — Luce galleggiante su boa
- ☐ 3 — Battello fanale

L

Se in navigazione, in una giornata di fitta nebbia, udiamo distintamente di prua due fischi prolungati, ripetuti a intervalli di 2 minuti, che cosa stiamo incontrando?

- ☐ 1 — Una nave a propulsione meccanica in navigazione, con macchine ferme e senza abbrivo
- ☐ 2 — Una nave a propulsione meccanica intenta a pescare
- ☐ 3 — Una boa indicante pericolo isolato

M

Qual è il consumo medio di carburante per un motore fuoribordo di 80 hp?

- ☐ 1 — Circa 20 litri/h
- ☐ 2 — Circa 70 litri/h
- ☐ 3 — Circa 32 litri/h

N

Quando l'unità da diporto viene definita "nave"?

☐ 1 — Quando trasporta più di dieci persone
☐ 2 — Quando l'equipaggio supera il numero di due membri
☐ 3 — Quando supera i 24 metri di lunghezza fuori tutto

O

All'autorità del comandante dell'unità sono soggetti...

☐ 1 — I membri dell'equipaggio, se previsti a bordo
☐ 2 — Tutte le persone che occupano l'unità
☐ 3 — Tutte le persone a bordo, in caso di pericolo

P

L'ancora galleggiante filata in mare ci permette di...

☐ 1 — Rallentare la nostra velocità e presentare la prua o la poppa al mare
☐ 2 — Fermarci
☐ 3 — Rallentare e scarrocciare con il vento e il mare al traverso

Q

In un canale o passo stretto una nave che intenda sorpassarne un'altra sul lato dritto attenendosi alle regole, quale segnale sonoro emette?

☐ 1 — Due suoni prolungati seguiti da uno breve
☐ 2 — Due suoni brevi
☐ 3 — Due suoni prolungati

R

Come si chiama la parte emersa dello scafo?

☐ 1 — Opera morta
☐ 2 — Opera viva
☐ 3 — Mascone

S

A che cosa serve il volano magnete in un motore fuoribordo?

☐ 1 — A produrre corrente
☐ 2 — A dare una certa inerzia all'albero motore e a produrre corrente
☐ 3 — A regolare tutto il sistema di alimentazione

T

In aggiunta ai segnali sonori, per indicare le intenzioni di manovrare, possono usarsi segnali luminosi?

☐ 1 — Sì, è possibile, con un fanale a luce bianca
☐ 2 — No
☐ 3 — Sì, con un fanale a luce rossa

U

Con l'abilitazione al comando di imbarcazione da diporto si può condurre una unità di lunghezza f.t. uguale a 24 metri?

☐ 1 — Sì
☐ 2 — No
☐ 3 — Sì, ma la navigazione deve svolgersi entro sei miglia dalla costa

V

Nella scala Beaufort della forza del vento a cosa corrisponde la cifra 9?

☐ 1 — Tempesta violenta
☐ 2 — Vento forte
☐ 3 — Burrasca forte

Z

Cosa indica, sulle carte italiane, l'abbreviazione L.R.S.?

☐ 1 — Fanale con Luce Rossa Scintillante
☐ 2 — Segnali Laterali Rossi a Sinistra
☐ 3 — Livello di Riferimento degli Scandagli

A

Perché in un motore è indispensabile controllare periodicamente la tenuta delle tubazioni, dei raccordi e l'usura dei manicotti di gomma dei circuiti dell'olio e del combustibile?

- ☐ 1 — Per evitare inutili sprechi di olio e di carburante che potrebbe essere prezioso risparmiare per eventuali necessità
- ☐ 2 — Per evitare lo sgradevole odore in sentina che potrebbe causare seri disturbi alle persone imbarcate
- ☐ 3 — Perché il gocciolamento di olio o carburante su parti calde del motore può essere una probabile causa di incendio

B

La patente nautica può essere sospesa...

- ☐ 1 — Dall'Autorità marittima e della navigazione interna e dal giudice
- ☐ 2 — Dal magistrato
- ☐ 3 — Dalle Autorità che hanno accertato l'infrazione

C

Come si chiamano i fori praticati sul parapetto all'altezza della coperta o nel fondo del pozzetto, per far defluire fuoribordo l'acqua?

- ☐ 1 — Riflussi
- ☐ 2 — Ombrinali
- ☐ 3 — Occhi

D

A una nave a vela di lunghezza superiore a 12 metri è consentito mostrare altri fanali, oltre a quelli laterali e di poppa?

- ☐ 1 — Sì
- ☐ 2 — No
- ☐ 3 — Dipende dal numero degli alberi

E

Un'unità appartenente alla categoria di progettazione C, munita di licenza rilasciata dagli Uffici Provinciali per i trasporti terrestri, può navigare in acque marittime?

- ☐ 1 — No
- ☐ 2 — Sì, ma soltanto entro le tre miglia dalla costa
- ☐ 3 — Sì, in ogni caso

F

Come si dice quando un'ancora non ha fatto testa e fa arretrare lo scafo?

- ☐ 1 — Che morde
- ☐ 2 — Che ara
- ☐ 3 — Che non si ammarra

G

Cosa si deve controllare appena avviato un motore entrobordo?

- ☐ 1 — Che l'uscita dell'acqua di raffreddamento sia normale
- ☐ 2 — Il livello dell'olio
- ☐ 3 — Il livello dell'acqua nelle batterie

H

Con quale criterio si sceglie il peso dell'ancora?

- ☐ 1 — In base alle dimensioni e al dislocamento dell'imbarcazione
- ☐ 2 — In base alle possibilità di stivaggio
- ☐ 3 — In base alla forza del vento e allo stato del mare

L

Con un uomo che cade in mare da prua a dritta, su una imbarcazione che procede a motore, quale delle tre manovre effettuereste?

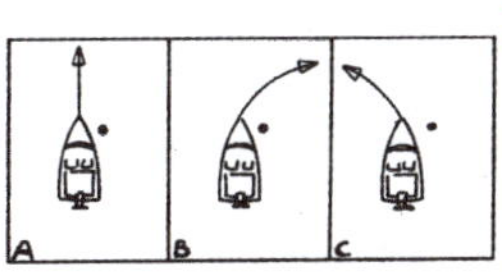

- ☐ 1 — La B
- ☐ 2 — La C
- ☐ 3 — La A

M

Può l'Autorità marittima impartire l'ordine di prestare soccorso a unità o persone in pericolo di perdersi?

- ☐ 1 — Sì, in ogni caso
- ☐ 2 — Sì, se non possa ricorrere a mezzi propri, o a quelli appositamente adibiti al salvataggio
- ☐ 3 — Sì, se il soccorso debba prestarsi nei limiti di abilitazione dell'unità che ha ricevuto l'ordine

N

Entro quanti giorni va denunciato all'Autorità marittima il ritrovamento di relitti?

- ☐ 1 — Entro tre giorni dal ritrovamento o dall'approdo, se il ritrovamento è avvenuto in navigazione
- ☐ 2 — Entro una settimana dal ritrovamento o dall'approdo
- ☐ 3 — Entro 24 ore dal ritrovamento o dall'approdo

O

Quali fanali deve mostrare una nave a vela in navigazione di lunghezza superiore a 12 metri?

- ☐ 1 — I fanali laterali e il fanale di poppa
- ☐ 2 — I fanali laterali, quello di testa d'albero e quello di poppa
- ☐ 3 — I fanali laterali

P

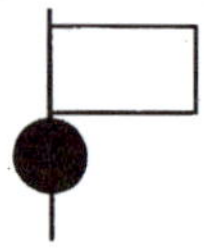

Che cosa significa il segnale raffigurato?

- ☐ 1 — Pericolo e bisogno di soccorso
- ☐ 2 — Nave intenta al dragaggio di mine
- ☐ 3 — Nave pilota impegnata in operazioni di pilotaggio

Q

Dove è indicato il livello cui si riferiscono i fondali riportati su una carta nautica?

- ☐ 1 — Sui Portolani
- ☐ 2 — Nel titolo della carta
- ☐ 3 — Non è indicato, i fondali si riferiscono alle alte maree

R

I sommergibili, quando navigano in superficie, quale fanale possono mostrare, oltre ai normali fanali di navigazione?

- ☐ 1 — Un fanale a luce gialla lampeggiante con frequenza di non più di 90 lampeggi al minuto, visibile per tutto l'orizzonte
- ☐ 2 — Un fanale verde visibile per tutto l'orizzonte
- ☐ 3 — Un fanale rosso lampeggiante visibile per tutto l'orizzonte?

S

In una carta di Mercatore raffigurante una zona a Sud dell'Equatore, come è la distanza dei paralleli?

- ☐ 1 — Decrescente verso il margine alto della carta
- ☐ 2 — Crescente verso il margine alto della carta
- ☐ 3 — Costante

T

Che cosa bisogna attendere, prima di partire a motore?

- ☐ 1 — Che le batterie siano cariche
- ☐ 2 — Che il motore abbia raggiunto la corretta temperatura di funzionamento
- ☐ 3 — Che l'olio sia arrivato al giusto livello

U

In caso di incaglio su fondo roccioso, con imbarcazione a motore, quale comportamento adottereste?

- ☐ 1 — Far indossare i salvagente, verifica di eventuali falle con conseguenti interventi, spostamento dei pesi verso la parte libera, impiego dell'elica (se libera) o di un'ancora per tonneggiarsi
- ☐ 2 — Far indossare i salvagente, elica subito in marcia indietro, verifica di eventuali falle con conseguenti interventi
- ☐ 3 — Far indossare i salvagente, attendere l'arrivo dell'alta marea, elica in marcia indietro, controllo di eventuali falle

V

A chi spetta la responsabilità della navigazione?

- ☐ 1 — A persona a bordo che sia munita di adeguata abilitazione al comando
- ☐ 2 — Al comandante dell'unità
- ☐ 3 — Alla persona che conduce l'unità stando al timone, se a ciò designato dal comandante

Z

Nelle unità da diporto munite di marcatura CE di conformità, chi rilascia il primo certificato di sicurezza?

- ☐ 1 — La ditta costruttrice
- ☐ 2 — L'ufficio competente all'atto dell'iscrizione
- ☐ 3 — Un uffico qualsiasi a richiesta del proprietario che deve anche interessarsi per la trascrizione sulla licenza

A

Che cosa rappresenta il simbolo raffigurato?

- ☐ 1 — Punto di dettaglio
- ☐ 2 — Punto determinato graficamente
- ☐ 3 — Punto trigonometrico

B

Quali compiti spettano al comandante di nave in pericolo?

- ☐ 1 — Tentare di salvare l'unità, e in ogni caso abbandonarla per ultimo provvedendo a salvare le persone imbarcate e i documenti
- ☐ 2 — Provvedere alla salvezza delle persone, abbandonando la nave per ultimo
- ☐ 3 — Chiamare il soccorso e abbandonare subito l'unità per evitare rischi maggiori agli occupanti della nave

C

Quando un secondo motore è considerato ausiliario?

- ☐ 1 — È amovibile, ha potenza non superiore al 20% di quella del motore principale ed è munito di certificato d'uso
- ☐ 2 — È di tipo fuoribordo, ha potenza inferiore a 30 hp ed è alimentato con serbatoio separato
- ☐ 3 — È sistemato sullo specchio di poppa, ha potenza inferiore a 10 hp ed è di tipo fuoribordo a due tempi

D

Quale può essere la causa più probabile di un anomalo surriscaldamento di un motore?

- ☐ 1 — Pompa di alimentazione difettosa
- ☐ 2 — Presa a mare ostruita
- ☐ 3 — Filtro aria intasato

E

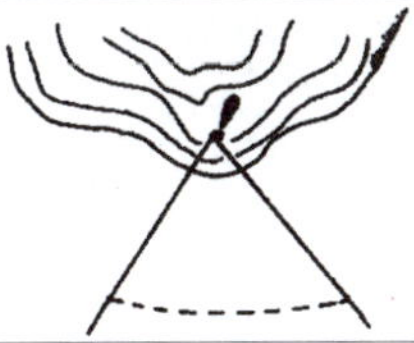

Come è chiamata la porzione di orizzonte, che viene illuminata dalla luce di un faro?

- ☐ 1 — Settore di visibilità
- ☐ 2 — Portata orizzontale
- ☐ 3 — Fascio di luce

F

Da quale direzione spira il Maestrale?

- ☐ 1 — Nord-Ovest
- ☐ 2 — Nord-Est
- ☐ 3 — Sud-Ovest

G

Da quale pubblicazione ricaviamo il valore della Declinazione Magnetica?

- ☐ 1 — Dalle tavole nautiche
- ☐ 2 — Da apposite tabelle
- ☐ 3 — Dalla carta nautica

H

In caso di visibilità ridotta, una nave pilota, quando è in servizio di pilotaggio, può emettere un segnale di riconoscimento?

- ☐ 1 — Sì, può emettere quattro suoni brevi
- ☐ 2 — No
- ☐ 3 — Sì, può emettere due suoni brevi

L

Quali navi mostrano un fanale supplementare a luce gialla lampeggiante visibile per tutto l'orizzonte?

- ☐ 1 — Una nave a cuscino d'aria, quando non è dislocante
- ☐ 2 — Un dragamine impegnato in operazioni di dragaggio mine
- ☐ 3 — Un idrovolante

M

Un segnale costituito da un colpo di cannone o da altri segnali esplosivi sparati a intervalli di circa un minuto, cosa indica?

- ☐ 1 — Pericolo e bisogno di soccorso
- ☐ 2 — Nave all'ancora in caso di visibilità limitata
- ☐ 3 — Avviso di tempesta dal primo quadrante

N

Come è chiamato il meccanismo, che, collegato direttamente alla testa del timone, serve a orientarlo?

- ☐ 1 — Frenello
- ☐ 2 — Agghiaccio
- ☐ 3 — Barra

O

A chi spetta curare che durante il viaggio si trovino a bordo i documenti prescritti?

- ☐ 1 — Al comandante
- ☐ 2 — Al proprietario dell'unità
- ☐ 3 — Dipende da accordi intercorsi (e documentati) tra comandante e proprietario

P

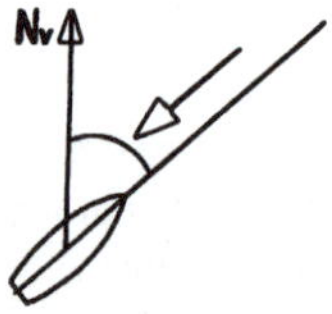

Come è chiamato l'angolo indicato con una freccia?

- ☐ 1 — Rotta prora
- ☐ 2 — Rotta vera
- ☐ 3 — Prua vera

Q

Come si chiama il complesso di aghi magnetici della bussola?

- ☐ 1 — Mortaio
- ☐ 2 — Elemento sensibile
- ☐ 3 — Sospensione cardanica

R

Per le unità da diporto di prima commercializzazione, munite di certificazione CE di conformità, appartenenti alle categorie A e B, la prima visita periodica va effettuata...

- ☐ 1 — Dopo 8 anni
- ☐ 2 — Dopo 5 anni
- ☐ 3 — Dopo 10 anni

S

Da quale direzione spira il Libeccio?

- ☐ 1 — Sud-Est
- ☐ 2 — Sud-Ovest
- ☐ 3 — Nord-Est

T

Chi può revocare la patente?

- ☐ 1 — L'Autorità marittima o della navigazione interna
- ☐ 2 — Il magistrato
- ☐ 3 — Il ministero competente

U

Come è chiamata quella specie di ringhiera situata attorno alla prua?

- ☐ 1 — Pulpito
- ☐ 2 — Bompresso
- ☐ 3 — Delfiniera

V

Cosa sono i bagli?

- ☐ 1 — Sono quei congegni, fissati sul salpancora, che servono a bloccare la catena
- ☐ 2 — Sono i cavi metallici che collegano i candelieri e formano la battagliola
- ☐ 3 — Sono le strutture trasversali dell'ossatura di uno scafo che collegano i rami superiori delle costole e sui quali si posa il ponte

Z

Una nave incagliata, lunga meno di 100 metri, con visibilità ridotta, quali segnali sonori deve emettere?

- ☐ 1 — Un suono rapido di campana per circa 5 secondi e tre colpi di campana separati e distinti, prima e dopo il suono rapido
- ☐ 2 — Tre fischi prolungati seguiti da uno breve
- ☐ 3 — Tre suoni rapidi di campana, a intervalli di non meno di 2 minuti

A

Il comandante di natante da diporto ha la stessa responsabilità della navigazione al pari di un comandante di nave?

- ☐ 1 — No
- ☐ 2 — Sì, se vi sono altre persone a bordo
- ☐ 3 — Sì, sempre

B

Che cosa è importante interporre fra la valvola di chiusura delle presa a mare e la pompa del sistema di raffreddamento?

- ☐ 1 — Un filtro, amovibile per la pulizia
- ☐ 2 — Uno sfiato piu alto della linea di galleggiamento
- ☐ 3 — Una valvola di intercettazione, comandabile dall'esterno dell'imbarcazione

C

È necessaria la patente per comandare o condurre unità da diporto...

- ☐ 1 — Di 10 metri di lunghezza f.t.
- ☐ 2 — Di 5 metri di lunghezza f.t. con motore fb da 850 cc.
- ☐ 3 — Di 10 metri a vela

D

In caso di revoca della patente disposta dal magistrato, può essere rilasciata nuova abilitazione al comando?

- ☐ 1 — No, mai
- ☐ 2 — Sì, purché si superi un nuovo esame
- ☐ 3 — Sì, purché sia intervenuto un provvedimento di riabilitazione

E

Come vengono chiamate le prese d'aria di uno scafo sormontate, generalmente, da una sorta di cuffia orientabile?

- ☐ 1 — Aspiratori
- ☐ 2 — Ombrinali
- ☐ 3 — Maniche a vento

F

Nel segnalamento marittimo qual è la differenza tra faro e fanale?

- ☐ 1 — Il faro ha sempre una luce bianca, i fanali hanno luce colorata (rossa o verde)
- ☐ 2 — I fari sono sistemati sui promontori o sugli scogli affioranti, i fanali sono sistemati esclusivamente alle stremità dei moli o dei pontili
- ☐ 3 — La differenza sta nella portata (maggiore o uguale a 10 miglia per i fari, inferiore a 10 miglia per i fanali) e nella funzione dei due segnalamenti

G

In un canale o passo stretto una nave che intenda sorpassare un'altra sul lato sinistro, in conformità alle regole, quale segnale sonoro emette?

- ☐ 1 — Due suoni prolungati seguiti da due suoni brevi
- ☐ 2 — Due suoni prolungati seguiti da uno breve
- ☐ 3 — Due suoni prolungati

H

Le unità da diporto iscritte nei registri e appartenenti alla categoria di progettazione CE del tipo B, possono effettuare navigazione...

- ☐ 1 — Con vento fino a forza 8 e onde fino a 4 metri
- ☐ 2 — Senza alcun limite
- ☐ 3 — Marittima entro 12 miglia dalla costa

L

Una unità da diporto con motore entrobordo di 80 hp e lunghezza uguale a 9 metri, deve essere iscritta in appositi registri?

- ☐ 1 — No, non deve essere iscritta in nessun registro
- ☐ 2 — Sì, deve essere iscritta nei registri delle imbarcazioni tenuti dagli uffici marittimi
- ☐ 3 — Sì, se effettua navigazione oltre le 6 miglia dalla costa

M

In un motore a quattro tempi può mancare un olio motore da sostituire periodicamente?

- ☐ 1 — No, deve averlo necessariamente
- ☐ 2 — Sì, ma lo si dovrà necessariamente aggiungere alla benzina in miscela superiore al 3%
- ☐ 3 — Sì, ma lo si dovrà necessariamente aggiungere alla benzina, in miscela non superiore al 3%

N

Ancorandosi alla ruota, che cosa occorre tener presente?

- ☐ 1 — Che soprattutto vi sia spazio sufficiente a poppa, nell'eventualità che l'ancora ari
- ☐ 2 — Che esista la possibilità di salpare l'ancora con sollecitudine
- ☐ 3 — Che nel cerchio, con raggio formato dalla lunghezza del calumo più la lunghezza dello scafo, ci sia spazio sufficiente a ruotare

O

Che tipo di nave distingue un suono costituito da 4 fischi brevi?

- ☐ 1 — Una nave intenta a dragare
- ☐ 2 — Una nave impegnata in operazione di pilotaggio
- ☐ 3 — Una nave impegnata in operazioni di pesca o strascico

P

Gli iniettori in un entrobordo diesel vanno puliti frequentemente?

- ☐ 1 — Sì
- ☐ 2 — No, solo ogni 100 ore di funzionamento
- ☐ 3 — No, solo quando è strettamente necessario

Q

Cosa si misura con l'anemoscopio?

- ☐ 1 — La velocità del vento
- ☐ 2 — La direzione del vento
- ☐ 3 — L'energia del vento sotto raffica

R

Quali visite per le annotazioni di sicurezza vengono disposte a richiesta del proprietario o di suo rappresentante?

- ☐ 1 — Quelle occasionali e periodiche
- ☐ 2 — Quelle iniziali e occasionali
- ☐ 3 — Quelle iniziali e periodiche

S

Che cosa è lo scarroccio?

- ☐ 1 — L'angolo formato tra Rv e Pv dovuto al vento
- ☐ 2 — L'angolo formato tra Rv e Pv dovuto alla corrente
- ☐ 3 — L'angolo formato tra la Pv e la direzione da cui proviene il vento

T

Che cosa indica il numero che appare nell'Elenco Fari, sotto il numero progressivo del segnalamento luminoso?

- ☐ 1 — Il numero internazionale
- ☐ 2 — Il numero dei vecchi elenchi
- ☐ 3 — L'altezza in piedi

U

In mancanza della bussola è possibile orientarsi di giorno in mare aperto?

- ☐ 1 — No
- ☐ 2 — Sì, con il sole
- ☐ 3 — Sì, con la radio

V

Una nave impegnata in operazioni di dragaggio di mine, di giorno, quali segnali deve mostrare?

- ☐ 1 — Tre palloni neri, sistemati uno in testa d'albero e gli altri due alle estremità del pennone dello stesso albero
- ☐ 2 — Tre coni con il vertice in basso, disposti in linea verticale
- ☐ 3 — Tre palloni disposti in linea verticale, di colore rosso

Z

Vi è comandante a bordo dei natanti?

- ☐ 1 — Sì
- ☐ 2 — Sì, se ci sono altre persone a bordo
- ☐ 3 — No

A

Quale abilitazione occorre per il comando di unità a vela di lunghezza uguale a 10 metri con motore ausiliario di potenza inferiore a 40.8 hp?

- ☐ 1 — Nessuna, se la navigazione avviene entro le 6 miglia e si sono compiuti 18 anni
- ☐ 2 — L'abilitazione al comando e alla condotta di unità a vela entro le 12 miglia
- ☐ 3 — Nessuna, se la navigazione avviene entro le 6 miglia e si sono compiuti 16 anni

B

Come sono chiamati i corsi longitudinali fissati alla parte interna delle costole?

- ☐ 1 — Bagli
- ☐ 2 — Serrette o correnti
- ☐ 3 — Paramezzali

C

Come viene detta l'operazione mediante la quale si distende una seconda ancora, sul prolungamento della prima, per aumentarne la tenuta, evitando che ari?

- ☐ 1 — Appennellare
- ☐ 2 — Afforcare
- ☐ 3 — Ingrippiare

D

Prima della partenza il Comandante di unità da diporto può trasferire ad altri la responsabilità di accertare che l'unità sia idonea al viaggio da intraprendere?

- ☐ 1 — Sì, documentando opportunamente la delega
- ☐ 2 — No, mai
- ☐ 3 — Sì, sempre

E

Ogni quanto si cambia l'olio motore in un fuoribordo a quattro tempi?

- ☐ 1 — Almeno ogni sei mesi
- ☐ 2 — Almeno ogni anno
- ☐ 3 — Non si cambia

F

Cosa indica sulle carte nautiche italiane, il simbolo raffigurato con l'abbreviazione RW?

- ☐ 1 — Radiofaro rotante
- ☐ 2 — Radiofaro cardinale Ovest (W)
- ☐ 3 — Radiofaro a pontile (Wharf)

RW

G

Come si chiamano quei cardini metallici che consentono al timone d'essere orientato?

- ☐ 1 — Golfari e trozze
- ☐ 2 — Spinotti e grilli
- ☐ 3 — Aguglioni e femminelle

H

Come si puliscono, in caso di necessità, gli iniettori di un motore diesel?

- ☐ 1 — Con gasolio e dei fili di ottone sottili
- ☐ 2 — Con gasolio e una spazzola di acciaio dura
- ☐ 3 — Con acqua e sapone

L

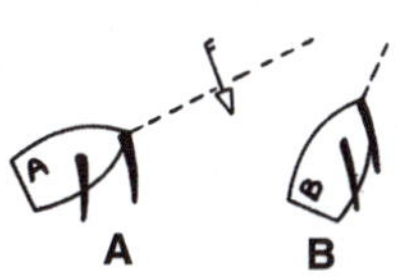

Quando due navi a vela si avvicinano una all'altra, con rischio di abbordaggio, come nella situazione illustrata, chi manovra?

- ☐ 1 — La nave sopravvento lascia libera la rotta alla nave che è sottovento
- ☐ 2 — La nave sottovento poggia per lasciare libera la rotta alla nave sopravvento
- ☐ 3 — Manovrano entrambe, A orza e B poggia

M

Quando la corrente colpisce l'imbarcazione a pruavia del traverso, come varia la velocità?

- ☐ 1 — Aumenta
- ☐ 2 — Resta costante
- ☐ 3 — Diminuisce

N

Cosa misura lo strumento chiamato tachimetro?

- ☐ 1 — La profondità del mare
- ☐ 2 — Le miglia percorse dalla nave
- ☐ 3 — La velocità della nave

O

Come è chiamata l'operazione mediante la quale si assicura una imbarcazione in banchina?

- ☐ 1 — Ormeggio
- ☐ 2 — Accostata
- ☐ 3 — Attracco

P

Cosa indica, sulle carte nautiche italiane, l'abbreviazione ED, riferita alla profondità?

- ☐ 1 — Esistenza dubbia
- ☐ 2 — Eventuali dragaggi
- ☐ 3 — Esistenza dedriti

Q

Secondo il Regolamento Internazionale per prevenire gli abbordi in mare, come deve essere il servizio di vedetta?

- ☐ 1 — Sempre attivo, visivo e auditivo
- ☐ 2 — Attivo dal tramonto al sorgere del sole
- ☐ 3 — Visivo, limitatamente alle ore notturne

R

A che cosa serve l'ancora galleggiante?

- ☐ 1 — A mantenere ferma l'imbarcazione in alto mare
- ☐ 2 — Ad aumentare la tenuta dell'ancora
- ☐ 3 — A mantenere la prua o la poppa al vento, evitando che l'imbarcazione si traversi, o a rallentarne l'abbrivo in caso di maltempo

S

È lecito appropriarsi di relitti ritrovati fortuitamente?

- ☐ 1 — Sì, se vengono ritrovati in mare; se trovati sul demanio marittimo essi vanno denunciati e consegnati all'autorità marittima
- ☐ 2 — Sì, in ogni caso
- ☐ 3 — No, in nessun caso

T

Pulire gli iniettori di un motore diesel è un'operazione difficile?

- ☐ 1 — Sì, può farla solo un esperto
- ☐ 2 — No, ma è molto delicata: si corre il rischio di rovinare irreparabilmente l'iniettore
- ☐ 3 — No, si può fare tranquillamente da soli

U

In un motore che utilizza il raffreddamento diretto, bisogna sostituire regolarmente...

- ☐ 1 — La pompa di circolazione dell'acqua di raffreddamento
- ☐ 2 — Le "candele di zinco" poste a protezione contro le correnti galvaniche
- ☐ 3 — Lo scambiatore di calore perché viene facilmente corroso dall'acqua di mare

V

L'estintore a polvere agisce...

- ☐ 1 — Per soffocamento, raffreddamento e azione catalitica negativa
- ☐ 2 — Per azione meccanica
- ☐ 3 — Per raffreddamento

Z

Quando una nave a vela con mure a sinistra è in vista di un'altra nave della quale non si può stabilire l'andatura, ma con la quale esiste il rischio di abbordaggio, come si comporta?

- ☐ 1 — Manovra per lasciare libera la rotta all'altra nave
- ☐ 2 — Continua per la propria rotta
- ☐ 3 — Attende, per vedere come si comporta l'altra nave

A

Nei motori diesel, il ritorno del gasolio sugli iniettori potrebbe causare...

- ☐ 1 — Pericoli d'incendio a causa della presenza di eccessivo gasolio nella camera di scoppio
- ☐ 2 — Abbondante fuoriuscita di gasolio dai tubi in gomma perché l'elevata temperatura del gasolio (80°) potrebbe facilmente usurarli
- ☐ 3 — Il mancato funzionamento degli iniettori a causa del distacco dei tubi per le eccessive vibrazioni

B

È ammesso a una nave a vela di intralciare il passaggio di una nave a propulsione meccanica, che segue una corsia di traffico?

- ☐ 1 — No, non è ammesso
- ☐ 2 — Sì, purché questa attraversi perpendicolarmente la corsia di traffico
- ☐ 3 — Sì, quando procede risalendo il vento

C

Che cosa si deve usare per unire l'ancora all'imbarcazione?

- ☐ 1 — Un cavo galleggiante
- ☐ 2 — Un cavo d'acciaio
- ☐ 3 — La catena almeno per i primi 10-30 metri e cavo in nailon o solo catena

D

Quali requisiti devono avere gli estintori a bordo?

- ☐ 1 — Devono avere caratteristiche e portata stabilite dai regolamenti del RINa
- ☐ 2 — Devono essere a soddisfazione del RINa, se a polvere e ad anidride carbonica
- ☐ 3 — Devono essere a soddisfazione dell'autorita marittima

E

Quale norma adottereste per valutare la provvista di carburante da portare in barca?

- ☐ 1 — La quantità sufficiente al fabbisogno medio di una scorta del 10%
- ☐ 2 — La quantità sufficiente al fabbisogno medio per coprire il percorso di andata e ritorno più il 30%
- ☐ 3 — Una quantità doppia di quella necessaria a compiere l'intero percorso di andata e ritorno

F

Come è chiamato quel foro praticato sulla prua, attraverso il quale passa la catena dell'ancora?

- ☐ 1 — Occhio di cubia
- ☐ 2 — Ombrinale
- ☐ 3 — Pozzo

G

Come si chiama il sistema di raffreddamento di un motore quando avviene con acqua di mare che circola in uno scambiatore, che a sua volta raffredda un secondo liquido circolante all'interno del motore?

- ☐ 1 — Raffreddamento misto
- ☐ 2 — Raffreddamento diretto
- ☐ 3 — Raffreddamento indiretto

H

Un'unità da diporto di 4 tonnellate di stazza lorda con motore da 50 hp...

- ☐ 1 — È un natante, se la lunghezza non supera i 10 metri di lunghezza f.t.
- ☐ 2 — È una imbarcazione
- ☐ 3 — Non rientra nelle categorie individuate dalla legge

L

Quando due navi a vela si avvicinano una all'altra, con rotte opposte e con rischio di abbordaggio, chi manovra?

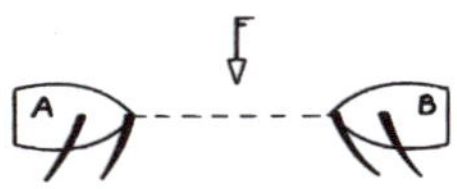

- ☐ 1 — La nave che riceve il vento sulla sinistra cede il passo all'altra
- ☐ 2 — Accostano entrambe a dritta
- ☐ 3 — Manovra la nave che si trova sottovento all'altra

M

Le visite occasionali di sicurezza sulle unità da diporto, secondo la direttiva CE, si effettuano...

- ☐ 1 — A seguito di danni, per modifiche apportate a scafo o apparato motore o per mutate condizioni di navigabilità
- ☐ 2 — In seguito a un sinistro marittimo o a una grave avaria
- ☐ 3 — A discrezione dell'Autorità marittima in seguito a controllo effettuato a bordo del quale sia risultata una grave anomalia nelle condizioni di navigabilità e sicurezza dell'unità

N

Cosa può accadere, qualora il calumo sia insufficiente?

- ☐ 1 — L'ancora può spedarsi
- ☐ 2 — Si può spezzare la catena
- ☐ 3 — Può danneggiarsi il salpancore

O

Come utilizzereste un estintore?

- ☐ 1 — Sottovento all'incendio, dirigendo il getto sulla sommità delle fiamme per allontanare il fumo
- ☐ 2 — Sopravento all'incendio, azionando l'estintore in modo da colpire le fiamme alla loro base
- ☐ 3 — Indifferentemente, purché venga azionato a debita distanza e con movimenti verticali, colpendo le fiamme superiormente e inferiormente

P

Quale comportamento deve osservare il Comandante di una unità che ne abbia incontrata un'altra in grave pericolo?

- ☐ 1 — Si mette in contatto con la Capitaneria/Guardia Costiera e richiede soccorso
- ☐ 2 — Presta soccorso e assistenza all'unità in pericolo in ogni caso, perché obbligatorio
- ☐ 3 — Presta soccorso e assistenza, purché ciò non costituisca un grave pericolo per il proprio mezzo e per le persone in esso imbarcate

Q

Come potremo avviare un piccolo motore diesel o a scoppio privo di alzavalvole, il cui motorino di avviamento non riesca a farlo girare in modo sufficientemente veloce?

- ☐ 1 — Con una bomboletta di avviamento, indipendentemente dal tipo di motore
- ☐ 2 — Chiudendo con una mano la presa dell'aria sul filtro, finché il motore non giri sufficientemente veloce
- ☐ 3 — Staccando la cinghia dell'alternatore

R

Qual è il consumo medio di un motore fuoribordo, a scoppio, con potenza superiore ai 40 cavalli?

- ☐ 1 — Da 0,15 a 0,29 litri per cavallo/ora
- ☐ 2 — Da 0,40 a 0,45 litri per cavallo/ora
- ☐ 3 — Da 0,30 a 0,40 litri per cavallo/ora

S

L'estintore a schiuma va usato...

- ☐ 1 — Dirigendo il getto su pozze di liquido in fiamme
- ☐ 2 — Dirigendo la schiuma in modo che copra il liquido in fiamme, senza dirigervi sopra il getto
- ☐ 3 — Preferibilmente per incendi di natura elettrica

T

Una nave che mostri tre fanali rossi in linea verticale è da considerare una nave in pericolo?

- ☐ 1 — No, assolutamente
- ☐ 2 — Sì
- ☐ 3 — Sì, solo se a intervalli regolari mostra anche una luce bianca

U

Cosa significa questo simbolo sulle carte nautiche italiane?

- ☐ 1 — Meda luminosa
- ☐ 2 — Boa luminosa
- ☐ 3 — Pilastro luminoso

V

Gli scooters acquatici non devono superare la distanza dalla costa di...

- ☐ 1 — Tre miglia
- ☐ 2 — Sei miglia
- ☐ 3 — Un miglio modificabile dall'autorità marittima

Z

Il soccorso è obbligatorio...

- ☐ 1 — Soltanto nei confronti delle persone in pericolo
- ☐ 2 — Nei confronti dell'unità e delle persone in pericolo
- ☐ 3 — Soltanto nei confronti delle persone: il salvataggio dell'unità in pericolo è un servizio a titolo oneroso

A

Una nave, quando non comprende le intenzioni di manovra dell'altra o quando esistono dubbi circa la corretta manovra per evitare l'abbordaggio, come segnala tale situazione?

- [ ] 1 — Emettendo una serie rapida di cinque suoni brevi, con il fischio
- [ ] 2 — Emettendo una serie di tre fischi brevi, in rapida successione
- [ ] 3 — Emettendo una serie di tre fischi prolungati, in rapida successione

B

Il ritrovamento di relitti in mare è "evento straordinario" da denunciare all'Autorità marittima?

- [ ] 1 — No, mai
- [ ] 2 — Sì, se l'esistenza del relitto può essere oggetto di indagini o provvedimenti dell'Autorità marittima
- [ ] 3 — Sì, se il ritrovamento è avvenuto in acque territoriali

C

Se il motore diesel non parte, o perde colpi, pur con il motorino d'avviamento che funziona, cosa controllare?

- [ ] 1 — Il sistema di accensione
- [ ] 2 — Il sistema di lubrificazione
- [ ] 3 — Il sistema di alimentazione

D

Come è chiamata la parte della sentina, ove si raccoglie l'acqua eventualmente imbarcata?

- [ ] 1 — Pozzetto
- [ ] 2 — Battura
- [ ] 3 — Assecco

E

Che cosa misurano gli strumenti meteorologici detti igrometri?

- [ ] 1 — La quantità d'acqua piovuta
- [ ] 2 — L'umidità relativa
- [ ] 3 — La nuvolosità

F

È necessaria l'abilitazione nautica per il comando e la condotta di un natante con motore entrobordo diesel con cilindrata uguale a 1.400 cc.?

- [ ] 1 — Sì
- [ ] 2 — No
- [ ] 3 — Sì, ma solo se la lunghezza fuori tutto supera i 10 metri

G

Che cosa significa miscela olio-benzina al 2 per cento?

- [ ] 1 — Che su 100 parti in volume di miscela, 2 sono di olio e 98 di benzina
- [ ] 2 — Che su 100 parti in peso di miscela, 2 sono di olio e 98 di benzina
- [ ] 3 — Che la miscela sarà costituita da 2 parti in volume di olio ogni 100 parti di benzina

H

Una barca a remi può mostrare i fanali previsti per una nave a vela?

- [ ] 1 — Sì, se possibile
- [ ] 2 — No
- [ ] 3 — Sì, se possiede anche il motore

L

Come è dipinta una meda che indica un pericolo isolato?

- [ ] 1 — Di rosso
- [ ] 2 — Con una banda rossa sormontata da una banda di colore bianco
- [ ] 3 — Di nero con una o più bande orizzontale rosse

M

Un'imbarcazione a vela di lunghezza inferiore ai 7 metri deve mostrare i fanali previsti per le navi a vela?

- [ ] 1 — Sì, se possibile
- [ ] 2 — No
- [ ] 3 — Sì, in ogni caso

22

N

Che cosa significa che un motore ha la “miscelazione separata”?

☐ 1 — Che il motore ha un proprio circuito di lubrificazione separato
☐ 2 — Che il motore è provvisto di un sistema di miscelazione olio-benzina proprio quindi con serbatoi olio e benzina separati
☐ 3 — Che la miscela va preparata prima di immetterla nel serbatoio

O

Quale differenza esiste tra assistenza e salvataggio?

☐ 1 — L’assistenza e prestata a titolo oneroso, il salvataggio è gratuito
☐ 2 — L’assistenza è prestata all’unità in pericolo, il salvataggio si effettua a favore delle persone
☐ 3 — L’assistenza si presta a unità in grado di manovrare, il salvataggio è a favore di nave che non sia in grado di collaborare con chi la soccorre

P

È possibile orientarsi di notte, in mare aperto e in mancanza della bussola?

☐ 1 — No
☐ 2 — Sì, con la Stella Polare o con la Luna
☐ 3 — Sì, osservando il moto ondoso

Q

Navigando con Rv = 150°, quale coordinata sarà mutata?

☐ 1 — Sia la longitudine che la latitudine
☐ 2 — Solo la latitudine
☐ 3 — Solo la longitudine

R

Che cosa è la navigazione da diporto?

☐ 1 — La navigazione effettuata per il trasporto di persone
☐ 2 — La navigazione effettuata senza il fine di lucro
☐ 3 — La navigazione che si svolge su unità che superino 50 tonnellate di stazza lorda

S

Quali sono le categorie di unità da diporto?

☐ 1 — Navi, imbarcazioni, natanti
☐ 2 — Unità a motore, a vela, a vela con motore ausitiario
☐ 3 — Navi maggiori e navi minori per il diporto

T

“Spurgare” il sistema di alimentazione di un diesel significa...

☐ 1 — Eliminare l’acqua presente nel gasolio, impiegando appositi filtri di decantazione
☐ 2 — Eliminare l’aria presente nel circuito
☐ 3 — Pulire i filtri del gasolio esistenti sul circuito

U

Come è chiamato lo spazio chiuso tra la prua e la prima paratia?

☐ 1 — Pozzo delle catene
☐ 2 — Gavone prodiero
☐ 3 — Cala

V

L’estintore a schiuma va usato...

☐ 1 — Dirigendolo su pozze di liquido in fiamme
☐ 2 — Su incendi provocati da impianti elettrici
☐ 3 — Su incendi di natura non elettrica

Z

Quale età minima occorre per condurre moto d’acqua con potenza inferiore o uguale a 40.8 hp?

☐ 1 — 21
☐ 2 — 16
☐ 3 — 18

A

Cambiando candele in un fuoribordo, che gradazione useremo?

- ☐ 1 — Quella prescritta dal costruttore
- ☐ 2 — Piu calde di quelle prescritte in estate, più fredde d'inverno
- ☐ 3 — Più fredde di quelle prescritte in inverno, piu calde d'estate

B

Quale certificazione accompagna l'uso dei motori amovibili da applicare a unità da diporto?

- ☐ 1 — Dichiarazione di potenza del motore
- ☐ 2 — Licenza di abilitazione
- ☐ 3 — Patente di abilitazione

C

L'obbligo di soccorso nei confronti di altra unità in pericolo vale...

- ☐ 1 — Se il soccorso è possibile senza grave pericolo per l'unità soccorritrice e per le persone a bordo
- ☐ 2 — Quando possa ragionevolmente raggiungersi l'unità in pericolo prima di qualsiasi altro mezzo soccorritore
- ☐ 3 — Quando non sia in grado di intervenire l'autorità preposta ai soccorsi, e non ne derivi pericolo per l'unità che presta assistenza

D

Vedendo i fanali raffigurati, che tipo di nave stiamo incontrando?

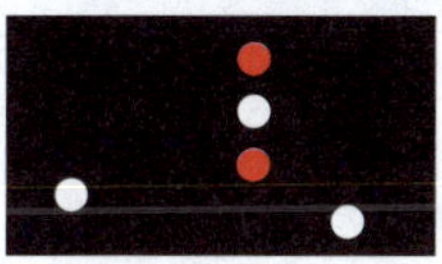

- ☐ 1 — Una nave di lunghezza superiore a 50 metri, con manovrabilità limitata, all'ancora, che mostra il suo lato sinistro
- ☐ 2 — Una nave di lunghezza superiore a 50 metri, con manovrabilità limitata, all'ancora, che mostra il suo lato dritto
- ☐ 3 — Una nave pilota, di lunghezza superiore a 50 metri, all'ancora

E

Se il nostro motore non parte o perde colpi, pur con il motorino d'avviamento che funziona regolarmente, cosa si deve controllare?

- ☐ 1 — Il sistema di accensione
- ☐ 2 — Il sistema di lubrificazione
- ☐ 3 — Il sistema di iniezione del gasolio

F

Una nave condizionata dalla sua immersione, cosa può mostrare di giorno?

- ☐ 1 — Un segnale cilindrico, nel punto in cui possa essere meglio visibile
- ☐ 2 — Un pallone, nel punto in cui possa essere meglio visibile
- ☐ 3 — Un segnale conico con il vertice in basso, nel punto in cui possa essere meglio visibile

G

La licenza di abilitazione alla navigazione da diporto è rilasciata...

- ☐ 1 — Dall'Autorità Marittima o dagli Uffici Provinciali per i trasporti terrestri
- ☐ 2 — Dal Registro Italiano Navale
- ☐ 3 — Dal Ministero della Marina Mercantile e da quello dei Trasporti

H

L'introduzione di aria in locale aggredito da incendio determina...

- ☐ 1 — Il raffreddamento del locale
- ☐ 2 — Nessuna reazione aggiuntiva
- ☐ 3 — Alimentazione dell'incendio

L

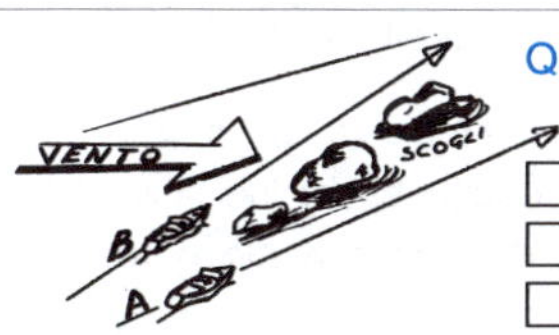

Quale delle due imbarcazioni segue la rotta più corretta

- ☐ 1 — A
- ☐ 2 — B
- ☐ 3 — Dipende dal pescaggio delle imbarcazioni

M

Cosa indica una meda sormontata da un miraglio giallo avente la forma di una X?

- ☐ 1 — Attenzione, zona di intenso traffico di mezzi veloci (aliscafi, catamarani, etc.)
- ☐ 2 — Segnale speciale
- ☐ 3 — Attenzione, pericolo isolato

N

Una nave che viene spinta in avanti e che non fa parte di una unità composta cosa deve mostrare di notte?

☐ 1 — I fanali laterali sistemati presso l'estremità prodiera
☐ 2 — Il fanale di testa d'albero e un fanale bianco sull'estrema prua
☐ 3 — Il fanale giallo (di rimorchio) sull'estrema prua

O

Chi non osserva la disciplina di bordo è soggetto a sanzioni?

☐ 1 — Sì, se fa parte dell'equipaggio
☐ 2 — Sì, qualunque posizione esso rivesta a bordo
☐ 3 — No, a bordo delle unità da diporto

P

Cosa indica una meda sormontata da un miraglio costituito da una sfera di colore rosso?

☐ 1 — Pericolo isolato
☐ 2 — Acque sicure
☐ 3 — Acque sicure a Sud della meda

Q

Quale delle seguenti unità da diporto è un natante?

☐ 1 — Unità A: hp 75 - lunghezza f.t. 10 metri
☐ 2 — Unità B: hp 25 - lunghezza f.t. 10,09 metri
☐ 3 — Unità C: hp 25 - lunghezza f.t. 11 metri - sup. velica 40 mq

R

Possono essere adoperati altri modi (oltre quello previsto) per segnalare una nave o un oggetto rimorchiato?

☐ 1 — Sì, quando la nave o l'oggetto rimorchiato non possono mostrare i fanali previsti
☐ 2 — No
☐ 3 — Sì, solo quando il rimorchio è inferiore a 200 metri

S

Una nave a vela, che proceda solo a motore, quali fanali deve mostrare?

☐ 1 — Quelli previsti per le navi a propulsione meccanica di pari lunghezza
☐ 2 — Quelli previsti per le navi a vela
☐ 3 — Quelli previsti per le navi a vela, che navigano contemporaneamente a motore e a vela

T

Quali caratteristiche della unità sono rilevanti per la distinzione tra natanti e imbarcazioni?

☐ 1 — Stazza, potenza del motore, lunghezza
☐ 2 — Lunghezza
☐ 3 — Stazza, potenza del motore

U

Perché il sistema di raffreddamento diretto, soprattutto sui diesel, andrebbe evitato?

☐ 1 — Perché l'acqua salata potrebbe finire nella marmitta di scarico
☐ 2 — Perché c'è il rischio che l'acqua possa passare attraverso la guarnizione della testata nei cilindri
☐ 3 — Perché, a temperature superiori ai 60 gradi, l'acqua di mare genera grandi quantità di depositi salini

V

Se di giorno incontriamo, di prua, una nave che mostra i segnali raffigurati, di quale nave si tratta?

☐ 1 — Di una nave con difficoltà di manovra, che indica il lato libero
☐ 2 — Di una nave impegnata in operazioni subacquee, che indica il lato ostruito
☐ 3 — Di una nave che rimorchia un rimorchio di lunghezza superiore ai 200 metri, con difficoltà di manovra

Z

Quali dati deve contenere la denuncia di ritrovamento?

☐ 1 — Descrizione del bene ritrovato, luogo, giorno e ora del ritrovamento
☐ 2 — Descrizione del bene ritrovato, luogo giorno e ora del ritrovamento, luogo ove verrà custodito
☐ 3 — Luogo e giorno del ritrovamento

A

Che segnale deve mostrare, di giorno, una nave che proceda contemporaneamente a vela e a motore?

☐ 1 — A prua un segnale conico con il vertice verso il basso
☐ 2 — Un pallone nero, in maniera ben visibile, in testa d'albero
☐ 3 — Un cilindro nero, sull'estrema prua, in maniera ben visibile

B

Se di notte si vedono i fanali raffigurati, che tipo di nave stiamo raggiungendo?

☐ 1 — Una nave a cuscino d'aria, con manovrabilità limitata, all'ancora vista di prua
☐ 2 — Una nave impegnata in operazioni subacquee vista di poppa, con manovrabilità limitata
☐ 3 — Una nave a propulsione meccanica, impegnata in operazioni di rimorchio, con manovrabilità limitata, vista di poppa

C

Su quale canale in Vhf si effettua la chiamata di soccorso?

☐ 1 — Sul canale 16 (freq. 156,8 MHz) con richiesta di canale di lavoro
☐ 2 — Su qualsiasi frequenza marittima disponibile
☐ 3 — Sul canale 16

D

Le visite occasionali per gli accertamenti di sicurezza sulle unità da diporto si effettuano...

☐ 1 — Ogni cinque anni
☐ 2 — Quando se ne verifichi la necessità
☐ 3 — Quando ci sia stato un cambio di proprietà

E

Quale dei tre ancoraggi è da ritenere buono?

☐ 1 — A - Calumo da 5 a 7 volte H
☐ 2 — B - Calumo da 3 a 4 volte H
☐ 3 — C - Calumo da 1 a 2 volte H

F

In caso di visibilità ridotta una nave a propulsione meccanica con abbrivo, quali segnali sonori deve emettere?

☐ 1 — A intervalli non superiori a due minuti, un suono prolungato
☐ 2 — A intervalli non superiori a due minuti, due suoni brevi
☐ 3 — A intervalli non superiori a due minuti, un suono prolungato seguito da uno breve

G

Da chi deve essere redatta la dichiarazione di evento straordinario?

☐ 1 — Da persona designata, con delega, dal comandante
☐ 2 — Dal comandante
☐ 3 — Da qualsiasi membro dell'equipaggio

H

Secondo il Regolamento Internazionale per prevenire gli abbordi in mare, in caso di dubbio come si ritiene sia il rischio di abbordaggio?

☐ 1 — Sempre esistente
☐ 2 — Esistente, quando le due navi sono lontane meno di 500 metri
☐ 3 — Esistente, quando le navi procedono con rotte opposte

L

Partendo da un punto di coordinate φ = 38°43'.4 N; λ = 009°08'.7 E, con Rv = 360° e velocità V = 16 nodi, quali saranno le nuove coordinate dopo 30 minuti?

☐ 1 — φ = 38°51'.4 N; λ = 009°08'.7 E
☐ 2 — φ = 38°51'.4 N; λ = 009°02'.7 E
☐ 3 — φ = 38°37'.4 N; λ = 009°00'.7 E

M

Come sono spenti normalmente i motori diesel?

☐ 1 — Interrompendo l'afflusso del carburante alla pompa di iniezione
☐ 2 — Mettendo a massa la bobina
☐ 3 — Girando e togliendo la chiave di messa in moto

N

Ai fini della sicurezza a quali visite vengono sottoposte le unità da diporto?

- [ ] 1 — Obbligatorie e facoltative
- [ ] 2 — Iniziali e periodiche
- [ ] 3 — Iniziali, periodiche e occasionali

O

Una nave, che spinge in avanti o rimorchia lateralmente, deve mostrare il fanale giallo di rimorchio?

- [ ] 1 — No
- [ ] 2 — Sì
- [ ] 3 — Sì, solo se il rimorchio supera la lunghezza di 200 metri

P

Cosa indica una meda sormontata da un miraglio nero avente la forma di due coni con i vertici rivolti verso il basso?

- [ ] 1 — Pericolo a Sud della meda e acque sicure a Nord
- [ ] 2 — Pericolo a Nord della meda e acque sicure a Sud
- [ ] 3 — Pericolo isolato

Q

Per spegnere un motore diesel possiamo usare l'alzavalvole?

- [ ] 1 — Sì, ma solo a freddo
- [ ] 2 — Sì, ma solo a caldo
- [ ] 3 — No, mai

R

In caso di riconsegna di un bene ritrovato al proprietario, va ugualmente presentata denuncia di ritrovamento?

- [ ] 1 — No
- [ ] 2 — Sì, allegando dichiarazione del proprietario
- [ ] 3 — No, se non vi siano interessi del proprietario o del ritrovatore

S

La presenza di una corrente, generalmente, modifica la Pv di una imbarcazione?

- [ ] 1 — No
- [ ] 2 — Sì
- [ ] 3 — Solo se la corrente la colpisce al traverso

T

A che cosa serve l'indice chiaro, manovrabile dall'esterno, di un barometro metallico?

- [ ] 1 — A valutare la tendenza barometrica
- [ ] 2 — A tarare lo strumento
- [ ] 3 — A stabilire quale dovrà essere la pressione ideale per salpare

U

È ammessa una successione di piccole variazioni di rotta o velocità (o di entrambe) per evitare un abbordaggio?

- [ ] 1 — No, assolutamente
- [ ] 2 — Sì, solo se anche l'altra nave varia di poco rotta e velocità
- [ ] 3 — Sì, purché le accostate vengano fatte a dritta

V

Quando una nave mostra i due fanali di testa d'albero, qual è la minima distanza verticale tra i due fanali?

- [ ] 1 — Quello poppiero deve essere almeno 4,5 metri più alto del prodiero
- [ ] 2 — Quello poppiero deve esser almeno 10 metri più alto del prodiero
- [ ] 3 — Quello prodiero deve essere almeno 4,5 metri piu alto di quello poppiero

Z

Come si compensa una bussola magnetica?

- [ ] 1 — Avvitanto la vite di verifica
- [ ] 2 — Facendo gli opportuni giri di bussola
- [ ] 3 — Confrontandola con un'altra bussola

A

Una nave intenta a eseguire operazioni subacquee, con dimensioni tali da non consentire l'esposizione dei segnali prescritti, cosa deve mostrare?

- ☐ 1 — Una copia rigida della lettera A del Codice Internazionale
- ☐ 2 — Una copia rigida della lettera B del Codice Internazionale
- ☐ 3 — Un pallone nero

B

Se smontando le candele di un fuoribordo, gli elettrodi si presentano umidi, oleosi di colore marrone scuro e con qualche residuo fuligginoso, quali osservazioni possiamo fare?

- ☐ 1 — Anticipo dell'accensione per effetto della temperatura troppo elevata dell'isolante
- ☐ 2 — Navigazioni a basso regime, troppo olio nel carburante
- ☐ 3 — Abbiamo sbagliato il tipo di candele, sono troppo calde

C

È ammesso attraversare diagonalmente alla direzione del flusso del traffico una corsia di separazione del traffico?

- ☐ 1 — No, l'attraversamento è ammesso, in casi eccezionali, perpendicolarmente alla direzione di flusso
- ☐ 2 — Sì, purché non ci siano navi in vista
- ☐ 3 — Sì, solo nei canali stretti

D

Sulle carte nautiche italiane, questo simbolo indica...

- ☐ 1 — Segnale di imboccatura di porto destinato alla Raccolta di Containers
- ☐ 2 — Segnale galleggiante con risponditore Radar
- ☐ 3 — Boa di segnalamento IALA, indicante pericolo isolato

E

Cosa significa questo simbolo sulle carte nautiche italiane?

- ☐ 1 — Punto di dettaglio
- ☐ 2 — Torre
- ☐ 3 — Antenna radio

F

Quali sono le fonti di trasmissione dei bollettini Meteomar?

- ☐ 1 — Le stazioni Radiotelefoniche Costiere
- ☐ 2 — Le stazioni Rai (secondo programma)
- ☐ 3 — La Telecom

G

Se di notte si vedono i fanali qui raffigurati, che tipo di nave stiamo incontrando?

- ☐ 1 — Una nave a propulsione meccanica impegnata in operazioni di pesca a strascico, vista di poppa
- ☐ 2 — Una nave a propulsione meccanica impegnata in operazioni di pilotaggio, vista di poppa
- ☐ 3 — Una nave con manovrabilità limitata, in navigazione, senza abbrivo

H

Cosa indica la meda rappresentata in figura?

- ☐ 1 — Acque sicure a Nord della meda
- ☐ 2 — Pericolo superato, continuare con la rotta precedente
- ☐ 3 — Acque sicure tranne che nella direzione indicata dal miraglio

L

Cosa rappresenta la bandiera raffigurata quando è issata a bordo di una nave?

- ☐ 1 — Ho un palombaro in immersione; mantenetevi lontano da me e procedete adagio
- ☐ 2 — Sto imbarcando, o sbarcando o trasportando merci pericolose
- ☐ 3 — Sto accostando a dritta

M

Se a un controllo dell'olio del motore o dell'invertitore notiamo che è grigiastro e lattiginoso, cosa può essere accaduto?

- ☐ 1 — Possono esserci state infiltrazioni d'acqua
- ☐ 2 — Può essersi verificata una infiltrazione di carburante nell'olio
- ☐ 3 — Niente, il colore grigiastro e lattiginoso è normale in un olio lubrificante che abbia subito degli scuotimenti

N

Un'unità appartenente alla categoria di progettazione CE del tipo C, iscritta nei registri degli Uffici marittimi, può navigare in acque interne?

☐ 1 — No
☐ 2 — Sì
☐ 3 — Sì, ma solo dopo accertamento di sicurezza da parte degli Uffici Provinciali per i trasporti terrestri

O

Ai fini della sicurezza, le visite periodiche delle unità appartenenti alla categorie CE del tipo A e B, vengono effettuate...

☐ 1 — Ogni cinque anni
☐ 2 — Ogni due anni dalla data del primo rinnovo
☐ 3 — Ogni volta che se ne verifichi la necessità, su richiesta del proprietario

P

Cosa si intende per timone compensato?

☐ 1 — Un timone di rispetto realizzato in compensato marino
☐ 2 — Un timone i cui effetti evolutivi sono compensati da quelli dell'elica
☐ 3 — Un timone che presenta una parte della pala a pruavia dell'anima

Q

Con visibilità ridotta, una nave a propulsione meccanica in navigazione ma con macchine ferme e senza abbrivo, quali segnali sonori deve emettere?

☐ 1 — Due suoni prolungati, in successione, a intervalli non superiori a 2 minuti
☐ 2 — Tre suoni prolungati, in successione, a intervalli non superiori a 3 minuti
☐ 3 — Un suono breve e uno prolungato, in successione, a intervalli non superiori a 2 minuti

R

Come va regolato il premistoppa (detto anche pressatrecce) sulla tenuta a baderna dell'asse dell'elica?

☐ 1 — Stretto per non perdere alcuna goccia
☐ 2 — Stretto, ma solo il tanto che permetta di perdere poche gocce al minuto
☐ 3 — L'acqua deve cadere a filo

S

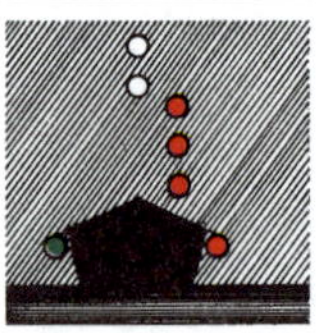

Se di notte osserviamo i fanali illustrati, quale tipo di nave stiamo incontrando?

☐ 1 — Una nave con manovrabilità limitata che indica il lato ostruito
☐ 2 — Un rimorchiatore con manovrabilità limitata, visto di prua
☐ 3 — Una nave di lunghezza superiore a 50 metri, vincolata dalla propria immersione, vista di prua

T

Entro quale limite dalla costa possono navigare le unità a remi?

☐ 1 — Un miglio
☐ 2 — 1.000 metri
☐ 3 — Sei miglia

U

Lo sci nautico è consentito...

☐ 1 — In ore diurne, con tempo favorevole e mare calmo
☐ 2 — In ore diurne, con tempo favorevole, mare calmo e previo accertamento dell'abilità dello sciatore
☐ 3 — In ore notturne purché si disponga di un adeguato proiettore

V

Quali fanali può mostrare una nave condizionata dalla sua immersione, in aggiunta ai fanali prescritti per le navi di pari lunghezza?

☐ 1 — Tre fanali rossi, visibili per tutto l'orizzonte, disposti in linea verticale
☐ 2 — Tre fanali verdi disposti in linea verticale, visibili per tutto l'orizzonte
☐ 3 — Due fanali rossi, visibili per tutto l'orizzonte, disposti in linea verticale

Z

È ammesso il fine di lucro per l'esercizio del noleggio di unità da diporto e per quello dello sci nautico?

☐ 1 — No, in nessun caso
☐ 2 — Sì
☐ 3 — Sì, previa autorizzazione dell'Autorità Marittima

A

Oltre i limiti di distanza dalla costa, possono esistere anche limiti di velocità per le unità da diporto?

- ☐ 1 — Sì
- ☐ 2 — No
- ☐ 3 — Sì, a discrezione dell'autorità competente

B

Dove sono riportati tutti i simboli e le abbreviazioni usati nelle carte nautiche italiane?

- ☐ 1 — Nel dorso della carta nautica
- ☐ 2 — Nel margine destro delle carte, sotto il titolo
- ☐ 3 — In una apposita pubblicazione dell'Istituto Idrografico della Marina Militare

C

Un'unità appartenente alla categoria CE del tipo C, iscritta nei registri degli Uffici Provinciali per i trasporti terrestri, può navigare in acque marittime?

- ☐ 1 — Sì, entro i limiti stabiliti dalla categoria di appartenenza
- ☐ 2 — Sì, fino a sei miglia dalla costa ma solo previa verifica, da parte dell'Autorità marittima, dei requisiti di sicurezza
- ☐ 3 — No, le unità della categoria C possono essere abilitate esclusivamente alla navigazione in acque interne

D

Quando viene rinnovata la licenza di navigazione?

- ☐ 1 — Ogni cinque anni
- ☐ 2 — Ogni due anni
- ☐ 3 — In caso di modifica degli elementi strutturali o di identificazione dell'unità da diporto

E

Se nel pannello di controllo di un piccolo motore entrobordo si accende la spia dell'alternatore e la temperatura dell'acqua di raffreddamento aumenta di valore, cosa può essere accaduto?

- ☐ 1 — Si è verificato un guasto alla pompa dell'acqua
- ☐ 2 — Si è rotta la cinghia
- ☐ 3 — È andato in avaria l'alternatore

F

Come viene detto quel sistema che; su talune imbarcazioni, convoglia lo scarico dell'acqua di raffreddamento, mischiandola con i gas della marmitta?

- ☐ 1 — Sistema a raffreddamento indiretto
- ☐ 2 — Sistema con marmitta di miscelazione
- ☐ 3 — Sistema con marmitta raffreddata

G

In quale caso è obbligatoria la denuncia di evento straordinario?

- ☐ 1 — In tutti i casi in cui, in porto o in navigazione, si siano verificati eventi dannosi per la nave
- ☐ 2 — Quando vi siano stati pericoli per le persone a bordo
- ☐ 3 — Quando durante il viaggio si siano verificati eventi anomali relativi alla nave o alle persone a bordo

H

In quali casi vengono usati i segnali a mano e quando i fuochi a mano, per le segnalazioni di soccorso?

- ☐ 1 — I segnali per le segnalazioni a distanza, i fuochi quando sono in vista i soccorritori
- ☐ 2 — I segnali in ore notturne, i fuochi in ore diurne
- ☐ 3 — Indifferentemente possono essere usati gli uni o gli altri

L

Come si comportano due navi a propulsione meccanica che si trovino in situazione di rotte incrociate, con rischio di abbordaggio?

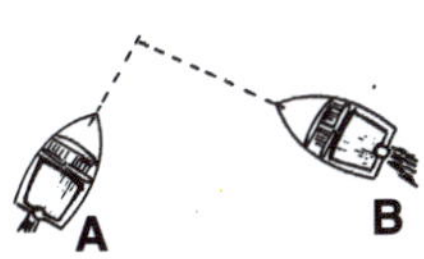

- ☐ 1 — La nave A accosta, passando di poppa a B
- ☐ 2 — La nave B accosta, passando di poppa ad A
- ☐ 3 — La nave B accosta a dritta fino a che A non la supera; poi ritorna in rotta

M

In quale elemento è necessario affettuare un controllo frequente (almeno settimanale) dell'olio?

- ☐ 1 — Nell'alternatore
- ☐ 2 — Nell'invertitore-riduttore, se non in blocco con il motore
- ☐ 3 — Nel giusto elastico dell'asse dell'elica

N

Oltre quale limite dalla costa devono navigare le unità in transito nelle zone frequentate da bagnanti?

- ☐ 1 — 200 metri
- ☐ 2 — 300 metri
- ☐ 3 — Nei limiti stabiliti dall'autorità competente, nella stagione balneare

O

Quali dei seguenti obblighi sono imposti a una imbarcazione?

- ☐ 1 — Avere un nome
- ☐ 2 — Quello di esporre la bandiera nazionale e di mostrare la sigla di iscrizione
- ☐ 3 — Nessun obbligo, tranne quello di installare i fanali regolamentari

P

I natanti da diporto possono essere iscritti nei registri delle imbarcazioni da diporto?

- ☐ 1 — Sì
- ☐ 2 — No
- ☐ 3 — Sì, se adibiti alla navigazione oltre le 6 miglia

Q

Una imbarcazione di lunghezza inferiore a 7 metri è obbligata, quando è all'ancora, o incagliata a mostrare i segnali di ancoraggio o di nave incagliata?

- ☐ 1 — No, se non si trova in un canale stretto o su rotte abitualmente frequentate
- ☐ 2 — Sì, in ogni caso
- ☐ 3 — Sì, di notte

R

In un motore entrobordo diesel di media potenza le batterie vengono ricaricate...

- ☐ 1 — Da un potenziometro, trascinato dal motore
- ☐ 2 — Da un invertitore, trascinato dal motore
- ☐ 3 — Da un alternatore o, in alcuni rari casi, da una dinamo, trascinati dal motore

S

A quali navi è concesso mostrare un fanale a luce bianca in tempo sufficiente per evitare l'abbordaggio?

- ☐ 1 — A una barca a vela di lunghezza inferiore a 7 metri o a una imbarcazioni a remi
- ☐ 2 — A una nave all'ancora
- ☐ 3 — A una nave intenta a pescare

T

Dovendo entrare in un porto, di notte, quale fanale faremo coincidere con quello verde della nostra imbarcazione?

- ☐ 1 — Quello verde posto sulla testata del molo
- ☐ 2 — Quello rosso posto sulla testata del molo
- ☐ 3 — Nessuno, dovremo dirigere la prua sul fanale verde

U

Come è dipinta una meda che indica acque sicure a Sud?

- ☐ 1 — Di giallo con una banda nera al centro
- ☐ 2 — Con una banda nera sormontata da una banda di colore giallo
- ☐ 3 — Di verde con una banda centrale rossa

V

Le bombole di gas a bordo...

- ☐ 1 — Devono essere sistemate secondo le norme del RINa
- ☐ 2 — Devono essere provviste di apposite valvole
- ☐ 3 — Devono essere ubicate all'esterno

Z

La bandiera nazionale deve essere esposta dai natanti?

- ☐ 1 — Sì
- ☐ 2 — No
- ☐ 3 — Solo in acque territoriali

A

Come viene misurata la pressione atmosferica?

- ☐ 1 — Con i vacuometri
- ☐ 2 — Con i barometri
- ☐ 3 — Con i manometri

B

Che cosa aspira il motore diesel?

- ☐ 1 — Solo aria
- ☐ 2 — Aria e gasolio
- ☐ 3 — Gasolio

C

A chi va presentata la denuncia di evento straordinario?

- ☐ 1 — All'autorità marittima o consolare del porto di arrivo
- ☐ 2 — Alle autorità giudiziarie del porto di arrivo
- ☐ 3 — A qualsiasi ufficio marittimo o consolare

D

La visita di idoneità e di sicurezza per unità da diporto munite di marcatura CE, appartenenti alle categorie di progettazione del tipo C e D ha validità di...

- ☐ 1 — 10 anni dalla visita iniziale; 5 anni da quelle occasionali e periodiche
- ☐ 2 — 8 anni dalla visita iniziale; 5 anni da quelle occasionali e periodiche
- ☐ 3 — 5 anni in tutti i casi

E

Come si chiama quell'elemento della linea d'asse che provvede alla realizzazione delle tre condizioni: folle, marcia avanti e marcia indietro?

- ☐ 1 — Riduttore
- ☐ 2 — Giunto cardanico
- ☐ 3 — Invertitore

F

Non avendo a bordo acqua distillata, in una lunga navigazione, cosa è possibile usare per rabboccare il livello nelle batterie?

- ☐ 1 — Acqua di mare
- ☐ 2 — Acqua piovana
- ☐ 3 — Acqua dolce

G

Quali elementi producono la combustione?

- ☐ 1 — Combustibile e comburente
- ☐ 2 — Miscela di gas e aria
- ☐ 3 — Miscela di combustibile e comburente a temperatura almeno di accensione

H

I serbatoi di benzina già svuotati costituiscono pericolo di incendio?

- ☐ 1 — No, se accuratamente svuotati del liquido
- ☐ 2 — Sì, in quanto rimangono vapori infiammabili
- ☐ 3 — Sì, se la temperatura esterna è particolarmente alta

L

Due navi a propulsione meccanica che si trovino in situazione di rotte opposte con rischio di abbordaggio, come si devono comportare?

- ☐ 1 — Ciascuna di esse accosta a dritta
- ☐ 2 — Accostano entrambe dallo stesso lato
- ☐ 3 — La nave più piccola rallenta e cede il passo

M

Che cosa può mostrare una nave intenta alla pesca, di lunghezza inferiore ai 20 metri, in sostituzione del segnale biconico?

- ☐ 1 — Un pallone nero
- ☐ 2 — Un cilindro nero
- ☐ 3 — Un cono con il vertice verso il basso

N

Una nave che ne raggiunge un'altra, come deve comportarsi?

- ☐ 1 — Deve comunque lasciare libera la rotta alla nave raggiunta
- ☐ 2 — Deve segnalare l'intenzione di sorpasso e la nave raggiunta deve cederle la rotta
- ☐ 3 — Deve emettere quattro suoni brevi di sirena

O

La visita di idoneità e di sicurezza per unità da diporto munite di marcatura CE, appartenenti alle categorie di progettazione del tipo A e B hanno validità di...

- ☐ 1 — 10 anni dalla visita iniziale; 5 anni da quelle occasionali e periodiche
- ☐ 2 — 8 anni dalla visita iniziale; 5 anni da quelle occasionali e periodiche
- ☐ 3 — 5 anni in tutti i casi

P

Che cosa è il combustibile?

- ☐ 1 — Un gas
- ☐ 2 — Aria che si miscela col comburente
- ☐ 3 — Una sostanza infiammabile di varia natura

Q

Che cosa è il comburente?

- ☐ 1 — Una sostanza che a particolare temperatura emana vapori infiammabili
- ☐ 2 — Ossigeno disciolto nell'aria
- ☐ 3 — Una sostanza fortemente infiammabile

R

Una nave intenta alla pesca non a strascico, quale segnale mostra per indicare la presenza dell'attrezzo che si estende fuoribordo oltre i 150 metri?

- ☐ 1 — Un cono con un vertice in alto
- ☐ 2 — Un cilindro nero
- ☐ 3 — Due coni uniti per la base

S

Cosa occorre fare in caso di incendio a bordo?

- ☐ 1 — Intercettare il combustibile e allontanare le sostanze infiammabili
- ☐ 2 — Aprire l'impianto di ventilazione meccanica per favorire il raffreddamento del vano motore
- ☐ 3 — Manovrare per portare l'imbarcazione sottovento all'incendio

T

In quale caso sono usati i razzi a paracadute e quando i fuochi a mano per le segnalazioni di soccorso?

- ☐ 1 — Indifferentemente possono essere usati gli uni o gli altri
- ☐ 2 — I razzi per richiamare l'attenzione a distanza, i fuochi quando i soccorritori sono a portata visiva
- ☐ 3 — I fuochi per richiamare l'attenzione a distanza, i razzi quando i soccorritori sono a portata visiva

U

È obbligatorio l'estintore su natanti con motore inferiore a 20 hp?

- ☐ 1 — No
- ☐ 2 — Sì
- ☐ 3 — No, se navigano entro tre miglia

V

Quando, in una carta nautica, il valore della longitudine è decrescente a partire dal margine sinistro verso quello destro?

- ☐ 1 — Quando ci si trova a Ovest del meridiano di Greenwich
- ☐ 2 — Quando ci si trova a Est del meridiano di Greenwich
- ☐ 3 — Sempre

Z

Quante coordinate sono necessarie per determinare un punto su una carta nautica?

- ☐ 1 — Due
- ☐ 2 — Tre
- ☐ 3 — Una

A

Possiamo far girare un motore fuoribordo fuori dell'acqua per pochi minuti allo scopo di esaurire la miscela nel carburatore?

- ☐ 1 — Sì, ma solo se il motore è freddo
- ☐ 2 — Sì, ma solo se il motore è già caldo
- ☐ 3 — No, mai

B

In quale tipo di incendio si può intervenire, per l'estinzione, con acqua sotto forma di getto pieno?

- ☐ 1 — In caso di materiali e impianti elettrici
- ☐ 2 — Su pozze di liquido infiammato
- ☐ 3 — Su combustibili solidi

C

Che tipo di navigazione si effettua, quando si navighi utilizzando le sole indicazioni fornite dalla bussola, dal solcometro e dall'orologio?

- ☐ 1 — Navigazione stimata
- ☐ 2 — Navigazione costiera
- ☐ 3 — Navigazione strumentale

D

Ogni quanto tempo andrebbe cambiata la girante della pompa di raffreddamento in un fuoribordo?

- ☐ 1 — Almeno ogni anno
- ☐ 2 — Almeno ogni due anni
- ☐ 3 — Mai, non vi è girante nella pompa di raffreddamento

E

Come viene definita la navigazione che si effettua in vista della costa, utilizzando strumenti atti a misurare angoli e pubblicazioni particolari?

- ☐ 1 — Navigazione costiera
- ☐ 2 — Navigazione strumentale
- ☐ 3 — Navigazione goniometrica

F

A chi spetta chiamare soccorso nel caso che l'unità si trovi in pericolo di perdersi?

- ☐ 1 — A chiunque a bordo sia in grado di farlo, se il comandante ne è impedito
- ☐ 2 — Al comandante
- ☐ 3 — Al comandante o a persona da lui designata

G

Con che cosa rabbocchiamo il livello nello scambiatore del circuito di raffreddamento indiretto del nostro entrobordo?

- ☐ 1 — Con acqua di mare
- ☐ 2 — Con acqua distillata
- ☐ 3 — Con acqua dolce o con apposito liquido

H

Con che cosa rabbocchiamo il livello nelle batterie?

- ☐ 1 — Con acqua distillata
- ☐ 2 — Con acqua dolce
- ☐ 3 — Con olio

L

Il comandante deve comunque condurre personalmente l'unità da diporto?

- ☐ 1 — Sì, sempre
- ☐ 2 — No
- ☐ 3 — No, ma rimane responsabile comunque della navigazione

M

Perché non si può far girare un motore fuoribordo fuori dell'acqua, nemmeno per pochi minuti?

- ☐ 1 — Perché può essere pericoloso per le persone
- ☐ 2 — Perché si può bruciare la girante della pompa di raffreddamento
- ☐ 3 — Perché si può bruciare il volano magnete

N

Quali obblighi incombono su chi riceve una richiesta di soccorso?

☐ 1 — Accorrere per effettuare il salvataggio
☐ 2 — Cercare il contatto radio con l'unità in pericolo per avere informazioni dettagliate
☐ 3 — Inoltrare la comunicazione agli enti preposti per il soccorso e a eventuali altre unità accorrendo – se è il caso – per il salvataggio

O

I poli geografici coincidono con i poli magnetici?

☐ 1 — No
☐ 2 — Sì
☐ 3 — Solo all'Equatore

P

Se si rompe la cordicella dell'avviamento manuale in un fuoribordo di media potenza, cosa conviene fare?

☐ 1 — Nulla, non è riparabile
☐ 2 — Conviene aprire il sistema di avviamento e sostituire la cordicella con una nuova e di uguale diametro
☐ 3 — Disassemblare il sistema di avviamento dal volano impiegando le tacche esistenti su quest'ultimo per riavvolgerci un'altra cordicella

Q

Quale disciplina si applica alla navigazione con tavole a vela?

☐ 1 — Quella delle imbarcazioni da diporto a vela
☐ 2 — Quella dei natanti da diporto
☐ 3 — Apposita regolamentazione emanata dai Compartimenti Marittimi attraverso ordinanze

R

Ogni quanto tempo bisogna cambiare la baderna del premistoppa (anche: "pressatrecce") della linea d'asse?

☐ 1 — Ogni 3 o 4 anni
☐ 2 — Ogni anno, quando si fa carena
☐ 3 — Quando si sfila l'asse per eventuali controlli

S

Su una carta nautica rappresentante una zona dell'emisfero Sud, verso quale polo è orientata la parte alta?

☐ 1 — Verso quello Nord
☐ 2 — Verso quello Sud
☐ 3 — Dipende dal valore della latitudine

T

Quando viene rilasciata la licenza provvisoria?

☐ 1 — In caso di smarrimento dell'originale
☐ 2 — Nel corso di procedimento di iscrizione nei registri
☐ 3 — In occasione di manifestazioni sportive o allenamenti di imbarcazioni non iscritte

U

Deve navigare entro 1 miglio dalla costa il natante con superticie velica fino a...

☐ 1 — 4 mq
☐ 2 — 6 mq
☐ 3 — 4 mq, e stazza non superiore a 3 tsl

V

Quanti minuti occorrono per compiere lo spazio di 1,4 miglia alla velocità di 7 nodi?

☐ 1 — 12 minuti
☐ 2 — 10 minuti
☐ 3 — 8 minuti

Z

La distanza della linea dell'orizzonte dell'osservatore, con quale parametro varia?

☐ 1 — Cresce con il crescere dell'elevazione della posizione dell'osservatore
☐ 2 — Decresce con il crescere dell'altezza dell'osservatore
☐ 3 — È costante, il suo variare è solamente un effetto ottico

A

Come segnala l'intenzione di andare indietro con le macchine una nave a propulsione meccanica?

- ☐ 1 — Con tre suoni brevi emessi con il fischio
- ☐ 2 — Con due suoni prolungati emessi con il fischio
- ☐ 3 — Con un suono prolungato emesso con il fischio

B

Si cambia l'olio in un motore fuoribordo a due tempi?

- ☐ 1 — No, mai
- ☐ 2 — Sì, quello del motore e quello del piede ogni anno
- ☐ 3 — Sì, quello del piede, ogni anno

C

Quanto può durare la validità di una licenza provvisoria?

- ☐ 1 — Non più di 90 giorni
- ☐ 2 — Un anno
- ☐ 3 — 30 giorni

D

Le unità abilitate a navigare senza limiti dalla costa devono essere provviste di...

- ☐ 1 — 3 razzi a paracadute, 3 fuochi a mano a luce rossa e 2 boette fumogene
- ☐ 2 — 4 razzi a paracadute, 4 fuochi a mano a luce rossa e 3 boette fumogene
- ☐ 3 — 2 razzi a paracadute, 2 fuochi a mano a luce rossa e 2 boetta fumogena

E

Il premistoppa della linea d'asse perde; pur serrandolo, l'acqua continua a entrare, che fare?

- ☐ 1 — Aggiungere alla baderna un altro anello di treccia ben ingrassata, riserrandola fino a una leggera perdita, per poi cambiare tutta la baderna appena possibile (a barca fuori dall'acqua)
- ☐ 2 — Metterci del silicone in attesa di poterlo sostituire
- ☐ 3 — Nulla, bisogna sgottare l'acqua, utilizzando la pompa di sentina e cercare di raggiungere al più presto un porto per cambiare la baderna

F

Una nave a propulsione meccanica di lunghezza superiore ai 50 metri, in navigazione, quali fanali deve mostrare, oltre ai fanali laterali e a quello di poppa?

- ☐ 1 — Due fanali di testa d'albero, il secondo più alto e a poppavia del primo
- ☐ 2 — Un fanale di testa d'albero
- ☐ 3 — Un fanale visibile su tutto l'orizzonte di colore bianco

G

A chi spetta verificare che le dotazioni di sicurezza della unità da diporto non presentino deterioramenti che ne compromettano l'efficienza?

- ☐ 1 — Al Registro Italiano Navale quando effettua le visite
- ☐ 2 — Alle autorità marittime, che ne ordinano la sostituzione
- ☐ 3 — Al comandante, che ha l'obbligo di sostituire le dotazioni deteriorate

H

In una nave di lunghezza inferiore ai 12 metri, a quale distanza minima devono essere visibili i "fanali laterali"?

- ☐ 1 — 1 miglio
- ☐ 2 — 2 miglia
- ☐ 3 — 3 miglia

L

A bordo abbiamo uno staccabatterie, che ci consente di usare e quindi di ricaricare una, l'altra, tutte e due le batterie di bordo. Se l'entrobordo è in moto a pieni giri, possiamo posizionare lo staccabatterie?

- ☐ 1 — Sì, senza alcun problema
- ☐ 2 — Sì, ma senza regolarlo nella posizione "nessuna batteria" ("off")
- ☐ 3 — No, è un problema di attacco di carichi improvvisi. Il regolatore va posizionato col motore al minimo

M

In una nave di lunghezza inferiore ai 12 metri a quale distanza minima devono essere visibili i "fanali visibili su tutto l'orizzonte"?

- ☐ 1 — 2 miglia
- ☐ 2 — 1 miglio
- ☐ 3 — 3 miglia

N

Come distinguiamo un fischio breve da uno prolungato?

- ☐ 1 — Il suono prolungato ha una durata da quattro a sei secondi, quello breve circa un secondo
- ☐ 2 — Il suono breve ha una nota più bassa di quello prolungato
- ☐ 3 — Occorre sentirli tutti e due per valutare quale sia quello breve

O

Quale organo esegue gli accertamenti per le annotazioni di sicurezza?

- ☐ 1 — L'Autorità marittima, assistita eventualmente da un funzionario del RINa.
- ☐ 2 — Dal RINa o da un altro organismo notificato, senza l'intervento dell'Autorità marittima
- ☐ 3 — Il RINa, assistito da un Ufficiale designato dal Capo del Circondario Marittimo

P

Se l'entrobordo è in moto e improvvisamente si accende la spia alternatore, cosa può essere successo?

- ☐ 1 — Si è staccato l'interruttore automatico delle batterie
- ☐ 2 — Si è rotta la cinghia che trascina l'alternatore
- ☐ 3 — Niente, è il regolatore che sta funzionando

Q

Entro quale limite dalla costa possono navigare le tavole a vela?

- ☐ 1 — Entro tre miglia
- ☐ 2 — Entro un miglio, salvo diverse prescrizioni dell'Autorità marittima
- ☐ 3 — Entro 1.000 metri, salvo diverse prescrizioni dell'Autorità marittima

R

In una nave di lunghezza inferiore a 12 metri, a quale distanza minima deve essere visibile il "fanale di poppa"?

- ☐ 1 — 2 miglia
- ☐ 2 — 1 miglio
- ☐ 3 — 3 miglia

S

Come è chiamata la struttura portante e di collegamento tra i vari organi di un motore endotermico?

- ☐ 1 — Monoblocco
- ☐ 2 — Testata
- ☐ 3 — Basamento

T

Quando si cambia l'olio a un fuoribordo, cosa sarebbe opportuno controllare?

- ☐ 1 — Gli zinchi di protezione del circuito di raffreddamento
- ☐ 2 — La bobina
- ☐ 3 — L'asse motore

U

Quale caratteristica ha il segnale luminoso mostrato, con visibilità ridotta, dalle mede indicanti acque sicure?

- ☐ 1 — Luce scintillante continua
- ☐ 2 — Una delle seguenti luci: isofase, intermittente, a segnali Morse o con un lampo lungo 10 secondi
- ☐ 3 — Luce scintillante ultrarapida continua

V

Nella navigazione entro 3 miglia dalla costa quale delle seguenti dotazioni siamo esonerati dal portare a bordo?

- ☐ 1 — Il mezzo collettivo di salvataggio
- ☐ 2 — Boetta fumogena
- ☐ 3 — Fuochi a mano a luce rossa

Z

Il solcometro a barchetta e quello a elica trascinata funzionano con lo stesso principio?

- ☐ 1 — Sì, con la variante che il cavo filato in mare è d'acciaio
- ☐ 2 — No
- ☐ 3 — Sì, con la variante che si usa l'elica al posto della barchetta

A

Una nave rimorchiata, se ha equipaggio a bordo, con visibilità ridotta, quali segnali deve emettere?

- ☐ 1 — Un suono prolungato seguito da tre brevi
- ☐ 2 — Due suoni brevi seguiti da uno prolungato
- ☐ 3 — Tre suoni prolungati seguiti da uno breve

B

In una nave di lunghezza inferiore a 12 metri, a quale distanza minima deve essere visibiie il "fanale di rimorchio"?

- ☐ 1 — 2 miglia
- ☐ 2 — 3 miglia
- ☐ 3 — 1 miglio

C

Quale età minima è necessaria per poter esercitare la pesca con il fucile subacqueo?

- ☐ 1 — 16 anni
- ☐ 2 — 18 anni
- ☐ 3 — 14 anni

D

È permessa la pesca professionale eseguita con unità da diporto?

- ☐ 1 — No
- ☐ 2 — Sì
- ☐ 3 — Sì, ma il mezzo nautico deve essere munito di apposito permesso di pesca

E

Cosa segnala il galleggiante sormontato da una bandierina rossa con striscia diagonale bianca?

- ☐ 1 — Limite di balneazione
- ☐ 2 — La presenza di subacqueo in un raggio di 50 metri dal galleggiante
- ☐ 3 — Reti da pesca

F

Se la scala delle longitudini presenta valori crescenti dal margine sinistro verso quello destro, cosa significa?

- ☐ 1 — Che ci troviamo a Est di Greenwich
- ☐ 2 — Che ci troviamo a Ovest di Greenwich
- ☐ 3 — È normale, la scala delle longitudini è sempre crescente da sinistra verso destra

G

Una nave con lunghezza uguale o superiore ai 12 metri, è obbligata a essere dotata di un fischio e di una campana?

- ☐ 1 — Sì
- ☐ 2 — No, purché disponga di un qualsiasi dispositivo di segnalazione sonora
- ☐ 3 — Sì, solo se a motore

H

Vedendo di prua i fanali qui raffigurati, quale nave stiamo raggiungendo?

- ☐ 1 — Una nave con manovrabilità limitata in navigazione, senza abbrivo
- ☐ 2 — Una nave impegnata in operazioni di pesca non a strascico, vista di poppa
- ☐ 3 — Una nave impegnata in operazioni di pesca a strascico, vista di poppa

L

La licenza è sottoposta a convalida periodica?

- ☐ 1 — Sì, ogni 2 anni
- ☐ 2 — No, mai
- ☐ 3 — Sì, ogni 5 anni

M

Una nave che procede con velocità di 18 nodi, quante miglia percorre in 6 minuti?

- ☐ 1 — 9 miglia
- ☐ 2 — 18 miglia
- ☐ 3 — 6 miglia

N

Una nave a propulsione meccanica di lunghezza inferiore ai 50 metri e una di lunghezza superiore ai 50 metri viste di poppa, da cosa si distinguono?

- [ ] 1 — Non si distinguono, mostrano entrambe il fanale di poppa
- [ ] 2 — Dalla presenza del secondo fanale di testa d'albero
- [ ] 3 — La nave con lunghezza superiore a 50 metri mostra un fanale giallo a poppa

O

Con visibilità ridotta, una nave che non governa quali segnali sonori deve emettere?

- [ ] 1 — A intervalli non superiori a due minuti, un suono prolungato seguito da due brevi
- [ ] 2 — A intervalli non superiori a due minuti, tre suoni prolungati
- [ ] 3 — A intervalli non superiori a due minuti, tre suoni brevi

P

Quanti estintori deve avere a bordo una unità da diporto abilitata a navigare, entro sei miglia dalla costa, dotata di motore di 50 hp?

- [ ] 1 — Due, più uno per ogni locale
- [ ] 2 — Due estintori con capacità estinguente 13B
- [ ] 3 — Un estintore con capacità estinguente 21B

Q

Siamo in navigazione, improvvisamente il motore diesel si ferma per mancanza di carburante. Cosa possiamo fare, se abbiamo con noi delle taniche di riserva?

- [ ] 1 — Riempire il serbatoio, fare lo spurgo del sistema di alimentazione e poi riaccendere il motore.
- [ ] 2 — Riempire il serbatoio, pulire la vaschetta del carburatore e poi riaccendere il motore
- [ ] 3 — Basta riempire il serbatoio e poi si può riaccendere il motore

R

A un cittadino che al compimento del 55 anno di età debba rinnovare la patente, che validità verrà annotata?

- [ ] 1 — 10 anni
- [ ] 2 — 5 anni
- [ ] 3 — In relazione a quanto annotato nel certificato medico di idoneità fisica

S

Esistono limitazioni di cattura per il pescatore sportivo?

- [ ] 1 — Sì: 3 kg, salvo il caso di pesce singolo superiore
- [ ] 2 — No
- [ ] 3 — Sì: 5 kg, salvo il caso di pesca di unico esemplare di peso superiore e in manifestazioni sportive

T

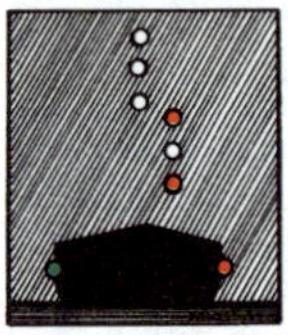

Da quale nave vengono mostrati i fanali qui raffigurati?

- [ ] 1 — Una nave di lunghezza superiore a 50 metri, con manovrabilità limitata, vista di prua
- [ ] 2 — Una draga impegnata in operazioni subacquee con manovrabilità limitata, vista di prua
- [ ] 3 — Una nave a propulsione meccanica che rimorchia un rimorchio di lunghezza superiore a 200 metri, con manovrabilità limitata, vista di prua

U

Con visibilità ridotta, una nave all'ancora quali segnali deve emettere?

- [ ] 1 — Suonare rapidamente la campana per circa 5 secondi, a intervalli non superiori a un minuto
- [ ] 2 — Tre suoni brevi seguiti da uno prolungato, a intervalli non superiori a due minuti
- [ ] 3 — Due suoni prolungati seguiti da due brevi, a intervalli non superiori a due minuti

V

Al termine "Vento fresco", nella scala Beaufort della forza del vento, quale cifra è attribuita?

- [ ] 1 — 6
- [ ] 2 — 4
- [ ] 3 — 3

Z

Come segnala l'intenzione di accostare a sinistra una nave a propulsione meccanica in navigazione?

- [ ] 1 — Con due suoni brevi emessi con il fischio
- [ ] 2 — Con due suoni prolungati emessi con il fischio
- [ ] 3 — Con un suono breve emesso con il fischio

A

Che tipo di corrente produce un alternatore?

☐ 1 — Alternata, al contrario della dinamo che la produce continua
☐ 2 — Continua, al contrario della dinamo che la produce alternata
☐ 3 — Bifase

B

Al termine "Tempesta", nella scala Beaufort della forza del vento, quale cifra è attribuita?

☐ 1 — 10
☐ 2 — 9
☐ 3 — 8

C

Come segnala l'intenzione di accostare a dritta una nave a propulsione meccanica in navigazione?

☐ 1 — Con un suono breve emesso con il fischio
☐ 2 — Con due suoni brevi emessi con il fischio
☐ 3 — Con un suono breve e uno prolungato emessi con il fischio

D

In caso di incendio nel vano motore è necessario...

☐ 1 — Agire sull'impianto di ventilazione meccanica per favorire l'ingresso di aria forzata che raffreddi il vano
☐ 2 — Chiudere la ventilazione meccanica e tutte le entrate d'aria
☐ 3 — Aprire il vano per favorire l'uscita dei gas combusti, altrimenti pericolosi

E

A quale distanza dalle spiagge può effettuarsi lo sci nautico in acque marittime?

☐ 1 — Oltre 100 metri dalla batimetrica di 1,60 metri salvo diverse disposizioni dell'autorità marittima
☐ 2 — Oltre 200 metri dalla batimetrica di 1,60 metri, salvo diverse disposizioni dell'autorità marittima
☐ 3 — Oltre 200 metri, se le spiagge sono frequentate da bagnanti

F

Nelle imbarcazioni dislocanti è in genere installato sull'asse di trasmissione un riduttore. Perché?

☐ 1 — Per consentire le oscillazioni del motore sui supporti elastici
☐ 2 — Perché il motore gira in genere troppo piano rispetto al regime di rotazione ideale dell'elica (circa 2.000 giri/min.)
☐ 3 — Perché il motore gira in genere troppo veloce rispetto al regime di rotazione ideale dell'elica (circa 2.000 giri/min.)

G

In un fuoribordo di media potenza, come si regola l'inclinazione del motore rispetto alla verticale?

☐ 1 — Il gambo del motore deve essere parallelo allo specchio di poppa
☐ 2 — A barca ferma, in acque calmissime, bisogna posizionare il gambo perfettamente verticale
☐ 3 — Con ripetute prove, in quanto il gambo deve essere verticale in navigazione e in tale condizione è impossibile regolare la barretta d'assetto

H

A cosa servono le visite periodiche che vengono effettuate ogni 5 anni sulle unità munite di certificazione CE?

☐ 1 — A controllare l'elenco delle dotazioni di bordo, relativamente alla sicurezza
☐ 2 — Ad apporre un visto sulla licenza di navigazione dopo aver versato il relativo importo
☐ 3 — Ad accertare la permanenza dei requisiti di idoneità e di sicurezza

L

Partendo da un punto di coordinate φ = 38°49'.4 N; λ = 009°08'.7 E, con Rv = 0° e velocità V = 12 nodi, quali saranno le nuove coordinate dopo 30 minuti?

☐ 1 — φ = 38°55'.4 N; λ = 009°08'.7 E
☐ 2 — φ = 38°49'.4 N; λ = 009°02'.7 E
☐ 3 — Invariate, essendo Rv = 0°

M

Con visibilità ridotta, una nave a vela quali segnali sonori deve emettere?

☐ 1 — A intervalli non superiori a due minuti, un suono prolungato seguito da due brevi
☐ 2 — A intervalli non superiori a due minuti, tre suoni prolungati
☐ 3 — A intervalli non superiori a due minuti, tre suoni brevi

N

Con visibilità ridotta, una nave intenta alla pesca quali segnali sonori deve emettere?

- ☐ 1 — A intervalli non superiori a due minuti, un suono prolungato seguito da due brevi
- ☐ 2 — A intervalli non superiori a due minuti, un suono prolungato seguito da uno breve
- ☐ 3 — A intervalli non superiori a due minuti, tre suoni prolungati

O

Cosa trasforma la corrente alternata in continua in un motore entrobordo dotato di alternatore?

- ☐ 1 — Una dinamo
- ☐ 2 — Un "ponte a diodi" interno all'alternatore stesso
- ☐ 3 — Un apposito apparecchio ("raddrizzatore") esterno all'alternatore

P

L'anidride carbonica (CO_2) agisce sugli incendi per...

- ☐ 1 — Soffocamento e raffreddamento
- ☐ 2 — Azione meccanica
- ☐ 3 — Eliminazione del combustibile

Q

Una nave impegnata in operazioni di rimorchio, con visibilità ridotta, quali segnali sonori deve emettere?

- ☐ 1 — A intervalli non superiori a due minuti, un suono prolungato seguito da due brevi
- ☐ 2 — A intervalli non superiori a tre minuti, due suoni prolungati
- ☐ 3 — A intervalli non superiori a due minuti, un suono breve seguito da due prolungati

R

Qual è il maggior difetto di un motore a benzina, rispetto a un diesel?

- ☐ 1 — Un'accelerazione più rapida e la conseguente "cavitazione" dell'elica
- ☐ 2 — I possibili fastidi generati dalla parte elettrica in ambiente umido
- ☐ 3 — Le vibrazioni generate durante il funzionamento

S

Entro quale distanza dalla costa possono navigare i natanti denominati jole, pattini, sandolini, mosconi, etc.?

- ☐ 1 — Sei miglia
- ☐ 2 — Tre miglia
- ☐ 3 — Un miglio

T

In quali casi i fanali per unità da diporto devono essere omologati dal RINa (Registro Italiano Navale)?

- ☐ 1 — In tutti i casi
- ☐ 2 — Se l'unità è abilitata a navigare senza limiti
- ☐ 3 — Se la lunghezza dell'unità è superiore a 12 metri

U

Se l'alternatore producesse una corrente troppo elevata con le batterie cariche, queste potrebbero "bollire" e rovinarsi. Cosa impedisce che ciò avvenga?

- ☐ 1 — Un "regolatore", in genere elettronico, che riduce la corrente prodotta dall'alternatore quanto più si alza la tensione (carica) delle batterie
- ☐ 2 — Un interruttore automatico, che stacca l'alternatore delle batterie quando queste sono cariche
- ☐ 3 — Niente, bisogna controllarlo continuamente

V

Al termine "Brezza leggera", nella scala Beaufort della forza del vento, quale cifra e attribuita?

- ☐ 1 — 2
- ☐ 2 — 3
- ☐ 3 — 1

Z

È ammesso l'uso di fonti luminose per l'esercizio della pesca sportiva?

- ☐ 1 — Sì, in ogni caso
- ☐ 2 — Sì, per la pesca subacquea e la pesca con la fiocina
- ☐ 3 — No, mai

A

L'uso degli estintori a CO_2 è pericoloso per...

- ☐ 1 — Conduzione di elettricità, in caso di incendi provocati da impianti elettrici
- ☐ 2 — La respirazione delle persone e il forte raffreddamento del boccalino di uscita del gas, che può ustionare
- ☐ 3 — Per il danneggiamento dei materiali con cui viene in contatto

B

Al termine "Burrasca", nella scala Beaufort della forza del vento, quale cifra è attribuita?

- ☐ 1 — 8
- ☐ 2 — 10
- ☐ 3 — 6

C

A quale distanza dalla costa a picco sul mare può effettuarsi lo sci nautico?

- ☐ 1 — Oltre cento metri
- ☐ 2 — Oltre duecento metri dalla batimetrica di metri 1,60 salvo diverse disposizioni dell'autorità marittima
- ☐ 3 — Oltre cento metri, salvo diverse disposizioni dell'autorità marittima

D

Come comportarsi in prossimità di un galleggiante che segnali la presenza del pescatore subacqueo?

- ☐ 1 — Mettere il motore in folle, se a motore, e comunque scostarsi sufficientemente dalla zona
- ☐ 2 — Rallentare e azionare segnali acustici
- ☐ 3 — Rallentare, prestare attenzione e tenersi a distanza di sicurezza dal raggio di 50 metri dal galleggiante

E

Come si definisce un'elica in cui le pale possono essere ruotate su un asse, variando così la loro inclinazione rispetto al mozzo?

- ☐ 1 — Elica a passo variabile
- ☐ 2 — Elica a pale abbattibili
- ☐ 3 — Elica a pale orientabili

F

Qual è il maggior difetto di un'elica a passo variabile?

- ☐ 1 — Lo scarsissimo rendimento a marcia avanti
- ☐ 2 — La forte resistenza che produce avanzando unicamente a vela
- ☐ 3 — L'eccessiva delicatezza del sistema di regolazione del passo, troppo complicato per le piccole potenze

G

A quale distanza dalla costa può effettuarsi la pesca subacquea?

- ☐ 1 — Entro cento metri
- ☐ 2 — Oltre cento metri
- ☐ 3 — Non esistono limiti di distanza, se la costa non è frequentata da bagnanti

H

Come è chiamato, nei motori fuoribordo, l'organo che dà alloggiamento all'albero verticale di trasmissione, alla pompa dell'acqua di raffreddamento e al condotto dei gas di scarico?

- ☐ 1 — Gambale
- ☐ 2 — Astuccio
- ☐ 3 — Porta asse

L

Nel Regolamento Internazionale per prevenire gli abbordi in mare, cosa si intende con la parola "nave"?

- ☐ 1 — Qualsiasi natante, compresi quelli non dislocanti e gli idrovolanti, usati o in grado di essere usati come mezzo di trasporto sull'acqua
- ☐ 2 — Le navi mercantili e le navi militari con lunghezza non inferiore a 25 metri
- ☐ 3 — Qualsiasi natante, compresi quelli a vela, usati o in grado di essere usati come mezzo di trasporto sull'acqua

M

Gli estintori a CO_2 vanno usati preferibilmente...

- ☐ 1 — Su incendi di combustibili solidi
- ☐ 2 — Su incendi in ambienti chiusi
- ☐ 3 — Per incendi di ogni genere e categoria

N

Quando la corrente colpisce l'imbarcazione a poppavia del traverso, come varia la velocità?

- ☐ 1 — Resta costante
- ☐ 2 — Aumenta
- ☐ 3 — Diminuisce

O

Secondo il sistema di segnalamento "IALA", come è colorata la meda che indica un pericolo isolato?

- ☐ 1 — Nero, con una o più fasce orizzontali rosse
- ☐ 2 — Settori verticali rossi e bianchi
- ☐ 3 — Nero, con una o più strisce gialle orizzontali

P

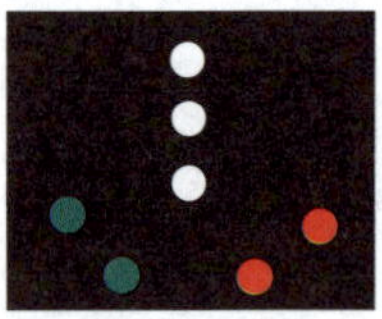

Se di notte si osservano i fanali qui raffigurati, quale nave abbiamo di prua?

- ☐ 1 — Una nave a propulsione meccanica con lunghezza superiore a 50 metri che spinge in avanti un'altra nave
- ☐ 2 — Una draga impegnata in operazioni subacquee che, mostra il lato ostruito e il lato libero
- ☐ 3 — Una nave a propulsione meccanica che spinge un oggetto con lunghezza superiore a 50 metri

Q

Quali unità devono essere fornite di apparecchi galleggianti sufficienti per tutte le persone a bordo?

- ☐ 1 — Natanti e imbarcazioni abilitati a navigare entro dodici miglia dalla costa
- ☐ 2 — Imbarcazioni abilitate a navigare entro sei miglia dalla costa, non i natanti
- ☐ 3 — Le imbarcazioni quando navigano oltre sei miglia dalla costa

R

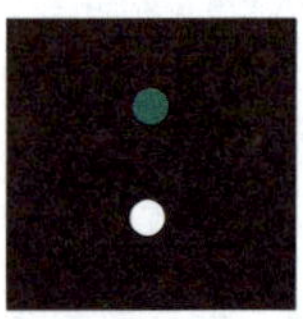

Vedendo i seguenti fanali, quale nave stiamo incontrando?

- ☐ 1 — Una nave a vela che mostra i fanali facoltativi, vista di poppa
- ☐ 2 — Una nave a propulsione meccanica con difficoltà di manovra, senza abbrivo
- ☐ 3 — Una nave intenta alla pesca a strascico, senza abbrivo

S

Un motore a scoppio a quattro tempi entrobordo si ferma per mancanza di carburante. Cosa fare?

- ☐ 1 — Riempire il serbatoio, fare lo spurgo del sistema di alimentazione e poi riaccendere il motore
- ☐ 2 — Riempire il serbatoio, pulire la vaschetta del carburatore e poi riaccendere il motore.
- ☐ 3 — Riempire il serbatoio e poi riaccedere il motore, essendo sicuri che l'impianto di aereazione forzata sia rimasto sempre in funzione

T

A quale distanza dalla bandierina di segnalazione deve mantenersi il pescatore subacqueo?

- ☐ 1 — Nel raggio di 300 metri
- ☐ 2 — Nel raggio di 100 metri
- ☐ 3 — Nel raggio di 50 metri

U

Cambiamo l'olio di un fuoribordo a quattro tempi. Quale altro olio dobbiamo sostituire (se non è unico)?

- ☐ 1 — Quello del piede
- ☐ 2 — Quello del miscelatore
- ☐ 3 — Quello del carburatore

V

Come si segnala il subacqueo in immersione?

- ☐ 1 — Con galleggiante bianco a striscia diagonale rossa sormontato da bandierina rossa
- ☐ 2 — Con galleggiante rosso a striscia diagonale bianca e bandierina bianca (sul galleggiante o sul mezzo nautico d'appoggio
- ☐ 3 — Bandiera rossa con striscia diagonale bianca sul galleggiante o sul mezzo nautico di appoggio

Z

Al termine "Molto mosso", nella scala Douglas dello stato del mare, quale cifra è attribuita?

- ☐ 1 — 4
- ☐ 2 — 6
- ☐ 3 — 3

A

Perché si usa un alternatore al posto di una dinamo?

- ☐ 1 — Perché funziona anche senza olio
- ☐ 2 — Perché costa molto meno
- ☐ 3 — Perché è di funzionamento più semplice e affidabile

B

Il solcometro a pressione e il solcometro elettromagnetico sono lo stesso strumento?

- ☐ 1 — Sì
- ☐ 2 — No, è diverso il principio
- ☐ 3 — No, il primo è tarato in chilometri

C

Esiste il “mare forza 3”?

- ☐ 1 — Non esiste il termine forza per indicare lo stato del mare
- ☐ 2 — Sì, è attribuito al mare “Grosso”
- ☐ 3 — Sì, è attribuito al mare causato da vento forza 3

D

Esistono limitazioni all’uso degli attrezzi per la pesca sportiva?

- ☐ 1 — Sì
- ☐ 2 — No
- ☐ 3 — No, ma vi sono limitazioni di cattura

E

Con quale strumento viene misurata la velocità del vento?

- ☐ 1 — Anemometro
- ☐ 2 — Aneroide
- ☐ 3 — Anemoscopio

F

In una nave con lunghezza uguale o superiore a 50 metri, a quale distanza minima devono essere visibili i “fanali laterali” e il “fanale di poppa”?

- ☐ 1 — 3 miglia
- ☐ 2 — 5 miglia
- ☐ 3 — 2 miglia

G

Quali dotazioni di sicurezza devono trovarsi a bordo delle unità munite di certificazione CE e appartenenti alla categoria A, quando navighino entro le sei miglia?

- ☐ 1 — Mezzi di salvataggio e dotazioni previste per la categoria di appartenenza, senza alcun limite
- ☐ 2 — Mezzi di salvataggio e dotazioni previste per la distanza dalla costa ove la navigazione è effettivamente svolta
- ☐ 3 — Mezzi di salvataggio e dotazioni previste per la categoria di appartenenza, a eccezione del Vhf e dell’apparato di radioposizionamento

H

Al termine “Mosso”, nella scala Douglas dello stato del mare, quale cifra è attribuita?

- ☐ 1 — 3
- ☐ 2 — 2
- ☐ 3 — 4

L

In caso di smarrimento, distruzione o sottrazione della patente nautica il titolare può continuare a comandare e condurre unità da diporto?

- ☐ 1 — No, sino al rilascio del duplicato
- ☐ 2 — Sì, tenendo a bordo copia della denuncia presentata all’Autorità di pubblica sicurezza
- ☐ 3 — Sì, con la copia della domanda presentata per ottenere il duplicato, per la durata di giorni 30

M

Quale potenza massima può essere applicata al motore di un natante da diporto?

- ☐ 1 — 40.8 hp
- ☐ 2 — 20 hp
- ☐ 3 — Non vi è limite

N

Se in una giornata di fitta nebbia udiamo un segnale costituito da quattro fischi, di cui il primo lungo e i successivi brevi, da quale nave sono stati emessi?

- ☐ 1 — Da una nave che rimorchia un rimorchio di lunghezza superiore a 200 metri
- ☐ 2 — Da una nave impegnata in operazioni di pilotaggio
- ☐ 3 — Da una nave o un oggetto rimorchiato

O

Come è chiamato lo spazio compreso tra la testa del cilindro e la parte superiore del pistone?

- ☐ 1 — Camera di combustione
- ☐ 2 — Spazio morto
- ☐ 3 — Spazio nocivo

P

Il premistoppa (anche "pressatrecce") della linea d'asse perde qualche goccia d'acqua al minuto. Lo serriamo forte. Cosa succederà?

- ☐ 1 — Niente, è ben regolato e non perderà più
- ☐ 2 — Bloccherà l'asse
- ☐ 3 — La baderna non perde più, ma in poco tempo si brucerà, perdendo copiosamente e irrimediabilmente

Q

Da chi deve essere riconosciuto idoneo il sistema di aggancio e rimorchio per lo sci nautico?

- ☐ 1 — Dalla Capitaneria di Porto competente per territorio
- ☐ 2 — Da qualunque Ufficio marittimo
- ☐ 3 — Dal Registro Italiano Navale

R

L'imbarcazione che rimorchia lo sciatore deve essere munita di speciale abilitazione?

- ☐ 1 — No, in nessun caso
- ☐ 2 — Sì
- ☐ 3 — Sì, se l'attività viene esercitata per conto terzi

S

Quanti estintori deve avere a bordo una unità da diporto abilitata a navigare senza limiti, dotata di motore di 350 hp?

- ☐ 1 — 3, più uno in ogni locale
- ☐ 2 — 4, più uno in ogni locale
- ☐ 3 — 3 estintori

T

Come si stabiliscono le ore di autonomia di un motore?

- ☐ 1 — Dividendo lo spazio percorso per la velocità di crociera
- ☐ 2 — Dividendo la capacità totale dei serbatoi di carburante per il consumo medio
- ☐ 3 — Dividendo lo spazio da percorrere per la potenza in hp e moltiplicando il risultato per la velocità

U

La cassetta medicinali a bordo delle unità da diporto...

- ☐ 1 — È di tipo approvato dal Ministero dei Trasporti e della Navigazione
- ☐ 2 — È a soddisfazione dell'autorità marittima
- ☐ 3 — Deve contenere medicinali e dotazioni sanitarie previste da apposito decreto ministeriale

V

Entro quale limite dalla costa possono navigare le unità munite di certificazione CE appartennenti alla categoria di progettazione del tipo C?

- ☐ 1 — Entro 12 miglia dalla costa
- ☐ 2 — Dipende dal tipo di natante e dalla volontà espressa dal proprietario
- ☐ 3 — Il limite è stabilito dalla forza del vento, che non dovrà superare forza 6 e le onde l'altezza di 4 metri

Z

Una nave impegnata in operazioni di rimorchio, quali segnali sonori dovrà emettere?

- ☐ 1 — Quattro fischi, di cui il primo lungo e i restanti tre brevi, a intervalli non superiori ai 2 minuti
- ☐ 2 — Tre fischi, di cui il primo lungo e i successivi brevi, a intervalli non superiori ai 2 minuti
- ☐ 3 — Tre fischi, di cui il primo e l'ultimo brevi e quello centrale lungo, a intervalli non superiori ai 2 minuti

A

Quali sono i vantaggi dell'uso di un fuoribordo a quattro tempi al posto, di uno a due tempi?

- ☐ 1 — Maggior affidabilità, consumi minori e capacità di percorrere lunghi tratti a basso regime senza imbrattare le candele
- ☐ 2 — Maggior leggerezza, assenza di vibrazioni, maggiore sicurezza
- ☐ 3 — Rapide accelerazioni, facilità di manutenzione, maggior leggerezza

B

Il sistema di aggancio e rimorchio per lo sci nautico...

- ☐ 1 — Deve essere di tipo omologato dal RINa
- ☐ 2 — Deve essere di tipo approvato dal Ministero della Marina Mercantile
- ☐ 3 — Deve essere riconosciuto idoneo dall'autorità marittima

C

Il pescatore subacqueo a quale distanza deve mantenersi dalle spiagge frequentate da bagnanti?

- ☐ 1 — 100 metri
- ☐ 2 — 500 metri
- ☐ 3 — 300 metri

D

Al termine "Grosso", nella scala Douglas dello stato del mare, quale cifra è attribuita?

- ☐ 1 — 7
- ☐ 2 — 6
- ☐ 3 — 5

E

Quante persone – oltre al conduttore – devono trovarsi a bordo dell'unità che rimorchia lo sciatore?

- ☐ 1 — Due: una esperta di nuoto e l'altra per la manovra del gancio
- ☐ 2 — Nessun'altra oltre al conduttore, se quest'ultimo è esperto nel nuoto
- ☐ 3 — Una persona esperta nel nuoto

F

In una imbarcazione di lunghezza inferiore a 12 metri, a quale distanza minima deve essere visibile il "fanale di testa d'albero"?

- ☐ 1 — 2 miglia
- ☐ 2 — 3 miglia
- ☐ 3 — 1 miglio

G

Qual è la causa più probabile di un arresto con caduta di giri istantanea in un motore fuoribordo?

- ☐ 1 — Il sistema di alimentazione del carburante
- ☐ 2 — Il sistema di accensione
- ☐ 3 — Un guasto grave ai pistoni o all'albero di trasmissione

H

Quali sono le fonti di trasmissione dei bollettini del mare?

- ☐ 1 — Le stazioni radiofoniche della Rai (secondo programma)
- ☐ 2 — Le stazioni Radiotelefoniche Costiere
- ☐ 3 — I circoli nautici

L

Una unità adibita al diporto può essere utilizzata per l'insegnamento della navigazione da diporto?

- ☐ 1 — Sì, è possibile
- ☐ 2 — No, l'uso delle imbarcazioni da diporto è limitato allo svago, allo sport, al noleggio e alla locazione
- ☐ 3 — Sì, purché non venga fatto a fini di lucro

M

Qual è la causa più comune per cui un motore entrobordo surriscalda?

- ☐ 1 — Sì è rotta la pompa dell'acqua di raffreddamento
- ☐ 2 — Sì è occlusa la presa a mare della pompa dell'acqua
- ☐ 3 — Sì è sporcato il filtro dell'olio

N

Quali sono i principali svantaggi dei fuoribordo a quattro tempi rispetto a quelli a due?

- ☐ 1 — Rumorosità, pericolosità e fastidiose vibrazioni
- ☐ 2 — Consumo maggiore
- ☐ 3 — Peso maggiore, accelerazione minore

O

Chi provvede alla conferma della validità e al rinnovo del certificato di sicurezza?

- ☐ 1 — Il Registro Italiano Navale (RINa)
- ☐ 2 — L'Autorità marittima o della Motorizzazione civile sulla base della certificazione di visita dell'ente tecnico
- ☐ 3 — L'Ufficio marittimo più vicino al porto in cui si trova l'unità

P

È ammesso l'esercizio della pesca subacquea in ore notturne?

- ☐ 1 — No, mai
- ☐ 2 — Sì, sempre
- ☐ 3 — Sì, se il pescatore è segnalato da fonte di luce

Q

È necessaria la patente per condurre i mezzi nautici adibiti all'esercizio dello sci nautico?

- ☐ 1 — Sì
- ☐ 2 — No
- ☐ 3 — Sì, se la condotta del mezzo nautico richiede apposita abilitazione

R

Soltanto le unità che navigano senza limiti dalla costa sono obbligate ad avere a bordo...

- ☐ 1 — Una pompa a mano o altro attrezzo di esaurimento
- ☐ 2 — I fanali regolamentari
- ☐ 3 — Boetta Epirb

S

Quale, tra le seguenti dotazioni, non è prevista per la navigazione senza limiti?

- ☐ 1 — Il barometro
- ☐ 2 — L'orologio
- ☐ 3 — L'ecoscandaglio

T

I mezzi di salvataggio devono essere...

- ☐ 1 — Di tipo approvato dal Ministero dei trasporti e della navigazione
- ☐ 2 — Omologati dal Registro Italiano Navale
- ☐ 3 — Garantiti dal costruttore

U

Secondo il sistema di segnalamento marittimo "iala", quale tipo di boa è usata per segnalare il pericolo isolato?

- ☐ 1 — Boa a fuso o ad asta
- ☐ 2 — Boa sferica
- ☐ 3 — Boa cilindrica

V

La cassetta di pronto soccorso è obbligatoria per...

- ☐ 1 — Le unità che navigano oltre le 12 miglia
- ☐ 2 — Le navi e le imbarcazioni, non per i natanti
- ☐ 3 — Le navi

Z

Il pescatore subacqueo deve mantenersi almeno a distanza di 100 metri da...

- ☐ 1 — Impianti fissi da pesca, reti da posta, navi ancorate fuori dai porti
- ☐ 2 — Impianti fissi da pesca, reti da posta, navi ancorate fuori dai porti, spiagge frequentate da bagnanti
- ☐ 3 — Impianti e reti da pesca

A

Secondo il sistema di segnalamento marittimo "iala", quale miraglio sormonta la boa a fuso o ad asta, nella segnalazione di pericolo isolato?

- ☐ 1 — Due sfere sovrapposte
- ☐ 2 — Due coni neri sovrapposti
- ☐ 3 — Una sfera rossa

B

Una nave vincolata al proprio pescaggio, di giorno come può segnalare questa sua condizione?

- ☐ 1 — Mostrando tre palloni neri
- ☐ 2 — Mostrando un cilindro nero
- ☐ 3 — Mostrando due coni uniti per le basi

C

I segnali di soccorso devono essere...

- ☐ 1 — Di tipo omologato dal Registro Italiano Navale
- ☐ 2 — A soddisfazione dell'Autorità marittima
- ☐ 3 — Di tipo approvato dal Ministero dei Trasporti e della Navigazione

D

È consentito trasportare, sullo stesso mezzo nautico, fucili subacquei e apparecchi di respirazione?

- ☐ 1 — No, mai
- ☐ 2 — Sì, in ogni caso
- ☐ 3 — Sì, per esclusive finalità di sicurezza

E

Quali organi, in un motore endotermico, assicurano la "tenuta" dei pistoni con la superficie dei cilindri?

- ☐ 1 — Le fasce elastiche
- ☐ 2 — I giunti omocinetici
- ☐ 3 — Le bronzine

F

Se ci accorgiamo che c'è acqua nel gasolio e non abbiamo nessuna possibilità di sostituirlo, cosa possiamo fare?

- ☐ 1 — Lo facciamo asciugare in alcune taniche al sole
- ☐ 2 — Ci aggiungiamo benzina in proporzione del 10%, senza avere danni al motore
- ☐ 3 — Ci aggiungiamo alcool metilico in proporzione del 3% che comporterà comunque fastidio al motore

G

Qual è la causa più probabile di un arresto con caduta di giri veloce in un motore fuoribordo?

- ☐ 1 — Il sistema di alimentazione del carburante
- ☐ 2 — Il sistema di accensione
- ☐ 3 — Un guasto grave ai pistoni o all'albero di trasmissione

H

Una nave a propulsione meccanica in navigazione deve lasciare libera la rotta a una nave intenta a pescare?

- ☐ 1 — Sì, purché non si sia in canali stretti o in schemi di separazione del traffico
- ☐ 2 — Sì, sempre
- ☐ 3 — No

L

Che cosa indica l'ago della bussola magnetica su uno scafo privo di parti metalliche e di apparecchiature elettriche?

- ☐ 1 — Il Nord geografico
- ☐ 2 — Il Nord bussola
- ☐ 3 — Il Nord magnetico

M

Se navighiamo nel quarto quadrante, la nostra Rotta vera tra quali valori sarà compresa?

- ☐ 1 — Tra 180° e 270°
- ☐ 2 — Tra 90° e 180°
- ☐ 3 — Tra 270° e 360°

N

Come si conta la longitudine?

- ☐ 1 — Dal 1° meridiano in senso orario da 0° a 360°
- ☐ 2 — Dal 1° meridiano in senso antiorario da 0° a 360°
- ☐ 3 — Dal 1° meridiano, da 0° a 180° verso Est e da 0° a 180° verso Ovest

O

Al termine "Vento forte o quasi burrasca", nella scala Beaufort della forza del vento, quale cifra è attribuita?

- ☐ 1 — 7
- ☐ 2 — 5
- ☐ 3 — 9

P

Le unità abilitate a navigare entro sei miglia dalla costa devono essere provviste di...

- ☐ 1 — 2 fuochi a mano a luce rossa e 2 razzi a paracadute a luce rossa
- ☐ 2 — 2 fuochi a mano e 2 razzi a paracadute
- ☐ 3 — 3 fuochi a mano e 3 razzi a paracadute

Q

Le unità adibite allo sci nautico devono essere munite di...

- ☐ 1 — Mezzi di appiglio per la facile risalita a bordo
- ☐ 2 — Dotazioni di pronto soccorso
- ☐ 3 — Dispositivi supplementari per il segnalamento acustico

R

Se di notte incontriamo una nave che mostra i fanali qui illustrati, di che nave si tratta?

- ☐ 1 — Una nave impegnata in operazioni di pesca, diverse dalla pesca a strascico, senza abbrivo, in navigazione
- ☐ 2 — Una nave a vela vista di poppa, che mostra i fanali facoltativi
- ☐ 3 — Una nave impegnata in operazioni di pesca, diverse dalla pesca a strascico, all'ancora, vista di prua

S

Qual è la causa più probabile di un arresto con caduta lenta di giri in un motore fuoribordo?

- ☐ 1 — Il sistema di alimentazione del carburante
- ☐ 2 — Il sistema di accensione
- ☐ 3 — Un guasto grave ai pistoni o all'albero di trasmissione

T

In quali casi può tenersi in posizione di armamento un fucile subacqueo?

- ☐ 1 — Solo in immersione
- ☐ 2 — Solo se trasportato su imbarcazioni che non siano canotti pneumatici
- ☐ 3 — Solo a bordo di imbarcazioni di appoggio a pescatori subacquei già in immersione

U

Al termine "Bava di vento", nella scala Beaufort della forza del vento, quale cifra è attribuita?

- ☐ 1 — 1
- ☐ 2 — 2
- ☐ 3 — 3

V

Le bussole a bordo delle unità da diporto sono...

- ☐ 1 — Dotate di un adeguato sistema illuminante per l'impiego nella navigazione notturna
- ☐ 2 — Omologate RINa
- ☐ 3 — Sottoposte a periodici controlli per l'individuazione degli errori di deviazione

Z

Di giorno una nave o un oggetto rimorchiato deve mostrare qualche segnale?

- ☐ 1 — No, in nessun caso
- ☐ 2 — Sì, un segnale biconico unito per le basi, ma soltanto se la lunghezza del rimorchio supera i 200 metri
- ☐ 3 — Sì, in ogni caso dovrà mostrare un segnale biconico unito per le basi

A

Qual è il vantaggio dell'uso di un diesel, a parte la minor pericolosità per incendi ed esplosioni?

- ☐ 1 — La maggior affidabilità per lunghi funzionamenti ad alto regime e l'insensibilità agli ambienti umidi
- ☐ 2 — Il minor costo di gestione (combustibile, manutenzione e ammortizzamento costo iniziale)
- ☐ 3 — La maggior facilità di riparazione

B

Come si chiama l'altezza della carena?

- ☐ 1 — Pescaggio
- ☐ 2 — Puntale
- ☐ 3 — Dislocamento

C

Chi è responsabile dell'attività di sci nautico?

- ☐ 1 — Lo sciatore
- ☐ 2 — Il comandante dell'unità che rimorchia
- ☐ 3 — Il conduttore dell'unità che rimorchia se è patentato, altrimenti il responsabile è con lo sciatore

D

Al termine "Quasi calmo", nella scala Douglas dello stato del mare, quale cifra è attribuita?

- ☐ 1 — 1
- ☐ 2 — 3
- ☐ 3 — 2

E

Come si chiamano le onde causate dal vento che spira sul posto?

- ☐ 1 — Onde vive
- ☐ 2 — Onde di mare lungo
- ☐ 3 — Onde di mare morto

F

Una nave che viene spinta in avanti quali fanali deve mostrare?

- ☐ 1 — I fanali laterali e quello di poppa
- ☐ 2 — I fanali laterali, quello di poppa e quello di rimorchio
- ☐ 3 — Soltanto i fanali laterali, mostrati verso prua

G

In una nave di lunghezza uguale o superiore a 12 metri, ma inferiore ai 20 metri, a quale distanza minima deve essere visibile il fanale di testa d'albero

- ☐ 1 — 3 miglia
- ☐ 2 — 5 miglia
- ☐ 3 — 2 miglia

H

Quale documento abilita all'uso degli apparati radiotelefonici installati a bordo delle unità da diporto?

- ☐ 1 — Patente nautica per navigazione senza limiti
- ☐ 2 — Licenza radiotelefonica di esercizio per imbarcazioni
- ☐ 3 — Certificato limitato di radiotelefonista per navi

L

Come si chiama la parte immersa di uno scafo?

- ☐ 1 — Anca o giardinetto
- ☐ 2 — Carena o opera viva
- ☐ 3 — Murata o opera morta

M

Da cosa è costituita una linea d'asse rigida del motore?

- ☐ 1 — Asse, giunto, premistoppa, astuccio fisso, boccole
- ☐ 2 — Asse, giunto, premistoppa flottante, astuccio, cuscinetto astuccio vicino all'elica
- ☐ 3 — Asse, giunto, premistoppa flottante, cuscinetto asse vicino all'elica

N

Quali unità da diporto hanno l'obbligo dell'apparato Vhf?

- ☐ 1 — Quelle di lunghezza pari o inferiore a 24 metri, che navigano a distanza superiore alle 6 miglia dalla costa
- ☐ 2 — Tutte le unità abilitate alla navigazione oltre 12 miglia dalla costa
- ☐ 3 — Solo le unità con lunghezza inferiore ai 24 metri e abilitate alla navigazione senza limiti

O

A che cosa serve la scala Beaufort?

- ☐ 1 — A valutare l'altezza delle onde
- ☐ 2 — A indicare la forza del vento
- ☐ 3 — A indicare la visibilità

P

In una nave di lunghezza superiore o uguale a 12 metri, ma inferiore a 50 metri, a quale distanza minima deve essere visibile il fanale di testa d'albero?

- ☐ 1 — 5 miglia
- ☐ 2 — 6 miglia
- ☐ 3 — 2 miglia

Q

In genere tra un motore diesel e uno a scoppio, quale produce più vibrazioni ed è quindi più rumoroso?

- ☐ 1 — Il motore a scoppio
- ☐ 2 — Il motore diesel
- ☐ 3 — Sono più o meno uguali

R

Per quali tra le seguenti dotazioni non è prescritta la dicitura "tipo approvato dal M.M.M."?

- ☐ 1 — Tutti i mezzi di salvataggio
- ☐ 2 — Segnali di soccorso
- ☐ 3 — Estintori

S

È obbligatorio realizzare un impianto di aerazione forzata del vano del motore entrobordo a benzina?

- ☐ 1 — Sì, è obbligatorio
- ☐ 2 — È consigliabile farlo, anche se non siamo obbligati
- ☐ 3 — No, non è necessario

T

I fanali di navigazione sono obbligatori per i natanti e le imbarcazioni abilitati a navigare entro tre miglia?

- ☐ 1 — No, in nessun caso
- ☐ 2 — Sì, in ogni caso
- ☐ 3 — Sì, e in caso di navigazione diurna, un fanale bianco a 360°

U

È obbligatorio realizzare un impianto di aereazione forzata del vano motore entrobordo diesel?

- ☐ 1 — Sì, è obbligatorio
- ☐ 2 — No, ma è consigliabile
- ☐ 3 — No, non è necessario

V

Il fanale di testa d'albero deve essere visibile per tutto l'orizzonte?

- ☐ 1 — No, solo su un arco ampio 225°
- ☐ 2 — Sì
- ☐ 3 — No, solo su un arco ampio 135°

Z

È possibile effettuare la ricerca di un segnalamento in base al suo nome?

- ☐ 1 — Sì, alla fine dell'Elenco Fari esiste un indice alfabetico
- ☐ 2 — No
- ☐ 3 — Sì, solo se si tratta di segnalamenti importanti

A

Come è chiamata la parte anteriore di uno scafo?

- ☐ 1 — Mascone
- ☐ 2 — Prua o prora
- ☐ 3 — Poppa

B

Cosa succede in un motore in cui il livello dell'olio è basso?

- ☐ 1 — Si avranno danni gravi, individuabili perché il motore surriscalda e la pressione dell'olio scende
- ☐ 2 — Si può bruciare la guarnizione del filtro olio
- ☐ 3 — Si avranno danni gravi; ce ne possiamo accorgere perché il motore, pur non surriscaldando, perde colpi

C

Come è opportuno riporre il fuoribordo per il rimessaggio invernale?

- ☐ 1 — In posizione orizzontale
- ☐ 2 — In posizione verticale
- ☐ 3 — Sottosopra, cioè con il piede in alto, per favorire il drenaggio dell'olio

D

In genere con quale tipo di motore entrobordo si avrà una sentina più pulita e meno maleodorante?

- ☐ 1 — Con il motore diesel
- ☐ 2 — Con il motore a scoppio a due tempi
- ☐ 3 — Con il motore a scoppio a quattro tempi

E

Come è chiamato l'attrezzo formato da un'asta con all'estremità uno o due ganci?

- ☐ 1 — Gancio d'accosto o alighiero o mezzomarinaio
- ☐ 2 — Raffio
- ☐ 3 — Zaffo

F

Per le imbarcazioni che superano i 12 metri di lunghezza, i fanali devono essere...

- ☐ 1 — Di tipo approvato dal Ministero
- ☐ 2 — Omologati dal Registro Italiano Navale
- ☐ 3 — A soddisfazione delle autorità competenti

G

Secondo il sistema di segnalamento marittimo "iala", quale colore è usato nei segnali in acque sicure?

- ☐ 1 — Settori verticali rossi e bianchi
- ☐ 2 — Nero, con una fascia orizzontale gialla
- ☐ 3 — Nero, con una fascia orizzontale rossa

H

Come è chiamato il peso dell'imbarcazione che, per il principio di Archimede, corrisponde al peso del liquido spostato?

- ☐ 1 — Dislocamento
- ☐ 2 — Immersione
- ☐ 3 — Pescaggio

L

Togliamo le candele del fuoribordo, spruzziamo olio nei cilindri attraverso i fori in cui esse alloggiano, diamo qualche colpo all'avviamento; infine le rimontiamo dopo averle pulite o sostituite. Perché?

- ☐ 1 — È il primo avviamento della giornata
- ☐ 2 — Le candele si erano imbrattate perché impiegate a basso regime
- ☐ 3 — Stiamo procedendo all'invernaggio o abbiamo ripreso l'uso del motore dopo una lunga inattività

M

I "fanali laterali" possono essere combinati in un unico fanale fissato sul piano longitudinale della nave?

- ☐ 1 — Sì, quando la nave ha una lunghezza inferiore ai 20 metri
- ☐ 2 — Sì, solo sulle barche a remi e sulle imbarcazioni a vela
- ☐ 3 — No

N

Nelle carte italiane cosa significa il seguente simbolo?

- ☐ 1 — Radar costiero
- ☐ 2 — Radiogoniometro costiero
- ☐ 3 — Radiofaro circolare

O

Tra una carta nautica con scala 1:50.000 e una con scala 1:100.000, qual è la scala maggiore?

- ☐ 1 — Quella con scala 1:50.000
- ☐ 2 — Dipende dalla porzione di superficie terrestre rappresentata
- ☐ 3 — Quella con scala 1:100.000

P

Prima di avviare un entrobordo a benzina, cosa è assolutamente necessario fare?

- ☐ 1 — Riscaldare le candelette
- ☐ 2 — Controllare il livello del serbatoio
- ☐ 3 — Far funzionare per due o tre minuti l'impianto di aereazione forzata del vano motore

Q

Come si chiama la parte dello scafo corrispondente alla destra di un osservatore, che da poppa guardi a prua?

- ☐ 1 — Tribordo
- ☐ 2 — Dritta
- ☐ 3 — Babordo

R

Quanto è ampio il settore di visibilità del "fanale di poppa"?

- ☐ 1 — 135°
- ☐ 2 — 90°
- ☐ 3 — 45°

S

Le unità che non hanno l'obbligo dei fanali di navigazione devono comunque tenere a bordo...

- ☐ 1 — Una luce bianca visibile per tutto l'orizzonte
- ☐ 2 — Bengala a luce bianca
- ☐ 3 — Luce bianca visibile a proravia per 225°

T

Che colore ha il "fanale di poppa"?

- ☐ 1 — Bianco
- ☐ 2 — Giallo
- ☐ 3 — Rosso

U

Cos'è la sentina?

- ☐ 1 — Lo spazio compreso tra la prua e la prima paratia
- ☐ 2 — Lo spazio compreso tra la dritta e la sinistra
- ☐ 3 — Lo spazio compreso tra il fondo dello scafo e il pagliolato

V

Quale distanza laterale deve mantenersi tra un mezzo che traina uno sciatore e altre unità?

- ☐ 1 — Mai inferiore a 12 metri
- ☐ 2 — Mai inferiore a quella del cavo di traino
- ☐ 3 — Mai inferiore a 50 metri

Z

Di che colore è il fanale di rimorchio?

- ☐ 1 — Giallo
- ☐ 2 — Verde
- ☐ 3 — Rosso

A

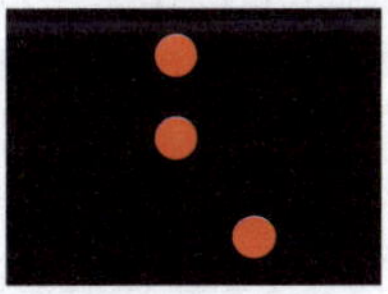

Quale nave mostra i fanali qui illustrati?

☐ 1 — Una nave vincolata dalla propria immersione, senza abbrivo
☐ 2 — Una nave incagliata
☐ 3 — Una nave che non governa con abbrivo, che mostra il suo lato sinistro

B

Come viene definito il fanale che mostra una luce ininterrotta su un arco di orizzonte di 360°?

☐ 1 — Fanale visibile per tutto l'orizzonte
☐ 2 — Fanale circolare
☐ 3 — Fanale a vista totale

C

Qualora esista il rischio di abbordaggio, o quando necessiti un cambiamento di rotta, è sempre lecito accostare a sinistra?

☐ 1 — No, se la nave si trova a pruavia del traverso, a meno che non si tratti di nave che viene raggiunta
☐ 2 — Sì
☐ 3 — No, mai

D

Come è definito il movimento di oscillazione attorno all'asse longitudinale dello scafo?

☐ 1 — Rollio
☐ 2 — Beccheggio
☐ 3 — Appoppata

E

Quale organo provvede, in un diesel, alla iniezione nella camera di combustione del gasolio?

☐ 1 — Il carburatore
☐ 2 — La pompa di alimentazione e il distributore
☐ 3 — La pompa di alimentazione e gli iniettori

F

Come è orientata la linea di fede di una bussola?

☐ 1 — Parallelamente all'asse trasversale dello scafo
☐ 2 — Parallelamente all'asse longitudinale dello scafo
☐ 3 — Secondo la direzione del Nord magnetico

G

Qual è l'organo che trasforma il moto rettilineo alternato dei pistoni in moto rotatorio?

☐ 1 — L'albero motore
☐ 2 — Le bielle
☐ 3 — L'albero a camme

H

Come è chiamato il condotto praticato sotto la volta di poppa per consentire il passaggio dell'asta del timone?

☐ 1 — Scassa
☐ 2 — Mastra
☐ 3 — Losca

L

Una nave a propulsione meccanica in navigazione deve lasciare libera la rotta a una nave a vela?

☐ 1 — Sì, quando non si è in canali stretti o in schemi di separazione del traffico
☐ 2 — Sì, sempre
☐ 3 — No

M

A quale percentuale dei giri massimi previsti dalla casa è opportuno stabilire un regime "di crociera" con un entrobordo diesel?

☐ 1 — Al 50%
☐ 2 — All'80%
☐ 3 — Al 100%

N

Una nave a vela in navigazione deve lasciare libera la rotta a una nave che non governa?

- ☐ 1 — Sì
- ☐ 2 — No
- ☐ 3 — Solo se la nave che non governa si trova a dritta

O

Che cosa in un diesel provvede all'accensione della miscela aria-combustibile?

- ☐ 1 — Le candelette
- ☐ 2 — Nulla, il combustibile si autoaccende, essendo iniettato in camera di combustione quando essa ha temperature elevatissime
- ☐ 3 — È il classico sistema con spinterogeno, bobina e candele

P

I mezzi adibiti allo sci nautico devono essere muniti di...

- ☐ 1 — Dispositivo per l'inversione di marcia
- ☐ 2 — Ancora galleggiante
- ☐ 3 — Anello di sganciamento rapido del gancio di rimorchio

Q

Al termine "Molto grosso", nella scala Douglas dello stato del mare, quale cifra è attribuita?

- ☐ 1 — 8
- ☐ 2 — 7
- ☐ 3 — 6

R

Che cosa fare, se ci si accorge che in una pala dell'elica del fuoribordo manca una parte consistente di metallo?

- ☐ 1 — Nulla, può funzionare correttamente lo stesso
- ☐ 2 — Cambiarla, perché la velocità massima dell'imbarcazione ne risulta fortemente penalizzata
- ☐ 3 — Cambiarla al più presto o le vibrazioni da essa generate usureranno in pochissimo tempo i cuscinetti

S

Ai fini della sicurezza da esplosioni o incendi, qual è il motore meno pericoloso?

- ☐ 1 — Diesel
- ☐ 2 — Benzina
- ☐ 3 — Miscela olio - benzina

T

Che colore deve avere il "fanale laterale" sistemato sul lato sinistro?

- ☐ 1 — Rosso
- ☐ 2 — Verde
- ☐ 3 — Bianco

U

A quali uffici va presentata la denuncia di ritrovamento di relitti?

- ☐ 1 — All'autorità marittima più vicina al luogo di residenza del ritrovatore
- ☐ 2 — All'autorità marittima più vicina al luogo del ritrovamento o all'approdo del ritrovatore
- ☐ 3 — All'autorità marittima se si ritiene che i relitti provengano da un sinistro marittimo

V

Una nave che viene rimorchiata lateralmente, quali fanali deve mostrare?

- ☐ 1 — Soltanto i fanali laterali mostrati verso prua
- ☐ 2 — I fanali laterali e quello di poppa
- ☐ 3 — I fanali laterali, quello di poppa e quello di rimorchio

Z

A chi spetta la custodia delle cose ritrovate in mare?

- ☐ 1 — Al ritrovatore, salvo diritto a indennità e compensi
- ☐ 2 — All'autorità marittima che ha ricevuto la denuncia di ritrovamento
- ☐ 3 — Al ritrovatore, che le custodisce per due anni, acquisendone la proprietà se nel frattempo non è stato rintracciato il proprietario dei beni ritrovati

A

Sotto quale forma viene effettuata la denuncia di evento straordinario resa dal comandante di una imbarcazione da diporto?

- ☐ 1 — Dichiarazione giurata, di cui viene redatto processo verbale
- ☐ 2 — Dichiarazione libera
- ☐ 3 — In carta legale

B

Qual è la causa più probabile di un improvviso arresto dell'imbarcazione unitamente a un aumento di giri del fuoribordo?

- ☐ 1 — Si è rotta la pompa dell'acqua di raffreddamento
- ☐ 2 — Si è rotta la spina di sicurezza che fissa l'elica al piede
- ☐ 3 — Si è rotto un pistone

C

Come si chiama la parte estrema posteriore di uno scafo?

- ☐ 1 — Prua
- ☐ 2 — Asse del timone
- ☐ 3 — Poppa

D

In caso di accertamenti dell'autorità marittima sul viaggio compiuto, il comandante ha l'obbligo di...

- ☐ 1 — Presentarsi all'autorità marittima inquirente
- ☐ 2 — Fornire tutte le informazioni richieste e far presentare – se a ciò invitato – le altre persone che si trovavano a bordo
- ☐ 3 — Presentare apposita dichiarazione di evento straordinario

E

In una nave con lunghezza uguale o superiore a 50 metri a quale distanza minima devono essere visibili il "fanale di rimorchio" e i fanali visibili su tutto l'orizzonte?

- ☐ 1 — 3 miglia
- ☐ 2 — 2 miglia
- ☐ 3 — 1 miglio

F

Al termine "Tempestoso", nella scala Douglas dello stato del mare, quale cifra è attribuita?

- ☐ 1 — 9
- ☐ 2 — 7
- ☐ 3 — 6

G

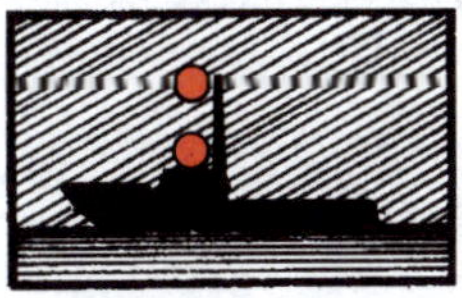

Quale nave mostra i fanali raffigurati?

- ☐ 1 — Una nave incagliata
- ☐ 2 — Una nave che governa, senza abbrivo
- ☐ 3 — Una nave a vela, con i fanali facoltativi, che mostra il suo lato sinistro

H

Una nave a propulsione meccanica in navigazione deve lasciare libera la rotta a una nave che non governa?

- ☐ 1 — Sì
- ☐ 2 — No
- ☐ 3 — Solo se la nave che non governa si trova a dritta

L

Tre carte nautiche hanno le seguenti scale: 1:50.000, 1:60.000, 1:100.000, quale di queste rappresenterà una parte più estesa di superficie terrestre?

- ☐ 1 — Quella con scala più piccola
- ☐ 2 — Quella che ha una scala maggiore
- ☐ 3 — Quella con scala 1:60.000

M

Notiamo che il livello dell'olio (nel motore o nell'invertitore) anche se ancora denso, è di colore nerastro; perché?

- ☐ 1 — Ci sono infiltrazioni di acqua nel motore
- ☐ 2 — Ci sono infiltrazioni di combustibile nel motore
- ☐ 3 — È normale dopo un certo tempo d'uso del motore

N

In una nave con lunghezza uguale o superiore ai 50 metri, a quale distanza minima deve essere visibile il "fanale di testa d'albero"?

- ☐ 1 — 6 miglia
- ☐ 2 — 3 miglia
- ☐ 3 — 5 miglia

O

Al termine di "Brezza tesa", nella scala Beaufort della forza del vento, quale cifra è attribuita?

- ☐ 1 — 3
- ☐ 2 — 4
- ☐ 3 — 6

P

Come è chiamato l'attrezzo raffigurato?

- ☐ 1 — Ancora galleggiante
- ☐ 2 — Manica a vento
- ☐ 3 — Ancora di speranza

Q

I documenti di navigazione rilasciati dagli Uffici Provinciali del Dipartimento per i trasporti terrestri sono riconosciuti validi anche per le acque marittime?

- ☐ 1 — No
- ☐ 2 — Sì
- ☐ 3 — Sì, ma solo per la navigazione entro le 6 miglia dalla costa

R

Da dove spira il Mezzogiorno?

- ☐ 1 — Est
- ☐ 2 — Nord
- ☐ 3 — Sud

S

Sugli iniettori del diesel, a parte il tubo centrale di immissione del gasolio ci sono due connessioni laterali: a cosa servono?

- ☐ 1 — Per il ritorno del combustibile in più: lo riportano nel serbatoio
- ☐ 2 — Per il "ritorno" del combustibile in più: lo scaricano nella marmitta
- ☐ 3 — Per l'attacco dei tubi della pompa manuale di emergenza

T

Secondo il sistema di segnalamento marittimo "iala", quali colori sono utilizzati per i segnali cardinali?

- ☐ 1 — Giallo e nero
- ☐ 2 — Rosso e bianco
- ☐ 3 — Nero e rosso

U

Alla cifra 10 della scala Douglas dello stato del mare che cosa corrisponde?

- ☐ 1 — Non esiste la cifra 10
- ☐ 2 — Burrasca forte
- ☐ 3 — Burrasca

V

In quale caso la licenza di navigazione e gli altri documenti possono essere mantenuti a bordo in copia autentica?

- ☐ 1 — In nessun caso
- ☐ 2 — In caso di furto o smarrimento dei documenti originali
- ☐ 3 — Sempre, se la navigazione avviene tra porti dello Stato

Z

In una nave di lunghezza superiore o uguale a 12 metri, ma inferiore a 50 metri, a quale distanza minima devono essere visibili i fanali laterali e quello di poppa?

- ☐ 1 — 2 miglia
- ☐ 2 — 3 miglia
- ☐ 3 — 1 miglio

A

Guardando da prua verso poppa, come si chiama il lato dell'imbarcazione alla vostra sinistra?

- ☐ 1 — Sinistra
- ☐ 2 — Dritta
- ☐ 3 — Destra

B

Se, procedendo a motore, osserviamo sulla sinistra i fanali qui raffigurati, siamo costretti a manovrare per dare la precedenza?

- ☐ 1 — Sì perché si tratta di una nave impegnata in operazioni di rimorchio
- ☐ 2 — Sì, ma soltanto se il rimorchio supera la lunghezza di 200 metri
- ☐ 3 — No, dobbiamo continuare con rotta e velocità invariate

C

Quanto è ampio il settore di visibilità dei fanali facoltativi, rosso e verde, che una nave a vela può mostrare?

- ☐ 1 — 360°
- ☐ 2 — 112.5°, da pruavia verso poppa, il rosso sulla sinistra e il verde a dritta
- ☐ 3 — 225°, come i fanali di testa d'albero, in modo che di poppa sia visibile soltanto il fanale bianco

D

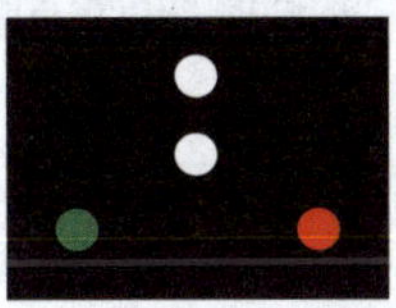

Se di notte osserviamo, diritti di prua, i fanali qui raffigurati, come ci comporteremo?

- ☐ 1 — Accosteremo indifferentemente a dritta o a sinistra perché stiamo incontrando una nave che rimorchia
- ☐ 2 — Accosteremo a sinistra lasciando libera la rotta alla nave che rimorchia
- ☐ 3 — Accosteremo a dritta, con manovra ampia e decisa e osserveremo che l'altra nave effettui la stessa manovra

E

Una nave a propulsione meccanica impegnata in operazioni di rimorchio è da considerarsi come nave con difficoltà di manovra?

- ☐ 1 — Sì, se la lunghezza del rimorchio è superiore a 200 metri
- ☐ 2 — Sì, in ogni caso
- ☐ 3 — No, se la nave che rimorchia non mostra anche i fanali o i segnali relativi alle navi che hanno difficoltà di manovra

F

Navigando con Rv = 30° osserviamo, dritto di prua, una boa come quella illustrata in figura, come ci comporteremo?

- ☐ 1 — Accosteremo a dritta
- ☐ 2 — Accosteremo a sinistra
- ☐ 3 — Accosteremo indifferentemente a dritta o a sinistra

G

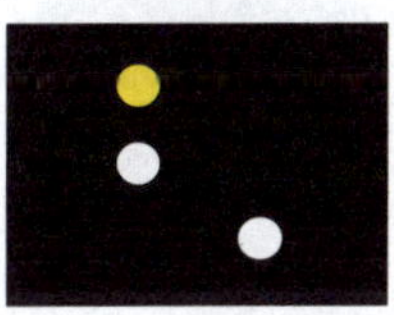

Se di notte si osservano diritti di prua i seguenti fanali, che nave stiamo incontrando?

- ☐ 1 — Una nave che rimorchia un'altra nave, viste di poppa e non allineate
- ☐ 2 — Una nave a cuscino d'aria all'ancora
- ☐ 3 — Un sommergibile all'ancora

H

Navigando con Rv = 160° osserviamo, dritto di prua, una boa come quella in figura; quale delle tre nuove Rotte sarà meglio assumere?

- ☐ 1 — 130°
- ☐ 2 — 190°
- ☐ 3 — È indifferente, purché si accosti a sinistra

L

Cosa significa l'abbreviazione qui sotto indicata e riferita a un segnale luminoso?
Lam(3)b.r.v. 15s 21m 15-11M

- ☐ 1 — Luce con 3 lampi; luce bianca, rossa e verde; durata ciclo completo (tre lampi più eclisse) 15 secondi; altezza della luce 21 metri; portata nominale 15 miglia per la luce bianca, 11 miglia per la verde e tra 15 e 11 per la rossa
- ☐ 2 — Luce con 3 lampi; boa rilevamento vero; periodo 15 secondi; altezza 21 metri; portata luminosa tra le 15 e le 11 miglia
- ☐ 3 — Luce a 3 lampi; colore del sostegno bianco, rosso e verde; altezza della luce 21 metri; portata nominale compresa tra 15 e 11 miglia

M

Quale comportamento deve osservare il Comandante di una unità che ne abbia incontrata un'altra in grave pericolo?

- ☐ 1 — Si mette in contatto con la Capitaneria/Guardia Costiera e richiede soccorso
- ☐ 2 — Presta soccorso e assistenza all'unità in pericolo in ogni caso perché obbligato
- ☐ 3 — Presta soccorso e assistenza purché ciò non costituisca un grave pericolo per il propiro mezzo e per le persone in esso imbarcate

N

Cosa indica l'abbreviazione Mo (Q) 16 sec. 5m 15M riferita a un segnale luminoso?

- ☐ 1 — Segnale luminoso con luce lampeggiante moderatamente veloce, periodo 16 sec., alta 5 m, visibile a 15 miglia
- ☐ 2 — Una boa luminosa del servizio medico che indica una zona di quarantena avente una luce a lampi con periodo 16 secondi, alta 5 metri e visibile da 15 miglia
- ☐ 3 — Un segnale luminoso a segnali Morse, che produce la lettera Q (due lampi lunghi, seguiti da uno breve e da uno lungo) ogni 16 secondi, alto 5 metri e con portata di 15 miglia

O

Come si misura l'angolo di scarroccio?

- ☐ 1 — Con appositi diagrammi, nota la velocità del vento e la velocità dell'imbarcazione, con una semplice interpolazione si ricava il valore cercato
- ☐ 2 — Si valuta a occhio osservando la scia lasciata dall'imbarcazione e valutando l'angolo che questa forma con l'asse longitudinale di simmetria
- ☐ 3 — Misurando la velocità del vento apparente e confrontando questo dato con la velocità dell'imbarcazione

P

In una carta nautica in proiezione di Mercatore come vengono raffigurati i meridiani?

- ☐ 1 — Con linee verticali parallele a intervalli variabili a seconda della latitudine
- ☐ 2 — Con linee verticali parallele a intervalli costanti
- ☐ 3 — Con linee rette orizzontali parallele e intervallate a distanza variabile a seconda della latitudine

Q

Navigando in acquee interne, due unità che procedono con rotte opposte, in un passaggio stretto, come devono comportarsi?

- ☐ 1 — L'unità più veloce e manovriera lascia libera la rotta all'altra
- ☐ 2 — L'unità che naviga con la corrente in poppa manovra e cede il passo all'unità che procede contro corrente
- ☐ 3 — L'unità che ha la corrente di prua cede il passo all'unità che procede con la corrente in poppa

R

Quale deve essere il comportamento di una unità che si immette in un fiume o un canale?

- ☐ 1 — Deve immettersi nel canale seguendo la sponda più favorevole per rimontare la corrente
- ☐ 2 — Deve immettersi mantenendosi a destra rispetto al flusso della corrente
- ☐ 3 — Deve immettersi mantenendosi a dritta del canale e dando la precedenza ad altre unità in uscita

S

Entro quale limite dalla costa possono navigare le unità munite di certificazione CE appartenenti alla categoria di progettazione del tipo D?

- ☐ 1 — Entro 3 miglia dalla costa, sia in acque interne che in quelle marittime
- ☐ 2 — Dipende dalle caratteristiche del natante e dalla volontà espressa dal proprietario
- ☐ 3 — In acque protette con vento fino a forza 4 e onde fino a 0.5 metri

T

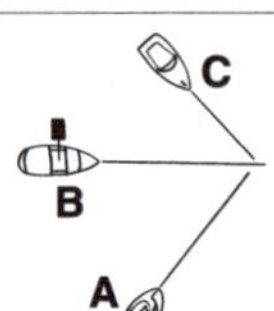

Nella situazione illustrata quale unità ha il diritto di precedenza?

- ☐ 1 — L'unità A
- ☐ 2 — L'unità B
- ☐ 3 — L'unità C

U

Cosa si intende per pescaggio di un'imbarcazione?

- ☐ 1 — La forma della sua carena
- ☐ 2 — La lunghezza della carena
- ☐ 3 — L'altezza della carena

V

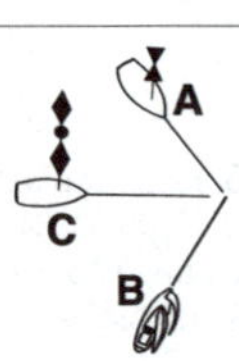

Nella situazione illustrata in figura, quale unità ha il diritto di precedenza?

- ☐ 1 — L'unità A ha la precedenza su B e C
- ☐ 2 — L'unità B, essendo a vela, ha la precedenza su A e C
- ☐ 3 — L'unità C ha la precedenza su A e B, A ha la precedenza su B

Z

L'abbreviazione F.Lam (3), riferita a un segnalamento luminoso, che tipo di luce indica?

- ☐ 1 — Un tipo di luce fissa a gruppi di 3 lampi
- ☐ 2 — Un tipo di luce fissa con periodo di 3 secondi
- ☐ 3 — Quella di un fanale a lampi, con 3 lampi

A

Come è chiamato l'insieme delle manovre fisse che servono a sostenere verticalmente l'albero di una barca a vela?

- ☐ 1 — Padiglione
- ☐ 2 — Sartiame
- ☐ 3 — Strallingaggio

B

Come è detta la manovra che consiste nell'avanzare, con la poppa al vento, senza vele per far fronte al vento eccessivo?

- ☐ 1 — Cappa secca
- ☐ 2 — Cappa filante
- ☐ 3 — Cappa

C

Come si chiama l'alloggiamento fissato al paramezzale, in coperta o sulla tuga, dove viene assicurato il piede dell'albero?

- ☐ 1 — Mastra
- ☐ 2 — Miccia
- ☐ 3 — Scassa

D

Qual è il nodo mostrato in figura?

- ☐ 1 — Un nodo savoia o a figura di otto
- ☐ 2 — Una gassa d'amante
- ☐ 3 — Un nodo margherita

E

Esiste una componente della forza agente sul fiocco, che produce una tendenza orziera alla imbarcazione?

- ☐ 1 — Sì, è la componente longitudinale
- ☐ 2 — No
- ☐ 3 — Solo con il fiocco a collo

F

Come si definisce un'elica in cui le pale, navigando a vela, possono ruotare sul mozzo ponendosi parallele alla direzione della barca?

- ☐ 1 — A passo variabile
- ☐ 2 — A pale abbattibili
- ☐ 3 — A pale orientabili

G

In un'imbarcazione a vela come vengono dette le andature dal traverso fino a pruavia?

- ☐ 1 — Portanti
- ☐ 2 — Strette
- ☐ 3 — Larghe

H

Qual è il miglior nodo per legare le scotte alle vele?

- ☐ 1 — Un nodo parlato
- ☐ 2 — Una gassa d'amante
- ☐ 3 — Un nodo di scotta o di bandiera

L

Come si chiama il nodo raffigurato?

- ☐ 1 — Nodo da matafione
- ☐ 2 — Nodo margherita
- ☐ 3 — Nodo di grippia

M

Qual è il maggior difetto di un'elica a pale abbattibili?

- ☐ 1 — Lo scarsissimo rendimento a marcia avanti
- ☐ 2 — La forte resistenza che produce avanzando unicamente a vela
- ☐ 3 — Lo scarsissimo rendimento a marcia indietro

N

Come si definisce un'elica in cui le pale, navigando a vela, possono chiudersi, andando a toccarsi fra loro?

- ☐ 1 — Elica a passo variabile
- ☐ 2 — Elica a pale abbattibili
- ☐ 3 — Elica a pale orientabili

O

Come si chiama la vela inferita all'albero e al boma?

- ☐ 1 — Randa Marconi
- ☐ 2 — Randa aurica
- ☐ 3 — Vela al terzo

P

A cosa serve l'attrezzo qui raffigurato?

- ☐ 1 — A mettere in tensione le manovre fisse (arridare)
- ☐ 2 — A stringere una redancia
- ☐ 3 — A unire due cavi d'acciaio

Q

Quando un'andatura è detta di "gran lasco"?

- ☐ 1 — Quando in qualsiasi andatura si lascano completamente le vele
- ☐ 2 — Quando la direzione della barca differisce dalla direzione di provenienza del vento di un angolo compreso fra 90° e 135°
- ☐ 3 — Quando la direzione della barca differisce dalla direzione di provenienza del vento di un angolo compreso fra 135° e 180°

R

Passando dal traverso alla bolina stretta cosa abbiamo fatto?

- ☐ 1 — Abbiamo lascato la scotta della randa
- ☐ 2 — Abbiamo poggiato
- ☐ 3 — Abbiamo orzato

S

Come è detta la manovra corrente, che viene impiegata per alare verso il basso un tangone, un boma, una vela, etc.?

- ☐ 1 — Amantiglio
- ☐ 2 — Sghindante
- ☐ 3 — Caricabasso o alabasso

T

Accostando a vela a un'imbarcazione in navigazione, da quale lato si esegue la manovra?

- ☐ 1 — È indifferente, purché si accosti di bolina
- ☐ 2 — Sottovento alla barca, a cui si vuole accostare
- ☐ 3 — Sopravvento alla barca, a cui si vuole accostare

U

Come è chiamato quello snodo cardanico che collega il boma all'albero, consentendo al primo la necessaria articolazione?

- ☐ 1 — Trozza
- ☐ 2 — Varea
- ☐ 3 — Tarozzo

V

Che cosa significa "prendere una mano di terzaroli" alla randa?

- ☐ 1 — Ridurre la sua superficie
- ☐ 2 — Cazzare a ferro la base della randa
- ☐ 3 — Prendere un vento molto forte

Z

Qual è il vantaggio di un'elica a pale orientabili rispetto a una a pale abbattibili?

- ☐ 1 — L'ottimo rendimento a marcia avanti
- ☐ 2 — La minore resistenza che produce avanzando unicamente a vela
- ☐ 3 — Un buon rendimento anche a marcia indietro

A

Come è chiamato l'angolo della vela indicato dalla freccia?

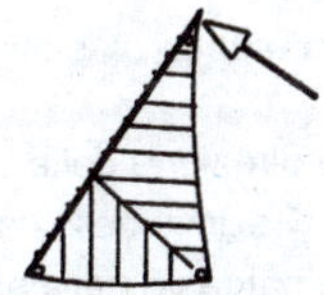

- ☐ 1 — Angolo di penna
- ☐ 2 — Angolo di scotta
- ☐ 3 — Angolo di gola

B

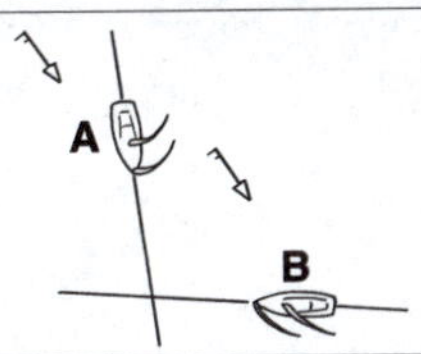

Quale delle due imbarcazioni ha il diritto di precedenza?

- ☐ 1 — L'imbarcazione A perché proviene da dritta
- ☐ 2 — L'imbarcazione B perché si trova sottovento alla barca A
- ☐ 3 — L'imbarcazione A perché ha le mure a dritta e si trova a dritta dell'imbarcazione B

C

Quando un'andatura è detta di "lasco"?

- ☐ 1 — Quando la direzione della barca differisce dalla direzione di provenienza del vento di un angolo compreso fra i 135 e i 180 gradi
- ☐ 2 — Quando la direzione della barca differisce dalla direzione di provenienza del vento di un angolo compreso fra i 90 e i 135 gradi
- ☐ 3 — Quando in qualsiasi andatura si lascano tutte le scotte

D

Come è chiamata la sagoletta che serve a portare e assicurare la brancarella di terzarolo al boma?

- ☐ 1 — Matafione
- ☐ 2 — Borosa
- ☐ 3 — Caricabasso

E

Come si chiama l'oggetto indicato in figura?

- ☐ 1 — Grillo
- ☐ 2 — Serracavo
- ☐ 3 — Moschettone

F

Come si chiamano le manovre fisse che reggono l'albero nel senso trasversale?

- ☐ 1 — Draglie
- ☐ 2 — Sartie
- ☐ 3 — Venti

G

Che cos'è la "randa di cappa"?

- ☐ 1 — Una cappa per la randa
- ☐ 2 — Una randa chiusa da una cappa
- ☐ 3 — Una randa molto pesante, con un taglio particolare, per le tempeste

H

Che cos'è il "gratile" di una vela?

- ☐ 1 — È la parte vicino alla base
- ☐ 2 — È il sacco in cui essa è riposta
- ☐ 3 — È uno dei bordi della vela, spesso rinforzati con cavetti metallici o tessili

L

In una imbarcazione a vela armata a goletta, come è chiamato il secondo albero da pruavia?

- ☐ 1 — Trinchetto
- ☐ 2 — Mezzana
- ☐ 3 — Maestra

M

È giusto usare una vela "pesante" anche se c'è poco vento?

- ☐ 1 — Sì, sempre
- ☐ 2 — No, perché il vento non potrà gonfiarla bene e quindi essa non avrà un rendimento accettabile
- ☐ 3 — Sì, perché non corre il rischio di lacerarsi

N

Quando un'andatura è detta di "bolina"?

- ☐ 1 — Quando la direzione della barca differisce di più di 90 gradi dalla direzione di provenienza del vento
- ☐ 2 — Quando la direzione della barca differisce di meno di 90 gradi dalla direzione di provenienza del vento
- ☐ 3 — Quando la barca va nella stessa direzione del vento

O

Che nodo usereste per ingrossare l'estremità di una manovra corrente?

- ☐ 1 — Savoia o a otto
- ☐ 2 — Parlato doppio
- ☐ 3 — Gassa d'amante

P

Come è chiamata la manovra corrente indicata dalla freccia in figura?

- ☐ 1 — Draglia
- ☐ 2 — Paterazzo
- ☐ 3 — Amantinglio

Q

Come è definita la manovra fissa che sostiene l'albero verso poppa in senso longitudinale?

- ☐ 1 — Amantiglio
- ☐ 2 — Sartia
- ☐ 3 — Paterazzo o strallo poppiero

R

Cosa sono le "andature" di una imbarcazione a vela?

- ☐ 1 — Le diverse direzioni della barca rispetto al vento
- ☐ 2 — Le diverse direzioni della barca rispetto alla corrente
- ☐ 3 — Le diverse condizioni di velocità della barca

S

Quando si sposta la barra del timone sottovento, l'imbarcazione a vela che cosa fa?

- ☐ 1 — Accosta a dritta
- ☐ 2 — Puggia
- ☐ 3 — Orza

T

Una randa pesante, da vento forte, come sarà tagliata rispetto a una normale?

- ☐ 1 — Più grassa
- ☐ 2 — Più magra
- ☐ 3 — Con la base più lunga

U

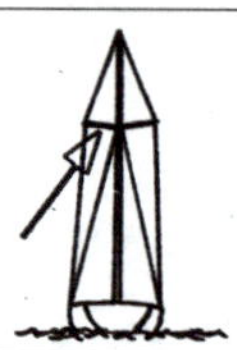

Come si chiama la parte dell'alberatura segnata con la freccia?

- ☐ 1 — Antenna
- ☐ 2 — Spigone
- ☐ 3 — Crocetta

V

Perché di un genoa si dice "pesante"?

- ☐ 1 — Perché rinforzato con elementi pesanti (stecche, etc.)
- ☐ 2 — Perché usato in tempi "pesanti"
- ☐ 3 — Perché costituito da tessuto più spesso e quindi più pesante

Z

Perché in porto la randa è spesso coperta da una "cappa"?

- ☐ 1 — Per proteggere la vela dalla pioggia
- ☐ 2 — Per proteggere la vela dalle radiazioni ultraviolette
- ☐ 3 — Per motivi estetici

A

Qual è il vantaggio di un'elica a pale abbattibili o orientabili in una imbarcazione a vela?

☐ 1 — Un ottimo rendimento a marcia avanti
☐ 2 — La minore resistenza che esse producono avanzando unicamente a vela
☐ 3 — Nessuno

B

Come si chiama l'apertura in coperta, attraverso la quale passa l'albero ?

☐ 1 — Mastra
☐ 2 — Scassa
☐ 3 — Miccia

C

Si è di bolina e il vento cala, fino a ridursi a una "bava di vento". Come regolare il genoa?

☐ 1 — Cazziamo la scotta a ferro
☐ 2 — Laschiamo la scotta e portiamo il punto di scotta indietro, tesando la base e aprendo la balumina
☐ 3 — Laschiamo la scotta e portiamo il punto di scotta in avanti, aprendo la base e chiudendo la balumina

D

Come si chiama la lastra metallica o di plastica che si trova sulla penna della randa?

☐ 1 — Ralinga
☐ 2 — Tavoletta
☐ 3 — Lunata

E

Cosa significa: cavo in poliestere "prestirato"?

☐ 1 — Che mantiene la sua forma (non si piega facilmente)
☐ 2 — Che è stato teso già in fabbrica, eliminando così anche l'allungamento iniziale e conferendogli maggior rigidità
☐ 3 — Che le filacce sono allineate e non ritorte

F

La spinta velica totale può scomporsi in due componenti, una parallelamente e l'altra trasversalmente allo scafo. Quali effetti produce sullo scafo la componente trasversale?

☐ 1 — Spinta in avanti e appruamento (maggior immersione della prua)
☐ 2 — Sbandamento sopravvento e tendenza poggiera
☐ 3 — Sbandamento e scarroccio sottovento

G

Quando si passa da un genoa leggero a uno pesante?

☐ 1 — Quando il vento diventa molto forte
☐ 2 — Quando il vento rinforza, ma non molto da giustificare il passaggio al fiocco
☐ 3 — Quando il vento riduce la sua forza

H

A cosa servono i matafioni?

☐ 1 — Ad abbassare la benda di terzarolo
☐ 2 — A legare assieme due bende di terzarolo
☐ 3 — A permettere di legare la tela eccedente attorno al boma, dopo aver terzarolato

L

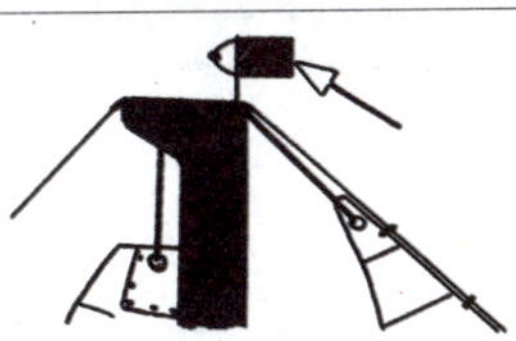

Con l'imbarcazione in movimento il mostravento cosa indica?

☐ 1 — La direzione del vento apparente
☐ 2 — La direzione del vento reale
☐ 3 — La direzione del movimento della imbarcazione

M

La componente trasversale della forza agente sulla randa, oltre che lo scarrocccio e la tendenza orziera, quale effetto produce sullo scafo?

☐ 1 — Uno sbandamento sottovento
☐ 2 — Un'immersione della prua
☐ 3 — Un'immersione della poppa

N

In uno sloop che naviga di bolina quale vela si regola per prima?

- ☐ 1 — Il genoa
- ☐ 2 — La randa
- ☐ 3 — Lo spinnaker

O

Come è chiamata la manovra corrente che regola la tensione della base di una randa?

- ☐ 1 — Tesabase
- ☐ 2 — Tenditore
- ☐ 3 — Vang

P

Se il vento aumenta, come si regolano le drizze?

- ☐ 1 — Si lascano affinché la vela sia più grassa
- ☐ 2 — Si cazzano affinché la vela sia più grassa
- ☐ 3 — Si cazzano affinché la vela sia più magra

Q

Come si chiama la manovra fissa che regge l'albero longitudinalmente e che va fissata a prua?

- ☐ 1 — Paterazzo
- ☐ 2 — Strallo
- ☐ 3 — Sartia

R

Qual è il nodo presentato in figura?

- ☐ 1 — Un nodo savoia o a figura di otto
- ☐ 2 — Una gassa d'amante
- ☐ 3 — Un nodo margherita

S

Quando spira la brezza di mare?

- ☐ 1 — Di giorno
- ☐ 2 — Di notte
- ☐ 3 — Al pomeriggio

T

Come è detta quella seconda brancarella di mura che consente di tesare l'inferitura di una randa smagrendola e portando il grasso più a prua?

- ☐ 1 — Cunningham-hole
- ☐ 2 — Mangrassa
- ☐ 3 — Manina

U

Come si può ridurre lo sbandamento di un'imbarcazione a vela senza cambiare andatura?

- ☐ 1 — Spostando dei pesi sottovento o cazzando le scotte
- ☐ 2 — Spostando dei pesi sopravvento o lascando le scotte
- ☐ 3 — Cazzando le drizze

V

Come è detta la manovra che consiste nell'usare le vele e governare in modo che lo scafo conservi un minimo moto avanti con molto scarroccio?

- ☐ 1 — Cappa filante
- ☐ 2 — Cappa secca
- ☐ 3 — Cappa

Z

La componente longitudinale della forza agente sulla randa, oltre alla propulsione e la tendenza orziera, quale effetto produce sullo scafo?

- ☐ 1 — Un'immersione della prua
- ☐ 2 — Uno sbandamento sottovento
- ☐ 3 — Un sollevamento della prua

A

Se un'imbarcazione sbandasse a 90 gradi, la spinta del vento sulle vele come varierebbe?

☐ 1 — Si annullerebbe
☐ 2 — Sarebbe massima
☐ 3 — Resterebbe invariata

B

Procedendo con andatura al traverso e con mure a dritta, con Pv = 90°, assumendo la nuova Pv = 135°, cosa dovremo fare?

☐ 1 — Prepararci a virare, lasciando il fiocco non appena comincia a rifiutare
☐ 2 — Lasciare randa e fiocco regolandole per la nuova andatura
☐ 3 — Cazzare le scotte e regolarle per la nuova andatura di bolina

C

Qual è il cavo più diffuso per le scotte delle imbarcazioni a vela?

☐ 1 — Cavo con guaina, con anima in cavo di poliestere piano
☐ 2 — Cavo di poliestere piano
☐ 3 — Cavo in polipropilene, con anima in prestirato

D

Perché un forte sbandamento è negativo ai fini della velocità e della condotta dell'imbarcazione?

☐ 1 — Perché aumenta la superficie di scafo immersa, la rende asimmetrica e riduce la superficie velica utile
☐ 2 — Perché aumenta la superficie di scafo immersa, la rende asimmetrica e troppo poggiera, aumentando lo sbandamento
☐ 3 — Perché aumenta la superficie di scafo immersa, la rende asimmetrica e sposta il centro velico eccessivamente in avanti

E

Come è chiamata l'appendice che si prolunga oltre la chiglia nelle imbarcazioni a vela?

☐ 1 — Deriva o pinna antiscarroccio
☐ 2 — Pinna stabilizzatrice
☐ 3 — Pinna o aletta antirollio

F

Come è comunemente chiamata la più piccola e robusta vela di prua?

☐ 1 — Tormentina o fiocco di fortuna
☐ 2 — Uccellina
☐ 3 — Mezzanella

G

Quando, agendo sul timone in una barca a vela, eseguiamo una accostata, dove si trova il centro di rotazione?

☐ 1 — Verso prua
☐ 2 — Al centro
☐ 3 — All'estrema poppa

H

Da quanti legnoli è comunemente costituito un cavo sintetico per drizze?

☐ 1 — Uno
☐ 2 — Tre
☐ 3 — Diciannove

L

Come è attrezzata la barca illustrata in figura?

☐ 1 — A Sloop
☐ 2 — A Ketch
☐ 3 — A Cutter

M

Cosa significa "poggiare"?

☐ 1 — Portare la prua verso la direzione di provenienza del vento
☐ 2 — Allontanare la prua dalla direzione di provenienza del vento
☐ 3 — Portare la barra del timone a dritta indipendentemente dalla direzione di provenienza del vento

N

Si naviga al lasco. Improvvisamente arriva una forte raffica. Che tipo di comportamento ci si deve aspettare dall'imbarcazione?

- ☐ 1 — Neutro
- ☐ 2 — Tendenza poggiera, perché il centro velico è spostato lateralmente sopravento
- ☐ 3 — Tendenza orziera, perché il centro velico è spostato lateralmente sottovento

O

Come si può ridurre la tendenza orziera di una barca a vela?

- ☐ 1 — Riducendo o lascando le vele di poppa
- ☐ 2 — Riducendo o lascando le vele di prua
- ☐ 3 — Spostando dei pesi a prua

P

Come si chiama la manovra indicata?

- ☐ 1 — Scotta
- ☐ 2 — Caricabasso
- ☐ 3 — Vang

Q

Abbiamo issato la randa, come dovremo regolare l'amantiglio del boma?

- ☐ 1 — Non ha molta importanza perché il boma sarà mantenuto in posizione della randa
- ☐ 2 — Occorre metterlo in tensione per evitare che tenda eccessivamente la randa togliendo il necessario svergolamento
- ☐ 3 — Occorre lascarlo per evitare che tenga sollevato il boma

R

Un genoa pesante, quindi da vento forte, come sarà tagliato rispetto a uno leggero?

- ☐ 1 — Più grasso
- ☐ 2 — Più magro
- ☐ 3 — Con la base più lunga

S

Come si chiamano le estremità libere dei pennoni, dei boma, dei tangoni, etc.?

- ☐ 1 — Varee
- ☐ 2 — Vaine
- ☐ 3 — Verina

T

Cosa succederebbe a usare un cavo di nylon per una drizza?

- ☐ 1 — Per quanto la si cazzasse, sotto raffica, l'inferitura si allenterebbe, deformando la vela
- ☐ 2 — Non si potrebbe usare sui verricelli
- ☐ 3 — Andrebbe benissimo

U

Cosa significa orzare?

- ☐ 1 — Portare la prua verso la direzione di provenienza del vento
- ☐ 2 — Allontanare la prua dalla direzione di provenienza del vento
- ☐ 3 — Portare la barra del timone a sinistra indipendentemente dalla direzione di provenienza del vento

V

Qual è la giusta tattica di recupero dell'uomo in mare, con una imbarcazione a vela con andatura di bolina?

- ☐ 1 — Traverso, abbattuta, bolina
- ☐ 2 — Traverso, virata, traverso
- ☐ 3 — Bolina, abbattuta, traverso

Z

Come si dice quando una vela è colpita dal vento lungo il lato di inferitura?

- ☐ 1 — Che porta
- ☐ 2 — Che fileggia
- ☐ 3 — Che è a collo

A

È possibile, a bordo di una imbarcazione a vela, determinare la velocità e la direzione del vento provocato dal moto della barca?

☐ 1 — Sì, esso ha uguale intensità e verso contrario alla velocità della barca
☐ 2 — No
☐ 3 — Sì, con barca ferma, costruendo il parallelogramma delle forze

B

Per quali manovre è richiesto un cavo estremamente rigido, cioè con allungamento sotto carico estremamente ridotto?

☐ 1 — Cime d'ormeggio
☐ 2 — Cima dell'ancora
☐ 3 — Scotte, paranchi per tesare le manovre fisse e soprattutto drizze

C

Come si chiamano le superfici di vela che possono essere sottratte al vento?

☐ 1 — Incappellaggi
☐ 2 — Terzaroli
☐ 3 — Intregnature

D

In una imbarcazione a vela ben equilibrata (né orziera né puggera) che navighi senza sbandamento, come si presentano il centro velico e il centro di deriva?

☐ 1 — Allineati verticalmente
☐ 2 — Il centro velico è poco a poppavia del centro di deriva
☐ 3 — Il centro velico è poco a pruavia del centro di deriva

E

Cosa significa "vele a farfalla", nelle andature di poppa?

☐ 1 — Che il genoa è bordato dalla parte opposta della randa
☐ 2 — Che le vele sono libere di sbattere, come le ali di una farfalla
☐ 3 — Che la randa è cazzata al centro

F

Come si chiamano le manovre che servono a bordare le vele?

☐ 1 — Amantigli
☐ 2 — Drizze
☐ 3 — Scotte

G

La brezza di terra è dovuta...

☐ 1 — Al rapido raffreddamento della terra rispetto al mare
☐ 2 — Al riscaldamento della terra da parte del sole
☐ 3 — Al raffreddamento del mare

H

Come sono chiamate le parti metalliche saldamente fissate allo scafo dove fanno dormiente le sartie?

☐ 1 — Arridatoi
☐ 2 — Lapazze
☐ 3 — Lande

L

Come sono chiamate le cimette indicate?

☐ 1 — Draglie
☐ 2 — Borose
☐ 3 — Matafioni

M

Come sono chiamati quei particolari ganci a molla, assicurati all'inferitura del fiocco?

☐ 1 — Garrocci
☐ 2 — Grilli
☐ 3 — Arridatoi

N

Come si può ovviare alla copertura del genoa da parte della randa in poppa piena?

☐ 1 — Cazzando la scotta della randa
☐ 2 — Cazzando la scotta del genoa
☐ 3 — Portando le vele a farfalla

O

Un'imbarcazione, navigando solamente a vela, può stabilire la sua rotta indipendentemente dalla direzione del vento?

☐ 1 — No, essa deve navigare in un'andatura possibile (non nel settore proibito)
☐ 2 — Sì, essa può stabilire qualsiasi rotta
☐ 3 — Sì, ma dovrà cambiare la velatura

P

Quando un'imbarcazione a vela perde velocità, come varia l'angolo di scarroccio?

☐ 1 — Aumenta
☐ 2 — Resa costante
☐ 3 — Diminuisce

Q

Cosa significa "essere sottovento a un'altra imbarcazione"?

☐ 1 — Che il vento, nel suo cammino, incontra l'altra barca prima della nostra
☐ 2 — Essere a sinistra dell'altra barca
☐ 3 — Essere a destra dell'altra barca

R

È possibile che il fiocco possa causare un fileggiamento della randa lungo il lato di inferitura?

☐ 1 — Sì, quando il fiocco è troppo bordato
☐ 2 — No, non c'è relazione tra le due vele
☐ 3 — Sì, quando il fiocco è troppo lascato

S

Navighiamo di bolina, con mure a sinistra, con Pv = 20°. Se assumiamo la nuova Pv = 70°, come dovremo comportarci?

☐ 1 — Dobbiamo prepararci a virare non appena il fiocco comincia a fileggiare
☐ 2 — Dobbiamo lascare le vele regolandole per la nuova andatura
☐ 3 — Dobbiamo bordare le vele regolandole per la nuova andatura

---

T

Cambiando una vela di prua, qual è la prima parte della nuova vela a essere fissata?

☐ 1 — La bugna di scotta
☐ 2 — La penna
☐ 3 — La bugna di mura

U

Come si chiama in una goletta il primo albero prodiero?

☐ 1 — Maestra
☐ 2 — Mezzana
☐ 3 — Trinchetto

V

Di quale materiale dovrà essere un cavo cui è richiesta "rigidità", ovvero capacità di allungamento ridottissima?

☐ 1 — Poliestere
☐ 2 — Polipropilene
☐ 3 — Nylon

Z

Come si chiamano le manovre necessarie a issare le vele?

☐ 1 — Drizze
☐ 2 — Scotte
☐ 3 — Sartie

A

Come si definisce l'operazione compiuta per assicurare la caduta prodiera di una vela allo strallo o all'albero?

- ☐ 1 — Ghindare
- ☐ 2 — Inferire
- ☐ 3 — Incattivare

B

Cosa significa "genoa pesante, leggero o intermedio"?

- ☐ 1 — Sono dei genoa in cui varia la pesantezza del tessuto
- ☐ 2 — Sono dei genoa di diversa grandezza
- ☐ 3 — Sono delle vele speciali, solo per alcune particolari barche

C

Nella manovra per la presa di gavitello con imbarcazione a vela, da che parte occorre presentarsi?

- ☐ 1 — Con vento al traverso e gavitello di prua
- ☐ 2 — Sopravvento al gavitello
- ☐ 3 — Sottovento al gavitello

D

Quando un'andatura è detta di "bolina stretta"?

- ☐ 1 — Se la direzione della barca differisce di più di 90 gradi dalla direzione di provenienza del vento
- ☐ 2 — Se la direzione della barca differisce di circa 90 gradi dalla direzione di provenienza del vento
- ☐ 3 — Se la direzione della barca differisce di meno di 45 gradi dalla direzione di provenienza del vento

E

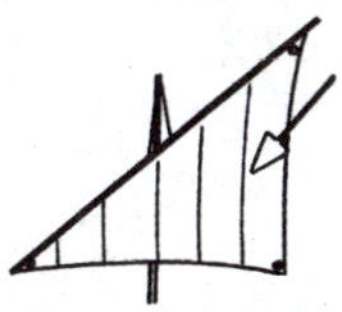

Come si chiama la vela indicata in figura con una freccia?

- ☐ 1 — Latina
- ☐ 2 — Marconi
- ☐ 3 — Fiocco

F

Con quale sistema è possibile smagrire la randa con vento forte?

- ☐ 1 — Paranco di scotta
- ☐ 2 — Cunningham
- ☐ 3 — Amantiglio

G

Uno sloop che navighi al traverso con sola randa, che tendenza avrà?

- ☐ 1 — Eccessivamente poggera
- ☐ 2 — Eccessivamente orziera
- ☐ 3 — Neutra

H

Qual è la conseguenza più comune dei matafioni serrati forte intorno al boma?

- ☐ 1 — Se la borosa cede, anche leggermente, si strappa la randa
- ☐ 2 — Se la borosa cede, anche leggermente, si strappano i matafioni
- ☐ 3 — Si può rompere il boma

L

Come è chiamato l'albero situato a poppa in una imbarcazione armata a ketch o a yawl?

- ☐ 1 — Trinchetto
- ☐ 2 — Maestra
- ☐ 3 — Mezzana

M

Cosa accade se, prima di issare la randa, non sono state infilate le stecche nelle tasche?

- ☐ 1 — Soprattutto di bolina l'allunamento sbatte, con effetti negativi ai fini della propulsione
- ☐ 2 — La parte vicino all'inferitura sbatte ("rifiuta")
- ☐ 3 — Nulla

N

Perché di bolina con vento forte conviene scarrellare la randa, invece di lascare un poco la scotta?

- ☐ 1 — Perché così la randa si ingrassa
- ☐ 2 — Perché così la randa resta magra
- ☐ 3 — Perché così si fa lavorare meglio il genoa

O

A cosa serve il cunningham?

- ☐ 1 — A smagrire la randa, portando il grasso in avanti
- ☐ 2 — A smagrire la randa, portando il grasso indietro
- ☐ 3 — A ingrassare la randa, portando il grasso in alto

P

Navighiamo con vento in poppa, mure a dritta e Pv = 180°. Assumendo la nuova Pv = 270°, come saranno le nuove mure?

- ☐ 1 — Saranno rimaste invariate
- ☐ 2 — Saranno cambiate perché abbiamo dovuto eseguire un'abbattuta
- ☐ 3 — Saranno passate a sinistra subito dopo la virata

Q

Cos'è lo "spinnaker"?

- ☐ 1 — È una vela di prua adatta ad andature portanti, di grande superficie e grassa, che non si mura come un genoa, ma mediante tangone
- ☐ 2 — È una vela di prua molto grassa, con la bugna di scotta alta e arretrata, da usarsi di bolina larga o al traverso
- ☐ 3 — È un attrezzo di bordo che serve ad agguantare le cime in acqua

R

Cosa significa "navigare con mure a sinistra"?

- ☐ 1 — Che il vento arriva sul lato di dritta dell'imbarcazione
- ☐ 2 — Che il vento arriva sul lato di sinistra dell'imbarcazione
- ☐ 3 — Che le scotte sono bordate a sinistra

S

Si naviga di bolina con poco vento. Che tipo di comportamento adottare?

- ☐ 1 — Una bolina larga, in modo che la barca non si fermi
- ☐ 2 — Una bolina strettissima, in modo da guadagnare al vento
- ☐ 3 — Un traverso in attesa di un miglior tempo

T

Navigando a vela di poppa o gran lasco e decidendo di tenere a riva solo una vela, qual è preferibile?

- ☐ 1 — La randa, altrimenti la barca non sarebbe orziera
- ☐ 2 — La randa, altrimenti la barca non sarebbe poggera
- ☐ 3 — Il genoa, altrimenti la barca sarebbe esasperatamente orziera, col rischio di straorzate

U

Si è al traverso. Poggiamo, senza abbattere, fino al gran lasco. Come saranno ora le mure?

- ☐ 1 — Invariate
- ☐ 2 — A dritta
- ☐ 3 — A sinistra

V

Come sarà regolato il cunningham alle andature portanti?

- ☐ 1 — Sempre lasco
- ☐ 2 — Sempre cazzato
- ☐ 3 — Come per la bolina

Z

Navigando di bolina con mure a dritta e Pv = 30°, accostiamo a sinistra, assumendo una Pv = 340°, come ci comporteremo?

- ☐ 1 — Cazzeremo adeguatamente le scotte di randa e fiocco
- ☐ 2 — Borderemo le vele sulle nuove mure, regolando opportunamente le scotte
- ☐ 3 — Lascheremo le scotte, regolando le vele sulla nuova andatura

A

Di quale fenomeno bisogna tener conto quando si regola la randa riferendosi alla posizione del boma?

- ☐ 1 — Allo smagrimento
- ☐ 2 — Allo svergolamento
- ☐ 3 — Alla tensione del paterazzo

B

Qual è il termine contrario di cazzare?

- ☐ 1 — Mollare
- ☐ 2 — Filare
- ☐ 3 — Bordare

C

Navighiamo di bolina con onda. La barca accelera e rallenta. Se il vento reale è costante, cosa fa il vento apparente?

- ☐ 1 — Cambia direzione ma non velocità
- ☐ 2 — Cambia velocità ma non direzione
- ☐ 3 — Cambia sia velocità che direzione

D

Fra le seguenti, quale vela di prua è la più grande?

- ☐ 1 — Il fiocco
- ☐ 2 — Il genoa
- ☐ 3 — La tormentina

E

Alando la scotta di una vela, cosa succede?

- ☐ 1 — Si sventa la vela
- ☐ 2 — Si borda la vela
- ☐ 3 — Si fa fileggiare la vela

F

Quando si usa la ritenuta del boma?

- ☐ 1 — Con vento molto forte, al gran lasco
- ☐ 2 — Di poppa, con poco vento e mare formato, per evitare movimenti pericolosi del boma con il rollio
- ☐ 3 — Di bolina con qualsiasi vento

G

È possibile bordare una scotta per cazzare una vela?

- ☐ 1 — Sì, facendo attenzione che il cavo sia bene in chiaro
- ☐ 2 — No, bordando la scotta la vela viene lascata
- ☐ 3 — No, perché si bordano le vele e si cazzano le scotte

H

Cosa significa “navigare con mure a dritta”?

- ☐ 1 — Che il vento arriva sul lato di dritta dell’imbarcazione
- ☐ 2 — Che il vento arriva sul lato di sinistra dell’imbarcazione
- ☐ 3 — Che le scotte sono bordate a dritta

L

Come si dice quando il vento ruota spostandosi verso poppa?

- ☐ 1 — Che scarseggia
- ☐ 2 — Che ridonda
- ☐ 3 — Che rinfresca

M

Nella navigazione di bolina o al traverso, ai fini della spinta, è più importante la metà superiore o la metà inferiore della randa?

- ☐ 1 — Quella superiore
- ☐ 2 — Quella inferiore
- ☐ 3 — Nessuna delle due

N Nell'andatura di bolina, se c'è molto vento, come si regola la scotta randa?

- ☐ 1 — Si cazza a ferro
- ☐ 2 — Si deve stare attenti che la randa non rifiuti
- ☐ 3 — Si lasca un poco la scotta o meglio si scarrella sottovento affinché la randa dia spinta e non sbandamento, anche se essa rifiuta all'inferitura

O Il fiocco 1 è più grande o più piccolo del fiocco 3?

- ☐ 1 — Sono uguali, il numero indica la pesantezza
- ☐ 2 — Più piccolo
- ☐ 3 — Più grande

P Cosa è la "ritenuta" del boma?

- ☐ 1 — È una manovra volante, che si fissa fra la varea del boma e un punto verso prua, evitando così che il boma possa involontariamente strambare
- ☐ 2 — È una manovra volante, che si fissa fra la varea del boma e un punto verso poppa, evitando così che il boma possa involontariamente strambare
- ☐ 3 — È un pezzo metallico che tiene il boma sull'albero

Q Si è al lasco, mure a sinistra. Si orza fino alla bolina: come saranno ora le mure?

- ☐ 1 — Lascate
- ☐ 2 — A dritta
- ☐ 3 — Sempre a sinistra

R Perché per gli spinnaker è usata generalmente fibra di nylon?

- ☐ 1 — È indeformabile, quindi rende aereodinamicamente molto bene
- ☐ 2 — Può essere colorata facilmente
- ☐ 3 — È elastica, quindi "ammortizza" molto bene le raffiche, e può formare tessuti estremamente leggeri

S Oltre che per smagrire la randa, in caso di molto vento, perché conviene cazzare il cunningham?

- ☐ 1 — Perché evitiamo di lavorare con la drizza
- ☐ 2 — Perché portiamo il grasso indietro, rendendo la barca meno poggera
- ☐ 3 — Perché portiamo il grasso in avanti, rendendo la barca meno orziera

T Il filo di lana sul bordo d'uscita della randa, navigando di bolina, all'altezza della stecca più alta, è sempre verticale, anzi talvolta si piega verso prua dal lato sottovento. Cosa fare?

- ☐ 1 — Si cazza un poco di scotta o si scarrella la randa sopravento
- ☐ 2 — Si lasca un poco di scotta o si scarrella la randa sottovento
- ☐ 3 — Niente, la randa è ben regolata

U Come vengono chiamati i vari teli che compongono una vela?

- ☐ 1 — Matafioni
- ☐ 2 — Ferzi
- ☐ 3 — Borose

V Che cos'è il "meolo" (o tesabalumina)?

- ☐ 1 — È una cimetta inserita nella base del genoa, con cui è possibile tesarla
- ☐ 2 — È una cimetta che collega la balumina alla drizza, per cui, cazzando la drizza, si può tesare la balumina
- ☐ 3 — È una cimetta inserita nella balumina, mediante la quale è possibile tesarla

Z Navigando alle andature portanti vicine alla poppa piena, quando è conveniente tesare il meolo?

- ☐ 1 — Quando il bordo d'uscita del genoa fileggia
- ☐ 2 — Mai, perché una vela piatta in poppa ha maggior potenza di una grassa
- ☐ 3 — Sempre, perché una vela grassa in poppa ha maggior potenza di una piatta

A

Cosa intendiamo con il termine inferire?

- ☐ 1 — Mettere le vele in filo o in ralinga
- ☐ 2 — Assicurare il fiocco allo strallo e la randa all'albero e al boma
- ☐ 3 — Azionare il timone in modo da cambiare mure facendo passare il vento da prua

B

Fuggendo in poppa una burrasca con uno sloop e dovendo usare una sola vela a causa dell'eccessiva velocità dell'imbarcazione, quale terremo issata?

- ☐ 1 — Un genoa
- ☐ 2 — La randa terzarolata
- ☐ 3 — La tormentina

C

Che cos'è lo "svergolamento della randa"?

- ☐ 1 — Il fenomeno per cui, flettendo l'albero all'indietro, la randa si smagrisce
- ☐ 2 — Il fenomeno per cui la randa sbatte come una bandiera
- ☐ 3 — Il fenomeno per cui la parte alta della randa presenta un angolo con la direzione del vento minore rispetto alla parte bassa e quindi del boma

D

Perché una vela è costituita da tanti pezzi separati?

- ☐ 1 — Perché non si trovano tessuti tanto grandi
- ☐ 2 — Perché essa deve avere due curvature, una in senso orizzontale e una in senso verticale
- ☐ 3 — Perché così è più facilmente riparabile

E

Come è chiamato il cavo cucito lungo la base e l'inferitura della randa?

- ☐ 1 — Vaina
- ☐ 2 — Borosa
- ☐ 3 — Ralinga

F

Due metodi per affrontare una tempesta: porsi alla cappa o fuggire in poppa. Se vicino a noi e sottovento c'e una costa, quale sarà il metodo da adottarsi?

- ☐ 1 — La cappa senza ancora galleggiante
- ☐ 2 — La cappa con ancora galleggiante
- ☐ 3 — Fuggire in poppa

G

Come si regola la scotta della randa al lasco?

- ☐ 1 — Il piano della randa deve essere sulla bisettrice dell'angolo tra la direzione della barca e la direzione da cui proviene il vento
- ☐ 2 — Con il boma nella direzione del vento
- ☐ 3 — Con il boma perpendicolare al vento

H

Cambiando vela di prua e passando a una più piccola, come va spostato il punto di scotta?

- ☐ 1 — Generalmente in avanti, ma dipende dalla forma della nuova vela
- ☐ 2 — Generalmente indietro, ma dipende dalla forma della nuova vela
- ☐ 3 — Non va spostato

L

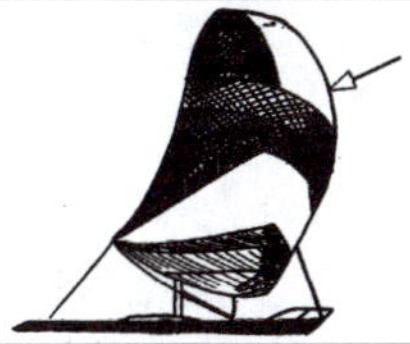

Come è chiamata la vela indicata in figura?

- ☐ 1 — Polaccone
- ☐ 2 — A paracadute
- ☐ 3 — Spinnaker

M

Di bolina, si nota che il filo di lana sul bordo d'uscita della randa, all'altezza della stecca più alta, è sempre orizzontale. Cosa fare?

- ☐ 1 — Si cazza un poco di scotta o si scarrella la randa sopravvento
- ☐ 2 — Si lasca un poco di scotta o si scarrella la randa sottovento
- ☐ 3 — Niente, la randa è ben regolata

N

Con quale termine viene definita l'operazione mediante la quale si ala la scotta di una vela per bordarla?

- ☐ 1 — Cazzare
- ☐ 2 — Ghindare
- ☐ 3 — Intugliare

O

Come si regola generalmente il meolo di un genoa nelle andature di bolina o al traverso?

- ☐ 1 — Quando la scotta è a posto si lasca tanto da far sbattere il bordo d'uscita del genoa, poi si cazza ancora un poco finché lo sbattimento non cessa
- ☐ 2 — Si lasca tutto, poi si recupera finché il bordo d'uscita del genoa non cessa di sbattere, quindi si regola la scotta
- ☐ 3 — Si cazza di bolina e si lasca alle andature portanti

P

Come è chiamata la vela indicata in disegno?

- ☐ 1 — Randa maestra
- ☐ 2 — Randa aurica
- ☐ 3 — Randa Marconi

Q

Se di traverso o bolina larga si lascano troppo le scotte, cosa succede?

- ☐ 1 — La barca accelera
- ☐ 2 — Lo sbandamento aumenta e la barca rallenta
- ☐ 3 — Lo sbandamento si riduce ma la barca rallenta

R

Procediamo di bolina con mure a dritta, guardando da prua verso poppa, come si definisce il lato dell'imbarcazione alla vostra destra?

- ☐ 1 — Dritta
- ☐ 2 — Destra
- ☐ 3 — Sinistra

S

Se con poco vento dobbiamo cambiare il genoa leggero, con che cosa conviene sostituirlo?

- ☐ 1 — Con un genoa 3 pesante
- ☐ 2 — Con la tormentina
- ☐ 3 — Con il fiocco 1 leggero

T

Si è di bolina e il vento comincia a rinforzare. Oltre a regolare la scotta, quale altra operazione bisogna effettuare sulla vela di prua?

- ☐ 1 — Lascare la drizza
- ☐ 2 — Cazzare la drizza
- ☐ 3 — Cazzare il meolo

U

Se di traverso o bolina larga si cazzano troppo le scotte, cosa succede?

- ☐ 1 — Le vele fileggiano
- ☐ 2 — Lo sbandamento aumenta e la barca rallenta
- ☐ 3 — Lo sbandamento si riduce e la barca rallenta

V

Si è con mure a sinistra. Abbattiamo. Come saranno ora le mure?

- ☐ 1 — Sempre a sinistra
- ☐ 2 — A dritta
- ☐ 3 — Al centro

Z

Cosa significa "cazzare a ferro"?

- ☐ 1 — Tesare la manovra il più possibile, fino al limite delle possibilità o del sistema di regolazione
- ☐ 2 — Fissare una manovra in un punto fisso
- ☐ 3 — Lascare la manovra, finché in essa non esiste più tensione e lasciarne poi ancora un po'

A

Come si regola la scotta della randa nell'andatura di poppa?

- ☐ 1 — Deve essere cazzata fino a quando i fili di lana presenti lungo la balumina sono tesi e orientati sul prolungamento della randa
- ☐ 2 — Il boma deve essere sistemato secondo la direzione del vento
- ☐ 3 — Con il boma perpendicolare alla direzione del vento (se non impedito dalle sartie)

B

Come sono chiamate, in un'imbarcazione a vela, le andature a poppavia del traverso?

- ☐ 1 — Lasche
- ☐ 2 — Portanti
- ☐ 3 — Strette

C

Cosa significa "abbattere"?

- ☐ 1 — Cambiare mure, passando con la poppa nella direzione di provenienza del vento
- ☐ 2 — Cambiare mure, passando con la prua nella direzione di provenienza del vento
- ☐ 3 — Avvicinare la prua nella direzione di provenienza del vento

D

Un'imbarcazione a vela che navighi al traverso con sola vela di prua, che tendenza avrà?

- ☐ 1 — Eccessivamente poggera
- ☐ 2 — Eccessivamente orziera
- ☐ 3 — Neutra

E

Come è chiamato l'angolo della vela indicato?

- ☐ 1 — Angolo di drizza
- ☐ 2 — Angolo di mura
- ☐ 3 — Angolo di scotta

F

Cosa fare se durante la navigazione le vele si sono intrise di acqua salata?

- ☐ 1 — Nulla, con i tessuti moderni non è un problema
- ☐ 2 — Conviene sciacquarle con acqua dolce e farle asciugare all'ombra prima di riporle
- ☐ 3 — Le lasciamo in coperta ad asciugare al sole

G

Con mare molto mosso e vento medio che vela di prua useremo per facilitare il passaggio sull'onda?

- ☐ 1 — Il genoa
- ☐ 2 — Il fiocco
- ☐ 3 — La tormentina

H

Cosa significa che una vela è "a segno"?

- ☐ 1 — Che essa sbatte come una bandiera
- ☐ 2 — Che essa è ben regolata
- ☐ 3 — Che essa si regola seguendo dei segni marcati precedentemente sulle scotte

L

Come vengono chiamate le parti della vela, all'interno delle quali vengono introdotte le stecche?

- ☐ 1 — Borse
- ☐ 2 — Ralinghe
- ☐ 3 — Vaine

M

Quando si dice che una vela "fileggia"?

- ☐ 1 — Quando sbatte come una bandiera
- ☐ 2 — Quando è ben regolata, dando la massima velocità all'imbarcazione
- ☐ 3 — Quando perde dei fili

N

Cosa significa “lascare all’imbando”?

- ☐ 1 — Avvolgere una manovra su se stessa per riporla
- ☐ 2 — Tesare una manovra il più possibile, fino al limite delle possibilità nostre o del sistema
- ☐ 3 — Lascare la manovra finché in essa non c’è più tensione e poi lasciarne ancora un po’

O

Come si chiama la parte di randa che sporge oltre la linea retta fra bugna di scotta e penna?

- ☐ 1 — Lunata
- ☐ 2 — Allunamento
- ☐ 3 — Ralinga

P

Che nome ha la vela rappresentata in figura?

- ☐ 1 — Randa bermudiana
- ☐ 2 — Randa aurica
- ☐ 3 — Randa Marconi

Q

Ai fini della sicurezza, che tendenza dovrà avere un’imbarcazione a vela in navigazione di bolina o traverso?

- ☐ 1 — Neutra
- ☐ 2 — Leggermente poggera
- ☐ 3 — Leggermente orziera

R

Passando dal traverso alla poppa, cosa abbiamo fatto?

- ☐ 1 — Abbiamo orzato
- ☐ 2 — Abbiamo poggiato
- ☐ 3 — Abbiamo lascato le volanti

S

Cosa significa “essere sopravvento a un’altra imbarcazione”?

- ☐ 1 — Essere a prua della stessa
- ☐ 2 — Essere a poppa della stessa
- ☐ 3 — Che il vento, nel suo cammino, incontra la nostra barca prima dell’altra

T

Cosa è la ralinga?

- ☐ 1 — Il nome dato al cavetto cucito lungo i bordi di inferitura delle vele
- ☐ 2 — Un particolare tipo di vela leggera e adoperata nelle andature portanti con poco vento
- ☐ 3 — Il lato inferiore dello spinnaker, quello pressoché orizzontale

U

Come si può ridurre la tendenza poggera di una barca a vela?

- ☐ 1 — Riducendo o lascando le vele di poppa
- ☐ 2 — Riducendo o lascando le vele di prua
- ☐ 3 — Spostando dei pesi a poppa

V

Passando dalla bolina al lasco, cosa abbiamo fatto?

- ☐ 1 — Abbiamo poggiato
- ☐ 2 — Abbiamo orzato
- ☐ 3 — Abbiamo cazzato le drizze

Z

Perché si dice “cazzare a ferro”?

- ☐ 1 — Perché si fissa in un punto di ferro
- ☐ 2 — Perché talvolta le manovre sono miste: tessile più cavo metallico. Tesandole molto si arriva a portare il cavo metallico sul verricello
- ☐ 3 — Perché si cazzano i soli cavi metallici

A

Quando un'andatura è detta di "traverso"?

☐ 1 — Quando la direzione della barca differisce di circa 90 gradi dalla direzione di provenienza del vento
☐ 2 — Quando la direzione della barca differisce di circa 180 gradi dalla direzione di provenienza del vento
☐ 3 — Quando la barca si muove trasversalmente rispetto alla costa

B

Siamo con mure a dritta. Viriamo. Come saranno ora le mure?

☐ 1 — Sempre a dritta
☐ 2 — A sinistra
☐ 3 — Al centro

C

Quando un'andatura è detta di "poppa" o in fil di ruota?

☐ 1 — Quando la direzione della barca differisce di circa 90 gradi dalla direzione di provenienza del vento
☐ 2 — Quando la direzione della barca differisce di circa 180 gradi dalla direzione di provenienza del vento
☐ 3 — Quando la barca scarroccia all'indietro

D

Navigando di bolina, passiamo da mure a dritta a mure a sinistra: cosa abbiamo fatto?

☐ 1 — Abbiamo virato
☐ 2 — Abbiamo abbattuto
☐ 3 — Abbiamo poggiato

E

Come è chiamato il lato della vela indicato?

☐ 1 — Caduta prodiera
☐ 2 — Caduta poppiera o balumina
☐ 3 — Inferitura

F

Cos'è il "punto di scotta" del genoa?

☐ 1 — È il punto del genoa in cui si legano le scotte
☐ 2 — È un particolare punto di cucito che si usa sul genoa, per cucire la bugna di scotta
☐ 3 — Il punto, generalmente regolabile mediante un carrello mobile, in cui la scotta del genoa, arrivando dalla bugna, viene rinviata parallela alla coperta

G

Navighiamo di bolina e ci accorgiamo che i nastrini sul genoa (vicino all'inferitura) non sono orizzontali, ma quello interno è quasi verticale. Cosa facciamo?

☐ 1 — Cazziamo la scotta del genoa o poggiamo
☐ 2 — Laschiamo la scotta del genoa o orziamo
☐ 3 — Portiamo il punto di scotta più avanti

H

Come si chiama il settore compreso fra le due boline più strette (mure a sinistra e mure a dritta) che può compiere un'imbarcazione a vela?

☐ 1 — Settore circolare
☐ 2 — Settore di poppa
☐ 3 — Settore di bordeggio o settore proibito

L

Come si chiama la vela indicata?

☐ 1 — Trinchetta
☐ 2 — Spinnaker
☐ 3 — Fiocco

M

Cosa significa "virare"?

☐ 1 — Avvicinare la prua alla direzione di provenienza del vento
☐ 2 — Cambiare mure, passando con la prua nella direzione in cui va il vento
☐ 3 — Cambiare mure, passando con la prua nella direzione di provenienza del vento

N

Come è sostenuto un forte allunamento della randa?

- ☐ 1 — Tramite un gratile molto rinforzato
- ☐ 2 — Tramite un tessuto diverso
- ☐ 3 — Tramite stecche flessibili di legno o plastica infilate in apposite "tasche" ("vaine")

O

Qual è la miglior andatura per arrivare su un uomo in mare?

- ☐ 1 — Il traverso, perché la barca abbina velocità a possibilità di manovra
- ☐ 2 — La bolina, perché la barca ha la minor velocità e la maggior capacità "frenante" (ponendosi prua al vento)
- ☐ 3 — Il lasco, perché è l'andatura più veloce

P

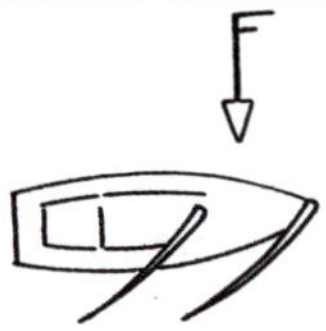

Come si chiama l'andatura dell'imbarcazione qui illustrata?

- ☐ 1 — Traverso
- ☐ 2 — Lasco
- ☐ 3 — Bolina

Q

Se, su uno sloop, dobbiamo poggiare, quale vela si lascherà prima, per facilitare la manovra?

- ☐ 1 — La randa
- ☐ 2 — Il genoa
- ☐ 3 — Tutte e due insieme

R

Come si può aiutare la virata se c'è poco vento?

- ☐ 1 — Stringendo la bolina il più possibile, anche a discapito della velocità
- ☐ 2 — Lascando la randa
- ☐ 3 — Lasciando in virata per alcuni momenti il fiocco a collo

S

Su uno sloop con fiocco e randa, qual è l'andatura più veloce?

- ☐ 1 — Il lasco
- ☐ 2 — La poppa piena
- ☐ 3 — La bolina stretta

T

Cos'è una "randa pesante"?

- ☐ 1 — È una randa costituita da tessuto pesante, adatta per venti forti
- ☐ 2 — È una randa molto grande
- ☐ 3 — È una randa speciale, solo per barche molto grandi

U

Perché con poco vento è difficile tenere un'andatura di poppa?

- ☐ 1 — Perché il vento apparente si riduce fino quasi a scomparire del tutto
- ☐ 2 — Perché il vento apparente cresce fino a diventare forte
- ☐ 3 — Perché la barca scarroccia molto

V

A cosa serve l'amantiglio del boma?

- ☐ 1 — A trattenere il boma in alto quando si lasca la scotta della randa
- ☐ 2 — A trattenere il boma verso l'alto quando si cazza la scotta della randa
- ☐ 3 — A trattenere il boma verso l'alto quando la randa non è issata

Z

Incappiamo in una burrasca e sottovento c'è un porto. Ci dirigiamo là?

- ☐ 1 — Sì
- ☐ 2 — Bisogna verificare che la zona costiera antistante il porto non sia, in queste condizioni, troppo battuta dai frangenti o dal "mare incrociato"
- ☐ 3 — Conviene mettersi alla cappa e attendere che passi il peggio

A A cosa serve il caricabasso del boma?

- ☐ 1 — A trattenere il boma verso l'alto, quando la randa non è operante
- ☐ 2 — A regolare l'inferitura della randa senza agire sulla drizza
- ☐ 3 — A tendere la base della randa

B Che andatura ha l'imbarcazione illustrata?

- ☐ 1 — Lasco
- ☐ 2 — Traverso
- ☐ 3 — Bolina

C Navigando con la randa issata, come deve essere l'amantiglio del boma?

- ☐ 1 — Leggermente lasco in tutte le andature
- ☐ 2 — Cazzato in alcune andature, lasco in altre
- ☐ 3 — Cazzato in tutte le andature

D Qual è la manovra migliore per portare un'imbarcazione a vela in vicinanza dell'uomo da recuperare?

- ☐ 1 — Governare per portarsi sopravvento all'uomo e scarrocciargli addosso
- ☐ 2 — Governare per portarsi sottovento all'uomo
- ☐ 3 — Governare per portarsi con la prua sull'uomo

E Come si dice quando il vento gira spostandosi più a pruavia?

- ☐ 1 — Che rifiuta o scarseggia
- ☐ 2 — Che ridonda
- ☐ 3 — Che fa il girasole

F In che andature, generalmente, si tiene il vang ben cazzato?

- ☐ 1 — In tutte le andature
- ☐ 2 — Nelle andature di bolina stretta
- ☐ 3 — Nelle andature portanti

G Quando si usa l'ancora galleggiante alla cappa?

- ☐ 1 — Sempre
- ☐ 2 — Solo quando sottovento a noi c'è una costa vicina
- ☐ 3 — Mai

H Qual è il vantaggio di una deriva mobile su un'imbarcazione a vela?

- ☐ 1 — Il poter ridurre lo sbandamento, di bolina, alzando la deriva
- ☐ 2 — Il poter ridurre la superficie bagnata nelle andature in poppa, aumentando la velocità
- ☐ 3 — Il poter avere meno zavorra totale

L In un ketch o uno yawl come è chiamato il primo albero prodiero?

- ☐ 1 — Trinchetto
- ☐ 2 — Mezzana
- ☐ 3 — Maestra

M Navigando di poppa come si manovra per evitare che il boma si sollevi deformando la randa?

- ☐ 1 — Si cazza il vang
- ☐ 2 — Si cazza l'amantiglio
- ☐ 3 — Si cazza la scotta della randa

N

Qual è l'andatura più indicata per terzarolare la randa?

- ☐ 1 — Bolina
- ☐ 2 — Lasco
- ☐ 3 — Tassativamente con la prua al vento

O

Navigando a vela, come si può raggiungere un punto sopravvento?

- ☐ 1 — Non si può raggiungere
- ☐ 2 — Bordeggiando
- ☐ 3 — Cambiando i punti di scotta

P

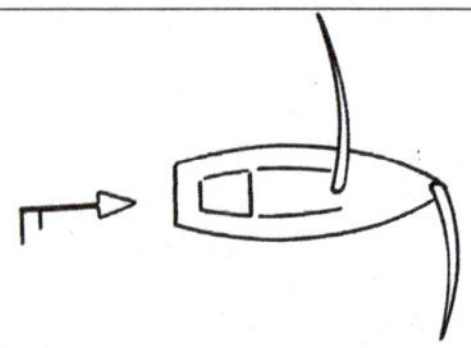

Quale andatura ha l'imbarcazione illustrata?

- ☐ 1 — Lasco
- ☐ 2 — Gran lasco
- ☐ 3 — In fil di ruota

Q

Cos'è il "centro velico"?

- ☐ 1 — È il centro della randa
- ☐ 2 — È il punto in cui si può applicare un'unica forza pari alla spinta del vento sulle vele, ottenendo lo stesso effetto delle infinite spinte reali
- ☐ 3 — È il punto in cui si può applicare un'unica forza pari alla spinta dell'acqua sull'opera viva ottenendo lo stesso effetto delle infinite spinte reali

R

Che cosa significa "barca orziera"?

- ☐ 1 — Che con il timone al centro tende da sola a orzare
- ☐ 2 — Che con il timone al centro tende da sola a poggiare
- ☐ 3 — Che con il timone al centro tende a restare in rotta da sola

S

Viriamo, pur restando sempre di bolina stretta. Quale sarà l'angolo tra le rotte prima e dopo la virata?

- ☐ 1 — Circa 45 gradi
- ☐ 2 — Circa 90 gradi
- ☐ 3 — Circa 180 gradi

T

Che cosa significa "orzare"?

- ☐ 1 — Cazzare le scotte più del dovuto
- ☐ 2 — Allontanare la prua dalla direzione da cui proviene il vento
- ☐ 3 — Portare la prua verso la direzione da cui proviene il vento

U

Come sono le vele dell'imbarcazione qui illustrata?

- ☐ 1 — In portare
- ☐ 2 — A collo
- ☐ 3 — In filo

V

Cosa significa "bordeggiare"?

- ☐ 1 — Navigare sotto costa
- ☐ 2 — Cucire il bordo di una vela
- ☐ 3 — Navigare di bolina stretta, virando più volte in modo da compiere una linea spezzata al posto di una (impossibile) retta

Z

Cosa significa vento in "fil di ruota"?

- ☐ 1 — Vento di scarsa velocità
- ☐ 2 — Che la direzione di provenienza del vento è di prua piena (controvento)
- ☐ 3 — Che la direzione di provenienza del vento è di poppa piena

A Come si definisce un'orzata eccessiva, che sposta repentinamente e notevolmente la prua, generalmente causata da onde o vento?

- ☐ 1 — Straorzata
- ☐ 2 — Strapoggiata
- ☐ 3 — Iperorzata

B Navigando a vela passiamo vicino a un'imbarcazione ferma all'ancora. Il vento apparirà uguale a tutte e due le barche?

- ☐ 1 — Sì, sempre
- ☐ 2 — No, cambierà sempre la direzione
- ☐ 3 — No, esso potrà essere diverso sia in direzione che in velocità

C In che cosa consiste la manovra di "prendere la cappa"?

- ☐ 1 — Nel regolare vele e timone, in modo che la barca scarrocci sottovento
- ☐ 2 — Nel fermarsi, esponendo la prua al mare e al vento
- ☐ 3 — Nel fermarsi, esponendo la poppa al mare e al vento

D Che cosa significa "barca poggera"?

- ☐ 1 — Che con il timone al centro tende da sola a orzare
- ☐ 2 — Che con il timone al centro tende da sola a poggiare
- ☐ 3 — Che con il timone al centro tende a restare in rotta da sola

E 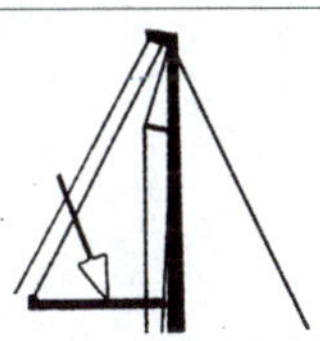

Come è chiamata la parte dell'alberatura indicata in disegno con una freccia?

- ☐ 1 — Tangone
- ☐ 2 — Bompresso
- ☐ 3 — Boma

F Navigando verso ponente a circa 5 nodi con una tramontana di circa 10 nodi, che andatura terrà l'imbarcazione, rispetto al vento apparente?

- ☐ 1 — Lasco
- ☐ 2 — Traverso
- ☐ 3 — Bolina

G Cos'è il "vang"?

- ☐ 1 — Una manovra che serve a trattenere il boma verso l'alto
- ☐ 2 — Un paranco (o un tenditore) che serve a trattenere il boma in basso
- ☐ 3 — Un paranco (o un tenditore) che serve a spingere il boma verso l'albero

H Perché su un'imbarcazione che naviga il vento ci appare diverso da quello reale?

- ☐ 1 — Si tratta di una semplice impressione, in realtà i due venti sono uguali
- ☐ 2 — Perché a quello reale si somma, vettorialmente, il vento dovuto al moto della barca
- ☐ 3 — Perché le vele deviano il vento, che così ci appare diverso

L 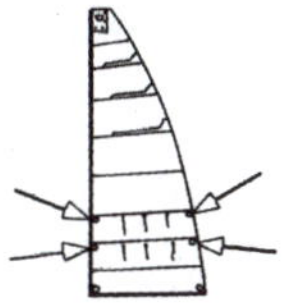

Come sono chiamati gli occhielli segnati in figura con le frecce?

- ☐ 1 — Brancarelle di terzaroli
- ☐ 2 — Borose di terzaroli
- ☐ 3 — Vivagni di caduta

M Cos'è "l'amantiglio" del boma?

- ☐ 1 — Una manovra che serve a trattenere il boma verso l'alto
- ☐ 2 — Un paranco per trattenere il boma verso il basso
- ☐ 3 — Un paranco per spingere il boma verso l'albero

N

Se si naviga al traverso del vento reale, che andatura si terrà?

- ☐ 1 — Sempre al traverso
- ☐ 2 — Di bolina
- ☐ 3 — Di lasco

O

Cosa significa "fiocco a collo"?

- ☐ 1 — È un tipo particolare di vela di prua
- ☐ 2 — Si dice del fiocco che è bordato sopravvento
- ☐ 3 — Si dice del fiocco che è completamente lascato

P

Come è chiamato il lato della vela indicato?

- ☐ 1 — Caduta prodiera o inferitura
- ☐ 2 — Caduta poppiera o balumina
- ☐ 3 — Linea di scotta

Q

Navigando di bolina, come sembrerà la forza del vento apparente rispetto al vento reale?

- ☐ 1 — Minore
- ☐ 2 — Maggiore
- ☐ 3 — Uguale

R

Come si elimina il fileggiare di una vela?

- ☐ 1 — Lascando la scotta o stringendo di più il vento
- ☐ 2 — Cazzando l'amantiglio
- ☐ 3 — Cazzando la scotta o poggiando

S

Su uno sloop che prende la cappa con tormentina e randa di cappa, che vele utilizzare nel caso si calasse in mare anche l'ancora galleggiante?

- ☐ 1 — Le stesse
- ☐ 2 — Solo la randa di cappa
- ☐ 3 — Solo la tormentina

T

Come si regola una vela di bolina o al traverso?

- ☐ 1 — Si lasca la scotta all'imbando
- ☐ 2 — Si cazza a ferro la scotta
- ☐ 3 — Si lasca la scotta finché la vela comincia a fileggiare, quindi si cazza un po', tanto da far cessare il fileggiare stesso

U

Si è in fil di ruota e si cambiano mure. Quale sarà l'angolo fra le rotte prima e dopo l'abbattuta?

- ☐ 1 — Quasi non c'è differenza di rotta
- ☐ 2 — Circa 90 gradi
- ☐ 3 — Circa 100 gradi

V

Quando si usa una randa pesante?

- ☐ 1 — Quando il vento diventa molto forte
- ☐ 2 — Quando il vento rinforza, ma non molto
- ☐ 3 — Quando il vento riduce la sua forza

Z

Come si chiama la manovra che si trova fra la trozza del boma e il piede d'albero?

- ☐ 1 — Amantiglio del boma
- ☐ 2 — Vang
- ☐ 3 — Caricabasso del boma

A

Cos'è "l'angolo di sbandamento"?

- ☐ 1 — È l'angolo fra l'asse perpendicolare al piano di coperta e la verticale del punto
- ☐ 2 — È l'angolo fra la prua e la rotta
- ☐ 3 — È il settore delle andature dove la barca è più sbandata

B

In quale ordine si presenterà tirando fuori dal suo sacco una vela di prua, ben piegata?

- ☐ 1 — Bugna di mura, garrocci (dal più basso al più alto), penna e bugna di scotta
- ☐ 2 — Penna, garrocci (dal più alto al più basso) bugna di mura e bugna di scotta
- ☐ 3 — Bugna di scotta, bugna di mura, garrocci (dal più alto) e penna

C

Cos'è il "centro di deriva" o "centro di deriva laterale"?

- ☐ 1 — È il centro del piano di deriva
- ☐ 2 — È il punto in cui si può applicare un'unica forza pari alla spinta del vento sulle vele, ottenendo lo stesso effetto delle infinite spinte reali
- ☐ 3 — È il punto in cui si può applicare un'unica forza pari alla spinta laterale dell'acqua sull'opera viva ottenendo lo stesso effetto delle infinite spinte laterali reali

D

Come si regola una vela di lasco?

- ☐ 1 — Si lasca la scotta all'imbando
- ☐ 2 — Si pone la vela sulla bisettrice dell'angolo fra l'asse longitudinale della barca e la direzione da cui proviene il vento
- ☐ 3 — Si lasca la scotta finché la vela comincia a fileggiare, quindi si cazza un po', tanto da far cessare il fileggiare stesso

E

Una vela orientata come quella illustrata...

- ☐ 1 — È in portare
- ☐ 2 — È a collo
- ☐ 3 — Fileggia

F

Perché un'imbarcazione a vela è troppo orziera?

- ☐ 1 — Perché il suo centro velico e il centro di deriva sono allineati
- ☐ 2 — Perché il suo centro velico è troppo a pruavia del centro di deriva
- ☐ 3 — Perché il suo centro velico è troppo a poppavia del centro di deriva

G

Dove si trova generalmente il vang?

- ☐ 1 — Fra l'estremità libera del boma e la coperta
- ☐ 2 — Fra la metà del boma e il piede d'albero
- ☐ 3 — Fra l'estremità del boma vincolata all'albero e il piede d'albero

H

A cosa serve prendere la cappa?

- ☐ 1 — A fronteggiare il cattivo tempo, con la minor superficie velica, stringendo il più possibile il vento e prendendo il mare al mascone
- ☐ 2 — Ad affrontare le onde di prua
- ☐ 3 — A scarrocciare sottovento

L

Come si chiama l'angolo della randa indicato?

- ☐ 1 — Angolo di scotta
- ☐ 2 — Angolo di mura
- ☐ 3 — Angolo di gola

M

Come si regola una vela in una andatura di poppa o al gran lasco?

- ☐ 1 — Esponendo la massima superficie velica al vento
- ☐ 2 — Si lasca la scotta all'imbando
- ☐ 3 — Si cazza a ferro la scotta

N

Cosa significa fiocco "terzarolabile"?

☐ 1 — Che la sua superficie è riducibile, essendo provvisto di due bugne di scotta e due di mura (una sopra l'altra) e di matafioni per legare la parte di vela eccedente

☐ 2 — Che la sua superficie è riducibile avvolgendolo nell'avvolgifiocco

☐ 3 — Che può essere portato anche quando la randa è terzarolata

O

Al gran lasco o di poppa, come sembrerà la forza del vento apparente rispetto a quella del vento reale?

☐ 1 — Minore

☐ 2 — Maggiore

☐ 3 — Uguale

P

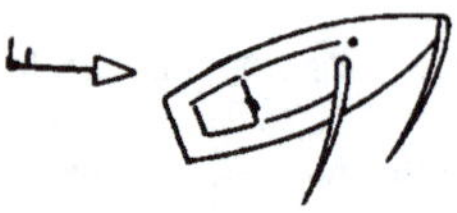

Quale andatura ha l'imbarcazione illustrata?

☐ 1 — Gran lasco

☐ 2 — Poppa

☐ 3 — Fil di ruota

Q

Quando si terzarola la randa come vanno legati i matafioni?

☐ 1 — Serrandoli molto forte attorno al boma, perché devono trattenere la randa in basso

☐ 2 — Serrandoli molto forte attorno all'albero, perché devono trattenere la randa all'inferitura

☐ 3 — Vanno legati lenti intorno al boma, perché servono solo a trattenere la parte di randa eccede

R

Il "piano di deriva" influisce sullo sbandamento della barca?

☐ 1 — No, influisce solo sullo scarroccio

☐ 2 — Sì, lo fa aumentare

☐ 3 — Sì, lo fa diminuire

S

Perché un'imbarcazione a vela è troppo poggera?

☐ 1 — Perché il suo centro velico e il centro di deriva sono allineati

☐ 2 — Perché il suo centro velico è troppo a pruavia del centro di deriva

☐ 3 — Perché il suo centro velico è troppo a poppavia del centro di deriva

T

Se rinforza il vento, cosa facciamo al tesabugna, o tesabase, della randa?

☐ 1 — Lo cazziamo

☐ 2 — Lo laschiamo

☐ 3 — Lo laschiamo all'imbando

U

Come è chiamata la base di una randa o di un fiocco?

☐ 1 — Bordame o linea di scotta

☐ 2 — Inferitura o caduta

☐ 3 — Balumina o antennale

V

Come è inferita normalmente sul boma la base della randa?

☐ 1 — Mediante i garrocci

☐ 2 — Mediante i matafioni

☐ 3 — Direttamente, infilando la ralinga di base in una canaletta sul boma

Z

Di poppa piena, che differenza ci sarà fra le direzioni del vento apparente e reale?

☐ 1 — Circa 90 gradi

☐ 2 — Circa 180 gradi (stessa direzione, ma verso opposto)

☐ 3 — Nessuna differenza (stessa direzione e stesso verso)

A

Con imbarcazione a motore che procede, con elica destrorsa, in marcia indietro e timone in mezzo, la prua da che lato accosta?

- ☐ 1 — A dritta
- ☐ 2 — A sinistra
- ☐ 3 — Prima a sinistra e poi a dritta

B

Che cosa sono le "eliche di superficie"?

- ☐ 1 — Sono delle eliche che lavorano semisommerse
- ☐ 2 — Sono delle eliche vicine alla superficie, che servono solo per gli spostamenti laterali delle navi
- ☐ 3 — Sono delle eliche che servono in superficie ai mezzi subacquei

C

Volendo trasformare un arco di longitudine ampio 9° in tempo, quale delle tre operazioni effettuereste?

- ☐ 1 — Moltiplicheremo 9° per 15, ottenendo i minuti
- ☐ 2 — Moltiplicheremo 9° per 4, ottenendo i minuti
- ☐ 3 — Divideremo 9° per 4, ottenendo i decimi di ora

D

Oltre all'elica, quale altro propulsore è utilizzato dalle imbarcazioni a propulsione meccanica?

- ☐ 1 — L'idrogetto
- ☐ 2 — Il cicloide
- ☐ 3 — La turbina

E

Quale delle tre formule che seguono è da considerarsi una formula di correzione?

- ☐ 1 — $Pm = Pv - d$
- ☐ 2 — $Pb = Pv - d - \delta$
- ☐ 3 — $Pm = Pb + \delta$

F

Con l'aumentare del numero di pale un'elica diviene sempre meno efficace, ma che vantaggio offre?

- ☐ 1 — Diminuiscono le vibrazioni
- ☐ 2 — Aumenta la velocità
- ☐ 3 — Diminuisce il consumo di carburante

G

Navigando con Pv = 90°, quale dei seguenti oggetti rileverete per ultimo?

- ☐ 1 — L'oggetto il cui rilevamento vero è uguale a 0°
- ☐ 2 — L'oggetto il cui rilevamento vero è uguale a 260°
- ☐ 3 — L'oggetto il cui rilevamento vero è uguale a 110°

H

Se in inverno la pressione aumenta, mentre diminuiscono umidità e temperatura, cosa è lecito attendersi?

- ☐ 1 — Un peggioramento del tempo
- ☐ 2 — Un miglioramento del tempo
- ☐ 3 — Che il tempo non subirà variazioni

L

Quale delle due eliche è destrorsa?

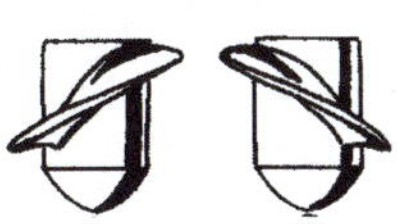

A B

- ☐ 1 — La A
- ☐ 2 — La B
- ☐ 3 — Dipende dal senso di rotazione

M

Cosa è la stabilità di peso?

- ☐ 1 — È la stabilità che è conferita allo scafo dalla posizione dei pesi, concentrati nella parte bassa della carena
- ☐ 2 — È un accordo internazionale che stabilisce il peso imbarcabile sulle imbarcazioni (equipaggio e provviste)
- ☐ 3 — È la condizione che viene raggiunta stivando e rizzando opportunamente i pesi imbarcati

N

Come apparirebbe una rotta ortodromica tracciata su una carta di Mercatore?

- ☐ 1 — Come una linea retta che unisce i due punti
- ☐ 2 — Come una serie di linee rette spezzate
- ☐ 3 — Come una linea curva

O

In un'imbarcazione ferma con timone al centro, un'elica destrorsa in marcia indietro cosa produce?

- ☐ 1 — Il moto indietro senza alcuna accostata
- ☐ 2 — Un'accostata della prua a sinistra
- ☐ 3 — Un'accostata della poppa a sinistra

P

Con imbarcazione a motore che avanza, con elica destrorsa in marcia indietro e timone a dritta, da che lato accosta la prua?

- ☐ 1 — A dritta
- ☐ 2 — A sinistra
- ☐ 3 — Prima a dritta e poi a sinistra

Q

Ruotando in spazio ristretto con imbarcazione a motore con colpi di marcia avanti e indietro è conveniente scontrare il timone o è preferibile mantenerlo a dritta?

- ☐ 1 — Con elica destrorsa è conveniente mantenerlo a dritta
- ☐ 2 — Scontrare il timone
- ☐ 3 — È del tutto indifferente

R

Qual è il vantaggio delle eliche di superficie?

- ☐ 1 — Che possono girare molto più veloci
- ☐ 2 — Che a basse velocità riducono la resistenza, per la loro conformazione
- ☐ 3 — Che ad alte velocità riducono la resistenza, mancando tutte le appendici che sostengono la linea d'asse

S

Se si naviga con Pv = 140°, un oggetto posto al traverso di dritta che valore di rilevamento vero avrebbe?

- ☐ 1 — 50°
- ☐ 2 — 230°
- ☐ 3 — 140°

T

Nel corso di una navigazione per ortrodromia...

- ☐ 1 — La navigazione avviene a latitudini elevate
- ☐ 2 — La rotta cambia in continuazione
- ☐ 3 — Non è consigliabile navigare alle basse latitudini

U

In quali mari si manifestano i Monsoni?

- ☐ 1 — Nel Mar della Cina e nell'Oceano Indiano
- ☐ 2 — In tutti i mari
- ☐ 3 — Nel Pacifico

V

Volendo trasformare 28 minuti in gradi, quale operazione eseguireste?

- ☐ 1 — 28 diviso 15
- ☐ 2 — 28 diviso 4
- ☐ 3 — 28 per 4

Z

In una carta meteorologica si legge AS 0600/Z 06-10-1997, come interpretereste queste scritte?

- ☐ 1 — Analisi al suolo, alle ore 06.00 di Greenwich del 6 ottobre 1997
- ☐ 2 — Analisi superficiale n. 06.00 ultimo invio relativo al 6 ottobre 1997
- ☐ 3 — Alte pressioni superficiali alle ore 06.00 di Greenwich del 6 ottobre 1997

A

Per attraccare alla banchina di poppa, un'imbarcazione a motore con elica destrorsa come dovrà presentarsi?

☐ 1 — Poppa alla banchina, leggermente inclinata sulla sinistra, più a destra del punto di attracco, timone a dritta, elica indietro
☐ 2 — Poppa alla banchina, esattamente davanti al punto d'attracco, timone in mezzo, elica indietro
☐ 3 — Poppa alla banchina, più a sinistra del punto d'attracco, timone in mezzo, elica indietro

B

Come si riconosce un'elica "antialghe" per fuoribordo?

☐ 1 — Dalla gabbia di protezione che la circonda
☐ 2 — Dalla forma delle pale a falce e dai bordi taglienti
☐ 3 — Dai bordi spessi e diritti

C

In un'imbarcazione a motore ferma, con elica destrorsa in marcia indietro e timone a sinistra, la prua da che lato accosta?

☐ 1 — Decisamente a dritta
☐ 2 — Decisamente a sinistra
☐ 3 — Non accosta, prosegue dritta

D

Quale dei seguenti elementi non è possibile trovare nelle Effemeridi Nautiche?

☐ 1 — Indicazioni relative all'impiego delle Effemeridi per l'anno successivo
☐ 2 — Norme sull'uso del sestante
☐ 3 — Il valore della declinazione delle stelle

E

Navigando con Pv = 360°, quale oggetto rilevereste per primo?

☐ 1 — L'oggetto il cui rilevamento vero è uguale a 80°
☐ 2 — L'oggetto il cui rilevamento vero è uguale a 275°
☐ 3 — L'oggetto il cui rilevamento vero è uguale a 180°

F

A quale elemento è dovuto l'effetto evolutivo dell'elica oltre che alla diversa spinta esercitata dalle singole pale?

☐ 1 — Al flusso d'acqua spinto contro la pala del timone o contro la carena
☐ 2 — Al flusso d'acqua aspirato
☐ 3 — Alla velocità di rotazione dell'elica

G

Quale delle tre annotazioni corrisponde alla trasformazione in tempo di un arco ampio 54°?

☐ 1 — $4^h 12^m$
☐ 2 — 3^h
☐ 3 — $3^h 36^m$

H

Per passare dal tempo medio di Greenwich T_m, al corrispondente tempo medio locale t_m, quale delle tre operazioni impieghereste?

☐ 1 — $t_m = T_m + \lambda$
☐ 2 — $t_m = T_m - \lambda$
☐ 3 — $t_m = \lambda - T_m$

L

Con imbarcazione a motore ferma ed elica destrorsa in marcia avanti con timone in mezzo, da che parte accosta la prua?

☐ 1 — A sinistra
☐ 2 — A dritta
☐ 3 — Non accosta da nessun lato

M

Qual è il giusto uso delle eliche "antialghe» per fuoribordo?

☐ 1 — Sempre
☐ 2 — Durante la navigazione d'altura
☐ 3 — Durante la navigazione in acque interne di limitata profondità

N

Gli effetti evolutivi di un'elica destrorsa, come risultano rispetto a un'elica sinistrorsa?

- ☐ 1 — Stessi effetti, ma con tendenze opposte
- ☐ 2 — Sono identici
- ☐ 3 — Stessi effetti, più marcati nell'elica destrorsa

O

Qual è il vantaggio di un'elica di bronzo rispetto a una di alluminio?

- ☐ 1 — La facilità di riparazione e la maggior robustezza
- ☐ 2 — La leggerezza
- ☐ 3 — Il costo molto minore

P

In un'imbarcazione a motore bieliche, quale senso di rotazione ha normalmente, l'elica di dritta?

- ☐ 1 — Destrorso
- ☐ 2 — Sinistrorso
- ☐ 3 — Indifferente

Q

Con imbarcazione a motore con elica destrorsa, con quale lato conviene attraccare alla banchina?

- ☐ 1 — Con quello sinistro
- ☐ 2 — Con quello dritto
- ☐ 3 — È indifferente

R

Come si misurano le altezze degli astri?

- ☐ 1 — Con il cannocchiale astronomico, impiegando l'apposito reticolo interno
- ☐ 2 — Con il sestante, misurando l'angolo compreso tra l'astro e l'orizzonte
- ☐ 3 — Con l'astroscopio, utilizzando un apposito cannocchiale

S

Con imbarcazione a motore ferma ed elica destrorsa in marcia avanti con timone a dritta, da che parte accosta la prua?

- ☐ 1 — Decisamente a dritta
- ☐ 2 — Decisamente a sinistra
- ☐ 3 — L'effetto dell'elica viene compensato dal timone

T

In un'imbarcazione a motore bieliche con elica di dritta in marcia avanti con numero di giri diverso dall'elica di sinistra in marcia avanti, da che lato accosta la prua?

- ☐ 1 — Accosta a sinistra, se l'elica di sinistra gira meno
- ☐ 2 — Accosta a dritta, in ogni caso
- ☐ 3 — Accosta dalla parte dell'elica con maggior numero di giri

U

Cosa si intende con l'abbreviazione XTE (Cross Error Track)?

- ☐ 1 — Indicare la distanza, in miglia, che ci separa dalla rotta congiungente il punto di partenza con il punto di arrivo
- ☐ 2 — Indicare il pericolo esistente nell'attraversare una zona di separazione del traffico (Cross Track)
- ☐ 3 — Indicare lo scarto massimo consentito tra la rotta assunta e quella che si sarebbe dovuta assumere per immettersi in un viale di separazione del traffico

V

In un'imbarcazione a motore bieliche con elica di dritta in marcia avanti ed elica di sinistra in marcia indietro, da che lato accosta la prua?

- ☐ 1 — A sinistra
- ☐ 2 — A dritta
- ☐ 3 — Dipende dal numero di giri delle eliche

Z

In una imbarcazione a motore bieliche, quale senso di rotazione ha normalmente l'elica di sinistra?

- ☐ 1 — Sinistrorso
- ☐ 2 — Destrorso
- ☐ 3 — Indifferente

A

Cosa si intende con l'abbreviazione ETA?

- [ ] 1 — L'ora stimata di arrivo
- [ ] 2 — L'ora di arrivo dell'alta marea
- [ ] 3 — Il tempo approssimato del sorgere del Sole

B

La bussola da rilevamento a mano, usata correttamente, misura...

- [ ] 1 — Il rilevamento vero
- [ ] 2 — Il rilevamento magnetico
- [ ] 3 — Il rilevamento bussola

C

Cosa si intende con l'abbreviazione DTW?

- [ ] 1 — La distanza che ci separa dal prossimo Waypoint
- [ ] 2 — Sulle carte nautiche è l'abbreviazione internazionale che indica il luogo in cui è consentito vuotare le acque di sentina (Discharge Tanker Water)
- [ ] 3 — L'abbreviazione di Dangerous Tide Waves, per indicare una zona in cui si verificano pericolose onde di marea

D

A che cosa serve il cerchio azimutale?

- [ ] 1 — A determinare le altezze degli astri
- [ ] 2 — A misurare un rilevamento
- [ ] 3 — A determinare la distanza da un punto noto sulla costa

E

Che cosa è l'angolo di deriva?

- [ ] 1 — L'angolo formato tra la Rv e la Pv dovuto al vento
- [ ] 2 — L'angolo formato tra la Rv e la Pv dovuto alla corrente
- [ ] 3 — L'angolo formato tra la Rv e la direzione verso cui va la corrente

F

Com'è detto il fronte caratterizzato da una massa d'aria fredda, che avanza sospingendo quella calda antistante?

- [ ] 1 — Fronte freddo
- [ ] 2 — Fronte caldo
- [ ] 3 — Fronte stazionario

G

Qual è il tipo di proiezione maggiormente usata per la conduzione della navigazione?

- [ ] 1 — Stereografica
- [ ] 2 — Gnomonica
- [ ] 3 — Di Mercatore

H

Quale delle seguenti relazioni algebriche useresti per correggere la Rv in presenza di vento e corrente?

- [ ] 1 — Rv = Pb + Idr + Isc
- [ ] 2 — Rv = Pm + Idr + Isc
- [ ] 3 — Rv = Pv + Idr + Isc

L

L'ostacolo causato da rilievi montuosi al moto di una massa d'aria crea sopravvento un fenomeno di raffreddamento umido a pressione costante; come è detto?

- [ ] 1 — Effetto Föhn
- [ ] 2 — Effetto Staü
- [ ] 3 — Effetto Mistral

M

Come è chiamato l'angolo compreso tra il Meridiano Magnetico e il Meridiano Bussola?

- [ ] 1 — Deviazione magnetica
- [ ] 2 — Variazione magnetica
- [ ] 3 — Declinazione magnetica

N

Ai fini della navigazione, quali sono gli elementi che caratterizzano una corrente marina?

- ☐ 1 — Direzione di spostamento e velocità
- ☐ 2 — Temperatura e velocità
- ☐ 3 — Direzione di spostamento e temperatura

O

Che intervallo intercorre tra la trasmissione di due consecutivi bollettini Meteomar?

- ☐ 1 — 6 ore
- ☐ 2 — 12 ore
- ☐ 3 — 24 ore

P

Le tabelle delle deviazioni...

- ☐ 1 — Si acquistano con la bussola
- ☐ 2 — Si ricavano dalle operazioni di compensazione della bussola
- ☐ 3 — Possono essere richieste nei negozi di nautica indicando il modello e il numero di serie della bussola

Q

Nel bollettino Meteomar è contenuta la tendenza generale del tempo?

- ☐ 1 — No
- ☐ 2 — Sì
- ☐ 3 — Sì, solo se il tempo tende a peggiorare

R

Secondo il principio di Archimede...?

- ☐ 1 — Un corpo immerso in un liquido riceve una spinta, dal basso verso l'alto, pari al suo peso
- ☐ 2 — Un corpo immerso in un liquido riceve una spinta, dal basso verso l'alto, pari al peso del volume di liquido spostato
- ☐ 3 — Un corpo immerso in un liquido riceve una spinta, dal basso verso l'alto, pari al volume del liquido spostato

S

In quale parte del bollettino Meteomar sono contenute le condizioni meteo previste?

- ☐ 1 — Nelle "previsioni"
- ☐ 2 — Negli "avvisi"
- ☐ 3 — Nelle "osservazioni"

T

Su quale pubblicazione figurano le informazioni sulla composizione e sull'uso degli avvisi ai naviganti (AA.NN.)?

- ☐ 1 — Sulla premessa al n.1 degli AA.NN.
- ☐ 2 — Sulle prime pagine dei Portolani
- ☐ 3 — Ai lati della carta nautica

U

Qualora il risultato della differenza di Longitudine dia un valore superiore ai 180°, che cosa occorre fare?

- ☐ 1 — Sottrarre da 360° il valore di $\Delta\lambda$ e cambiare a questo il segno
- ☐ 2 — Sottrarre al valore di $\Delta\lambda$ 180°
- ☐ 3 — Detrarre 90° alla longitudine di partenza prima dell'operazione

V

Navigando con rotta compresa nel secondo quadrante, quali saranno i segni di $\Delta\varphi$ e $\Delta\lambda$?

- ☐ 1 — $\Delta\varphi$ negativa e $\Delta\lambda$ positiva
- ☐ 2 — $\Delta\varphi$ negativa e $\Delta\lambda$ negativa
- ☐ 3 — $\Delta\varphi$ positiva e $\Delta\lambda$ negativa

Z

Come varia la velocità del vento con il variare della quota?

- ☐ 1 — Diminuisce
- ☐ 2 — Aumenta
- ☐ 3 — Resta costante

A

Come vengono chiamati i movimenti orizzontali di masse d'acqua in mare?

- ☐ 1 — Correnti
- ☐ 2 — Onde vive
- ☐ 3 — Maree

B

Come è detto il fronte caratterizzato da una massa d'aria calda, che avanza spingendo l'aria fredda?

- ☐ 1 — Fronte caldo
- ☐ 2 — Fronte freddo
- ☐ 3 — Fronte stazionario

C

Quali delle seguenti carte possono essere adoperate nella navigazione costiera?

- ☐ 1 — Carte con scala da 1:350.000 o a 1:25.000
- ☐ 2 — Carte con qualsiasi scala, purché aggiornate
- ☐ 3 — Carte con scala da 1:3.000.000 a 1:500.000

D

La velocità del vento è maggiore...

- ☐ 1 — Quanto più vicine sono le isobare
- ☐ 2 — Quanto più grande è la distanza tra le isobare
- ☐ 3 — Quanto più alta è la temperatura

E

Quale scala viene adoperata per rappresentare i piani nautici?

- ☐ 1 — Media
- ☐ 2 — Grande
- ☐ 3 — Piccola

F

Come sono chiamate le formule che permettono di passare dalla Pv alla Pb e dalla Pm alla Pb?

- ☐ 1 — Formule di conversione
- ☐ 2 — Formule di correzione
- ☐ 3 — Formule di riduzione

G

La rotta lossodromica è...

- ☐ 1 — La rotta che unisce due punti della superficie terrestre con cammino più breve
- ☐ 2 — La via più facile da seguire con la bussola
- ☐ 3 — La rotta più complessa da tracciare su una carta a proiezione di Mercatore

H

Con tempo variabile al peggioramento, come varia l'umidità relativa?

- ☐ 1 — Aumenta
- ☐ 2 — Diminuisce
- ☐ 3 — Resta costante

L

Con rotta nel terzo quadrante, quali segni avranno $\Delta\varphi$ e $\Delta\lambda$?

- ☐ 1 — $\Delta\varphi$ e $\Delta\lambda$ entrambe negative
- ☐ 2 — $\Delta\varphi$ e $\Delta\lambda$ entrambe positive
- ☐ 3 — $\Delta\varphi$ negativa e $\Delta\lambda$ positiva

M

Se navighiamo con Rv = 180°, stiamo percorrendo una lossodromia o una ortodromia?

- ☐ 1 — Entrambe
- ☐ 2 — Nessuna delle due perché siamo diretti verso i poli
- ☐ 3 — Una lossodromia

N

Che nome prende l'apparecchio a membrana, che viene fatto oscillare elettricamente, e usato in caso di nebbia?

- ☐ 1 — Nautofono
- ☐ 2 — Diafono
- ☐ 3 — Sirena

O

Il segno della Declinazione Magnetica può essere...

- ☐ 1 — Nord o Sud (Positivo o Negativo)
- ☐ 2 — Diverso a seconda dell'emisfero in cui si naviga
- ☐ 3 — Est od Ovest (Positivo o Negativo)

P

Con rotta nel quarto quadrante, quali segni avranno $\Delta\varphi$ e $\Delta\lambda$?

- ☐ 1 — $\Delta\varphi$ positiva e $\Delta\lambda$ negativa
- ☐ 2 — $\Delta\varphi$ e $\Delta\lambda$ entrambe positive
- ☐ 3 — $\Delta\varphi$ negativa e $\Delta\lambda$ positiva

Q

Nel bollettino Meteomar, cosa viene segnalato nell'avviso?

- ☐ 1 — Condizioni di burrasca o tempesta prevista o in corso
- ☐ 2 — Condizioni di alte o basse pressioni esistenti
- ☐ 3 — Condizioni di visibilità

R

Con l'elevarsi in quota, come varia il contenuto di vapore dell'aria?

- ☐ 1 — Aumenta progressivamente
- ☐ 2 — Diminuisce
- ☐ 3 — Resta costante

S

Quale delle seguenti relazioni algebriche si applica per passare dalla Pm alla Pv?

- ☐ 1 — $Pv = Pm + \delta$
- ☐ 2 — $Pv = Pb + d$
- ☐ 3 — $Pv = Pm + d$

T

Cosa abbreviamo con le lettere UT?

- ☐ 1 — Temporaneamente non Sorvegliato (Unwatched Temporary) riferito a un segnale luminoso
- ☐ 2 — Marea Superiore (Upper Tide)
- ☐ 3 — Tempo Universale (Universal Time)

U

Da quale tipo di nubi si verificano le precipitazioni abbondanti, con durata e intensità variabili e spesso violente?

- ☐ 1 — Dalle nubi orografiche
- ☐ 2 — Dalle nubi stratificate
- ☐ 3 — Dalle nubi cumuliformi

V

Essendo "e" l'elevazione dell'occhio dell'osservazione (in metri), quale formula dà, con approssimazione, la distanza in miglia della linea dell'orizzonte?

- ☐ 1 — $2{,}04 \times \sqrt{e}$
- ☐ 2 — $4 \times \sqrt{e}$
- ☐ 3 — $2{,}5 \times \sqrt{e}$

Z

Con tempo variabile tendente al peggioramento, come varia il vento?

- ☐ 1 — Rinforza, tendendo a orientarsi da Ovest a Sud
- ☐ 2 — Resta costante
- ☐ 3 — Rinforza proveniendo da Nord-Ovest

A

Quale segno si attribuisce al valore della differenza di Latitudine ($\Delta\varphi$)?

- ☐ 1 — Quello che scaturisce dall'operazione algebrica o dalla direzione in cui si naviga
- ☐ 2 — Quello del maggiore tra le due latitudini
- ☐ 3 — Quello dell'emisfero in cui navighiamo

B

Quali caratteristiche avrà la massa d'aria in una saccatura?

- ☐ 1 — A sinistra dell'asse della seccatura vi è aria fredda che proviene da settentrione, a destra aria calda proveniente dai settori meridionali
- ☐ 2 — Nella saccatura la massa d'aria è unica e ha le stesse caratteristiche dell'intera zona di bassa pressione dalla quale ha avuto origine
- ☐ 3 — A sinistra dell'asse della saccatura vi è aria calda proveniente da Sud, a destra fredda da Nord

C

Qual è l'unica nube che produce fulmini, tuoni e forti rovesci?

- ☐ 1 — Altocumulo
- ☐ 2 — Nembostrato
- ☐ 3 — Cumulonembo

D

Quale caratteristica principale devono avere due punti cospicui, per definire un cerchio capace?

- ☐ 1 — Molto vicini tra loro e molto bassi sull'orizzonte
- ☐ 2 — Molto vicini alla nave e molto bassi sull'orizzonte
- ☐ 3 — Angolo compreso tra 35° e 150°, profilo verticale e situati alla stessa altezza

E

Sulle carte meteorologiche cosa indica una linea come quella raffigurata?

- ☐ 1 — Un fronte stazionario
- ☐ 2 — Un fronte freddo
- ☐ 3 — Un fronte occluso

F

In assenza di vento e corrente, a cosa corrisponde la prua vera?

- ☐ 1 — Alla rotta vera
- ☐ 2 — Alla rotta magnetica
- ☐ 3 — Alla rotta superficiale

G

Come tende a spostarsi l'aria sotto l'impulso determinato dalla differenza di pressione?

- ☐ 1 — Dalla bassa verso l'alta pressione
- ☐ 2 — Dall'alta verso la bassa pressione
- ☐ 3 — Il movimento non è in relazione con la differenza di pressione

H

Nel caso si determinino due rilevamenti non simultanei, cosa occorre fare perché diano un buon punto nave?

- ☐ 1 — Il trasporto del primo rilevamento all'istante del secondo
- ☐ 2 — Tenere conto della velocità dell'imbarcazione
- ☐ 3 — Mantenere costante la rotta

L

Sulle carte meteorologiche cosa indica una linea come quella raffigurata?

- ☐ 1 — Un fronte occluso
- ☐ 2 — Un fronte stazionario
- ☐ 3 — Un fronte caldo

M

In quale pubblicazione nautica è data la variazione assoluta annuale della declinazione?

- ☐ 1 — Nelle carte nautiche
- ☐ 2 — Nelle tavole nautiche
- ☐ 3 — In apposite tabelle

N

Qual è il valore massimo che può assumere la differenza di Longitudine ($\Delta\lambda$)?

- ☐ 1 — 180°
- ☐ 2 — 360°
- ☐ 3 — 90°

O

Qual è la successione delle nubi in presenza di un fronte freddo?

- ☐ 1 — Altocumuli o altostrati, cumulonembi
- ☐ 2 — Cirri, cirrostrati, cumuli, cumulonembi
- ☐ 3 — Cumulonembi, strati, nembi

P

L'aria calda contiene più o meno vapore dell'aria fredda?

- ☐ 1 — Meno
- ☐ 2 — Più
- ☐ 3 — La stessa quantità

Q

Come ruota il vento nel nostro emisfero in una zona di depressione?

- ☐ 1 — In senso orario
- ☐ 2 — In senso antiorario
- ☐ 3 — Dipende dal valore della depressione

R

In quale fascia dell'atmosfera sono compresi gli altocumuli, gli altostrati e i nembostrati?

- ☐ 1 — Tra i 6 e i 13 km
- ☐ 2 — Tra la superficie e i 12 km
- ☐ 3 — Tra i 2 e i 6 km

S

Su quale pubblicazione italiana sono riportate le principali correnti?

- ☐ 1 — Sui Portolani
- ☐ 2 — Sulle tavole nautiche
- ☐ 3 — Sulle carte generali

T

Su quale pubblicazione è possibile avere una descrizione particolareggiata dell'aspetto verticale della costa e dei punti cospicui?

- ☐ 1 — Sull'elenco fari e fanali
- ☐ 2 — Sulle tavole nautiche
- ☐ 3 — Sui Portolani

U

Come devono essere due rilevamenti perché sia definito il punto nave in modo preciso?

- ☐ 1 — Riferiti a due punti ugualmente distanti dalla nave
- ☐ 2 — Simultanei e intersecanti con angolo compreso tra 35° e 150°
- ☐ 3 — Riferiti a due oggetti con la stessa altezza sul livello del mare

V

Chiamando il rilevamento polare con ρ quale delle tre relazioni algebriche si adopera per ottenere il Rilv?

- ☐ 1 — $Rilv = Pv + \rho$
- ☐ 2 — $Rilv = Pm + \rho$
- ☐ 3 — $Rilv = \rho - Pv$

Z

Come varia la pressione atmosferica con il crescere dell'altezza?

- ☐ 1 — Decresce
- ☐ 2 — Aumenta
- ☐ 3 — Resta pressoché invariata

A

Il rilevamento bussola (Rilb) misurato può essere messo direttamente sulla carta nautica?

- ☐ 1 — Sì, purché si scriva a fianco il valore della declinazione
- ☐ 2 — Sì, purché gli si sommi la deviazione bussola
- ☐ 3 — No

B

Navigando con Rv = 270°, quale delle seguenti traiettorie stiamo seguendo?

- ☐ 1 — Una lossodromia o una ortodromia se navighiamo con $\varphi = 0°$
- ☐ 2 — Una ortodromia
- ☐ 3 — Una traiettoria mista costituita da una lossodromia e da una ortodromia, detta "Spezzata lossodromica"

C

Quando si osservano due oggetti con lo stesso rilevamento o con rilevamenti che differiscono di 180°, quale luogo di posizione è definito?

- ☐ 1 — Retta di rilevamento
- ☐ 2 — Cerchio di uguale distanza
- ☐ 3 — Allineamento

D

Come è chiamato il rapporto percentuale tra la quantità di vapore presente nell'aria e la massima quantità che, alla stessa temperatura, può essere contenuto?

- ☐ 1 — Umidità assoluta
- ☐ 2 — Umidità relativa
- ☐ 3 — Umidità specifica

E

In quante zone è suddiviso il Mediterraneo, a Nord del 35° parallelo, compreso tra i meridiani 6° Est e 20° Est (mari d'Italia) nella diffusione dei bollettini?

- ☐ 1 — In 15 zone
- ☐ 2 — In 4 zone
- ☐ 3 — In 20 zone

F

Quando nella determinazione del punto nave con tre rilevamenti simultanei questi non s'incontrano in un punto, ma formano un triangolo, come troviamo il punto nave?

- ☐ 1 — Assumendo come Pn il punto di incontro delle bisettrici degli angoli del triangolo
- ☐ 2 — Assumendo come Pn l'incontro dei primi due rilevamenti
- ☐ 3 — Assumendo come Pn il vertice del triangolo più vicino alla costa

G

Come è calcolato il rilevamento o azimut?

- ☐ 1 — Da 0° a 360° in senso orario a partire dalla direzione del Nord
- ☐ 2 — Da 0° a 180° verso dritta e da 0° a 180° verso sinistra
- ☐ 3 — Da 0° a 360° in senso antiorario a partire dalla direzione del Nord

H

Qual è la successione della nuvolosità in presenza di un fronte caldo?

- ☐ 1 — Cirri, cirrostrati, altostrati, nembostrati, stratocumuli
- ☐ 2 — Cumuli, altocumuli, cumulonembi, nembi
- ☐ 3 — Altostrati, strati, nembi, cumuli

L

A B C

Sulle carte meteorologiche con quale dei tre simboli viene indicato un vento da Nord-Est con velocità di 15 nodi?

- ☐ 1 — Con il simbolo A
- ☐ 2 — Con il simbolo B
- ☐ 3 — Con il simbolo C

M

Per passare dalla Pv alla corrispondente Pb, quale relazione algebrica adopereresti?

- ☐ 1 — $Pb = Pv - d$
- ☐ 2 — $Pb = Pv - \delta - d$
- ☐ 3 — $Pb = Pv - d - \delta$

N

Come è definito un fronte freddo quando si sovrappone a quello caldo?

- ☐ 1 — Fronte occluso o occlusione
- ☐ 2 — Fronte stazionario
- ☐ 3 — Fronte polare

O

Come è chiamato il componente dello scandaglio che proietta e riceve onde verso e dal fondo?

- ☐ 1 — Amplificatore
- ☐ 2 — Trasduttore
- ☐ 3 — Trasmettitore

P

Quali sono le nubi appartenenti alla regione alta dell'atmosfera?

- ☐ 1 — Strati
- ☐ 2 — Altostrati
- ☐ 3 — Cirri

Q

Cosa è la "saccatura"?

- ☐ 1 — La piega che fa una vela quando è gonfia per effetto del vento che la investe sulla sua faccia poppiera
- ☐ 2 — Un avvallamento del fondo marino sabbioso, per effetto della risacca causata dal moto ondoso
- ☐ 3 — Una zona di bassa pressione a forma di V, più o meno pronunciato, con il vertice compreso tra due alte pressioni

R

Come si chiama l'arco di meridiano compreso tra il parallelo passante per il punto B e quello passante per il punto A?

- ☐ 1 — Differenza di Latitudine
- ☐ 2 — Latitudine
- ☐ 3 — Colatitudine

S

Quando è più probabile che vi sia formazione di nebbia in mare?

- ☐ 1 — Quando la temperatura del mare raggiunge o supera il valore della temperatura del punto di rugiada dell'aria
- ☐ 2 — Quando con il trascorrere del tempo, la temperatura del mare scende al di sotto del punto di rugiada dell'aria
- ☐ 3 — Quando un vento al suolo, freddo o secco, con velocità inferiore ai 12 nodi, interessa una vasta zona di mare

T

Sui laghi si manifestano le brezze, soprattutto sui laghi di pianura; di giorno la brezza quale direzione assume?

- ☐ 1 — Dal centro del lago verso le coste
- ☐ 2 — Dalle coste verso il centro
- ☐ 3 — Dipende dalla stagione

U

Come è caratterizzata una zona ciclonica o di depressione?

- ☐ 1 — Da una successione di isobare, che presentano valori decrescenti dalla periferia verso il centro
- ☐ 2 — Da una successione di isobare, che presentano valori crescenti dalla periferia verso il centro
- ☐ 3 — Da una successione di isobare, che presentano valori pressoché livellati

V

Qual è il maggior pregio di un'elica a passo variabile?

- ☐ 1 — L'alto rendimento a marcia avanti
- ☐ 2 — La possibilità di regolare costantemente il passo, secondo il carico, la velocità, lo stato del mare, etc.
- ☐ 3 — La possibilità di orientare le pale a bandiera riducendo la resistenza nella navigazione a vela

Z

Cosa si intende per altezza meridiana?

- ☐ 1 — L'altezza dell'alta marea raggiunta a mezzogiorno
- ☐ 2 — L'altezza, in gradi, primi e secondi del Sole sull'orizzonte, nel momento del suo passaggio in meridiano
- ☐ 3 — L'ampiezza, in gradi, primi e secondi, dell'arco di meridiano

A

Tra i tipi barici, come viene detta la successione quasi concentrica delle isobare decrescenti dal centro verso la periferia?

- ☐ 1 — Anticiclone
- ☐ 2 — Ciclone
- ☐ 3 — Promontorio

B

Quali sono gli elementi che consentono la determinazione del punto stimato (Ps)?

- ☐ 1 — Rotta, spazio e tempo impiegato a percorrerlo
- ☐ 2 — Rotta e rilevamento costiero
- ☐ 3 — Rotta e rilevamento

C

Qual è la scala maggiormente adoperata per la rappresentazione di un piano nautico?

- ☐ 1 — 1:250.000
- ☐ 2 — 1:50.000
- ☐ 3 — 1:100.000

D

È possibile determinare il punto nave (Pn) quando si dispone di un solo punto cospicuo?

- ☐ 1 — Sì, purché si tratti di un faro
- ☐ 2 — No
- ☐ 3 — Sì

E

Per convertire una Pv in Pb dalla tabella delle deviazioni, quale valore si utilizza?

- ☐ 1 — Quello corrispondente alla Pm
- ☐ 2 — Quello corrispondente alla Pb
- ☐ 3 — Quello corrispondente alla Pv

F

Come viene definita la rappresentazione nautica di una piccola zona di superficie terrestre?

- ☐ 1 — Piano nautico
- ☐ 2 — Carta particolare
- ☐ 3 — Carta ortodromica

G

Se misurato semicircolarmente, come si calcola il Rilevamento Polare?

- ☐ 1 — Dalla direzione Nord verso Est positivamente, verso Ovest negativamente
- ☐ 2 — Da prua positivamente verso dritta, negativamente verso sinistra
- ☐ 3 — Da prua verso dritta o verso sinistra sempre positivamente

H

Come varia la pressione atmosferica in presenza di un fronte caldo?

- ☐ 1 — Diminuisce prima del fronte, poi si mantiene costante
- ☐ 2 — Aumenta prima del fronte, per poi abbassarsi bruscamente
- ☐ 3 — Aumenta prima del fronte, poi si mantiene costante

L

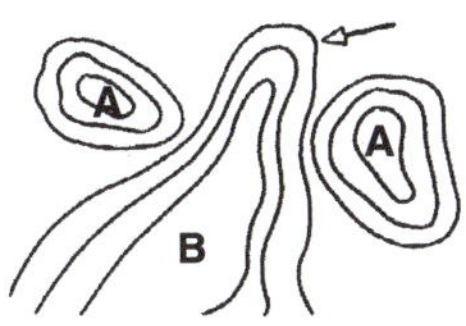

Come è chiamata la configurazione barica indicata in figura con una freccia?

- ☐ 1 — Saccatura
- ☐ 2 — Promontorio
- ☐ 3 — Sella

M

Quali dei seguenti è da ritenere un ottimo punto nave?

- ☐ 1 — Pn con due allineamenti
- ☐ 2 — Pn con rilevamento e isobata
- ☐ 3 — Pn con due cerchi di distanza

N

Da che cosa è dato il valore della Variazione Magnetica?

- ☐ 1 — Dalla somma algebrica della deviazione con la declinazione
- ☐ 2 — Da una apposita tabella
- ☐ 3 — Dalla differenza tra la deviazione e la declinazione

O

Quale segno si attribuisce al valore della differenza di longitudine ($\Delta\lambda$)?

- ☐ 1 — Quello che scaturisce dall'operazione algebrica o dalla direzione verso cui si naviga
- ☐ 2 — Quello dell'emisfero in cui ci troviamo
- ☐ 3 — Quello del maggiore tra le due longitudini

P

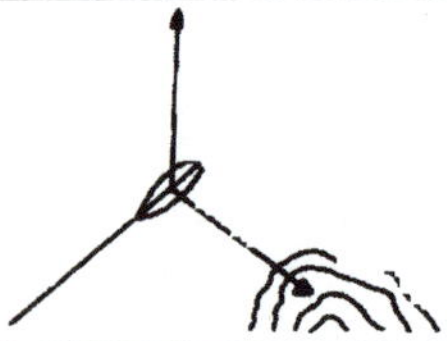

Qualora il rilevamento polare sia contato semicircolarmente, quale relazione useresti per ottenere il Rilv nel caso illustrato?

- ☐ 1 — Rilv = Pv + ρ
- ☐ 2 — Rilv = ρ – Pv
- ☐ 3 — Rilv = Pv – ρ

Q

Se rileviamo con il grafometro un oggetto per 60° a sinistra navigando con Pv = 70°, quale sarà il valore del Rilv?

- ☐ 1 — 10°
- ☐ 2 — 130°
- ☐ 3 — 60°

R

Come sono definite le operazioni che vengono eseguite sulla carta nautica per la soluzione dei problemi della navigazione?

- ☐ 1 — Pilotaggio
- ☐ 2 — Carteggio nautico
- ☐ 3 — Grafica nautica

S

Com'è definito quel vento forte, violento e di breve durata, accompagnato da pioggia, grandine e temporali?

- ☐ 1 — Groppo
- ☐ 2 — Scirocco
- ☐ 3 — Libeccio

T

Che cosa designa la copertura del cielo espressa dalla frazione 7/8?

- ☐ 1 — Cielo quasi coperto
- ☐ 2 — Cielo molto nuvoloso
- ☐ 3 — Cielo poco nuvoloso

U

Cosa è il Metacentro trasversale?

- ☐ 1 — È la posizione del baricentro dello scafo rispetto alla sezione trasversale
- ☐ 2 — È il punto in cui la retta d'azione della spinta d'Archimede a scafo sbandato, incontra l'asse verticale passante per il baricentro dello scafo
- ☐ 3 — È la mezzeria trasversale di un viale di separazione del traffico marittimo

V

Cosa causa la formazione delle nubi cirriformi?

- ☐ 1 — Una rapida ascesa di aria calda
- ☐ 2 — Una lenta ascesa di aria fredda
- ☐ 3 — Una lenta ascesa di aria calda

Z

Nel nostro emisfero, stando con le spalle al vento, da quale parte avremo la bassa pressione?

- ☐ 1 — Esattamente davanti a noi
- ☐ 2 — A destra, un po' indietro
- ☐ 3 — A sinistra, un po' avanti

A

Definendo una corrente di direzione Nord, cosa si intende?

- ☐ 1 — Che la corrente proviene da Nord
- ☐ 2 — Che la corrente si muove verso Nord
- ☐ 3 — Che la corrente produce una deriva positiva

B

Qual è il valore massimo che può assumere la differenza di latitudine ($\Delta\varphi$)

- ☐ 1 — 180°
- ☐ 2 — 360°
- ☐ 3 — 90°

C

Come possiamo controllare il valore della nostra deviazione durante la navigazione costiera?

- ☐ 1 — Confrontando il valore della nostra Pb con quello di una imbarcazione vicina
- ☐ 2 — Utilizzando un allineamento e risolvendo la relazione V = Rilv – Rilb
- ☐ 3 — Confrontando la bussola di rotta con quella portatile da rilevamento

D

Qual è l'unità principalmente utilizzata per misurare la pressione atmosferica?

- ☐ 1 — La baria
- ☐ 2 — Ectopascal
- ☐ 3 — L'atmosfera

E

Cosa rappresenta il simbolo raffigurato?

- ☐ 1 — Fronte caldo
- ☐ 2 — Fronte freddo
- ☐ 3 — Fronte stazionario

F

Come si traccia una retta di rilevamento sulla carta nautica?

- ☐ 1 — Si traccia il Rilv a partire dalla posizione della nave
- ☐ 2 — Si traccia il Rilv a partire dal punto osservato
- ☐ 3 — Si traccia, a partire dal punto, una retta orientata secondo l'angolo Rilv ± 180°

G

Con quale relazione può essere stabilito il valore della portata geografica, in miglia, di un faro, essendo e e H le altezze dell'osservatore e della sorgente luminosa, espresse in metri?

- ☐ 1 — $D = 2{,}04\sqrt{e} + 2{,}04\sqrt{H}$
- ☐ 2 — $D = 2{,}04\sqrt{e} - 2{,}04\sqrt{H}$
- ☐ 3 — $D = 2{,}04\sqrt{e} \times 2{,}04\sqrt{H}$

H

Quali dei seguenti avvisi non sono contenuti sul fascicolo degli avvisi ai naviganti (AA.NN.)?

- ☐ 1 — Avvisi per i cataloghi
- ☐ 2 — Avvisi per i radioservizi
- ☐ 3 — Avvisi urgenti

L

Come si chiama l'angolo formato tra la direzione del Nord geografico e la congiungente osservatore-punto osservato?

- ☐ 1 — Rilevamento polare
- ☐ 2 — Rilevamento nave
- ☐ 3 — Rilevamento vero

M

A quale valore di rotta circolare corrisponde la rotta quadrante S 20° W?

- ☐ 1 — 250°
- ☐ 2 — 160°
- ☐ 3 — 200°

N

Come sono chiamate le nubi generate dai moti verticali di masse d'aria instabili?

- ☐ 1 — Nubi stratiformi
- ☐ 2 — Nubi di convezione
- ☐ 3 — Nubi orografiche

O

La misura della differenza di due rilevamenti o la misura diretta di un angolo orizzontale tra due punti sulla costa, quale luogo di posizione definisce?

- ☐ 1 — Retta di rilevamento
- ☐ 2 — Cerchio di uguale distanza
- ☐ 3 — Cerchio capace

P

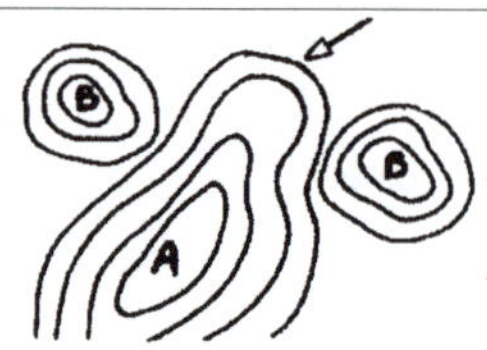

Come è chiamata la configurazione barica indicata da una freccia in figura?

- ☐ 1 — Promontorio
- ☐ 2 — Saccatura
- ☐ 3 — Sella

Q

Oltre alle parallele a snodo e a rulli, quale strumento è particolarmente indicato per la misura delle rotte sulla carta?

- ☐ 1 — Il compasso nautico
- ☐ 2 — La bussoletta portatile
- ☐ 3 — Le squadrette nautiche

R

Una retta di rilevamento e la distanza che ci separa dal punto rilevato sono sufficienti per individuare un punto nave (Pn)?

- ☐ 1 — No
- ☐ 2 — Sì, purché il rilevamento venga preso al traverso
- ☐ 3 — Sì

S

Cosa rappresenta il simbolo meteorologico qui raffigurato?

- ☐ 1 — Fronte freddo
- ☐ 2 — Fronte caldo
- ☐ 3 — Fronte occluso

T

Come è comunemente impiegato un allineamento e, più limitatamente, un rilevamento?

- ☐ 1 — Per determinare l'entità dello scarroccio
- ☐ 2 — Come punto nave
- ☐ 3 — Come guida nei passaggi stretti e pericolosi e nell'atterraggio

U

Come sono considerati i rilevamenti indicati sull'elenco fari dei settori di visibilità?

- ☐ 1 — Presi dal faro e contati circolarmente
- ☐ 2 — Presi dal largo e contati circolarmente
- ☐ 3 — Presi dal largo e contati semicircolarmente

V

In caso di vento proveniente esattamente da prua, quale valore si assegna allo scarroccio?

- ☐ 1 — Positivo
- ☐ 2 — Negativo
- ☐ 3 — Nullo

Z

Come varia la pressione atmosferica in presenza di un fronte freddo?

- ☐ 1 — Diminuisce prima del fronte; aumenta bruscamente dopo
- ☐ 2 — Diminuisce prima del fronte; resta costante dopo
- ☐ 3 — Aumenta prima del fronte; resta costante dopo

A

Navigando in presenza di una corrente nota, è possibile determinare graficamente la Pv e la velocità per giungere nel punto desiderato in tempo prestabilito?

- ☐ 1 — No
- ☐ 2 — Sì
- ☐ 3 — Sì, solo se la distanza da percorrere è breve

B

Una massa d'aria fredda, allorché giunge in una zona temperata, quale delle seguenti tendenze manifesta?

- ☐ 1 — A scaldarsi verso il basso, divenendo instabile
- ☐ 2 — A sollevarsi verso l'alto, divenendo stabile
- ☐ 3 — A raffreddarsi verso il basso, divenendo stabile

C

Quale valore prognostico hanno le nubi cirriformi?

- ☐ 1 — Non hanno nessun valore prognostico
- ☐ 2 — Precedono sempre un fronte freddo
- ☐ 3 — Precedono un fronte caldo e quindi una perturbazione

D

Qual è lo strumento adoperato per la misura dei rilevamenti polari?

- ☐ 1 — Grafometro
- ☐ 2 — Sestante
- ☐ 3 — Bussola da rilevamento portatile

E

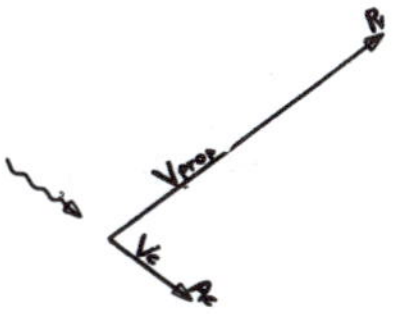

Navigando in presenza di una corrente nota, essendo pure note la nostra velocità propulsiva (Vprop) è la nostra Pv, è possibile ricavare la Rv e la velocità effettiva (Veff)?

- ☐ 1 — Sì, risolvendo graficamente il problema
- ☐ 2 — Sì, risolvendo analiticamente il problema
- ☐ 3 — No, perché manca l'angolo di deriva

F

Come si comporta il vento, dopo il passaggio di un fronte caldo?

- ☐ 1 — Cala d'intensità vistosamente e tende a ruotare a destra
- ☐ 2 — Rinforza, tendendo a soffiare parallelamente al fronte
- ☐ 3 — Rinforza, tendendo a ruotare sulla sinistra

G

Che proiezione viene usata per la rappresentazione di un piano nautico?

- ☐ 1 — Mercatoriana
- ☐ 2 — Gnomonica
- ☐ 3 — Stereografica

H

Quando il valore dello scarroccio ha valore positivo?

- ☐ 1 — Quando il vento spira da dritta
- ☐ 2 — Quando l'imbarcazione scarroccia verso dritta
- ☐ 3 — Sempre

L

Cosa rappresenta il simbolo meteorologico raffigurato?

- ☐ 1 — Temporali
- ☐ 2 — Lampi
- ☐ 3 — Piogge con lampi e tuoni

M

La misura di un luogo di posizione è sufficiente per determinare con esattezza la posizione della nave (Pn)?

- ☐ 1 — Sì
- ☐ 2 — No
- ☐ 3 — Solo se il punto osservato è un faro

N

A quale valore di Rotta circolare corrisponde la Rotta Quadrantale N 30° W?

- ☐ 1 — 300°
- ☐ 2 — 330°
- ☐ 3 — 30°

O

In mancanza di punti cospicui sulla costa, quale elemento della carta nautica può essere considerato un luogo di posizione?

- ☐ 1 — La natura del fondo
- ☐ 2 — La linea di costa
- ☐ 3 — L'isobata

P

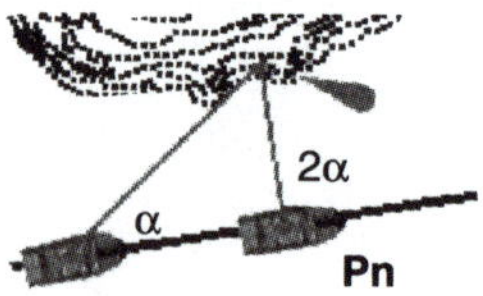

Come è definito il punto nave illustrato in figura?

- ☐ 1 — Punto nave con rilevamento e distanza
- ☐ 2 — Punto nave con due rilevamenti successivi
- ☐ 3 — Punto nave con 45° e traverso

Q

Come vengono definite le linee che uniscono i punti della superficie terrestre aventi la stessa pressione?

- ☐ 1 — Isobate
- ☐ 2 — Isobare
- ☐ 3 — Isoipse

R

Quando è possibile risolvere un qualsiasi problema relativo alla navigazione in presenza di corrente?

- ☐ 1 — Sempre quando siano noti almeno quattro dei sei elementi (Ac, Vc, Pv, Rv, Veff, Vprop)
- ☐ 2 — Solo quando è noto l'angolo di deriva e la Pv
- ☐ 3 — Solo nel caso di una corrente nota

S

Che cosa indica il simbolo meteorologico raffigurato?

- ☐ 1 — Vento da NE; velocità 25 nodi
- ☐ 2 — Vento da SW; velocità 25 nodi
- ☐ 3 — Vento da NE; velocità 25 km/h

T

Per correggere un Rilb in Rilm, quale valore va utilizzato riprendendolo dalle tabelle di deviazione?

- ☐ 1 — Quello corrispondente alla Pb seguita
- ☐ 2 — Quello corrispondente al Rilb misurato
- ☐ 3 — Quello corrispondente alla Rv

U

Il punto stimato (Ps) è un punto esatto?

- ☐ 1 — No
- ☐ 2 — Sì, purché sia certo il cammino percorso
- ☐ 3 — Sì, purché la rotta sia quella vera

V

Come si definisce l'angolo formato tra l'asse longitudinale della nave e la congiungente osservatore punto osservato?

- ☐ 1 — Rilevamento vero
- ☐ 2 — Rilevamento prua
- ☐ 3 — Rilevamento polare

Z

È possibile determinare, in presenza di corrente, la Pv da seguire e la velocità effettiva?

- ☐ 1 — No
- ☐ 2 — Sì, purché si conosca l'angolo di deriva
- ☐ 3 — Sì, purché siano noti la velocità e la direzione della corrente, la velocità propulsiva e la Rv dell'imbarcazione

A

Quale relazione algebrica usereste per passare dalla Pb alla Pv?

- ☐ 1 — Pv = Pb + d + δ
- ☐ 2 — Pv = Pb + δ + d
- ☐ 3 — Pv = Pb - δ - d

B

A quale valore di rotta circolare corrisponde la rotta quadrantale N 63° E?

- ☐ 1 — 63°
- ☐ 2 — 153°
- ☐ 3 — 117°

C

A quale valore di rotta circolare corrisponde la rotta quadrantale S 65° E

- ☐ 1 — 115°
- ☐ 2 — 155°
- ☐ 3 — 245°

D

Come si chiama l'arco di Equatore compreso tra il meridiano passante per il punto A e il meridiano passante per il punto B?

- ☐ 1 — Longitudine
- ☐ 2 — Differenza di Longitudine
- ☐ 3 — Colatitudine

E

Come varia la Deviazione Magnetica?

- ☐ 1 — Con il variare del tempo
- ☐ 2 — Con il variare della posizione della nave
- ☐ 3 — Con il variare della prua

F

Come si chiama l'angolo formato tra il Meridiano Geografico e il Meridiano Bussola?

- ☐ 1 — Declinazione magnetica
- ☐ 2 — Deviazione magnetica
- ☐ 3 — Variazione magnetica

G

Quando viene attribuito il segno positivo alla deviazione?

- ☐ 1 — Quando si naviga verso Est
- ☐ 2 — Quando l'ago della bussola è deviato a Ponente del Meridiano Magnetico
- ☐ 3 — Quando l'ago della bussola è deviato a Levante del Meridiano Magnetico

H

Nella seguente relazione: Pv = Pb + δ + d

- ☐ 1 — Si somma sempre
- ☐ 2 — Si effettua l'operazione algebrica secondo i segni di δ e d
- ☐ 3 — Si tiene conto dell'emisfero in cui si naviga

L

Per migliorare la stabilità trasversale di uno scafo,
come deve essere fatta variare l'altezza metacentrica trasversale?

- ☐ 1 — Deve restare invariata
- ☐ 2 — Deve essere aumentata
- ☐ 3 — Deve essere diminuita

M

Cosa è la correzione di Givry nel radiogoniometro?

- ☐ 1 — Una correzione necessaria per trasformare le onde radio in onde ottiche
- ☐ 2 — Una correzione necessaria per poter trasformare i rilevamenti ortodromici in lossodromici
- ☐ 3 — Una correzione necessaria per rifasare indice e antenna

N

Cosa è la stabilità di forma?

- ☐ 1 — Una caratteristica degli scafi in acciaio
- ☐ 2 — È la regola che stabilisce quali debbano essere le misure minime da dare a uno scafo
- ☐ 3 — È la stabilità conferita allo scafo per causa della sua forma

O

Che valore indica l'indice del radiogoniometro?

- ☐ 1 — Il valore del rilevamento vero della stazione trasmittente
- ☐ 2 — La lunghezza d'onda della stazione trasmittente
- ☐ 3 — Il valore del Rilevamento polare della stazione trasmittente

P

Quali elementi vengono indicati direttamente da un Radar?

- ☐ 1 — Le coordinate del punto nave
- ☐ 2 — La nostra rotta e la nostra velocità a vela
- ☐ 3 — Rilevamento e distanza di qualsiasi oggetto di apprezzabili dimensioni

Q

Su quale pubblicazione nautica sono indicati le previsioni di marea?

- ☐ 1 — Su apposite tavole
- ☐ 2 — Sui portolani
- ☐ 3 — Sulle carte nautiche

R

La velocità del vento è maggiore...

- ☐ 1 — Quanto più vicine sono le isobare
- ☐ 2 — Quanto più grande è la distanza tra le isobare
- ☐ 3 — Quanta più alta è la temperatura

S

Quanti sono i fusi orari?

- ☐ 1 — 24
- ☐ 2 — 12
- ☐ 3 — 48

T

Un segnale radiogoniometrico è più preciso ...

- ☐ 1 — Al sorgere o al tramonto del Sole e con la stazione trasmittente lontana dal mare
- ☐ 2 — Di giorno e con la stazione trasmittente vicina al mare
- ☐ 3 — È sempre preciso, purché si disponga di una buona antenna

U

In quale delle seguenti circostanze diventa indispensabile l'impiego del Radar?

- ☐ 1 — Nella navigazione oltre le 6 miglia
- ☐ 2 — Nell'ingresso dei porti e nella navigazione costiera
- ☐ 3 — In caso di navigazione con scarsa visibilità, come strumento anticollisione

V

Che cos'è il fetch?

- ☐ 1 — È un tipo particolare di stato del mare, caratterizzato da onde corte e ripide
- ☐ 2 — È il tratto di mare, privo di ostacoli, sul quale, per un certo periodo, soffia il vento
- ☐ 3 — È il vento caldo e secco che discende una catena montuosa

Z

Quando si verificano le Maree sizigie?

- ☐ 1 — Quando la Luna si trova al Primo Quarto
- ☐ 2 — Quando la Luna e il Sole si trovano in congiunzione o in opposizione
- ☐ 3 — Quando la Luna si trova all'Ultimo Quarto

A

Cos'è il GPS?

- [ ] 1 — È il Gradiente di Pressione Superficiale
- [ ] 2 — È la sigla utilizzata per indicare Gavitelli Per Segnalamento
- [ ] 3 — È l'acrostico per indicare il sistema di navigazione satellitare, Global Positioning System

B

Cosa s'intende con il termine Homing?

- [ ] 1 — Avvicinamento radiogoniometrico, facendo rotta su un radiofaro
- [ ] 2 — La rotta da seguire per rientrare al porto di partenza
- [ ] 3 — Restare in porto in attesa che il tempo migliori

C

Cosa intendiamo con l'abbreviazione GMT?

- [ ] 1 — L'ora media riferita al meridiano di Greenwich
- [ ] 2 — L'abbreviazione inglese del termine Radiogoniometro
- [ ] 3 — L'abbreviazione inglese per indicare il tempo buono (Good metereologic time)

D

Che tipo di vento è lo Scirocco?

- [ ] 1 — Un vento periodico
- [ ] 2 — Un vento locale
- [ ] 3 — Un vento freddo

E

Se navighiamo verso Ovest, il nostro tempo medio aumenta o diminuisce?

- [ ] 1 — Diminuisce
- [ ] 2 — Aumenta
- [ ] 3 — Non varia se non varia la latitudine

F

Che cos'è l'altezza metacentrica?

- [ ] 1 — È l'altezza di un faro, misurata lungo la verticale passante per il centro del sistema ottico
- [ ] 2 — È l'altezza dello scafo, misurata al centro dello stesso, a partire dalla faccia superiore della chiglia fino al baglio
- [ ] 3 — È la distanza compresa tra il metacentro e il baricentro dello scafo

G

Quali dei seguenti venti sono considerati venti periodici stagionali?

- [ ] 1 — I Monsoni
- [ ] 2 — Lo Scirocco e il Maestrale
- [ ] 3 — Gli Alisei

H

Come si comporta lo scafo quando il metacentro cade al di sotto del baricentro?

- [ ] 1 — Diventa instabile, rischiando di capovolgersi
- [ ] 2 — I movimenti di rollio diventano meno dolci
- [ ] 3 — Aumenta la stabilità dello scafo

L

Quali nubi si osservano prima del passaggio di un fronte freddo?

- [ ] 1 — Cirri, Cirro strati, Nembostrati
- [ ] 2 — Cumuli, Cirri, Stratocumuli
- [ ] 3 — Alto cumuli o Alto strati, Cumulonembi

M

Cosa si intende per Fuso orario?

- [ ] 1 — Il meridiano sul quale viene calcolata l'ora di una certa regione
- [ ] 2 — Una zona ampia 15° di longitudine, entro la quale vige la stessa ora, regolata sul tempo medio del meridiano centrale della zona
- [ ] 3 — Ciascuna delle zone della superficie terrestre, ampie 24° di longitudine, all'interno delle quali vige la stessa ora

N

Utilizzando un radiogoniometro, quando riteniamo soddisfacente la collimazione del segnale?

- ☐ 1 — Quando si sente chiaramente e si distingue il segnale distintivo
- ☐ 2 — Quando il segnale si annulla o raggiunge il minimo
- ☐ 3 — Quando, dopo aver annullato il segnale, azionando l'antenna si riesce a percepire nuovamente il segnale distintivo

O

Impiegando il Loran o il Gps, cosa si intende con il termine Waypoint?

- ☐ 1 — La rotta e la velocità da assumere per raggiungere un certo punto
- ☐ 2 — La zona migliore per ancorare la propria imbarcazione
- ☐ 3 — Le coordinate del punto o dei punti da raggiungere in cui è suddivisa la rotta.

P

In un punto di coordinate 35° di latitudine Nord e 30° di longitudine Ovest, se il nostro orologio segna le 18, che ora sarà in Italia (lat. = 37° Nord; long. = 15° Est)?

- ☐ 1 — Le ore 15
- ☐ 2 — Le ore 21
- ☐ 3 — Le ore 19

Q

Navigando con Pv = 130° e avendo uno scarroccio di 15°, causato da un vento di Libeccio, quale sarà il valore dell Rv?

- ☐ 1 — 145°
- ☐ 2 — 155°
- ☐ 3 — 115°

R

Procedendo con Rv verso Ovest, dopo esserci spostati in un'ora di una differenza di longitudine di 45°, come regoleremo i nostri orologi?

- ☐ 1 — Li sposteremo avanti di 1 ora e 52 minuti
- ☐ 2 — Li sposteremo indietro di 3 ore
- ☐ 3 — Li sposteremo avanti di 3 ore

S

Cosa indica il termine Zo, riportato sulle carte nautiche?

- ☐ 1 — La semiampiezza della marea nel porto campione della zona
- ☐ 2 — La posizione dello Zenith dell'osservatore
- ☐ 3 — Indica che un segnale luminoso ha una Zona oscurata

T

Eseguendo le rilevazioni di Rilevamenti Bussola, quale valore di deviazione dobbiamo considerare per trasformarli in rilevamenti veri?

- ☐ 1 — Quello corrispondente al valore di ciascun Rilevamento bussola
- ☐ 2 — Quello corrispondente al valore della Prora bussola
- ☐ 3 — Quello corrispondente al valore medio dei Rilevamenti bussola

U

Dovendo scegliere la sequenza con cui determinare tre Rilevamenti, quale criterio adotteremo?

- ☐ 1 — Rileveremo prima gli oggetti prossimi a pruavia o a poppavia e per ultimi quelli prossimi al traverso
- ☐ 2 — Rileveremo indifferentemente i tre oggetti, purché siano inequivocabilmente riconosciuti
- ☐ 3 — Rileveremo per primi gli oggetti prossimi al traverso e quindi quelli più vicini alla direzione della prora

V

Cosa s'intende con il termine "Altezza della marea"?

- ☐ 1 — L'altezza della marea sizigia
- ☐ 2 — L'altezza della marea sul livello di riferimento degli scandagli
- ☐ 3 — L'escursione tra l'alta e la bassa marea

Z

Quale precisione è ottenibile nella determinazione del punto nave con il Gps?

- ☐ 1 — Tra i 30 e i 200 metri
- ☐ 2 — Tra i 2 e i 4 metri
- ☐ 3 — Tra i 5 e i 10 metri

A

Quale caratteristica hanno le principali ancore moderne prive di ceppo?

- ☐ 1 — Hanno le marre fisse
- ☐ 2 — Hanno le marre articolate
- ☐ 3 — Hanno da tre a quattro marre

B

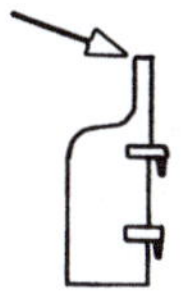

Come si chiama la parte del timone indicata in figura?

- ☐ 1 — Spalla
- ☐ 2 — Losca
- ☐ 3 — Testa

C

Come sono chiamate le aperture praticate sul ponte, che consentono l'accesso all'interno dello scafo?

- ☐ 1 — Assecchi
- ☐ 2 — Boccaporti
- ☐ 3 — Scasse

D

Secondo il Codice internazionale dei segnali, nella compitazione fonetica delle lettere dell'alfabeto, come viene pronunciata la lettera S?

- ☐ 1 — Sissoo (pronuncia: sissu)
- ☐ 2 — Silver (pronuncia: silver)
- ☐ 3 — Sierra (pronuncia: sièrra)

E

Come si chiama l'attrezzo che serve a sgottare?

- ☐ 1 — Carabottino
- ☐ 2 — Gaffa
- ☐ 3 — Sassola

F

Per quali manovre è richiesto un cavo elastico, cioè capace di allungarsi sotto carico per ammortizzare le tensioni?

- ☐ 1 — Paranco del paterazzo
- ☐ 2 — Ormeggio
- ☐ 3 — Scotte e, soprattutto, drizze

G

In un cavo con guaina e anima, quale parte sopporta il carico?

- ☐ 1 — Tutte e due
- ☐ 2 — La guaina, l'anima è un cavetto metallico che serve a conferire unicamente rigidità flessionale
- ☐ 3 — L'anima, normalmente costituita da un cavo sintetico piano

H

Di quale materiale dovrà essere un cavo cui è richiesta elasticità, ovvero la capacità di allungarsi sotto carico per ammortizzare i colpi?

- ☐ 1 — Poliestere
- ☐ 2 — Kevlar
- ☐ 3 — Nylon

L

Come si chiama l'attrezzo raffigurato?

- ☐ 1 — Ancorotto o ferro
- ☐ 2 — Ancora a ombrello
- ☐ 3 — Ancora a fungo

M

Un cavo con più fili, rispetto a uno con un numero inferiore ma di pari diametro...

- ☐ 1 — Ha maggior resistenza
- ☐ 2 — Ha maggior flessibilità
- ☐ 3 — Ha maggior rigidità

N

Secondo il codice internazionale dei segnali, nella compitazione fonetica delle lettere dell'alfabeto, come viene pronunciata la lettera B?

- ☐ 1 — Brake (pronuncia: brèik)
- ☐ 2 — Bravo (pronuncia: bravo)
- ☐ 3 — Beta (pronuncia: beta)

O

Cosa significa il termine alare?

- ☐ 1 — Disporre le vele nell'andatura in poppa come fossero due ali
- ☐ 2 — Tirare una cima, una catena o altro
- ☐ 3 — Passare sottovento a una imbarcazione

P

Quando si dice che un'ancora fa festa?

- ☐ 1 — Quando si è incattivata
- ☐ 2 — Quando ha fatto presa sul fondo
- ☐ 3 — Quando non si riesce a salparla

Q

Che cosa è la redancia?

- ☐ 1 — È un pezzo metallico o di plastica scanalato, a forma di goccia, su cui si chiude una gassa prima di impiombarla
- ☐ 2 — È un pezzo di metallo o plastica con cui si prolunga la barra del timone per governare l'imbarcazione da una posizione più centrale
- ☐ 3 — È il bordo della vela lungo il quale è cucito un cavo di rinforzo

R

Come si chiama la parte dell'ancora indicata in figura?

- ☐ 1 — Ceppo
- ☐ 2 — Fuso
- ☐ 3 — Marra

S

Come è chiamato il tavolato che costituisce il pavimento dell'imbarcazione?

- ☐ 1 — Fondo
- ☐ 2 — Pagliolato
- ☐ 3 — Serretta

T

Come si chiama l'estremità ingrossata del fuso, da cui si dipartono le marre di un'ancora?

- ☐ 1 — Diamante
- ☐ 2 — Bottone
- ☐ 3 — Grippale

U

Come è chiamato l'orlo superiore dell'impavesata?

- ☐ 1 — Falchetta
- ☐ 2 — Capo di banda
- ☐ 3 — Trincarino

V

Come è detta quell'ancora che viene tenuta sempre pronta all'uso?

- ☐ 1 — Ancora di speranza
- ☐ 2 — Ancora principale
- ☐ 3 — Ancora di posta

Z

Come è chiamata quell'ancora di rispetto che viene usata in condizioni di necessità, con peggioramento delle condizioni meteo o perdita dell'ancora di posta?

- ☐ 1 — Ancorotto
- ☐ 2 — Grippia
- ☐ 3 — Ancora di speranza

A

Come si suol dire quando un'ancora ha fatto testa?

- ☐ 1 — Che morde
- ☐ 2 — Che ara
- ☐ 3 — Che si ammarra

B

Come è chiamato il galleggiante al quale è collegato, mediante un cavetto, il diamante dell'ancora?

- ☐ 1 — Boa di ancoraggio
- ☐ 2 — Grippale
- ☐ 3 — Gavitello di fonda

C

Come si dice l'ancoraggio fatto con due ancore, che fuoriescono da prua con uguali calumi che formano tra loro un angolo compreso tra i 90° e i 120°?

- ☐ 1 — Afforco
- ☐ 2 — Appennellato
- ☐ 3 — A grippia

D

Perché usiamo cavo di nylon per l'ormeggio?

- ☐ 1 — Perché è rigido (inestensibile)
- ☐ 2 — Perché è elastico e galleggiante
- ☐ 3 — Perché è elastico e affondante

E

Secondo il codice internazionale dei segnali, nella compitazione fonetica delle lettere dell'alfabeto, come viene pronunciata la lettera F?

- ☐ 1 — Foxtrot (pronuncia: föx-tröt)
- ☐ 2 — Factor (pronuncia: fàctor)
- ☐ 3 — Foglight (pronuncia: fog-làit)

F

Cosa conviene inserire in una gassa, prima di impiombarla?

- ☐ 1 — Un'impalmatura
- ☐ 2 — Un legnolo
- ☐ 3 — Una redancia

G

Come è chiamato il rinforzo, praticato nelle imbarcazioni da diporto, esternamente, attorno alla suola?

- ☐ 1 — Falchetta
- ☐ 2 — Trincarino
- ☐ 3 — Bottazzo

H

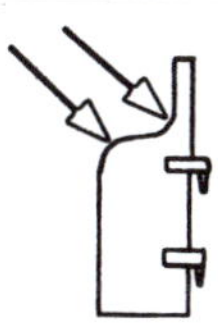

Come è chiamata la parte del timone indicata in figura?

- ☐ 1 — Spalla
- ☐ 2 — Pala
- ☐ 3 — Testa

L

Di quale materiale dovrà essere costituito un cavo sintetico cui è richiesta la galleggiabilità?

- ☐ 1 — Poliestere
- ☐ 2 — Polipropilene
- ☐ 3 — Nylon

M

Come è chiamata la superficie di carena compresa tra la linea di galleggiamento a pieno carico e quella a scafo vuoto ?

- ☐ 1 — Bottazzo
- ☐ 2 — Bordo libero
- ☐ 3 — Bagnasciuga o fascia

N Come è detto il cavo che, dato volta a prua di un natante, viene utilizzato per ormeggio?

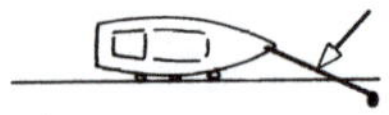

☐ 1 — Spring
☐ 2 — Barbetta
☐ 3 — Bolgetta

O Come si esegue una gassa impiombata su un cavo tessile a tre o quattro legnoli?

☐ 1 — Intrecciando i legnoli dell'estremità corrente con quelli del dormiente
☐ 2 — Bloccando l'estremità corrente del cavo sul dormiente mediante un pezzo di piombo o altro materiale morbido pressato fortemente
☐ 3 — Passando il cavo nella gassa

P Come si chiama quella sagola che viene legata al diamante di un'ancora, per unirla all'apposito galleggiante o all'ancora guardiana o pennello?

☐ 1 — Cavo di afforco
☐ 2 — Grippia
☐ 3 — Duglia

Q Cos'è un «doppino»?

☐ 1 — È un qualsiasi cavo ripiegato a U su se stesso
☐ 2 — È l'estremità di un cavo chiusa su se stessa che viene impiombata
☐ 3 — È un rinforzo longitudinale dello scafo che viene raddoppiato

R Cos'è la parte "dormiente" di un cavo?

☐ 1 — È la volta che il cavo prende attorno a un oggetto
☐ 2 — È la parte piegata a "U"
☐ 3 — È la parte che rimane fissa nell'esecuzione di un nodo, al contrario della mobile (detta corrente)

S Secondo il codice internazionale dei segnali, nella compitazione fonetica delle lettere dell'alfabeto, come viene pronunciata la lettera M?

☐ 1 — Make (pronuncia: mèik)
☐ 2 — Mike (pronuncia: màik)
☐ 3 — Mile (pronuncia: màil)

T Nell'ormeggio, come vengono chiamati i cavi che, dati volta a prua e a poppa, vanno incappellati sulle bitte a terra in direzione opposta, incrociandosi?

☐ 1 — Springs
☐ 2 — Traversini
☐ 3 — Prodese e poppese

U Qual è il nodo presentato in figura?

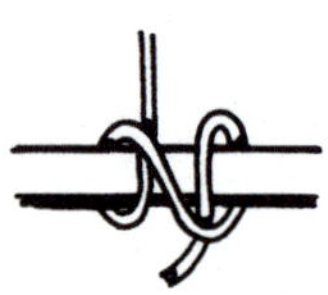

☐ 1 — Un nodo parlato semplice
☐ 2 — Un nodo piano
☐ 3 — Un nodo di scotta o di bandiera

V Come vengono chiamati a bordo delle imbarcazioni da diporto gli spazi destinati allo stivaggio di oggetti, viveri e dotazioni?

☐ 1 — Stipetti
☐ 2 — Gavoni
☐ 3 — Armadietti

Z Come è chiamata la macchina utilizzata per la manovra delle ancore?

☐ 1 — Salpa ancore
☐ 2 — Barbotin
☐ 3 — Verricello

A

Cosa significa "dare fondo"?

- ☐ 1 — Fermare definitivamente il motore
- ☐ 2 — Mollare un cavo fino alla sua estremità
- ☐ 3 — Calare l'ancora in mare

B

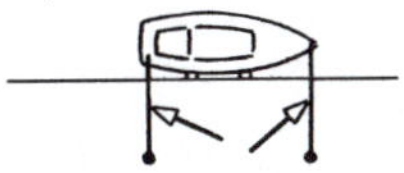

Nell'ormeggio, come vengono chiamati i cavi dati volta a prua e a poppa e incappellati a terra perpendicolarmente all'asse longitudinale dello scafo?

- ☐ 1 — Springs
- ☐ 2 — Traversini
- ☐ 3 — Prodese o poppese

C

Come si dà volta a una bitta in banchina già impegnata da cime di altre imbarcazioni?

- ☐ 1 — Con un nodo parlato
- ☐ 2 — Con una gassa, passata nella bitta sopra quelle delle altre imbarcazioni, per permettere di mollare gli ormeggi indipendentemente dal nostro
- ☐ 3 — Con una gassa, passata prima dentro poi sopra quelle delle altre imbarcazioni per permettere di mollare gli ormeggi indipendentemente dal nostro

D

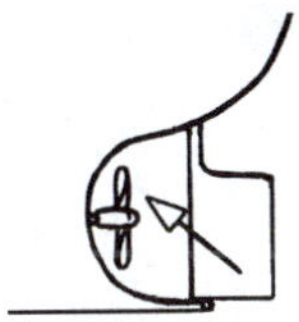

Come è chiamato lo spazio indicato con una freccia?

- ☐ 1 — Gabbia dell'elica
- ☐ 2 — Botte dell'elica
- ☐ 3 — Astuccio dell'elica

E

Come è detta l'operazione, mediante la quale si assicura una cima a una galloccia o alle bitte?

- ☐ 1 — Dare volta
- ☐ 2 — Abbisciare
- ☐ 3 — Assuccare

F

Come è chiamata la scaletta in cima, con inseriti dei bastoni o tavolette (tarozzi), che formano i gradini?

- ☐ 1 — Biscaglina
- ☐ 2 — Scalandrone
- ☐ 3 — Scala a corda

G

Come si chiama l'orlo superiore dello specchio di poppa?

- ☐ 1 — Coronamento
- ☐ 2 — Falchetta
- ☐ 3 — Battagliola

H

Come viene chiamato quel cavo in acciaio che, unitamente ai candelieri, forma la battagliola?

- ☐ 1 — Tarozzo
- ☐ 2 — Draglia
- ☐ 3 — Sartia

L

Secondo il codice internazionale dei segnali, nella compitazione fonetica delle lettere dell'alfabeto, come viene pronunciata la lettera E?

- ☐ 1 — Eddy (pronuncia: eddi)
- ☐ 2 — Eight (pronuncia: eit)
- ☐ 3 — Echo (pronuncia: eco)

M

Quale elemento principale manca nelle ancore moderne a marre articolate?

- ☐ 1 — Il ceppo
- ☐ 2 — Il diamante
- ☐ 3 — Il fuso

N

Come è diffusamente eseguita una impiombatura di gassa su un cavo metallico?

- ☐ 1 — Intrecciando i legnoli dell'estremità corrente con quelli del dormiente
- ☐ 2 — Bloccando l'estremità corrente del cavo sul dormiente mediante un pezzo di piombo o altro materiale morbido pressato fortemente
- ☐ 3 — Passando il cavo nella gassa

O

Secondo il codice internazionale dei segnali, nella compitazione fonetica delle lettere dell'alfabeto, come viene pronunciata la lettera Z?

- ☐ 1 — Zebra (pronuncia: zèbra)
- ☐ 2 — Zero (pronuncia: zèro)
- ☐ 3 — Zulu (pronuncia: zùlu)

P

Come è chiamata la parte dell'ancora indicata in figura?

- ☐ 1 — Grippia
- ☐ 2 — Anello di sospensione
- ☐ 3 — Maniglione di cicala

Q

Come è chiamata la parte della marra indicata in figura?

- ☐ 1 — Patta
- ☐ 2 — Unghia
- ☐ 3 — Orecchia

R

Per che cosa viene adoperato il nodo raffigurato?

- ☐ 1 — Per assicurare il cavo dell'ancora al maniglione
- ☐ 2 — Per ormeggiarsi in banchina
- ☐ 3 — Per fissare i remi allo scalmo

S

Quando si usa una gassa d'amante, come quella illustrata, con due giri sul punto da legare?

- ☐ 1 — Sulle scotte delle vele, per sicurezza
- ☐ 2 — Sulla bandiera, per evitare di scorrere
- ☐ 3 — All'ormeggio, per evitare che il movimento dovuto alla risacca possa logorare la cima

T

Cosa intendiamo con il termine pozzetto?

- ☐ 1 — L'apertura pratica sul ponte di coperta, protetta da apposita chiusura stagna, che consente l'accesso ai locali sottostanti
- ☐ 2 — Quella specie di buca autovuotante, rettangolare o quadrata, ricavata a poppa, dalla quale si governa e manovra l'imbarcazione
- ☐ 3 — Lo spazio ricavato all'estrema prua dove viene stivata la catena dell'ancora

U

Cos'è il bugliolo?

- ☐ 1 — Un recipiente di plastica, di legno, tela impermeabile o di altro materiale, dotato di un corto manico e somigliante a un secchio
- ☐ 2 — Ciascuno degli elementi che costituisce il fondo dell'imbarcazione, il suo pavimento, che è detto, appunto, bugliolato
- ☐ 3 — È un pezzo strutturale dello scafo di un imbarcazione, posto ai lati del paramezzale come rinforzo longitudinale

V

Cosa sono gli ombrinali?

- ☐ 1 — Sono quei fori praticati lungo la murata, in corrispondenza del ponte di coperta e nel fondo del pozzetto, che hanno lo scopo di far defluire fuoribordo l'acqua imbarcata
- ☐ 2 — Sono quelle coperture di tela impermeabile, disposte sul boma a protezione del pozzetto
- ☐ 3 — Sono dette in questo modo quelle particolari antenne paraboliche, impiegate a bordo delle imbarcazioni più grandi, per ricevere le immagini satellitari

Z

A cosa servono le crocette?

- ☐ 1 — Sono quei pezzi di legno, incrociati a forma di grande X, che vengono sistemati in pozzetto e servono a reggere il boma quando l'imbarcazione è alla fonda
- ☐ 2 — Sono quei pezzi metallici o di legno, che sporgono lateralmente dall'albero (buttafuori) e che servono ad aumentare l'angolo (dare quartiere) che le sartie formano con l'albero
- ☐ 3 — Sono le panche sistemate nel pozzetto, che consentono al timoniere di governare l'imbarcazione da una posizione leggermente elevata

A

Cosa si intende con il termine assuccare?

- ☐ 1 — Ingrassare una cima di materiale vegetale (canapa, cotone, etc.) in modo che non marcisca
- ☐ 2 — Stringere se riferito a nodo; tesare, mettere in forza se riferito a un cavo o a una manovra
- ☐ 3 — Affondare l'ancora dopo averla sospesa fuoribordo, filando un'adeguata lunghezza di catena

B

Cosa è il corpo morto?

- ☐ 1 — Quel blocco di cemento o altro materiale pesante e inerte che viene affondato nei porti per costruire l'ancoraggio a pontili, gavitelli, boe, etc.
- ☐ 2 — È il modo di mandar giù una vela (ammainare a corpo morto) quando si abbia la necessità di ridurre rapidamente la superficie velica
- ☐ 3 — È il modo di lanciare lo scandaglio a mano quando si debba misurare la profondità del mare davanti all'imbarcazione, per evitare di andare in secca a "corpo morto"

C

Cosa è l'aneroide?

- ☐ 1 — Una configurazione barica in cui le pressioni si mantengono su una vasta area, uguali
- ☐ 2 — Altro nome attribuito al barometro metallico
- ☐ 3 — La corrente generata da due metalli diversi, immersi in una soluzione acida, particolarmente dannosa per eliche e parti metalliche del timone

D

Qual è il termine esatto per indicare l'operazione mediante la quale si fa coincidere l'oggetto osservato con la linea di fede dello strumento di rilevamento (bussola, grafometro, sestante, etc.)?

- ☐ 1 — Osservazione
- ☐ 2 — Collimazione
- ☐ 3 — Culminazione

E

Come viene detta l'operazione mediante la quale si fissa un gancio a un anello, un moschettone a una manovra, etc.?

- ☐ 1 — Incocciare
- ☐ 2 — Ingaggiare
- ☐ 3 — Inceppare

F

Cosa si intende con la frase "A poppavia del traverso"?

- ☐ 1 — Che un oggetto è sistemato a poppa, trasversalmente all'asse longitudinale
- ☐ 2 — Che un oggetto si trova verso poppa della linea trasversale immaginaria a circa mezza lunghezza
- ☐ 3 — Che una nave si muove retrocendo, avvicinandosi al traverso di un'altra

G

Qual è il termine nautico corretto per indicare l'azione di uno scafo che retrocede?

- ☐ 1 — Rifiutare
- ☐ 2 — Arretrare
- ☐ 3 — Rinculare

H

Quale tra i seguenti nodi risulta essere il più indicato per assicurare un parabordo alle draglie o, comunque, attorno a qualsiasi altro oggetto cilindrico?

- ☐ 1 — Nodo parlato semplice con o senza ganciatura
- ☐ 2 — Gassa d'amante semplice
- ☐ 3 — Nodo di matafione

L

Con quale termine viene indicato il molo o, comunque, quello sbarramento che viene posto davanti agli altri moli, più interni, con lo scopo di proteggere il porto dalle onde provenienti dal largo?

- ☐ 1 — Antemurale
- ☐ 2 — Frangiflutti
- ☐ 3 — Diga

M

Cosa si intende con il termine bagnasciuga?

- ☐ 1 — La parte di spiaggia lambita dalle onde
- ☐ 2 — La parte di scafo compresa tra le linee di massima e di minima immersione
- ☐ 3 — È la parte della banchina che, per effetto dell'escursione di marea, alcune volte è bagnata dal mare, altre volte si trova all'asciutto

68

N

Come viene detta l'operazione mediante la quale si rende stagno lo scafo di una imbarcazione di legno, introducendo a forza, negli spazi tra una tavola e l'altra del fasciame, la stoppa incatramata?

- ☐ 1 — Calafataggio
- ☐ 2 — Incatramatura
- ☐ 3 — Instoppatura

O

Come è chiamato quel disco di cristallo che, ruotando a elevata velocità, centrifuga l'acqua piovana o gli spruzzi di mare, consentendo una nitida visione esterna?

- ☐ 1 — Chiarovisore
- ☐ 2 — Tergivisore
- ☐ 3 — Acquadiffusore

P

Come è detta l'azione mediante la quale si assicura una cima alla galloccia o alle bitte o a un'altra struttura fissa (gancio, anello, palo, etc.) in maniera che tenga saldo e non si sciolga?

- ☐ 1 — Agguantare
- ☐ 2 — Dare volta
- ☐ 3 — Ingallocciare

Q

Come viene generalmente chiamato lo spazio di un porto, delimitato dalla calata e da due moli?

- ☐ 1 — Bacino
- ☐ 2 — Arsenale
- ☐ 3 — Darsena

R

Quali dei seguenti beni non appartengono al demanio marittimo?

- ☐ 1 — I fiumi
- ☐ 2 — Le foci dei fiumi
- ☐ 3 — Le lagune

S

Come viene chiamata ogni spira e ogni giro che viene dato a un cavo quando viene colto, avvolgendolo su sé stesso?

- ☐ 1 — Volta
- ☐ 2 — Colta
- ☐ 3 — Duglia

T

Come vengono chiamate quelle colonnette verticali metalliche, attorno alle quali viene dato volta il cavo d'ormeggio?

- ☐ 1 — Bocche di rancio
- ☐ 2 — Gallocce
- ☐ 3 — Bitte

U

Per quali usi è richiesto un cavo galleggiante?

- ☐ 1 — Cima dell'ancora
- ☐ 2 — Scotte, paranchi per tesare le manovre fisse e soprattutto drizze
- ☐ 3 — Cime del salvagente e per sci nautico

V

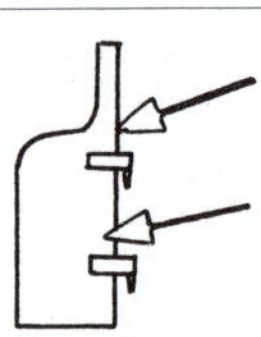

Come è chiamata la parte del timone indicata in figura dalle frecce?

- ☐ 1 — Anima
- ☐ 2 — Testa
- ☐ 3 — Spalla

Z

Secondo il codice internazionale dei segnali, nella compitazione fonetica delle lettere dell'alfabeto, come viene pronunciata la lettera T?

- ☐ 1 — Tide (pronuncia: tàid)
- ☐ 2 — Tango (pronuncia: tàngo)
- ☐ 3 — Timer (pronuncia: tàimer)

A

Come è chiamato quello strumento che consiste in una piastrina metallica di forma quadrata, con superficie riflettente, che può essere vantaggiosamente impiegato per le segnalazioni diurne in caso di pericolo?

☐ 1 — Specchietto
☐ 2 — Eliografo
☐ 3 — Riflettologo

B

Secondo il codice internazionale dei segnali, nella compitazione fonetica delle lettere dell'alfabeto, come viene pronunciata la lettera Q?

☐ 1 — Quick-silver (pronuncia: kuik-silver)
☐ 2 — Quintal (pronuncia: kùintal)
☐ 3 — Quebec (pronuncia: chebèk)

C

A cosa serve la redancia?

☐ 1 — A proteggere il maniglione dell'ancora
☐ 2 — A proteggere l'interno di una gassa impiombata dallo sfregamento e dall'eccessiva deformazione
☐ 3 — A consentire di impiombare una gassa con la giusta curvatura

---

D

Cosa si intende con il termine gavitello?

☐ 1 — Lo spazio dell'estrema prua destinato a ospitare la catena dell'ancora
☐ 2 — Un piccolo galleggiante, generalmente a forma biconica, impiegato per segnalare un oggetto adagiato sul fondo o per reggere la catena di ormeggio
☐ 3 — Quella piccola costruzione di materiale plastico trasparente o di tela, adoperata per offrire riparo al timoniere in caso di mare mosso

---

E

Come viene detta l'operazione mediante la quale si passa attorno a un oggetto una cima o una fascia, con lo scopo di sollevarlo per mezzo di una gru o di un paranco?

☐ 1 — Imbragatura
☐ 2 — Fasciatura
☐ 3 — Intregnatura

F

Come viene detta quella legatura stretta, costituita da numerose volte, fatte attorno all'estremità di un cavo perché non si sfilacci?

☐ 1 — Impiombatura
☐ 2 — Intregnatura
☐ 3 — Impalmatura

G

Cosa è l'impavesata?

☐ 1 Il parapetto di legno, vetroresina o metallo che si eleva al di sopra del ponte di coperta, formando il prolungamento della murata
☐ 2 — La disposizione ordinata delle bandiere del codice internazionale dei segnali in segno di festa
☐ 3 — È quella manovra che consiste nello sbandare lo scafo fino a far emergere una parte consistente di carena, per permettere una sommaria pulizia della stessa, eseguita con fretazzi e raschietti

---

H

Cosa si intende con il termine "incappellaggio"?

☐ 1 — L'assicurare le sartie all'albero mediante la loro ferramenta o imbragatura; è pure il nome di un nodo adoperato per tale scopo
☐ 2 — L'operazione mediante la quale si ricoprono le cuffie delle maniche a vento, con una sorta di "cappello" di tela impermeabile, in caso di cattivo tempo
☐ 3 — L'operazione mediante la quale si dispongono le "cappe" alle vele per evitare che i raggi ultravioletti del Sole possano danneggiarle

---

L

Cosa sono le "briglie"?

☐ 1 — Quegli spezzoni di cavo che vengono sistemati nelle vele e servono per ridurre la superficie
☐ 2 — Quelle manovre fisse, disposte nella faccia interiore del bompresso, che servono a reggerlo in senso vericale
☐ 3 — Quei cavetti che vengono adoperati per serrare le vele sul boma, quando sono ammainate

---

M

Secondo il codice internazionale dei segnali, nella compitazione fonetica delle lettere dell'alfabeto, come viene pronunciata la lettera L?

☐ 1 — Liberty (pronuncia: lìberti)
☐ 2 — List (pronuncia: list)
☐ 3 — Lima (pronuncia: lìma)

N

Cosa è una "quarta"?

- [ ] 1 — Un angolo corrispondente a 11°15'
- [ ] 2 — La guardia che viene montata dalle 18.00 alle 20.00
- [ ] 3 — La zona della coperta chiamata anche quadrato

O

Come viene chiamata l'operazione, mediante la quale si recupera a bordo l'ancora?

- [ ] 1 — Appennellare
- [ ] 2 — Salpare
- [ ] 3 — Spedare

P

Come si chiama l'oggetto indicato in figura?

- [ ] 1 — Parabordo
- [ ] 2 — Cuscino d'alaggio
- [ ] 3 — Bugliolo

Q

Secondo il codice internazionale dei segnali, nella compitazione fonetica delle lettere dell'alfabeto, come viene pronunciata la lettera P?

- [ ] 1 — Pipe (pronuncia: pàip)
- [ ] 2 — Pile (pronuncia: pàil)
- [ ] 3 — Papa (pronuncia: pàpa)

R

Come viene chiamato quel pezzo longitudinale, posto al di sopra del baglio, che costituisce il primo corso del fasciame del ponte?

- [ ] 1 — Trincarino
- [ ] 2 — Dormiente
- [ ] 3 — Pressantino

S

Cosa intendiamo quando diciamo che un pezzo o un oggetto è per madiere?

- [ ] 1 — Che il pezzo o l'oggetto deve essere incastrato e collegato al madiere
- [ ] 2 — Che il pezzo o l'oggetto è disposto trasversalmente, cioè è parallelo al madiere
- [ ] 3 — Che il pezzo o l'oggetto è stato prodotto appositamente per il madiere

T

Su quale tipo di imbarcazione è usato generalmente il motore fuoribordo a gambo extralungo?

- [ ] 1 — Su piccoli cabinati a vela, come propulsore ausiliario
- [ ] 2 — Sui gommoni e, in genere sugli scafi con carena piatta
- [ ] 3 — Sugli scafi con carena molto immersa

U

Oltre alla gradazione, a che cosa bisogna stare bene attenti, cambiando le candele del motore?

- [ ] 1 — Alla colorazione della parte ceramica
- [ ] 2 — All'attacco della pippetta sopra la candela: esso può essere filettato o a innesto
- [ ] 3 — Alla lunghezza della parte filettata, che si avvita nella testata: ne esistono due misure, corta e lunga

V

Secondo il codice internazionale dei segnali, nella compitazione fonetica delle lettere dell'alfabeto, come viene pronunciata la lettera O?

- [ ] 1 — Omar (pronuncia: òmar)
- [ ] 2 — Oscar (pronuncia: oscaa)
- [ ] 3 — Orion (pronuncia: òrion)

Z

Nei porti esteri si alza e ammaina, contemporaneamente a quella nazionale, la bandiera della nazione che ci ospita; come viene chiamata questa bandiera?

- [ ] 1 — Bandiera di rispetto
- [ ] 2 — Bandiera di cortesia
- [ ] 3 — Bandiera d'ospite

A

Secondo il codice internazionale dei segnali, nella compitazione fonetica delle lettere dell'alfabeto come viene pronunciata la lettera D?

- ☐ 1 — Dinghy (pronuncia: dinghi)
- ☐ 2 — Delta (pronuncia: delta)
- ☐ 3 — Diego (pronuncia: diego)

B

Cosa è l'insellamento?

- ☐ 1 — La curvatura che presenta una vela per effetto della poca tensione della drizza
- ☐ 2 — La curvatura che presenta un albero a causa della diversa tensione delle sartie
- ☐ 3 — La curvatura longitudinale che presentano i ponti

C

Come si chiama la zona di mare relativamente calma che si forma sopravvento a una nave che scarroccia?

- ☐ 1 — Bonaccia
- ☐ 2 — Remora
- ☐ 3 — Piatta

D

Cosa si intende con il termine "cinetosi"?

- ☐ 1 — Il disturbo noto anche con il nome di "mal di mare"
- ☐ 2 — La formazione di una bassa pressione, all'interno di una cellula di alta pressione
- ☐ 3 — Lo studio dei fenomeni legati alla cinematica navale

E

Quale termine può essere impiegato per indicare che una imbarcazione è libera da ostacoli o ha doppiato un ostacolo?

- ☐ 1 — Libera
- ☐ 2 — Franca
- ☐ 3 — Spedare

F

Qual è il termine corretto per indicare che una manovra, una catena o un cavo è rimasto bloccato, impigliandosi in un altro oggetto?

- ☐ 1 — Incattivato
- ☐ 2 — Intrappolato
- ☐ 3 — Incastrato

G

Come si dice quando un gancio o un moschettone vine infilato in un anello?

- ☐ 1 — Assuccare
- ☐ 2 — Incocciare
- ☐ 3 — Incatastare

H

Quale altro termine può essere adoperato per indicare l'unione di due cavi mediante un nodo?

- ☐ 1 — Intestare
- ☐ 2 — Intregnare
- ☐ 3 — Intugliare

L

Come viene detto quel cavetto sottile che viene assicurato alle drizze e alle altre manovre correnti che passano all'interno degli alberi, prima di sfilarle per sostituirle con delle nuove?

- ☐ 1 — Messaggero
- ☐ 2 — Passerino
- ☐ 3 — Sonda

M

Secondo il codice internazionale dei segnali, nella compitazione fonetica delle lettere dell'alfabeto come viene pronunciata la lettera G?

- ☐ 1 — Gold (pronuncia: gold)
- ☐ 2 — Gala (pronuncia: galà)
- ☐ 3 — Golf (pronuncia: golf)

N

Qual è lo scopo principale della vernice data alla carena?

- ☐ 1 — Ridurre al minimo l'attrito
- ☐ 2 — Proteggere la carena dall'umidità
- ☐ 3 — Evitare la formazione di vegetazione

O

Come è chiamato il diametro della catena dell'ancora?

- ☐ 1 — Sezione
- ☐ 2 — Calibro
- ☐ 3 — Spessore

P

Come vengono chiamate le regole che stabiliscono il corretto comportamento da assumere a bordo?

- ☐ 1 — Galateo
- ☐ 2 — Etichetta
- ☐ 3 — Bon ton

Q

Secondo il codice internazionale dei segnali, nella compitazione fonetica delle lettere dell'alfabeto come viene pronunciata la lettera U?

- ☐ 1 — Uragan (pronuncia: ùragan)
- ☐ 2 — Unicorn (pronuncia: ùnicorn)
- ☐ 3 — Uniform (pronuncia: ùniform)

R

Come vengono chiamati i corpi (liquidi o solidi) imbarcati per conferire agli scafi maggior stabilità?

- ☐ 1 — Fouling
- ☐ 2 — Zavorra
- ☐ 3 — Stivaggi

S

Secondo il codice internazionale dei segnali, nella compitazione fonetica delle lettere dell'alfabeto come viene pronunciata la lettera I?

- ☐ 1 — Iankee (pronuncia: ìenchi)
- ☐ 2 — Italia (pronuncia: italia)
- ☐ 3 — India (pronuncia: india)

T

Cosa significa l'abbreviazione P.P.I.?

- ☐ 1 — Plain Position Indicator
- ☐ 2 — Posizione Particolare Incerta
- ☐ 3 — Piano Parallelo di Immersione

U

Come si chiama il nodo che viene eseguito su una cima o una catena per consentire di restare provvisoriamente in tensione?

- ☐ 1 — Fasciatura
- ☐ 2 — Bozza
- ☐ 3 — Frenello

V

Come viene chiamata quella corta tavola che serve da sedia per permettere a un marinaio di lavorare fuoribordo o di essere issato lungo l'alberatura?

- ☐ 1 — Bulletta
- ☐ 2 — Balzo
- ☐ 3 — Bietta

Z

Nella costruzione navale cosa si intende con il termine "biscia"?

- ☐ 1 — Quei fori praticati nei madieri delle costole per permettere all'acqua di scolo di raccogliersi nel pozzetto di sentina
- ☐ 2 — Qualle travi longitudinali, poste al di sotto del baglio, sulle quali si incastrano i puntelli
- ☐ 3 — Quei fori praticati lungo il parapetto, in corrispondenza del ponte di coperta, che servono per far defluire l'acqua fuoribordo

TABELLA DELLE SOLUZIONI

	1	2	3	4	5	6	7	8	9	10	11	12	13	14	15	16	17	18	19	20	21	22	23	24	25	26	27	28	29	30	31	32	33	34	35
A	3	3	1	3	1	2	2	1	2	2	3	1	2	1	3	1	3	3	3	1	2	1	1	1	1	3	2	3	1	1	1	2	3	1	1
B	1	1	2	3	1	2	2	3	3	2	2	[illegible]	1	1	2	3	1	1	1	2	1	2	1	3	2	3	1	3	3	1	1	1	2	3	2
C	1	1	1	1	1	1	2	2	1	1	1	3	3	1	1	1	2	1	2	1	3	3	1	3	1	1	1	1	3	1	1	1	1	2	3
D	2	1	2	3	3	1	1	2	2	3	1	[illegible]	2	1	1	3	1	2	3	2	1	3	1	2	2	3	1	2	2	1	2	3	1	1	3
E	3	2	2	3	1	1	1	3	1	1	3	[illegible]	3	2	3	1	3	1	3	2	2	2	1	1	1	2	3	1	1	2	2	1	1	3	1
F	2	2	2	2	2	2	3	1	1	1	2	2	2	1	3	1	2	1	3	1	1	2	1	1	1	2	2	1	1	1	3	3	1	1	3
G	1	3	3	1	1	1	3	3	1	2	2	3	1	3	1	2	1	3	1	3	3	1	1	2	2	3	3	3	3	1	3	3	2	3	2
H	3	2	2	3	3	3	2	1	1	2	2	2	3	2	1	2	1	1	1	1	1	1	3	1	1	1	2	1	1	2	3	1	1	1	1
L	3	1	1	1	1	2	1	1	2	1	1	1	1	1	1	1	1	1	1	1	1	3	1	1	1	1	1	3	3	2	1	1	3	1	3
M	1	1	3	3	3	1	1	1	1	3	2	2	3	3	1	3	3	1	1	3	1	1	2	1	1	2	1	2	1	2	1	2	3	2	3
N	1	2	2	1	1	2	3	1	1	2	1	3	2	1	2	3	1	3	3	3	1	2	1	3	2	3	1	3	1	1	1	2	3	3	3
O	2	1	1	1	1	2	1	1	2	1	1	1	3	3	2	2	1	1	2	1	2	3	2	1	1	2	2	1	2	1	2	1	1	2	1
P	2	1	2	2	1	1	1	1	2	1	1	1	1	1	1	1	1	3	3	1	3	2	2	2	3	1	3	3	2	3	1	1	3	1	1
Q	2	1	2	2	3	3	2	1	3	2	1	2	1	3	1	1	2	2	2	1	2	1	1	3	1	1	2	2	2	1	1	1	1	1	2
R	3	1	1	2	1	2	2	1	1	1	3	1	3	3	3	1	1	1	2	3	2	2	1	2	2	3	1	2	1	1	2	3	3	3	1
S	2	3	2	2	2	3	2	1	2	1	2	2	3	3	3	2	1	2	1	3	2	1	1	1	3	1	1	1	1	3	3	3	1	3	1
T	2	3	1	3	1	1	1	2	1	1	2	3	3	2	1	1	2	1	1	2	1	2	2	1	1	1	2	2	1	3	1	3	2	1	1
U	1	1	1	1	3	1	1	1	1	1	3	1	1	1	1	1	1	1	2	2	1	2	3	1	1	2	2	1	2	1	1	1	3	1	1
V	3	3	3	3	1	2	2	1	1	2	1	1	3	3	3	3	2	3	1	1	3	3	3	1	1	1	1	1	1	1	1	3	3	1	3
Z	2	3	3	2	2	1	1	2	2	1	2	1	2	3	2	3	2	1	1	1	2	3	2	2	3	2	1	1	2	1	3	1	2	1	2

TABELLA DELLE SOLUZIONI

	36	37	38	39	40	41	42	43	44	45	46	47	48	49	50	51	52	53	54	55	56	57	58	59	60	61	62	63	64	65	66	67	68	69	70
A	1	2	3	1	2	2	1	2	1	1	2	2	2	3	1	2	1	1	1	1	1	1	1	3	1	2	2	2	3	2	1	3	2	2	2
B	1	1	1	2	3	1	2	1	3	3	1	2	3	2	2	3	3	1	1	2	2	1	1	1	1	1	1	1	1	3	2	2	1	3	3
C	2	2	1	3	1	3	2	3	1	2	3	3	3	1	2	1	1	3	2	1	1	1	3	3	2	2	3	1	1	2	1	3	2	2	2
D	1	3	1	2	3	1	2	2	1	1	3	2	2	1	1	1	2	2	1	2	2	1	3	2	3	2	1	2	2	3	3	1	2	2	1
E	1	1	3	1	3	1	1	2	1	1	1	2	3	2	2	1	3	2	3	3	2	2	1	1	1	1	1	3	1	3	1	1	1	1	2
F	3	2	2	1	1	3	2	3	1	3	2	2	2	2	3	3	3	3	1	1	1	1	1	1	1	3	1	3	3	2	3	1	2	3	1
G	1	1	2	2	1	2	3	2	1	1	2	3	1	2	1	2	2	2	1	3	3	2	2	1	2	1	2	3	1	3	3	1	3	1	2
H	3	1	3	1	2	2	3	3	2	3	1	1	1	2	3	2	2	1	2	1	3	1	1	1	1	3	2	2	1	3	1	2	1	1	3
L	2	3	1	1	1	1	3	1	1	3	3	2	3	3	3	3	1	1	1	1	2	1	1	2	1	3	1	2	3	1	2	3	1	2	1
M	1	1	2	3	3	3	2	1	2	1	1	1	3	1	3	1	1	1	1	3	1	1	1	3	1	3	2	2	2	2	3	1	2	3	3
N	1	3	1	1	3	2	2	1	3	3	2	3	1	3	3	1	2	1	3	1	1	1	1	1	1	2	2	3	3	2	2	2	1	1	3
O	2	1	2	1	2	1	1	1	1	1	1	3	1	2	2	2	2	1	3	1	1	3	1	2	1	3	3	3	3	2	1	3	1	2	2
P	1	3	1	1	2	1	3	3	3	1	1	1	3	2	1	3	1	1	1	1	2	1	2	3	3	1	3	3	2	2	2	3	2	1	2
Q	2	2	1	2	3	3	3	2	3	1	1	3	3	3	1	2	2	3	1	1	2	1	2	3	1	3	2	1	3	1	1	2	3	3	3
R	3	1	3	3	3	3	1	2	2	1	2	3	3	2	3	1	3	2	3	2	2	2	3	1	2	3	1	1	2	2	3	1	1	1	2
S	1	1	1	1	3	3	3	1	1	2	1	3	3	3	1	2	2	2	2	1	1	3	1	2	1	1	1	1	1	2	2	3	3	2	3
T	3	1	1	1	2	2	2	1	1	3	3	2	2	1	1	3	3	1	2	1	1	3	3	1	1	3	1	2	2	1	1	2	3	1	1
U	2	3	2	1	3	1	3	2	1	3	1	2	2	2	1	1	1	1	1	1	1	3	2	1	2	2	1	3	1	2	1	1	3	3	2
V	1	2	2	3	3	1	3	1	1	1	1	3	2	1	3	3	1	3	2	1	1	1	1	2	3	3	3	2	3	3	2	1	1	2	2
Z	1	1	1	1	1	3	2	1	2	1	3	3	1	2	2	3	3	3	1	1	2	1	1	2	3	1	3	2	3	3	1	2	2	2	1